U0919260

感谢中南财经政法大学法学院对本刊的资助！

Legal Traditions of the West and China

中西法律传统

·第15卷·

主　　编　陈景良　郑祝君
执行主编　李　栋

中国政法大学出版社
2019·北京

图书在版编目（CIP）数据

中西法律传统. 第15卷/陈景良，郑祝君主编. —北京：中国政法大学出版社，2019. 11
ISBN 978-7-5620-9363-3

Ⅰ. ①中…　Ⅱ. ①陈…　②郑…　Ⅲ. ①法律—思想史—对比研究—中国、西方国家
Ⅳ. ①D909. 2②D909. 5

中国版本图书馆CIP数据核字(2019)第278675号

出版者　中国政法大学出版社
地　址　北京市海淀区西土城路25号
邮寄地址　北京100088信箱8034分箱　邮编100088
网　址　http://www.cuplpress.com (网络实名：中国政法大学出版社)
电　话　010-58908289(编辑部) 58908334(邮购部)
承　印　北京鑫海金澳胶印有限公司
开　本　720mm×960mm　1/16
印　张　34.5
字　数　550千字
版　次　2019年11月第1版
印　次　2019年11月第1次印刷
定　价　89.00元

目录

CONTENTS

中华法系法律文化传统与演变

西方传统法律文化研究

伊斯兰法律文化研究

中西法律文化漫谈

外文著作翻译

中华法系法律文化传统与演变

明达治体：重析达寿与清末宪法制定一案*

沈玮玮** 龙舒婷***

一、引论：清末变法立宪及两次出洋考察之别

1905年7月16日，光绪发布考察政治上谕，当是清廷以“预备立宪”为起点开始的政治改革第一步。考政大臣的选拔颇费周折，最终的入选者基本上对宪政持认同态度，充分体现了清廷对待宪政改革的诚意。[1] 清廷最后决定由戴鸿慈、端方、载泽、尚其亨、李盛铎五人出洋考察，但对于考政大臣来说，出洋考察之目的主要是延长和强化已经濒临危机的皇权体制。因此，五大臣所提供的考察信息有着明显的仿效日本立宪之倾向。考察的随行人员很多也具有立宪倾向，有的随员还与梁启超、张謇等有着微妙关系，往往成为考政大臣与立宪派之间沟通的桥梁。例如端方与梁启超早有联系，戴鸿慈也曾求教于梁启超。因此，考察报告及相关奏折都是由梁启超代为起草，竟高达“二十万言内外”。这不免让人生疑，可能是光绪和康、梁等人合谋决定了第一次出洋考察报告的立场，而且早已圈定立宪宜仿效日本，为第二次考察做好准备。

---

* 本文是2019年度中央高校基本科研业务费面上项目“中共革命根据地检察制度史研究”(C2191810)阶段性研究成果。

** 华南理工大学法学院副教授，法学博士。

*** 华南理工大学法学院法学硕士研究生。

〔1〕 潘崇：《清末出洋考察政治五大臣选拔经过史实考——兼论清政府宪政改革的社会舆论氛围》，载《天津师范大学学报（社会科学版）》2011年第6期。

1906年9月1日，光绪在慈禧的首肯下宣布《仿行立宪上谕》，明确表态："各国所以富强者，实由于实行宪法，取决公论，君民一体，呼吸相通，博采众长……勿以私见害公益，勿以小忿败大谋，尊崇秩序，保守平和，以豫储立宪国民之资格，有厚望焉。"这句话表明了清政府最高统治者推动宪政时的恐惧、担心和希望，可谓五味杂陈。出于对皇权的天然熟悉和眷顾，清廷不得不倾向于钦定立宪，但又不能明说，只能以博采众长的姿态来取悦公众。实际上，五大臣出洋考察形成了两套立宪方案，其中载泽一方关注国体，端方和梁启超一方关注政体。载泽一方主张日本模式，议会只是政体代表制，君主才是主权代表者；而端方和梁启超则主张英国模式，议会是政体代表制与主权代表者的综合体，君主则是虚位。梁启超试图用政体问题吸纳国体问题，假借政体改革的名义，逐渐变更主权代表者，从而在中国完成一场英国式的"光荣革命"。[2] 就此而言，载泽一方的方案更贴合清廷之意。

一年之后，同样倾向于效仿德日的政客袁世凯上奏道："前者载泽等奉使出洋，原为考求一切政治，本非专意宪法，且往返仅八个月，当无暇洞见源流。……各国政体以德日两国为近似，最于中国相宜，所以为未雨绸缪，请简明达治体之大臣，分赴德日两国，会同出使大臣，专就宪法一门，详细调查，博访通人，详征故事。何者为入手之始，何者为收效之时。"迫于现实压力不得不通过立宪挽回颓势的清廷，不甘愿将权力拱手让与，只能寄希望于通过钦定宪法来维持既得利益。急于寻找立宪依据的清廷于是将目光转向了日本，两个月之后，清廷下令学部右侍郎达寿（1870—1939年），充任出使日本国考察宪政大臣，邮传部右侍郎于式枚（1853—1916年），充任出使德国考察宪政大臣，同时，令时任驻英公使的汪大燮（1859—1929年）顺便考察英国，其倾向于效仿日本宪法的姿态颇为明显。已有关于清末立宪的研究较为关注载泽和端方等位高权重者的态度，实际上，载泽和端方乃至慈禧的决定均依赖于具体宪政考察者所作出的基本判断。因此，本文通过研究不太被学界所关注的达寿在清末立宪中的作用，试图勾勒出《钦定宪法大纲》制定过程背后的观念交互，尽可能

---

〔2〕 康向宇：《"国体—政体论"与清末立宪》，载强世功主编：《政治与法律评论》（第8辑），法律出版社2017年版，第76页。

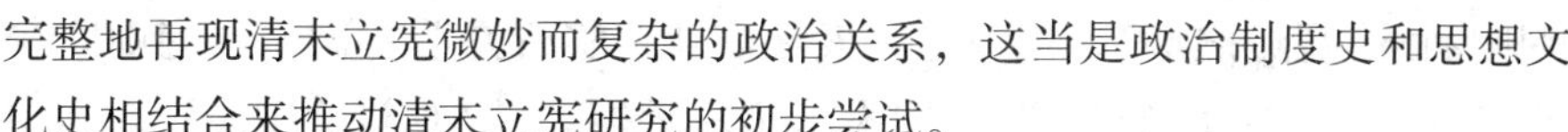

完整地再现清末立宪微妙而复杂的政治关系，这当是政治制度史和思想文化史相结合来推动清末立宪研究的初步尝试。

二、第二次出洋考察大臣的态度及其相互关系

（一）汪大燮与于式枚的考察态度及主张

清末前后两次的出洋考察分别被称为“考政”和“考宪”。载泽等五大臣出访前一个月，清廷设立“考察政治馆”。到达寿等人出访前一个月，该馆改为“宪政编查馆”。显然，前者只是一般地对“政治”进行“考察”，意在择“政体”；后者则特指对“宪政”予以“编查”，意在定“制度”。尽管此前清廷谕令宜“甄采列邦之良规，折衷本国之成宪”，[3] 然历时两年的第二次宪政考察成果与此后清廷所倡的钦定宪法、大权政治与先立宪法后开议院如出一辙。可见，两次考察都存在“先定调后考察”的情况。英国考宪大臣汪大燮就曾牢骚满腹，后仅编纂14种宪政著作进呈清廷以塞责。[4] 在汪大燮看来，考察英国只是为了掩盖清廷师法德日的目的罢了。然而，清末表面上看是在学习日本，实则是从日本法中直接或间接地汲取德国法。[5] 1908年8月27日颁布的《钦定宪法大纲》表面上是抄自日本《明治宪法》，但总共76条的日本《明治宪法》就有46条照搬了德国《普鲁士宪法》，只有3条是日本独创的。正如戴鸿慈所言：“中国近多歆羡日本之强，而不知溯始穷原，正当以德国为借镜。”[6] 由此观之，赴德考察的于式枚之意见就显得相当奇特。

于式枚是清末改革之谏臣和践行者，充当李鸿章幕僚多年。1896年曾参加过康有为的保国会，1906年任广东提学使，但致力于实业救国，规划建筑广西境内铁路。他的思想定是受到了洋务派以及保皇派的影响，因此，其主张现阶段应加强君权，“国政归于一人则臣民无非分之想，散于

---

〔3〕 中国第一历史档案馆编：《光绪宣统两朝上谕档》（第34册），广西师范大学出版社1996年版，第148页。

〔4〕 李细珠：《清末两次日本宪政考察与预备立宪的师日取向》，载中国社会科学院近代史研究所编：《中国社会科学院近代史研究所青年学术论坛》（2007年卷），社会科学文献出版社2009年版。

〔5〕 柴松霞：《清末五大臣对德国宪政的考察》，载《政法论坛》2011年第1期。

〔6〕 故宫博物院明清档案部编：《清末筹备立宪档案史料》（上册），中华书局1979年版，第10页。

众则臣民有竞进之心”，以及建议发展实业，实行开明专制，立宪则应在20年之后才可提上议事日程。因为单就开国会而言，他认为国民识政体知法意者极少，骤然拥有庞大政权的地方议会，横亘于政府与国民之间，纵使被选者不尽是营私武断之人，而国家政权落于少数人手中，劫持中外大臣，后患不可胜言。况且第一次出洋考察团随带的76名随从人员，他们普遍关心时政且学有专门，是科举废除前清政府特别倚重的新政人才，然其学力水平亦存在诸多不足。可见，即便是精挑细选的新政人才尚不能满足考察需要，[7] 国民素质就更不能有过高期待。这种态度代表了当时缓行派的主张，即立宪只是手段，重要的是能确保在立宪时控制局势。[8] 立宪派和革命派的主要分歧在于是否保留君主，以此来决定是采取武装暴力革命还是和平政治改革的方式解决。于式枚之所以有这样的态度，则因当时革命党人开始处于上风。针对当时的社会局势，于式枚曾这样警告清政府要审慎而行。他一反当时快速立宪之风潮，呈递了《立宪不可躁进不必预定年限折》，其理由是“宪法自在中国，不须求之外洋”。理由看似荒唐，却并不可笑，他认为立宪运动若“行之而善，则为日本之维新；行之不善，则为法国之革命”。而当下不是“法之不良”，而是“行之不善”。具体表现为：“横议者自谓国民，聚众者辄云团体，数年之中，内治、外交、用人、行政皆有干预之想，动以立宪为词，纷驰电函，历抵枢部，上廑宸虑，屡动诏书，来日方长，坚冰可惧。”[9] 于是，他建言对“轻举妄动的”立宪派应该“随时劝导，遇事弹压，庶不致别滋事端”。[10] 于式枚等人唱反调的态度未尝不是事实，他的观点与日本明治维新初期的“启蒙绝对主义”或“启蒙专制主义”十分近似，即通过开明的专制君主自上而下地对社会各阶层进行现代性的启蒙，在保障经济自由的同时，根绝政治

〔7〕 潘崇：《科举废除前新政人才结构透视——以清末五大臣出洋考察团随从人员为例》，载《近代史研究》2014年第2期。

〔8〕 柴松霞：《1907年的中国宪政考察团》，载陈景良、郑祝君主编：《中西法律传统》（第9卷），北京大学出版社2014年版，第146~147页。

〔9〕《出使德国考察宪政大臣于式枚奏立宪不可躁进不必预定年限折（光绪三十三年十月二十四日）》，载故宫博物院明清档案部编：《清末筹备立宪档案史料》（上册），中华书局1979年版，第306页。

〔10〕《考察宪政大臣于式枚奏立宪必先正名不须求之外国折（光绪三十四年三月十七日）》，载故宫博物院明清档案部编：《清末筹备立宪档案史料》（上册），中华书局1979年版，第337页。

自由，回避市民革命，并在旧体制框架内逐步走上资本主义道路。这与于式枚同样推崇日本宪政有关，他认为日本多用德国之制，与中国政体最为相近。这些观点都颇合皇族利益，因此，于式枚在考察回国后反被擢升，其主张亦对达寿等人乃至《钦定宪法大纲》的问世都有较大影响。

（二）达寿与李家驹的关系及其此后影响

在效法德日立宪的官方态度既定后，对清廷立宪和政改走向影响最大的当是赴日考察的达寿和李家驹（1871—1938年）。达寿，字蕃一，号挚甫，满洲正红旗人，可谓根正苗红。他与李家驹同为光绪二十年（1894年）甲午恩科进士，皆为皇亲国戚，只不过李家驹是汉军正黄旗人。且二人还均是学政官员出身，达寿出身于翰林院编修，出使日本时任学部右侍郎；李家驹则于光绪二十四年（1898年）任京师大学堂提调，曾与第一次出洋考察的李盛铎等一起赴日考察学务，对日本早已有所了解。此后他一直担任地方学政，出洋考察时特被擢升为驻日公使，便于深入考察接触。第二次考宪主要以学部人士为主，是专题考察之需，也是深入学习德日之需。赴日考宪结束后，达李二人皆任宪政编查馆提调，参与了清末预备立宪许多重要法规的编拟工作，所起作用至为关键。自1909年9月起，二人先后奉命参与管理资政院事务，直至一同担任资政院正副总裁。有此颇为相同的履历和友谊，二人恰似同体，因此在赴日考察之时，李家驹成为达寿的搭档，并且后来还接替了达寿负责日本考宪的任务。[11] 同时，二人均为袁世凯亲信，多次得到袁世凯支持，赴日考宪也是在袁世凯的大力举荐和推动下才得以成行，毕竟袁世凯不希望看到梁启超的英国方案得势。总之，达寿和李家驹可以说是交心知己，得天独厚的优势使二人在考宪前后互相配合，共同推进了清廷立宪的各项预备工作，其中最为重要的当属钦定宪法的制定和官制改革的启动。

李家驹为皇权稳固所计，深知“治法”还得依赖“治人”，提倡在皇权专制下改革官制为立宪之预备，后被清廷采纳。第二次宪政考察其代替达寿再次访日期间，与有贺长雄（1860—1921年）、清水澄（1868—1947年）等探讨日本官制各事后，认为立宪首在改革官制，“查日本颁布宪法在明治二十二年，而官制则自维新以来迭经改正，至明治十八年，责任内

---

〔11〕《被广州遗忘的末代“议长”李家驹》，载《信息时报》2011年7月17日，第14版。

阁之制，即已实行。盖自废藩置县，中央集权之局已成，其所谋画，不出中央行政机关之外，端绪初不甚繁，制度乃归简易。然编制则肇自十数年前，实行之期，亦距立宪六年以上，遂能使大小臣工，同心协力，预备之事，著著进行，大权操纵，绰有余裕。"〔12〕因为改革官制即能够在人事上为立宪提供中央集权的权力保障。〔13〕

李家驹还曾与好友汪荣宝（1878—1933年，1908年任民政部右参议，兼宪政编查馆正科员，1910年任资政院议员。1911年奉派为协纂宪法大臣，此后亦投靠袁世凯）拟订宪法草案，二人从宣统三年二月二十日（1911年3月20日）筹划起草到宣统三年七月二十八日（1911年9月20日）完成了10章86条116项的宪法草案，被称为"李汪宪草"。此部宪法草案能在如此短的时间草拟成文，端赖于李家驹等人之前的充分准备。〔14〕况且，"李汪宪草"是以《钦定宪法大纲》为蓝本起草的，〔15〕二人皆主张效法日本的二元制君主立宪制，而不是英国的虚君制君主立宪制。〔16〕此后，为滦州兵谏所迫，李家驹临危受命，按照英国君主宪章仓促推出《宪法重大信条十九条》，试图解救清廷败局。可见，李家驹和达寿等人可谓主导了清末宪法的制定，其背后则有袁世凯的撑腰。

三、日方的理论及对达寿宪法观念形成的影响

（一）穗积八束的"国体论"及其影响

1907年11月29日，达寿一行八人前往日本，请求首相桂太郎（1848—1913年）与明治宪法之父伊藤博文（1841—1909年）予以协助考察宪政，二人共同推举子爵伊东巳代治（1857—1934年）具体负责。按照宪政编查馆开送赴日的考察要目，综为立宪沿革、宪法比较、议院法、司法、行政、财政六类，伊东巳代治嘱托穗积八束（1860—1912年）、清水

〔12〕《考察宪政大臣李家驹奏考察日本官制情形请速厘定内外官制折（宣统元年五月初七日）》，载故宫博物院明清档案部编：《清末筹备立宪档案史料》（上册），中华书局1979年版，第523~524、535~536页。

〔13〕李刚：《辛亥往事》，新世界出版社2011年版。

〔14〕俞江：《两种清末宪法草案稿本的发现及初步研究》，载《历史研究》1999年第6期。

〔15〕彭剑：《"乙全本"不是"李汪宪草"》，载《史学集刊》2015年第6期。

〔16〕王晓秋：《清末政坛变化的写照——宣统年间〈汪荣宝日记〉剖析》，载《历史研究》1989年第1期。

澄、有贺长雄分别讲述帝国宪法、行政法、各国比较宪法及日本宪法实施次序等。1908年3月23日，达寿被任命为理藩部左侍郎，令其“回京供职，以出使日本国大臣李家驹充考查宪政大臣”。达寿“因讲论未毕，曾电商军机大臣”，请求将前三类内容听讲完毕再回国，得到批准。后三类内容则由李家驹接续讲论。

作为导师的穗积八束1883年毕业于东京帝国大学（现东京大学），翌年留学德国，师从宪法学家保罗·拉班德。从1897年到1911年任东京帝国大学法科大学长，后历任法制局参事官、枢密院书记官、贵族院勅撰议员、宫中顾问官等要职，在教育界、官僚界拥有强有力的发言权。他持君主绝对主义的立场，反对校友兼学弟的美浓部达吉（1873—1948年）所提出的“天皇机关说”，该学说主张天皇仅作为国家最高机关而行使统治权，而主权应属国民全体。他应嘱讲解帝国宪法可谓十分恰当，其倡导国体论，深得坚持君主专制主义的达寿所爱，直接奠定了此后《钦定宪法大纲》之基调。穗积八束将“国体”主要定义为“主权之所在”，美浓部达吉则将“国体”理解为“最高机关之所在”，达寿则完全接受了穗积八束的国体概念。[17]第一次出洋的考政大臣载泽曾亲自聆听过穗积八束的讲座。回朝之后，载泽即密奏《奏请宣布立宪密折》阐明“君主立宪大意在于尊崇国体，巩固君权，并无损之可言”之道理。“国体”之本即君上大权，这同慈禧等所理解的大清之“国本”相符。而更为完整地理解“国体”之内涵者当属达寿，[18]他忠实地表述了穗积八束的“国体论”，指出：“所谓国体者，指国家统治之权，或在君主之手，或在人民之手。统治权在君主之手中者，谓之君主国体，统治权在人民之手者，谓之民主国体。而所谓政体者，不过立宪与专制之分耳。国体根于历史以为断，不因政体之变革而相妨。政体视乎时势以转移，非如国体之固定而难改。”这显然是为清廷追随君主立宪张目。既然“国体根于历史”，“国体”便不仅具有法权之含义，还有某种历史文化内涵。达寿继而认为，“我国之为君主国体，数千年于兹矣。易曰：天尊地卑，乾坤定矣。春秋曰：天生民而

〔17〕林来梵：《国体概念史：跨国移植与演变》，载《中国社会科学》2013年第3期。

〔18〕柴松霞：《出洋考察与清末立宪》，法律出版社2011年版，第256页。

树之君，使司牧焉。五伦之训，首曰君臣。此皆我国为君主国体之明证也。”[19] 但中国传统只能证明君主制的历史悠久，而不能构建类似于日式天皇那种近乎政治神学的君权观念。皇权的忠诚拥护者，如于式枚等人对达寿的观念自然是十分赞同。

（二）达寿认可的国体观与大权政治

“国体”概念暗含了文化伦理上的本土特色，即固有与绝对之意义，具有将既有特定政治权威加以正当化的功能，符合保守主义的主张。同时，“国体”概念还可能寄寓了国家主义的宪法观，甚至强化了宪法工具主义的观念。这些都符合清廷立宪的初衷。可以说穗积八束的“国体论”成为清廷理解君主立宪制的一把钥匙，像一根救命稻草一样为清廷构建立宪蓝图提供了重要的理论依据。穗积八束认为《明治宪法》第1条即开宗明义地表达了帝国的国体，因此，《钦定宪法大纲》第1条便效仿之，明确规定“大清皇帝统治大清帝国，万世一系，永永尊戴”。后来的《宪法重大信条十九条》第1条亦规定“大清帝国皇统万世不易”。然自《明治宪法》之后，1947年5月3日施行的《日本国宪法》（又称《和平宪法》）放弃了国家主义，确立了国民主权，“国体”概念便退出了历史舞台，作为大日本帝国天皇的卫道士清水澄曾以自杀的方式表示抗议。同为清廷考察导师的清水澄曾长期供职于日本行政裁判所（行政法院），且分别于1915年、1920年、1921年先后为大正天皇、昭和天皇进讲（经筵日讲）宪法学和行政法学，可谓两朝帝师，绝对效忠于《明治宪法》，在《和平宪法》颁布后，竟选择了为大日本帝国宪法殉道。由其结合帝国宪法讲授行政法，反而进一步加深了达寿与李家驹对日本明治天皇体制的认同感。

经过详细考察和系统学习后，达寿将立宪的程序分为三种：钦定宪法、协定宪法、民定宪法。“钦定宪法出于君主之亲裁。协定宪法由于君民之共议。民定宪法则制定之权利在下，而遵行之义务在君。”而“大抵君主国体未经改革，或改革未成之国家，其宪法仍由钦定，如日本与俄是

[19] 夏新华等整理：《近代中国宪政历程：史料荟萃》，中国政法大学出版社2004年版，第56页。

也”。[20] 根据立宪程序，现实的政治运作又可分为三种类型，达寿称之为大权政治、议院政治、分权政治。大权政治，即日本天皇有较大权力、有最终决定权的政治模式；议院政治，即英国议会权力特别突出，而君主并没有实际统治权力的政治模式；分权政治，即美法两国的共和政治。选择钦定宪法，则意味着选择大权政治，赞成立宪的官员大多数持这一主张。[21] 有亲身体验的达寿则极力主张当务之急有二：“一曰政体之急宜立宪也，一曰宪法之勇当钦定也。政体取于立宪，则国本固而皇室安。宪法由于钦定，则国体存而主权固。”[22] 1908 年 8 月 7 日，达寿即奏请改行立宪政体、钦定宪法。待达寿回国时，恰逢立宪派请愿速开国会之风潮，达寿当即主张应效仿日本，先立内阁与宪法而后开国会，以保障大权政治之模式。他的理由是：若先开国会，没有责任内阁与之对待，“一或不慎，即流为英、法议院政治，与奴才所考察者微有不同。故今日急务，莫要于先立内阁，统一中央行政机关，凡内外应兴应革之事，实力举行，无留人指摘之地，庶足以保全大权政治。”[23] 清末虽然选择了“大权政治”模式，但如何处理大权政治下君主与内阁以及满汉官僚之关系，则是困扰清末官制改革的主要症结，为此竟闹出了“皇族内阁”的笑话。

建立在国体和大权政治之上的《钦定宪法大纲》虽完全接纳了日本模式，但却没有取得如同《明治宪法》那样预想的成功，除了当时颇为复杂的政局之外，根本原因在于清廷的《钦定宪法大纲》不可能完全移植体现在《明治宪法》内，以穗积八束为代表的国体为核心概念、以天皇为绝对权威的政治神学。日本明治天皇统治时期所坚持的“立宪政体”，仅仅关乎具体的权力配置，其完全依赖于“君主国体”这一政治神学基础。因此，明治时代的“国体—政体论”是一种政治整合的宪政理论，其关键不是政体，而是国体。国体的本质不是主权者，也不是制宪权，而是一个共

[20] 故宫博物院明清档案部编：《清末筹备立宪档案史料》（上册），中华书局 1979 年版，第 25~41 页。

[21] 迟云飞：《清季主张立宪的官员对宪政的体认》，载《清史研究》2000 年第 1 期。

[22] 《考察宪政大臣达寿奏考察日本宪政情形折（光绪三十四年七月十一日）》，载故宫博物院明清档案部编：《清末筹备立宪档案史料》（上册），中华书局 1979 年版，第 25、37~38、41 页。

[23] 《达寿片奏先立内阁》，载《申报》1908 年 8 月 27 日。

同体基于自我认同的政治想象。在这一层面上讲，国体是普遍的。每一种国体都承载了一个共同体的自我认同。透过共同体内部最普遍的文化忠诚，达寿等人期待完成“旧邦新造”的使命，这是清廷完全移植《明治宪法》的主要理由。但是，国体又是特殊的，一个国家的国体往往根植于本国独特的——包括神话传说、官方意识、伦理观念、生活习俗以及法政实践等在内的——历史文化传统。尽管中日一衣带水，但日本在明治维新的过程中早已超越了中国传统影响的束缚，形成了新型国家政权建设模式，如此，日本明治时代的国体论必然是不可移植的。[24] 但这更是达寿等人选择君主国体的根本原因，毕竟清廷欲要维护的也是君上大权。这既是《钦定宪法大纲》失败的症结所在，也是《钦定宪法大纲》的宿命使然。

四、日清立宪交流与达寿清末宪法文本之形成

（一）日方导师与大清国宪法的幕后推手

有贺长雄自1908年2月至1909年7月，先后分两个阶段为达寿和李家驹讲解了60回宪政。第一阶段从1908年2月4日至5月31日，主要是面向达寿，讲解内容相当于计划中的“日本立宪沿革”和“比较各国宪法”。目的是向达寿表明日本立宪是依据本国国情而对欧美诸国择善而从，以此提示清廷仿行立宪应遵循的途径与方式。第二阶段直到1909年秋李家驹回国为止，重点是向李家驹讲述官制，内容涉及官制原则、内阁官制、地方官制、地方自治、君主大权、皇室制度等。有贺长雄的讲座前后历时14个月，足以同日本专门为清末留学生开设的法政速成科相较。若考虑到清末变法首先是从改革官制和制定宪法两步开始的话，有贺长雄的讲解实在功不可没。如果说穗积八束和清水澄是从前提和立场来为清廷设计宪法的话，那么有贺长雄则从具体层面手把手教给达寿和李家驹设计大清国宪法的方法。另外，日本学者北鬼三郎还亲自为清廷草拟了宪法草案，即成稿于光绪末，定稿和出版于宣统元年（1909年）的《大清宪法案》。[25]

亲贵与留学生联手影响清廷立宪决策的过程和模式，为光宣之交一大

---

〔24〕 康向宇：《“国体—政体论”与清末立宪》，载强世功主编：《政治与法律评论》（第8辑），法律出版社2017年版，第76页。

〔25〕 彭剑：《“乙全本”不是“李汪宪草”》，载《史学集刊》2015年第6期。

政象。[26] 梁启超在1906年6月至7月间为戴鸿慈与端方代拟了5篇奏稿，即《请定国是以安大计折》《请改定官制以为立宪预备折》《请定外交政策密折》《请设财政调查局折》与《请设立中央女学院折》。[27] 清廷据此颁布了《宣示预备立宪先行厘定官制谕》，看似完全是出自梁启超之手，但据称有贺长雄当时基于私人关系，也秘密为戴鸿慈和端方起草了作为考察报告书的《欧美政治要义》。当时，戴端二人只是提出“唯地方官制须主张与清国国情最相适合之中央集权主张”的要求，其余皆为有贺长雄自由发挥。毕竟第一次出洋考政未能明确立宪之方向，仅是政改试水而已。梁启超极有可能是以有贺长雄起草的考察报告书为蓝本，经过润色而代笔奏稿的。而在第二次出洋考宪之时，应两国政府正式安排，有贺长雄又为达寿和李家驹正式制作了《宪政讲义》，该讲义不可能不受日本官方意志的影响，如建议制定宪法采取绝对秘密方式这一条。清末预备立宪的整体思路与重要步骤环节的设计，乃至宪法拟订、官制编纂，与大臣奏陈的主张十分相似，这些都足以证明大清帝国的第一部宪法的实际操刀者当是有贺长雄。有贺长雄关于立宪的主要建议是建立责任内阁制，但非议会政党政治下的责任内阁制，而是要求所有的权力最后都由天皇统揽，形成“大权政治”。这些均被采纳或利用，但直至武昌起义，均未能真正实现，其失败的关键原因在于未能妥善处理君主与内阁的关系。[28] 关于改革官制的建议，他则是强调既不偏向中央集权，也不偏向地方分权，而是根据行政事务的分配调整央地权限。[29] 这一建议对李家驹和宪政编查馆的官制改革方案也产生了重大影响，而清廷此后出台的《内阁官制暨内阁办事章程暂行谕》即由李家驹主笔。

（二）达寿选择性转述的日本宪法及影响

中日两国在近代以来的出洋考察之情形颇为一致。1871年11月日本

---

〔26〕 韩策：《宣统二年汪荣宝与亲贵大臣的立宪筹谋及运作》，载《广东社会科学》2016年第5期。

〔27〕 夏晓虹：《梁启超代拟宪政折稿考》，载陈平原编：《现代中国》（第11辑），北京大学出版社2008年版，第28~30页。

〔28〕 孙宏云：《清末预备立宪中的外方因素：有贺长雄一脉》，载《历史研究》2013年第5期。

〔29〕 李景龢、曾彝进：《官制篇》，载《近代中国史料丛刊》，台湾文海出版社1971年版，第649~650页。

右大臣岩仓具视率领使节团出洋，而后1882年3月伊藤博文再次赴欧专门考察宪法。这些历史的相似均构成了达寿等人试图在通达日本帝国宪法之历程后，效仿立宪。然就清廷皇族而言，清末变法修律之核心乃是立足于既仿行宪政又不使君权受损的政治需要。因此，同样代表皇族利益的达寿等人在推介日本宪政时，必然会大打折扣。明治天皇在位45年，达寿只以明治前22年（1889年）为止颁布宪法的内容为范本，却对《明治宪法》颁布至明治天皇去世（1912年）的后23年宪政新进展，如召开帝国议会（1890年）、成立政党内阁（1898年）、修改文官任用令及确立官僚制度（1900年）等视而不见。即便是对明治前22年宪政的模仿，如前所述，达寿等人也采取了相应的选择性变通。因为《钦定宪法大纲》并未完全抄袭《明治宪法》，相同的条文只占全部条文的34.8%，相似的条文超过56.5%，但相似不是简单地抄袭，在某些条文上还强调了中国传统特色，例如君权的范围就比《明治宪法》更大，增加了君主筹措经费之权。臣民的权利遭到了减克，比《明治宪法》更为保守，没有规定迁徙自由、宗教信仰自由与请愿自由等权利。〔30〕然而，按照日本帝国宪政路线图，明治十四年（1881年）宣布实行宪政，十八年（1885年）即组织责任内阁，二十二年（1889年）颁布宪法后一年开国会。这是清廷仿效9年为期预备立宪的根据，即在第九年（1916年）正式颁布宪法，国会则将于1917年召开。但清廷则模糊了召开国会的期限。当请愿运动如火如荼之际，到1910年11月清廷才迫不得已“著缩改于宣统五年，实行开设议院”，把9年预备立宪的期限缩短了3年，还特别说明：“此次缩定期限，系采取各督抚等奏章，又由王大臣等悉心谋议，请旨定夺，询属斟酌妥协，折衷至当。缓之固无可缓，急亦无可再急，应即作为确定年限。一经宣布，万不能再议更张。”〔31〕措辞虽极其无奈，但依然是为了维护皇权脸面。

此时，清末时局速变。戊戌变法之际，康有为在《应诏统筹全局折》（即《上清帝第六书》）就已提出“采鉴于日本，一切已足”。到预备立宪时，梁启超等人却要求比照英国实行国会，建设责任政府。由此可见，

---

〔30〕 韩大元：《论日本明治宪法对〈钦定宪法大纲〉的影响——为〈钦定宪法大纲〉颁布100周年而作》，载《政法论坛》2009年第3期。

〔31〕 金毓黻辑：《大清宣统政纪》（卷28），辽海书社1934年版，第2页。

待达寿等人回国后，立宪派的主流舆论已经由效仿日本转向了推崇英国。此后颁布的《宪法重大信条十九条》便迫不得已采用了英国式的君主立宪模式。[32] 若再加上革命派主张“排满革命”建立共和的舆论造势之影响，达寿等清廷代言人对这些时局变化竟然无动于衷，实在太过保守。可以说，按照第一次出洋考察预定的“参用各国成法，博采众长”之原则，第二次出洋考察完全不应该一门心思地效仿大权政治的日本宪政，并且一味迎合圣意，蒙蔽民意，达寿等人可谓抱残守缺，[33] 注定了清廷的立宪必将成为败局。

五、结论：清末立宪背后不可忽视的人际关系

达寿赴日考察重要之目的在于代表皇族为清末立宪寻找能够支撑“万世一系，永永尊戴”之国本。他在穗积八束、清水澄、有贺长雄等日方导师的直接传授下，完整继承了“国体”的概念和“大权政治”的理念，作为大清国宪法之维护的国本。同时，他接受了《明治宪法》的前半部分，即前22年的成果和其中有关君上大权的规定，从而决定了《钦定宪法大纲》的基调和主体，也决定了大清国第一部宪法的命运。

在赴日考察的过程中，达寿和李家驹实为一体，在有贺长雄等人的影响下，李家驹进一步为达寿提供了在大权政治下如何设计责任内阁的方案，并据此提出了官职改革建议。而在清廷立宪的过程中，达寿和李家驹，乃至有贺长雄的背后都有袁世凯的身影。因为第二次出洋考察是在袁世凯提议之下才得以成行，所以，我们很难说袁世凯没有插手对达寿等人赴日考察的提名，而作为考宪的日方导师有贺长雄此后还被袁世凯聘为幕僚。清廷立宪全程很可能是袁世凯在幕后操纵，达寿等人只是慈禧和袁世凯的傀儡罢了。总之，清末立宪风波云谲，我们通过详细考证达寿赴日考宪之起因、过程与结果，可以窥见到达寿等人之间微妙而复杂的人际关系和政治交集，及其与清末立宪注定走向败局之间的因果关系。

---

〔32〕 莫纪宏：《论日本明治宪法对近代中国立宪影响的有限性》，载《江汉大学学报（社会科学版）》2011年第3期。

〔33〕 罗华庆：《清末第二次出洋考政与“预备立宪”对日本的模仿》，载《江汉论坛》1992年第1期。

朝鲜传统法的演变与中国法

赵立新*

朝鲜是东方文明古国之一，公元1世纪以后，朝鲜半岛逐渐出现了几个较强大的政权，到3—4世纪，形成了百济、新罗、高句丽三雄争霸的局面，史称“三国时期”。7世纪时，新罗在中国唐朝的帮助下，先后征服了高句丽和百济，首次实现了朝鲜的统一。此后，朝鲜半岛先后经历后三国、高丽、李氏朝鲜三个时期。

一、朝鲜文明的形成与社会发展

朝鲜，其本意为“黎明宁静之国”，中国古代典籍中最早记述其方位的是《山海经》：“东海之内，北海之隅，有国名朝鲜、天毒，其人水居，偎人爱人。”〔1〕这种记载还非常模糊。据考古和文献记载，在几十万年以前，朝鲜半岛就出现了人类的活动。在中国进入文明社会以后，北方的居民便不断迁徙到朝鲜半岛，并先后建立起政权。最著名的是商末周初，商王族的箕子率商朝移民到朝鲜建立朝鲜国，史称“箕子朝鲜”。西汉初，燕人卫满率大批逃亡者到朝鲜，后自立为王，史称“卫氏朝鲜”。公元前108年，汉武帝派兵灭卫氏朝鲜，并在其地置四郡，此时南部尚有马韩、弁韩、辰韩三国，史称“三韩”。这一时期，汉族同朝鲜居民的联系进一步增强，中国先进的生产技术传到朝鲜，加速了古朝鲜社

* 河北师范大学法政与公管学院教授。

〔1〕 徐客编著：《山海经》（白话全译彩图珍藏版），现代出版社2016年版，第567页。

会的发展。

公元1世纪以后，朝鲜半岛逐渐出现了几个较强大的政权，3—4世纪，形成了百济、新罗、高句丽三雄争霸的局面，史称“三国时期”。公元7世纪，新罗在中国唐朝的帮助下，先后征服了高句丽和百济，首次实现了朝鲜的统一。之后，新罗政府采取了一系列政治、经济、文化等措施，逐渐确立了封建制度。公元9世纪后期，新罗王朝开始衰落，到10世纪初，朝鲜半岛再次出现后高句丽、后百济、新罗三国鼎立，史称“后三国”。公元918年，后高句丽大将王建取代旧政权，改国号高丽，到公元936年，重新统一朝鲜半岛。

高丽建国初期国力强大，曾一度把疆界延伸到鸭绿江以北，在国内进行了一系列改革，许多政治、法律措施为以后所继承。13世纪中叶，在蒙元军队的打击下，高丽王朝被迫降服，这一时期朝鲜的许多措施带有明显的元朝痕迹。元末农民大起义爆发后，高丽乘机摆脱元的统治。1392年，高丽大将李成桂夺取政权，改国号为朝鲜，由此开始了朝鲜最后一个王朝李氏朝鲜（1392—1910年）的时期。李氏朝鲜是朝鲜封建社会由鼎盛走向衰落时期。

二、朝鲜法的起源与中国法

根据文献记载，朝鲜法律开始于箕子建立的朝鲜时期，当时，箕子在朝鲜推行殷商的政治制度和生产、生活方式，制定了“犯禁八条”，这是朝鲜历史上最早的法律规定。据《汉书》记载：“殷道衰，箕子去之朝鲜，教其民以礼仪，田蚕织作，乐浪朝鲜民犯禁八条：相杀以当时偿杀；相伤以谷偿；相盗者，男没入为其家奴、女子为婢，欲自赎者，人五十万。虽免为民，俗犹羞之。”〔2〕据以上记载，有学者认为“犯禁八条”实际只有三条。如安鼎福在《东史纲目》中引李睟光的话说：“箕子八条，只有三条，或疑并五伦为八云”〔3〕。但也有学者认为“犯禁八条”实为八条，即禁杀之约、禁伤之约、禁盗之约、禁布相侵犯之约、禁邑落相侵犯之约、

---

〔2〕（汉）班固撰：《汉书》卷二十八下《地理志第八下》，（唐）颜师古注，中华书局1962年版，第1658页。

〔3〕《东史纲目》卷一上。转引自杨鸿烈：《中国法律在东亚诸国之影响》，中国政法大学出版社1999年版，第24页。

禁同姓婚之约、禁淫之约、禁忌之约。[4] 但不管其内容为几条，这一规定是箕子把殷商发达的法制文明与当地习俗相结合的产物，它是朝鲜早期的法律，对以后朝鲜法的发展产生了重要影响。

进入三国时期后，朝鲜的法律主要以不成文的命令和习惯为表现形式，但由于流传的记载较少，对此时的法律仍缺乏完整的了解。据《三国史记·高句丽本纪》记载，4世纪时，佛教由中国前秦传入高句丽，373年高句丽王颁布律令，确立了较完整的国家体制，可以推测，此时的法律受到了魏晋法律的很大影响。

百济在公元3世纪开始建立起较完备的国家，虽然没有颁布律令的记载，但据《后周书》《旧唐书》等记载，百济曾有法律规定：官员受贿赂者三倍罚款，反叛者杀其全家，杀人者以奴婢三人偿罪等。由于儒家思想最早经百济传入日本，可知百济法律与文化亦必深受中国之影响。

在三国之中，新罗的政治和法律发展较晚，大约在520年始公布律令，定官员服制服色，立尊卑上下之序，但新罗发展得很快，特别是统一朝鲜半岛以后，新罗模仿唐朝的政治法律制度建立了较完善的政治法律体系。据《三国史记》载："新罗官号因时沿革不同，其名唐夷相杂，其曰'侍中''侍郎'等者皆唐官名……"可见新罗法制受唐朝影响之大，日本泷川博士所著《唐之法制》有云："唐时首都长安有新罗留学生260人，可知唐之法制输入新罗殆为无可怀疑之事。"[5] 可惜当时的法律条文没有保存下来，唯从1933年日本正仓院发现当时的新罗籍帐可知：在全盛时期，新罗的律令实施曾延伸到自然村落，他们作为一级行政单位负责征收租税和劳役。[6]

统一的新罗王朝是朝鲜历史上第一个封建王朝，与以后各王朝相比，其法律制度大都与政治制度结合在一起，还非常不完善，但许多法律制度为继起的高丽王朝所继承。

---

〔4〕 张博泉：《箕子"八条之教"的研究》，载《史学集刊》1995年第1期。

〔5〕 杨鸿烈：《中国法律在东亚诸国之影响》，中国政法大学出版社1999年版，第27页。

〔6〕 ［日］西尾昭：《韩国的法律与文化》，启文社1993年版，第89页。

三、高丽王朝的法律与中国法

高丽王朝（918—1392年）在936年重新统一朝鲜半岛后，在政治体制、法制建设中一方面继承新罗旧制，同时进一步吸收中国先进文化，从而形成了许多具有特色的政治法律制度。

高丽王朝时期大体相当于中国的五代、宋、元、明初期，在这一时期，中朝之间的联系进一步加强，特别是在宋朝时，正如杨鸿烈先生所言，“宋之对高丽较前代尤能深进一层，故高丽虽名为属国，而实无异于域内，中国文物遂愈盛行”。[7] 正是在这种背景下，高丽王朝的法制建设在移植中国法的基础上得到了发展。

高丽正式移植中国政治制度大约开始于第五代国君太祖时期，当时，高丽在实现了半岛统一之后，中央权力大为加强，太祖在继承新罗和后高句丽制度的基础上，模仿唐制，在中央设三省、六部、九寺、六卫等机构，在地方对各州、府、郡、县进行整理。第六代国王成宗时，进一步模仿唐朝改革兵制、刑制、税制、田制，经过这些改革，朝鲜俨然建立了一套“海外小中华体制”。[8]

就法律而言，正如《高丽史·刑法志》所云，“高丽一代之制，大抵皆仿乎唐，至于刑法亦采《唐律》，参酌时宜而用之……总七十一条，删烦取简，行之一时，亦不可谓无据[9]。”在这七十一条中，包括令两条和名例律及以下十二篇之律文六十九条。对于高丽律和唐律在条文上有如此重大差别的原因，有学者认为：一是因当时高丽朴素单纯的社会状况，二是不容易摆脱新罗流传下来的习惯法，所以只在必要的规范上继承了唐律。[10] 除唐律外，高丽律也受到了宋代法律的影响，如折杖法可以说是宋代法律的特色，在高丽律中也有类似的规定，但在刑法上存在一些细小的差别，如宋刑统中笞四十可以折杖八，高丽律则折杖九。至于其他杖

---

〔7〕 杨鸿烈：《中国法律在东亚诸国之影响》，中国政法大学出版社1999年版，第33页。

〔8〕 ［日］西尾昭：《韩国的法律与文化》，启文社1993年版，第89页。

〔9〕《高丽史》八十四《志》卷第三十八《刑法一》。转引自杨鸿烈：《中国法律在东亚诸国之影响》，中国政法大学出版社1999年版，第34页。

〔10〕 韩相敦：《高丽律初探》，载张晋藩主编：《20世纪中国法制的回顾与前瞻》，中国政法大学出版社2002年版，第367~372页。

刑、徒刑、流刑等折杖也与此类似。只是高丽律有赎铜法，所有的刑罚均可赎钱，而宋律没有。另在其他规定以及立法技术方面宋律的影响也广泛存在。〔11〕

由于高丽律条文简单，因此在适用上出现一些问题，前记《高丽史·刑法志》对其实行的成效记载说："然其弊也，禁纲不张，缓刑数赦，奸凶之徒脱漏自恣，莫之禁制，及其季世，其弊极矣，于是有建议杂用元朝《议刑易览》《大明律》以行者，又有兼采《至正条格言行事宜》成书以进者，此虽切于救时之弊，其如大纲之已堕，国事之已倾何？"〔12〕其实，在元朝征服高丽后，高丽的官职和法律均已受到元制的影响，但没有出现高丽继受元律的统一法典。

正是高丽律条文的简单以及没有对元律大规模的继受，在明朝建立后，高丽朝廷内出现了主张实行明律的"亲明派"和保守的"亲元派"之间的争论，在这种争论中，出现了参照元《至正条格》和《大明律》起草的新法律草案，但随着明朝逐渐取代衰落的元朝，高丽政府内援用明律的呼声不断提高，《大明律》在高丽的影响逐渐增大，但由于不久高丽王朝灭亡，对明律全面继受的任务落在了新兴的李氏朝鲜身上。

由于高丽王朝建立了较强的中央集权体制，因此，为了惩罚危害国家政权和王权的反叛者，巩固以尊重人伦的社会规范为基础的社会秩序，高丽王朝在建立不久即模仿唐律制定了高丽律，但由于高丽社会分为作为统治者的贵族阶级，被统治者的庶民和贱民阶级，这些人的权利和地位存在很大差别，包括国王和各级官吏及其子孙在内的贵族阶级享有各种特权，如他们在犯罪时，根据级别和功劳大小可以享受减刑和免刑的特权。广大庶民阶层要承担各种服役，虽然他们也可以应试科举，但其身份是有限制的。而处于最底层的贱民地位最低，其中的奴婢更是和物品一样可以买卖、继承、转让，而这一切也不能不影响到法律的适用。

〔11〕韩相敦：《高丽律初探》，载张晋藩主编：《20世纪中国法制的回顾与前瞻》，中国政法大学出版社2002年版，第367~372页。

〔12〕《高丽史》八十四《志》卷第三十八《刑法一》。转引自杨鸿烈：《中国法律在东亚诸国之影响》，中国政法大学出版社1999年版，第34~35页。

另外，作为高丽王朝法律的法源，除高丽律外，历代国王颁布的教、旨、判以及各衙门的格、式、榜、状、禁令等也具有法律效力，同时还有不成文的习惯法。

四、李朝的法律与中国法

高丽王朝末期，大将李成桂逐渐掌握了政权，他通过推行科田法等土地改革措施，获得了众多官吏和贵族的支持。1392 年，在大小官员的拥戴之下，李成桂取代高丽王朝建立新的政权。为加强与新兴明王朝的关系以及获得王权的合法性，李成桂在其即位之初，既派使赴明请求承认，不久又遣使赴明请于“朝鲜”“和宁”两语中择一为国名（和宁为李成桂出生之地），明太祖以朝鲜为箕子旧号，故宁取朝鲜而舍和宁，于是高丽遂改称“朝鲜”。故《明史》记载：“朝鲜在明，虽称属国，而无异域内，故朝贡络绎，锡赉便蕃，殆不胜书。”〔13〕李朝与明朝关系之密切可见一斑。

由于李成桂比较崇拜明制，并注重加强与明朝的关系，因此，在高丽末期开始沿用的《大明律》无疑也被李朝沿用。此后，李氏朝鲜便开始了以法制为基础的制度建设时期。李朝制度建设的指导思想是中国的儒家思想，特别是朱子学最受推崇。礼作为儒家思想的重要组成部分，构成了各种实体法的基础，而法仅仅是礼治的一种辅助手段。对此，朝鲜王朝的著名思想家茶山丁若镛在其论著《经世遗表》中说：“兹所论者法也，法而名之曰礼，何也？先王以礼而为国，以礼而导民，至礼之衰而法之名起焉。……先王以礼而为法，后王以法而为法，斯其不同也。”〔14〕可见法与礼不仅是统一的，且礼的价值高于法。在高丽王朝时期的法虽然也贯穿了礼刑思想，但当时的法律主要是国王法令和习惯法，而没有进行统一的法典编纂，对中国唐宋元的法律也只是部分的继受。与高丽不同，李氏朝鲜法制的特征是制定统一法典并在此后不断进行编纂，以及对中国大明律全面继受，因此，有学者称这一时期为“统一法典时代”。〔15〕

---

〔13〕《明史》卷三百二十《外国列传》之“朝鲜”条。转引自杨鸿烈：《中国法律在东亚诸国之影响》，中国政法大学出版社 1999 年版，第 72 页。

〔14〕［韩］朴秉濠：《韩国法与伦理道德》，载《法学家》1993 年第 3 期。

〔15〕［日］西尾昭：《韩国的法律与文化》，启文社 1993 年版，第 105 页。

奠定李朝法律基础的著名法典是《经济六典》和《经国大典》。其中《经济六典》于1397年完成，在此之前的1394年，大臣郑道传曾参考元朝的《经世大典》，并以《大明律》为基础编纂了《朝鲜经国典》，献给太祖李成桂。该书模仿中国周六典，各典规定了具体掌管的事务，并把统治理念予以具体化。正是这部私人编纂的法典促进了朝鲜官方的编纂工作。此后，太祖在政府的都评议使司设检详条例司，并命大臣赵浚以国王诏旨和各部门条例为基础，根据朝鲜王朝的实情进行典章编纂，该典章于1397年完成。由于没能保存下来，其详细内容已不可知，大致在内容上仍按六典体例，分吏、户、礼、兵、刑、工六典，由于编纂时间较短，许多单行法令原文收录，缺乏一般的概括，因此，在三年之后的1400年开始了修改工作，到1413年除进行了原典的修改外，还完成了《经济六典续典》，后来则把原典称作“原六典”，后者称作“续六典”。[16]

从表面看，朝鲜的法典体系得到了整顿，但随着时间的推移以及随之而来的政治制度的变化，原典和续典之间以及法典和新法令之间的矛盾和抵触不断出现，虽然政府采取了许多措施，如规定出现矛盾以原典为准，逼不得已时，在原典之下附加小注等以保持法典的统一，但这并不能从根本上改变这一问题，因此，世祖在1455年继位后，开始酝酿编纂新的法典。

新法典的编纂由大臣崔恒和金国光负责，他们根据当时国家的六曹制度，借鉴《经济六典》（实际是《大明会典》的方式）的编纂方式，把新法典也分为六部分：吏、户、礼、兵、刑、工六典，各典分别规定相应曹的职制和管辖范围，整部法典于1468年完成，1470年正式实施。后又几经修改，到1485年第四次修改后再次颁布实施的大典，终于被政府规定为国家的基本大法，并作为祖宗成宪永世不变。这就是保留至今的《经国大典》，也是朝鲜所存最早的法典。此后，虽有所谓《大典续录》《续大典》不断颁行，但大都是对原大典的修正补续。

《经国大典》虽然采用了《经济六典》的编纂方式，但两者在条文上有很大差别，与后者相比，《经国大典》的体系更加完整，条文的前后矛盾较少，有许多一般性条款等。这主要是后者经历了几十年的编纂修改，

〔16〕［日］西尾昭：《韩国的法律与文化》，启文社1993年版，第107页。

编纂技术已经成熟。

由于《经国大典》是一部综合性的大典，刑法只是其中的一小部分，内容也不完善，因此，在李朝作为刑法法源的主要法律仍是《大明律》，对此，杨鸿烈先生曾考证说："《经国大典》《续典》诸书《刑典》之条文较之《大明律》极为简单，故甚不完备，只能有补充法令之价值，而非即当时现行法之主体"，"是李朝之法典以《大明律》为主，而以《经国大典》等为其补助"。[17] 直到近代朝鲜编纂《刑法大全》时仍参照《大明律》，可见《大明律》在朝鲜之影响。

除《经国大典》《大明律》以外，国王的命令也具有法律效力，在李朝，国王的命令被称作"教旨"，所有的立法均通过国王命令的形式实现，这正是专制主义中央集权的体现。

由此可见，在李朝的社会与法律中，成文法占有非常重要的地位。但其调整范围主要在刑事领域，大量的民事纠纷通过习惯法来进行调整，并且，在儒家"德主刑辅"思想的影响下，法律变成了实现德治的工具。作为礼之体现者的国王和官僚成为法律实现的主体，广大人民不过是接受法律适用的客体。

纵观朝鲜古代的法律具有如下特征。第一，朝鲜古代的法律文化深受中国传统法律文化的影响。从传说中的"箕子八条"到李朝的《经国大典》，几乎都是对中国古代法律的模仿，特别是高丽和李朝的法律，从编纂法律的指导思想到法律条文乃至法律解释，无不体现了对中国法律的移植，甚至出现了像《大明律》这样直接在朝鲜适用的法律。正是在这一基础上，大部分中朝学者都认为，古代的朝鲜法律是中华法系的重要组成部分。第二，朝鲜古代的法律体现了公开的不平等。如早在新罗时期，统治集团为巩固其特权地位，就确立了被称为"骨品制"的等级制。三家王族属于最高的"圣骨"，大小贵族属于不同的"真骨"，各骨品之间不得通婚，而被剥削的农民和奴隶不被列入骨品。[18] 在李朝，封建社会的身份制度是以封建阶级关系为基础，用法律形式固定下来的。封建的等级复杂，区别森严。国王以及文武官吏是特权阶层，被统治阶级又分为良人、

---

〔17〕 杨鸿烈：《中国法律在东亚诸国之影响》，中国政法大学出版社1999年版，第74页。

〔18〕 参见何勤华、李秀清主编：《东南亚七国法律发达史》，法律出版社2002年版，第179页。

身良役贱和贱人阶层，介于官民之间的被称作“中人层”。奴婢被分为公奴婢和私奴婢两种，处在最底层的是贱民。不同的等级其权利义务也不同。第三，在朝鲜古代法律当中，习惯法一直占有重要地位。虽然自高丽王朝开始，特别是在李朝时期，统治者比较注重成文法的编纂，但直到封建社会末期，习惯法一直占有较大的比重，许多成文法也正是在习惯法的基础上发展起来的。

五、近代以后西欧法的导入与中国法

（一）甲午战争前朝鲜的法制改革

朝鲜对外开放以后，东西方各种思潮先后涌入，近代文明的影响不断增强，从而使朝鲜各阶层人士的思想意识发生了很大的变化。当时，《万国公法》和《公法便览》等汉译法学著作传到朝鲜后，许多知识分子广泛阅读了这类著作，众多有识之士为改变朝鲜的落后状况，寻求自强之路，积极吸收西方先进思想，逐渐形成了社会上最为活跃的开化思潮。

“开化”一词语出自中国儒家经典《易经·系辞传》中“开物成物”和《礼记·学记》中的“化民成俗”，意指弃旧图新，开化改革。[19] 这一时期，许多人主张效仿中国和日本，提倡改革，因此，这一活动被称为开化运动。其中，以官僚朴圭寿、金允植等为代表的开化派，以清朝洋务运动为楷模，主张“中学为体，西学为用”“东道西器”，对外则主张“以夷制夷”，继续维持中朝两国的宗藩关系，并与欧美日本等国建交通商，逐渐改革内政，寻求国家富强。这些人被称作改良派或温和开化派。而青年官员金玉均、洪英植等人则认为应当效仿日本，终止中朝两国的宗藩关系，实现迅速变革，这些人被称为“独立党”或“激进开化派”。

1884年12月4日，金玉均等激进派在日本的支持下发动政变，他们诈称清军作乱，诱骗高宗下诏，召日本公使率兵保护。之后，政变分子成立新政府，通知各国使馆，颁布预拟的政府成员名单，并宣布结束与清国的封建藩属关系，朝鲜独立。

---

〔19〕 白新良主编、王薇等著：《中朝关系史：明清时期》，世界知识出版社2002年版，第421页。

12 月 6 日，颁布新政纲十四款，主要内容有：废止对清朝的朝贡制度，废除门阀、人民平等，改革地租，任官唯贤、惩办贪官，废除内侍府和宦官制，改革巡警及军制，设立内阁制度等。由于激进开化派缺乏群众基础，又有日本势力参与其中，因此，政变遭到朝野的强烈反对，在广大人民和驻朝清军的支持下，新政府仅维持了三天即告失败。激进开化派反对清朝政府对朝鲜的控制，但却没有意识到日本的侵略扩张野心，因此，他们勾结、依靠日本的行动，实际是在引狼入室。

政变被平息后，日本加紧了武力入侵朝鲜的图谋。1894 年 7 月，朝鲜爆发东学党领导的起义，朝鲜政府请求清政府出兵支援，日本趁机出兵朝鲜，中日甲午战争爆发。随后，日军攻入朝鲜王府，逼迫国王建立了亲日政府。在日军武力的威胁下，朝鲜新政府宣布废除与清朝签订的一切条约，朝鲜请求日本从其领土上驱逐清军。此后，朝鲜国王和政府处于日军的监护之下。

但这一时期，朝鲜举国上下亲清反日的情绪依然十分高涨，许多朝鲜官员都秘密与清朝方面联络，计划里应外合驱逐日本侵略者。各地沉寂下去的农民军也纷纷再举义旗，而新政府的官员也并未完全按日本人的意志行事。正是在这一背景下，七至十月间，朝鲜新政府设立军国机务处，推出了一系列改革措施，制定和发布了二百多件重要的内政改革法令。这些改革主要分为两大类。第一类是官制改革，主要包括：新订官制，政府设总理大臣、左右参议等；内阁六曹改为八部，设内务、外交、度支、军务、法务、农商务、学务、工务八衙门，各部设大臣、协办、参议、主事，废除科举考试，改革选官办法等。同时实行宫府分离，将王室宫中事务与国家行政事务分离。在地方政务方面，将全国划分为八道二十三府。第二类是社会经济等方面的改革，主要包括：允许官员经商，废除官民之间的身份差别，废除奴婢制度，开豁贱民，禁止早婚，规定男女的最低婚龄分别为 20 岁和 16 岁，保障寡妇的婚姻自由，废除连坐制等。这次政治改革在朝鲜被称为“甲午更张”。

（二）“甲午更张”后日本控制下的法制改革

由于“甲午更张”的各项改革并不像日本人所期望的那样，因此，日本对这种改革极不满意。同年 11 月，新任驻朝全权公使井上馨向朝鲜提出了《内政改革纲领二十条》，裁掉军国机务处，收回大院君的权力，在各衙门聘请外国顾问（实际是日本顾问）。同时，井上还重新改组政府，安插亲日派大臣掌权等。

此后，在日本二十条的基础上，朝鲜政府制定了具有基本法性质的《洪范十四条》，内容包括：割断依附清国的虑念；确立自主独立的基础；确立王位继承权；由国王亲政，并禁止后妃宗亲干政；王室事务与国家事务分离；确定各机关的职权；制定法定税率；财权归度支部专管；削减王室和各机关的经费；确立预算和财政制度，改革地方制度并限制地方官的职权；向海外派遣留学生；确立征兵制和军事制度；制定民法和刑法；打破门阀选用人才。[20] 该法律的中心点是割断与清朝的关系，排除后妃和宗亲干政，并由国王亲政，这样就便利了日本的控制。此后，朝鲜政府在日本顾问的参与下，以日本法律为蓝本进行了众多的法典编纂和法律汇编，如1896年的《法规类编》，1907年的《现行大韩法规类纂》和1910年的《现行韩国法典》等，其中最著名的是1905年的《刑法大全》。

《刑法大全》是参考了《大典会通》《大明律》以及“甲午更张”后朝鲜政府颁布的法令制定的，在形式上采用西方的法典编纂体系，共5编680条。该法虽然受到了日本法的影响，但并没有模仿日本刑法，在思想上仍以东亚传统的客观主义刑法思想为基础，这表明了当时朝鲜的立法仍享有一定的独立性。

在民事法的领域，朝鲜政府先后制定了《家契发给规则》《民籍法》《利息条例》以及《关于民事诉讼的规定》等单行法规，尽管这些法律还很不充分，但毕竟是近代法制的开端。除此之外，在其他没有制定近代化法的领域仍然适用朝鲜的传统法律。

在司法领域，根据日本顾问的建议，朝鲜政府对中央和地方的官制进行了改革，主要包括：司法权脱离行政权独立，设立法院并采用二审制，第一审法院为地方法院和开港地法院，第二审法院为高等法院和巡回法院，另有特别法院专门负责审判关于王族的刑事案件。警察制度也实行中央的一元化领导，在中央模仿日本警视厅，设立警务厅，在地方设警察署。同时还对地方制度进行了改革。

与此同时，1897年，朝鲜国王为恢复自主政治，在7月，改元光武。

---

〔20〕［日］西尾昭：《韩国的法律与文化》，启文社1993年版，第105页。

9月，国王李熙即皇帝位，改国号“大韩”，并宣布发展教育，设立中枢院作为接受民意的机关等。1899年，制定了韩国历史上最早的宪法性文件——《大韩国国制》，该法案由9条组成，主要包括：把国号由朝鲜改为大韩，规定国家形式为君主制，强调王朝500年的历史传统以及万世不变的专制政体等内容。法案对君主的权限做了例示，主要有：君主称大皇帝，握有统帅、立法、行政、文武官的任命、外交等大权，对于议会法律未做任何规定，这表明该法主要是为加强皇帝权力而制定的。[21]

《大韩国国制》的制定以及韩国政府进行的各项改革，对朝鲜法的近代化起了一定的推动作用，但由于日本政府的侵略扩张野心以及朝鲜封建王朝的内部斗争，使许多法制的变革不能持续，其效果更是大打折扣。

日俄战争爆发后，日本加强了对朝鲜的控制，1904年，日本逼迫韩国签订第一次日韩协约，规定韩国政府设日本顾问，负责监督韩国的外交和财政。1905年10月，伊藤博文赴韩，以武力相威胁，再次强迫韩皇与诸大臣签订第二次日韩协约（即《乙巳保护条约》），规定：韩国政府的外交权由日本负责，韩国与他国签订条约必须经日本同意并由日本政府负责；日本政府在韩国设“统监”作为日本政府的代表，统监驻首都，可以自由觐见韩皇，必要时，统监可以在各开放港口及其他地点设理事官；日韩间现存条约或法规与本条约抵触者无效等。通过这一条约，朝鲜实际沦为日本的保护国。

1907年，第三次日韩协约签订，根据该条约，日本获得了韩国的法令制定权。随后，伊藤博文派遣梅谦次郎着手韩国的法制改革。从此，韩国的法制改革失去了自主性。1907年，《现行大韩法规类纂》发布。1908年，作为近代立法的《法院组织法》颁布，该法规定韩国法院出上到下依次为大审院、控诉院、地方法院、区法院，但法官一般由日本人担任。1909年，根据日韩签订的《关于将韩国的司法及监狱事务委托给日本政府的备忘录》，设立了统监府法院，日本掌握了韩国的司法权。

1910年7月，韩国内阁会议决定日韩合并，随后签订《日韩合并条约》，日本正式吞并韩国，韩皇被废为李王，韩国沦为日本的殖民地。此后至1945年日本投降之前，朝鲜进入了适用日本法的时期。

---

〔21〕［日］西尾昭：《韩国的法律与文化》，启文社1993年版，第142~143页。

总之，19世纪中期以后，朝鲜的封建统治日趋衰落，随着西方殖民者对东方国家的入侵，朝鲜的国家主权逐渐遭到破坏，在法律领域也开始了对西方法律文化的吸收，但1905年制定的《刑法大全》仍然参考了《大明律》，可见中国法律对朝鲜影响之深。

礼法文化中的“情实”问题及其巫术渊源*

郑　智**

以将道德和法律进行清晰界划的学术观点而著称的西方分析实证主义法学派，对旨在追求法律现代化的中国法律人产生了深远影响。他们由此对照礼法文化背景下的传统中国社会，对充斥着强烈道德元素的礼制传统与法律体系无间离的融合现象诟病不已。究其缘由，论者又多归之于“家国同构”的封建制宗法政治社会结构。〔1〕然而正如众所周知的那样，封建宗法政治的社会结构早在秦代以来就已被皇权主导下的郡县官僚体制所继替，〔2〕而道德礼制对法律的全面渗透却肇端于汉代董仲舒的“春秋决狱”。这说明，社会结构对“道德法律化”和“法律道德化”的礼法文化的影响并非是决定性的，从思想史的角度来看，其背后的认知结构和思维模式或许是能与社会结构形成互赖性的决定性因素。

关于中国人思维模式问题的研究成果目前已很丰富，论者多是受到法国思想家米歇尔·福柯中晚期研究成果中所经常使用的“身体政治”这一分析性概念的启发，由大量的中国古代文献资料中萃取出了“身体思维模式”这一有别于西方抽象逻辑思维模式的独特概念，并用于分析传统中国

* 基金项目：教育部2016年度人文社会科学青年基金项目“礼法文化的巫术渊源”（16YJC820055）。

** 浙江农林大学法政学院副教授，法学博士。

〔1〕 梁治平：《寻求自然秩序中的和谐——中国传统法律文化研究》，中国政法大学出版社1997年版。

〔2〕 ［日］谷川道雄：《中国中世社会与共同体》，马彪译，中华书局2002年版，第68页。

独特的宇宙观、心性论和社会政治论。[3] 然而，对于身体思维模式在道德和法律相混融的礼法文化中所起的决定性影响，目前却鲜有论及。

有鉴于此，本文拟定的研究目标如下。首先，就礼制传统规制下身体思维模式所表现的独特内涵、“身体”的观念、身体隐喻思维在表达礼制的仪式与内在义理方面所起的独特作用等问题进行详细论述，这构成本文的第一部分。其次，在道德礼制与法律体系融合后，中国古代的司法官吏在具体案件的司法审断中，表达出了迥异于现代法官的对案件“情实”问题的特殊兴味，其背后亦是受着身体思维模式的支配，揭示这一问题及其背后身体思维模式的具体运作，构成了本文的第二部分。最后，我们从既有的相关研究成果中发现，在中国古代身体思维模式的影响下，诸如“自然”与“人文”、“身”与“心”以及“个人”与“社会”等诸多两极之间皆存在部分与部分、部分与整体上的互渗性因果关联。[4] 这恰与人类学者所研究的原始初民时代巫术中所包含的具有神秘互渗性质的原始思维模式具有相同的特质，而更为“巧合”的是，无论是中国的礼制还是法律，其源起竟也都与原始巫术活动具有深切的历史性关联，揭示礼法文化中的身体思维模式与巫术中所包含的原始思维模式之间的渊源关系，构成了本文的第三部分。

一、礼制规制下的身体思维模式

（一）作为隐喻形式的身体思维模式

与现代西方纯理论的抽象逻辑思维相比，传统中国人更擅长从具体事物出发进行思考，并且能够将两种同构型的事物或现象进行关联，进而以类比的形式由已知推论出未知。《周易·系辞下》曰：

> 古者包羲氏之王天下也，仰则观象于天，俯则观法于地，观鸟兽之文，与地之宜，近取诸身，远取诸物，于是始作八卦，以通神明之德，以类万物之情。

这段文字很有代表性，它假定宇宙万物的表象差异之下，潜藏着能够

〔3〕 萧延中：《“身体”：中国政治思想建构的认知基础》，载《中国人民大学学报》2005年第6期。

〔4〕 黄俊杰：《东亚儒学史的新视野》，华东师范大学出版社2008年版，第246~248页。

“类通”的“文法”（所谓“德”或“情”），并且以人的身体为中心和坐标，通过“近取诸身”，可以达到“远取诸物”的无限联系。这种以个人自己的“身体”为认知的基点，通过对自身结构和功能的感知和体认，而达到类通万物的思维模式，即是我们这里所讲的“身体思维”。吴光明教授也曾对“身体思维”的概念有过一段详尽的表述：〔5〕

“身体思维”乃是身体情况中的思维，也就是透过身体来思想。身体体现的思维与身体联结；在这种情况下，思想活出了身体，而身体也活出了思维。身体思维是弥漫于身体中的思想，它与自无何有之乡出发的思考完全不同。这种所谓出自无何有之乡的思考方式，是一种无关身体的、数理逻辑式、不占空间的、缺乏历史而具有普遍性的思考方式。所谓用身体的方式思想，就是藉由身体的观点和样态来思想，也就是由身体所活出的思维，它和理念型思考者的理论思考截然不同。

“身体思维”既是身体体现的思维，又是用身体的方式进行的，这两项特征密切地互相渗透，使得身体及其思维构成一完整整体，以至于我们无法分辨什么时候这种思想是身体体现的，什么时候则是用身体方式进行的。身体思维乃是锁定在体内重心的思维，它和那种无关身体的抽象思想正好相反。

在这段表述中，身体思维是以认知者自己的身体作为直接和基础的参照系和预设结构，由“身体”的系统和结构去联想外界事物。此时，外界事物只是个人身体的一种外推性理解的结果，主-客体之间由此建立起一种同构的、鲜活的有机整体模型。这与近代西方自笛卡尔以来所形成的身心二元的机械论认知模式迥然相异。

在笛卡尔以来的身心二元认知模式中，无论是经验事实的验证方法还是形式逻辑的分析方法，认知主体与客观认知对象之间都会形成一种主-客对立的模式，尤其是以抽象命题或公理为前提的逻辑分析方法，甚至要将基于认知主体所感知的经验事实因素的影响排除在外，只就概念之间内涵和外延的加减进行系统的归纳或演绎，这就进一步拉开了主-客认知之间的距离。〔6〕而在主-客同构的身体思维模式中，“身体”是认知者感知

〔5〕 黄俊杰：《东亚儒学史的新视野》，华东师范大学出版社2008年版，第302页。

〔6〕 杨仁寿：《法学方法论》（第2版），中国政法大学出版社2013年版，第22页。

最直接和最细腻的物件，视觉、味觉、听觉、触觉的感受以及由此激发的内心情感成为建立主-客认知之间的最便捷桥梁。由于缺少逻辑链条的连接，“身体”与认知对象之间只能采取一种“类通”的方式予以衔接，这种方式也被称为“身体隐喻思维”。《论语·雍也》中孔子曰：“能近取譬，可谓仁之方也已”，《孟子·尽心上》中孟子也说：“四体不言而喻”。在身体隐喻的思维结构里，身体作为喻旨的载体，承载着所论证对象外显或内涵的意义，衔接二者的是具有类比意义的“好像”（as if）而非逻辑实证当中具有客观实在意义的“是”（be）。这也即是说，身体隐喻思维无法像逻辑实证主义那样，可以通过经验的方式，推导出像自然“因果”中那样的客观联系。它是通过将外部事物以类比的形式涵摄到自我“身体”的感知和内心的情感中的方式，来建立与认知对象之间的实在关系的。

（二）“身体”的观念：精神化的身体和社会化的身体

身体作为自我与世界关系的接触点和聚合点，具有向内和向外两个视角。向内而言，“身体”是由五官、四肢、躯干及各种脏器等组织器官构成的，这些有关身体组织的结构和功能的观念构成了我们在此要探讨的身体观的一部分；向外而言，身体是获取外部资讯，进行情感交流，产生交互行为，建立社会关系的基础，更有甚者，身体也会与天地鬼神感应互通，这些构成身体观的另一部分。

无论从哪一视角看，中国人身体思维中的“身体”（body）都应具有双重属性，既指具有生理官能的“肉体”（flesh），也指具有思想官能的“心体”（heart）。如同耳听目视的生理官能一样，“心”（mind）的思想也是来自于“心体”（heart）的脏器。只不过，相较于身体的其他官能，心体更有程序和价值上的优先属性，在这一问题上，先秦儒家的孟子和荀子存在分歧。《孟子·告子上》中孟子在与其学生公都子的一段对话中，阐述了自己对身体区分的看法：

> “公都子问曰：‘钧是人也，或从其大体，或从其小体，何也？’曰：‘耳目之官不思，而蔽于物。物交物，则引之而已矣。心之官则思，思则得之，不思则不得也。此天之所与我者，先立乎其大者，则其小者弗能夺也。此为大人而已矣。’”

孟子将身体区分为“大体”“小体”。“大体”指心，“小体”指耳目之

官。心能思考且不蔽于物，因此能够统率欠缺思考且蔽于物的耳目之官。心能思考，则使一切价值意识源自于内，“仁义礼智，非由外铄我也，我固有之也。”人的“恻隐”“羞恶”“辞让”“是非”之“心之四端”与“仁”“义”“礼”“智”一一相应，皆源自于内，扩而充之，德润四体，完成“践形”。更与社会大众声气相求，“与民同乐”，求天下之大利，实现政治生活上的“王道”。正是通过由内而外的“扩充”，天地宇宙“万物皆备于心”的理论方才得到了证实。

荀子也强调“心”相对于耳目之官的优先性和支配性。但荀子却将身体分为“天官”和“天君”。“天官”指耳目口鼻等，“天君”指心。由心控制主宰耳目口鼻。《荀子·天论》中荀子论道：

“天职既立，天功既成，形具而神生，好恶、喜怒、哀乐臧焉，夫是之谓天情。耳、目、鼻、口、形，能各有接而不相能也，夫是之谓天官；心居中虚，以治五官，夫是之谓天君。”

在《荀子·解蔽》又论：

“心者，形之君也，而神明之主也，出令而无所受令。自禁也，自使也；自夺也，自取也；自行也，自止也。故口可劫而使墨云，形可劫而使诎申，心不可劫而使易意，是之则受，非之则辞。”

由荀子的这两段话可知，“心”是人的内在自主意识。荀子和孟子都没有忽略这一点。只不过孟子更加强调“心”的内在超越性，持由内而外顺取之姿态；而荀子则更加重视礼制对于“心”的外在的导引和规制，持由外而内逆觉之姿态。《荀子·修身》中荀子又说：

“凡治气养心之术，莫径由礼，莫要得师，莫神一好。夫是之谓治气养心之术也……礼者，所以正身也；师者，所以正礼也。无礼，何以正身？无师，吾安知礼之为是也？礼然而然，则是情安礼也；师云而云，则是知若师也。情安礼、知若师，则是圣人也。故非礼，是无法也；非师，是无师也。不是师法，而好自用，譬之是犹以盲辨色，以聋辨声也，舍乱妄无为也。故学也者，礼法也；夫师以身为正仪，而贵自安者也。”

荀子经由“礼义师法之化”，将外部社会习俗的教化价值内化为身体的一部分，使得生理性的身体得以“身体社会化”，这恰与孟子强调“心”的内在超越性的“身体精神化”形成对照。而无论是身体的社会化还是精神化，都使得生理性的身体超越了本体的范畴，而具有了身体隐喻思维的意义。

（三）礼仪、礼数中的身体隐喻思维及与其内在义理的关系

社会化的身体最直观的表现就是身体的行止容貌，孔门中人尤其重视其社会意义。[7]《论语·宪问》记载孔子故人原壤“夷俟”，也就是以东夷人的习俗“坐尻就踝”，等待孔子，结果为孔子不耻，责其“幼而不孙弟，长而无述焉，老而不死，是为贼”，并“以杖叩其胫”。孟子亦有类似孔子的经历。《孟子·公孙丑下》言：

> 有欲为王留行者，坐而言。不应，隐几而卧。客不悦曰：“弟子齐宿而后敢言，夫子卧而不听，请勿复敢见矣。”

客人坐而言，孟子卧而不应，明白以肢体形态表示不满。这与孔子不满原壤的“夷俟”相同，都是由身体的姿势隐喻表达出不敬轻蔑的社会意义。荀子同样重视身体的动静行止，《荀子·大略》云：“坐视膝，立视足，应对言语视面。”《荀子·修身》又说：“礼者，所以正身也。”

本原状态下的个人生理身体，通过诸如音色、饮食、衣饰、居处、应对、进退等全方位的礼制约束，转化为具有组织社会规范意义的“社会化”身体。这一转化是学者经由学习仿效，将渗透在礼仪规范中的社会原理具体化为个人身体的动静行止而实现的。孔子在谈到从政条件之一的“威而不猛”时，认为君子通过“正其衣冠，尊其瞻视”可以达到这一效果。而“威而不猛”这句话可溯源到更古老的典籍《诗·大雅·抑》中的“敬慎威仪，惟民之则”。《左传》襄公三十一年（公元前542年），北宫

---

〔7〕《论语·乡党》篇中集中论述了孔子强调身体动静行止在社会政治空间里相周旋的应然规范，如：“席不正，不坐。”“君召使摈，色勃如也，足躩如也。揖所与立，左右手，衣前后，襜如也。趋进，翼如也。宾退，必复命曰：‘宾不顾矣。’”“入公门，鞠躬如也，如不容。立不中门，行不履阈。过位，色勃如也，足躩如也，其言似不足者。摄齐升堂，鞠躬如也，屏气似不息者。出，降一等，逞颜色，怡怡如也。没阶，趋进翼如也。复其位，踧踖如也。”“执圭，鞠躬如也，如不胜。上如揖，下如授。勃如战色，足缩缩，如有循。享礼，有容色。私觌，愉愉如也。”再如，《论语·尧曰》中写道：“君子正其衣冠，尊其瞻视，俨然人望而畏之，斯不亦威而不猛乎？”

文子这样解释“威仪”：

“有威而可畏谓之威，有仪而可象谓之仪。君有君之威仪，其臣畏而爱之，则而象之，故能有其国家，令闻长世。臣有臣之威仪，其下畏而爱之，故能守其官职，保族宜家。顺是以下皆知是，是以上下能相固也。”

身体在社会生活空间里的“仪象”，可将君臣上下之间的畏威等级淋漓尽致地表现出来，当诸如此类的礼制“仪象”规范化为各种固定了的程序、过程、行为、规矩后，它就成了我们通常所讲的“礼数”。《礼记·郊特牲》曰：

“礼之所尊，尊其义也。失其义，陈其数，祝史之事也。故其数可陈也，其义难知也。知其义而敬守之，天子所以治天下也。”

由此可见，礼仪或礼数与礼义互为映衬。《说文》曰：“仪，度也。”段注：“度，法制也。”《说文》又曰：“义，己之威仪也。”《论语·卫灵公》云：“义以为质，礼以行之。”《管子·心术》云：

“礼者，因人之情，缘义之理，而为之节文者也。故礼者谓有理也。理也者，明分以喻义之意也。故礼出乎义，义出乎理，理因乎宜者也。”

礼仪或礼数以“明分喻义”的形式表达义理。若无义理的支撑，礼仪则会虚有其表，礼数也会显得过于拘泥。那么，义理又从何而来呢？儒家以仁义对举，认为仁发于内心，而义则是由外部原因引起的。《孟子·告子上》曰：

“‘仁，内也，非外也；义，外也，非内也。’孟子曰：‘何以谓仁内义外也？’（告子）曰：‘彼长而我长之，非有长于我也；犹彼白而我白之，从其白于外也，故谓之外也。’”

以年长于自己的人为长者是义的表现，但这就像承认白色的外部事实一样，是由年长于我的外部事实引起的，并非由自己的内心生发而来。若果如其论，人的内心为何要尊敬“长者”这个外部事实呢？《孟子·告子上》中有：

“孟季子问公都子曰：‘何以谓义内也？’曰：‘行吾敬，故谓之内也。’‘乡人长于伯兄一岁，则谁敬？’曰：‘敬兄。’‘酌则谁先？’曰：‘先酌乡人。’‘所敬在此，所长在彼，果在外，非由内也。’公都子不能答，以告孟子。孟子曰：‘敬叔父乎，敬弟乎？彼将曰，“敬叔父。”曰，“弟为尸，则谁敬？”彼将曰，“敬弟。”子曰，“恶在其敬叔父也？”彼将曰，“在位故也。”子亦曰，“在位故也。庸敬在兄，斯须之敬在乡人。”’季子闻之，曰：‘敬叔父则敬，敬弟则敬，果在外，非由内也。’”

在应该敬兄还是敬比兄长更为年长的人这个问题上，争论后的结论是“在位故也”。“义”中包含“敬”意并不表明“义”就是生发于内心的，而是因为礼制规范营造了各种具体的外部情境性的“在位”，每一个“在位”的情境在伦理上都是特殊化的，与具有普遍抽象意义的现代性法律规范迥然不同。

这里尚存在一个问题：既然“义”属于外部事实，而“敬”又涵摄于“义”中，能否就此推论出“敬”也是一个外部事实呢？显然不是。“敬”在先秦文献中具有多重含义，[8] 从字形结构而言，周代金文中“苟”为其初文，《说文·苟部》云：自急敕也，从羊省，从包省。从口，口犹慎言也。自急敕，即戒惕之意。《释名》曰：“敬，警也，恒自肃警也。”这里显然反映出，“敬”是出自内心的警觉、自省，而非外力所迫。在与具有外在规范事实的礼制之间的关系上，“敬”成了礼制的精神实质，所谓“敬，礼之舆也；不敬，则礼不行”（《左传·僖公十一年》），“礼，身之干也；敬，身之基也”（《左传·成公十三年》）。在具体的礼制所反映的子女对父母的孝行规范中，“敬”的内心情感成为衡量孝的根本标识。《论语·为政篇》载：

“子游问孝。子曰：‘今之孝者，是谓能养。至于犬马，皆能有

---

〔8〕 先秦典籍中，“敬”字广泛出现：《尚书》66处，《周易》8处，《周礼》9处，《仪礼》22处，《诗经》22处，《论语》21处（其中一处“孟敬子”指人名）等，“敬”与鬼神、天（命）、礼、事、修己等相关，涉及人与形上之天、自然之天、人与人、人与事、人与自我等多重向度，关涉力命、天人、群己等关系。具体参见肖连奇：《〈论语〉中“敬”的多重意蕴探析》，华东师范大学2008年硕士学位论文，第1、5页。

养；不敬，何以别乎？’”

仅有物质供养而心无敬意，则父母与犬马无异，《孟子·尽心上》称“爱而不敬，兽畜之也”。“敬”是仁爱之心在执事方面的具体情感表露，其泛而化之，可以归统于儒家“仁”的精神理念。[9] 因此，与其说“敬”是涵摄于具有外部标识的“义”中，不如说它是儒家有关“仁”的广义性的内心道德情感的具体体现而已。“义”与“敬”的关系往更高一个层次上说，实际上是“义”与“仁”的关系。《孟子·告子上》曰：“仁，人心也；义，人路也。舍其路而弗由，放其心而不知求。”礼制所表达的义理并非纯然客观的对象化存在，而是经由道德化的身体践行具体展开的。同样，表达内心情感的“敬”也不是抽象的存在，它可以通过“恭”的身体形貌具体展示出来，“恭主容，敬主事；恭见于外，敬主乎中。”[10] 子曰：“非礼勿视，非礼勿听，非礼勿言，非礼勿动。”仁爱之心与礼制义理并非是主客分离式的认知模式而存在，而是以伦理性身体的视听言动使内外混融合一。

（四）身份：礼制规制下的“身体名分”

与现代法律所追求普遍性的平等精神理念不同，礼制传统强调贵贱、尊卑、长幼、亲疏、男女有别，以人的具体身份情境定行为次序和生活方式，礼制以“别异”或“辨异”为特征。荀子曰：

> “人道莫不有辨，辨莫大于分，分莫大于礼。……故先王案为之制礼义以分之，使贵贱之等、长幼之差、知贤愚能不能之分，皆使人载其事而各得其宜。”

礼制之等差以人之身份差异为前提，《左传·庄公十八年》中所谓“名位不同，礼亦异数”。其范围之广，可谓无物不包。《礼记》曰：

> “是故，以之居处有礼，故长幼有辨也，以之闺门之内有礼，故三族和也，以之朝廷有礼，故官爵序也，以之田猎有礼，故戎事闲也，以之军旅有礼，故武功成也。是故，宫室得其度……鬼神得其

[9] 《论语·子路》：樊迟问仁。子曰：“居处恭，执事敬，与人忠。虽之夷狄，不可弃也。”

[10] （宋）朱熹：《论语集注》，载朱杰人、严佐之、刘永翔主编：《朱子全书》（第6册），上海古籍出版社、安徽教育出版社2002年版，第184页。

飨，丧纪得其哀，辨说得其党，官得其体，政事得其施。”

概而言之，礼制的规制可以归纳为两个范畴：一是称作“居处之地”“闺门之内”的家族中的亲疏、长幼、尊卑之别，二是包括朝廷、田猎、军旅在内的社会中贵贱上下的分野。社会上的贵贱上下取决于个人的才能性情所形成的社会分工和地位，家族中的分异则取决于血缘基础上的尊卑、长幼、亲疏。两种差异之和构成了儒家所强调的“名分”，将“名分”附着在身体上，不就是我们今天所讲的“身份”吗？

身体有了名分，便可在礼制社会关系的经纬中获得其适当展现的空间，并可享有一定比例的社会声誉和物质享受。举凡与身体欲求有关的诸如言语、音色、饮食、服饰、居处、舆马、应对、进退等方面，礼制都以差别化处理的方式，使人的生物性身体显现出等级名分上的尊卑贵贱，〔11〕臧僖伯云：“昭文章，明贵贱，辨等列，顺少长，习威仪也。”《新书·服疑》云：

> “奇服文章以等上下而差贵贱，是以高下异，则名号异，则权力异，则事势异，则旗章异，则符瑞异，则礼宠异，则秩禄异，则冠履异，则衣带异，则环佩异，则车马异，则妻妾异，则泽厚异，则宫室异，则床席异，则器皿异，则饮食异，则祭祀异，则死丧异。”

由此可以使人们“见其服而知贵贱，望其章而知其势”。礼制以名分制造身体欲求的差异为正当，“或禄天下而不自以为多，或监门御旅，抱关击柝，而不自以为寡”（《荀子·荣辱》）。儒家曾为论证这一名分差异的正当性提供了三个理由：一是假定社会秩序与自然秩序类通，“物之不齐，物之情也”，社会分配的差异性应顺应自然之理，“斩而齐，枉而顺，不同而一”（《荀子·荣辱》）；二是假定社会分工、社会地位和人的才智德行三位一体，贤智必居上位，以治世为务；庸愚不肖必居于下。国家量能授官，班爵制禄，使贤智者尊贵，以养其德，所谓“德必称位，位必称禄，禄必称用”（《荀子·富国》），“天下有道，小德役大德，小贤役大贤”

---

〔11〕瞿同祖先生以“阶级”为标题，先是不胜其烦地从饮食、衣饰、房舍、舆马等方面揭示不同阶级生活方式上的差别，而后再进一步揭示婚姻、丧葬、祭祀方面的等级差异，最后又从权贵、主奴、良贱、亲疏、尊卑、种族等角度详解由阶级身份的不同所造成的法律上的不平等。参见瞿同祖：《瞿同祖法学论著集》，中国政法大学出版社1998年版，第152~272页。

(《孟子·离娄上》),“邦有道,贫且贱焉耻也”(《论语·泰伯》)等,都是以道德与富贵相连;三是正视物少人多的矛盾,且若人的欲望一经放纵,更会加剧这一矛盾,从而使社会陷入争乱,以名分定分配,可以节制人的贪欲,从而使社会能够杜绝争端而得其平。

以自然原理推导礼制社会秩序的原理,通过名分对身体欲望成比例性的节制使道德和富贵相关联,显然不是抽象逻辑思维的结果。名分虽关乎生理性身体的物质欲求,但却以道德作为前提,这之间的关联正是身体隐喻思维具体运作的表现。

二、礼法文化中的“情实”问题及其身体思维模式

《孟子·告子上》中称:“口之于味也,有同耆焉;耳之于声也,有同听焉;目之于色也,有同美焉。至于心,独无所同然乎?心之所同然者何也?谓理也,义也。”由于人的身体欲求的生理机理相同,由此类推人的道德之心所生发的义理也相同。儒家推崇的“仁”强调推己及人,所谓“己所不欲勿施于人”。这种“设身处地”和“将心比心”的身体隐喻思维模式,使得礼法文化中的司法官吏更倾向于由自己的道德化的身体出发推衍案情。与现代诉讼制度为追求案件事实的“客观”公正而有意防范法官的自由擅断以及个人情感的先入为主的理念不同,传统中国礼法文化中的司法官吏却是以“得情”为上,尤其是强调礼法的儒家循吏更是以此为训,如:

> 以五刑听万民之狱讼,附于刑,用情讯之。(《周礼·秋官·小司寇》)
>
> 以五声听狱讼,求民情。(《周礼·秋官·小司寇》)
>
> 孟氏使阳肤为士师,问于曾子。曾子曰:“上失其道,民散久矣。如得其情,则哀矜勿喜。”(《论语·子张》)
>
> 大小之狱,虽不能察,必以情。(《左传·庄公十年》)
>
> 令国子以情断狱。(《管子·匡君大匡》)

以上所引诸“情”,既有强调司法官吏“以情断狱”的道德之“情”,

亦有民情、舆情之“情”，还有司法官吏用“情”获得案件真相的情实之“情”。[12] 司法官吏以“哀矜勿喜”的怜悯之情追索案件的真情，“以情度情”，与现代诉讼制度所追求的“客观性真实”的理念截然不同，而这恰恰是我们以上所论的身体隐喻思维模式在司法中的具体应用。

本节研究的基本目的，就是考察中国古代的司法官吏如何“以情度情”，对待案件的“情实”问题。研究的基本方法是，通过分析历代具体审判案例的“案情”，结合相关的法律规范，以及判词的情理推断，寻找古代司法官吏眼中的“情实”及审判的基准。限于篇幅和本人的精力，本文只随机摘取了6个案例：汉代董仲舒“春秋决狱”（2）、宋代郑克的《折狱龟鉴》(2)、清代良幕汪辉祖《病榻梦痕录》(2)。

古代追求“情实”与现代诉讼追求“客观真实”显然是两种不同的思维模式。本部分将进一步展示，古代司法官吏追求“情实”背后的身体思维模式及其原理的具体应用。

（一）循吏眼中的“情实”及案件审判的基准

循吏判案追求“情实”，往往会遇到“情伪无穷”的麻烦，“情”的差别给案件事实留下了无穷的讨论空间，而中国历代律文却有“萝卜立法”之嫌，规定内容十分具体明确，刑罚的设定也缺少幅度范围，罪刑之间简直是“一个萝卜一个坑”。[13] 这反而在规范适用狭窄的律条和无限个性的案情之间制造了大量空白地带，没有一个律条刚好能够套用一个案情。追求“情法之平”的司法官吏很难在律文的援引上有多少机动的措施，唯有对案件事实进行“情理”的剪裁，以期与其援引的律文获得“比附”之效。将案件事实、情理、援引比附律文三种因素统筹在内，构成了我们在此所谓的“审判基准”。[14]

下面，我们就具体案例展开论述。

案例1：甲父乙与丙争言相斗，丙以佩刀刺乙，甲即出杖击丙，误伤乙，甲当何论？或曰：“殴父也，当枭首。”论曰：“臣愚以父子至亲也，闻其斗莫不有怵怅之心，扶杖而救之，非所以欲诟父也。《春秋》之义，许

---

〔12〕 徐忠明：《情感、循吏与明清时期司法实践》，上海三联书店2009年版，第43~46页。

〔13〕 徐忠明：《情感、循吏与明清时期司法实践》，上海三联书店2009年版，第243页。

〔14〕［日］寺田浩明：《清代刑事审判中律例作用的再考察》，载张世明等主编：《世界学者论中国传统法律文化（1644—1911）》，法律出版社2009年版，第80~113页。

止父病，进药于其父而卒，君子原心，赦而不诛。甲非律所谓殴父，不当坐。”[15]

案由是甲出杖误伤父亲乙。“或曰”当是时人建议应适用的汉律律条，“殴父也”是罪名，“当枭首”是刑名。“论曰”系董仲舒根据《春秋》之义对案情及适用律文所做的解释。

“殴父也，当枭首”的律条似乎有客观归罪之嫌，董仲舒横添一笔“君子原心”的论断，难道不是明白改变了律文的原意吗?[16] 由此推论出本案“误伤父亲”的客观事实不属于法条关于“殴父”的一般逻辑范畴，又如何能够成立呢?

我们先看第一个问题。要明白该律条是否确如所论，我们需要比对与殴父罪名相类的普通伤害罪名的情况。汉代对于一般伤害行为的罪责不应高于五年徒刑，并且是以造成伤害后果为必备要件，显属结果犯。《汉书·薛宣传》:“律曰:斗以刃伤人，完为城旦”。非刃伤者，罪将降等。[17] 而“殴父”条并没有对斗殴行为的工具作特别规定，甚至也没有以殴打造成伤害后果为必备要件，应属着手即构成犯罪的行为犯。“殴父也，当枭首”条较一般的斗殴伤害行为处刑明显过重，却又没有一般斗殴伤害行为归责的过多限定条件，这里面显然隐含着较一般伤害行为更多的伦理责难:父亲一旦成为儿子的侵害对象，主观上的故意或过失，手段或工具上的刃或非刃，相对于天大的父子人伦，其技术层面的差别都可以略而不计了。

故意或过失的略而不计是否就意味着律条无视主观而客观归罪呢?显然不是。[18] 过重的伦理责难使得律条转而追求行为人行为背后更为主观的犯罪动机。正是在这一意义上，董氏“君子原心”的论断非但没有改变律文，反而更加符合律文背后的真意。这使得经过董仲舒解释的律文反过来显现出主观主义的倾向。是否如此呢?

---

〔15〕 程树德:《九朝律考》，中华书局1963年版，第164页。

〔16〕 徐忠明:《情感、循吏与明清时期司法实践》，上海三联书店2009年版，第226页。

〔17〕（清）沈家本撰:《历代刑法考:附寄移文存》，中华书局1985年版，第1409页。

〔18〕 秦律最能反映法家思想，但也已有明确区分犯罪主观方面的规定，《法律答问》中，称“端”或“端为”是指故意，“不端”是指过失。因此，单纯认为法家持“行为主义”特征的法律理论似乎不够准确。

我们再看具体到该案“误伤”中的“误”，与“故意”很明显不同，但也不同于“过失”。《后汉书·郭躬传》：“法令有故、误。章传命之谬，于事为误。误者其文则轻。”汉代“误”与“过失”并行，都与“故”对称。二者区别是：误是对象认识错误，过失是行为认识错误。[19] 该案中，甲对伤害行为本身认识并无错误，只是对行为对象产生了错误，由此发生了本意伤害丙却伤害了父亲乙的对象之“误”。正是对象上的认识错误，使得本案甲误伤父亲乙的行为缺少明显的作案动机，从而也就使“殴父”律条的伦理责难在本案中失去了依托。

因此，要想弄明白董仲舒解释的“殴父”律条是主观归罪还是客观归罪，关键看他如何通过“君子原心”的经义信条分析甲的行为动机。董氏的分析是建立在甲乙“父子至亲”的伦理身份前提下的。该案中，甲乙系父子关系，父亲的身体与儿子的身体具有生物意义上的因果关系，这使得二者之间必然产生伦理上的至亲之情。之所以是“必然”，是“君子原心”的结果，天下谁人没有父子，法官将自已放到父子的情境，设身处地地“换位移情”，再加上细心推究《春秋》经义上“许止药父”的相似情境，将心比心，任何人都有可能在此危急情形下怀“怵怅之心”，从而作出误判，产生误伤。整个案件判决的基准，既非主观归罪，也非客观归罪，而是运用身体思维的方法将整个案件的客观事实转化为符合儒家礼义的“情实”。

案例2：甲夫乙将船，会海风盛，船没，溺流死亡，不得葬。四月，甲母丙即嫁甲，欲皆何论？或曰：“甲夫死，未葬，法无许嫁，以私为人妻，当弃市。”议曰：“臣愚以为，春秋之义，言夫人妇归于齐，言夫死无男，有更嫁之道也。妇人无专制擅恣之行，听从为顺，嫁之者归也，甲又尊者所嫁，无淫行之心，非私为人妻也。明于决事，皆无罪名，不当坐。”[20]

本案关键在于判断甲和其母丙是否构成“私为人妻”的罪名。“或曰”当是根据汉律文本之意而论，“汉法：夫死必葬，而后许更嫁。”[21] “夫

〔19〕 蔡枢衡：《中国刑法史》，中国法制出版社2005年版，第175页。

〔20〕 程树德：《九朝律考》，中华书局1963年版，第164~165页。

〔21〕（清）沈家本撰：《历代刑法考：附寄移文存》，中华书局1985年版，第1522页。

死”“未葬”“许嫁”三个事实要素合在一起，即构成了“私为人妻”的罪名，当坐弃市之刑。“议曰”则构造出了与“论曰”完全不同的事实要素，进而得出了与“论曰”截然相反的结论。“议曰”对于“未葬”的事实要素压根未提，却根据春秋之义添加了“无男”的事实要素，这一通过抽解替换事实要素而排除律文适用的手法似有悖法之嫌。但“议曰”的第二个理由却又回归了律文的基准线以内：“论曰”将甲母丙的授意行为合并到甲“私为人妻”的罪名之中，而“议曰”却通过凸显甲母丙作为尊亲属的授意行为这一事实要素，否定了甲“私为人妻”罪名中最为关键的“私”的事实要素，从而从根本上瓦解了这一罪名。

我们再来细细揣摩一下“议曰”的论证步骤和思维模式。“议曰”先是通过春秋之义理，将本案中“夫死无男”的事实构造成“妇人无专制擅恣之行”的情实；进而将本案中甲听从母亲丙改嫁的事实构造出“无淫行之心”的情实。

另外，我们还需要注意一下“论曰”中被“议曰”用“无男”替换了的“未葬”这一因素。作为寡妇改嫁的前提，“夫死”的事实已足，律文原意何以还要强调“未葬”这一事实。在中国古代的服制之礼中，妻子须为死去的丈夫服斩衰三年之礼，期限自然是以死去的丈夫入土为安也就是埋葬之时起算，以尽夫妻情礼之义。[22] 因此，“夫死”应是汉代法律允许寡妇改嫁的基本要义，“未葬”只是法律吸收古礼后的附加要义。“议曰”替换掉律文“未葬”的附加要义，并未否定“夫死”的基本要义。也就是说，“议曰”并未从根本上否定律文。

若从礼制的角度看，“葬夫”只是妻子对亡夫服丧三年礼仪的一部分，目的是展现夫妻恩爱的情义。既然谈到了情义的话题，我们知道，情义很大程度上以周遭具体情境变化为转移。落实到该案，丈夫死于海上，拘泥“入土为安”的葬礼仪式不够现实，也不能够落实夫妻礼义的“情实”。[23] 相比之下，强调“无男”反而更加符合情理之实，毕竟婚姻礼制的实质目的是“上以事宗庙，下以继后世”。若是“无男”，限制寡妇改嫁的理由便

〔22〕 瞿同祖：《瞿同祖法学论著集》，中国政法大学出版社1998年版，第389页。

〔23〕 黄源盛教授认为，中国古葬礼有土葬和水葬之分，甲夫死于海，可视为水葬，不可谓未葬。显然是一种推断的事实，“论曰”和“议曰”都没有显现有关此论的确证。转引自徐忠明：《情感、循吏与明清时期司法实践》，上海三联书店2009年版，第229页。

显得有名无实了。

本案的判决基准，既顾及了律文的基本要义，也虑及了礼制的“经”“权”辩证关系，更加切合了本案所涉的具体情境。而其中“葬夫”“无男”的情实推理显然涉及了我们所专注的身体思维的因素。

上述两个案例皆为“事实清楚，情理难断”的案例。我们知道，传统中国司法体制是“集侦查与审判于一体”的构造，因此，获取案件事实真相亦是司法官吏审判职责之一环，直接决定了案件的定性及法律的适用。古代司法官吏在用心推究事理真相时，往往将证据之客观与人情之真伪两种因素统筹观摩，若二者之间发生龃龉，司法官吏也常常以情理揣度客观证据背后的情实。《折狱龟鉴》卷六有云：

> “尝云：‘推事有两：一察情，一据证。’固当兼用之也。然证有难凭者，则不若察情，可以中其肺腑之隐；情有难见者，则不若据证，可以屈其口舌之争，两者迭用，各适所宜也。”

据证与察情兼用的背后，是司法官吏身体思维模式的动态表现，我们通过以下两个案例来具体分析。

案例3：前汉时，沛县有富家翁，赀二千万，一男才数岁，失母，别无亲属。一女不贤，翁病困思念，恐其争财，儿必不全，遂呼族人为遗书，悉以财属女，但余一剑，云：“儿年十五付之。”后亦不与，儿诣郡诉。太守何武因录女及婿，省其手书，顾谓掾史曰：“女既强梁，婿复贪鄙。畏贼害其儿，又计小儿正得此财不能全护，故且付女与婿。此实寄之耳。夫剑所以决断，限年十五，力足自居，度此女婿不还其剑，当闻州县，或能明证，得以申理。此凡庸何思虑深远如是哉！”悉夺其财与儿，曰：“弊女恶婿，温饱十年，亦已幸矣。”闻者叹服。[24]

从遗嘱的字面文义看，富家翁的遗产尽归女儿所有，仅将一剑托管给女儿，嘱其十五年后交给儿子。立遗嘱时有族人在场为证，遗嘱内容清晰明白。从客观形式上讲，该遗嘱足以证成女儿对争议财产的继承完全符合立遗嘱人的真实意思表示。汉律明白认可遗嘱继承的法定效力，尽管立遗

---

〔24〕《疑狱集、折狱龟鉴校释》，杨奉琨校释，复旦大学出版社1988年版，第386页。

嘱时没有绝对按照汉律规定的程式有乡部啬夫在场,[25] 但有族人在场亦不算违背法律的强行性规范，汉代实际生活中的遗嘱简略并不导致其法律效力的当然丧失,[26] 且本案中，太守何武也没有以这个理由否定遗嘱的法定效力。

何武“悉夺其财与儿”的根据并不以否定遗嘱形式的客观性为前提，而是以其“谨持法理，深察人情”的情实推断为判定基准。其情实的构成包括：病困欲亡的富家翁所遗赀二千万的巨额财产、不能全护自己且失去父母依靠的数岁孤儿、强梁的女儿和贪鄙的女婿——这三者的关联构成了十五年前遗书生成的“情势”；“畏贼害其儿，又计小儿正得此财不能全护，故且付女与婿。此实寄之耳”——其“畏”、其“计”、其“实”，皆是富家翁应对“情势”所可能采取举措的“情意”；遗书中的“剑”字具有“决断”的隐喻意义，成为太守何武逆推十五年前富家翁遗嘱“隐情”的线索，起到了证成何武推断的关联证据作用。

何武关于本案情实的推断全然推翻了遗书字面文义所反映的客观事实。而其情实之“情”，却也不是何武一己之私的臆测，否则不会有“闻者叹服”的效果。其“情势”的推断并非没有客观意义，但其对富家翁“情意”的推断及遗书“隐情”的推断又绝非纯粹客观，若没有对病翁弱儿情境的感同身受，以及对险恶世情人心的体察默会，何武也不可能精准地把握富家翁遗书中的“深远思虑”。何武案情剖判的背后，正是迥异于逻辑思维模式的身体思维运作的结果。

案例4：一女未嫁，少年求之，其父不许。诬以娶而更嫁，婚书媒聘悉具。公呼女前与语，已而追问少年曰：“汝妻手中有疤，记左手乎？右手乎？”少年愕然。遂败。[27]

婚书媒聘皆是古代中国礼仪婚成立的事实要件，由于官府缺少婚姻强

[25] 汉代《户律》云：民欲先令相分田宅、奴婢、财物，乡部啬夫身听其令，皆参半券书之，辄上如户籍。有争者，以券书从事；毋券书，勿听。所分田宅，不为户，得有之，至八月书户。留难先令，弗为券书，罚金一两。参见张家山二四七号汉墓竹简整理小组编：《张家山汉墓竹简（二四七号墓）》，文物出版社2001年版，第178页。另外，可以参见刘欣宁：《由张家山汉简〈二年律令〉论汉初的继承制度》，台湾大学文史丛刊2007年版，第二部分“户主继承与财产继承”第四章“妇女继承权益”，第122~138页。

[26] 臧知非：《张家山汉简所见西汉继承制度初论》，载《文史哲》2003年第6期。

[27] 陈重业主编：《〈折狱龟鉴补〉译注》，北京大学出版社2006年版，第182~183页。

制备案登记的制度,〔28〕因此很难辨识其真伪，这就为本案少年的作伪预留了足够空间。若婚书媒聘被证实，少年与该女礼婚的事实即告成立。再有许嫁，就构成法律所禁止的“娶而更嫁”，按明律，其父当处杖一百的刑罚。〔29〕海盐县令王临亨审理此案，并未从推究少年提供证据线索的真伪辨别入手，而是另辟蹊径。该女成婚与否的事实与其手中的疤痕在左还是在右的事实，二者虽都具有客观性，但尚不构成形式逻辑上的因果关联。

然而，这种推究案情的方法却符合中国古代司法中的“钩距”讯问法，通过辗转推问，侧面迂回的方式查明案情。《汉书·赵广汉传》中有“钩距者，设欲知马贾，则先问狗，已问羊，又问牛，然后及马，参伍其贾，以类相准，则知马之贵贱不失实矣”。“钩距”讯问，以类相推，在本案中，该女手中疤痕在左在右的事实与其婚否的事实何以类推呢？

《仪礼·丧服》曰：“夫妇，一体也。”该案中，若果如少年所言，该女已是自己的妻子，按照儒家夫妻一体主义的伦理观念，作为丈夫的少年当如熟悉自己的身体那样熟悉妻子的身体，妻子左手抑或右手中的疤痕也当如自己手中的疤痕那般清晰自明。“少年愕然”使得其所提供的婚书媒聘的事实不符合夫妻一体的情实判定的基准，从而导致诬告“遂败”的法律后果。王县令这一情实推断的“钩距”法显然是身体思维模式的运作表现。

以下两个案例取自清代良幕汪辉祖的《病榻梦痕录》。

案例5：［乾隆二十一年（1756年），江苏·无锡］县民浦四童养妻王氏，与四叔经私，事发，秦（时任无锡县魏廷奎的刑名幕友，汪辉祖是秦的副手）依服制拟军。余曰：“童养也，可以凡论。”秦不可。魏公属余主稿，余以凡上。常州府引服制驳，余议曰：“服制由夫而推，王氏童养未婚，夫妇之名未定，不可旁推夫叔也。”臬司以王氏呼浦四之父为翁，翁之弟是为叔翁，又驳。余议曰：“翁者对妇之称，王氏尚未为妇，则浦四之

〔28〕主婚、媒人、聘财、回礼、婚书、成婚仪式等，是确认传统中国礼婚正式确立与否的关键要素。参见［日］滋贺秀三：《中国家族法原理》，张建国、李力译，法律出版社2003年版，第376页。

〔29〕此案发生于明万历年间，《大明律》卷六《户婚·婚姻》：“凡逐婿嫁女，或再招婿者，杖一百。”参见杨鸿烈：《中国法律发达史》，中国政法大学出版社2009年版，第470页。

父亦未为翁。其呼以翁者，沿乡例分，尊年长之通称，乃翁媪之翁，非翁姑之翁也。”抚军因王氏为四妻而童养于浦，如以凡论，则于四无所联属。议曰：“童养之妻，虚名也。王习呼四为兄，四呼为妹，称以兄妹，则不得科以夫妇。四不得为夫，则四叔不得为叔翁。”抚军以名分有关，又驳。议曰：“礼，未庙见之妇而死，归葬于女氏之党，以未成妇也。今王未庙见，妇尚未成。且记曰：‘附从轻。’言附人之罪，以轻为比。《书》云：‘罪疑惟轻。’妇而童养，疑于近妇。如以王已入浦门，与凡有间，比凡稍重，则可科以服制，与从轻之义未符。况设有重于奸者，亦与成婚等论，则出入大矣。请从重枷号三个月，王归母族而令经为四别娶，似非轻纵。”遂蒙批允。[30]

徐忠明先生曾经从司法裁判的形式化与实质化的角度对此案有精准的剖析，本文在此拟从身体思维的角度对此案进行重新解读。本案争议的焦点在于，王氏与浦经通奸的事实是否按服制定罪量刑。难点在于，王氏礼制上童养媳的身份在清代法律上没有明文，而王氏的身份恰又是判断二人通奸是否适用服制的前提。案例中的秦氏、常州知府、臬司、抚军诸人持肯定意见，准依服制拟军流。名幕汪辉祖独持异论，只酌情比附以凡论，科以枷号三月刑。

持肯定意见者皆从秦氏之论，认为王氏童养媳的名分在礼制上等同于妻子，浦经是浦四的叔父，服制上属齐衰不杖期，也就是缌麻以上亲等，妻为夫族服图，因此，王氏与浦经之间亦当是缌麻以上亲等。[31] 按《大清律例》规定，凡与缌麻以上亲属相奸者，杖一百，徒三年。[32] 秦氏断拟军（流），似有酌情加重之嫌。

汪氏持异论的根本在于，不能认同王氏童养媳身份等同于妻子的名分，因此也不能旁推其与浦经有服制名分上的关系，二人通奸只可以凡论。汪辉祖进一步从礼制上论证自己的观点，认为王氏作为童养媳未行成妇之礼，因此与浦四只能有兄妹之名，而未可有夫妇之实。既无夫妇之

〔30〕（清）汪辉祖、（清）蒯德模撰：《病榻梦痕录 双节堂庸训 吴中判牍》，梁文生、李雅旺校注，江西人民出版社2012年版，第12~13页。

〔31〕瞿同祖：《瞿同祖法学论著集》，中国政法大学出版社1998年版，第389页。

〔32〕《大清律例》“亲属相奸”。转引自瞿同祖：《瞿同祖法学论著集》，中国政法大学出版社1998年版，第57页。

实，作为王氏入夫宗的庙见之礼亦不能有。既没有庙见之礼，也就没有归入夫宗，王氏与浦四宗亲也就没有服制名分上的关系。那么，王氏与浦经的通奸行为就只能以凡论。再从礼俗而论，王氏虽呼浦四之父为“翁”，但此“翁”乃乡间尊年长之通称，乃“翁媪之翁，非翁姑之翁”也，于是，与浦经名分上所谓的“叔翁”关系也就荡然无存了。

若将此推论彻底，王氏与浦经即是凡人间的通奸行为。但汪辉祖却又认为，“妇而童养，疑于近妇”。也就是说，王氏的童养媳身份毕竟“与凡有间”——是与非是，在情理上并非黑白分明：王氏与浦经的通奸事实并无疑问，但二人服制名分上的关系却成了法律和礼制上情实的模糊疑点。最终判定的基准，是在凡人通奸杖八十的法定刑基础上，比附加重枷号三个月。

秦、汪之论争皆由名分始，鉴于本案童养媳身份的特殊性，礼制和法律皆出现了规制上的空白，礼俗上的表现也极为含混，由此使二人得出了各自不同的判定基准。然而，在此相异的背后，却显现了相一致的身体思维模式：正是身体名分的情实辨证成了本案判定此罪与彼罪、刑轻与刑重的基准所在。

案例6：［乾隆三十二年（1767年），浙江·仁和］长沙知府陈公（嘉谟）曰：“君记丁亥佐仁和李大令治王氏妇魏杀婢芝香狱乎？”余唯唯。公曰：“我犹记谳词云：‘律载奴婢违犯教令，而依法决罚，邂逅致死勿论。王魏氏病需参治，芝香碎杯于地，参汁全倾，魏氏方起坐待饮，顺取床前几上界尺，信手一击，不期误中左太阳，立时仰跌毙命。已讯伊夫王某，历历供明，验其卧室碎杯犹在，所指殴处形势宛然。殴因违令，死系邂逅，魏氏律得勿论。恐扶病匍匐或酿不测，夫既供明，应免提质。’吾尝语亲友，左幕入官，必具次等才识，方是仁恕。”〔33〕

本案是徐忠明先生所引9个案例中唯一不被看好的案例。确如徐先生所论，本案存在若干重大瑕疵，尤其是让被告魏氏缺席从而失去了质证的机会，使得所有证据变得支离破碎，整个案情显得扑朔迷离。这种缺憾也使得我们徐先生在今天的精彩推论成了或然性的存在。

问题的关键不在于此。我们感兴趣的是，汪辉祖对于此案的“剪裁”

---

〔33〕（清）汪辉祖：《病榻梦痕录·录余》，上海古籍出版社1995年版，第707页。

和“依法裁判”的包装技术背后所表现的身体思维模式。首先，汪氏由大清“奴婢违犯教令”的律文说起，这一律文本身即与身份伦常打成一片。对于“违犯教令”的详解是“教令可从，而故违”。具体到本案，却很难从现场勘验的“碎杯”证物的客观描述，判断奴婢芝香“违令”举动上的“故”“误”。汪氏显然断定为“故”，由此可以“违犯教令”条论处。其次，对于该律文“依法决罚，邂逅致死”的内容，又须判断魏氏举动的“故”“误”。从汪氏的描述细节，的确存在很多情理上难以自洽的疑点，这些徐忠明先生已经有过细致分析，本文在此不必赘述。

整体而论，本案是以尊犯卑，现场勘验的“碎杯”、被害人“殴处”的伤痕形势、“信手一击”的界尺等证物，都与王魏氏致死奴婢芝香的案件事实具有一定的关联性，客观上似无可争议。有争议的是，对王魏氏致害行为背后主观意识的推断，却取决于如汪氏这般高明的审断者，如何以“仁恕”之道德心体察案件发生的具体情境。对应于奴婢芝香的身体之“健”，王魏氏之“病”犹能引发“仁恕”之心的同病相怜：不仅让“邂逅致死”的律文成为王魏氏“信手一击”举动的合理说辞，也让王魏氏被免除出庭质证的决断显得与情理相符。本案中，主奴之间的身份之“情实”让位于病变与否的身体之“情实”，最终完成了本案的案情与“奴婢违犯教令”条的无缝对接。

然而，这种“情实”上的严实合缝并没有根本消除案件客观事实本身所存在的瑕疵。那么，这种瑕疵的存在是因为汪氏推断技巧的失误所致，还是身体思维模式内在固有的缺憾，这是我们需要进一步思考的问题。

（二）身体思维模式的认知局限

在对身体思维模式的局限性进行论述之前，让我们再来集中审视一下上述6个案例中所蕴含的身体思维模式。在案例1中，“殴父”与“凡殴”两条律文对于同是斗殴伤害行为轻重悬殊的处刑规定，体现了法律对于父子生物性身体关联所引发的伦理性思考，董仲舒所谓的“君子原心”，亦是将自己置换到父子伦理的身体情境中去，从而能够用心体会到该案甲误伤父亲乙的“怵怅之心”，这些都是身体思维模式的具体体现。在案例2中，夫乙的意外身故必须与其身体入土为安的事实结合起来，才构成一个完整的死亡情实。妻甲再嫁必须以此情实为前提，并且还须无男。若有遗男，则为保障夫族血脉顺利绵延，妻甲仍不能够再嫁。在不影响夫乙血族延续的前提下，妻甲始可顺从母命再嫁，以血族延续为婚姻之宗旨，这也是身体思维模式的具体体现。在案例3中，太守何武之所以能够体察遗书背后的隐情，并非是从遗书字面文义逻辑推理的结果，而是将自己的身体置入富家翁立遗书时的情实境地，用心揣摩富家翁的心思的结果，这种“换位移情”的思维方式是身体思维模式的典型体现。在案例4中，裁断者亦是由“夫妻一体”的伦理性前提出发，来判断本案中的少年是否与该女有婚姻的“情实”，左手抑或右手的伤疤的讯问，是再具体不过的身体思维模式了。在案例5中，通奸尤其是亲属间的通奸之所以处罪是因为这一行为扰乱了夫族的血统，〔34〕因此，本案相奸者身体名分的判断成为整个案情的关键，这也显然是身体思维模式的具体体现。在案例6中，裁断者通过渲染王魏氏身体的病情而使整个案件的“情实”向有利于被告人的方向转移，其所实施的策略亦是身体思维模式的具体应用。

若置换成我们今天所熟悉的抽象逻辑思维模式，上述6个案例的判断则会完全不同。在案例1中，现代逻辑思维抽象出身体权的一般概念，并不对甲杖击父亲乙的身体还是丙的身体再作具体区分，法律并不因行为对象之“误”，而降低行为人直接故意的主观恶性标准。在案例2中，现代逻辑思维抽象出平等权和自由权的一般观念，在婚姻关系上表现为男女结婚和离婚权利的自由和平等，本案中只要有丈夫乙的死亡事实，甲即有离婚再嫁的权利和自由，葬夫守丧、无男、顺从尊长等皆不能成为甲行使“私为人妻”自由权利的阻碍。在案例3中，现代逻辑思维在证据规则中抽象出证据的客观性、关联性和合法性三项原则，本案中的遗嘱内容只要符合这三项原则，即须认定其能够证成立遗嘱人处分遗产的真实意思表示，而无须再添附关键证据之外的情境要素，更不可以法定证据以外的要素否定证据本身的证明效力。在案例4中，同样是受现代证据规则三项原则的制约，同时，现代逻辑思维抽象出被告人的人权保护这一原则，被告人对于与本案无关的事实有权拒绝回答，司法官吏也必须围绕有争议的案

〔34〕韦伯在此进一步指出了通奸行为应受宗教性谴责的原因，通奸可能会让一个陌生人——无血缘关系者——向氏族团体的祖先献祭，而激起他们对子孙的愤怒。因为一个完全基于个人联系的共同体的神祇与精灵会拒斥一个缺乏正当资格的人所奉上的牺牲。参见［德］马克斯·韦伯：《宗教社会学：宗教与世界》，康乐、简惠美译，广西师范大学出版社2011年版，第19～20页。

件事实进行发问，本案中的钩距讯问显然有违这一原则。在案例5中，现代逻辑思维抽象出隐私权这个概念，对于通奸行为只作为道德问题处理，刑法出于隐私权保护的初衷并不介入，当然也不会介入尊卑亲属间的通奸行为。在案例6中，现代逻辑思维在刑事诉讼程序上抽象出诉讼权利平等这一概念，控辩双方都有权提交对自己有利而不利于对方的证据，并且有平等质证的权利，双方当事人无法定理由都不得无故缺席，本案中的魏氏托病不出显然不符合诉权平等的理念。

中国古代的司法断狱虽不排斥逻辑思维模式，但运用更多的却是身体思维模式，由此得出了与现代抽象逻辑思维模式完全不同的裁判结果。《尚书·吕刑》云：

> "非佞折狱，惟良折狱，罔非在中。……哀敬折狱，明启刑书胥占，咸庶中正。其刑其罚，其审克之。狱成而孚，输而孚。"

其中，"哀敬折狱"中的"敬"字最能体现司法官吏身体思维模式的特点。而正如我们之前所论，"敬"是儒家仁爱之心在执事方面的体现，在此则是司法官吏在判断狱情时所表现的仁爱之心。儒家推己及人的身体思维模式使其在判断狱情时，很难对超出人的具体感觉的抽象逻辑表现出过多的关注，同时也产生了囿于个人的有限感观而造成偏狭误判的可能性。案例6中的瑕疵绝不应视为汪氏的有意偏袒，而应看作汪氏运用身体隐喻思维模式所容易造成的"真诚的错误"。这一案例实际上是展现身体思维模式认知局限的很好的典范。

三、身体思维模式的巫术渊源

以上我们就礼、法规制下的身体思维模式及其在中国古代司法断狱中的具体展开作了详细论述，本节将着手探讨身体思维模式与原始初民社会巫术活动中的原始思维模式之间的内在渊源关系。

（一）作为礼的规制历史渊源的巫术中的身体思维模式

礼缘起于原始初民社会人神沟通的献祭活动，《说文·示部》："礼，履也，所以事神致福也。"王国维《释"礼"》也说："奉神人之事谓之礼。"在宗教和巫术中都可能存在向神奉献牺牲祭品的活动，并伴随着一定的仪式。[35] 辨识二者区别的论说有很多，从身体思维模式的角度看，其所献祭的“神”有没有一种独立自主的超越或超验性质的存在，是区分的关键所在。对于巫术而言，献祭及其仪式充满着诸如祈福、消灾、祈雨、祛病等现实性的目的。巫师在巫术礼仪中，往往借助具有严格形式规范和繁复细节仪式的身心并举的狂热举动（主要是巫舞的形式），去迫降鬼神以达成献祭的意愿。与宗教中向对象化的神灵献祭和祈祷不同，巫术中的“神”不再是客观对象化的独立存在，而是在巫师炽热的情感想象中，与献祭巫师的身体合而为一。李泽厚先生对此精辟概括道：

> “巫”的特征是动态、激情、人本与人神不分的“一个世界”；宗教则属于更为静态、理性、主客分明、神人分离的“两个世界”。……西方由“巫”脱魅而走向科学（认知，有巫术中的技艺发展出来）与宗教（情感，由巫术中的情感转化而来）的分途。中国则由“巫”而“史”，而直接过渡到“礼”（人文）“仁”（人性）的理性化塑建。[36]

这段话表明，西方早期巫术中的技艺和情感分别由后来走向歧途的科学和宗教分别承担，而中国却在由“巫”而“史”的过渡中，由“礼”一体化承担了。在此转化过渡的过程中，巫师身心并举的狂热举动逐渐被一种称作卜筮的数字演算系统所继替。卜筮的数字演算遵循一套复杂繁难的技巧规范，以示占者饱含敬畏诚恳的情感向神提出预测未知吉凶的疑难问题，并以卜筮显现“神示”。卜筮这套精巧的数字演算系统在此似乎成了示占者与“神意”沟通的桥梁和工具，使“神意”与示占者的身体拉开了一定的距离，成为认知活动进一步对象化、客观化的存在。只不过，其卜筮过程中所呈现的畏、敬、忠、诚等主观情感仍然延续了巫师身心并举的狂热举动时的情感状态，并且这一情感状态也与作为认知对象化、客观化了的“神意”交织混同在一起。按照李泽厚先生的揣测，周易、八卦与卜筮演算直接攸关，而《周易》中的“左旋知往，右旋知来”亦恐与巫术

〔35〕［法］马塞尔·莫斯、昂利·于贝尔：《巫术的一般理论：献祭的性质与功能》，杨渝东、梁永佳、赵丙祥译，广西师范大学出版社2007年版，第29~33页。

〔36〕李泽厚：《说巫史传统》，上海译文出版社2012年版，第17页。

舞蹈中“左旋”“右旋”的身体动作相关。[37]

巫术具有神圣性质，无论是献祭的祭品还是相伴随的仪式都不例外。当以有生命的动物的身体献祭时，往往需要借助特定的仪式使先前凡俗的动物身体转化为具有非凡的意义。更有甚者，在以巫师自己的身体作为献祭的“牺牲”时，巫师常按照既定的程式以斋戒、沐浴、禁止性生活等节欲的方式圣化自己的身体，并以焚烧身体等方式摧毁自己，以使自己与“神”“血脉”相连，进而心意相通，以实现自己的使命。因此，自我献祭有一个认知上的基本预设，即认为自己的“身体”与神之间具有亲缘上的关系，通过血的交换，可以与神灵再次发生生命的交融。[38] 这就使得巫术信仰的“神”渗入了祖先崇拜的因素，在“巫”“王”合一的时代，氏族首领常以天命自居，并以天子自命，甚至以不惜牺牲自我的至诚之意以期与天意的再次生命交融。《吕氏春秋·季秋纪》记载的“汤祷”的事例颇显著：

> “昔者汤克夏而正天下，天大旱，五年不收。汤乃以身祷于桑林……剪其发，磨其手，以身为牺牲……雨乃大至，则汤达乎鬼神之化人事之传也。”

商以天命自居，“天命玄鸟，降而生商”，作为商部族的首领汤方能以自己的身体为牺牲。“以身祷于桑林……剪其发，磨其手”，则是身体圣化前的必要步骤；祷神的目的是降雨，“雨乃大至”正是汤“以身为牺牲”的仪式活动与其显现的至诚之意的结果。这一因果关系的建构典型地反映了早期中国人“天人合一”的思维模式，人的身体和情感与天地鬼神的秩序能够类通，并能触发彼此的感应互渗，这也正是布留尔先生所强调的原始初民社会与逻辑思维模式并存的另一种被称作“原逻辑”的思维模式，这一思维模式所遵循的是事物整体秩序与其部分、部分和部分之间的神秘互渗规律。[39] 也正是因为强调人的身心在天地整体秩序中的中心地位，才使得这一具有神秘互渗规律的原逻辑思维显现为更为具体化的身体思维

---

〔37〕 李泽厚：《说巫史传统》，上海译文出版社 2012 年版，第 21 页。

〔38〕 ［法］马塞尔·莫斯、昂利·于贝尔：《巫术的一般理论：献祭的性质与功能》，杨渝东、梁永佳、赵丙祥译，广西师范大学出版社 2007 年版，第 180 页。

〔39〕 ［法］列维-布留尔：《原始思维》，丁由译，商务印书馆 1981 年版，第 62~130 页。

模式。

“巫”向“礼”的过渡可以说是神圣向世俗转化的过程，但也可以反向地说，是礼具有了巫术神圣渊源的性质。在此过程中，“巫”在特定历史情境下所具有的神秘意义的仪式节文都多少发生了蜕变和转化，形成了后世儒家所秉承的“礼”；巫师在巫术仪式活动中所表达的敬畏和忠诚也转化成了儒家所谓的“德”，这种“德”先是演变为厉行君王操守的专门规范，后来也就演变成个体心性道德的含义了。[40] 礼制对身体欲求的差等化节制，以及对遵循礼制的人的内在虔敬仁爱之心的重视，都是由原始初民社会的巫师在巫术活动中身体思维模式的衍续。

（二）作为法的规制历史渊源的巫术中的身体思维模式

在人类学家看来，法律与巫术有许多共享的要素，就如同伯尔曼先生所论述的法律和宗教的关系一样，[41] 以至于在法律产生的最初阶段，常常因此而与巫术现象相混淆。莫斯就此指出：

> “法律行为常与巫术行为相混淆，巫术的语言和姿势都是一种强制性的裁决，法律行为也常具备仪式的特征，合约、誓言以及神判在一定程度上也是神圣的。如果它们想实现一种特殊效力，或者它们建立的不仅仅是人与人之间的合约关系，那它们就不再是一种法律行为，而变成一种巫术或宗教仪式。”[42]

金文“灋”的字形构造中，的确能析出神判的痕迹。对于合约和誓言方面的金文资料中所包含的神圣要素亦有大量的论据支持。既然本文的主旨是探讨司法断狱中的“情实”问题及其背后的身体思维模式，那么我们就由“灋”字所引出的神判问题展开论述。

“灋”字析为“氵”“廌”“去”三部分，综合历来的解释，其中包含神判的巫术要素大致有二：一是“廌”，据说是借助神兽断狱，内中有动物崇拜的巫术痕迹，并且由此牵涉出的“皋陶”其人，身份兼有司法官吏

---

〔40〕 李泽厚：《说巫史传统》，上海译文出版社2012年版，第27~35页。

〔41〕［美］伯尔曼：《法律与宗教》，梁治平译，中国政法大学出版社2003年版，第21页。

〔42〕［法］马塞尔·莫斯、昂利·于贝尔：《巫术的一般理论：献祭的性质与功能》，杨渝东、梁永佳、赵丙祥译，广西师范大学出版社2007年版，第27页。

和巫师等多重身份；[43] 二是“氵”，已有很多学者否定了汉代许慎在《说文》中的所谓“平之如水”的解释，认为“氵”和“去”结合在一起，实际上是“随水漂走”的神裁法机制的孑遗，也有可能跟最早的流放刑罚有关。[44] 对于“随水漂走”的神裁法解释，在很多人类学、民俗学有关“老、少、边、穷”地区的田野调查中，仍时有印证，但由此就否定许慎的注解或许还需要更为有力和直接的证据。[45] 而对于皋陶獬豸断狱的解读则确定无疑，汉代以后的司法官吏身着獬豸服，皋陶成为传世的“狱神”享历代的供奉，都证明此言不虚。[46]

将证据不足的案件事实问题交由神灵而非逻辑三段论进行裁决，是巫术性的神明裁判与现代性的“科学”裁判之间区别的关键所在。在皋陶獬豸断狱的神判中，存在这样一个有关身体思维模式的认知预设：獬豸充满灵异的独角被视为“神灵”寄居的场所，而罪人的罪恶则隐藏在其身体里，独角对嫌疑人身体的触碰与否决定着他的有罪与否。而“灋”字中备受争议的“随水漂走”的神裁法机制的思维原理亦是如此：神会借助水的自然原理吞噬有罪者的身体，同时也能以超自然的能力使无辜者的身体免受毁灭的祸殃。

在这一系列神裁决疑的背后，尚须借助如皋陶这般兼具裁判官和巫师双重角色的人物施行既定的巫术礼仪，以此获得与神意的沟通。在施行巫术仪式之前及其过程中，巫师仍要严格遵守类似于清洁身体和节制欲望等规范的要求，通过表达敬畏至诚之意以期获得神启。当这种巫术礼仪逐渐被世俗化的礼制规范所替代后，巫术仪式中的敬畏至诚之意也就相应地转化为儒家化的司法官吏们“哀敬折狱”的道德情感了，巫术仪式中对神意的体认也同时转化为对案件事实“感同身受”的情感涵化——也即是我们所谓的“情实”问题了。

---

〔43〕 郑智：《中国知识人与法律的原始形态——以巫和巫术与法律之关系为维度》，载周永坤主编：《东吴法学》（2012年春季卷），中国法制出版社2012年版，第312页。

〔44〕 蔡枢衡：《中国刑法史》，中国法制出版社2005年版，第159页；另外，苏力、梁治平、张永和等学者也都追随此说。参见张永和：《“灋”义探源》，载《法学研究》2005年第3期。

〔45〕 夏之乾先生曾描述了新中国成立前云南德宏傣族景颇族自治州的潞西、东山、陇川、瑞丽、盈江等地存在的潜水神判的情形。参见夏之乾：《神判》，上海三联书店1990年版，第66~68页。

〔46〕 瞿同祖：《瞿同祖法学论著集》，中国政法大学出版社1998年版，第276页。

宋人如何论“法意”

——以《宋会要辑稿》为中心*

张田田**

一、问题的提出

“法意是中国古代法制中的一个重要概念”，法史学者基于此，着眼于宋代——“法意这一概念特别受到重视的历史时期”，从宋代司法者追求“情法两尽”“上不违于法意，下不拂于人情”切入，对“法意”的含义与司法功能加以探讨。刘笃才先生根据《宋史》《续资治通鉴长编》及《名公书判清明集》（下简称《清明集》）中所记叙的宋人关乎“法意”的言论，将“法意”分为法律的基本含义、一般原理与“微言大义”三类，其研究极有见地，从中可观宋代法意之梗概。〔1〕此外，学者聚焦《清明集》等文献，对宋代法官处理个案的评说，也常以“人情”“法意”为切

* 本文是国家社科青年项目中国古代“违制”罪研究（15CFX012）的阶段性成果。本文部分内容曾发表于2016年6月9日韩国庆北大学举办国际学术大会［法을通해본東北아시아사］及2018年11月25日中南财经政法大学法律文化研究院主办“中华法治文明研究·中国固有法的表达与逻辑”学术研讨议上，衷心感谢陈师景良教授、刘馨珺教授、李栋教授、蒋楠楠老师等的批评指教。

** 中南财经政法大学博士后在站。

〔1〕 刘笃才：《宋代法意之殇》，载《政法论丛》2012年第5期。

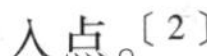

入点。[2]

然而，于正史和“长编”之外，存记各类制度更为详备的“会要”，虽如今仅存清人所辑之不完全稿，但仍为考察两宋法制的重要资料。笔者从现存《宋会要辑稿》中，检出161次有关“法意”的讨论，[3] 从记载宋人“法意”言论的次数与内容来看，“会要”体文献[4]在诸多典籍中，当首屈一指。若补入宋会要所载宋人的“法意”之论，则宋代“法意”之概况确如刘笃才先生所论，而其全貌又不限于此。办案者言法意，可见法律调整社会生活时以酌量情理法为重，此方面研究已有珠玉在前。而于创法、置法、变法中议论“法意”，则是执法之基础，而尤其体现宋代特色。

---

〔2〕 例如，收入柳立言先生《宋代的家庭和法律》（上海古籍出版社2008版）“法律篇”中的论文，又如，刘馨珺先生在《明镜高悬：南宋县衙的狱讼》（北京大学出版社2007年版）一书中，将《清明集》户婚门及赋役门中的200件判决文分成“不处刑”与“处刑”两大类，统计引用法条、引用刑律、指出法意、“出幼”、“妻在从妻条”等类目，从中得出判决文不是以“处刑”为主要目的，而执法官引用法条，必须说明法条本意及法官的用意，而这就是“法意”，也就是审判官员的“法律解释”是相当重要的。从若干量化的数字中，还可说明审判官员提出法意是包括他本身的法学素养、官职角色、个案的人情考量、各种法令与刑律的交互斟酌等。（第385~386页）其第五章“判决与科刑”中专节论述判决与“法意”，指出“法意”是户婚法条的活用：有27案出现“法意”一词，其中未处刑者共21案，占78%左右。这意味着在官府调查“户婚差役”的案情之后，书判官员除了检查对应案情的法条之外，还得就案情向当事人解释法条的“本意”，以及审判官员检用此法条的“用意”，乃有“徒法不足以自行”的意义。（第273页）再如，[日]佐立治人：《〈清明集〉的“法意”与“人情”——由诉讼当事人进行法律解释的痕迹》，载杨一凡、寺田浩明主编：《日本学者中国法制史论著选（宋辽金元卷）》，中华书局2016年版。再如，英国学者马若斐（Geoffrey MacCormack）曾撰写一篇长文，总结出《清明集》“情”“理”“法”语词的三种功能：其一，对证据进行检验，以及对诉讼行为（包括自己的行为及别的法官的行为）进行评价；其二，对诉讼当事人的行为进行谴责；其三，作为构成判决的一个要素，即构成判决的依据。Geoffrey MacCormack，“Judicial Reasoning in the Southern Song”，*Journal of Song-Yuan Studies*，Volume 41，2011，pp. 107-189. 中译本参见［英］马若斐：《南宋时期的司法推理》，陈煜译，载中国政法大学法律古籍整理研究所编、徐世虹主编：《中国古代法律文献研究》（第7辑），社会科学文献出版社2013年版，第299~358页。转引自赵晶：《如何更好地进行定量与性研究？——评大泽正昭〈南宋地方官の主張〉》，“文本与传播：中国古代的礼与法”学术研讨会暨第二届东方法律文化研究会会议论文，2018年4月21日至22日。

〔3〕 搜索关键词包括“法意”“立法之意/本意/初意”“置法之意/本意/初意”等。去除重复，北宋出现65次，最早见于宗乾德二年（公元964年），最晚至宋靖康元年（公元1126年）二月二十七日；至于南宋，从建炎元年（公元1127年）至嘉定十五年（公元1222年），发生近百次之多。

〔4〕 对“会要体文献”的关注，受陈景良先生启发，参见陈景良、王天一：《典卖与倚当：宋代法律的逻辑与生活原理——以会要体文献为中心》，载《法律科学》2018年第3期。

宋法庞杂，修订频繁，[5] 宋人何以多谈“法意”，或与此大有关系，而运用《宋会要辑稿》更能展现宋代立法的前期论证与后期调整之纤微精妙。

“著而有定者律之文，变而不穷者法之意”。[6] 本文写作，首先在拾遗补缺，使“会要”体文献与“清明集”案卷中所展现的宋人“法意”论析得以互补衔接。进而，宋人看待法律、运用法律的详情，如宋人（尤其是宋代士大夫）的法律意识等，亦均可在其“法意”追寻中得以展现。

二、宋人对“法意”的诠释与依违

（一）对“法意”的诠释与完善

宋代立法层面对“法意”的斟酌与完善，集中在法律的创制、修订与解释层面：既有“法意已详”而说明，又有“法意未尽”而补充，还包括“立法之意”的解析等。以下分为两类逐一阐释：

一是既有法规的解释和修改。该语境中的“法意”，侧重规定文义及规则系统的逻辑与原理。

第一，条文虽无误，但实施中可能存在误解。如令文载：

> 应因子孙得封赠而其父祖亡者，所封母并祖母用子孙官爵并加太字。

依令行事时，有司缘承上文“封赠”二字，于不应加“太”字的场合亦加“太”字。新差知州刘安看详立法之意，根究有司疑误之由，为更好地体现“太者事生之尊称也”，更提出使令文全备之法：殁者并除去［《宋会要辑稿·职官九·司封》，[7] 政和三年（1113年）十一月十五日，又见《宋会要辑稿·职官一一·官告院》］。

第二，条法非一成不变、良法非一蹴而就。发现“法意相妨”［《宋会要辑稿》食货一四、六五、六六，绍兴二十八年（1158年）六月一日、三十一年（1161年）二月二十七日］须删改，“法意小有不足当修补”

---

〔5〕参见吕志兴：《宋代法律体系与中华法系》，四川大学出版社2009年版；胡兴东：《宋朝立法通考》，中国社会科学出版社2018年版，等等。

〔6〕（宋）傅霖撰：《刑统赋》，载《续修四库全书》编纂委员会编：《续修四库全书·九七二·子部·法家类》，上海古籍出版社1996年版，第227页。

〔7〕（清）徐松：《宋会要辑稿》，刘琳等点校，上海古籍出版社2014年版。以下版本同。引文详见附表，下同。

[《宋会要辑稿·刑法一·格令》，元祐四年（1089 年）八月六日]。如《宋会要辑稿·仪制五·群官仪制》载，太常少卿林栗陈请，臣下经由太庙喝导张盖，并无明文规制。礼部检准《绍兴重修在京通用仪制令》中“诸臣僚导从至景灵宫墙禁喝止”条款，未出现“太庙”字样。敕令所看详，“景灵宫、太庙皆系崇奉祖宗去处，理当一体严敬。止缘未有法禁，是致经由（太庙）喝导……本所伏在京法内‘臣僚导从至景灵宫墙喝止’条内，添入‘太庙’二字，及‘墙’字下添‘并’字，庶得补圆法意。又禁止张盖一节，本寺今指定合修入条令，于禁‘喝止’字下添入‘张盖’二字。”隆兴六年（1163 年）正月三十日诏：“臣僚导从至太庙、景灵宫墙，并禁喝止、张盖。”

第三，前后规定不一，须区别情况，细化条件，明示处理办法。宋代立法频繁，臣僚尤其重视维持法制一贯，多见此种在新法旧制之间比对以保持规则系统协调的做法。

同类法规的旧章与新规存在出入的，酌量具体规则的合理性，折中处置。例如，灾伤之处，令佐赈救人户不致游移，可获奖，但同一结果，熙宁时评定为五等，元祐时系四等。户部发觉，是以请皇帝下诏指定：灾伤五分以上与第五等，七分以上与第四等。[《宋会要辑稿》食货五七、六八，元祐五年（1090 年）二月七日] 又如，命官陈诉前勘不当乞改正，绍兴、乾道法不同，无所适从。敕令所分析这两次立法，绍兴法在防范鞫狱之官推勘不得其实，有不当者一案坐之，乾道法在避免淹延，不当官吏案后收坐，取向不同而方案各异。敕令所参酌历次规定，取适中之制：分别死罪与非死罪，死罪依绍兴时法一案推结，余罪依乾道法。[《宋会要辑稿·职官五·推勘》，淳熙五年（1178 年）十月九日]

不同类型规章冲突，如诏敕突破“刑统”的，原则上遵循新颁高阶诏敕，但仍以律（即“刑统”）为基准。一方面，有律有敕，应从后定之敕。譬如宋敕特别针对大礼失仪者，规定杖一百刑罚，且不以赦降原减。而有司引律处罚，仅援祭祀失仪笞四十之条。太常丞张庭实因而上言，请求敕令所“以绍兴敕内修入，永久遵守”，[《宋会要辑稿·礼一四·群祀三》，绍兴二十九年（1159 年）二月二日] 免“失祖宗立法之意”。

另一方面，赦文等内容要真正落实，须与现行条法尤其是律义协调。其权衡之基准，并非一概尊崇“王言即法”的高阶规定，毋宁说仍是遵循着出自以律典为中心的既有规定体系中的制度与原理，后者即下列臣僚奏请中的“法意”。①从具体条款来讲，新颁敕书内容是否准确无误，受宋人关注。譬如事关僧道在父母丧内犯奸，如何较凡人加等治罪，奉承郎王寔即纠出新颁《元符敕令格式》中未详未便之错误。《刑统》之意加二等。元符申明则以僧道“于父母与凡人不殊”为由累加四等。王寔详列《刑统》条文所载加等条件，监主犯奸加一等，僧道奸又加一等。因僧道无居丧之理，则“居父母……丧若僧道奸又加一等”之“若”应解作“或”，并非累加，则新定之法乖误。大理寺参详，欲从王寔之论。应都省勘会意见，又重别参详立法，仍依王寔之见，“居丧与道士女官既别立文，其下统言又加一等，则是道士女官居丧更无累加之文，在律已明”。根据律文，[8] 可见后颁敕的“累加四等”并不合理，王寔所见不谬。②从规则系统来看，如绍熙二年（1191年）有赦，殿中侍御史张釜指出，要兼顾新颁赦书起效与旧有条法存续，则须在规定范围的宽与狭、规则的宽与严方面加以权衡，达致和谐状态：“国家三岁一郊，霈旷荡之泽以幸天下，德至渥也。然赦文与令甲牴牾者有失参考。乞预饬省、部，令将各按具到赦文内合行事件逐一比照见行条法，法意宽而条或从窄，则改定赦文，令舍窄而就宽；赦文本宽而法或从窄，则明载赦书，令舍法而从赦。毋令引法以沮赦，毋令因赦以伤恩，如此，则国家旷荡之泽不为虚文。”[9]

二是临疑难情况而斟酌规章，重视从法令的本来目的、现实依据及合理性等方面推原“法意”。此种情况，“清明集”中甚多，但“会要”所记情景更多样。

譬如，爵位继承上依令参详，令文规定：诸王“无嫡孙以次立嫡子同母弟，无母弟立庶子，无庶子立嫡孙同母弟，无母弟立庶孙。曾孙以下准此”。判太常寺兼礼仪事陈荐等认为，理解此令的难点，在于其与古礼参差：“若以行尊而属近者为当立，则令文何以先母弟而后庶，不以长少为

---

〔8〕《宋刑统》所据，应为唐律总第416条，“诸监临主守，于所监守内奸者，（谓犯良人）加奸罪一等。即居父母及夫丧，若道士、女官奸者，各又加一等。妇女以凡奸论。”“疏议”释曰，“若道士、女官，僧、尼同：奸者，各又加监临奸一等，即加凡奸罪二等”。又“名例”篇载唐律总第57条，诸称“道士”“女官”者，僧、尼同。疏解“杂律云，道士、女官奸者，加凡人二等”。

〔9〕（元）马端临：《文献通考》卷一百七十三《刑考十二》。

序；若以恩亲等者为当立，礼传何以受重者不以尊服之”，因而推情求理，为免嫡统无故而废，不拘文字，将庶孙限定为“本房之庶孙继祢与祖”即“嫡房妾子”，因而论断，秦王之后合立庶曾孙。知礼院韩忠彦等则以为不然。据礼典则诸子之子除嫡长外皆为庶孙，陈荐等对“庶孙”采缩小解释，于法无据：“窃详当时立法之意，若专主嫡房妾子，则必曰嫡孙庶弟，不应统云庶孙也”。立庶孙则“王视庶孙恩亲等也，庶孙比曾孙行尊而属近”，有庶孙而立曾孙“不惟人情未顺，切恐深违法令之文”，秦王之后合立庶长孙。皇帝认可。[《宋会要辑稿·帝系四·宗室杂录一》，熙宁三年（1070年）六月十四日] 如此则推出条文背后的立法之意。

又如《宋会要辑稿·职官六·自代》载，“诏：举官法责其谨，举非其人则坐之以罪，理所当然。若举者有罪而坐被举之人，审而思之，事属倒置，非法之意。前降举自代责降指挥可更不施行。已离任者别与一般差遣。先因刘昺任户部尚书及翰林学士日，数举自代之人，其后（刘）昺坐罪恶逆而所举官尽皆及责。至是乃降此诏。”这便是剖析归责事由，得出被保举者对举荐人的过错负连带责任“非法之理”，从而使前降指挥更不施行，则是聚焦刑事规则的原理。

如此看来，宋人所关注的“法意”，兼及文本与实质。文本法意即文句之义、规定之理；深层法意指立法之目标意图与实践意义，即立法所规制的社会问题及立法所欲实现的社会目标。“法意”之表层，规则之解读，应以通晓规则文义为基础。这其中，通晓“律文”，探求“律意”，应是议论“法意”的底线知识。固然，宋代法源众多，条法层叠，如“律”不足以周事情而有“敕”等。文本层面的“法意”基于在宋代规则体系的全体，内涵自然较“律义”为宽。但在宋人看来，“刑统即律”，“律义”对应沿袭已久、较为稳定的“正刑定罪”规范，其制作精良，体系精密，虽不尽能应对新情况新问题，但承载旧传统，具有规律性，仍不可或缺。[10] 在此基础上，有针对性的新规亦结合整体来正确解读与综合把握。仍从《刑统赋》所言“著而有定者律之文，变而不穷者法之意”切入，作者北

---

〔10〕 如作为法律考试的核心材料等。有关宋代法律考试的专论可参见蒋楠楠《论唐宋法律考试与法官职业化趋向》一文。

宋律学博士傅霖有言，“见于文者，按文而可知；不见于文者，求意而后得”。[11] 宋人讲求“法意”的出发点，兴许正是从“定”即读“律”（刑统）出发，掌握字斟句酌之技法；而精益求精的表现，则是“按律之文以求法之意”并应对“变”（包括因“人情变而不穷”所衍生的规则之变），如对新颁法律的关切，对新旧衔接的重视等。“法意”之深层，则系于制度文本而不限于制度文本。围绕某种社会需求所置之法，即便一时废止，只要问题仍存留，则相关规定仍可能恢复，并不断调整与完善。[12]

宋人言“法意”，应对实际问题，面对社会生活，其中既有与律义成规协调的部分，又有具体而微、灵活不定的成分。尤其涉及因时制宜、因地制宜之人情、法律之“变”，往往出现前后政策冲突，新规施行受阻等问题，“法意”对于法规的解释与适用独具意义。“申明法意”、申严法禁的诉求与对“失法意”“害法”的防范等，接下来要结合制度运作来探讨。

（二）“申明法意”与“失法意”

宋代朝廷重视“申明法意”，在贯彻落实既有制度或执行新政策时，常向相关官民人等宣布普法措施。如《宋会要辑稿·食货五三·常平仓》载，神宗朝因臣僚“未喻朝廷之意”而数次上言新法不便，皇帝令制置三司条例司“申明法意，布谕诸路”。即《宋会要辑稿·食货五·青苗》载，“画一文字，颁行天下，晓谕官吏，使知法意”，其凡有七。其引经据典，乃是论证政策可行性，其公布与宣传意在加强政策之执行力。而在变法论争背景下，臣僚亦得存疑而上言，即熙宁三年（1070年）三月五日右正言

[11] 元代沈仲纬作《刑统赋疏》，疏云，“议法者虽知律之文，要知律之意。虽知律之意，要知律之变。若徒守其文而不知其意，知其意而不知其变，则胶于一定之礼（理?）而终无用也。盖律文明著者易见，法意变通者难穷。观其《刑统》诸条中，或加或减，或重或轻，或轻罪而变从重，或重罪而变从轻，则可见法之意变而不穷也”，举七杀为例，引傅霖所言作结：“然其古先哲王缘情立法，变通不穷，苟守其文而不知其变者，则其法易弊而难行也。律学博士傅霖云‘见于文者，按文而可知；不见于文者，求意而后得’，所以变者，因人情变耳，非法之意变也。盖人情变而不穷，法之意亦变而不穷也。议刑之士当深思远虑，按律之文以求法之意可也”。（清）沈家本编：《枕碧楼丛书》，中国政法大学法律古藉整理研究所整理标点，知识产权出版社2006年版，第172~173页。

[12] 举“孤幼财产官为检校”令文为例。《宋会要辑稿·食货六一·官田杂录》载，绍圣三年（1096年）二月十日，提举梓州路常平等事王雍上言，元丰法意恤幼，得先王美政遗意。元祐时被废，今应予恢复。至政和元年（1111年）十二月十八日，前知汝州慕容彦逢上奏，重申“法意慈恻，尽于事情”，为落实此意，建议“不许形势户借请及作保”，获准。

孙觉“至于援引经谊，以傅会先王之法，与防微杜渐，将以召怨贾祸者，臣得极为陛下陈之”。王安石变法，“若不申明法意使中外具知，则是纵使邪说诬民，而令诏令本意更不明于天下”，［《宋会要辑稿·食货五·青苗》］虽不排斥大臣章奏论证，但变法者要在言论上压倒异见者，打消推行新法的障碍。出巡地方的官员如“能识朝廷所以命使之旨，宣布法意，致州县易于奉承，亟得就绪”，也获嘉奖。［《宋会要辑稿》食货六五、六六，熙宁五年（1072 年）八月二十六日］

然而，“法意”的宣布，不等于规定能落实。能否妥收立法之效，取决于官吏是否奉行，如何奉行。实践中，官员“未晓法意”多是未知晓新法颁布或未领会规则内容，这或许可以凭借“申明法意”破解。但“失法意”则可能是对规章制度的机械实施，名为遵从，实为曲解，危害更大。

“失法意”表现多样，相同点是有司曲解“法意”，拘泥条文，徇私舞弊，而不能奉公守法。详见附表。

譬如，“迁就狱情求合法意”以谋求私利，“法意”特指赏格所规定的“捕盗官应格改官”的捕盗人数条件，“迁就”之举则体现为凑足人数而弄虚作假乃至诬良为盗，以至于出现建宁府建阳县尉陈伯和将百姓数十人诬伏为强盗之事。如此则改修成法，捕盗官迁升须循资，有功者取特旨改官。［《宋会要辑稿·职官十·司勋》，淳熙四年（1117 年）七月二十一日］然劝功之赏格亦不可骤废，则令本州岛及提刑司保奏盗赏。（《宋会要辑稿·兵一三·捕贼三》，二十四日）又如，臣僚言治狱者“必先自揣摩斟酌之……必欲以款之情与法意合”以求顺当结案。此法意即为所欲援引断罪之条，文饰案情以傅会法条，仍非“情真罪当”，是为治狱之弊。［《宋会要辑稿·职官五·推勘》］再如前揭“孤幼财产官为检校”制度实行状况，绍圣三年（1096 年）、政和元年（1111 年），均有臣僚奏请，对此制度加以完善、督促实施。至嘉定十五年［《宋会要辑稿·职官七九·戒饬官吏》，嘉定十五年（1222 年）九月二日］，臣僚上言，则将官办检校与寄库事业的应得之利与实然之弊说得十分透彻，如下表所示。

“法意”之善	实行之弊
诸有财产而男女孤幼，官为抄札寄库，谓之检校，俟该年格则给还之，法非不善也。	今检校之财一入州县，则视同官物，季给所须则多方要阻，年及有请则故意占吝，而必待宛转，或支移他用者有之，或侵欺规隐者有之，此检校之法弊也。
应民户纷争未决之财并取赎未定之讼，其财皆寄于官，谓之寄库，俟已定夺则给还之，法非不善也。	今州县之间，幸其在官则睨为已有，两讼既决，财合有归，而迁延不给。逮其陈诉明白，越月踰时，物已羽化，或称前官用过者有之，或指为交割之数者有之，此寄库之法弊也。

孤幼之财检校、民户纷争未决之财寄库制度顺利实施的关键，在于财由官府代管，并由官府返还；但孤幼、民户实现其合法财产利益的阻碍，竟也来自官府。此前臣僚上言，限制势要侵夺；［《宋会要辑稿·食货六一·官田杂录》，绍圣三年（1096年）二月十日］如若官府侵夺，有何良策“不失立法之初意”？仍是“严饬有司，申明前禁，应检校、寄库钱物，官司不得妄自侵移，合给还而不给还者，许民户经台省越诉，其官吏必罚无贷”而已。

臣僚曾言：“臣闻立法所以为民，其始也未尝不善，末流一失，则善意泯而弊独存。”［《宋会要辑稿·职官七九·戒饬官吏》，嘉定十五年（1222年）九月二日］有宋一朝，留心政事、关切法制的士人多有，朝臣奏议中反复“推原法意”、不断建言“申明法意”，都是例证。然而，欲维护“法意”、贯彻“法意”的原因，往往是有官吏“负法”“害法意”，且与描述法意在现实中的诸多无奈相比，应对措施贫乏，无非是或补充细则，或申严法禁。虽能洞察问题，难以解决问题，于是宋人难免要徘徊在“法意”可“申明”，但规则未必落实的迷局中。

三、宋人议论“法意”的特点

宋人明“法意”以重实施，居于集议定法导致繁法无所适从与成法新规间的龃龉、人情与法理如何调和等争点上的“法意”，蕴含宋人反思与完善法制的探索。

（一）权变与守成的抉择

宋代官员是“法意”之辨的主体，也是法律创制和修改的推动力。朝臣或各地官员的奏议，往往关注民事，斟酌法意，针砭时弊。皇帝先听取臣僚意见，再委托专门机构论证臣僚所提建议的可行性，使立法过程更为慎重和专业。宋代臣僚参议政事较为积极，聚焦“法意”的建言献策多有可取，确能体现“皇帝与士大夫共治天下”的氛围。[13] 当然，“法意”当如何，析辨在臣下，定夺仍在帝王。人臣议法、人主权断机制下，臣僚提议，仅为立法与施政之一环“会要”所记，多为臣僚陈请而皇帝“从之”，但也有皇帝不依从的情形。[14]

臣僚紧扣“法意”而议政，对宋代法律体系的影响可谓深远。在法律发现和法律适用方面，应臣僚奏请所降指挥，对于定期编订的敕令格式，构成冲击，且规范文本不断加增，维持前后规定一致的任务难度递增。《宋会要辑稿·刑法一·格令》载绍兴二十八年（1158年）九月十九日权吏部尚书贺允中言：“比年以来，臣僚奏请，取便一时，谓之续降指挥，千章万目，其于成宪不无沿革。舞文之吏依倚生奸，可则附会而从权，否则坚吝而沮格。”其后又有吏部侍郎赵汝愚言：“敕令之文简而深，请奏之辞详而备，居官者既未能精通法意，遂复取已行之例，用为据依，故吏因得

---

〔13〕 学者指出：“自北宋中期开始，士大夫政治主导性大为提升。较之北宋前期，他们不仅积极规范皇权行使，也更为踊跃地讨论、参与国家各项政事，其政务角色逐渐从原来以受命执行为主，发展为参与决策制定。”周佳：《北宋中央日常政务运行研究》，中华书局2015年版，第221页。

〔14〕 如《宋会要辑稿·食货六·限田杂录》载，进士何伯庸等状：“役法有封赠官子孙免役、不免役二项。法意不同”，乞明降指挥。吏部侍郎兼详定一司敕令贾选等札子：“看详封赠官自有两等不同，如士庶年及并国学生年、得解士人、选人、小使臣父母遇恩封官，及应赠初品官，其子孙于法未该承荫，似此之类，欲同编户差役。其有父祖因子孙升朝，积累封赠、以至崇品，其子孙既合承荫，若同编户差役，非特不应旧法，亦恐非朝廷恩典。”户部、敕令所看详，欲从所乞，即区分免役、不免役两类群体，明示免役之条件。宰执进呈，上曰：“赠官子孙若并免役，则将来下户受害。赠官虚名，免役实利，既予以虚名，又并实利得之，不可。”便是皇帝从封赠为虚名，免役为实利，不支持赠官（及子孙）兼收虚名与实利，意在一概取消受封赠者子孙免役的优待。因此淳熙十年（1183年）十一月十二日诏：“封赠官子孙并依乾道八年（1172年）十一月指挥，不许免役。”再者，言事者也有因观点不当而因言获罪的风险。如监察御史黄庆基言：“访闻诸路提举官申请役法利害，其间不晓法意，不通民事，措置颠错，建明疏谬，难以施行者，可籍其件数，论列于朝。其尤无状者，早赐罢黜。”从之。［《宋会要辑稿》食货一四、六五、六六，绍圣元年（1094年）十一月十四日］

并缘为奸。”因此淳熙八年（1181年）六月十九日诏：“淳熙重修吏部敕、令、格、式、申明既已颁行，其旧条难为杂用。自今如有疑惑，可申尚书省取旨。”敕令文简，指挥文繁，敕令指挥杂用，则卷帙浩繁，其中如有轻重出入，常人既难遍览繁法，亦难以察觉疏漏，反给胥吏以利用法律漏洞上下其手、谋取私利之便。

对此，除了上述精修敕令格式申明，限制附会已行之例的举措外，也有人对臣僚申请立法这一机制有所反思：即便以推原“法意”的名义，如缺乏守法之实意，一时之“变法”“议法”如不慎，可能沦为“私意败法”。即如《宋会要辑稿·帝系一一·守法》[15]载，孝宗朝“当时议论，大抵贵信不贵轻改，贵要不贵烦渎。如是而法不行，未之有也。故曰：朝廷不必变法，能以实意守法可也；士大夫不必议法，勿以私意败法可也。”淳熙十三年（1186年）十一月，上曰：“今之要务，不过择人才、正纪纲、明赏罚。更赖卿等留意，却不须多降指挥，徒见繁碎。”“凡指挥须教人信，若玩渎，何补于事。当取其大者要者留意，小事姑从阔略。”一言以蔽之：“少降指挥，不惟事简，又且人信。”（《宋会要辑稿·帝系一一·守法》）又如《朱子语类》载：

> 敬之问：“淳熙事类”本朝累圣删订刑书，不知尚有未是处否？（朱熹）曰：正缘是删改太多，遂失当初立法之意。

朱熹还有论断：“法初立时，有多少好意思。后来节次臣僚胡乱申请，皆变坏了”,“以一时之弊，变万世之良法，只是因某人申请。法尽有好处。今非独下之人不畏法，把法做文具事，上自朝廷，也只把做文具事行了，皆不期于必行”,“上下视法令皆为闲事”。

“法初立时，有多少好意思”之言背后，宋人守法的方式，值得深思：是守既成之法、少立指挥为上，还是更看重“立法之意”的完善更新，发现一时之弊，便新设一法以应对？

宋人往往阐发“古法之意”，成为“良法美制”之历史资源，以期助益于当朝法制。如杨万里从“夫民之所以畏法者何也？非畏法也，畏刑

---

〔15〕点校者认为：此一卷实非《会要》之文，其中摘引高宗孝宗严于守法之三十事，每事有题，显非会要之体，其三十事大抵出自两朝《圣政》（核对今存之《中兴两朝圣政》可见），间有引录两朝《宝训》者。文中两处有“臣升之释曰”，知为龙升之所辑《中兴政要》。

也。法不用则为法，法用之则为刑，民不犯则为法，民犯之则为刑，是以畏之也。有法而不用，不如无法”角度讲求“刑法”，重申“杀人者死”的“上下皆便”的历史合理性：

罪莫大于杀人。罪至于杀人何以议为也，则亦杀之而已。汉高帝如此其宽仁也，入关之初欲结天下之心如此其亟也，欲除秦法之苛如此其锐也，而其与民约法亦曰杀人者死，帝不以为疑，民亦不以为请。何则？上下皆便，其当然也。杀人而法不死，孰不相杀以至于大乱哉！此岂所谓当然而天下何便于此也。故虽高帝欲取天下之速而不敢宥杀人之罪以谄天下之心，虽秦民之苦于秦而不以高帝之不宥杀人为帝之虐。然则古之立法之意可知已矣。[16]

然而，时过境迁，某些古意虽为君臣称善，但未必推行。《宋会要辑稿》所录雷德骧深得立法意一事，北宋中期人魏泰于《东轩笔录》卷一中详述：

雷德骧判大理寺，因便殿奏事，太祖方燕服，见之，因问曰：古者以官奴婢赐臣下，遂与本家姓，其意安在？（雷）德骧曰：古人制贵贱之分，使不可渎，恐后世谱牒不明，有以奴主为婚者。太祖大喜曰：卿深得古人立法意。由是叹重久之。自后，每（雷）德骧奏事，虽在燕处，必御袍带以见。

日本学者高桥芳郎探讨宋代身份制度时认为：

从太祖问雷德骧“古者以官奴婢赐臣下，遂与本家姓，其意安在”，可以推断出他提问的前提是，下赐官奴婢是过去的事情，在当时已不复存在。因为假如提问的前提是，当时仍有下赐官奴婢的情况，但并未改姓主姓，那么对德骧的回答感到佩服的太祖就会指示效仿“古人立法之意”，对话也必然会沿着这个方向展开，但是后文却是在说，太祖佩服德骧学识之高，此后以自叹弗如的态度与其交往。

〔16〕（南宋）杨万里：《诚斋集》卷八十九《千虑策》，载四川大学古籍整理研究所编：《宋集珍本丛刊》（第55册），线装书局2004年版，第202~207页。

这说明宋初已经认为下赐奴婢是“古”时的事情了。[17]

宋人对“祖宗之法”[18] 的态度，亦同样看似清楚，实则游移。《宋会要辑稿·帝系九·诏群臣言事》载，绍兴三十二年（1162年）十二月六日诏曰：“朕惟天下有弊事，无弊法。祖宗立法，夫岂不良”，“今日之弊，在乎因仍习俗，固而不化，遂与法意背驰”，“经不云乎：变而通之以尽利，推而行之存乎人”。然而，细究“祖宗之法”之谓何，“法意”之向背如何，则裹挟在北宋南宋取用新法旧法的纷争之中，众人理解分歧。[19] 两宋“常平、免役”等制的反复，“熙丰立法之意”的废而又复，集中显示出宋人对变法所涉“法意”认识的波动。政和二年（1112年）二月二十九日，诏曰：“朕惟神宗皇帝上稽成周，下监百代，立常平、免役之法，以成仁民爱物之政。其敛散有经，其操纵有权，宪禁详密，无敢侵紊。不十数年，家给人足，国丰用裕，储峙衍溢，粟腐而贯朽。虽中更隳弛，费出无艺，而积岁用之，靡有殚竭，何其盛哉……宜令诸路提举司推原熙丰立法之意，参究方今利害之实，何修何饰，而可以追复前日之盛，条具以闻，朕将择其中而施行之。”（《宋会要辑稿·帝系九·诏群臣言事》）在此种基调下，则变法之弊，不在王安石等变乱旧制，而在新政虽善，但不能奉行，或奉行者未能“体法意之良”。如绍圣元年（1094年）闰四月一日左司谏翟思言：“熙宁中立免役之法，所以惠利天下非一。然当时行法之臣，有抵捂参错，不能上应法意者……陛下察知其然，申饬官司取其成书，参详去取，以功意元元。”（《宋会要辑稿》食货一四、六五、六六）

综上，守成与变法，是“法意”所关涉的一大领域。一方面，变法者及其反对者所秉之“法意”，往往沦为支持己方观点之论据，只印证褒贬

〔17〕［日］高桥芳郎：《宋至清代身分法研究》，李冰逆译，上海古籍出版社2015年版，第110页。

〔18〕专论可参考邓小南：《祖宗之法：北宋前期政治述略》，生活·读书·新知三联书店2006年版。

〔19〕如北宋徽宗时，“臣僚言：免役之法，始于熙宁，成于绍圣。神考之谷古创制，哲宗之遵业扬功，著为万世不刊之典，讵可轻改。”［《宋会要辑稿》食货一四、六五、六六，崇宁三年（1104年）二月二日］这便是以王安石变法立制，为“祖宗之法”。而南宋高宗绍兴五年（1135年）十二月八日，知静江府胡舜陟言：“熙宁间，王安石当国，变祖宗画一之制，创立新法，而保甲居其一。至元佑间，司马光秉政，一切罢去，民获苏息，盗亦销弭。”（《宋会要辑稿》食货六五、六六）此祖宗之法早于王安石变法，意即否定了新法。

态度，而模糊其制度基础。另一方面，牵涉“法意”之争，不仅是单纯的解释文句与阐明法理，而往往与政策导向及政治派别相纠结。废新法或重述熙丰法意，成为神宗朝以后宋代政治的症结。在某些制度上的来回拉锯，从中可见，当朝所树立的“祖宗旧制”“祖宗立法之意”，一定程度上，因“法意”本身便比法律文本更模糊，因而对“法意”的言说更为灵活。〔20〕关系具体制度涵义、特定立法之意的“法意”之辩，以及显示宋代皇帝与臣僚守法态度的事例，更值得关注。

既有“成法”，则求“法意”之善，仅是一项批评标准。仍以朱熹议论为例，其对“父母在子孙别籍异财”法禁的由紧到松，〔21〕如此慨叹：“如父母在堂，不许异财，法意最好。今为人父母在不异财，却背地去典卖，后来却昏赖人”，“如父母在堂，不许分居，此法意极好，到后来因有人亲在，私自分析用尽了，到亲亡却据法负赖，遂着令许私分”。〔22〕然而，朱熹之议，也只是针对现实而无奈有感而发，难以越过“成法”。

法令频出频改中，祖宗旧制与“立法之意”仍是值得回归的锚点。如后颁指挥被认为是“变乱成法”，解决措施往往是还原“刑统”律文，或适用早期制定的“敕令格式”等，出现问题的法令“更不施行”了事。〔23〕实践中遇有变乱“法意”，保守态度及对策往往是“申严旧制”，维护“祖宗立法之意”。在守法场合，南宋孝宗的言论很是典型：“国家承平二百余年，法令明备，讲若画一，傥能守之，自足为治”，“改法不当，终有窒碍，不如加详审于初，则免改更于后”。守之有道，督促措施则是，“既又坚守不轻变矣，而下之人犹有不相与守之者，则黜赏行焉。于是长吏以

〔20〕变法背景下臣僚的广泛参与与激烈讨论，凸显对法律文本、实施及立法意图的多层次关注，“会要”的“免役”门类中，便有多例：批评制度实施情况的，如不能“成就法意之良”“不能上应法意”“州县差募之际不体照法意”“不晓法意”“尤害法意”“顿失法意”，对策如“乞申严法意，禁戢州县勿功杂役，勿纵科扰”，及涉及政令修订的“切原法意不过便于捕盗耳”“缘法意相妨已行删去”。

〔21〕专论可参考张本顺：《宋代家产争讼及其解纷》，商务印书馆2013年版。

〔22〕（宋）黎靖德编：《朱子语类》，王星贤点校，中华书局1986年版，第2649~2650页。

〔23〕如《宋会要辑稿·选举五·贡举杂录三》所载淳熙二年（1175年）正月六日诏：“应进纳补官，曾请到文解，已年及合该免解之人，并依绍兴二十九年（1159年）十二月二十八日指挥，许纳补受文字，免解赴省试。其乾道五年（1169年）二月十三日指挥更不施行”中的“乾道五年（1169年）指挥”之所以被废，原因是乡贡进士苏彦直、莫泱状中指其“系是臣僚一时申请，有失祖宗法意”。

不职免所居官，主典以违制科罪，违戾去处便行取问，奉行不虔之州县便许按劾。”南宋朝之守法，不外如是。[24]

不过，“百世共守”之法，前提是“承平无事”。孝宗也说：“国家或有大事，须赖谋猷；平居无事，且当遵守法度。”（《宋会要辑稿·帝系一一·守法》）时过境迁，祖宗之法虽善而不可复。[25]

（二）对“法意”“人情”的权衡

宋人论“法意”有诸多层面：祖宗成法与变法改制，已如前述。法意与人情，则始终贯彻在修订法律文本与追求制度实效层面中。

“法意与人情”乃是古今人士考量法制的一种视角。[26] 讲法意人情折衷，实则隐含法律规定与人情事理可能的冲突，立法与司法目标间冲突的可能。《折狱龟鉴》所辑张咏三七分割遗产一事，便是例证。北宋时有一富民病重将死，命女婿管理家产，遗书称分析家产时以十分之三传给儿子（立遗嘱时仅三岁），十分之七给予女婿。后其子成人，诉讼到官。法官张咏对此案之女婿说：“汝之妇翁，智人也。时以子幼，故此嘱汝，不然子死汝手矣。”于是以十分之七判与儿子，十分之三判与女婿。《折狱龟鉴》编者郑克评价：

> 夫所谓严明者，谨持法理，深察人情也。悉夺与儿，此之谓法理；三分与婿，此之谓人情。（何）武以严断者，婿不如约与儿剑也；

---

〔24〕《宋会要辑稿·刑法一·格令》载，绍兴二年（1132年）八月二十九日臣僚言：“自颁降《绍兴新书》之后，恐官司申请创立条禁或增重刑名，寖失祖宗立法之意。乞令有司如遇臣僚续有申请，并检会昨用嘉佑法参酌修书元降指挥，参照修立施行。”从之。绍兴二十八年（1158年），上谓辅臣曰：“祖宗成宪不可废也，存之以备用甚当，但令所修法须与祖宗法意不相违背。仍谕诸详定。”这是法律定期修订，尤其重视体系的维护。

〔25〕淳熙十六年（1189年）七月十五日吏部尚书兼侍读颜师鲁言，旧官制别品、限名秩，“祖宗立法之意，周思熟虑，至严且密”，“诚当今之龟鉴，万世之法程……故当时人知要官显职，不可以妄求；高爵厚禄，不容于幸得，各安义命，以修职业。而奔兢之门塞，躁进之俗销矣。今朝廷官制，行之既久，固未易遽改”，只能申请将旧典“下抚州，宣取一帙，置之禁庭。万机之暇，特赐亲览。庶几仰体成规，熟知旧典。除授之际，抑扬高下，皆有据依，而无侥踰之失。”从之。（《宋会要辑稿·崇儒四·藏书》）

〔26〕如梁治平教授著有《法意与人情》，自序称该文集文章主题为广义的“法意与人情”。同名文章指出，立法者使法意与人情相一致的追求，仍须司法者的才智与努力方能实现，并援引古代知名案例如汉“何武断剑”“隋郎茂断兄弟不睦”“宋王罕断族人争产”及郑克《折狱龟鉴》相关按语等，辨析“历来关于明敏断狱的记载，总少不了善体法意，顺遂人情这一条”。梁治平：《法意与人情》，海天出版社1992年版，第149~154页。

(张)咏以明断者，婿请如约与儿财也。虽小异而大同，是皆严明之政也。

"人情法意未尽"是立法之弊，批评者意在督促立法者反思并收回成命，修改既有规定中的不合理成分。例如，因新立之比较法不妥，如依新法则大理寺中官员"一岁所断，皆无分毫差失，止得减一年或半年磨勘，则四岁之劳不足以赏一日之责，委于人情法意未尽"，因此大理寺丞刘抡等具状详细说明。都省送下刑部，刑部言："昨立到比较法，每岁具两员最多者取旨责罚，不以差失多寡为限。显与比较旧格法意不同，理合别行修立。"从之。[《宋会要辑稿·职官二四·大理寺》，绍兴四年（1134 年）四月十日] 从大理寺官员所提意见来看，为提高大理寺官员办案质量所设之劝惩办法，本应考虑到大理寺"职事繁重"的特点，处罚应有理有据，旧法"若皆无差失，即尽无责罚"相对合理，而新法"若一岁皆无差失，而偶失出入笞杖刑者，依近法亦须责罚丞、评事两员"便是过苛，且处罚应有所区别，新法"若皆失出入数多，亦止责罚丞、评事两员"，亦欠考虑。与"比较旧格法意不同"的新比较法，确实在"人情法意"上，有不周全之处。

又如《宋会要辑稿·选举一三·试法》载，绍兴四年（1134 年）五月十八日，大理寺正路彬批评"考校试刑法官分数格，系以五十五通分作十分为率，第二等下五分以上，第三等上五分，第三等四分以上，即是二十七通七厘半为第二等下，二十七通五厘为第三等上，二十二通二厘半为第三等中。切详第三等中至第三等上系隔五通二厘半，第三等上至第三等下止隔二厘半，分数不伦，人情法意未得周尽"，第三等上、中、下档次间距不适中，若实施起来免不了要引人质疑。因此，路彬"欲取四分半以上为第三等上"的建议被听从。

"人情法意两全"，是立法者之理想。例如，前揭对于捕盗赏格可能激起捕盗者虚报这一问题，杨炳设计出一套能收"不至以平人足数而滥赏，亦不绝其希赏求进而纵盗，于人情、法意皆两全也"之效的对策："自今获强盗改合入官，比类优与循资。若欠一名或两名，乞与理为全火。或只及其半，与减半推赏。或有余剩人数，与增累推赏，愿留将来改官后收使者听。"[《宋会要辑稿·兵一三·捕贼》，嘉泰四年（1204 年）五月十二日］又如，对于“贡院为赴试人众，分为三场，而第三场专引外州覃恩免解人”的旧制，隆兴元年（1163年）正月十四日，右谏议大夫刘度认为，存在漏洞，可更周全：“向年覃恩免赴试人，得者最少，以此怀疑，谓主司特别撰号，阴为摈黜之计。虽实无此事，而语言籍籍，不可开晓，非清朝至公之体也。欲乞将赴试人不拘中外，得解免解，互相参杂，止据经义、诗赋人数，通融相补，分作三场，混同考校。将来得失多少，自系程文工拙，初无彼此形迹。下以示主司之无心，唯才是取；上以彰圣恩之广大，实惠具孚。法意人情，皆为允惬。”从之。（《宋会要辑稿·选举四·贡举杂录》）

通民情与通法意，尤其是二者兼通，则是特定职官的选任要诀。《宋会要辑稿·职官二四·大理寺》载隆兴二年（1164年）二月八日臣僚上言：“廷尉，天下之平，国朝以来，知审刑院、判大理寺各以儒臣为之，所以重其选。逮熙宁中，始定刑法六场格式，仍许进士就试。元丰官制行，而大理之官备，自非更历州县，谙练人情，洞晓法意者，未易居此。窃见方今大理之官，初官试中刑法，多除评事，自评事改秩，即除寺丞，继而迁正，迁郎，虽卿少，亦可以循次而进。问以法意，揆以民事，或未两尽。由是推之，虽试中刑法，必待历任，然后除评事，自评事改秩，再历外任，然后除丞，方为允当。”上言者以为，大理寺官必须“法意、人情无不通贯”，方可实现“天下之狱举得其平”。当时虽从之，后又不施行。［《宋会要辑稿·职官二四·大理寺》，隆兴二年（1164年）六月十六日］

如此看来，相对于《清明集》所载官僚办案讲求“人情”，意在加强判决的公正性与说服力，《宋会要辑稿》中记叙的君臣对“法意”“人情”的权衡，更重视从宏观上追求制度的合理性与可行性。正如宋人所言，集议指挥“其欲永久施行，亦贵于法意与人情相合”。［《宋会要辑稿·职官八·吏部》，嘉定六年（1213年）八月三日］权衡折衷“法意”“人情”，以妥善应对到表层“法意”与深层“法意”之间、法律从文本到实践之中可能发生的冲突，有重要意义。

结　论

“法意”确有其时代特征与地域色彩。宋人处于君臣信奉“法与天下共”、皇帝“与士大夫共治天下”背景中，处在事无巨细、层层关防的考虑内，不时纠结于“祖宗之法”与新旧相争间，直面问题而议论“法意”。从《宋会要辑稿》中所归纳的“法意”乃是自上而下贯彻法律过程中的一系列价值、标准，论者在对法制及施政要领的具体言说与深意求索中，共同促进对理想治理状态的追寻。[27] 通过阐发“法意”，于制定法或严格遵守，或变通补充，或参酌折衷，宋人对“法意”的不可割舍与反复权衡，可见其法律意识和法律素养，而“法意”在宋代得到充分阐释，既可取其概要，亦可具体剖析，成为法制的资源与养分。

宋人论“法意”，更可看作中国古代完善法制与探索法律精神的一个切面。在“法”及其所属规则价值体系超越一时一地、一字一句之法规的层面，[28] 古典“法意”与“法理”在“律令条文背后所蕴含的价值追求及共通原理”层面上相通，据其阐释法律精神，有“源于文本、高于文

---

〔27〕“法意”从未圆到臻于圆满，制度从创设到长久遵行，其间要点，从立法技术上讲，表述需精确，内容要合理可行，原则上不能与此前规定相悖，又要具备现实针对性，又如，改革政令如要切实发挥功能，尤其需要大力推行，往往也要配套督促措施，等等。

〔28〕可借鉴者，如有旧学功底的近代翻译家字斟句酌的成果，孟德斯鸠《论法的精神》巨著，在早期译本如“严译八种”中的题目，即为“法意”，严复译第一卷“法律通论”，分为“一切法与物之关系”“形气自然之法”“人为之法典”三章，在卷末归纳“国有治制（如君主、民主），国法者，所以成此治制者也；民法者，所以翼此治制者也。故其立法也，不可不察其治制之形制精神而为之……今不佞此书，所欲讲明，即在此数者，必一一焉各审其指归，而得其相维相剂之理。此则不佞所谓法意矣。故不佞所论者，法意也，而非法也。论法意而不及法，故无取于析国民之法而言之。盖法意为物，存乎制与所制者之对待，而非一二法之所由立，遂可得其微旨也，是故法非不佞之所论也。惟治制之形质精神，与所立之法，有绝大之关系，故欲明法意，必先即二者而深穷之”。[法] 孟德斯鸠：《孟德斯鸠法意》，严复译，商务印书馆1981年版，第9~10页。以今观之，一种类似的表述是“立法者的法理学”：“立法者的法理学要思考的内容被孟德斯鸠统称为‘法的精神’”。强世功：《立法者的法理学》，生活·读书·新知三联书店2007年版，第25页。又如许章润先生所发掘之当今“法意”：“法律是一种规则体系，同时并为一种意义体系。任何规则必涵蕴有一定的法理，载述着一定的道德关切，寄托着深切的信仰。凡此种种，一言以蔽之，曰法意，它们构成了规则体系的意义世界，而为法制之内在基础。任何法制的生长与运作，必伴有相应的法意。在法律移植的情况下，甚至滥觞于相应的法意，法意因而成为法制的先导。”许章润先生比较“法制”与“法意”，法意相对于“恒定而恒变”的法制，有其恒定而不变的成分：“就人类迄今为止有限的历史来看，诸如公平正义，仁爱诚信……等等基本价值与信仰，构成所谓世道人心，关乎人的生存和尊严，却恒定而不变……法律之道即生存之道，法意即生活的意义，而生活的意义主要在此世道人心。”许章润：《凝炼法意：“法意”主编者言》，载[美] 布莱恩·比克斯等著：《法律实证主义：思想与文本》，陈锐编译，清华大学出版社2008年版。

本”，臻于良法善治的鲜活生命力；[29] 而从治国理政应以“治人”为先、[30] 强调心术与技术等综合素质的角度，制度创设与实施的全过程，均有赖士君子创造性地探求良法与实体正义，灵活诠释“法意”抑或“法外意”，[31] 对此，有待进一步的研究。

---

〔29〕传统中国史料文献记载中的“法理”一词，主要包括两种含义：其一是指律令条文背后所蕴含的价值追求及共通原理；其二为宗教概念。张文显：《法理：法理学的中心主题和法学的共同关注》，载《清华法学》2017年第4期。陈景良教授对传统语境中的“法理”有系统研究，从修宋史者为欧阳修等作传并归纳得出的“宋之中叶，文学法理，咸精其能”入手，指出“法理”为宋代士大夫从事司法实践的基本要求和品味，即“法律素养”，论说宋代士大夫群体普遍具备基本法律素养，将“法理”语源追溯至汉宣帝，辨析两汉魏晋南北朝“法理”的主要意义有二：通晓法律的官员；法律条文所依据的价值观念、法条之上的元规则。在此基础上，学者进一步考辨，古人所谓的“法理”意义十分复杂，甚至模糊而具有多重指向。它既可能指法律条文本身的含义及其蕴含的法律原理，也可能指融入法律之中的常识性人伦之理或自然之理。即使指称法律之理，也有泛指立法精神和指向具体法条的区别。纵使之说刑法之理，也有具体的刑名之理、罪名之理、刑罚之理等区别，其中蕴含可贵的文化观念，体现在“枢机周密、法理详备”的治国方略、“法理如是，足见其直”的法律精神、“不习法理，无以效职”的选举理念、“文学法理，咸精其能”的用人原则等方面。陈子远：《古人在什么意义上说“法理”》，载陈锐主编：《重庆大学法律评论》（第1辑），社会科学文献出版社2018年版，第183~198页。

〔30〕《荀子》卷八《君道》开篇提出并阐释其著名的“有治人无治法”论断：“法不能独立，类不能自行，得其人则存，失其人则亡。法者，治之端也；君子者，法之原也。故有君子，则法虽省，足以遍矣；无君子，则法虽具，失先后之施，不能应事之变，足以乱矣。不知法之义而正法之数者，虽博，临事必乱。”

〔31〕清代名幕汪辉祖的言论有助于我们理解“法意”“法外意”的交集：有人以其引经决狱事迹，赞其“得法外意”，汪辉祖谦逊：“吾安敢弄法，惟于立法本意不敢不详尽耳。”（清）汪辉祖撰：《元史本证》，姚景安点校，中华书局2004年版，第586页。霍存福教授《“用法恒得法外意”——魏晋玄学所追求的司法、执法境界》［载《法律文化论丛》（2013年6月第1辑），法律出版社2013年版］一文，从东晋谢安概括陶侃行事的“陶公虽用法，而恒得法外意”一语切入，兼及“得法外意”的多种表述从法律领域推广到佛教原理说解、艺术创造、医学等方面的普遍意义，并关注核心人物陶侃与谢安的事迹，归纳“法外意”最初的玄学语境所展示出的“道与法”道家哲理，及“言意之辨”等问题。在文末，霍教授极富洞见地指出：缘自儒家思想系统的“情理法”，更契合中国思想结构，也更加具体而切实，从而得到集中运用，而“法外意”发散范围广，但原发领域影响力不足，相对概括抽象，也未从儒道互补的大背景中得到更多支持。二者的共性也不可否认：都有不拘泥于外在、文本法律规则的意味，但霍教授认为“情理法”涵摄法之内外，而“用法恒得法外意”瞩目“法外”。拙文《“致君尧舜”与“得法外意”：“读书万卷不读律”辨》［载霍存福主编：《法律文化论丛》（第10辑），知识产权出版社2019年版］的史料搜集和整理则能够更多地展现出元明清的“法外意”论述，是如何交融于王道、教化等儒家思想内涵的。

附表 《宋会要辑稿》“法意”分布表

类别	制度（讨论时间，会要篇目）	实 践	对 策
变法总说	诏曰：朕惟天下有弊事，无弊法。祖宗立法，夫岂不良。[绍兴三十二年（1162年）十二月六日，帝系九・诏群臣言事]	今日之弊，在乎因仍习俗，固而不化，遂与法意背驰。经不云乎：变而通之以尽利，推而行之存乎人。	已令侍从、台谏集于都堂。今赐卿笔札，宜取当今弊事，悉意以闻。退各于听治之所，尽率其属，谕以朕旨，使极言之，毋得隐讳，朕将有考焉。
	圣旨：神考稽古创制，讲明治具，维时宪度，尽载编敕，悉出睿断裁成，亲加笔削，故行之甚久，曾无抵疵。[大观四年（1110年）六月三十日，刑法一・格令]	继而元符续敕令，疏密重轻，颇有不同，遂致踳驳，寖失本意。	可委刑部检详元丰颁降敕令格式，条具闻奏。如有该载未尽，参以绍圣所降敕令施行。
	翰林学士叶梦得、给事中孙觌、中书舍人张澄言：常平法起自西汉，本以惠民，祖宗行之已久。熙宁初，缘类推广，附以青苗、免役、市易、抵当、坊场、河渡、农田水利等事，其意亦在宽恤民力。……今朝廷复置常平使者，命官讨论，窃详圣意，非是再欲尽行熙宁本法及别有创立，正为法本惠民……应干害民之事，尽行删除，存其经久利便者，使有司专一持守，以遗将来，实为美意。[建炎二年（1128年）十二月八日，职官四三・提举常平仓农田水利差役]	只缘创法之始，急于功利，委任非人，观望掊刻，遂致议论不一。绍圣间再行修定，已稍损益，但拘守绍述之说，必于尽行，故如青苗敛散，追呼骚扰，市易物货，苛细争夺，农田水利之官，谩诞欺罔之类，明知其弊，不能革去，所以民至于今以为病。其后应奉花石，取以资不急之用，遂失创法本意。	尚虑中外不能究知，妄有测度，或请欲根刷已放债欠，或请欲营求非理羡余，以为足国用之计，动摇民听，不无疑骇。欲乞明降诏旨，先次播告，使上下通知，然后于实德州县人内遴选通晓世务、习知民事、笃厚忠信之人以充使者，使之奉行，言修政举，人被实德，则上可广惠民之实，下可明革弊之意矣。

续表

类别	制度（讨论时间，会要篇目）	实 践	对 策
市易	市易日近收买物货，有违朝廷置法本意［熙宁七年（1074 年）三月二十五日，食货三七·市易］	提举市易司指使魏继宗称：市易务近日以来，主者多收息以干赏，凡商旅所有，必卖于市易，或市肆所无，必买于市易，而本务率皆贱以买，贵以卖，广收赢余。 曾布言：诚如此言，则是挟官府而为兼并之事也。	—
	户部状：访闻诸路商贾少愿中卖物货入官［元丰八年（1085 年）八月八日，食货五五·市易务］	本处官吏或不晓法意，未免拘拦障固。本部虽屡行约束，尚恐未能止绝。岁课未集，已有侵扰之患。	（户部状：）除诸路州军抵当收息至薄以济民间缓急可存留外，其州县市易及余处抵当，一切皆可省罢。 仍诏：抵当如敢抑勒，依给纳常平钱物法。抵当元不罢，但罢市易而已。
	诏：熙、丰市易之法，本与公私贸迁有无，买贱卖贵，以阜商贾，非取利于官。［大观四年（1110 年）十二月三日，食货五五·市易务］	近年市易官司专截买客人过税之货，及不许计贵贱一例取息，与民争利，非朝廷立法之意。	令户部检会元丰条，下诸路监司，常切诫市易官吏，如敢违犯，许客人径诣所属陈诉推治。即不得将客人一例拘留，有妨商贩。

续表

类别	制度（讨论时间，会要篇目）	实　践	对　策
役法	免役法立法之意，本欲与民均财惜力，役重者不可不助，无役者不可不使之助。[熙宁九年（1076年），食货六五·免役]	三司使沈括：先兼两浙察访，体量本路自行役法后，乡村及旧无役人多称不便，累具利害，乞减下户役钱。	以臣愚见，无若使无役者输钱，役重者受禄，轻役自依徭法。……出钱之户不多，则州县易为督敛，重轻相补，民力自均。诏司农寺相度以闻。
	秀州嘉兴、崇德两县初定役法[元丰二年（1079年）四月二十一日，食货一一·版籍、食货六五·免役、食货六九·版籍]	（知谏院李定言：）以僧舍什物估直敷钱，恐非法意。	下司农寺请下本路改正。他路有类此者，令提举司依此施行。从之。
	知枢密院章惇言：然初朝廷自议行免役之时，本为差役民受困苦，大则破家，小则毁身，所以议改新法。[元祐元年（1086年）二月二十八日，食货一三·免役钱上、食货六六·免役]	但为当时所遣使者不能体先帝爱民之志，成就法意之良，惟欲因事以为己功，或务多取役钱，妄意百端，徼幸求进。法行之后，差役之旧害虽已尽去，而免役之新害随而复生……	（司马）光虽有忧国爱民之心，而其讲变法之术措置无方，施行无绪，可惜朝廷更法美意，又将偏废于此时。……伏乞更功审议。
	左司谏翟思言：熙宁中立免役之法，所以惠利天下非一。然当时行法之臣，有抵捂参错，不能上应法意者……陛下察知其然，申饬官司取其成书，参详去取，以功意元元。[绍圣元年（1097年）闰四月一日，食货一四·免役钱下、食货六五·免役、食货六六·免役]	元祐初，小大之臣奋私智，执偏见，附益改革，或免或差，或官雇或私代，法始大弊，民遂告病。	请责常平官通计一路雇直外，余二分敛于民间，有余不足得以通融移用，则轻重等矣。……诏送户部。

续表

类别	制度（讨论时间，会要篇目）	实 践	对 策
役法	臣僚言：免役之法，始于熙宁，成于绍圣。神考之谷古创制，哲宗之遵业扬功，著为万世不刊之典，讵可轻改。［崇宁三年（1104 年）二月二日，食货一四・免役钱下、食货六五・免役、食货六六・免役］	元符末，官吏观望，欲以私意变乱旧条。……如减手力、乡书手雇钱，重立院虞候散从官家业、添衙前重难、增斗子人数之类，毛举事目，恣为更改，意在沮毁成法。至若常平库子、掐子不支雇钱，则是公然听其取乞，尤害法意。	朝廷照其奸弊，故户部侍郎吕仲甫止缘改宽剩钱一条，特蒙黜责。……王吉、李深今已谪居远州，编入奸籍，其虞策、吕益柔偃然安处从班，中外未免疑惑。伏望严行降黜，以允公论。
	臣僚言：巩州元丰年中，岁敷役钱止四百贯［政和元年（1111 年）十月二十一日，食货一四・免役钱下、食货六五・免役、食货六六・免役］	今敷至二万九千余贯文，存留准备一分外，犹余六分以上，不知自何日顿失法意如此。	虑更有似此之处，望诏有司申明旧制，以宽民力。从之。
	知静江府胡舜陟言：熙宁间，王安石当国，变祖宗画一之制，创立新法，而保甲居其一。至元佑间，司马光秉政，一切罢去，民获苏息，盗亦销弭。及章惇、蔡京述安石之弊，行于东南，乡之中……切原法意，不过欲便于捕盗尔。［绍兴五年（1131 年）十二月八日，食货六五・免役、食货六六・免役］	凡州县徭役、公家科敷、县官使令、监司迎送，皆责办于都保之中，故民当正、副，必破其家。大小保长，日被追呼，废其农业。今民遭差役者，如驱之就死地。	户部言：今臣僚所乞，自合遵守见行条法并已降指挥。……在法，非本耆保事不得差委干办，及赴衙集祇应。……如有违戾去处，即按举，依法施行。从之。

续表

类别	制度（讨论时间，会要篇目）	实　践	对　策
役法	臣僚言：保伍之法，盖仿成周比闾族党之遗意，不过使之几察烟火盗贼，以保守乡井而已……［绍兴三十一年（1161 年）二月二十七日，食货一四·免役钱下、食货六五·免役］	比年以来，江浙之间，差役之为民害，不愿有田者，其说有二：……役使既同于走卒，费耗又竭其家赀，民不堪命，而官吏晏然为之，此为害一也。一都之内，膏腴沃壤，半属权势……则是丁以一百贯而比甲一千贯，役次均矣。每遇轮差，公行赂贿，奸吏肆巧，旋为升降。万一获免，已被重困，此其为害二也。	乞申严法意，禁戢州县勿功杂役，勿纵科扰。……仍乞令每都以田产物力十分为率，及三分者充大保长，及七分者充正副一次，及十分者役次倍之。充保长不通充正副，充正副者不先充保长，庶几中下之产有歇役之期，而充役之家无破产之患。诏令户部看详。
	给事中李若谷言：《绍圣常平免役条令》系祖宗成法，纤悉具备。［绍兴十五年（1145 年）八月十八日，食货一四·免役钱下、食货六五·免役、食货六六·免役］	比年以来，缘州县差募之际不体照法意，致上户百端规避，却令中、下户差役频并。后因增添通选之法，以一都保内物力高者通行定差，户数既宽，有力者不能幸免。虽单丁户物力最高人及寡妇有男为僧道成丁者，亦预差选，已为公当。祇缘绍兴十二年（1142 年）十月十四日一时指挥，因致选差不均。	今欲将上件指挥内歇役年限并物力倍者再差一节删去，更不施行，余令诸路遵依见行成法。从之。

续表

类别	制度（讨论时间，会要篇目）	实践	对策
其他熙丰法意	常平仓新法方行［熙宁三年（1070年）三月四日，食货四·青苗上］	官吏不能体朝廷立法之意，不肯公共推行……自是州县官吏弛慢，因缘为奸，不可归咎于法。	乞令逐路安抚、转运、提点刑狱、提举官失于觉察，致朝廷察访得实，亦当量罪，第行朝典。
	同判司农寺吕惠卿言：比岁以来，累降诏旨，访求农田利害，中官司未有应令。继命辅臣经制其事，具为条约，付与诸路，使之推行，皆有成法。［熙宁三年（1070年）八月十六日，职官四二·察访使］	如闻逐司自被朝旨，只是翻录行下，即未能用心讲求，申明法意，晓谕州县，责以成效，以故至今未有报应。虽数告谕催促，期以岁月，当行考察，及已有察访指挥，而所在官吏玩令如故。	仍乞将先降差官察访、当行考察等指挥节次举行，继之以实，使人人知其不为空文，则令遵而事立矣。其行下逐司牒一道，随状缴进。 诏候来年合察访，取旨差官，余并从之。
	熙丰创法：诸以买扑场务不许擘画官监。……绍圣继述，申严旧制，复立徒二年之禁，盖欲革绝侵界之弊，使买人各得安业。法意深远，纤悉备具。［宣和二年（1120年）十月二十三日，食货二〇·酒曲二］	至元祐中，诸路申请，凡天下场务利入稍厚者，皆转为官监，以致其余场务出卖不行，浸成败阙。……迩来臣僚妄有申陈，公肆违令。	—
	提举江东常平王瞻言：常平专置使者，付以刺举，不得支移，许以执奏。比缘用度寖广，乃有临时指挥支移他用，仍俾有司免执奏。［宣和三年（1121年）四月二十八日，职官四三·提举常平仓农田水利差役］	有司选懦委靡，不能援法建明，由是借兑不继，殆非熙丰立法之意。	诏尚书省申饬诸路常平官遵守诏令，内合免执奏者，非再奉御笔不得施行。如尚敢蹈袭违慢，当重行黜责。

续表

类别	制度（讨论时间，会要篇目）	实践	对策
其他熙丰法意	殿中侍御史王珪言：常平赈粜，所以抑兼并，济贫弱，此良法也。每岁夏秋之间，禾稼未登，或小有水旱，民方艰食之时，富人闭粜以规厚利，若官粜少损其直，则闭粜之家不能乘人之急，而价自平，所济贫乏，其利为不小也。［绍兴二十七年（1157年）九月十四日，职官四三·提举常平仓农田水利差役］	窃见诸州郡每岁输纳秋租，自装发纲运之后，仓廪一空……是名为常平而专以备州郡急阙，至饥民艰食则坐视而无以赈之，殊非立法之意……	（户部:）本部看详，欲下诸路提举司，依奏躬亲遍诣所部州县，点检见管米斛，令项如法封桩。如遇合赈粜，阙少米斛，须管于就近有米斛去处，多方兑拨那融应副，依条赈粜，不得占吝，务在存恤。如有违戾去处，从本司按治，依条施行。若本司失于按治，即仰转运、提刑司互相按察。从之。
	诏：义仓积谷，本以备赈济，著在元丰成宪。［宣和六年（1124年）五月七日，食货五三、食货六二］	昨令所在存留三分，非唯见在之数不多，兼终违神考立法本意。	今后义仓，并依《绍圣常平免役令》唯充赈给，更不得起发赴京。
	臣僚言：熙宁初，创立市舶一司，所以来远人、通物货也。旧法，抽解既有定数，又宽期纳税，使之待价，此招致之方也……［隆兴二年（1164年）七月二十五日，职官四四·市舶司］	迩来州郡官吏趣办抽解之外，又多名色，兼迫其输纳，货滞则减价求售，所得无几，恐商旅自此不行。	欲望戒敕州郡，推明神宗皇帝立法之意，使商贾懋迁，以助国用。从之。

续表

类别	制度（讨论时间，会要篇目）	实　践	对　策
断案治狱	刑部言：权提点湖北路刑狱周鼎言：按例，鞫狱必据告者本章，非本章所指而蔓求他罪，以故入人罪坐之。［元祐三年（1088 年）正月十九日，刑法三・勘狱］	比有司劾囚，囚茫然莫知所以被劾者，或自疏他过，奏请穷治，滋长犴狱，绝无爱利之风，与律意不合。	诏鞫狱请治状外事者，论如求他罪律。
	诏：狱具盘枷，止重十斤［宣和元年（1119 年）五月六日，刑法六・枷制］	官司不究法意，增置斤重过倍。其犯罪编配枷锢，不惟途路苦楚，枉致性命亦皆有之。	可检会政和断狱条式，行下内外刑狱官司，常切遵守。其见使不依法式者，速令改正。若敢违戾，以杖刑法施行。仰刑部、御史台觉察弹奏。
	尚书省言：勘会绍兴令文，事已经断而理诉者，一年内听乞别勘。法意盖谓元勘不当，负冤抑之。［绍兴五年（1135 年）二月二十八日，刑法三・勘狱］	近来命官、诸色人不论元勘当否，陈乞别勘，致奸赃之人干请行赂，动经岁月，不能结绝。	诏应命官、诸色人陈乞别勘，在条限内者行在令刑部、在外提刑司先行责限，委不干碍官体究诣实。如委涉冤抑不当，即分明开具事状申尚书省，下所属依条别勘施行。
	臣僚言：绍兴令，诸囚在禁病者，官给药物医治，大理寺医官二员轮日宿狱。［绍兴二十一年（1151 年）闰四月二十六日，刑法六・禁囚］	缘官中不曾支给药物，又无合破官钱，或遇疾疫，名有医而实无药，法意几为虚设。	上曰：可令户部依绍兴令措置，官给药物，酌度合支钱数申尚书省。

续表

类别	制度（讨论时间，会要篇目）	实　践	对　策
断案治狱	南郊赦：勘会犯罪籍没财产条法，皆是情犯深重，本以禁奸戢吏。［绍兴十九年（1149年）十一月十四日，二十二年（1152年）十一月十八日南郊赦、二十五年（1155年）十一月十九日南郊赦、二十八年（1158年）十一月二十二日南郊赦、三十一年（1161年）九月二日明堂赦并同此制。刑法三·定赃罪］	访闻州县辄挟私意，违法籍没罪人财产，因而妄用，殊非立法本意。	如有罪犯依法合行籍没财产之人，并令所属具情犯条法申提刑司，审覆得报，方许拘籍。仍仰监司常切觉察。
	臣僚言：州县狱必有历，凡有罪而入禁者，必书其月日，以时检举结绝，无致淹延，此法意也。［绍熙元年（1190年）七月十二日，刑法六·禁囚］	往往不能仰体朝廷钦恤之意，究心狱事。公事到官，付之吏手，不问曲直，将干连无辜之人一例收禁。狱犴常满，不上禁历，号为寄收。乞取厌足，旋行疏放。	乞申饬诸路提点刑狱常切觉察，自今后分上下半年，从本司印给赤历，下州县狱官，以时抄转所禁罪人，不得别置寄收私历。州委司法，县委佐官，五日一申，随即检举，催促结绝。巡历所至，索历稽考，如辄将干证无罪之人淹延收系及隐落禁历，不行抄上而别置历者，按劾闻奏，官吏重寘典宪。从之。
	刑部郎中俞澄言：在法，诸州所部官犯罪者，本州岛推鞫。若系本州岛按发者，申提点刑狱司。有妨碍，即报本州岛，申转运司。立法之意，不为无谓。［绍熙元年（1190年）四月二十九日，职官五·推勘］	窃见近有本州岛按发而令本州岛推勘者，部属宁无观望乎。	乞今后监司郡守按发官吏合行推勘者，如系本州岛按发，须申提刑司，差别州官；本路按发，须申朝廷，差邻路官前来推勘，庶使无观望徇私之弊，则罚必当罪而人无不服矣。从之。

续表

类别	制度（讨论时间，会要篇目）	实　践	对　策
食货其他	尚书省札子：访闻两浙路每岁和预买细绢［崇宁四年（1105年）六月二十二日，食货三八·和市］	并不行下出产州军计置，多是科于不系出产州军和买，致使客人规利兴贩前去计会，公吏乞取钱物，严功催督，人户不免用贵价于客人处收买中官，以苟免罪戾，不惟倍有劳费，兼未称朝廷爱民恤物之意。兼勘会春首俵钱，本以济民之急，转运司往往过时给散，显失法意。	诏：今后和、预买紬绢物帛，并科下出产州军和买，不得更似前日行下不系出产州军计置，却致扰民。……如转运司辄敢擅便取拨，即依擅使朝廷封桩钱物法，仍仰本路提刑司觉察闻奏。
	和买［庆元四年（1198年）十月二十八日，食货七〇·赋税杂录］	权知广德军赵善誉言：建康府科纳和买绢轻重倒置，或本色，或折钱，小民重罹其害，官司玩以为常。……若是则送纳和买非惟失立法本意，而下户重罹其害。	乞行下建康府，将人户和买自庆元五年为头，或本色，或折钱，不分上、下户，衮同均纳。……庶几积年弊害一旦革去，而下户和买每匹减得缗钱，供输均平，细民被惠。诏令本路转运司同建康府守臣公共相度，措置申尚书省。

续表

类别	制度（讨论时间，会要篇目）	实　践	对　策
食货其他	臣僚言：窃谓民间二税，自有经常，夏纳绢帛、秋输苒米，合从本色，难以折科。[庆元五年（1199 年）四月二十九日，食货七〇・赋税杂录]	比来州郡多于本色之中分为等降，或科小麦，或敷糯米，已为法意。然犹有可诿者，曰将以为酒政之资耳。今乃复于折米、麦之外变纳价钱，麦一石或折钱五千，米一斗或纳钱七百，计其价直，何止倍输！其间縻费，抑不止此。编民畏慑，赴愬无从。	乞今后州郡折科或抑配令纳价钱，许民户越诉。从之。
	臣僚言：去岁九月……为见两浙人户蕃盛，差科费力，争讼者多，所以论及推排之法，其言止欲将坊郭推排。盖坊郭之与乡村亦又不同，是其意非不善也。臣观四方州郡……凡此诸州，皆是未可施行，所申皆其实情，则勉强行之，必有弊矣［淳熙十一年（1184 年）七月十二日，食货六六・役法］	今却闻一概施行，而所在长吏多不究法意，唯凭胥吏差保正、副根括，凡田间小民粗有米粟耕耨之器，纤微细瓅，务在尢遗，指为等第，凭此抄籍，其供认凡此之扰非一，	诏令诸路监司各约束所部州县，照应见行条法施行，不得因其科扰，引惹词诉。或遇水旱分去处仕推排。
	权户部侍郎蔡洸言：诸路州、军起发上供并经总制等钱，各有期限赏罚。［乾道九年（1173 年）十二月二十三日，食货三五、食货六四］	比年以来，所隶监司不体法意，其起发如期者皆与保明被赏，而违限者未见其举劾也，则有赏无罚，人无惩劝，国用安得以时敷足。	欲望严饬诸路监司依限催发，守贰尚敢违戾，许臣择其弛慢之尤甚者按劾奏闻；所隶监司不行纠察，亦乞坐罪。从之。

续表

类别	制度（讨论时间，会要篇目）	实 践	对 策
	诏：两京近置敦宗院，所以亲睦宗族，爱养孤幼，法意甚善。［崇宁五年（1106年）正月十七日，职官二〇·宗正寺］	有司督趣，不取情愿，致亲戚睽离，感伤和气。	可看详元法，宽舒立文。如只愿居京师，即不得抑勒发遣。令提举西、南京外宗正司取责两敦宗院有无愿居京师之人，如有，即仰依条支破盘缠人般发遣上京。所属官司抑勒者，以违制论。今后依此。
宗室	元丰法：宗子服属相避，亦同庶官。是时宗子补外之人少，州县可入之阙多。［宣和二年（1120年），帝系五·宗室杂录二］	比年以来，有司申陈，文禁过密，动见拘碍，殆非元丰立法之意。 今既不许同局，又复不注沿边，至于内地知通、兵职官、令丞悉不得同任，郡县有一宗子，吏部不容注拟。虽引恩例、展员数，皆为虚文。况宗室蕃盛，人才至众，就禄之路甚艰，居闲之日淹久。议法之弊，乃至于此！	诏依元丰法差注。
	诸路沿边不得注授宗室女夫。窃详立法之意，盖为不欲宗女远涉烟瘴之地，而其夫或怯懦，有误任使，遂行禁止。［政和六年（1116年），选举二四·铨选］	然其间实有武略，练习兵机，曾立战功，及累经边任之人，因娶宗女，遂屈之内地，诚为可惜。	欲乞宗室女夫曾立战功及曾沿边两任无遗阙，除二广、四川外，应三路沿边，并许注授，使实有材武之人，得以自效。 诏依所乞，仍于元条内添入“有战功非”。

续表

类别	制度（讨论时间，会要篇目）	实 践	对 策
宗室	祖宗旧法，南班宗室大将军以下每二年一试艺业，取中选者推恩。切详立法之意，以谓大将军至副率府率，官卑齿壮，可以专心学问。既设官以教导之，又间岁以程试之，选其艺业之精，增以禄秩之赐。故官卑者有升进之望，学成者得袭宠之荣，而怠惰者莫不相与激劝，一举而三利，实良法也。[绍兴十年（1140 年），帝系六·宗室杂录三]	建炎二年（1128 年）秋试选人，合行附试，有司以大宗正司及南班宗室尚在京师，乞候次年春秋试依旧施行。因循至今，未曾检举。	望诏有司遵行旧制，来年春试选人，复许宗室大将军已下附试艺业。取人之数、推恩之法，一依条格。
盐法	右正言朱倬言：旧法：获私盐者，必一火万斤，方许改秩。续降指挥以为太轻，遂以万斤者更与减年，累及万斤者添作改秩。法意固欲激捕盐之官，严私贩之禁……[绍兴二十八年（1158 年）正月十一日，食货二六·盐法五]	然一火万斤者间或有之，累及万斤者比比皆是，何者？全火类非贫弱，捕盗者既畏其众，或得其赂，故多纵之不问。单弱之民，犯法者众，抑有说焉。今濒海盐户，其入纳所羡，悉为私易，一舟之数，私易百万，篙工盐丁，率皆孱庸，闻捕者至，纷然而散。苟得一夫，即申为捕获不得主名私贩，法亦改秩。兹二者，既不能以抑豪强而利细民，又且被厚赏而获改秩，二十年后，皆得任子，何恬退者之困选调，而狡狯者之太侥幸耶。	户部据榷货务都茶场指定：……今欲将命官亲获一火万斤，转一官、减二年磨勘者，依旧转一官；如不系应改官人，更与减一年磨勘。又累及一万斤转一官，改作减三年半磨勘。“所有不得主名私贩，乞别立赏格”一节，欲依绍兴条法分数比折，其赏依旧格施行……从之。

续表

类别	制度（讨论时间，会要篇目）	实　践	对　策
盐法	盐法［绍熙五年（1194年）九月十四日，食货二八·盐法七］	赦：访闻州县有将人户计口抑卖食盐，甚违法意。	可令禁司觉察禁戢，如有违戾，按劾施行。自后郊祀、明堂赦，并同。
转承信郎	吏部侍郎徐林言：检会绍兴三十一年六月十三日赦文内一项，武臣承信郎以上并与转一官。……窃详立法之意，不到部日久之人，恐其伪冒，故去其籍，而其官初未尝追夺，盖与有罪而停废之人异矣。［隆兴元年（1163年）三月十日，选举二五·铨选四］	今来小使臣陈乞转官，内有二十年不到部之人，依绍兴令，合行落籍，致本部未敢便与依赦转行。……今也有罪停废之人犹与之甄叙，而久不到部之人乃不沾霈泽，似非施恩之意。	欲乞凡二十年不到部之人，并令召升朝官二员结罪委保，经本州岛保明申部，依赦施行。从之。
	赦：勘会诸军将校缘功赏合转承信郎，偶不曾缴到付身及绫纸钱米钞，及差满三代名讳，致妨给告，止出职官公据。［乾道六年（1170年）二月十四日，兵一九·军赏］	后来因覃恩或他赏已转承信郎以上，方行陈乞，吏部却引用八资法比折减三年磨勘，甚失当时立法之意。	如有似此之人，仰吏部特与作一官资转行。
	册皇太子赦书：勘会，诸军将校缘功赏合转承信郎，偶不曾缴到付身及绫纸钱朱钞及差漏三代名讳，致妨给告，止出转官公据。后来因覃恩或他赏已转承信郎以上，方行陈乞。［乾道七年（1171年）二月八日，选举二五·铨选四］	吏部却引用八资法比折减三年磨勘，甚失当时立法之意。	如有似此之人，仰吏部特与作一官资转行。

续表

类别	制度（讨论时间，会要篇目）	实践	对策
选举职官	臣僚言：陛下躬御翰墨，裁成典训，俾得以八行保任，非特考其艺能而已，所以优待行已修洁、学术已成之人，可谓至矣。待之既已如此之至，则责之不可以不严切。[大观四年（1110年）正月一日，选举一二·八行科].	闻迩来诸路以八行贡者，多或违诏旨失法意，而有司不以为非……今所保任多不言学术，意皆其乡曲寻常之人，非所谓士者。	愿下之太学，俾长贰博士考以道义，别白是非，澄去冒滥，勿使妄进，务在不失法意而已。
	臣僚言：臣近以国子有官人，于法贡在学一年，方许参选。[政和七年（1117年）八月十五日，职官二八·国子监]	近年往往身不在学，但将告假月日通理成数，有失法意。	诏自今除月给及依令合给假外，特给假仍补填。
	右宣教郎、前任黔州黔江县事李修札子：窃见四川选人元立法许展就三考、四考者，详其立法之意，欲使有无出身人并就关升也……立法之意，岂不美哉！[绍兴十三年（1143年）二月二十七日，职官一〇·考功]	今来员多阙少，致选人更不问考第足与不足，逐任例皆展就三考、四考，原其本意，为难得差遣，只要久占窠阙，使在部人难得阙次，显属未均。	欲乞自今后有出身选人今任满日已及六考、无出身选人今任满日已及七考者，更不得展考，庶使差注流通，均得就禄。 （吏部：）本部欲依展考指挥条法，将合应关升改官合用考第之人许令依自来条限申陈展考外，余并不许陈乞展考。从之。
	礼部言：在法，诸举人因子孙授官若进纳及摄官应免解，愿纳补授文书赴省试者听。盖谓未有官作举人时请解，后因逐色补授官资，而欲用元得解年月免举，愿纳补授文书，方许赴省。[乾道五年（1169年）二月十三日，选举四·贡举杂录]	昨有司不详法意，致赴省冒滥。	今欲将未有官作举人时请解，后因逐色补官，理年举合该免解，方许纳补授文书免解。如因进纳逐色补官之后，赴运司试请解之人，不许纳补授文书免解。从之。

续表

类别	制度（讨论时间，会要篇目）	实　践	对　策
选举职官	前权通判融州唐孝颖言：窃谓铨试许广南漕司，盖缘有本窠阙，试中即就定拟，此祖宗八路之法，以去朝廷稍远，故优之也。［乾道二年（1166年）二月十五日，选举二六·铨试］	近年吏部铨试之法一严，则有自别路移籍广南漕司铨试者。暨试中，却有移籍赴吏部注差者。原立法之意，岂如是哉！	欲乞详酌，行下二广漕司，每遇铨试，止许本路土著官，并委系西北流寓人、在路寄居及七年以上，各召保官二员，次第经州县结罪保明，方许收试。仍试中人不得更移籍赴吏部注差。从之。
	考功员外郎兼权大理少卿韩彦古言：本寺专法：推吏被差到寺三年，通入仕及八年，不曾犯赃私罪及无出入人罪，与补进武副尉。如推鞫惯熟，谨畏得力，许选留再一任三年，与减六年磨勘。及有官人，即理合入资任。窃详立法之意，欲令胥吏希觊酬赏，人知顾藉。［乾道六年（1170年）七月二十八日，职官二四·大理寺］	今来损减酬赏，并三年一替，不许再留，不惟有失祖宗立法之意，深恐天狱推吏更易频并，不知事体，愈无顾藉。	与其损赏，不若严罚。今后大理寺推吏酬赏理任，欲乞并依祖宗旧法。如于狱事受财，不以赦降原减。自首官当及不得用已断罪名并计。如犯枉法，仍籍没家财。并乞立为本寺专法，庶几狱吏祇肃，民以不冤。从之。

续表

类别	制度（讨论时间，会要篇目）	实　践	对　策
选举职官	大理卿周珌言：右治狱专以鞫治不法为职，左右两狱所管推级十有四名，专一承勘朝廷送下重密公事，全藉谙练谨信、可以倚仗之人，庶免交通漏泄之弊。在职五年或八年，则计其岁月推赏，小者副尉，大则补官。立法之意，盖以责之者重，故待之者优，是岂可以轻付不根之人，以为侥幸之地哉旧法：皆内外官司踏逐曾经推勘之人，指名抽差。［嘉泰三年（1203年）七月五日，职官二四·大理寺］	比年以来，妄意希赏之人宛转营求，其间多是平时奔走使令之人，又有曾经罪罢，亦复窜身其中，其于推鞫，全不谙习，遇有公事，束手无能，仰成他人，侥幸岁满，推赏而去，此何理哉！	欲今后推司有阙，从本寺踏逐外路州军吏人年四十以上、谙晓推勘、无过犯之人，从本州岛及提刑司次第保明，解发前来执役。其行在百司胥佐以上、年及四十、曾经被差推勘公事、无过犯人，亦许踏逐指差外，其余并不许抽差。庶几少革前弊，不至虚费禄赏，以养无用之人。其有一界五年内不曾承过公事五件以上，界满更不推赏。从之。
	臣僚言：国家三岁大比，经义、诗赋分为两科，使各占其艺，以便多士，德之至渥也。［庆元元年（1195年）六月十三日，选举五·贡举杂录三］	惟差试官，有失立法之意。或全差治经而不差习诗赋者，或全差习诗赋而不差治经者，是以考校去取，间有枉被黜落，或滥中科名……收拾千人一律之腐语，识认同门共习之故文，怙势凭愚，故黜正论，连交合党，共取凶徒。甚者秋闱敢举浮诞之说，发为策问，诳诱后学，遂使真贤实能见弃有司者大半。	……乞宣谕大臣，今后试官，须精加选择，委有文行，该通博洽，可以服众，方严公正，可以厉俗，始许以名闻。否则科目前列，不在兹选。庶几学校科举自此少变，而朝廷收得人之实效矣。从之。

续表

类别	制度（讨论时间，会要篇目）	实 践	对 策
选举职官	臣僚言：恭惟国家三岁大比，经义考讲学之源流，诗赋观词章之润色，论以见评议古今，策以试潦通时务。真材实能，虽非纸上语所能尽得，使其参求互考，详观精择，则胸中抱负，大略可见矣。旧制，点检试卷官批高下，参详覆考，供纳知举，欲使三场互考，不以一人之见为去取、一场所作定得失。……［嘉定六年（1213 年）十二月二十九日，选举六·贡举杂录四］	立法之意，非不详密，奈何循习而不察。	乞下礼部，将来省试考校，除出房卷子，其余尽付过落司，类聚三场纽筭分数取放，更欲加详委官覆算。从之。
	监察御史张岩言：边县事体与内县不同，内县所长者民事而已，边县自边防之外，兼主民事，必有通才，乃能称职。隆兴初政，戎马方息，朝廷欲存抚复业之甿，兼为守卫之计，以防南牧，是以通差武臣，亦时良法也。……其立保荐铨量之法严密如此，岂容泛进！［庆元四年（1198 年）九月七日，职官四八·县官］	自后循袭，渐亏法意，大小使臣粗有夤缘，干堂即得边邑。既闻其端，抱虚者纷至，皆援例而前，以求幸恩，初无练历之能，辄冒民社之寄。是以数十年来，边县未闻政绩显著者，正以保荐铨量之法姑亦文具，而干堂者又得以泛进故也。	诏沿边武臣知县，今后依铨法差注。

续表

类别	制度（讨论时间，会要篇目）	实　践	对　策
选举职官	（礼部：）国子监看详累举体例，省试、四川类试、太学诸路解试，并皆置别试院，所以杜绝亲故私取之弊，法意已详。［开禧元年（1205年）正月十九日，选举二六·铨试］	臣僚言：皇朝用人，以进士一科为最重。比年以来，尽公者鲜，挟私者众，科举之弊日滋。或先与试题，或私为暗号，往往得志。如公试、上舍试、铨试之类，皆循旧例，不置别试所。间有合避亲试卷，止是避房，往往并在收取之例。其初不顾嫌疑，继之遂成私曲。	礼部：……独铨试、公试、上舍试，凡有亲戚，止是避房，不令别试。杂以他卷，谓之裹送，其间岂无私嫌今令别试避亲，寔可以痛革其弊。其铨试人，多使就别院。从之。
	左奉议郎、通判兴化军赵不猷言：切谓通判者，号为监郡，职在按察。在法，外县镇寨每季通判点检。［绍兴二十六年（1156年）十二月二十二日，方域一九·诸寨杂录］	所至纷然，民不安堵，则季点之法意安在哉！	欲乞令监司常切觉察，如有违戾，按劾以闻。从之。
	监行在左藏西库汪纲言：左藏东、西库有专法一册，系绍兴二年敕令所画旨颁降，今已八十余年。纲到任之初，根索数目，吏辈方始将出，纸已破损，漏失两叶，其间法意周密，关防详尽。［嘉定六年（1213年）三月六日，食货五一·左藏库］	今上下玩习，十已不能遵守二三，是致弊端日深。	今乞行下敕令所，将上项条法重行颁降，付库缮写收掌，庶使官吏上下得以恪意遵守……从之。

续表

类别	制度（讨论时间，会要篇目）	实践	对策
选举职官	臣僚言：请谥一事，有法令相戾、制度可疑者？……窃惟法意盖以定谥者，惟其官品之应得，故必太常议之，考功覆之，或过其实，则许驳正，必协于众论，然后降敕。既不专于褒美，宜无事于书赞，其公且严如是……[乾道八年（1172年）十一月十四日，礼五八·谥]	近请谥之家，有官品合该定谥而辄经朝廷陈乞赐谥，不议于太常，不覆于考功，独舍人命词行下，是太常、考功二职皆废，而美谥乃可以幸得……	乞自今定谥，一遵前后条制指挥，所有诰命，乞令礼官、词臣考寻旧章，详议当否。从之。
	尚书省言：勘会官员料钱衣赐立法许分割，本以便禄养，给孤遗……况分割科钱衣赐自是久来条制，亦有立定分数，兼逐路自有拨还之法，即非侵损省计（职官五七·俸禄）	昨户部陈请，不究本源，止以逐路拨还未足分割数多，一切住罢，全失立法之意。	诏后官员分割料钱衣赐并依大观三年（1109年）四月以前指挥施行。指挥检未获。
检校寄库	前知汝州慕容彦逢奏：孤幼财产，官为检校，不满五千贯，召人供抵当，量数借请，岁收二分之息，资以赡养，俟其长立而还之。法意慈恻，尽于事情。[政和元年（1111年）十二月十八日，食货六一·官田杂录]	而形势户虚指抵当，或高估价直，冒法请领，不唯亏欠岁息，乃至并本不纳。迨其长立，冒法请领之人，或役官远方，或徙居他所，或不知存在，或妄托事端，因致合给还之人饥寒失所。	欲乞检校孤幼财产，不许形势户借请及作保，其所供抵当，委官验实，估定价值，方许给借。从之。

续表

类别	制度（讨论时间，会要篇目）	实 践	对 策
选举职官	臣僚言：……诸有财产而男女孤幼，官为抄札寄库，谓之检校，俟该年格则给还之，法非不善也。 应民户纷争未决之财并取赎未定之讼，其财皆寄于官，谓之寄库，俟已定夺则给还之，法非不善也。［嘉定十五年（1222 年）九月二日，职官七九·戒饬官吏］	今检校之财一入州县，则视同官物，季给所须则多方要阻，年及有请则故意占吝，而必待宛转，或支移他用者有之，或侵欺规隐者有之，此检校之法弊也。 今州县之间，幸其在官则睨为己有，两讼既决，财合有归，而迁延不给。逮其陈诉明白，越月踰时，物已羽化，或称前官用过者有之，或指为交割之数者有之，此寄库之法弊也。	已检校而辄支用者，论如擅支朝廷封桩钱物法。乞严饬有司，申明前禁，应检校、寄库钱物，官司不得妄自侵移，合给还而不给还者，许民户经台省越诉，其官吏必罚无贷。庶几不失立法之初意。从之。
杂项	立法之意，不过使乡民自愿入社者阅习武备，为御贼之具尔。［宣和七年（1125 年）二月十四日，兵一·乡兵］	臣僚言：近岁邀功生事，使无辜之民坐罹其殃者，京东之置弓箭社是也。窃见京东、西路昨于宣和四年缘西路提点刑狱梁扬祖奏请，乞劝诱民户充弓箭社。继下东路，令依仿招诱。……如邀功生事之人，唯以入社之民众多为功，厚诬朝廷，督责州县，取五等之籍甲乙而次之，悉驱之入社，岂问其愿与否也……	诏：并依奏，梁扬祖落职。其禁兵器，令安抚司指挥逐州军并拘收入官，弓箭社人依指挥放散。

续表

类别	制度（讨论时间，会要篇目）	实 践	对 策
杂项	诏：自今行军用师，并依新法从事，可依下项：一、祖宗法，一阶一级全归伏事之仪，敢有违犯，上军当行处斩，下军徒三年，配五百里……［建炎元年（1127年）六月十四日，刑法七・军制］	近来因循，浸失法意……	可遵守施行。
	置巡社［建炎元年（1127年）十二月二十五日，兵二・忠义巡社］	臣僚言：访闻近日州县颇行追呼。点集频数，遂致农民失业，公私纷扰，殊乖朝廷立法本意。	诏：除京畿、京东，京西、河北、河东、陕西路依元降指挥置巡社外，后来增置路分并罢。内有已就绪去处，民情或以为便，愿存留者，仰本处申取朝廷指挥。
	臣僚言：窃见祖宗以来，马政系茶马司专用茶锦、银绢怀易，蕃汉皆以为便。［乾道八年（1172年）七月二十一日，兵二三・马政三］	近来茶马司不以茶锦，专用银币博买，甚非立法之意。	诏令四川宣抚司参照祖宗旧法，更切详审，措置经久可利便，申枢密院。

续表

类别	制度（讨论时间，会要篇目）	实　践	对　策
杂项	浙西提举赵不愧言：弓手之置，所以御盗贼而备巡警，随其邑之大小以立定额，为令、佐者固当体立法之意，参照元额，其有亡逸者从而招填，癃老者从而汰易；庸钱有常给，以安其生；教阅有常时，以精其艺；冗使有常禁，以养其力。［嘉泰三年（1203 年）三月二十九日，兵三·弓兵］	今乃不然。幸额数之阙，以为虚破庸钱之地；教阅训习，漫不经意；迎送差使，略无虚日。一旦有不测之警，捍御无人，将何所恃？	乞行下诸路，仰各县重行置籍，照祖额数目，限三月招填。年齿若干、身躯长短，令本县令、佐列衔保明。每季一申提刑司，不时差官点籍按视，一申提举司凭籍，照数支破庸钱，自然名实相副。仍戒敕逐县训习教阅，务在以时；迎送差使，不许违禁。稍有乖戾，重寘典宪。庶几捍御可恃，盗窃之徒望风畏戢。从之。
	递铺［绍熙二年（1191 年）五月十二日，方域一一·递铺二］	臣僚言：今之递兵不遵法意，况有事切于边境，所系甚重，岂容愆期。然诸路递角虽有提督官，官司视以为常，疏于纠举。	乞令枢密院行下诸路运司，不时差官根刷驱磨递历，应朝廷文字有违滞者，闻奏，重寘于法。每季具有无违滞保明申枢密院，庶几知所畏惮，不敢慢令。从之。
	殿中侍御史胡沂奏：……凡数十条。立法之意，可谓尽矣。［隆兴元年（1163 年）四月十七日，瑞异三·蝗灾］	去秋飞蝗逮至江浙，至冬无雪，宜有遗育散在郊野。而有司失于检举扑除之令，种息实繁，其势必将复出为害。	诏令有蝗路分转运司督责州县措置除蝗。

宋代“常赦不免”考述

聂 雯*

绪 论

有宋一代，君主多以宽仁为治，“立法之制严，而用法之情恕”。〔1〕所谓用法之情恕，主要表现为频繁的赦降。〔2〕然并非所有犯罪均可被受恩霈。宋初承袭唐制，主要以“常赦所不免”限制重罪因赦原减。《宋刑统》引疏议言：

> 常赦所不免者，赦书云‘罪无轻重，皆赦除之’，不言常赦所不免者，亦不在免限，故云‘依常律’。即犯恶逆，仍处死；反、逆及杀从父兄姊、小功尊属、造畜蛊毒，仍流；十恶、故杀人、反逆缘坐，狱成者，犹除名；监守内奸、盗、略人、受财枉法，狱成会赦，免所居官；杀人应死，会赦移乡等是。〔3〕

其中，死刑、流刑为主刑，除名、免所居官、移乡为从刑。〔4〕故此处对恩赦的限制可分为两类：纵逢恩赦主刑仍不可免者，及主刑可免而从刑不免者。〔5〕二者均是因罪行本身之恶性而不得赦原，即所谓“无条件

* 中国政法大学法律古籍整理研究所，2015级历史文献学硕士研究生。

〔1〕（元）脱脱等撰：《宋史》，中华书局1977年版，第4961~4962页。

〔2〕参见附录一“宋代赦降总表”。

〔3〕（宋）窦仪等撰：《宋刑统》，薛梅卿点校，法律出版社1999年版，第555~556页。

〔4〕主刑系得独立科处之刑，五刑系主刑。从刑系附于主刑所科之刑。参见戴炎辉编著：《唐律通论》（4版），台湾编译馆1977年版，第182~183页。

〔5〕陈俊强：《皇权的另一面：北朝隋唐恩赦制度研究》，北京大学出版社2007年版，第203页。

地不予减免”。[6]

此外，《宋刑统》“会赦不首故蔽匿及不改正征收”条亦涉及恩赦限制，规定某些罪行遇赦“有条件地不予减免”，[7] 即行为本可赦原，但若符合一定条件，如犯罪后不自首、不改正等，仍不得完全减免。

本文拟围绕“常赦所不免”（即“无条件不予减免”）之规定，兼及“有条件不予减免”的情形，按照上述分类，对比《宋刑统》律文和《庆元条法事类》敕文在恩赦限制方面的差异，[8] 以窥两宋恩赦制度之流变。[9]

---

〔6〕 刘俊文：《唐律疏议笺解》，中华书局1996年版，第2086页。

〔7〕 刘俊文：《唐律疏议笺解》，中华书局1996年版，第2086页。

〔8〕 目前对于敕律关系的探讨已较为充分，通过分析神宗所定律、敕、令、格式的性质，敕文本身的规范方式，及敕律行用的相关史料，敕作为律之补充、二者并行的关系几乎可成定论，相关研究成果戴建国已有梳理，参见戴建国：《20世纪宋代法律制度史研究的回顾与反思》，载《史学月刊》2002年第8期，第13~22页。

〔9〕 对于宋代恩赦制度，学界已积累了丰硕的研究成果。沈家本《历代刑法考》赦考部分汇总了文献所载宋代的赦宥实践，并初步探讨了录囚、赦仪及恩赦分类问题［（清）沈家本撰：《历代刑法考：附寄簃文存》，邓经元、骈宇骞点校，中华书局1985年版］。郭东旭以专文探讨了宋代赦降制度的基本问题，包括：赦降种类及等级，主要分为大赦、曲赦、德音、录囚；名目及数量，统计了宋代各朝赦降活动次数；赦降内容的变化及频赦之弊（郭东旭：《宋朝法律史论》，河北大学出版社2001年版，第369~391页）。戴建国围绕赦书中的申禁内容探讨大赦功能由唐至宋的传承演进，并论述了南郊赦及明堂赦的制度化（戴建国：《唐宋变革时期的法律与社会》，上海古籍出版社2010年版，第278~292页）。林煌达从赦书出发，研究重点在贬降官员因恩赦而叙复，归纳赦书中对官员叙复的具体规定，围绕刑部、吏部职掌论述叙复的程序及赦文叙复与现行法规冲突时的解决办法，并以元祐党人屡经恩赦不得叙复为例探究政治因素在恩赦叙复中所起的作用（林煌达：《宋代恩赦与贬降官员的叙用》，载《淡江史学》2012年第24期）。朱溢在研究唐至北宋的吉礼时对亲郊大赦有所措意，将其看作双向权力关系中与地方政府上贡相对的朝廷施恩行为，论述宣赦礼仪和赦文内容对构造稳定统治秩序所起的作用（朱溢：《事邦国之神祇：唐至北宋吉礼变迁研究》，上海古籍出版社2014年版，第143~153页）。此外，亦有研究涉及本文所关注的恩赦限制问题，如赵旭以“皇帝的司法权”为视角展开研究，涉及唐宋两朝赦宥的施行程序、适用及基本原则、文书形式、社会影响，其中赦宥的适用及其原则部分，提及赦宥对严重犯罪行为的局限，存在常赦不原的行为，尤其强调了宋代赦书中不得赦原的限制，是皇权对司法干预加强的体现（赵旭：《法律制度与唐宋社会秩序》，东北师范大学2006年博士学位论文）。戴建国把宋代的恩赦看作刑罚执行制度的一部分，将宋代恩赦分为录囚和大赦，分别论述其内涵，进而考述赦书的颁布、生效，总结宋代恩赦制的弊病，亦简述了“不以赦降原减”条的源流（戴建国：《宋代刑法史研究》，上海人民出版社2008年版，第333~357页）。郭艳艳以宋代赦书为主体，论及赦宥名目、赦书内容变化及原因，赦书的颁行传递等问题，并从罪行分类的角度探讨了大赦所不赦的情形，将其分为常赦所不原、经济领域犯罪、预期大赦而犯罪、政治原因处置官员，认为这些罪行之不赦并不完全由其刑罚轻重决定，更是按其对统治者及社会的危害性判定（郭艳艳：《宋代大赦不赦之罪行分析》，载《天中学刊》2011年第6期）。本文则主要关注法典文本中的恩赦限制，结合其他文献考证制度之变与不变，与前人研究有所不同。

一、主刑不可免的情形

根据前文所引疏议，主刑不免的最终结果包括“仍处死”及“仍流”，恶逆，谋反大逆，杀从父兄姊、小功尊属，造畜蛊毒按律本应处死刑，故会赦仍处死刑者，如恶逆，乃“会赦不原不减”，《宋刑统》称之为“不得以赦原”；其他会赦处流刑者，由死入流，刑罚有所减轻，即“会赦不原但减”，根据《宋刑统》，可称为“会赦犹流”。至《庆元条法事类》，上述规定基本得以保留，但略有改动，另新增“不以赦降原减”“不得以大礼赦原”二项规范，后将分别详述之，主要从各类罪行在何种情况下得原减、如何原减两方面进行对比，并尝试探究演变过程。

（一）“不得以赦原”与“会赦犹流”

《宋刑统》中有两条律文涉及会赦主刑不可免的具体规定：

> 诸闻知有恩赦而故犯，及犯恶逆，若部曲、奴婢殴及谋杀、若强奸主者，皆不得以赦原。即杀小功尊属、从父兄姊及谋反大逆者，身虽会赦，犹流二千里。[10]
>
> 诸造畜蛊毒谓造合成蛊，堪以害人者。及教令者，绞。造畜者同居家口虽不知情，若里正坊正、村正亦同。知而不纠者，皆流三千里。造畜者，虽会赦，并同居家口及教令人，亦流三千里。八十以上、十岁以下及笃疾，无家口同流者，放免。即以蛊毒毒同居者，被毒之人父母、妻妾、子孙不知造蛊情者，不坐。[11]

据《宋刑统》所引疏议：“常赦所不免者，赦书云‘罪无轻重，皆赦除之’，不言常赦所不免者，亦不在免限”，[12]按此原则，遇恩赦，若赦书未明言赦免范围包括“常赦所不免”者，知有恩赦而故犯，及犯恶逆，部曲、奴婢殴及谋杀、强奸主者，虽会赦亦不可赦免，仍须处死；杀小功尊属、从父兄姊，谋反大逆，造畜蛊毒可免死，减为流二千里。唯有称“常赦所不免者”一并免除，方能使这些罪行得以完全赦免。

然据《庆元条法事类》，即使在“常赦所不原减赦除之”的大赦之下，

---

〔10〕（宋）窦仪等撰：《宋刑统》，薛梅卿点校，法律出版社1999年版，第556页。

〔11〕（宋）窦仪等撰：《宋刑统》，薛梅卿点校，法律出版社1999年版，第320~321页。

〔12〕（宋）窦仪等撰：《宋刑统》，薛梅卿点校，法律出版社1999年版，第555~556页。

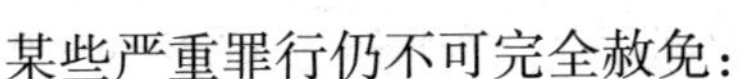

某些严重罪行仍不可完全赦免：

> 诸犯恶逆以上及杀人应入不道，若劫杀、谋杀、已杀人各罪至死者，虽会大赦得原，大赦，谓常赦所不原减赦除之者。余条称“大赦”准此。皆配二千里，杀人应移乡者，亦移乡。[13]

由该条敕文知，犯恶逆以上，杀人应入不道，劫杀、谋杀、已杀人各罪至死，均为“常赦所不原减”的行为，即使遇“大赦”得原，犯人死罪可免，但还须受配隶之刑，被编入军籍并遣送到指定场所服劳役。[14] 与《宋刑统》相比，赦免受到限制。而此种针对重罪赦原的限制在北宋真宗年间已初具雏形：

> [天禧三年（1019 年）八月] 壬寅，诏：“谋杀、故杀、劫罪至死，因丁亥赦原者，诸州并依强劫贼例刺配本城。情重不可宥者，部送京师。自今著为定式。”[15]

所谓“丁亥赦原”，指天禧三年（1019 年）八月丁亥赦天下制，[16] 谋杀、故杀、劫杀人罪至死者，虽可被赦免，但仍须配本城，情节严重者还应部送京师，且此种处理方式“自今用为定式”。又《庆元条法事类》中赦原后配二千里，重于天禧三年（1019 年）所定配本城，可见宋代对于重罪赦原的限制越来越严格。

此外，与《宋刑统》中“不得以赦原”的行为相比，《庆元条法事类》中“常赦所不原”的行为种类更多。[17] 按照《宋刑统》，恶逆以上，如谋反大逆，属于“不免但减”的行为，只要遇赦，即可免死，减为流二千里；杀人应入不道，如造畜蛊毒，遇赦亦可免死，减为流三千里；杀人应死者，遇赦免死移乡。调到“常赦所不免一并除之”的大赦，均得全

---

〔13〕（宋）谢深甫：《庆元条法事类》，戴建国点校，黑龙江人民出版社 2002 年版，第 339 页。

〔14〕关于配隶刑，参见戴建国：《宋代刑法史研究》，上海人民出版社 2008 年版，第 203～214 页。

〔15〕（宋）李焘撰：《续资治通鉴长编》，上海师范大学古籍整理研究所、华东师范大学古籍整理研究所点校，中华书局 2004 年版，第 2165 页。

〔16〕《宋大诏令集》，司义祖整理，中华书局 1962 年版，第 821 页。北宋赦书往往称“十恶、故杀、劫杀、并为已杀人、官典犯枉法赃不赦”，该赦书并未明言此种限制，仅称“可大赦天下”云云，应是“常赦所不原减赦除之”。

〔17〕由于现存《庆元条法事类》为残本，可能还规定了其他“常赦所不原”的情形。

免。以上行为，据《庆元条法事类》，一般不得原免，须会“大赦”方得原，且非完全赦免，仍有配二千里之刑罚。

至于《宋刑统》所言部曲、奴婢殴打、谋杀、强奸主者，系直承唐律之规定，其“奴婢”指贱口奴婢，[18] 但宋代奴婢雇佣制已普遍确立，[19] 贱口奴婢为数极少，[20] 而唐律语境中作为贱民阶层的“部曲”在宋代亦不复存在，仅宋初有个别记载，[21] 制定《天圣令》时就明确将关于部曲的内容删去不用。[22] 故《宋刑统》此条应可谓名存实亡，《庆元条法事类》中有与之相关新法，以作为雇佣奴婢的人力为规范对象：

> 诸人力奸主，品官之家，绞，未成配千里，强者斩，未成配广南；民庶之家，加凡人三等，配五百里，未成配邻州，强者绞，未成配三千里。即奸主之亲，亲之妻服轻或无服者，各用其夫服。品官之家，缌麻、小功，加凡人一等，大功、期亲递加一等，已成并配邻州；民庶之家，大功以上，各减品官之家一等。以上和奸者，妇女各减人力一等。[23]

与《宋刑统》“部曲及奴奸主”相比，[24] 庆元敕中人力奸主所受刑罚较轻，且未被归为“常赦所不原”或“不以赦降原减”的行为，即人力奸主遇赦降可依法得到原减；人力、女使殴主应亦为可赦原之罪行；至于杀主，参照常人，若系“杀人应入不道、劫杀、谋杀，已杀人各罪至死者”，

---

〔18〕 据戴建国研究，《宋刑统》中事关奴婢的刑法条款，均是针对贱口奴婢的。参见戴建国：《唐宋变革时期的法律与社会》，上海古籍出版社2010年版，第338页。

〔19〕 戴建国：《唐宋变革时期的法律与社会》，上海古籍出版社2010年版，第315页。

〔20〕 高桥芳郎认为，良民身份的剥夺构成了从良民到奴婢身份（此处指所谓贱口奴婢）转化的要件，宋代禁止良民的买卖和准折债务，法律上的奴婢身份只能因犯罪没官或者俘虏化等限定的途径才可能成立。这些官奴婢有部分转化为私奴婢。而大约南宋建炎以后，籍没罪犯为奴的制度真正废弃不用。概言之，宋代良贱制度趋于消失，贱口奴婢数量极少。参见［日］高桥芳郎，《宋至清代身分法研究》，李冰逆译，上海古籍出版社2015年版，第26、54页；戴建国：《唐宋变革时期的法律与社会》，上海古籍出版社2010年版，第318、319页。

〔21〕 王曾瑜：《宋朝阶级结构》，河北教育出版社1996年版，第5页。

〔22〕 戴建国：《唐〈捕亡令〉复原研究》，载云南大学中国经济史研究所、云南大学历史系编：《李埏教授九十华诞纪念文集》，云南大学出版社2003年版，第74页。

〔23〕（宋）谢深甫：《庆元条法事类》，戴建国点校，黑龙江人民出版社2002年版，第920页。

〔24〕 诸奴奸良人者，徒二年半；强者，流；折伤者，绞。其部曲及奴，奸主及主之周亲，若周亲之妻者，绞；妇女，减一等；强者，斩。即奸主之缌麻以上亲，及缌麻以上亲之妻者，流；强者，绞。参见（宋）窦仪等撰：《宋刑统》，薛梅卿点校，法律出版社1999年版，第480页。

则属“常赦所不原减”。

“知有恩赦而故犯”与《庆元条法事类》中“不以大礼赦原减”有所关联，后文将详述之。

（二）不以赦降原减

1. 含义及源流

《庆元条法事类》的敕文中反复出现“不以赦降原减”这一说法，为《宋刑统》所无。赦降是宋代赦免有罪和降等处罚的总称，[25] 所谓“赦则罪无轻重，降则减重就轻”，[26] 一般而言，称“赦”者，指对罪行的原宥；称“降”者，指对罪行的减轻，[27]《庆元条法事类》即规定有详细的会降减等之法。[28] 简言之，“不以赦降原减”从字面上看，指既“不以赦原”[29] 又“不以降减”的处理方式。

在出现“不以赦降原减”一语的条目之后，所附旁照法会引用名例敕的说明：

> 诸称“不以赦降原减”，除缘奸细事或传习妖教、托幻变之术及故决、盗决江河隄堰已决外，余犯若遇非次赦或再遇大礼赦者，听从原免。[30]

---

〔25〕郭东旭：《宋朝法律史论》，河北大学出版社2001年版，第370页。

〔26〕《唐律疏议·唐律释文》，中华书局1987年版，第624页。

〔27〕陈俊强探讨了唐代的恩降，认为恩降是除大赦外皇帝施恩的又一方式，参见陈俊强：《皇权的另一面：北朝隋唐恩赦制度研究》，北京大学出版社2007年版，第178~184页。在关于宋代恩赦制度的研究中，学界多不区分“降”与“赦”，而广义上的“赦”确实包括免罪和降罪（减罪）的情形，本文为探求“不以赦降原减”的制度意义，特作出区分。

〔28〕诸犯罪，会降称“死罪降从流”者，流三千里；本条罪不至死，有编配法者，依不至死编配例。称“流罪降从徒”者加役流、流三千里并徒三年，其余以次降之，谓流二千五百里降徒二年半之类。妇人若诸军或刺面人名更降一年。应配者，并降杖一百；称“徒罪降从杖”者，徒三年降杖一百，余亦以次降之。流以下放者，编、配并免；徒以下放者，沙门岛、远恶处者，配如法；余应配者，广南配三千里，二千里以上配千里，五百里以上配邻州，邻州配本州，本州配本城，已系牢城者，配本州一等军，无，即配邻州。应配本城者不刺面，应不刺面配者邻州编管，应降配、移配者并移一等军，降配者，仍充下名。应编管者免。参见（宋）谢深甫：《庆元条法事类》，戴建国点校，黑龙江人民出版社2002年版，第338页。

〔29〕此处“赦”不包括大赦，遇大赦，“常赦所不原减赦除之”，则“不以赦降原减”之行为亦得减。

〔30〕（宋）谢深甫：《庆元条法事类》，戴建国点校，黑龙江人民出版社2002年版，第92、142、174、190、337、361、373、414、434、449、468、490、508、524、651、656、671、923页。第755、767、845页所载敕文少一句话，记作：诸称“不以赦降原减”，若遇非次赦或再遇大礼赦者，听从原免。《庆元条法事类》中存在大量节略条文的现象，常常只摘录敕、令中与本条目相关的部分，或许此处亦是。

“不以赦降原减”入敕可追溯至仁宗庆历年间（1041-1048年），是时应无遇大礼赦、非次赦[31]得原的规定，直到苏颂奏请，言“累经赦恩及德音减降”而不断放罪人有欠妥当，提议“诸称‘不以赦降原减’条，并谓犯事后遇赦降，自当依法施行，若事发或未发间再经恩霈，并许依例原减。”[32]不知这一奏议在当时是否被批准，但据上引敕文所言“余犯若遇非次赦或再遇大礼赦者，听从原免”，可知其想法最终应得以落实到制度中。元符三年（1100年）中书省所引《元祐编敕》条文与《庆元条法事类》所载此条名例敕相同，[33]则至迟到元祐二年（1087年）《元祐编敕》颁行时，这一条文已经定型。然至修《元符敕令格式》时，“增添不以赦降原减，比旧甚多”，又将该条名例敕删去，“遂使一有所犯，虽累该恩沛，终身无以自新”，于是元符三年（1100年）徽宗[34]下诏恢复该条文。[35]崇宁元年（1102年），因中书省、尚书省言“若尽从原免，其‘不以赦降原减’遂成空文”，徽宗又诏废除该条。[36]然编修《绍兴敕》时，该条敕文被收入，[37]《庆元敕》亦收（即目前《庆元条法事类》中所见条），其间是否有所变动不得而知。

2. 具体内容

根据上引名例敕，“不以赦降原减”分为两种情况：缘奸细事，传习妖教、托幻变之术，故决、盗决江河隄堰已决，这些较为严重的罪行，[38]绝对“不以赦降原减”，始终遇赦不得原、[39]遇降不得减。除此之外，一般“不以赦降原减”的行为，若赦免为非次赦，或再遇大礼赦，可得原免。下面分别加以探讨。

“缘奸细事”即为奸细活动，此罪“不以赦降原减”，主要因两宋时期

---

〔31〕戴建国把宋代的恩赦分为录囚和大赦（广义），大赦又分为不定期的非次赦，包括大赦（狭义，常赦和特赦的统称）、德音、曲赦和定期的大礼赦。戴建国：《宋代刑法史研究》，上海人民出版社2008年版，第333~357页。

〔32〕（宋）苏颂：《苏魏公文集》，王同策等点校，中华书局1988年版，第259~260页。

〔33〕（清）徐松：《宋会要辑稿》，刘琳等点校，上海古籍出版社2014年版，第8232页。

〔34〕是时徽宗已即位而未改元。

〔35〕（清）徐松：《宋会要辑稿》，刘琳等点校，上海古籍出版社2014年版，第8232页。

〔36〕（清）徐松：《宋会要辑稿》，刘琳等点校，上海古籍出版社2014年版，第8234页。

〔37〕（清）徐松：《宋会要辑稿》，刘琳等点校，上海古籍出版社2014年版，第6711页。

〔38〕现存《庆元条法事类》中并无这几项罪行“不以赦降原减”的直接规定。

〔39〕若遇“常赦所不原减赦除之”的大赦，自然得原。

政权并存，不论是战乱还是和平，各方都频频派出奸细刺探他国情报，宋廷须严厉打击奸细，以防情报外泄。[40] 仁宗康定元年（1040 年）二月丙午德音“赦延州、保安军流以下罪，背叛奸细人不赦。”[41] 是时应还未有奸细事“不以赦降原减”的规定，故而特别提出“背叛奸细人不赦”，已表明宋廷对此等行为绝不宽恕的态度。而后对于“缘奸细事”之人不赦原的规定逐步制度化，最终归入“不以赦降原减”一类。

对于传习妖教、托幻变之术，《绍兴敕》已有规定云：“诸吃菜事魔或夜聚晓散、传习妖教者绞，从者配三千里，妇人千里编管。托幻变术者减一等，皆配千里，妇人五百里编管。情涉不顺者绞。以上不以赦降原减。”[42] 盖宋代以“吃菜事魔”为代表的民间宗教十分盛行，官方对此大力打击。[43]

故决、盗决江河堤堰，《宋刑统》中已有律文规定，[44] 并有“臣等详参”条作为补充，足见宋廷对这一问题的重视。水利问题事关重大，而现实中又时常出现后果严重的故决、盗决行为，如嘉祐八年（1063 年）孟州济源县千仓渠修复后投入使用，却有豪民“将入州城水，盗决入溴河”，“致得州城水小”。[45] 可见盗决之危害性。将故决、盗决规定为“不以赦降原减”亦在情理之中。

除上述行为外，敕文中所规定的“不以赦降原减”但遇非次赦、大礼

---

〔40〕 关于宋代奸细（即间谍）问题，参见舒仁辉、范晓燕：《试论两宋时期的间谍问题》，载《杭州师范学院学报（社会科学版）》2007 年第 5 期，其中论述了各政权间谍活动的基本概况及宋廷对间谍活动的防治惩处措施。

〔41〕（宋）李焘撰：《续资治通鉴长编》，上海师大古籍所、华东师大古籍所点校，中华书局 2004 年版，第 2978 页。《宋大诏令集》中收录了德音原文，内容略同：“应延州保安军及管内诸县见禁罪人，除死罪及背叛奸细人不赦外，皆释之。”参见（宋）不著人：《宋大诏令集》，司义祖整理，中华书局 1962 年版，第 835 页。

〔42〕（清）徐松：《宋会要辑稿》，刘琳等点校，上海古籍出版社 2014 年版，第 8343 页。

〔43〕 宋廷禁止、打击民间宗教措施的专门研究可参见郭东旭：《宋代秘密宗教与法禁》，载邓广铭、王云海等主编：《宋史研究论文集》（一九九二年年会编刊），河南大学出版社 1993 年版，第 413~433 页；贾文龙：《宋代秘密宗教与法禁研究》，河北大学 2002 年硕士学位论文；赵章超：《宋代巫术妖教犯罪与法律惩禁考述》，载《宗教学研究》2002 年第 4 期，第 134~137 页。

〔44〕（宋）窦仪等撰：《宋刑统》，薛梅卿点校，法律出版社 1999 年版，第 491 页。盗决指以盗水为目的决堤堰，故决指非因盗水而决堤堰。

〔45〕 见《千仓渠水利奏立科条碑》［宋·熙宁三年（1070 年）］，载范天平编注：《豫西水碑钩沉》，陕西人民出版社 2001 年版，第 289 页。

赦即可原减的犯罪及其相应刑罚如下表所示：

<table>
<tr><th>《庆元条法事类》</th><th>犯罪行为</th><th colspan="3">处　罚</th></tr>
<tr><td>卷六《职制门三·批书》职制敕</td><td>批书考任、印纸若出给公凭及保明阙报功过，而增减不实致误赏罚、磨勘、差注</td><td colspan="3">本官并知情官吏徒二年</td></tr>
<tr><td>卷八《职制门五·定夺体量》职制敕</td><td>监司被旨体量公事怀奸挟情不实不尽者</td><td colspan="3">以违制论[46]</td></tr>
<tr><td rowspan="4">卷十《职制门七·同职犯罪》断狱敕</td><td rowspan="4">官司失入死罪已决</td><td>为首者</td><td>当职官勒停，吏人千里编管</td><td rowspan="4">已决死者加一人，处罚加一等</td></tr>
<tr><td>第二从</td><td>当职官冲替，事理重，吏人五百里编管</td></tr>
<tr><td>第三从</td><td>当职官冲替，事理稍重，吏人邻州编管</td></tr>
<tr><td>第四从</td><td>当职官差替，吏人勒停</td></tr>
<tr><td>卷十七《文书门二·毁失》贼盗敕[47]</td><td>盗见行及应架阁文书有情弊</td><td colspan="3">徒二年</td></tr>
</table>

〔46〕违制法定刑为徒二年，参见（宋）窦仪等撰：《宋刑统》，薛梅卿点校，法律出版社1999年版，第177页。

〔47〕同门“架阁”部分亦载同条，略有删节，未记盗见行文书情形。参见（宋）谢深甫：《庆元条法事类》，戴建国点校，黑龙江人民出版社2002年版，第357页。

续表

《庆元条法事类》	犯罪行为	处　罚
卷二十九《榷禁门二·铜钱金银出界》卫禁敕	以铜钱出中国界	徒三年，五百文流二千里，五百文加一等。徒罪配三千里，从者配二千里；流罪配广南，从者配三千里；三贯配远恶州，从者配广南；五贯绞，从者配远恶州。知情引领、停藏、负载人减犯人罪一等，仍各依从者配法。
卷二十九《榷禁门二·铜钱金银出界》卫禁敕	以铜钱与蕃商博易	徒二年，五百文加一等，过徒三年一贯加一等。徒罪配二千里，从者配千里；流罪配三千里，从者配二千里；五贯配广南，从者配三千里；十贯配远恶州，从者配广南。知情引领、停藏、负载人减犯人罪一等，仍依从者配法。
卷二十九《榷禁门二·铜钱下海》卫禁敕	将铜钱入海船	杖八十，一贯杖一百；三贯杖一百，编管五百里；五贯徒一年，从者杖一百；七贯徒二年，从者徒一年；十贯流二千里，从者徒三年。知情引领、停藏、负载人依从者法。
卷三十《财用门一·上供》厩库敕[48]	应封桩起发而拖欠致取勘后政官	徒二年

〔48〕同门“经总制”旁照法部分亦载同条，略有删节。参见（宋）谢深甫：《庆元条法事类》，戴建国点校，黑龙江人民出版社2002年版，第468页。

续表

《庆元条法事类》	犯罪行为	处　罚
卷三十一《财用门二·封桩》厩库敕	擅支借封桩钱物及虽应支借而于令有违各已费用	徒二年
卷三十二《财用门三·点磨隐陷》厩库敕	官物有欺弊而致失陷	—
卷三十二《财用门三·点磨隐陷》厩库敕〔49〕	于税租簿帐有欺弊	不满五百文杖一百，五百文徒一年，五百文加一等，三贯皆配本城，五贯皆配本州。
卷三十六《库务门一·仓库受乞》厩库敕	重禄公人因职事受乞财物	徒一年，一百文徒一年半，一百文加一等，一贯流二千里，一贯加一等。徒罪皆配邻州，流罪配五百里，十贯配广南。
卷四十八《赋役门二·税租帐》诈伪敕	夏秋税管额纳毕帐状妄破省税	徒二年，赃重者，准盗论，罪至徒三年，配本城。
卷四十八《赋役门二·科敷》厩库敕	公使库买物不依实直，若过三十日不还价及部内科买、配卖	以违制论
卷七十四《刑狱门四·病囚》断狱敕	囚在禁病死	死及一分，狱子杖一百，吏人减一等，当职官又减一等，每一分递加一等，罪止徒一年半。

〔49〕 同门“理欠”部分亦载同条。参见（宋）谢深甫：《庆元条法事类》，戴建国点校，黑龙江人民出版社2002年版，第510页。

续表

《庆元条法事类》	犯罪行为	处　罚
卷七十五《刑狱门五·部送罪人》捕亡敕	配军应行而未至配所	原配刑
卷八十《杂门·诸色犯奸》户婚敕	兵级妻擅去因而改嫁，雇身犯奸为倡	
《宋会要辑稿》	犯罪行为	处罚
礼一四·群祀三	祭祀行事失错及违失仪式	笞四十〔50〕
职官四八·县尉	巡检、县尉应承告强盗而故不申，重法地分系结集十人已上	徒二年〔51〕
食货四五·漕运六	监主以官物私自贷，虽有还意而不还，或偿不足〔52〕	

〔50〕绍兴二十九年（1159年）二月二日，太常丞张庭实言："检照《郊祀大礼按沓敕》：'诸大礼应奉人乖违失仪者杖一百。应缘大礼行事有违犯，不以本年赦降原减。'元系太常寺省条法，从前每遇大礼，只引律文'诸祭祀行事失错及违失仪式者笞四十。'皆引赦原，更无断罪条法，恐大礼应奉人懈怠不肃，无以惩戒，有失祖宗立法之意。望送敕令所，以绍兴敕内修入，永久遵守。"从之。可知这一规定被修入敕中。（清）徐松：《宋会要辑稿》，刘琳等点校，上海古籍出版社2014年版，第786页。

〔51〕元符元年（1098年）二月三十日，刑部言："欲于《编敕》'巡检、县尉应承告强盗而故不申徒二年'字下，添入'重法地分系结集十人已上者，仍不以赦降、去官原减'。"从之。参见（清）徐松：《宋会要辑稿》，刘琳等点校，上海古籍出版社2014年版，第4358页。故而可确定此条为敕。

〔52〕厩库敕：诸私贷贷官物而以物质当，或有簿籍及抄领曾经官司判押者，并同有文记法，即仓库簿历及般运交请文凭，或私自抄上簿籍单状之类，并不为文记。诸监主以官物私自贷，虽有还意而不还，或偿不足者，计所少之数，不以赦降原减。参见（清）徐松：《宋会要辑稿》，刘琳等点校，上海古籍出版社2014年版，第7020页。

续表

《庆元条法事类》	犯罪行为	处　罚
兵一二·捕贼二	违法差占诸县弓手	以违制论〔53〕
兵二一·牧马官	盗诈或贸易祠庙献马〔54〕	
方域一〇·驿传杂录	马递铺使臣私役所辖兵级、铺夫，罪轻者	徒二年〔55〕

上表所列犯罪主要涉及官吏履职和铜钱市易，属于宋廷重点规范、打击的行为，然与缘奸细事，传习妖教、托幻变之术，故决、盗决江河堤堰已决相比，恶性较小，罪刑较轻。故既称“不以赦降原减”，但若赦免为非次赦或再次遇到大礼赦，可原减。具言之，此处“不以赦降原减”所指有二：

其一，遇首度大礼赦不可原，意在杜绝居心叵测之人的侥幸心理。大

〔53〕宣和三年（1121年）二月二十三日，都省言：“契勘诸县弓手多者不过百余人，其间不无老弱疾病。近来诸县因循驰慢，多有违法差使。其所差弓手，又计会干求干当词讼公事，缓急贼发，阙人擒捕，遂至滋蔓，甚非设法之意。”诏并依元丰法，今后如违法差占，以违制论，仍不以去官赦降原免。诸路施行。则该条或为元丰敕。（清）徐松：《宋会要辑稿》，刘琳等点校，上海古籍出版社2014年版，第8845页。

〔54〕政和五年（1115年）五月二十五日，枢密院言：“……本司看详诸祠庙献马，若盗诈或贸易，虽有条断罪，诚恐未足禁戢。况关防亦未严备，理宜增立约束及注籍拘管。其在官之人有犯，既非缘公，无用去官之理，不须修立去官。若以隐匿爲文，亦似未至详显，合明立盗诈之文。今拟立如后：诸盗诈或贸易祠庙献马者，不以赦降原减。诸承报祠庙献马计程不到者，移文勘会。诸祠庙献马，本州依限差人牵纳外，别具马记验去处，记验谓吊星、玉面、前后脚白之类。入马递预报。专切提举京畿监牧司仍岁终具献马人姓名、逐匹字号，供报本司。”诏依条修订。参见（清）徐松：《宋会要辑稿》，刘琳等点校，上海古籍出版社2014年版，第9059页。根据“有条断罪”、“依条修订”等语，结合本段前引政和令，可推测此条“不以赦降原减”或为政和敕条文。

〔55〕徽宗建中靖国元年（1101年）三月二十七日，中书省、尚书省言：“检会《元符职制敕》，马递铺使臣私役所辖兵级、铺夫，罪轻者徒二年，不以赦降原减。看详元祐以前编敕，并无遇赦降不与原减之法，乞止科徒二年罪。”从之。参见（清）徐松：《宋会要辑稿》，刘琳、刁忠民、舒大刚、尹波等点校，上海古籍出版社2014年版，第9476页。可见此条文存在于《元符敕令格式》之职制敕中，且元祐以前编敕中无，建中靖国元年（1101年）三月二十七日又将该罪“不以赦降原减”之规定删去。

礼赦是定期的,[56] 通过南郊祀等重大仪式的举行可预知将有恩赦，上表所列罪行处刑本已不重，若可得原，更难免有不法分子愿冒险为之，于赦前犯罪，期以恩赦原减，无异于助长犯罪行为。但若犯上述罪行事发后遇大礼赦，行刑前又遇大礼赦；或犯罪尚未被发觉而数遇大礼赦，则可得原。如元符三年（1100 年）七月二十四日敕所言："诸条并不以赦降原减者，盖谓禁约指望恩赦、故作罪犯之人，既遇非次赦宥或两该大礼，事体轻者理合原免。"[57] 绍圣四年（1097 年）四月十五日刑部言："前临江军判官李适在任失入三人死罪，合追两官勒停，两遇大礼，合该原免。"[58] 即是再遇大礼赦而得原减的例证。

其二，不以恩降减罪。由于这些罪行处罚大多较轻，其法定刑以徒刑为主，间或有流刑，再行降等更不利于惩戒，且宋代恩降颇为频繁,[59] 确不宜以之减罪。

这些犯罪行为被规定为"不以赦降原减"，大多发端于北宋，逐渐定型，经编修由诏令入敕，一直保留至南宋庆元敕中。

如监司体量公事怀奸挟情不实不尽一事，熙宁九年（1076 年）神宗诏:"淮南、江浙、荆湖南北路今岁灾伤，虑有寇贼，令逐路监司体量巡检、县尉，如有怯懦疲软缓急不任事者，仰速具对移奏换。如将来败事，元体量官当重行降黜，不以降赦、去官原免。"[60] 对监司体量不力造成剿灭寇贼事败,"重行降黜","不以降赦去官原减"。至崇宁五年（1106 年），吴亮、蔡佃作为监司在体量公事时"观望顾避，附下罔上，隐庇灭裂，变乱事实","以无为有","以有为无"，造成"朝廷刑罚失误"。徽宗降诏处断曰:"除已究正，量行黜责外，自今敢有怀奸挟情、不实不尽者，流二千里。斥之远方，永不收叙。仍不以去官赦降原减。"[61] 上述诏令即是《庆元条法事类》中此条敕文的源头。

---

〔56〕 戴建国:《宋代刑法史研究》，上海人民出版社 2008 年版，第 338 页。

〔57〕（清）徐松:《宋会要辑稿》，刘琳等点校，上海古籍出版社 2014 年版，第 8234 页。

〔58〕（清）徐松:《宋会要辑稿》，刘琳等点校，上海古籍出版社 2014 年版，第 8488 页。

〔59〕 宋代恩降次数、具体状况统计，参见附录一。

〔60〕（清）徐松:《宋会要辑稿》，刘琳等点校，上海古籍出版社 2014 年版，第 8833 页。

〔61〕《宋大诏令集》，司义祖整理，中华书局 1962 年版，第 722 页。

关于官司失入死罪，[62]熙宁二年（1069年）十二月“增加失入死罪法”，[63]诏曰：“今后失入死罪，已决三名，为首者手分刺配千里外牢城，命官除名编管，第二从除名，第三、第四从追官勒停；二名，为首者手分远恶处编管，命官除名，第二从追官勒停，第三、第四从勒停；一名，为首者手分千里外编管，命官追官勒停，第二从勒停，第三、第四从冲替。以上赦降、去官不免……”其中已经出现失入死罪已决“不以赦降、去官不免”的规定。[64]然绍兴三年（1133年）驾部员外郎韩膺胄言：“凡狱官失入死罪者，乞终身废之，虽经赦宥不原，如祖宗法。”高宗曰“此仁宗之事也”，[65]则“失入死罪已决”不以赦原的规定，可能仁宗时便已出现，只不过于神宗时成为定制。

两宋铜钱外流成为政府一大心腹之患，相关法令频频出台。[66]绍兴二十八年（1158年）九月，户部奏立铜钱出界的相关罪赏，有建言：“诸以铜钱与蕃商博易者，徒二年，千里编管。二贯，流二千里；二十贯，配广南，出中国界者，递加一等；三十贯，配远恶州，许人捕。凡经由透漏巡捕州县，知通、县令丞、镇寨官、市舶司官吏、帅臣监司之在置司州者，并减犯人一等，故纵者与同罪，不以去官赦降原减。”[67]此立法建议于之后乾道、淳熙或庆元年间的编敕活动中被收入敕文。现存庆元敕条文处罚比之更为严格，期间应又有修改。

关于“擅支封桩钱物”，元祐七年（1092年）三省访闻得知“缘边欲兑封桩钱物，多虚称止于别路桩定，及至过兑，却未有的实钱物拨还”且“日渐侵使封桩钱物数多，深为不便”，故建议立法“擅支借朝廷及户部封桩钱物、并常平等钱物、及他司借常平钱籴买物料，应副对行交拨，未桩拨价钱而辄支用者，徒二年。内封桩钱物若系应副军兴，小可那调者，并所须急阙，委实不可待报者，方许支借。仍具数并急阙因依，

---

〔62〕关于失入死罪的制度流变之详情，可参见王云海主编：《宋代司法制度》，河南大学出版社1992年版，第464~465页。

〔63〕（元）脱脱等撰：《宋史》，中华书局1977年版，第272页。

〔64〕（清）徐松：《宋会要辑稿》，刘琳等点校，上海古籍出版社2014年版，第8486页。

〔65〕（清）徐松：《宋会要辑稿》，刘琳等点校，上海古籍出版社2014年版，第8489页。

〔66〕葛金芳：《两宋社会经济研究》，天津古籍出版社2010年版，第76页。

〔67〕（宋）李心传编撰：《建炎以来系年要录》，胡坤点校，中华书局2013年版，第3454页。

申所属点检给限拨还。若兑缘边要切支用，而已于别州桩定钱物，或召人入便，省得运送之费而无妨阙者，申禀尚书省及本部。以上如违，并不以觉举、去官、赦降原减，未断而还足者，奏裁。”哲宗“从之”。这一规定最终被编修入敕，至《庆元条法事类》中依然保留，且其内容、罚则亦无大变。[68]

囚在禁病死一事被归为“不以赦降原减”的过程亦可略考。淳熙元年（1174年）大理卿周自强言广西狱囚死于冻馁、笞掠者甚众，以是孝宗下诏：“诸路禁囚有不得其死或人数稍多，狱官、令佐、守倅悉坐其罪，不以去官赦原。”[69] 是时应还未有“囚在禁病死不以去官赦降原减”[70] 的敕文规定，由于现实中狱囚死去的情况甚为普遍和严重，为警示狱卒，孝宗下诏，若禁囚不得其死或人数过多，狱官等坐罪，即使去官、遇赦仍不得免。这一诏令最终入敕应是在淳熙三年（1176年）编《淳熙重修敕令格式》[71] 或庆元二年（1196年）编《庆元重修敕令格式》之时。[72] 而与淳熙元年诏书相比，敕文称“不以去官赦降原减”，增加了对于恩降减罪的限制。

祭祀中有所失误遇恩赦不得原免的规定真宗朝已存在。景德二年（1005年）十二月十七日诏书言车服、仪仗自阙误不恭，不在赦原范围。[73] 大中祥符元年（1008年）九月二十二日诏书云群臣期丧未满、余服未卒哭不得预祭，若隐匿上述事实而预祭，则“遇赦不原”，“自是大祀皆用此制”。[74] 七年（1014年）二月八日诏书，规定行事官、诸司若职

---

〔68〕（宋）李焘撰：《续资治通鉴长编》，上海师大古籍所、华东师大古籍所点校，中华书局2004年版，第11409页。

〔69〕（清）徐松：《宋会要辑稿》，刘琳等点校，上海古籍出版社2014年版，第8568页。

〔70〕（宋）谢深甫：《庆元条法事类》，戴建国点校，黑龙江人民出版社2002年版，第765页。

〔71〕于淳熙三年（1176年）六月十一日诏修，四年（1177年）十一月修毕进呈。（清）徐松：《宋会要辑稿》，刘琳等点校，上海古籍出版社2014年版，第8263页。

〔72〕始修于庆元二年（1196年）二月丙辰，（宋）王应麟：《玉海》，文物出版社1987年版；又据（宋）陈振孙撰：《直斋书录解题》，徐小蛮、顾美华点校，上海古籍出版社1987年版，第224页，于庆元四年修毕进呈。

〔73〕（清）徐松：《宋会要辑稿》，刘琳等点校，上海古籍出版社2014年版，第748页。

〔74〕（清）徐松：《宋会要辑稿》，刘琳等点校，上海古籍出版社2014年版，第495页。

掌奉祀行事懈慢，“重加其罪，遇赦不原”。[75] 宝元元年（1038年）九月二十五日诏则规定涉及祀事者，若已受誓戒而不虔恭，其罪“毋得以赦原”。[76] 这些诏令均围绕祭祀礼仪，若有违失，须受处罚且不得因赦原免。绍兴二十九年（1159年）太常丞张庭实引《郊祀大礼按沓敕》条文：“诸大礼应奉人乘（乖）违失仪者杖一百。应缘大礼行事有违犯，不以本年赦降原减。”称该规定仅为太常寺省条法，而每遇大礼赦，实际只以律文“诸祭祀行事失错及违失仪式者，笞四十”处罚，可引赦原，如此会纵使相关人员“懈怠不肃，无以惩戒”，最终“有失祖宗立法之意”，故应将之修入《绍兴敕》。高宗批准其提议。[77] 这一条文从诏令被编入太常寺条法，最终从“一司法”变为“海行法”。[78]

（三）“常赦所不原减”和“不以赦降原减”

由以上（一）、（二）部分之论述，可发现《庆元条法事类》中“常赦所不原减”与“不以赦降原减”并称，但实际二者关系如何？为便于梳理探究，可将上文涉及的犯罪行为及其所受恩赦限制表示如下：

行为		可得原减的情况	赦降结果
常赦所不原减	恶逆以上，杀人应入不道，劫杀、谋杀、已杀人各罪至死者	大赦（必须言常赦所不原咸除之）	得原，配二千里，应移乡者移乡

〔75〕（清）徐松：《宋会要辑稿》，刘琳等点校，上海古籍出版社2014年版，第495页。

〔76〕（清）徐松：《宋会要辑稿》，刘琳等点校，上海古籍出版社2014年版，第756页。

〔77〕（清）徐松：《宋会要辑稿》，刘琳等点校，上海古籍出版社2014年版，第78页。

〔78〕所谓“海行法”，“敕令格式，谓之海行。盖天下可行之义也”；所谓“一司法”，“在京内外百司及在外诸帅抚、监司、财赋兵马去处，皆有一司条法。如安抚司法，许便宜施行之类也”。参见（宋）赵升编：《朝野类要》，王瑞来点校，中华书局2007年版，第81页。

续表

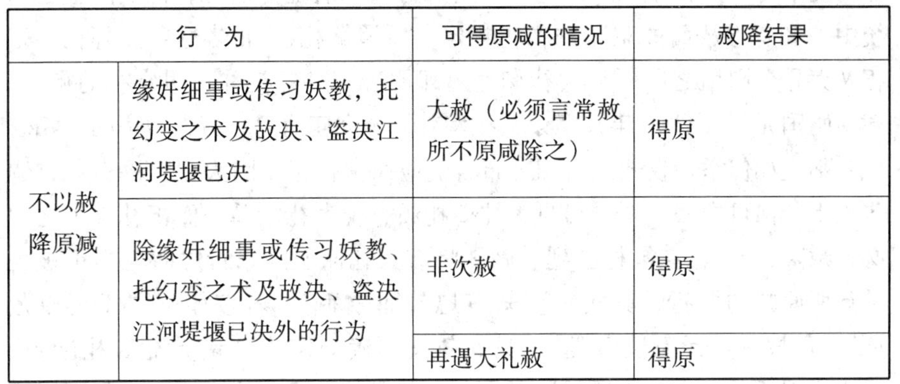

行　为		可得原减的情况	赦降结果
不以赦降原减	缘奸细事或传习妖教，托幻变之术及故决、盗决江河堤堰已决	大赦（必须言常赦所不原咸除之）	得原
	除缘奸细事或传习妖教、托幻变之术及故决、盗决江河堤堰已决外的行为	非次赦	得原
		再遇大礼赦	得原

缘奸细事，传习妖教，托幻变之术及故决、盗决江河堤堰已决与恶逆以上，杀人应入不道，劫杀、谋杀、已杀人各罪至死所受恩赦限制一样，前者虽称“不以赦降原减”，实际上与后者性质相类，均不为常赦原。区别在于，称“不以赦降原减”，强调了恩降减罪的情形。而恩降一般自“杂犯死罪”始得减罪,〔79〕杂犯死罪，按律指非十恶、故杀人、反逆缘坐、监守内奸、盗、略人、受财枉法中死罪者;〔80〕据元祐七年（1092年）七月六日尚书省劄子：“检会编敕，诸赦降称‘劫、谋、故、斗、杀正犯’，所载详备，其不载者，即系杂犯。”〔81〕则无论何时，恶逆以上，杀人应入不道，劫杀、谋杀、已杀人各罪至死均不属“杂犯死罪以下”。而如前所述，恩降颁布时都会明言降罪范围为“杂犯死罪以下”，这些犯罪行为自然不在其中，故毋须言不以降减，即毋须称“不以赦降原减”。而称“不以赦降原减”的犯罪行为，多处以徒、流之刑，其刑罚等级恰在恩降范围内，要限制这些行为因恩降减罪，由于涉及的行为种类过多，且处于不断增减变化中，在恩降颁布时不可能一一列举排除，只能统一冠以“不以赦降原减”之名，以此技术简化立法。

（四）不以大礼赦原

《庆元条法事类》中有数条敕文规定在大礼御札已到的情况下犯某些

〔79〕参见附录一。

〔80〕（宋）窦仪等撰：《宋刑统》，薛梅卿点校，法律出版社1999年版，第36页。

〔81〕（宋）谢深甫：《庆元条法事类》，戴建国点校，黑龙江人民出版社2002年版，第742页。

罪行则不得以大礼赦原减，这一说法亦为《宋刑统》所无，但实际上是刑统中“知有恩赦而故犯”的衍生规定。所谓御札，“布告登封、郊祀、宗祀及大号令则用之”，〔82〕大礼御札，即用于布告郊祀礼、明堂礼的御札。建中靖国元年（1101年）徽宗初祀南郊，至太庙后遇大雪，徽宗问二相若风雪不止如何举行仪式，右相曾布言仍应照常行祀，因为“已降御札，颁告天下，何可中辍”，〔83〕可见大礼御札颁布于大礼之前。而祀礼结束之后必行赦降，〔84〕若在御札已到、确知将有大礼而赦降未行之时犯本可被大礼赦所原减的罪行，其实是“知有恩赦而故犯”，若按律则“不得以赦原”，但按《庆元条法事类》，只有敕文明确规定为“诸大礼御札已到”后犯而“不得以大礼赦原减”的罪行，如翻论公事不实、强盗、故出入人徒以上罪等，才不得原，〔85〕其他罪行，虽系知有恩赦而故犯，应仍可按大礼赦原减。这组敕文修改了律之规定，将大礼赦下的“知有恩赦”具体化为“大礼御札已到”，并针对大礼赦放宽了罪行原减的限制。而对于其他赦降类型，目前未见有类似规定，或仍应按律处理。

（五）未入敕的相关规定

以上均为敕文中有所规定的事项，然亦存在大量诏令中称“遇赦不原”“不以赦原”“不以赦降原减”等情况，但未见于目前所存的敕文中。〔86〕如元丰元年（1078年）八月八日诏：“自今官司及官员、伎术、举人等于折博务占买盐钞及越次给者，并科徒二年罪，不以赦原。告者厚赏之。”〔87〕绍兴五年（1135年）闰二月八日诏：“市舶务监官并见任官诡名买市舶司及强买客旅舶货，以违制论，仍不以赦降原减。”〔88〕亦有臣僚奏言中涉及此类规定，皇帝“从之”的情形。如绍兴二十八年（1158年）

〔82〕（元）脱脱等撰：《宋史》，中华书局1977年版，第3783页。（宋）马端临：《文献通考》，上海师范大学古籍研究所、华东师范大学古籍研究所点校，中华书局2011年版，第1456页。

〔83〕（宋）马端临：《文献通考》，上海师范大学古籍研究所、华东师范大学古籍研究所点校，中华书局2011年版。

〔84〕戴建国：《宋代刑法史研究》，上海人民出版社2008年版，第345页。

〔85〕（宋）谢深甫：《庆元条法事类》，戴建国点校，黑龙江人民出版社2002年版，第338、340页。

〔86〕“遇赦不原”主要出现在北宋前期的诏令奏疏中；“不以赦原”亦均用于北宋，南宋似不见这一用语；“不以赦降原减”自北宋后期出现，至南宋时，似已成为统一的规范用语。

〔87〕（清）徐松：《宋会要辑稿》，刘琳等点校，上海古籍出版社2014年版，第6520页。

〔88〕（清）徐松：《宋会要辑稿》，刘琳等点校，上海古籍出版社2014年版，第4213页。

四月二十六日礼部言："就试举人怀挟，诏今（令）重别增立法禁。今欲应因怀挟殿举，并令实殿举数不以赦恩原免。如再犯，永不得应举。"高宗"从之"。[89]

上述诏令奏疏所定的恩赦限制之所以未见于现存宋代敕文，[90] 究其原因，不外如下三种：或因规定虽入敕，但存在于今本《庆元条法事类》所缺部分；或因规定本身仅系"一时之制"，属临时、特别处分，从未被编修入敕；或其曾被编修入敕，但在之后的修纂中被删去。

二、主免从不免的情形

根据《宋刑统》所引疏议，除前述遇赦降主刑不得减免的情形外，"常赦所不免"还包括遇恩赦仍除名、免所居官、移乡，这些犯罪遇常赦不可全免，仅主刑得免，而从刑不免：

> 诸犯十恶、故杀人、反逆缘坐，本应缘坐，老、疾免者，亦同。狱成者，虽会赦，犹除名。狱成，谓赃状露验及尚书省断讫未奏者。即监临主守于所监守内犯奸、盗、略人，若受财而枉法者，亦除名。奸，谓犯良人。盗及枉法，谓赃一匹者。狱成会赦者，免所居官。会降者，同免官法。其杂犯死罪，即在禁身死，若免死别配及背死逃亡者，并除名。皆谓本犯合死而狱成者。会降者，听从当、赎法。[91]
>
> 诸杀人应死会赦免者，移乡千里外。其工、乐、杂户及官户、奴并太常音声人，虽移乡，各从本色。部曲及奴出卖及转配事千里外人。若群党共杀止移下手者及头首之人。若死家无周以上亲，或先相去千里外，即习天文业已成，若妇人有犯，及杀他人部曲、奴婢，并不在移限。部曲奴婢自相杀者，亦同。违者徒二年。[92]

---

〔89〕（清）徐松：《宋会要辑稿》，刘琳等点校，上海古籍出版社2014年版，第5334页。

〔90〕诏令奏疏所见恩赦限制，除上述文例外，详见附录二"恩赦限制诏令表"。所谓现存宋代敕文，包括今本《庆元条法事类》所载敕文，及《宋会要辑稿》《续资治通鉴长编》《宋史》等宋代基本史料中可以确定为敕的。

〔91〕（宋）窦仪等撰：《宋刑统》，薛梅卿点校，法律出版社1999年版。

〔92〕（宋）窦仪等撰：《宋刑统》，薛梅卿点校，法律出版社1999年版，第325页。

律文中所谓除名、免官和免所居官均为官员犯罪之特别刑事处分，须与主刑（五刑）并科，性质属于从刑。免所居官最轻，因是免所居之一官，免官次之，因是二官俱免，除名最重，悉除官爵。[93] 犯十恶、故杀者和反逆缘坐之人，[94] 若“狱成”，即已经成狱定案，[95] 遇赦可免死、流等主刑，[96] 如系为官者犯罪，从刑不免，仍应除名。监临主守于所监守内犯奸、盗、略人，及受财枉法，除相应主刑外，均须处从刑除名。若狱成后会赦，主刑得免，将从刑除名减为免所居官；会降，原减力度本就小于会赦，故主刑应是依具体恩降内容减等，从刑则减为免官。此种“主免从不免”的恩赦限制专门针对官员。此条在今本《庆元条法事类》中未见新规，史料中亦不可寻相关流变，应一直行用。

杀人应死者会赦，得免死，但须移乡，亦是“主免从不免”。该规定承自唐律，而其中涉及“非良人群体”[97] 的部分与宋代社会环境并不相适应：杂户早在唐中期以后就已消亡，而官户作为贱色等级，其消亡时间应在宋代以前，[98] 至于工、乐、太常音声人，主要选自官户和官奴婢，[99] 随着官户、官奴婢的消亡而不见，[100] 所谓的部曲、奴婢亦有变化，此点前文已有述及。南宋《梁溪漫志》更有直言：“律文有官户、杂

---

〔93〕 刘俊文：《唐律疏议笺解》，中华书局1996年版，第209页。

〔94〕 根据律文中注释，指法定应缘坐之人，包括因特殊情况实际可免缘坐者。

〔95〕 刘俊文：《唐律疏议笺解》，中华书局1996年版，第200页。

〔96〕 不包括遇赦仍处死、流的情形。这些情形下，主刑从刑均不免。

〔97〕 指有别于良人之人，包括奴婢、部曲、客女、随身、官户、杂户、工户、乐户、太常音声人等各类人群，因其在唐代法律中并未被全部称作“贱民”，仅官私奴婢、官户（包括官奴婢出身的工户、乐户）有律文称其为贱民，且“贱民”内涵在唐代并不十分清晰。故使用“非良人群体”指代上述人群。参见李志生：《唐代非良人群体通婚探析》，载《唐研究》（第8卷），北京大学出版社2002年版，第277页。

〔98〕 张维训：《略论杂户“贱民”等级的消亡》，载《江西社会科学》1982年第4期，第94页。宋代史料中亦有“官户”、“杂户”，宋代的官户是法定户名，指品官地主，而杂户既泛指各色人等，还可指官妓。与唐律中作为非良人阶层的官户、杂户概念完全不同。参见王曾瑜：《宋朝阶级结构概述》，载《社会科学战线》1979年第4期，第128~136页；[日]高桥芳郎：《宋至清代身分法研究》，李冰逆译，上海古籍出版社2015年版，第118页。

〔99〕 李天石：《中国中古良贱身份制度研究》，南京师范大学出版社2004年版，第380页。

〔100〕 关于太常音声人群体的变化，欧燕有专文论及，认为晚唐五代后，在太常作乐者都被称为太常乐人或太常乐工，有普通州县居民充任，作为非良人身份的太常音声人已消亡。参见欧燕：《唐五代音声人辨析》，载《唐史论丛》2009年第00期，第361页。

户、良人之名。今固无此色人，谳议者已不用此律。"[101] 律文"非良人群体"移乡从本色及杀部曲奴婢不移乡应早已名存实亡。

三、有条件不予减免的情形

以上两大部分所论均围绕"常赦所不免"条展开，系遇赦无条件不予减免的罪行。此外，另有罪行本身可依赦原，但若犯罪后有意逃避处罚、不及时改正弥补，则其减免受限。在此亦略作讨论。

（一）因在道逃亡

《宋刑统》规定流配人在道行程过限、逃亡不得以赦原：

> 诸流配人在道会赦，计行程过限者，不得以赦原。谓从上道日总计，行程有违者。有故者，不用此律。若程内至配所者，亦从赦原。逃亡者，虽在程内，亦不在免限。即逃者身死，所随家口仍准上法听还。[102]

流刑以流配人徙至配所为刑之实现，则根据恩赦的时间效力，已至配所者不在赦原之例，只有在道会赦，方有原减之可能。[103] 又依上述律文，故意误限、逃亡为犯流应配者在道会赦不得减免之条件。具体而言，若行程有违，无故未在法定时间内抵达配所，虽在途中，即使遇赦，仍不得原。因有流配人为待恩赦而在途中故意逗留、慢行，为杜绝此种侥幸，而做出上述限制。逃亡者，即使行程无违，亦不得赦原，因逃亡行为恶劣，可显示犯罪人无悔改之意，故绝不可姑息，即使遇赦，仍应受原刑罚。今本《庆元条法事类》未见新规，又宋代流刑以折杖加就地配役的形式执行，并无实际远流，[104] 故律文或亦不行用。只不过，新出现的作为附加刑的配隶刑亦具有流徙的性质，与律"流配人在道"条类似的程限、逃亡新规，则见庆元捕亡敕：

---

〔101〕（宋）费衮撰：《梁溪漫志》，金圆点校，上海古籍出版社1985年版，第104页。

〔102〕（宋）窦仪等撰：《宋刑统》，薛梅卿点校，法律出版社1999年版，第51页。

〔103〕刘俊文：《唐律疏议笺解》，中华书局1996年版，第267页。

〔104〕戴建国：《宋代刑法史研究》，上海人民出版社2008年版，第197~202页；［日］辻正博：《宋代的流刑与配役》，载川村康主编：《中国法制史考证（第3卷丙编）：日本学者考证中国法制史重要成果选译·宋辽西夏元卷》，姚荣涛译，中国社会科学出版社2003年版，第423页。

诸配军逃亡捕获者，元配沙门岛及元犯持仗强盗、谋杀人各罪至死贷命，若会降及因亲属或得相隐者首告减等，依上禁军法；逃亡后虽有罪犯而情理不至凶恶罪至死者，奏裁。不持仗强盗罪至死贷命，若会降及因亲属或得相隐者首告减等，并其余元配二千里以上或广南及远恶州者，依下禁军法；元配千里以下及指定州或路分配者，依厢军法。以上拣入别军而本军法重者，依本军法。即逃后曾归本州县捕获者，元配本州，即配邻州，邻州配五百里，五百里，配千里；千里，配二千里；二千里、二千五百里，并配三千里；三千里及广南，配远恶州。其指定州或路分配军，无元配地里者，配重役处。不在按问自首免配之例。以上应行而未至配所，或已量移而逃亡者，各准元配递加。未至配所者，仍不以赦降原减。即犯罪不该配而特刺配，或比元犯特增减地里刺配者，以特配地里为法，配沙门岛、广南及远恶州，亦以所配处为法。其已充剩员者，不用此制。〔105〕

因此，律文的“不得以赦原”或许可以与此敕配合适用，配军途中逃亡者应不得以赦原。

（二）因不自首、不改正

某些犯罪，若不自首、不消除犯罪结果、使不法状态存续，按《宋刑统》，即使遇赦，其减免仍受限制：

（1）诸略、和诱人，若和同相卖；及略、和诱部曲、奴婢，若嫁卖之，即知情娶买，及藏逃亡部曲、奴婢；署置官过限，及不应置而置；诈假官、假与人官及受假者；若诈死，私有禁物，谓非私所应有者及禁书之类。赦书到后百日，见在不首，故蔽匿者，复罪如初，媒、保不坐。其限内事发，虽不自首，非蔽匿。虽限内，但经问不臣者，亦为蔽匿。即有程期者，计赦后日为坐。其因犯逃亡，经赦免罪，限外不首者，止坐其亡，不论本罪。谓赦书到后百日限外计之。

〔105〕（宋）谢深甫：《庆元条法事类》，戴建国点校，黑龙江人民出版社2002年版，第796页。

(2) 诸会赦，应改正、征收，经责簿帐而不改正、征收者，各论如本犯律。谓以嫡为庶，以庶为嫡，违法养子，私入道、诈复除、避本业，增减年纪、侵隐园田、脱漏户口之类，须改正。监临主守之官，私自借贷人财物、畜产之类，须征收。[106]

(3) 诸养杂户男为子孙者，徒一年半；养女，杖一百。官户，各加一等。与者，亦如之。若养部曲及奴为子孙者，杖一百。各还正之。无主及主自养者，听从良。[107]

(4) 诸违律为婚，当条称“离之”“正之”者，虽会赦，犹离之、正之。

定而未成，亦是。娉财不追，女家妄冒者，追还。[108]

(5) 诸营造舍宅、车服、器物及坟茔、石兽之属，于令有违者，杖一百。虽会赦，皆令改去之；坟则不改。其物可卖者，听卖。若经赦后百日不改去及不卖者，论如律。[109]

律文（1）针对犯罪后不自首甚至逃亡之人。其中涉及奴婢、部曲的部分，应随二者的逐渐消亡而不行用，但针对新兴的雇佣奴婢，有相关新规：[110]

谓如略和诱人为人力女使，《嘉祐敕》依略和诱人为部曲律减一等，《政和敕》论如为部曲律，合从嘉祐减一等之类。[111]

此为建炎三年（1129年）刑部侍郎商守拙所提立法建议，可见自

---

[106] （宋）窦仪等撰：《宋刑统》，薛梅卿点校，法律出版社1999年版，第75~78页。

[107] 疏议中有补充言：“虽会赦，皆合改正。”（宋）窦仪等撰：《宋刑统》，薛梅卿点校，法律出版社1999年版，第218页。

[108] 律文中未明言会赦不离之、正之的后果，疏议补充：“应离之辈，即是赦后须离，仍不离者，律无罪条，犹当‘不应得为从重’，合杖八十。”上文遇赦不还正之的处理方式或与此条相同。（宋）窦仪等撰：《宋刑统》，薛梅卿点校，法律出版社1999年版，第256、257页。

[109] （宋）窦仪等撰：《宋刑统》，薛梅卿点校，法律出版社1999年版，第47页。

[110] 其中关于部曲、奴婢逃亡规定的消亡，洪文琪有详论，认为宋代减少捕捉逃亡奴婢的相关法令，可能因为社会上的奴婢以雇佣奴婢为主，其与雇主的关系建立于雇佣契约之上，且雇佣奴婢本系良人，若逃亡，主奴之间的雇佣关系终止即可，无追捕必要。由此可知，针对雇佣奴婢，应无藏匿逃亡“见在不首，故匿蔽者，复罪如初”的规定。参见洪文琪：《唐宋奴婢逃亡惩罚试探——以〈天圣令·捕亡令〉为中心》，载台师大历史系、中国法制史学会、唐律研读会主编：《新史料·新观点·新视角：天圣令论集》（上），元照出版有限公司2011年版，第277页。

[111] （清）徐松：《宋会要辑稿》，刘琳等点校，上海古籍出版社2014年版，第8246页。

《嘉祐敕》始，略和诱人为人力女使均比照《宋刑统》略和诱人为部曲定罪，《宋刑统》规定“诱略”者在赦书到后百日内不自首即“复罪如初”，则略和诱人为人力女使亦适用此条，若限内不自首，就不可因赦原减。

至于因逃亡限制减免，景祐三年（1036年）仁宗诏曰：“命官因罪辄逃去者，自今毋得以赦原，仍永不录用。”系专门针对命官的新规。据此，若命官犯罪事发后逃亡，遇赦不原，即本罪、逃亡之罪均须并处。而律文规定，赦前犯罪[112]逃亡，会赦后限外不自首，本罪得赦免，仅处罚其逃亡之罪。[113] 诏令之惩处更加严厉。《庆元条法事类》又有敕云：

> 诸命官犯罪事发逃亡，未获者，遇赦不原。大礼御札到后逃亡，虽已获，遇大礼赦准此。[114]

与景祐三年（1036年）诏相比又有变化。命官犯罪逃亡未被抓获归案，不得赦原，但若已被抓获，其罪行在恩赦原减范围内，可得减免；而命官于大礼御札到后逃亡，即使被抓获，仍不以大礼赦原减，盖因如前所述，大礼御札到时已可预知将有恩赦，若犯罪命官仍逃亡，可见其全无悔改之意，更应严惩。

律文（2）~（5）针对特定犯罪会赦后不纠正行为、弥补恶果之人。小注中所列犯罪行为，赦后皆由官司制定期限，责令罪人依法改正、缴纳，称为“经责簿帐”，[115] 若限内未纠正非法状态，未上缴非法所得，则不得据恩赦原减其罪，仍依法处刑。《庆元条法事类》限制更严：

> 诸会赦应改正拘收，虽未经责簿帐，但经问不承者，论如本犯法。不承，谓经当职官立案者。
>
> 诸会赦应改正拘收，经当职官诘问不承而不即立案者，杖一百。[116]

---

〔112〕 所犯之罪在赦免范围内。

〔113〕 刘俊文：《唐律疏议笺解》，中华书局1996年版，第353页。

〔114〕（宋）谢深甫：《庆元条法事类》，戴建国点校，黑龙江人民出版社2002年版，第340页。

〔115〕 刘俊文：《唐律疏议笺解》，中华书局1996年版，第362页。

〔116〕（宋）谢深甫：《庆元条法事类》，戴建国点校，黑龙江人民出版社2002年版，第338、339页。

根据敕文，相关犯罪会赦，即使官司未“经责簿帐”，但若当职官已立案，经询问不承者，亦“论如本犯法”，不得减免；若未立案已会赦，本犯无从论处，但不法状态仍在持续，不法所得仍未上缴，恶性后果仍在，故若当职官诘问而不承，另处以杖一百之刑。以上均为律文之补充规定。

此外，（2）中小注提及的避本业，及（3）条养杂户、部曲及奴为子孙，因主体为消亡的“非良人群体”，终宋之世应几乎没有行用。

结论

宋代赦恩之滥，洪迈感于“多赦长恶”，曾言：“绍熙甲寅岁至于四赦，凶盗杀人一切不死，惠奸长恶，何补于治哉？”〔117〕严格限制某些罪行以恩赦原减，可谓宋廷为防止因频繁恩赦而“惠奸长恶”做出的努力。

参照刘俊文先生对唐律的阐释，《宋刑统》对恩赦的限制亦可分为“无条件不予减免”和“有条件不予减免”两大类，〔118〕以前者为主，即律文所谓“常赦所不免”。对比《宋刑统》和《庆元条法事类》的相关规定，可梳理出诸多变化。概言之，宋代对恩赦减免的限制呈现愈加严格的趋势。最为显著者，即是新增“不以赦降原减”条，用于打击恶性较轻但须严惩的罪行，使得被排除在恩赦范围以外的罪行增多，不再仅限于十恶等重罪。而对重罪的打击力度更有加大，恶逆、谋反大逆、不道、谋杀等，按照刑统，遇“常赦所不免咸赦除”的大赦均得完全原免，庆元敕却规定其原刑罚虽可免但须另受配隶之刑，罪人无论是否被赦，均须承受严重后果。此外，针对官员犯罪的恩赦限制亦明显增加，“不以赦降原减”的罪行中即有十数项职务犯罪，又新出命官逃亡遇赦不原的规定。然庆元敕亦有较宽恕的方面。对知有恩赦而犯者，刑统一概不原，而按庆元敕，若非敕文列明除外的犯罪，一般罪行即使系大礼御札到后（明知有大礼赦）所犯，待大礼赦至，仍得原减。

以上诸变化，其演进过程大致可考见，简言之，新规多发端于北宋，

---

〔117〕（宋）洪迈撰：《容斋随笔》，孔凡礼点校，中华书局2005年版，第618页。

〔118〕刘俊文：《唐律疏议笺解》，中华书局1996年版，第2086页。

由诏令入敕，最终成为正式法律规定，行用至南宋。由本文之论述，或可知北宋初年与南宋的恩赦制度之别，并略见其流变轨迹，此种流变，亦是唐宋间法律制度变革中的一环。

附录一　宋代赦降总表[119]

<table>
<tr><th>编号</th><th>时　间[120]</th><th>范　围</th><th>力　度</th><th>出　处[121]</th></tr>
<tr><td rowspan="2">1</td><td rowspan="2">960 建隆
1.1 乙巳</td><td rowspan="2">全　国</td><td>大赦，常赦所不原者咸赦除之</td><td>长编 1</td></tr>
<tr><td>大赦</td><td>宋史 1/诏令 1</td></tr>
<tr><td rowspan="3">2</td><td rowspan="3">960 建隆
1.6 辛卯</td><td rowspan="3"></td><td>降死罪囚，流以下原之</td><td>长编 1</td></tr>
<tr><td>大赦，减死罪</td><td>宋史 1</td></tr>
<tr><td>赦</td><td>通考 173</td></tr>
<tr><td rowspan="3">3</td><td rowspan="3">961 建隆
2.5 癸亥</td><td rowspan="3">全　国</td><td>降死罪囚，流以下释之</td><td>长编 2</td></tr>
<tr><td>赦杂犯死罪已下</td><td>宋史 1</td></tr>
<tr><td>赦</td><td>诏令 215</td></tr>
</table>

〔119〕本表根据《宋会要辑稿》刑法五、《宋大诏令集》、《续资治通鉴长编》、《建炎以来系年要录》、《宋史》本纪、《文献通考》、《三朝北盟会编》[（宋）徐梦莘撰：《三朝北盟会编》，上海古籍出版社1987年版，影印光绪三十四年（1908年）许涵度刻本。]做出统计。“范围”“力度”两栏遵从原文摘录。

〔120〕这里的时间，指分别罗列公元纪年、年号、月份日期等。为便于查找，该栏遵从原文，若原文以干支记日期则标干支，以数字则标数字，有多个出处而各文献记日方式有异，则均列出。

〔121〕本栏文献名除宋史外皆用简称，“宋会要”即宋会要，“诏令”即诏令，“长编”即长编，“要录”即要录，“通考”即通考，“会编”即《三朝北盟会编》。以数字表示原文条目或卷数，“宋会要5.16”表示《宋会要辑稿》刑法五之一六（本表所引皆来自宋会要刑法，故只标条目），如“长编1”，即《续资治通鉴长编》卷一。

续表

编号	时　间	范　围	力　度	出　处
4	961 建隆 2.6.9	东京、大名府，滑、卫、澶、郓、濮、齐、相、磁、邢、名、贝、冀、博、镇、深、赵、易、定、祁、沧、德、瀛、莫、雄、霸州	除恶逆、不孝、劫贼、故杀、放火、官典受枉法赃不放外，其余杂犯死罪，除同情共犯头首处死，余并减一等配灵武，流罪以下减三等，杖罪已下并放	宋会要 5.16
5	961 建隆 2.7	全　国	大　赦	长编 2
6	962 建隆 3.6 己亥	京畿及河北诸州	减死罪以下囚	长编 3/宋史 1/
			曲　赦	诏令 151
7	962 建隆 3.4 甲申	荆南潭、朗州	减死罪囚，流以下释之，配役人放还	长编 4/宋史 1
8	962 建隆 3.11	全　国	大　赦	诏令 119
9	963 乾德 1.11 甲子		大　赦	长编 4/宋史 1/通考 71，173
10	965 乾德 3.1 丁酉/丙申[122]	蜀	赦	长编 6/宋史 2/通考 173
			常赦所不原咸赦除之	诏令 225
11	965 乾德 3.5 戊子	全　国	赦死罪，降徒流，流以下释之，配役者免居作	长编 6
			减死罪一等	宋史 2
			减死罪一等，其余罪无轻重，咸与释放	诏令 215

〔122〕 同一事《续资治通鉴长编》记为"正月丁酉"，即正月二十五日，《宋史》记为"正月丙申"，即正月二十四日。

续表

编号	时　间	范　围	力　度	出　处
12	968 乾德 6.11	全　国	大　赦	诏令 119
13	968 开宝 1.11 癸卯		大　赦	长编 9
			大赦，十恶、杀人、官吏受赃者不原	宋史 2
14	969 开宝 2.6 癸巳	京　城	曲　赦	长编 10/宋史 2
15	970 开宝 3.10 辛巳	贺　州	曲　赦	长编 11
16	971 开宝 4.2 辛卯	广南管内州县	赦常赦所不原者	长编 12
			大　赦	宋史 2
			赦	通考 173
			曲　赦	诏令 225
17	971 开宝 4.11 己未		大　赦	长编 12/诏令 119
			大赦，十恶、故劫杀、官吏受赃者不原	宋史 2
18	976 开宝 8.12 辛丑	江南管内州县	赦常赦所不原者	长编 16
			赦	宋史 3
19	976 开宝 9.1. 壬申		降死罪囚，流以下释之	长编 19 诏令 215
			减死罪一等	宋史 3
20	976 开宝 9.2 庚子		大　赦	长编 17
21	976 开宝 9.4 庚子	全　国	大　赦	长编 17/诏令 119
			大赦，十恶、故杀者不原	宋史 3

续表

编号	时间	范围	力度	出处
22	976 开宝 9.10 乙卯	全国	大赦，常赦所不原者咸除之	长编 17/宋史 4
			大赦	诏令 1
23	976 太平兴国 1.12 甲寅		大赦	长编 17/诏令 2/宋史 4
24	978 太平兴国 3.5 乙酉	漳、泉管内	德音赦	长编 19/宋史 4
25	978 太平兴国 3.5 戊子	两浙管内诸州	德音赦	长编 19/诏令 227/宋史 4
26	978 太平兴国 3.11 丙申		大赦	长编 19/诏令 119/宋史 4/通考 173
27	979 太平兴国 4.5 乙酉	河东管内	常赦所不原者并释之	长编 20/宋史 4
			曲赦	诏令 227
			赦	通考 173
28	981 太平兴国 6.5. 己未		降死罪囚，流以下释之	长编 22
			大赦	通考 173
29	981 太平兴国 6.11 辛亥	全国	大赦	长编 22/诏令 119/通考 173
			赦常赦所不原者	宋史 4
30	983 太平兴国 7. 闰 12 辛亥	银、夏等州管内	曲赦	长编 23/宋史 4
		夏州		诏令 218
31	984 太平兴 9.11	全国	大赦	诏令 119

续表

编号	时间	范围	力度	出处
32	984 雍熙 1.11 丁卯/丁巳〔123〕		大赦	长编 25/宋史 4/通考 173
33	985 雍熙 2.9 丙午		降死罪以下〔124〕	诏令 215
			除十恶、官吏犯赃、谋故劫杀外，死罪减降，流以下释之	宋史 5
34	986 雍熙 3.9 丙寅	全国	降流罪以下	诏令 215
			减两京诸州系囚流以下一等，杖罪释之	宋史 5
35	988 端拱 1.1 乙亥	全国	大赦	长编 29/诏令 134/通考 173
			大赦，十恶、官吏犯赃至杀人者不赦	宋史 5
36	989 端拱 2.8 丙辰	全国	大赦	长编 30/诏令 151/宋史 5
37	990 淳化 1.1 戊寅	京城	曲赦	长编 31
		京畿	减流罪以下一等	诏令 2/宋史 5
38	991 淳化 2.5 己亥	全国	减降	诏令 215
			减两京诸州系囚流以下一等，杖罪释之	宋史 5
39	992 淳化 3.6.16	京城	流罪以下悉与原赦	宋会要 5.3

〔123〕《续资治通鉴长编》记作“十一月丁卯”，《宋史》记作“十一月丁巳”，内容所记略同，均为南郊祀后大赦改元，通考又有“雍熙元年，郊，大赦”，应为同一事。

〔124〕由此处《宋大诏令集》所收诏令与《宋史》记载之异（类似情形极多，见后），可知史料虽言“降死罪以下”，看似所有死罪以下均得减，实则省略了例外情形，仅杂犯死罪以下得减。可以推测史料所见“降死罪以下”云云，均是指“降杂犯死罪以下”。

续表

编号	时　间	范　围	力　度	出　处
40	992 淳化 3.7.25	全　国	(1) 京城：诸司囚徒，流罪以下悉从原宥 (2) 诸路：见禁囚除四杀、官典犯正枉法赃外，余死罪降从流，流已下递减一等，杖已下释之	宋会要 5.3
41	992 淳化 3.11 己亥		降徒流以下一等，释杖罪	宋史 5
42	993 淳化 4.1 辛卯	全　国	大　赦	长编 34/诏令 120/宋史 5/通考 173
43	994 淳化 5.4 戊戌	全　国	减　降	诏令 215
			除十恶、故劫杀、官吏犯正赃外，降死罪以下囚	长编 36
44	994 淳化 5.9 壬申		大赦，除十恶、故谋劫斗杀、官吏犯正赃外	宋史 5
45	995 至道 1.1 戊申	京　城	降流罪以下	诏令 2
			流罪以下递降一等，杖罪释之	宋史 5
46	995 至道 1.2 戊戌		减流罪以下	宋史 5
47	995 至道 1.4.20	京　城	诸司囚徒除十恶、四杀、官典犯赃、损散官物外，大辟罪以下并与原减	宋会要 5.4

续表

编号	时 间	范 围	力 度	出 处
48	995 至道 1.4 辛丑	全 国	除十恶、劫杀、故杀、斗杀、官典犯赃及损败官物外，其劫杀止除为首者，余悉减死配本城，流以下递减一等	长编 37/诏令 215/宋史 5
49	995 至道 1.8 壬辰		大 赦	长编 38/宋史 5
50	996 至道 2.1 辛亥	全 国	大 赦	长编 39/诏令 120/宋史 5
51	997 至道 3.2 甲辰/甲辰〔125〕	京 畿	降死罪囚，流以下释之	诏令 215/宋史 5
52	997 至道 3.4 乙未	全 国	常赦所不原者咸除之	长编 41/宋史 6
53	997 至道 3.11 丙寅	两 京	降死罪以下囚	长编 42/诏令 143/宋史 6
54	998 咸平 1.2.6	京 城	减等，情理可恕者并释之	宋会要 5.4
55	999 咸平 2. 闰 3 丁亥〔126〕	两京、诸路	除十恶罪至死、官典犯枉法赃、劫杀、谋杀、故杀、已杀人、不降外，死罪降从流，流罪降从徒，徒罪从杖已下并释之	诏令 151
			非十恶、枉法及已杀人者，死以下减一等	宋史 6

〔125〕《宋大诏令集》记为“二月甲寅”，《宋史》记为“二月甲辰”，似为同一事。

〔126〕《宋大诏令集》记为“闰三月丁丑”，疑误。

续表

编号	时　间	范　围	力　度	出　处
56	999 咸平 2.11 丙戌	全　国	大　赦	长编 45/诏令 120/宋史 6/通考 173
57	1000 咸平 3.1 辛卯/庚寅[127]	河北诸州军及淄、齐州	赦罪人，非持仗劫盗、故杀、枉法赃至死者并释之	长编 46
			曲　赦	诏令 218
			赦罪人，非持杖劫盗、谋故杀、枉法赃、十恶至死者并释之	宋史 6
58	1000 咸平 3.5 丁卯[128]	全　国	降天下死罪囚，流以下释之，十恶至死、劫杀、故杀、谋杀、犯枉法赃，论如律	长编 47/诏令 215
			杂犯死罪以下减降	宋史 6
59	1000 咸平 3.10 乙丑	川、陕路	赦死罪囚	长编 47
			十恶、故杀、劫杀并为已杀人，官典枉法赃不赦，余罪并放，抛离城池人不在此限	诏令 218

〔127〕 同一事《续资治通鉴长编》记为“正月辛卯”，即正月十三日，《宋史》记为“正月庚寅”，即正月十二日。

〔128〕《宋史》记为“五月丁丑”，疑误。

续表

编号	时间	范围	力度	出处
60	1000 咸平 3.10.23	西川峡路安抚使所至处	除十恶至死，官典犯正枉法赃至杀人，劫杀、谋杀、故杀、斗杀并为已杀人不降外，余皆递降等，杖已下释之	宋会要 5.19
61	1001 咸平 4.1 甲戌[129]	全国	降死罪以下囚，杖罪释之	长编 48
			杂犯死罪以下减降	诏令 215
			死罪已下减一等，杖罪释之	宋史 6
62	1001 咸平 4.2.11	京城	死罪详覆之，余悉从轻，杖已下释之。	宋会要 5.5
63	1001 咸平 4.5. 壬申	京畿	降流罪以下，杖罪释之	长编 48/宋史 6
			流罪已下减降	诏令 215
64	1002 咸平 5.11 壬寅	全国	大赦	长编 53/诏令 120/宋史 6/通考 173
65	1003 咸平 6.11.1	京城	诸司囚徒，徒已上递减一等，杖已下并释之	宋会要 5.5
66	1003 咸平 6.11 癸巳		徒以上递减一等，杖以下释之	长编 55
			杂犯死罪以下递减一等，杖释之	宋史 7

[129] 是日为正月一日，《宋大诏令集》记为“岁旦”。

续表

编号	时　间	范　围	力　度	出　处
67	1003 咸平 6.12 戊寅	全　国	死罪降一等，流以下并释之	长编 55/诏令 14
			赦天下，死罪减一等，流以下释之	宋史 7
68	1004 景德 1.1 丙戌		大　赦	长编 56/诏令 2/宋史 7/通考 173
69	1004 景德 1.12 壬辰	河北诸州	赦死罪以下	长编 58/宋史 7
			赦	诏令 218
70	1005 景德 2.1 庚戌	全　国	大　赦	长编 59/诏令 218/通考 173
			大赦，非故斗杀、放火、强盗、伪造符印、犯赃官典、十恶至死者悉除之	宋史 7
71	1005 景德 2.11 丁巳		大　赦	长编 61/诏令 120/宋史 7/通考 173
72	1006 景德 3.4.15 丙戌	两　京	(1) 京城：杂犯死罪降流，流、徒递降，杖、笞释之 (2) 西京：杀人者论如律，余罪递降、释之	宋会要 5.5/长编 62
73	1006 景德 3.4 壬辰	益、利、梓、夔、福建等路	除杂犯至死、官典犯赃依法外，流已下递减之	长编 62

续表

编号	时间	范围	力度	出处
74	1007 景德 4.1 已亥[130]	京畿	降流罪以下囚	长编 65/诏令 215/宋史 7
75	1007 景德 4.1 丁卯	西京诸路	减降	诏令 143
			赦流罪以下囚	长编 65
			降流罪以下囚	宋史 7
76	1007 景德 4. 闰 5.27	京城	多所原减	宋会要 5.6
77	1007 景德 4.10 甲寅	宜、柳、象、州，怀远军 广南东、西路	赦死罪以下囚，广南东、西路杂犯死罪以下递降一等，胁从受署者勿理	长编 67
			曲赦	诏令 218
			死罪以下，非十恶、谋故斗杀、官吏犯枉法赃者，并原之。广南东、西路杂犯死罪以下递减一等，胁从受署者勿理	宋史 7
78	1008 大中祥符 1.1 戊辰	全国	大赦	长编 68/诏令 2/宋史 7/通考 173
79	1008 大中祥符 1.5.17	京城	流已下递减一等，笞、杖释原之	宋会要 5.6

〔130〕 是日为正月一日，《宋大诏令集》记为“正旦”。

续表

编号	时间	范围	力度	出处
80	1008 大中祥符 1.5 丙戌	御史台、三司、开封府、殿前侍卫司系囚	流已下递减一等，笞杖释之	长编 69
81	1008 大中祥符 1.6 庚戌	兖州	曲赦系囚流罪以下	长编 69/宋史 7
			十恶、官典犯正已入赃奏裁，加役流免役一年，徒以下并放	诏令 151
82	1008 大中祥符 1.10 癸丑	全国	常赦所不原者咸赦除之	长编 70/宋史 7
			大赦	通考 173
83	1009 大中祥符 2. 闰 2 戊辰[131]	东京畿县	除杀人依法外，余并递降一等，杖已下原之	诏令 215
84	1009 大中祥符 2.5.12	京城	死罪从流，流从徒，徒从杖，其下并释之，杀人者依法	宋会要 5.6
85	1009 大中祥符 2.5.12 丁卯/辛未[132]	陕西	除罪至死及官典犯赃外，余流罪已下递降一等，杖已下释之，杂犯死罪情理可闵者奏裁	宋会要 5.20/长编 71/宋史 7

〔131〕 日数似有误。

〔132〕 同一事《宋会要辑稿》记作五月十二日，《续资治通鉴长编》记为“五月辛未”，即五月十七日，《宋史》记为“五月丁卯”，即五月十三日。

续表

编号	时 间	范 围	力 度	出 处
86	1010 大中祥符 3. 闰 2. 戊辰[133]	东京畿内	降死罪以下囚	长编 73/宋史 7
			曲赦	诏令 144
87	1010 大中祥符 3. 5. 17 乙未	京 城	强盗准法，余死罪降从流，流、徒并降从杖，流仍配隶，杖已下释之	宋会要 5. 6
			死罪以下递降一等	长编 73
88	1010 大中祥符 3. 8. 18 甲子	淮 南	并从减等	宋会要 5. 21/长编 74
		江、淮		宋史 7
89	1011 大中祥符 4. 2 壬戌	全 国	大 赦	长编 75
			大赦，常赦不原者咸赦除之	宋史 8
90	1011 大中祥符 4. 5. 14	京 城	杀人者死，自余死及徒、流递减一等，杖已下释之	宋会要 5. 6
91	1011 大中祥符 4. 5 丁酉		死罪以下递降一等	长编 75
			死罪流徒降等，杖以下释之	宋史 8
92	1012 大中祥符 5. 5. 13	同“1011 大中祥符 4. 5. 14”条		
93	1012 大中祥符 5. 10 己未	全 国	常赦所不原者咸除之	长编 79
			大 赦	诏令 135/宋史 8

〔133〕《宋大诏令集》记作“闰二月丁卯”，即闰二月十七日，应为赦书制定之日，而《续资治通鉴长编》《宋史》所记日期为赦书颁行之日。

续表

编号	时间	范围	力度	出处
94	1013 大中祥符 6.5.1/辛卯		同 94	
		京城	流罪以下递降一等	长编 80
95	1013 大中祥符 6.5 丙午	京城建安军，扬州高邮军，楚、泗、宿、亳州	死罪囚降一等，流以下释之	长编 80/诏令 135，143/宋史 8
96	1014 大中祥符 7.1.14 辛丑	京城	多所原减	宋会要 5.6/长编 82
97	1014 大中祥符 7.1 己酉	亳州及车驾所经	流以下罪并释之，死罪奏裁	长编 82
			曲赦流以下罪	宋史 8
98	1014 大中祥符 7.1 丙辰	应天府及东畿车驾所过县	赦流以下罪	长编 82/诏令 159/ 宋史 8
99	1014 大中祥符 7.2 壬申[134]		大赦	长编 82/诏令 123/宋史 8/通考 173
100	1014 大中祥符 7.5.22	京城	死罪至徒、流递减，杖已下释之	宋会要 5.6
101	1014 大中祥符 7.5 辛亥大中祥符七年（1014）五月二十六日		死罪至徒递降，杖已下释之	长编 80

[134] 《宋大诏令集》记为“二月壬辰”，应为“二月壬申”之误。

续表

编号	时间	范围	力度	出处
102	1014 大中祥符7.6.5/己未	全国	流罪降等决遣，杖已下释之。官典等不得一例减降	宋会要5.21
			徒流罪降等决遣，杖以下释之	诏令215
103	1014 大中祥符7.11 乙酉	诸路	减流以下一等，死罪可闵者奏裁	长编83/宋史8
			十恶、官典犯正入己赃应不赦外，杂犯死罪非巨蠹者奏裁，徒流第降一等，杖已下释之	诏令180
104	1015 大中祥符8.1 壬午	全国	大赦，非十恶、枉法赃及已杀人者，咸除之	长编84/诏令136/宋史8
			大赦	通考173
105	1015 大中祥符8.5.14	同“1011 大中祥符4.5.14”条		
106	1015 大中祥符8. 闰6 己卯	全国	大赦，非已杀人及枉法赃致杀人、十恶至死者，悉原之	长编85
			大赦	诏令215/宋史8/通考173
107	1016 大中祥符9.5 丙辰	全国	降死罪囚，流以下释之	长编87/宋史8

续表

编号	时　间	范　围	力　度	出　处
108	1017 天禧 1.1 辛亥	全　国	大赦，常赦所不原者咸除之	长编 89
			大　赦	诏令 120/宋史 8
109	1017 天禧 1.5.13 庚戌	京　城	死罪情理轻者流海岛，徒、流递减一等，杖已下释之	宋会要 5.7/长编卷 89
110	1017 天禧 1.6 壬申	西　京	除故杀、劫杀、斗杀、十恶、官典犯赃不赦外，杂犯死罪降从流，内情理切害者奏裁，其余流罪降从徒，杖已下并放	诏令 143
			死罪减一等，流以下释之	宋史 8
111	1018 天禧 2.4 庚寅	全　国	降死罪一等，流以下释之	长编 91/宋史 8
112	1018 天禧 2.7 壬申	全　国	赦流以下罪，死罪减一等。十恶致死，故杀、劫杀、谋杀人、官典枉法赃至死，造妖惑众者，论如律	长编 92
			流以下罪减等	宋史 8
			大　赦	通考 173

续表

编号	时间	范围	力度	出处
113	1018 天禧 2.8 甲辰	全国	大赦，惟十恶、劫杀、谋杀、故杀、斗杀、盗官物、伪造符印、官典犯赃，论如律	长编 92
			大赦	诏令 25/宋史 8/通考 173
114	1019 天禧 3.4	永兴军	流已下减降	诏令 216
115	1019 天禧 3.5.15 辛未	同“1011 大中祥符 4.5.14”条		
		京城	多所原减	长编 93
116	1019 天禧 3.8 丁亥	全国	大赦，常赦不原者，咸除之	长编 94
			大赦	宋史 8/通考 173
117	1019 天禧 3.8 己亥	开封府	释杖以下罪	长编 94
118	1019 天禧 3.11 辛未	全国	大赦，非劫杀、斗杀已杀人，十恶至死，伪造符印，放火，盗官物、官典入己赃，咸除之。斗杀可闵者，奏裁	长编 94
			大赦	诏令 120/宋史 8/通考 173

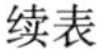

续表

编号	时　间	范　围	力　度	出　处
119	1020 天禧 4.6.9 己丑	同“1011 大中祥符 4.5.14”条		
			徒流递减，杖以下原之	长编 95
120	1020 天禧 4.9 丁卯	全　国	除十恶、已杀人、官典犯赃、盗官物、持仗放火、伪造符印外，咸除之	长编 96
			赦	诏令 216/宋史 8
121	1021 天禧 5.1 癸巳	全　国	降天下死罪囚，十恶至死、官典犯入已赃、劫盗放火、伪造符印论如律	长编 97
			诏天下死罪降，流以下释之	宋史 8
122	1021 天禧 5.5.1 乙亥	全　国	流罪降从徒，徒、杖、杖已下并放。内十恶、五逆、官典犯赃、持杖行劫、盗官物、伪造符印、放火等罪，不在此限	宋会要 5.7，5.21/诏令卷 250
			杂犯死罪以下递降一等，杖以下释之	长编 97
			降天下死罪	宋史 8
123	1022 乾兴 1.2 庚子	全　国	大　赦	长编 98/诏令 216/宋史 8

续表

编号	时　间	范　围	力　度	出　处
124	1022 乾兴 1.2.20 己未		大赦，除常赦所不原者	长编 98/宋史 9
			大　赦	诏令 1
125	1022 乾兴 1.5.7 乙亥	京　城	各从原降	宋会要 5.7
			杂犯死罪以下递降一等，杖以下释之	长编 97/宋史 9
126	1022 乾兴 1.10 辛酉	东、西京	降囚罪一等，杖以下释之	长编 99/宋史 9
			曲　赦	诏令 138
127	1023 天圣 1.3.9	京　城	原　减	宋会要 5.7
128	1023 天圣 1.3 丙子	西　京	降囚罪一等，徒以下释之	长编 100/宋史 9
129	1023 天圣 1.5 辛未		杂犯以下递降一等，杖以下释之	长编 100
130	1023 天圣 1.8.5 丙申	全　国	降囚罪一等，杖以下释之	长编 101/宋史 9
			赦杂犯死罪已下	诏令 216
131	1024 天圣 2.5.9 乙未	京　城	杂犯死罪已下递减一等，杖已下释之	宋会要 5.7/长编 102
132	1024 天圣 2.11 丁酉[135]		大　赦	长编 102/诏令 120/宋史 9/通考 173
133	1025 天圣 3.5.9	同“1024 天圣 2.5.9 乙未”条		宋会要 5.7

〔135〕是日为十一月十三日，《宋大诏令集》载“天圣二年（1024年）南郊赦天下制”，日期记为十一月三日，疑为十一月十三日之误。

续表

编号	时　间	范　围	力　度	出　处
134	1026 天圣 4.5.13	同“1024 天圣 2.5.9 乙未”条		宋会要 5.7
135	1026 天圣 4.6 丁酉	全　国	降囚罪一等，徒以下释之	长编 104/宋史 9
136	1027 天圣 5.5.13	同“1024 天圣 2.5.9 乙未”条		宋会要 5.7
137	1027 天圣 5.11.17 癸丑	全　国	大　赦	长编 105/诏令 120/宋史 9/通考 173
138	1028 天圣 6.4 庚寅	开封府畿内	降死罪，流以下释之	长编 106/宋史 9
			赦	诏令 152
139	1029 天圣 7.4 庚寅[136]	全　国	大　赦	长编 107/诏令 152/宋史 9
140	1029 天圣 7.5.15	京　城	减　原	宋会要 5.7
141	1030 天圣 8.3.9	同“1024 天圣 2.5.9 乙未”条		宋会要 5.7
142	1030 天圣 8.11 戊辰	全　国	大　赦	长编 109/诏令 120/宋史 9/通考 173
143	1031 天圣 9.5.19	同“1024 天圣 2.5.9 乙未”条		宋会要 5.7
144	1031 天圣 9.11 甲戌	全　国	大　赦	诏令 123

〔136〕 是日为四月二日，《宋大诏令集》记作“四月一日”，应为赦书制定之日，而《续资治通鉴长编》《宋史》所记日期为赦书颁行之日。

续表

编号	时　间	范　围	力　度	出　处
145	1032 天圣 10.3.27 戊戌	江淮灾伤州	除死罪及情理巨蠹凶恶为民患、官典犯罪不以轻重并如法外，自余徒、流递降一等，杖已下并放；杂犯死罪刑名疑虑情可悯者，具事驿奏	宋会要 5.21
		江淮之间	流以下降一等，杖笞释之	长编 111/宋史 9
146	1032 天圣 10.8 丁卯		大　赦	长编卷 111/宋史 10/通考 173
147	1032 明道 1.11 甲戌		大　赦	长编卷 111/宋史 10/通考 173
148	1033 明道 2.2 丁未	全　国	大　赦	长编 112/诏令 134/宋史 10/通考 173
149	1033 明道 2.2 庚戌	江　淮	除死罪及情理巨蠹官典犯法外，自余徒流递降一等，杖以下释放。杂犯死罪情可悯者，听奏。	诏令 152
150	1033 明道 2.3 庚寅		大赦，除常赦所不原者	长编 112/宋史 10/通考 173
			大　赦	诏令 14
151	1033 明道 2.5.14	京　城	减重罪，释轻罪	宋会要 5.8
152	1033 明道 2.9 丁卯	全　国	大　赦	诏令 152

续表

编号	时　间	范　围	力　度	出　处
153	1033 明道 2.10 癸丑	东、西京	降囚罪一等，徒以下释之	长编 113/宋史 10
154	1034 景祐 1.3.23	同“1024 天圣 2.5.9 乙未”条		宋会要 5.7
155	1034 景祐 1.8 辛未	全　国	大　赦	长编 115/诏令 152/宋史 10/通考 173
156	1035 景祐 2.5.13	同“1024 天圣 2.5.9 乙未”条	宋会要 5.7	
157	1035 景祐 2.5.19	京　城	死罪从流，流以下原	宋会要 5.8
158	1035 景祐 2.5 丙午	全　国	降囚罪一等，杖以下释之	宋史 10
159	1035 景祐 2.5 戊申	全　国	降囚罪一等，杖以下释之	长编 116
160	1035 景祐 2.7.25	三京畿县	除谋故斗已杀人，十恶、官典正枉法赃、监主自盗、伪造符印、放火依法外，杂犯死罪并降从徒。情理重及斗杀情可闵者，依减降决配五百里外牢城，其余流罪降徒，杖以下并放	宋会要 5.8
161	1035 景祐 2.11.15 乙未	全　国	大　赦	诏令 120/宋史 10/通考 173

续表

编号	时间	范围	力度	出处
162	1036 景祐 3.7.25 辛丑	三京及畿内	杂犯死罪降从流，流罪从徒，杖以下并放	宋会要 5.22
			死罪以上递降一等，徒以下释之	长编 119
			降三京罪囚一等，徒以下释之	宋史 10
163	1037 景祐 4.2 庚申	东、西京及灵驾所过州县	降囚罪一等，徒以下释之	长编 120/宋史 10
164	1037 景祐 4.5.9 庚戌	京城	部分死罪降从流，部分流罪配近郡、降从徒，杖笞者释之	宋会要 5.8/长编 120
			降死罪一等，流以下释之	宋史 10
165	1037 景祐 4.5.13	开封诸县、西京南京畿县	杂犯死罪以下递降一等，杖已下放	宋会要 5.22
166	1037 景祐 5.11	全国	大赦	诏令 120
167	1038 宝元 1.5 乙巳		杂犯死罪降从流，情罪重者刺配五百里外牢城，流以下递降一等，杖以下释之	长编 122
168	1038 宝元 1.11 庚戌		大赦	长编 122/宋史 10/通考 173
169	1039 宝元 2.5.15	同“1024 天圣 2.5.9 乙未”条		宋会要 5.7
170	1039 宝元 2.5 己酉		杂犯死罪以下递降二等，杖以下释之	长编 123

续表

编号	时　间	范　围	力　度	出　处
171	1039 宝元 2.8 丙子	三　京	降囚罪一等，徒以下释之	长编 124/诏令 26/宋史 10
172	1040 康定 1.2 丙午	延州、保安军	赦流以下罪，背叛奸细人不赦	长编 126
173	1040 康定 1.3 辛巳	全　国	降囚罪一等，徒以下释之	长编 126/宋史 10
174	1040 康定 1.6.11 甲午	三　京	杂犯死罪降从流，徒罪降从杖，杖已下释之	宋会要 5.22/长编 126
			降三京囚罪一等，徒以下释之	宋史 10
175	1041 康定 2.5.9	京　城	流以下减一等，杖以下原之	宋会要 5.9
176	1041 康定 2.4 乙巳	陕　西	降囚死罪一等，流以下释之	长编 131/宋史 11
177	1041 康定 2.5 丁巳		杂犯死罪以下递降一等，杖以下释之	长编卷 132
178	1041 庆历 1.11 丙寅/丙辰[137]		大　赦	长编 134/诏令 121/宋史 11/通考 173
179	1042 庆历 2.5.9	同“1024 天圣 2.5.9 乙未”条		宋会要 5.7
180	1042 庆历 2.5 戊午	河北诸州军	降囚一等，杖以下释之	长编 136/宋史 11

[137] 此条日期《续资治通鉴长编》《宋史》记作“十一月丙寅”，《宋大诏令集》记作“十一月丙辰”，内容所记略同，均为大赦改元，应为同一事。

续表

编号	时间	范围	力度	出处
181	1043 庆历 3.5.4 庚午	同“1024 天圣 2.5.9 乙未”条		宋会要 5.7
		京畿及三京，诸路	杂犯死罪已下递减一等，杖已下释之	宋会要 5.23/长编 141
182	1044 庆历 4.5.9	同“1024 天圣 2.5.9/乙未”条		宋会要 5.7
183	1044 庆历 4.6.22 壬子	三京、诸路	除十恶、四杀、强窃盗、放火、伪印、官典正赃外，杂犯死罪情可闵者，具案驿奏，余罪递降一等，至杖并放	宋会要 5.23/长编 150
			降天下系囚流、徒罪一等，杖、笞释之	宋史 11
184	1044 庆历 4.11 壬午		大　赦	长编 153/宋史 11/通考 173
185	1045 庆历 3. 甲申	陕西诸州府军监县	除十恶并故杀、谋杀、劫杀、放火、持杖行劫、侵盗官物、伪造符印、合造毒药、官典犯正枉法赃、依法施行外，应杂犯死罪、并斗杀死罪、并斗杀情理可悯者，并许从流。其流罪降从徒，徒降从杖，杖罪以下并放	诏令 218
			降系囚罪一等，笞释之	宋史 11

续表

编号	时　间	范　围	力　度	出　处
186	1045 庆历 5.4.1	同“1024 天圣 2.5.9 乙未”条		宋会要 5.7，5.23
187	1045 庆历 5. 闰 5 壬子	两　京	曲　赦	诏令 138
188	1045 庆历 5.10 辛酉	全　国	大　赦	长编 157/宋史 11
189	1046 庆历 6.3 辛巳		杂犯死罪以下递降一等，杖以下释之	长编 158
190	1046 庆历 6.5.1	同“1024 天圣 2.5.9 乙未”条		宋会要 5.7
191	1046 庆历 6.5 丙戌		杂犯死罪以下递降一等，杖以下释之	长编 158
192	1046 庆历 6.9.7	同“1024 天圣 2.5.9 乙未”条		宋会要 5.7
193	1047 庆历 7.3.8 壬午	京城	杂犯死罪已下递减一等，杖已下释之	宋会要 5.7，5.23/ 长编 160
194	1047 庆历 7.7 甲申	南京畿内	降囚罪一等，徒以下释之	长编 161/诏令 143/典礼 28/宋史 11/通考 93
195	1047 庆历 7.11.28 戊戌	全　国	大　赦	长编 161/诏令 121/宋史 11
196	1048 庆历 8. 闰 1 甲辰	河　北	曲　赦	长编 162/宋史 11
			除贝州妖贼王则一行，应干系徒党，及在城失守或屈节顺贼官吏等，并犯十恶、谋杀、斗杀并为已杀者，防火、伪造符印、官典犯正入赃不赦外，其余杂犯罪人，罪无轻重，咸赦除之	诏令 218

续表

编号	时 间	范 围	力 度	出 处
197	1048 庆历 8.3.24 壬戌	同“1024 天圣 2.5.9 乙未”条		宋会要 5.7/长编 163
198	1048 庆历 8.12 乙丑	全 国	降囚罪一等，徒以下释之	长编 165/宋史 11
199	1049 皇祐 1.3.25 丁巳	同“1024 天圣 2.5.9 乙未”条		宋会要 5.7/长编 166
200	1050 皇祐 2.6.28 癸未	同“1024 天圣 2.5.9 乙未”条		宋会要 5.7/长编 168
201	1050 皇祐 2.9 辛亥	全 国	大 赦	长编 169/诏令 125/宋史 12/通考 173
202	1051 皇祐 3.5.28 丁丑	同“1024 天圣 2.5.9 乙未”条		宋会要 5.7/长编 170
203	1052 皇祐 4.3.16	同“1024 天圣 2.5.9 乙未”条		宋会要 5.7
204	1053 皇祐 5.2 甲申	广南东西路	赦	长编 174/诏令 280/宋史 12
205	1053 皇祐 5.2 丁亥	江西、湖南	降系囚罪一等，徒以下释之	长编 174/宋史 12
			曲赦	诏令 218
206	1053 皇祐 5.5.13 壬子	京 城	杂犯死罪已下递减一等，徒已下释之	宋会要 5.9/长编 174
207	1053 皇祐 5.11 己巳	全 国	大 赦	长编 175/诏令 121/宋史 12/通考 173
208	1054 皇祐 6.1.25	同“1053 皇祐 5.5.13 壬子”条		宋会要 5.9

续表

编号	时　间	范　围	力　度	出　处
209	1054 皇祐 6. 1. 26 辛卯	同“1024 天圣 2. 5. 9 乙未”条		宋会要 5. 7
		三京辅郡	杂犯死罪第降二等，徒以下释之	长编 176/宋史 12
210	1054 至和 1. 3 庚辰	全　国	降死罪一等，流以下释之	长编 176/宋史 12
211	1055 至和 2. 1. 8 丁卯	开封府畿内、辅郡	降囚罪一等，徒以下释之	长编 178/宋史 12
			杂犯死罪以下递降一等，杖已下释之，斗杀情轻者仍听奏裁	宋会要 5. 23
212	1055 至和 2. 4. 23	同“1053 皇祐 5. 5. 13 壬子”条		宋会要 5. 9
213	1055 至和 2. 5 己未		死罪以下递降一等，流以下释之	长编 179
214	1055 至和 2. 8. 1	开封府，畿内及辅郡	杂犯死罪已下递降一等，杖已下释之，斗杀可悯者听奏裁	宋会要 5. 23
215	1055 至和 2. 8. 2	在京并辅郡	除犯十恶、四杀、官典正枉法赃、监主自盗、伪造符印、放火不赦外，其余杂犯死罪降从流，流罪降从徒，徒罪已下并放。如斗杀情理可悯者，奏裁	宋会要 5. 23

续表

<table>
<tr><th>编号</th><th>时 间</th><th>范 围</th><th>力 度</th><th>出 处</th></tr>
<tr><td>216</td><td>1055 至和
2.8 戊子</td><td>畿内、辅郡</td><td>降囚罪一等，徒以下释之</td><td>长编 180/
宋史卷 12〔138〕</td></tr>
<tr><td>217</td><td>1056 至和
3.1.11 甲子</td><td>全 国</td><td>大 赦</td><td>长编 182/诏令
216/宋史 12/
通考 173</td></tr>
<tr><td>218</td><td>1056 至和
3.4.23 甲戌</td><td>同“1053 皇祐
5.5.13 壬子”条</td><td></td><td>宋会要 5.9/
长编 182</td></tr>
<tr><td>219</td><td>1056 至和
3.8.26 乙亥</td><td>开封府</td><td>徒罪降从杖，杖已下释之</td><td>宋会要 5.23-
24/长编 183/
宋史 12</td></tr>
<tr><td>220</td><td>1056 嘉祐
1.9 辛卯</td><td></td><td>大 赦</td><td>长编 184/诏令
123/宋史 12</td></tr>
<tr><td rowspan="2">221</td><td rowspan="2">1057 嘉祐
2.2.3
庚戌〔139〕</td><td>同“1053 皇祐
5.5.13 壬子”条</td><td></td><td>宋会要
5.9，5.24</td></tr>
<tr><td></td><td>降死罪一等，徒以下释之</td><td>长编 185/
宋史 12</td></tr>
<tr><td rowspan="2">222</td><td rowspan="2">1057 嘉祐
2.8 庚申</td><td rowspan="2"></td><td>杂犯死罪递降一等，徒以下释之</td><td>长编 186</td></tr>
<tr><td>降罪一等，徒以下释之</td><td>宋史 12</td></tr>
<tr><td>223</td><td>1057 嘉祐
2.8.26</td><td>同“1053 皇祐
5.5.13 壬子”条</td><td></td><td>宋会要 5.9</td></tr>
<tr><td rowspan="2">224</td><td rowspan="2">1058 嘉祐
3.2.12 癸丑</td><td>同“1053 皇祐
5.5.13 壬子”条</td><td></td><td>5.9/长编 187</td></tr>
<tr><td>京 城</td><td>降罪一等，徒以下释之。</td><td>宋史 12</td></tr>
</table>

〔138〕 与 215、216 两条所记似有重合，《宋史》《长编》所载过简，难以判断，分别列出。

〔139〕《续资治通鉴长编》《宋史》记为“二月庚戌”即二月四日，然与《宋会要辑稿》所记二月三日条均系录囚减降，应为同一事。

续表

编号	时　间	范　围	力　度	出　处
225	1058 嘉祐 3. 闰 12. 16 壬午	同“1053 皇祐 5. 5. 13 壬子”条		宋会要 5. 9，5. 24/长编 188
		三　京	降囚罪一等，徒以下释之	宋史 12
226	1059 嘉祐 4. 4. 28 壬辰	同“1053 皇祐 5. 5. 13 壬子”条		宋会要 5. 9/长编 189
		京　城	降罪一等，徒以下释之	宋史 12
227	1059 嘉祐 4. 10 癸酉	全　国	大　赦	长编 190/诏令 138/宋史 12
228	1060 嘉祐 5. 2. 3 壬戌	同“1053 皇祐 5. 5. 13 壬子”条		宋会要 5. 9/长编 191
229	1060 嘉祐 5. 5. 19	同“1053 皇祐 5. 5. 13 壬子”条		
230	1060 嘉祐 5. 5 乙卯		杂犯死罪以下递减一等，徒以下释之	长编 191
231	1060 嘉祐 5. 5 丁巳		降罪一等，徒以下释之	宋史 12
232	1061 嘉祐 6. 2. 12 丙寅	同“1053 皇祐 5. 5. 13 壬子”条		宋会要 5. 9/长编 193
		京　城	降罪一等，徒以下释之	宋史 12
233	1061 嘉祐 6. 5 庚戌		杂犯死罪以下递降一等，徒以下释之	长编 193
			降罪一等，徒以下释之	宋史 12

续表

编号	时 间	范 围	力 度	出 处
234	1061 嘉祐 6.6.17	同“1053 皇祐 5.5.13 壬子”条		宋会要 5.9
235	1061 嘉祐 6.11.17		杂犯死罪已下递降一等，杖已下释之	宋会要 5.24
236	1062 嘉祐 7.2.5	同“1024 天圣 2.5.9 乙未”条		
237	1062 嘉祐 7.9 辛亥	全 国	大 赦	长编 197/诏令 125/宋史 12/通考 173
238	1063 嘉祐 8.2 甲申	全 国	降囚罪一等，徒以下释之	长编 198/宋史 12
239	1063 嘉祐 8.4 癸酉	全 国	大赦，除常赦所不原者	长编 198
			大 赦	诏令 1/宋史 13
240	1063 嘉祐 8.11 己酉	东、西京	曲 赦	诏令 139
			减罪囚一等	宋史 13
241	1064 治平 1.2.22	京 城	杂犯死罪以下递减一等，杖已下释之，强劫罪至死者广南牢城，情理重者广南远恶州军	宋会要 5.9

续表

编号	时　间	范　围	力　度	出　处
242	1064 治平 1.3.11	京　城	十恶、四杀、官典犯正枉法赃、监主自盗、伪造符印、放火论如法，余死罪降从流，内情理重及斗杀可悯者，依降刺配五百里外牢城，强盗当死亦依降刺配广南牢城，情理重者配广南远恶州军，流降从徒，徒降从杖，杖已下并放	宋会要 5.24
243	1065 治平 2.2.17	同“1064 治平 1.2.22”条		宋会要 5.9，5.24
244	1065 治平 2.6.4	同“1064 治平 1.2.22”条		宋会要 5.9，5.24
245	1065 治平 2.11 壬申	全　国	大　赦	长编 206/诏令 121/宋史 13/通考 173
246	1066 治平 3.3.14	同“1064 治平 1.2.22”条		宋会要 5.9，5.25
247	1066 治平 3.6.26	同“1064 治平 1.2.22”条		宋会要 5.9，5.25
248	1066 治平 3.11 辛酉	全　国	降死罪一等，流以下释之	宋史 13
249	1066 治平 3.12 癸卯〔140〕	全　国	大　赦	长编 208/诏令 25/宋史 13

〔140〕是日为十二月二十三日，《宋大诏令集》记作“十二月壬寅”，即十二月二十二日，应为赦书制定之日，而《续资治通鉴长编》《宋史》所记日期为赦书颁行之日。

续表

<table>
<tr><th>编号</th><th>时 间</th><th>范 围</th><th>力 度</th><th>出 处</th></tr>
<tr><td>250</td><td>1067 治平 4</td><td>两京、郑州、孟州</td><td>杂犯死罪已下降一等，杖已下释之</td><td>诏令 139</td></tr>
<tr><td>251</td><td>1067 治平 4.1.1</td><td>全 国</td><td>降囚罪一等，徒以下释之</td><td>宋史 13</td></tr>
<tr><td rowspan="2">252</td><td rowspan="2">1067 治平 4.1.9 戊午</td><td rowspan="2"></td><td>大赦，除常赦所不原者</td><td>长编 209/宋史 14</td></tr>
<tr><td>大 赦</td><td>诏令 1</td></tr>
<tr><td>253</td><td>1067 治平 4.4.19</td><td>京 城</td><td>杂犯死罪已下递降一等，杖已下释之</td><td>宋会要 5.9，5.25</td></tr>
<tr><td>254</td><td>1067 治平 4.9 戊子</td><td>两京畿内，郑、孟州</td><td>减囚罪一等</td><td>宋史 14</td></tr>
<tr><td rowspan="2">255</td><td rowspan="2">1068 熙宁 1.1 丁丑</td><td rowspan="2">全 国</td><td>减 降</td><td>诏令 153</td></tr>
<tr><td>减囚罪一等，杖以下释之</td><td>宋史 14</td></tr>
<tr><td>256</td><td>1068 熙宁 1.3.28</td><td>同“1067 治平 4.4.19”条</td><td></td><td>宋会要 5.9</td></tr>
<tr><td>257</td><td>1068 熙宁 1.7 甲午</td><td>河北路</td><td>减囚罪一等</td><td>宋史 14</td></tr>
<tr><td>258</td><td>1068 熙宁 1.11 丁亥</td><td>全 国</td><td>大 赦</td><td>诏令 121/宋史 14/通考 173</td></tr>
<tr><td>259</td><td>1069 熙宁 2.5 甲午</td><td>西 京</td><td>减囚罪一等</td><td>宋史 14</td></tr>
<tr><td>260</td><td>1069 熙宁 2.11 乙丑</td><td>全 国</td><td>杂犯死罪以下递降一等，徒以下释之</td><td>诏令 26</td></tr>
<tr><td>261</td><td>1069 熙宁 2.11 己丑</td><td>全 国</td><td>减囚罪一等，徒以下释之</td><td>宋史 14</td></tr>
</table>

续表

编号	时间	范围	力度	出处
262	1070 熙宁 3.8.9 丙寅	同"1067 治平 4.4.19"条		宋会要 5.9/长编 214
		京城	死罪以下递减一等，杖、笞者释之	宋史 15
263	1071 熙 4.3 癸卯	陕西、河东路	除劫、谋故斗已杀人、至十恶不赦及情轻奏裁外，余死罪已下递减一等，徒已下释之	诏令 218
			减囚罪一等，徒以下释之	宋史 15
264	1071 熙宁 4.6.13 丙寅	同"1067 治平 4.4.19"条		宋会要 5.9/长编 224
265	1071 熙宁 4.9 辛卯	全国	大赦	长编 226/诏令 125/宋史 15
266	1072 熙宁 5.4.5	同"1067 治平 4.4.19"条		宋会要 5.9
267	1072 熙宁 5.10 戊戌	熙河、秦凤路	罪人除常赦不原情轻奏裁外，余各降一等，杖以下释之	长编 239/诏令 219
		秦凤路	减囚罪一等	宋史 15
268	1072 熙宁 5.12 丙子		赦亡命荆湖溪洞者	宋史 15
269	1073 熙宁 6.3 丙辰	全国	降死罪囚，流以下释之	长编 243/宋史 15

续表

编号	时　间	范　围	力　度	出　处
270	1073 熙宁 6.7.13 甲寅	同“1067 治平 4.4.19”条		宋会要 5.9/长编 246
		京　城	死罪以下降一等，杖罪释之	宋史 15
271	1073 熙宁 6.11 癸丑	全　国	杂犯死罪从流，流以下释之	长编 248
			减囚罪一等，流以下释之	宋史 15
272	1074 熙宁 7.3.5 壬寅	同“1067 治平 4.4.19”条		宋会要 5.9/长编 251
		京　城	减死罪一等，杖以下释之	宋史 15
273	1074 熙宁 7.5 戊戌	熙河路	杂犯死罪降从流，流以下释之	长编 253
			曲　赦	诏令 219
			减囚罪一等，流以下释之	宋史 15
274	1074 熙宁 7.11 己未	全　国	赦	长编 258/宋史 15/通考 173
275	1075 熙宁 8.5.1 辛酉	同“1067 治平 4.4.19”条		宋会要 5.9/长编 264
		京　城	降死罪一等，杖以下释之	宋史 15
276	1075 熙宁 8.10 壬寅	全　国	大　赦	长编 269/宋史 15

续表

编号	时间	范围	力度	出处
277	1076 熙宁 9. 6. 15 己亥	在京诸司开封府界诸县	除犯谋杀、斗杀者，并为已杀人者，并十恶、强盗、伪造符印、放火、官员犯（人）［入］己赃、将校军人公人犯枉法赃、监主自盗赃并依法〔外〕，其余犯死罪降从流，流降从徒，徒降从杖，杖已下并放。内斗杀情理轻者减一等，并杂犯死罪情理重者，依所降决讫，并刺面配千里外牢城，断讫录案闻奏。强盗罪至死情理轻者，减一等，刺配本住处三千里外牢城	宋会要 5. 10
			杂犯死罪以下第降一等，杖以下释之	长编 276
			降死罪一等，杖以下释之	宋史 15
278	1077 熙宁 10. 2 丙午	广南西路诸州军	曲赦，官吏起发及部押般运官物丁夫稽程，有所规避误师期者，具案奏裁，余罪咸赦除之	长编 280
			曲　赦	诏令 219
		广　州	赦囚罪一等，徒以下释之	宋史 15

续表

编号	时间	范围	力度	出处
279	1077 熙宁 10.2 己酉	广南东路、荆湖南路	曲赦	诏令 219
			赦系囚，余各降一等，徒以下释之	宋史 15
280	1077 熙宁 10.3.21 辛未	同“1067 治平 4.4.19”条		宋会要 5.9
		京城	杂犯死罪降从流，流以下第降一等，杖以下释之。其杂犯死罪情理重，并斗杀情理轻者，皆降决刺配千里外牢城	长编 281
			降死罪一等，杖以下释之	宋史 15
281	1077 熙宁 10.11 甲戌[141]	全国	大赦	长编 285/诏令 121/宋史 15/通考 173
282	1078 元丰 1.3.7 辛巳	同“1067 治平 4.4.19”条		宋会要 5.9/长编 288/宋史 15
283	1078 元丰 1.12 辛亥	京城 畿县及三京诸县	杂犯死罪以下第降一等，杖以下释之	长编 295/宋史 15
284	1079 元丰 2.9 癸未	颍州	曲赦	诏令 159
		顺昌军	降囚罪一等，徒以下释之	宋史 15
285	1079 元丰 2.10 庚戌		降死罪囚，流以下释之	长编 300/诏令 11/宋史 15

〔141〕《宋大诏令集》记为“十一月甲辰”，有误。

续表

编号	时　间	范　围	力　度	出　处
286	1080 元丰 3.1 丙子	颍昌府	降死罪囚，徒以下释之	长编 302/宋史 16
			曲　赦	诏令 159
287	1080 元丰 3.3 戊子	两京畿内、河阳管内	降死罪囚，杖以下释之	长编 303/宋史 16
			曲　赦	诏令 139
288	1080 元丰 3.9 辛巳	全　国	大　赦	长编 308/诏令 125/宋史 16/通考 173
289	1081 元丰 4.4.15 壬申	同“1067 治平 4.4.19”条		宋会要 5.9
		京畿及三京	杂犯死罪已下递降一等，杖已下释之	长编 312
290	1082 元丰 5.2 癸酉	梓州路诸州军	除杀盗及赃法不赦外，枉法自盗死罪情轻者，奏取旨，斗杀死罪情轻者，减一等，刺配千里外城，其余咸赦除之	诏令 219
			曲　赦	长编 323
			减囚罪一等	宋史 16
291	1082 元丰 5.3 己亥	全　国	降死罪囚，流以下释之	长编 324/宋史 16
292	1082 元丰 5.6 戊午	成都路	曲　赦	宋史 16
293	1082 元丰 5.9 己丑	在京及畿县	降死罪囚，徒以下释之	长编 329/宋史 16

续表

编号	时　间	范　围	力　度	出　处
294	1082 元丰 5.11 乙酉	全　国	大　赦	长编 331/通考 173
295	1083 元丰 6.5.15	同"1067 治平 4.4.19"条		宋会要 5.9
296	1083 元丰 6.7 丙辰	京畿内	降减死罪囚，流以下释之	长编 337/诏令 139/宋史 16
297	1083 元丰 6.11 丙午[142]	全　国	大　赦	长编 341/诏令 121/宋史 16/通考 173
298	1084 元丰 7.5.14 壬子	同"1067 治平 4.4.19"条		宋会要 5.9/长编 345/宋史 16
299	1085 元丰 8.1 甲辰/甲寅[143]	全　国	大　赦	长编 351/宋史 16
			劫、谋、故、斗四杀，已杀人、十恶、伪印、防火、盗贼抵死不赦，及情轻奏裁，减等刺配，其余罪无轻重，咸赦除之	诏令 216
300	1085 元丰 8.3 乙未	全　国	大　赦	长编 353/宋史 16
301	1085 元丰 8.3 己亥	全　国	大赦，常赦所不原者咸赦除之	长编 353/宋史 17
			大　赦	诏令 1

〔142〕《宋史》记为"十二月丙午"，疑误。

〔143〕《续资治通鉴长编》《宋史》记为"正月甲辰"，即正月九日，《宋大诏令集》记为"正月甲寅"，即正月十九日，《续资治通鉴长编》《宋史》所记较略，《宋大诏令集》所记较详，但是应为同一事。

续表

编号	时　间	范　围	力　度	出　处
302	1085 元丰 7.3	全　国	大　赦	诏令 25
303	1085 元丰 8.11 辛丑	两京畿内、河阳管内	降死罪一等，囚杖已下释之	长编 361/诏令 139/宋史 17
304	1086 元祐 1.1.17 丙午	京　城	除常赦所不原外，杂犯死罪已下降一等，杖已下释之	宋会要 5.10 长编 364
			减死罪以下一等，杖罪者释之	宋史 17
305	1086 元祐 1.4.5 壬辰	京　城	杂犯死罪以下递降一等，至杖释之	宋会要 5.27/长编 374
306	1086 元祐 1.9.6 辛酉	全　国	赦	长编 387/诏令 125/宋史 17/通考 173
307	1087 元祐 2.4.7 戊子	同“1086 元祐 1.1.17 丙午”条		宋会要 5.10/长编 398
308	1087 元祐 2.6 丁酉	河北、河东、陕西、京东、京西、淮南路、开封府界	窃盗赃满五百文以上并强盗不该刺配，内杖罪免决，徒减从杖	长编 402
309	1087 元祐 2.10 辛卯	西　京	降死罪囚，杖以下释之	长编 406/诏令 143/宋史 17
310	1088 元祐 3.1 甲戌	在京及府界	杂犯死罪以下递降一等，至杖释之	长编 408
311	1088 元祐 3.2 乙酉		降死罪囚，徒以下释之	长编 408/宋史 17

续表

编号	时　间	范　围	力　度	出　处
312	1088 元祐 3.8.28 辛丑	开封府界及三京	杂犯死罪已下递降一等，杖以下释之	宋会要 5.28 长编 413
			降系囚罪一等，杖以下释之	宋史 17
313	1089 元祐 4.3.22 癸巳	京　城	杂犯死罪以下递降一等，至杖释之	宋会要 5.28/长编 424
314	1089 元祐 4.9 辛巳	全　国	大　赦	长编 433/诏令 125/宋史 17/通考 173
315	1090 元祐 5.2.12 丁未	四京府界诸县	除常赦所不原外，杂犯死罪以下递降一等，杖以下释之	宋会要 5.28/长编 438
		全　国	减囚罪，杖以下释之	宋史 17
316	1090 元祐 5.6 辛丑	在京并开封府界	杂犯死罪以下递降一等，杖以下释之	长编 443
317	1091 元祐 6.6.1	同“1086 元祐 1.1.17 丙午”条		宋会要 5.10
318	1091 元祐 6.6 壬辰	在京及开封府界诸县	自杂犯死罪递降一等，至杖释之	长编 459
319	1091 元祐 6.9 壬子	全　国	降死罪囚徒流，释徒罪以下	长编 466
			除死罪依法，内枉法自盗罪至死情理轻者奏裁。斗杀罪至死、情理稍轻者，减一等。其余死罪降从流，流罪降从徒，徒已下并放	诏令 180
			减天下囚罪一等，杖以下释之	宋史 17

续表

编号	时　间	范　围	力　度	出　处
320	1092 元祐 7.3 己亥	在京并府界	杂犯死罪已下第降一等，至杖释之	长编 471
321	1092 元祐 7.11 癸巳	全　国	赦	诏令 121/宋史 17/通考 173
322	1093 元祐 8.8 癸亥	京　城	减囚罪一等，徒以下释之	宋史卷 17
323	1093 元祐 8.8 戊辰	全　国	赦	诏令 11/宋史 17
324	1094 元祐 9.2 癸亥	两京畿内、河阳、郑州	除常赦所不原减外，其余死罪递降一等	诏令 139
			减囚罪一等	宋史 18
325	1094 绍圣 1.4 庚申	四　京	减囚罪一等，杖以下释之	宋史 18
326	1095 绍圣 2.9 辛亥	全　国	赦	宋史 18/通考 173
327	1096 绍圣 3.5 乙巳	在京并府界诸县	杂犯死罪已下递降一等，至杖释之	诏令 216
328	1097 绍圣 4.4 丁未	陕西、河东路州县	流已下递降，杖已下释之	长编 486/诏令 219
			曲　赦	宋史 18/通考 173
329	1097 绍圣 4.9 乙卯	全　国	大　赦	长编 491/宋史 18/通考 173

续表

编号	时　间	范　围	力　度	出　处
330	1098 绍圣 5.5 己酉	全　国	降死罪囚，徒以下释之	长编 498
			除死罪并依法，内枉法自盗罪至死，情理轻者减一等，刺配千里外牢城。其余死罪降从流，流罪降从徒，徒罪已下并放	诏令 149
			减囚罪一等，徒以下释之	宋史 18
331	1098 元符 1.11 甲子	全　国	大　赦	长编 504/诏令 121/宋史 18/通考 173
332	1098 元符 2.4.15 丁亥	京城及河南、应天、大名府	杂犯死罪以下递降一等，至杖释之	宋会要 5.29/长编 508
			减囚罪一等，杖以下释之	宋史 18
333	1098 元符 2.5 癸亥	陕西、河东路	降死罪囚，流以下释之	长编 510/宋史 18
			赦	通考 173
334	1098 元符 2.8.11 辛巳	全　国	降死囚，流以下释之	长编 514/诏令 26/宋史 18
335	1100 元符 3.1 戊寅	全　国	大　赦	长编 520/宋史 18/通考 173

续表

编号	时　间	范　围	力　度	出　处
336	1100 元符 3.1 庚辰	全　国	大　赦	长编 520/诏令 1/通考 173
			赦常赦所不原者	宋史 19
337	1100 元符 3.3 己丑	四　京	减囚罪一等，流以下释之	宋史 19
338	1100 元符 3.4 辛亥[144]	全　国	大　赦	诏令 26/宋史 19
339	1100 元符 3.7 癸酉	全　国	减囚罪一等，流以下释之	宋史 19
340	1100 元符 3.9 丁卯	两京、河阳、郑州	减囚罪一等	宋史 19
341	1100 元符 3.11 丁卯	端　州	减囚罪一等，徒以下释之	宋史 19
342	1100 元符 3.12 甲辰	诸　路	减囚罪一等，流以下释之	宋史 19
343	1101 建中靖国 1.3 壬午	全　国	降囚罪一等，流以下释之	宋史 19
344	1101 建中靖国 1.5 戊子	两京、河阳、郑州	减囚罪一等	宋史 19
345	1101 建中靖国 1.11 丁丑	全　国	大　赦	诏令 122
346	1101 建中靖国 1.11 庚辰	全　国	赦	宋史 19/通考 173
347	1101 建中靖国 1.12.3 己酉	四　京	减囚罪一等，徒以下释之	宋史 19

〔144〕是日为四月十五日，《宋大诏令集》记作“四月十四日”，应为赦书制定之日，而《宋史》所记日期为赦书颁行之日。

续表

编号	时　间	范　围	力　度	出　处
348	1102 崇宁 1.4.20	全　国	大　赦	诏令 216
349	1102 崇宁 1.6 壬辰	西京、河阳、郑州	减囚罪一等	宋史 19
350	1103 崇宁 2.1 乙巳[145]	荆湖两路	曲　赦	诏令 219/宋史 19
351	1103 崇宁 2.3 乙酉[146]	西　京	曲　赦	诏令 143
			减囚罪一等	宋史 19
352	1103 崇宁 2.4 乙巳	全　国	赦	宋史 19
353	1103 崇宁 2.7 甲申	熙河兰会路	减囚罪一等，流以下释之	宋史 19
354	1104 崇宁 3.4 乙巳	四　京	减囚罪一等，流以下原之	宋史 19
355	1104 崇宁 3.4.25	熙河、秦凤、永兴路	曲　赦	诏令 219
356	1104 崇宁 3.4 己巳	陕　西	曲　赦	宋史 19
357	1104 崇宁 3.11 丙申	全　国	赦	宋史 19/通考 173
358	1105 崇宁 4. 闰 2 壬辰	熙河兰湟路	曲　赦	宋史 20

[145] 是日为正月二十五日，《宋大诏令集》记作“正月二十四日”，应为赦书制定之日，而《宋史》所记日期为赦书颁行之日。

[146] 是日为三月六日，《宋大诏令集》记作“三月五日”，应为赦书制定之日，而《宋史》所记日期为赦书颁行之日。

续表

编号	时　间	范　围	力　度	出　处
359	1105 崇宁 4.6 甲申[147]	熙河、陕西、河东、京西路	曲　赦	诏令 180/宋史 20
360	1105 崇宁 4.9 己亥[148]	全　国	赦	诏令 149/宋史 20
361	1105 崇宁 4. 闰 12.22	熙河兰湟路	曲　赦	诏令 219
362	1106 崇宁 5.1 丁未[149]	全　国	大　赦	宋史 20/诏令 155/通考 173
363	1106 崇宁 5.10 庚辰	开德府	曲　赦	诏令 159
			减囚罪一等，徒以下释之	宋史 20
364	1106 崇宁 5.12.30	全　国	大　赦	诏令 2
365	1107 大观 1.1 戊子	全　国	赦	宋史 20/通考 173
366	1107 大观 1.1.6	广南西路	曲　赦	诏令 219
367	1107 大观 1.2 甲子	广　西	曲　赦	宋史 20
368	1107 大观 1.8 己巳	两浙等路州军	曲　赦	诏令 216
		淮、海、吴、楚二十六州	减囚罪一等，流以下释之	宋史 20

---

[147] 是日为六月十九日，《宋大诏令集》记作“六月十八日”，应为赦书制定之日，而《宋史》所记日期为赦书颁行之日。

[148] 是日为九月五日，《宋大诏令集》记作“九月四日”，应为赦书制定之日，而《宋史》所记日期为赦书颁行之日。

[149] 是日为正月十四日，《宋大诏令集》记作“正月十三日”，应为赦书制定之日，而《宋史》所记日期为赦书颁行之日。

续表

编号	时　间	范　围	力　度	出　处
369	1107 大观 1. 9. 28 辛亥	全　国	大　赦	宋史 20/诏令 125/通考 173
370	1108 大观 2. 1 壬子	全　国	赦	宋史 20/通考 173
371	1108 大观 2. 9. 29 丙子	熙河兰湟、秦凤、永兴军路	曲　赦	诏令 219/宋史 20
372	1111 大观 3. 1. 14 己未	两京、河阳、郑州	曲赦	诏令 139
			减囚罪一等	宋史 20
373	1110 大观 4. 5. 20 戊午	全　国	赦	诏令 155/宋史 20/通考 173
374	1110 大观 4. 11. 3 丁卯	全　国	赦	诏令 122/宋史 20/通考 173
375	1111 政和 1. 4. 25 丁巳	淮　南	曲　赦	诏令 155
			降囚罪一等，徒以下释之	宋史 20
376	1111 政和 1. 7 壬申	全　国	赦	宋史 20
377	1112 政和 2. 11 戊寅[150]	全　国	赦	诏令 149/宋史 21/通考 173
378	1113 政和 3. 4. 8	梓夔路	赦	诏令 219/通考 173
379	1113 政和 3. 6 戊辰	两京、河阳、郑州	降囚罪一等	宋史 21
380	1113 政和 3. 11 癸未	全　国	大　赦	宋史 21/通考 173

〔150〕 此条为受元圭赦，《宋史》记为“十一月戊寅”，即十一月二十四日，《宋大诏令集》记为“十二月二十四日”，疑误。

续表

编号	时　间	范　围	力　度	出　处
381	1114 政和 4.12 己酉	全　国	减囚罪一等	宋史 21
382	1115 政和 5.2 甲寅	全　国	赦	宋史 21/通考 173
383	1115 政和 5.12 庚申〔151〕	四　川	曲　赦	诏令 219/宋史 21
384	1116 政和 6.7 壬子	湖　北	曲　赦	宋史 21
385	1116 政和 6.9 丙申〔152〕	全　国	赦	诏令 180/宋史 21
386	1116 政和 6.11.10		赦	诏令 122/通考 173
387	1117 政和 7.9 辛卯〔153〕	全　国	赦	诏令 125/宋史 21/通考 173
388	1118 政和 8.1 己丑〔154〕	全　国	赦	诏令 149/宋史 21
389	1118 政和 8.3 丙申〔155〕	四　川	曲　赦	诏令 219/宋史 21
390	1118 政和 8.6 己巳	淮　西	曲　赦	宋史 21

〔151〕 是日为十二月二十五日，《宋大诏令集》记作“十二月二十四日”，应为赦书制定之日，而《宋史》所记日期为赦书颁行之日。

〔152〕 是日为九月六日，《宋大诏令集》记作“九月五日”，应为赦书制定之日，而《宋史》所记日期为赦书颁行之日。

〔153〕《宋大诏令集》记为“九月六日”。

〔154〕《宋大诏令集》记为“正月六日”。

〔155〕 是日为三月十四日，《宋大诏令集》记作“三月十三日”，应为赦书制定之日，而《宋史》所记日期为赦书颁行之日。

续表

编号	时间	范围	力度	出处
391	1118 政和 8.6 甲戌	陕西、河东路	曲赦	诏令 219/宋史 21
		四川、陕西、河东		通考 173
392	1118 政和 8.8.17	淮南西路	曲赦	诏令 218
393	1118 重和 1.9		赦	通考 173
394	1118 重和 1.11 己酉	全国	大赦	宋史 21/通考 173
395	1119 宣和 1.4 己亥[156]	陕西、河东路	曲赦	诏令 219/宋史 22/通考 173
396	1119 宣和 1.11 乙卯	全国	赦	宋史 22
397	1121 宣和 3.2 癸巳[157]	全国	赦	诏令 216/宋史 22
398	1121 宣和 3.8 甲辰	两浙、江东、福建、淮南路	曲赦	宋史 22
		江、浙、淮南等路		通考 173
399	1122 宣和 4.10.13 戊戌	所复州县	曲赦	宋史 22/会编 10
400	1122 宣和 4.11 庚午	全国	赦	宋史 22/通考 173

〔156〕 是日为四月二十四日，《宋大诏令集》记作“四月二十三日”，应为赦书制定之日，而《宋史》所记日期为赦书颁行之日。

〔157〕 是日为二月二十八日，《宋大诏令集》记作“二月二十七日”，应为赦书制定之日，而《宋史》所记日期为赦书颁行之日。

续表

编号	时　间	范　围	力　度	出　处
401	1123 宣和 5.4.27 庚戌[158]	河北、河东、燕云路	曲　赦	诏令 219/宋史 22/通考 173/会编 16
402	1124 宣和 6.8.18 壬戌	全　国	赦	宋史 22/会编 19
403	1125 宣和 7.1 癸酉	两河、京西	赦流民为盗者	宋史 22
404	1125 宣和 7.5	京东、河北	赦	通考 173
405	1125 宣和 7.11.19 丙戌	全　国	赦	诏令 122/宋史 22/通考 173
406	1125 宣和 7.12.23 庚申[159]	全　国	大赦，谋反、谋大逆、谋叛、恶逆不赦	会编 26
407	1125 宣和 7.12 壬戌		赦大逆、反叛以下罪	宋史 23
408	1126 靖康 1.2.12 戊申	全　国	赦	宋史 23/会编 37
409	1126 靖康 1.5 甲戌	河北路	曲　赦	宋史 23/通考 173
410	1127 建炎 1.5.1 庚寅		大赦，常赦所不原者咸赦除之	宋史 24/通考 173/会编 101
411	1127 建炎 1.6 辛未		大　赦	宋史 24/通考 173

〔158〕是日为四月二十七日，《宋大诏令集》记作“四月二十六日”，应为赦书制定之日，而《宋史》所记日期为赦书颁行之日。

〔159〕405 与 406 疑为同一恩赦。

续表

编号	时 间	范 围	力 度	出 处
412	1127 建炎 1.11 丙申[160]	应天府、亳、宿、扬、泗、楚州、高邮军	曲 赦	要录 10/宋史 24/会编 114
413	1128 建炎 2.5 甲午	河北、陕西、京东路	曲 赦	要录 15/宋史 25
414	1128 建炎 2.6.11 甲子	行在扬州并属县及行在大理寺、御史台、殿前马步三司东京大理寺、御史台、殿前马步三司，开封府、京畿、西京、南京、北京及诸县	除犯劫杀、谋杀、故杀、斗杀并为已杀人者，并十恶、伪造符印、放火、官员犯入己赃、将校军人公人犯枉法赃、监主自盗赃，并依法〔外〕，其余杂犯死罪降从流，流罪降从徒，徒罪降从杖，杖罪已下并放。内斗杀情理轻者减一等，并杂犯死罪情理重者，依所降决讫，并刺配千里外牢城，断讫录案闻奏。强盗罪至死，依所降决讫，情理重者刺配广南远恶处，情理轻者刺配二千里外，并牢城	宋会要 5.11
			杂犯死罪已下减一等，释杖已下	要录 16

〔160〕《三朝北盟会编》记此曲赦颁于建炎元年（1127 年）十一月丁亥朔。

续表

编号	时　间	范　围	力　度	出　处
415	1128 建炎 2.11 壬寅		大　赦	宋史 25/通考 173/会编 119
416	1129 建炎 3.2 乙丑		赦杂犯死罪以下囚	宋史 25
417	1129 建炎 3.2.19 戊辰[161]	全　国	大　赦	会编 123
418	1129 建炎 3.3 甲申		大　赦	宋史 25/通考 173
419	1129 建炎 3.4 乙卯	全　国	大　赦	要录 22/宋史 25/通考 173/会编 128
420	1129 建炎 3.7.3	建康府	同 414	宋会要 5.11
421	1129 建炎 3.11 丁未		降杂犯死罪，释流以下囚	宋史 25
422	1130 建炎 4.2 丙申		赦	宋史 26
423	1130 建炎 4.6.11	越　州	同 414	宋会要 5.11
424	1130 建炎 4.8 戊子	饶、信二州	赦徒以下囚	宋史 26
425	1131 绍兴 1.1 己亥	诸　路	降杂犯死罪以下囚，释流以下	要录 41/会编 144
426	1131 绍兴 1.6.23	越　州	同 414	宋会要 5.11

〔161〕 416 与 417 疑为同一恩赦。

续表

编号	时间	范围	力度	出处
427	1131 绍兴 1.9 辛亥		大赦	要录 47/宋史 26/通考 173
428	1132 绍兴 2.5.25	临安府并属县、行在诸司	除犯四杀、十恶、伪造符印、放火、官员犯（人）［入］杀情理轻者减一等，并杂犯死罪情理重者，依所降决讫，并刺配千里外牢城，断讫录按闻奏。强盗罪至死，依所降决讫，情理重者刺配广南远恶处，情理轻者刺配二千里外，并牢城。已赃、将校军人公人犯枉法赃、监主自盗赃，并依法〔外〕，其余杂犯死罪递降一等，杖罪已下释之	宋会要 5.12
429	1132 绍兴 2.9 辛酉	全国	赦，应盗官物入已罪抵死者不赦	要录 58
			大赦	宋史 27/通考 173
430	1133 绍兴 3.6 庚寅	川、陕	降斗杀情轻死罪囚，释流已下	要录 66
			降死罪囚，释流以下	宋史 27
431	1133 绍兴 3.6.24	同“1132 绍兴 2.5.25”条		

续表

编号	时　间	范　围	力　度	出　处
432	1134 绍兴 4. 6. 25	同“1132 绍兴 2. 5. 25”条		
433	1134 绍兴 4. 7 戊申	虔　州	降杂犯死罪囚，释徒已下	要录 78
434	1134 绍兴 4. 9 辛酉		大　赦	要录 80/宋史 27/通考 173
435	1135 绍兴 5. 1 己未[162]	淮南诸州	降杂犯死罪囚，释流以下	要录 84/宋史 28/会编 166
436	1135 绍兴 5. 5. 25	同“1132 绍兴 2. 5. 25”条		
437	1135 绍兴 5. 8 丙寅	湖、广、江西二十一州	降死罪已下囚，徒、杖并放	要录 92/宋史 28
438	1136 绍兴 6. 6. 16	同“1132 绍兴 2. 5. 25”条		
439	1136 绍兴 6. 12 甲午	庐、光、濠州，寿春府	降杂犯死罪已下囚，释流已下	要录 92
			诏降死罪，释流以下囚	宋史 28
440	1137 绍兴 7. 1 己丑	诸　路	降流罪以下囚一等，内斗杀情轻者降配，释杖以下	要录 108
			降徒囚，释杖以下	宋史 28
441	1137 绍兴 7. 3 癸酉	建康府	降流罪已下囚及斗杀情轻者，释杖已下	要录 109
			减流罪以下囚	宋史 28

〔162〕是日为一月十五日，《三朝北盟会编》记作“（正月）十三日丁巳”。

续表

编号	时 间	范 围	力 度	出 处
442	1137 绍兴 7.6.22	同“1132 绍兴 2.5.25”条		
443	1137 绍兴 7.9 辛巳		大 赦	宋史 28/通考 173
444	1138 绍兴 8.6.5	同“1132 绍兴 2.5.25”条		
445	1139 绍兴 9.1 丙戌		大 赦	要录 125/宋史 28 通考 173
446	1139 绍兴 9.6.13	同“1132 绍兴 2.5.25”条		
447	1140 绍兴 10. 闰 6.2	同“1132 绍兴 2.5.25”条		
448	1140 绍兴 10. 闰 6.13 乙酉	陕西路	降杂犯死罪囚，释流已下	要录 136/宋史 29/会编 201
449	1140 绍兴 10.7 庚戌	海 州	曲 赦	要录 137/宋史 29
450	1140 绍兴 10.7.19 庚申	顺昌府	除犯劫杀、故杀、斗杀并为已杀人者，并十恶罪至死，伪造符印，放火，官员犯入己赃，将校、军人、公人犯枉法、监主自盗赃，并依法。内枉法自盗罪至死情理轻者，奏取指挥。斗杀罪至死情理轻者，减一等，刺配千里外牢城，断讫录案闻奏。其余死罪降从流，流罪已下并放	会编 204

续表

编号	时　间	范　围	力　度	出　处
451	1140 绍兴 10. 9 庚戌		大　赦	要录 137/宋史 29/通考 173
452	1141 绍兴 11. 6. 5	同“1132 绍兴 2. 5. 25”条		
453	1142 绍兴 12. 6. 23	同“1132 绍兴 2. 5. 25”条		
454	1142 绍兴 12. 9. 13 壬寅	全　国	大　赦	要录 100/宋史 30/会编 212
455	1143 绍兴 13. 5. 27	同“1132 绍兴 2. 5. 25”条		
456	1143 绍兴 13. 11 庚申		大　赦	要录 150/宋史 30/通考 173
457	1144 绍兴 14. 6. 26	同“1132 绍兴 2. 5. 25”条		
458	1145 绍兴 15. 4 丁亥		大　赦	宋史 30/ 通考 173
459	1145 绍兴 15. 7. 2	同“1132 绍兴 2. 5. 25”条		
460	1146 绍兴 16. 6. 16	同“1132 绍兴 2. 5. 25”条		
461	1146 绍兴 16. 11 丙子		大　赦	要录 155/宋史 30/通考 173
462	1147 绍兴 17. 6. 27	同“1132 绍兴 2. 5. 25”条		
463	1148 绍兴 18. 6. 7	同“1132 绍兴 2. 5. 25”条		

续表

编号	时间	范围	力度	出处
464	1149 绍兴 19. 6. 19	同“1132 绍兴 2. 5. 25”条		
465	1149 绍兴 19. 11 壬辰		大赦	要录 160/宋史 30/通考 173
466	1150 绍兴 20. 7. 4	同“1132 绍兴 2. 5. 25”条		
467	1151 绍兴 21. 6. 9	同“1132 绍兴 2. 5. 25”条		
468	1152 绍兴 22. 6. 19	同“1132 绍兴 2. 5. 25”条		
469	1152 绍兴 22. 11 戊申		大赦	要录 163/宋史 30/通考 173
470	1153 绍兴 23. 6. 19	同“1132 绍兴 2. 5. 25”条		
471	1154 绍兴 24. 6. 12	同“1132 绍兴 2. 5. 25”条		
472	1155 绍兴 25. 7. 4	同“1132 绍兴 2. 5. 25”条		
473	1155 绍兴 25. 11 癸亥		大赦	要录 170/宋史 31/通考 173
474	1156 绍兴 26. 6. 24	同“1132 绍兴 2. 5. 25”条		
475	1157 绍兴 27. 6. 9	同“1132 绍兴 2. 5. 25”条		
476	1158 绍兴 28. 6. 14	同“1132 绍兴 2. 5. 25”条		

续表

编号	时　间	范　围	力　度	出　处
477	1158 绍兴 28.11 己卯		大　赦	要录 179/宋史 31/通考 173
478	1159 绍兴 29. 闰 6.2	同“1132 绍兴 2.5.25”条		
479	1159 绍兴 29.9 乙未		大　赦	要录 183/宋史 31/通考 173
480	1160 绍兴 30.6.9	同“1132 绍兴 2.5.25”条		
481	1161 绍兴 31.6.2 癸卯	诸　路	除犯谋杀、斗杀并为已杀人者，并十恶、强盗、伪造符印、放火、官典犯入己赃，将校、军人、公人枉法，监主自盗赃及杂犯死罪，并依法。内斗杀情理轻者，减一等，刺配千里外牢贼。断讫录案闻奏，其余死罪情理轻者，奏取指挥。流罪降从杖，杖罪以上放	要录 190/会编 229
482	1161 绍兴 31.6.25	同“1132 绍兴 2.5.25”条		
483	1161 绍兴 31.9 辛未		大　赦	要录 192/宋史 32/通考 173
484	1161 绍兴 31.12.4 壬寅	新复州军（杨州）	罪人无轻、重，已发觉、未发觉，已结正、未结正，常赦所不原者，咸赦除之	会编 246

续表

编号	时间	范围	力度	出处
485	1161 绍兴 31. 12. 16 甲寅	杨、泰、真、楚、滁、和、濠、庐、光诸州，盱眙、高邮、光化、无为、安丰、信阳诸军	除犯劫杀、斗杀并为已杀人者，并十恶罪至死，伪造符印，放火，官员犯入己赃，将校、军人、公人犯枉法、监主自盗赃，并依法。内枉法自盗罪至死情理轻者，奏取指挥。斗杀罪至死情理轻者，减一等，刺面配千里外州军牢城，断讫录案闻奏。其余罪无轻重，并行放免	会编 247
486	1161 绍兴 31. 12 壬戌	新复州军	曲　赦	要录 195/宋史 32/通考 173
487	1161 绍兴 31. 12 甲子	淮南、京西、湖北	降杂犯死罪以下囚	宋史 32
488	1162 绍兴 32. 6. 4	同“1132 绍兴 2. 5. 25”条		
489	1162 绍兴 32. 6 戊寅		大　赦	宋史 33
490	1163 隆兴 1. 6. 19	行在诸司	杂犯死罪已下递降一等，杖已下释之	宋会要 5. 13
491	1164 隆兴 2. 6. 16	同“1163 隆兴 1. 6. 19”条		

续表

编号	时　间	范　围	力　度	出　处
492	1164 隆兴 2.12 辛卯	沿边被兵州军	除逃遁官吏不赦外，杂犯死罪情轻者减一等，余并放遣	宋史 33
		沿边诸州	赦	通考 173
493	1165 乾道 1.1 辛亥		大　赦	宋史 33/通考 173
494	1165 乾道 1.6.1	同“1163 隆兴 1.6.19”条		
495	1165 乾道 1.8 戊子		大　赦	宋史 33
496	1166 乾道 2.6.7	同“1163 隆兴 1.6.19”条		
497	1167 乾道 3.7 壬寅		减杂犯死罪囚，释流以下	宋史 34
498	1167 乾道 3.11 丙寅		大　赦	宋史 34/通考 173
499	1168 乾道 4.7 己丑	临安府、三衙	减死罪以下囚，释杖以下	宋史 34
500	1170 乾道 6.11		赦	通考 173
501	1171 乾道 7.2 癸丑		大　赦	宋史 34/通考 173
502	1173 乾道 9. 闰 1 戊辰	大理、三衙、临安府、两浙州县	减杂犯死罪以下一等，释杖以下	宋史 34
503	1173 乾道 9.11 戊戌		大　赦	宋史 34

续表

编号	时　间	范　围	力　度	出　处
504	1176 淳熙 2.12 甲午		大　赦	宋史 34/ 通考 173
505	1176 淳熙 3.11 癸丑		大　赦	宋史 34/ 通考 173
506	1179 淳熙 6.9 辛未		大　赦	宋史 35/ 通考 173
507	1181 淳熙 8.5 辛卯	京畿、两浙	减囚罪一等， 释杖以下	宋史 35
508	1182 淳熙 9.9 辛巳		大　赦	宋史 35/ 通考 173
509	1185 淳熙 12.11 辛丑		大　赦	宋史 35/ 通考 173
510	1186 淳熙 13.1 庚辰		大　赦	宋史 35/ 通考 173
511	1187 淳熙 14.6 己亥	两浙路	减囚罪一等， 释杖以下	宋史 35
512	1187 淳熙 14.10 辛未		赦	宋史 35/ 通考 173
513	1188 淳熙 15.4 己丑	临安、绍兴府	减囚罪一等， 释杖以下	宋史 35
514	1188 淳熙 15.9 辛丑		大　赦	宋史 35/ 通考 173
515	1189 淳熙 16.2 甲子		大　赦	宋史 36
516	1195 绍熙 5.5 戊寅		赦	宋史 36/ 通考 173

续表

编号	时　间	范　围	力　度	出　处
517	1195 绍熙 5. 7 丙寅		大　赦	宋史 37/ 通考 173
518	1195 绍熙 5. 9 辛未		大　赦	宋史 37/ 通考 173
519	1195 绍熙 5. 12 丁丑	临安、绍兴	减死罪以下囚， 释杖以下	宋史 37
520	1195 庆元 1. 5 辛亥	大理、三衙、 临安府	减杂犯死罪以下囚， 释杖以下	宋史 37
521	1196 庆元 2. 7 丙戌	诸　路	减死罪囚， 释流以下	宋史 37
522	1197 庆元 3. 10 丙申		赦	宋史 37
523	1197 庆元 3. 11 甲辰		大　赦	宋史 37/ 通考 173
524	1199 庆元 5. 8 丙戌	诸　路	减流囚，释杖以下	宋史 37
525	1200 庆元 6. 2 戊辰	诸　路	减杂犯死罪囚， 释徒以下	宋史 37
526	1200 庆元 6. 6 丁亥		赦	宋史 37
527	1200 庆元 6. 8 庚寅		赦	宋史 37/ 通考 173
528	1200 庆元 6. 9 辛未		大　赦	宋史 37/ 通考 173
529	1203 嘉泰 3. 6 己酉	大理、三衙、 临安府	减囚罪一等， 释杖以下	宋史 38

续表

编号	时 间	范 围	力 度	出 处
530	1203 嘉泰 3.11 乙亥		大 赦	宋史 38/ 通考 173
531	1205 开禧 1.6 壬子	大理、三衙、 临安府	减囚罪一等， 释杖以下	宋史 38
532	1206 开禧 2.6 丁巳	大理、三衙、 临安府	减囚罪一等， 释杖以下	宋史 38
533	1206 开禧 2.6 丁卯	泗 州	减杂犯死罪囚， 余皆除之	宋史 38
			曲 赦	通考 173
534	1206 开禧 2.9 辛卯		大 赦	宋史 38/ 通考 173
535	1207 开禧 3.3 辛丑	四 川	减杂犯死罪囚， 释杖以下	宋史 38
536	1207 开禧 3.4 癸丑	两淮、湖北、京西 被兵诸州	减杂犯死罪囚， 释流以下	宋史 38
537	1207 开禧 3.4 甲戌	西和、阶、成、 凤四州	赦	宋史 38
538	1207 开禧 3.5 辛卯		赦	宋史 38/ 通考 173
539	1207 开禧 3.10 乙巳	临安、绍兴	减囚罪一等	宋史 38
540	1207 开禧 3.11 己亥		大 赦	宋史 38/ 通考 173
541	1208 嘉定 1.9 乙丑	沿边诸州	赦	宋史 39
542	1209 嘉定 2.9 辛丑		大 赦	宋史 39/ 通考 173

续表

编号	时　间	范　围	力　度	出　处
543	1211 嘉定 4.6 丁亥	京　畿	减囚罪一等，释杖以下	宋史 39
544	1212 嘉定 5.11 壬戌		大　赦	宋史 39/通考 173
545	1212 嘉定 8.9 辛未		大　赦	宋史 39/通考 173
546	1218 嘉定 11.9 辛巳		大　赦	宋史 40/通考 173
547	1219 嘉定 12.5 丁酉	两淮、荆襄、湖北、利州路沿边诸州	减杂犯死罪囚，释流以下	宋史 40
548	1221 嘉定 14.6 丙子	京　畿	减囚罪一等，释杖以下	宋史 40
549	1221 嘉定 14.9 辛卯		大　赦	宋史 40/通考 173
550	1222 嘉定 15.1 己未		大　赦	宋史 40/通考 150，173
551	1222 嘉定 15.11 戊午	京东、河北路	赦	宋史 40
552	1224 嘉定 17. 闰 8 丙申		大　赦	宋史 41/通考 173
553	1224 嘉定 17.9 辛卯		大　赦	宋史 41
554	1227 宝庆 3.11 辛巳		大　赦	宋史 41
555	1230 绍定 3.9 辛丑		大　赦	宋史 41

续表

编号	时　间	范　围	力　度	出　处
556	1231 绍定 4.1 戊子		大　赦	宋史 41
557	1232 绍定 5.10 戊子		大　赦	宋史 41
558	1232 绍定 5.12 壬午		大　赦	宋史 41
559	1233 绍定 6.9 辛亥		大　赦	宋史 41
560	1236 端平 3.9 辛未		大　赦	宋史 42
561	1239 嘉熙 3.9 辛巳		大　赦	宋史 42
562	1240 嘉熙 4.2 戊戌		大　赦	宋史 42
563	1242 淳祐 2.9 辛卯		大　赦	宋史 42
564	1245 淳祐 5.9 辛亥		大　赦	宋史 43
565	1245 淳祐 8.9 辛酉		大　赦	宋史 43
566	1252 淳祐 11.9 辛未		大　赦	宋史 43
567	1254 宝祐 2.9 辛亥		大　赦	宋史 44
568	1257 宝祐 5.9 辛酉		大　赦	宋史 44
569	1260 景定 1.7 丁卯		大　赦	宋史 45

续表

编号	时　间	范　围	力　度	出　处
570	1260 景定 1.9 辛巳		大　赦	宋史 45
571	1263 景定 4.9 辛卯		大　赦	宋史 45
572	1264 景定 5.10 丙寅		大　赦	宋史 45
573	1264 景定 5.10 辛未		大　赦	宋史 46
574	1267 咸淳 3.1 己丑		大　赦	宋史 46
575	1269 咸淳 5.9 辛酉		大　赦	宋史 46
576	1272 咸淳 8.9 辛未		赦	宋史 46
577	1275 德祐 1.1 戊戌	京　畿	赦	宋史 47
578	1275 德祐 1.9 辛巳		赦	宋史 47
579	1276 景炎 1.5 乙未		赦	宋史 47

附录二　恩赦限制诏令表[163]

编号	时　间	恩赦限制[164]	相关立法	出　处[165]
1	1005 景德 2.7 己巳[166]	持仗强盗[167]		长编 60/诏令 201
2	1005 景德 2. 11. 17 辛酉	郊祀事有阙误不恭	诸大礼应奉人乘（乖）违失仪者杖一百。应缘大礼行事有违犯，不以本年赦降原减《郊祀大礼按沓敕》《绍兴敕》[168]	宋会要礼 14. 13/长编 61
3	1008 大中祥符 1.9 甲戌	诸坛牲牢、祭器，有不恭其事者		长编卷 70
4	1008 大中祥符 1. 10 辛卯	行事官、职掌人奉祀有涉懈慢		长编卷 70
5	1026 天圣 3.5 己酉	臣僚冒奏荐无服子弟		长编 103
6	1028 天圣 5. 12 丁亥	文武臣僚受贿冒奏荐，限内不自陈者		长编 105

〔163〕 本表根据《宋会要辑稿》《宋大诏令集》《续资治通鉴长编》《建炎以来系年要录》《宋史》做出统计，所收“恩赦限制”，包括针对全国及一司、一路事务之恩赦限制，仅针对特定人、事之限制，不计入。

〔164〕 即诏令、奏疏中所言不得因恩赦原减的罪行。

〔165〕 本栏文献名除宋史外皆用简称，“宋会要”即《宋会要辑稿》，“诏令”即《宋大诏令集》，“长编”即《续资治通鉴长编》，“要录”即《建炎以来系年要录》，“通考”即《文献通考》。以数字表示原文条目或卷数，“礼 14.28”表示《宋会要辑稿》礼一四之二八，“长编 1”，即《续资治通鉴长编》卷一。

〔166〕《宋大诏令集》记为“八月己巳”，疑误。

〔167〕 据诏书原文，仅在遇南郊恩赦时不在原免之限。

〔168〕（清）徐松：《宋会要辑稿》，刘琳、刁忠民、舒大刚、尹波等点校，上海古籍出版社 2014 年版，第 786 页。

续表

编号	时 间	恩赦限制	相关立法	出 处
7	1036 景祐 3.1 丙戌	臣僚雪罪经它司覆视而不当，元奏断及检书官坐罪		长编 118
8	1038 宝元 1.8 甲申	殿侍换文资罔冒者及其保官		长编 122
9	1038 宝元 1.9 戊申	应缘祀已受誓戒而不虔恭者	诸大礼应奉人乘（乖）违失仪者杖一百。应缘大礼行事有违犯，不以本年赦降原减 《郊祀大礼按沓敕》《绍兴敕》[169]	宋会要礼 14.28/长编 122/宋史 10
10	1050 皇祐 2.8.23	随驾禁卫诸班直及诸司职掌、执仪兵士、应奉人等，所给酒食不丰洁		宋会要礼 24.33
11	1060 嘉祐 5. 10 丙辰	举主所举人犯枉法自盗而会赦不原		长编 192
12	1071 熙宁 4.5.16 庚子	府界提点司官造五等簿，将四等以下户升于三等，致人披诉		宋会要食货 65.5，食货 66.35/长编 223

[169] （清）徐松：《宋会要辑稿》，刘琳、刁忠民、舒大刚、尹波等点校，上海古籍出版社 2014 年版，第 786 页。

续表

编号	时　间	恩赦限制	相关立法	出　处
13	1071 熙宁 4.11 庚寅	传录漏泄节写誊报、实封文字及涉边机事、臣僚章疏等		长编 228
14	1072 熙宁 5	每岁比较州县盐酒课利合黜者		通考 15
15	1072 熙宁 5.6 丙辰	新法募役中官吏辄抑勒民者		长编 234
16	1073 熙宁 6.5.6 戊申	创置水硙碾堆有妨灌溉民田者		宋会要食货 8.33/长编 245/通考 6
17	1073 熙宁 6.11.5	麟府路差配弓箭手违规		宋会要兵 4.6
18	1074 熙宁 7.1.1	额定公使钱外酝造酒		宋会要食货 21.5
19	1074 熙宁 7.3 乙巳	役钱辄圆融者		长编 251/通考 12
20	1074 熙宁 7.10 辛巳	衙集役使除许催科外别承文字		长编 257
21	1074 熙宁 7.10 壬辰	五路弓箭手、寨户别差倩及科配、和雇不以正身家人		长编 257
22	1074 熙宁 7.12 辛卯	诸将官及使臣等传播机密朝廷约束及兵数文字		长编 258
23	1075 熙宁 8.6 戊申	缘北边寨铺使臣所管界至退缩，并故纵人出入者		长编 265

续表

编号	时 间	恩赦限制	相关立法	出 处
24	1075 熙宁 8.9 癸酉	买扑坊场等钱辄他用者		长编卷 268
25	1078 元丰 1.8.8	官司及官员、伎术、举人等于所折博务占买盐钞及越次给者		宋会要食货 24.17
26	1078 元丰 1.9〔170〕	擅折变、那移诸路上供金银钱帛令赴内藏库内者		通考 23
27	1079 元丰 2.1.9 己卯	保赊钱法检估官吏容增直冒请		宋会要食货 37.27/长编 296
28	1080 元丰 3.7 戊寅	官司不以时谳		长编 306
29	1081 元丰 4.11 己亥	马递急脚铺兵级亡匿限满不首		长编 319
30	1083 元丰 6. 闰 6.13	诸见管钱物，其他官司辄支动者	《茶场司敕》〔171〕	宋会要食货 26.21
31	1083 元丰 6.7 壬戌	别差使将籍定出战蕃兵		长编 337
32	1084 元丰 7.3 辛酉	于盐场收杂钱外别费用及数外取索入公使钱		长编 344
33	1087 元祐 2.7 辛亥	复课利场务有亏额		长编 403
34	1088 元祐 3.3 甲子	妄冒违碍宗室嫁娶者		长编 409

〔170〕《文献通考》仅言“元丰元年”，未言具体时间，此处据长编卷二百九十二，《长编》所收该元丰元年（1078 年）九月壬申诏书与《通考》所记略同，但未言“不以赦原”。

〔171〕此条位于茶场公事陆师闵劄子奏“窃见新修《茶场司敕》”之后，为陆师闵认为当修正的条文之一。参见《宋会要辑稿》食货二六之二一。

续表

编号	时　间	恩赦限制	相关立法	出　处
35	1090 元祐 5.9.25 丙戌	勘给请给有违规定		宋会要职官 27.15，食货 51.36/长编 448
36	1091 元祐 6.8.9 丙申	（1）朝廷及户部封桩并常平等钱物擅支借；（2）他司借常平等钱籴买物斛，未桩拨价钱而辄支用者		宋会要食货 56.29/长编 464
37	1091 元祐 6. 闰 8.5 辛酉	强盗发而所临官司（非吏部差注官）不觉察，致事发它处，或监司举核者		宋会要兵 12.12/长编 465
38	1092 元祐 7.1. 丁未	擅勾抽通、泰州捍海兵士		长编 469
39	1092 元祐 7.12. 癸酉	（1）擅支借朝廷及户部封桩钱物、并常平等钱物、及他司借常平钱籴买物料，应副对行交拨，未桩拟价钱而辄支用者；（2）支借内封桩钱物，未具数并急阙因依，申所属点检给限拨还；（3）兑缘边要切支用，而已于别州桩定钱物；（4）召人入便，省得运送之费而无妨阙者，未申禀尚书省及本部	诸擅支借封桩钱物，谓朝廷及尚书户部并禁军阙额者。徒二年，及虽应支借而于令有违各已费用者，不以觉察去官赦降原减，未断而还足者，奏裁《庆元条法事类》厩库敕[172]	长编 479

[172]（宋）谢深甫：《庆元条法事类》，戴建国点校，黑龙江人民出版社2002年版，第476页。

续表

编号	时　间	恩赦限制	相关立法	出　处
40	1096 绍圣 3. 10. 5	应差注升改牵复违戾，赏罚升降不当		宋会要选举 23. 6
41	1097 绍圣 4. 12 乙巳	陕西、河东经略司汉、蕃兵遇军行，携老幼妇女首级送纳，或将佐知情盖庇		长编 493
42	1098 绍圣 5. 2. 30 己酉	重法地分巡检、县尉应承告强盗而故不申，强盗结集十人已上	《元符敕令格式》〔173〕	宋会要职官 48. 66，刑法 1. 17/长编 494
43	1098 绍圣 5. 3 戊寅	溪洞缘边寨铺，寨主、都监巡历不到，虚上文历		长编 496
44	1098 绍圣 5. 5 乙丑	诸军大将磨勘而误改转，已给付身者		长编 498
45	1098 元符 1. 6 戊子	陕西、河东逐路帅臣及见任宰相执政亲戚等于编敕合回避者，不应赴军前而赴		长编 499
46	1098 元符 1. 6 己丑	应纳而隐占服用军须衲袄、随器甲，或令人服用过三日，或非缘战守而辄借用		长编 499

〔173〕［元符元年（1098 年）］二月三十日，刑部言："欲于《编敕》'巡检、县尉应承告强盗而故不申徒二年'字下，添入'重法地分系结集十人已上者，仍不以赦降、去官原减'。"从之。参见（清）徐松：《宋会要辑稿》职官四八之六六，刘琳、刁忠民、舒大刚、尹波等点校，上海古籍出版社 2014 年版，第 4358 页。是时正在编修《元符敕令格式》，故推测《元符敕令格式》中当有此条规定。参见（清）徐松：《宋会要辑稿》，刘琳、刁忠民、舒大刚、尹波等点校，上海古籍出版社 2014 年版，第 8231 页。

续表

编号	时　间	恩赦限制	相关立法	出　处
47	1098 元符 1.8 己丑	于人户处借贷公使什物器用陈设，并州县安设所须之物		长编 501
48	1098 元符 1.9 丁卯	公人被差勾当及随官员不得借请兑钱物，若官员容纵及勘给官司		长编 502
49	1099 元符 2.2 丁酉	将赐河北安抚司度僧牒之回易收息挪作他用者		长编 506
50	1099 元符 2.7 庚申	承受制书官文书及为人掌寄制书官文书，在赦前亡失，不曾经官司自陈而赦后事发者		长编 513
51	1099 元符 2. 闰 9 辛巳	将供官之物辄抛降下县收买及造制物色者		宋会要刑法 2.42/长编 516
52	1101 建中靖国 1.3.27	马递铺使臣私役所辖兵级、铺夫	《元符敕令格式》[174]	宋会要方域 10.26
53	1105 崇宁 4.2.10	违法保任冒试者		宋会要职官 33.10

〔174〕［徽宗建中靖国元年（1101年）］三月二十七日，中书省、尚书省言："检会《元符职制敕》，马递铺使臣私役所辖兵级、铺夫，罪轻者徒二年，不以赦降原减。看详元祐以前编敕，并无遇赦降不与原减之法，乞止科徒二年罪。"从之。可见此条文存在于《元符敕令格式》之职制敕中，且元祐以前编敕中无，建中靖国元年（1101年）三月二十七日又将该罪"不以赦降原减"之规定删去。参见（清）徐松：《宋会要辑稿》，刘琳、刁忠民、舒大刚、尹波等点校，上海古籍出版社2014年版，第9476页。

续表

编号	时　间	恩赦限制	相关立法	出　处
54	1105 崇宁 4. 9. 8	经略司及沿边安抚司供报不实不尽		宋会要职官 41. 125
55	1106 崇宁 5. 8. 19	诸路监司属官有公事差委勾当者，未径诣所差处，沿路见州县官及受馈送		宋会要刑法 2. 46
56	1106 崇宁 5. 10. 16	监司体量怀奸挟情、不实不尽	诸监司被旨体量公事，遇本司阙官，或有故不可亲往体量而所差官同。怀奸挟情不实不尽者，以违制论，不以赦降原减《庆元条法事类》职制敕[175]	诏令 196
57	1107 大观 1. 8. 28	诸路监司所定守令考课等第不当		宋会要职官 59. 14
58	1107 大观 1. 8. 28	纲运管押人经过州县不即时勘支赶发		宋会要食货 43. 5，食货 47. 4
59	1107 大观 1. 闰 10. 24	州县及当职官奉行茶盐法稽慢违戾		宋会要食货 30. 36
60	1108 大观 2. 3. 4	和预买䌷绢以他物准折		宋会要食货 38. 7
61	1108 大观 2. 6. 29	乞取蕃族熟户财物至一百贯或奸若略人者		宋会要兵 4. 36

[175] （宋）谢深甫：《庆元条法事类》卷八《职制门五·定夺体量》，戴建国点校，黑龙江人民出版社 2002 年版，第 141 页。

续表

编号	时 间	恩赦限制	相关立法	出 处
62	1108 大观 2.12.8	监司并属官、帅司等处差勾当公事官于旧例册外，别作诸般名目收受馈送		宋会要刑法 2.48-49
63	1110 大观 4.5.4	诸西人入贡，编栏使臣不觉察诸色人私有交易		宋会要蕃夷 7.43
64	1111 政和 1.9.18	一岁中监司部内有亲属倚势犯法之官吏，如及三人以上，或虽不及三人，而有曾荐举者		宋会要职官 45
65	1113 政和 3.1.29	诸州兵官任满，若差不及一半，或虽差足，兵士逃亡一半以上		宋会要食货 43.8，47.6
66	1113 政和 3.3.7	方田顷亩出缩，土色交错，致所纳税赋不均，其指教并方量官吏科罪		宋会要食货 4.12，食货 70.119
67	1113 政和 3.3.18	诸路大礼上供钱物纲，沿流州军附搭诸般官物		宋会要食货 43.8，47，7
68	1113 政和 3.7.9	经略司及沿边安抚司故隐匿探到事宜	原文有“诏比类立法”一语	宋会要兵 29.5
69	1113 政和 3.8.13	合磨勘月日，如有差误，隐漏失当		宋会要职官 11.27

续表

编号	时 间	恩赦限制	相关立法	出 处
70	1113 政和 3.9.19	州县及当职官奉行茶法稽慢违戾，或有沮抑者	原文有“增修到下条”一语，应被编修入法	宋会要食货 32.6
71	1114 政和 4.2.2	州县居养、安济人诈冒及保明不实		宋会要食货 60.6，68.135
72	1114 政和 4.4.20	诸路拖欠钱物，未于元立期限起发数足		宋会要食货 51.42
73	1115 政和 5.5.25	盗诈或贸易祠庙献马	《政和敕令格式》〔176〕	宋会要兵 21.21
74	1115 政和 5.12.25	应附传宣使臣而不附奏		宋会要职官 4.16
75	1115 政和 5.12.19	吏部郎中右选从义郎至校尉依式供具脚色等状，同书铺书缴纳，若有缺漏不实，官员、书铺科罪		宋会要选举 25.15-15
76	1116 政和 6.6.4	诸县尉司招置弓手，上三等人户辄敢计会投充者，官吏、本保正副依条科罪		宋会要兵 1.1

---

〔176〕 政和五年（1115 年）五月二十五日，枢密院言：“……本司看详诸祠庙献马，若盗诈或贸易，虽有条断罪，诚恐未足禁戢。况关防亦未严备，理宜增立约束及注籍拘管。其在官之人有犯，既非缘公，无用去官之理，不须修立去官。若以隐匿为文，亦似未至详显，合明立盗诈之文。今拟立如后：诸盗诈或贸易祠庙献马者，不以赦降原减。诸承报祠庙献马计程不到者，移文勘会。诸祠庙献马，本州依限差人牵纳外，别具马记验去处，记验谓吊星、玉面、前后脚白之类。入马递预报。专切提举京畿监牧司仍岁终具献马人姓名、逐匹字号，供报本司。”诏依条修订。根据“有条断罪”、“依条修订”等语，结合本段前引政和令，可推测此条“不以赦降原减”或为政和敕条文。参见（清）徐松：《宋会要辑稿》，刘琳、刁忠民、舒大刚、尹波等点校，上海古籍出版社 2014 年版，第 9059 页。

续表

编号	时　间	恩赦限制	相关立法	出　处
77	1116 政和 6.12.5	诸州以私钱物就公使库若场务酝酒者		宋会要食货 21.17
78	1117 政和 7.10.21	应承受颁朔布政诏书，监司不以时检举下诸州		宋会要礼 24.82
79	1118 政和 8.2.25[177]	监司以御前钱物计置到物用为己有		宋会要刑法 2.70/诏令 145
80	1118 政和 8.5.23	城寨官、公使库官员使臣收买汉蕃弓箭手、厢禁军、马递铺之类请受文榜，兴贩转放		宋会要刑法 4.36
81	1118 重和 1.11.22	应催促取会上供钱谷文字不报		宋会要食货 56.37
82	1118 重和 1.12.14	诸折变、支移、和买，以贵为贱、以贱为贵及多寡丰歉不实者		宋会要职官 3.49
83	1118 重和 1.12.15	违仪[178]不奉行者		宋会要刑法 2.73
84	1119 宣和 1.3.13	内外官司奏请借用禁军封桩匹帛钱物		宋会要食货 64.37
85	1119 宣和 1.3.14	官司稽违，三经弹劾违慢如故者		宋会要职官 17.18，刑法 2.74

[177] 《宋大诏令集》记为“政和八年（1118年）二月二十六日”。

[178] 据上文，“仪”指《新仪》，应为《政和五礼新仪》，政和三年（1113年）四月颁行。参见（元）脱脱等撰：《宋史》卷二十一《本纪第二十一·徽宗三》，中华书局1977年版，第391页。

续表

编号	时　间	恩赦限制	相关立法	出　处
86	1120 宣和 2. 5. 13	陕西籴买，帅司及州县城寨等处官吏缘籴事循私意		宋会要食货 40. 8
87	1120 宣和 2. 6. 19	军人、公人偷盗作过及留滞损坏纲运		宋会要食货 43. 10，食货 47. 8
88	1121 宣和 3. 2. 23	违法差占诸县弓手	《元丰敕令格式》〔179〕	宋会要兵 12. 23
89	1121 宣和 3. 3. 13	急递所传文字不应发而发，致角数浩瀚，人力不胜，有误军期		宋会要方域 10. 35
90	1121 宣和 3. 闰 5. 15〔180〕	公人、吏人故纵牙人、铺户、私贩人买卖私茶		宋会要食货 32. 11
91	1121 宣和 3. 10. 4	园户辄卖茶与无引人，及虽有引人而过数及买之者		宋会要食货 32. 13
92	1122 宣和 4. 11. 15	窑务监官并官员、宗室、纲运船筏内管押人窝藏强盗及杀人贼		宋会要兵 12. 27
93	1124 宣和 6. 闰 1. 28	开封府祥符县巡检、县尉下弓兵，干托差借，或以防守寺园为名，致妨巡捕者		宋会要兵 12. 18

〔179〕［宣和三年（1121 年）二月］二十三日，都省言："契勘诸县弓手多者不过百余人，其间不无老弱疾病。近来诸县因循驰慢，多有违法差使。其所差弓手，又计会干求干当词讼公事，缓急贼发，阙人擒捕，遂至滋蔓，甚非设法之意。"诏并依元丰法，今后如违法差占，以违制论，仍不以去官赦降原免。诸路施行。则该条或为元丰敕。（清）徐松：《宋会要辑稿》，刘琳、刁忠民、舒大刚、尹波等点校，上海古籍出版社 2014 年版，第 8845 页。

〔180〕原为重和元年（1118 年）十二月十九日御笔，于宣和三年（1121 年）闰五月五日诏申明行下。

续表

编号	时　间	恩赦限制	相关立法	出　处
94	1124 宣和 6.3.8	酒税课利诸州有违欠不桩日分，或虽正收桩而辄敢别作支移		宋会要职官 42.49
95	1125 宣和 7.2.14	诸路漕臣，未如期给散应合支军兵衣粮，或虽给而夹杂糠秕及用麄色折兑		宋会要食货 54.6
96	1125 宣和 7.4.14	诈称脚色等亡失、转与他人、妄托姓名，及将付身增改，或诈承物故人伪命、敕告、宣札冒滥补换，且限外不首纳		宋会要兵 17.15
97	1127 建炎 1.8.10	忠义巡社官司，并本辖官等，若专擅拘抽私役差使		宋会要兵 2.54
98	1129 建炎 3.9.16	诸路漕司差官根刷到诸路物钱，见于别库寄收，并以后州县起到钱物，并须管依法于军资库桩收，如违及不经勘旁支给		宋会要食货 52.32，食货 54.7
99	1129 建炎 3.9.17	诸路监司辄差待阙官出干事		宋会要职官 45.16
100	1131 绍兴 1.5.24	过往奉使监司等官违法差役		宋会要方域 10.48

续表

编号	时　间	恩赦限制	相关立法	出　处
101	1132 绍兴 2. 12. 8	亭户辄将煎到盐货冒法与私贩军兵百姓交易		宋会要食货 26. 15
102	1133 绍兴 3. 2. 1	贩箭簳往山东，其有透漏并元装发州县当职官吏科罪		宋会要刑法 2. 106/要录 62
103	1133 绍兴 3. 4. 5	应差破送还人兵，未依条合得之数指定的实去处，妄指远处，及冒借请受者		宋会要职官 14. 7
104	1133 绍兴 3. 4. 19	官吏、作匠漏泄见管军器、衣甲数目		宋会要食货 52. 27
105	1133 绍兴 3. 10. 2	客人以箬叶重龙及于茶篰中藏筋鳔漆货过淮，前往外界货卖，当职官吏等科罪		宋会要刑法 2. 107
106	1133 绍兴 3. 10. 11	亭户、非亭户煎盐与私贩及军人聚集百姓依藉军兵声势私贩拒捕者		要录 69
107	1134 绍兴 4. 9. 15	应捕获奸盗，及军中有犯罪当诛戮者，并令依法勘鞫，俟狱成方得行遣。如事干机速，不可待者，须对众研穷，审取伏状，然后加刑，仍即时报宪司验实保明以闻。如违，皆科罪。		要录 80

续表

编号	时　间	恩赦限制	相关立法	出　处
108	1135 绍兴 5. 闰 2. 8	市舶务监官并见任官诡名买市舶司及强买客旅舶货		宋会要职官 44. 19
109	1135 绍兴 5. 8. 18	抱券请人违法帮勘，若所请官物稍多，或累次违犯，或系从来作过之人		宋会要职官 27. 59
110	1138 绍兴 8. 3. 19	新复州军官员到阙整会差遣之类，如所属婿吏乞觅		宋会要职官 8. 22
111	1139 绍兴 9. 9. 23	客人乘海船兴贩牛皮觔角等货卖，其经由透漏并元装发州县知、通、令、各当职官吏科罪	绍兴七年（1137年）四月二十九日指挥	宋会要食货 31. 6
112	1139 绍兴 9. 12. 12	如不曾贴纳引钱，擅自过逐路及沿边州军贩卖，经由州县失觉察，当职官科罪		宋会要食货 31. 7
113	1140 绍兴 10. 1. 12	泛印钱引者		要录 134
114	1140 绍兴 10. 4. 21	新复州军官员到行在整会差遣之类，如所属胥吏非理阻抑，乞觅一钱以上，取与并过渡人并一等计赃，重行科罪		宋会要刑法 2. 150

续表

编号	时　间	恩赦限制	相关立法	出　处
115	1141 绍兴 11. 1. 17	诸吃菜事魔或夜聚晓散、传习妖教、托幻变术者	《绍兴敕令格式》	宋会要刑法 2. 112
116	1141 绍兴 11. 8. 7	(1) 应干托州县雇人，辄差科或以官钱应付，及于寺观人户借夫，或以借夫为名收受雇直入己；(2) 官属出巡及官员被差干办公事合雇人夫辄过数，及于街市驱逐卖物村民		宋会要刑法 2. 151
117	1141 绍兴 11. 12. 10	官司擅行应副借兑，拘截取拨诸路所收经总制钱，及不即拘收起拨辄有侵支互用		宋会要食货 35. 24，64. 93
118	1143 绍兴 13. 4. 23	寄居士大夫干扰州县		要录 148
119	1146 绍兴 16. 3. 3	借兑州县常平钱物		要录 155
120	1147 绍兴 17. 10. 6	州县多侵用封桩钱物，将仓库寓于民舍僧寺		要录 156
121	1156 绍兴 26. 闰 10. 15	州县违法差雇夫轿车马之类及驱逐街市卖物村民		宋会要刑法 2. 154
122	1158 绍兴 28. 4. 26	应因怀挟殿举，并令实殿举数		宋会要职官 13. 12，选举 4. 32

续表

编号	时　间	恩赦限制	相关立法	出　处
123	1158 绍兴 28.9.15	诸以铜钱与蕃商博易者，及经由透漏巡捕或故纵州县，知通、县令丞、镇寨官、市舶司官吏、帅臣监司之在置司州者	诸以铜钱与蕃商博易者，徒二年，五百文加一等，过徒三年一贯加一等。徒罪配二千里，从者配千里；流罪配三千里，从者配二千里；五贯配广南，从者配三千里；十贯配远恶州，从者配广南。知情引领、停藏、负载人减犯人罪一等，仍依从者配法。以上并化外人有犯者，并奏裁，各不以赦降原减。许徒伴及诸色人捕，除依格支赏外，随行钱物并给捕人，其犯人并知情引领、停藏、负载人名下家产并藉没入官。《庆元条法事类》卫禁敕[181]	要录 180

〔181〕（宋）谢深甫：《庆元条法事类》卷二十九《榷禁门二·铜钱下海》，戴建国点校，黑龙江人民出版社2002年版，第415页。

续表

编号	时 间	恩赦限制	相关立法	出 处
124	1159 绍兴 29. 7. 5	官司于役人有所圆融及科买配卖者		宋会要食货 65. 91
125	1160 绍兴 30. 5. 16	妄有攀引而官吏辄有与申陈者		宋会要职官 11. 39
126	1162 绍兴 32. 12. 5	诸县人户已纳税租钞和预买䌷绢钱物之类同不即销簿者，其人户自赍户钞出，官不为照，使抑令重叠输纳者	刑部条法〔182〕	宋会要食货 35. 11，食货 70. 145/通考 5
127	1163 隆兴 1. 12. 13	应抽解物不出州界货卖更行收税者		宋会要职官 44. 26
128	1167 乾道 3. 10. 30	园户以茶子、茶苗辄贩卖与诸色人，致博卖入蕃，及买之者、停藏负载之人	其中贩卖茶子的罪刑规定，系绍兴十二年（1142 年）十一月二十五日指挥〔183〕	宋会要食货 31. 18

---

〔182〕［绍兴三十二年（1162 年）］十二月五日，刑部立下条件："诸县人户已纳税租钞和预买䌷绢钱物之类同。不即销簿者，当职官吏各杖一百，吏人仍勒停。其人户自齎户钞出官，不为照使，抑令重叠输纳者，以违制论，不以赦降原减，许人户越诉，专委知、通检察。知情容庇者，与同罪。仍令提刑司每季检举，出榜晓示民户通知。"由"刑部立下条件"，推测此条应收入刑部一司法中。参见（清）徐松：《宋会要辑稿》，刘琳、刁忠民、舒大刚、尹波等点校，上海古籍出版社 2014 年版，第 6759 页。

〔183〕［乾道三年（1167 年）］十月三十日，四川茶马司言："已立罪赏，禁贩茶子入蕃。近有奸猾之人，却将已成茶苗公然博买入蕃，乞依茶子罪赏指挥。"户部言："绍兴十二年十一月二十五日指挥：园户收到茶子，如辄敢贩卖与诸色人，致博卖入蕃，及买之者并流三千里，其停藏、负载之人各徒三年，分送五百里外，并不以赦降原免。许诸色人告捉，每名赏钱五百贯，内茶园户仍将茶园籍没入官。州县失觉察，当职官并徒二年科罪。今茶苗比之茶子，为害尤重，乞依本司所请。"从之。参见（清）徐松：《宋会要辑稿》食货三一之一八，刘琳、刁忠民、舒大刚、尹波等点校，上海古籍出版社 2014 年版，第 6688 页。

续表

编号	时间	恩赦限制	相关立法	出处
129	1168 乾道 4.4.19	兴贩鳔胶之物泛海者及知情引领停藏负担乘载之人、经由透漏州县官吏、公人、兵级		宋会要兵 29.19
130	1168 乾道 4.5.14	常平、义仓有陈损		宋会要食货 53.31，62.43
131	1168 乾道 4.9.12	县分令佐公吏预借人户赋税		宋会要食货 10.25，食货 70.60
132	1170 乾道 6.2.17	盐法州县及当职官奉行稽慢违戾，或有沮抑者		宋会要食货 27.34
133	1170 乾道 6.7.28	大理寺官吏于狱事受财		宋会要职官 24.31
134	1171 乾道 7.5.27	园户辄将茶子转卖入蕃及买之者	绍兴十二年（1142年）指挥	宋会要职官 43.114
135	1171 乾道 7.7.28	逐州通判印给契纸数目及人户请买钱数若上报有不尽不实		宋会要食货 35.15，食货 70.148

续表

编号	时　间	恩赦限制	相关立法	出　处
136	1174 淳熙 1.1.8	诸路禁囚有不得其死或人数稍多，狱官、令佐、守倅悉坐其罪	诸囚在禁病死，因捶考过伤及疾病不治，责出十日内死而事理轻者同。岁终通计所禁人数，死及一分，狱子杖一百，吏人减一等，当职官又减一等，每一分递加一等，罪止徒一年半，仍不以去官赦降原减《庆元条法事类》断狱敕[184]	宋会要刑法 6.70
137	1195 庆元 1.2.2	应经界以来打量图帐，与夫逐年乡司税籍，并行拘置官府，以候检核。民间或有隐匿，并与乡司同坐侵移之罪		宋会要食货 68.135
138	1198 庆元 4.2.3	盗文书		宋会要职官 8.51
139	1199 庆元 5.10.5	检察马纲，若羸瘠或疋数不全，纲吏与主管驿程者皆坐罪		宋会要兵 26.11

[184] （宋）谢深甫：《庆元条法事类》卷七十四《刑狱门四·病囚》，戴建国点校，黑龙江人民出版社 2002 年版，第 765 页。

续表

编号	时　间	恩赦限制	相关立法	出　处
140	1213 嘉定 6. 12. 7	纲运有侵盗换易，纲官、元差当职官科罪		宋会要食货 44. 17
141		诸监主以官物私自贷，虽有还意而不还，或偿不足者，计所少之数，不以赦降原减	廐库敕	宋会要食货 45. 11
142		陕西诸路改革钱制，重定物价，如妄议沮格不承		诏令 184

明治宪法的立宪主义要素与国体要素

陈恒鑫*

一、明治宪法概述

（一）明治宪法：基于近代立宪主义的日本宪法

明治宪法即《大日本帝国宪法》，为与现行的《日本国宪法》相区别又被称为“旧宪法”，是基于近代立宪主义而制定的日本宪法。1889 年（明治二十二年）2 月 11 日明治天皇发布《大日本宪法发布诏敕》[1][2]，明治宪法随之向国民发布，1890 年（明治二十三年）11 月 29 日正式实施。明治宪法依次由天皇、臣民权利义务、帝国议会、国务大臣及枢密顾问、司法、会计和补则组成，共七章、七十六条。

明治宪法存续至 1947 年（昭和二十二年）5 月 2 日，1946 年（昭和二十一年）11 月 3 日根据其第七十三条的宪法修正程序公布了《日本国宪法》。直至 1947 年（昭和二十二年）5 月 3 日《日本国宪法》施行，明治宪法在半世纪以上的时间里一次也未被修改。《日本国宪法》通过后，明治宪法被宪法学者们评价为“外见立宪主义”、“君权神授说”的宪法。若除去短期生效即被废止的《奥斯曼帝国宪法》，明治宪法实际上是亚洲第

---

* 中南财经政法大学 2018 级硕士研究生。

〔1〕 明治宪法虽使用“大日本帝国宪法”作为标题，但诏敕中则称其为“大日本宪法”，因当时并未定立正式国号。直至 1936 年（昭和十一年）才确立“大日本帝国”为正式国号，在此之前“日本国”“日本”等名称也被使用。

〔2〕［日］柴田勇之助：《明治詔勅全集》，皇道馆事务所 1907 年版，第 26~27 页。

一部近代宪法。

（二）起草前后的政情

明治维新初期，要求实行立宪政治的呼声日益强烈，日本全国范围内广泛展开了以开设议会和制定宪法为基本要求的自由民权运动，迫于压力的明治政府于1875年4月颁布了以承诺逐渐建立立宪政体为主要内容的《渐次立宪政体树立之诏书》。

当时除欧美各国外并无实现立宪政制的国家。虽然1876年奥斯曼帝国为建立立宪政制制定了《奥斯曼帝国宪法》，但仅仅两年时间奥斯曼帝国便陷入宪法停止执行，议会解散的窘境。

对于明治维新后急于变更不平等条约，欲与欧美列强构筑平等关系的日本而言，一部近代宪法至关重要。尽管在此之前已有许多民间宪法案被发表，但在居于宪法草拟中心地位的伊藤博文〔3〕看来，这些民间宪法案"实质上仅以英、美、法的自由过激论者的著述为金科玉律，简直是要倾覆国家"。

与此同时，一部分保守派力求建立君主专制政体。伊藤博文在认定俾斯麦宪法符合日本现状的基础上推进宪法的制定。在此之前日本处于幕藩体制下的松散状态，国家与国民未能结成一体，因此制定一部国民以天皇为中心团结一致且同时又使议会拥有权力从而达到平衡的宪法成为当务之急。

二、立宪主义要素

日本卷入了立宪主义的历史浪潮，开始了明治维新，制定了明治宪法。但明治宪法并非为保障人权及自由，而是以保留旧体制的机构为目的，其规定的权利具有天皇恩典性质，因此被称为"外见立宪主义"的宪法〔4〕。

日本所学习的德国实际实行的是君主亲政，传统的支配体制发挥着一定程度的作用。而日本的天皇大权在明治维新前有名无实，宪法规定与政

---

〔3〕［日］伊藤博文（1841—1909）：日本近代政治家。幕末时期参加尊王攘夷、倒幕运动，维新后担任岩仓使节团副使，历任初代、第5代、第7代、第10代内阁总理大臣及初代枢密院议长、初代贵族院议长、元老。

〔4〕［日］樋口阳一：《比較憲法》（第3版），青林书院1992年版，第83页。

治实态背离甚远。美浓部达吉[5]等“立宪学派”基于国家法人说、天皇机关说，主张通过宪法限制天皇大权，[6] 强调国家权力并不属于天皇，天皇仅是一个只能依宪法行使职权的国家机关。然而该矛盾导致了天皇机关说事件[7]与统帅权干犯问题的爆发[8]。

明治宪法的立宪主义要素有以下几点：

（一）臣民权利

明治宪法第二章规定了言论自由、结社自由、秘密通信等臣民权利以法律保留为前提得到保障。

这些权利作为由天皇赐予臣民的“恩惠权利”，其享有受到保障。同时，权利限制的依据是“法律规定的情况”“法律的范围内”等所谓“法律保留”或是对“安宁秩序”的要求。这点与制约基本人权以谋求“公共福祉”的《日本国宪法》有所不同。然而现行的《日本国宪法》依据“公共福祉”的限制也是一种根据法律对人权的限制，因此现在有学说认为明治宪法的基本人权是受到很大程度限制的。现行的《日本国宪法》则是开放的，但二者只是限制程度有差异，并无本质区别。从这一观点来看，人权以宪法典的形式明文规定而受到保障具有重要意义，且在当时的历史背景下具有一定的先进性。

（二）议会制

明治宪法第三章规定了开设帝国议会，贵族院由皇族、华族及敕任议员组成，众议院由公选议员组成。

帝国议会拥有法律的协赞（同意）权，臣民权利、义务等法律保留事项非经帝国议会同意不得变更。同时帝国议会享有预算协赞权，通过预算审议享有监督行政的权力。除众议院拥有预算先议权外，贵众两院对等。

---

〔5〕［日］美浓部达吉（1873—1948）：日本著名宪法学及行政法学家、前贵族院议员，主张天皇机关说。

〔6〕［日］樋口阳一：《比較憲法》（第3版），青林书院1992年版，第15页。

〔7〕天皇机关说事件：天皇机关说主张“统治权属于国家这个法人，作为国家最高机关的天皇接受国务大臣的辅弼行使之”，这为天皇军事大权由内阁赋予提供了依据。1935年主张排除内阁对军事行使权限的军部及批判冈田内阁的在野党共同攻击天皇机关说为大不敬的宪法解释学说。

〔8〕［日］国防研究会：《天皇機関説事件の概略》，载 http://www.kokubou.com/document_room/rance/rekishi/seiji/tennoukikansetu.htm#boppatu，最后访问日期：2018年2月1日。

帝国议会还被授予限制性的上奏权及建议权（虽然最终必须有天皇的裁定与国务大臣的副署，但通过建议权，帝国议会可以对实际的政策进行参与）。

虽然明治宪法第三十七条规定“凡一切法律，均须经帝国议会之协赞”[9]，但帝国议会只是“协赞”天皇立法的机关，不享有独立的立法权。且明治宪法第八条规定“天皇为保持公共之安全或避免公共之灾厄，因紧急之必要，在帝国议会闭会期内，发布可代法律之敕令”，[10] 明治宪法第九条规定“天皇为执行法律，或为保持公共之安宁秩序及增进臣民之幸福，亲发或使发必要之命令”，[11] 因此立法权即便不经帝国议会的协赞，通过紧急命令与独立命令也可行使。此外议会在财政监督方面既无权干预皇室费用与军事开支，也无法拒绝执行现行法律所需要的拨款。因此宪法所规定的议会对天皇统治权的制约仅仅是一种装饰。

（三）大臣责任制、大臣进言制

明治宪法第四章规定了国务大臣必须辅弼天皇行使行政大权（在天皇行使权能之时进言）的体制。明治宪法第五十五条规定“国务各大臣，辅弼天皇，负其责任。凡法律敕令及其他关于国务之诏敕，须经国务大臣副署”。[12]

但宪法典并未对内阁及内阁总理大臣作出规定，内阁及内阁总理大臣的规定体现在内阁官制[13]之中。内阁总理大臣尽管被认为是国务大臣之首，但对国务大臣（各省大臣）并无任免权，因而明文上的权限并不强大。[14] 但内阁总理大臣拥有各部总督权，机务奏宣权（请求天皇裁决的奏请权并宣布天皇的裁决的权限）以及国务大臣的奏荐权（奏请天皇任命

---

〔9〕明治宪法原文：凡テ法律ハ帝國議會ノ協贊ヲ經ルヲ要ス。

〔10〕明治宪法原文：天皇ハ公共ノ安全ヲ保持シ又ハ其ノ災厄ヲ避クル爲緊急ノ必要ニ由リ帝國議會閉會ノ場合ニ於テ法律ニ代ルヘキ勅令ヲ發ス。

〔11〕明治宪法原文：天皇ハ法律ヲ執行スル爲ニ又ハ公共ノ安寧秩序ヲ保持シ及臣民ノ幸福ヲ增進スル爲ニ必要ナル命令ヲ發シ又ハ發セシム。

〔12〕明治宪法原文：國務各大臣ハ天皇ヲ輔弼シ其ノ責ニ任ス 凡テ法律勅令其ノ他國務ニ關ル詔勅ハ國務大臣ノ副署ヲ要ス。

〔13〕内阁官制（明治二十二年12月24日勅令第135号）：1889年制定的日本敕令，1947年废止，主要内容为内阁组织及内阁总理大臣职权。

〔14〕《内閣制度と歴代内閣 Ⅰ内閣制度創設明治憲法下の内閣制度》，载日本国首相官邸：http：//www.kantei.go.jp/jp/rekidai/1-1.html，最后访问日期：2018年2月13日。

的权限)，因此内阁总理大臣实际上拥有着强大的权力。

明治宪法未对“内阁”与“内阁总理大臣（首相）”作出规定，这是因为伊藤博文听从格耐斯特的指导，以1871年俾斯麦宪法为蓝本制定新宪法。格耐斯特建议伊藤博文“不应采取英国式的责任内阁制度。因为设置随时都能让大臣辞职的首相会使君主的权力缩小。归根到底行政权是国王或皇帝的权力，不可将其转移给首相”。采用该意见后，战前的日本在宪法上是“不存在内阁与首相的国家”，之后注意到该缺陷的军部以“陆海军直属天皇”的规定为挡箭牌无视政府，为所欲为。

这种缺陷是“统帅权干犯问题”的本质。进入昭和时代前明治维新的功臣都拥有元勋因此尚无大碍，然而元勋者相继离世，问题也随之产生。并且有观点认为明治宪法作为“不朽大典”其条文不能更改，可以说因此决定了昭和时代的悲剧。[15]

（四）司法权的独立

明治宪法确立了司法权的独立。明治宪法第五十七条规定“司法权，由裁判所以天皇之名，依法律行之”[16]，司法权通过天皇委任裁判所的方式形成。明治宪法下的司法权的独立无论在制度上还是在实际中都得到了一定程度的实现。[17]

明治宪法采用欧洲大陆型的司法制度，行政诉讼的管辖归属于行政厅系统下的行政裁判所而非司法裁判所，其依据是伊藤博文在其所著的《宪法义解》中所提出的“行政权需要从司法权中独立出来”。对此江藤新平于明治初叶主张“司法权需要从行政权中独立出来”，认为即便是行政裁判，行政机关涉及裁判也是对司法权独立的侵害。

三、国体要素

国体，八木秀次将其解释为“一国的基本政治原则”。[18] 事实上是将日本事象特殊化的政治思想用语，其特殊含义是“以天皇为中心的秩序

〔15〕［日］渡部昇一：《世界史に躍り出た日本 第五巻 明治篇》，ワック2010年版。

〔16〕明治宪法原文：司法権ハ天皇ノ名ニ於テ法律ニ依リ裁判所之ヲ行フ。

〔17〕［日］清宫四郎：《憲法I》（第3版），有斐阁1979年版，第42页。

〔18〕［日］八木秀次：《明治憲法の思想 日本の国柄とは何か》，PHP研究所2002年版，第123页。

（政体）”。

“国体论”是将“国体”观念这一以神学为基础而产生的超越制定法的存在引进法律世界，从而将天皇绝对主义作为法律基础，同时强调日本的“国体”的独立性而排斥近代西欧的法理[19]。

加藤弘之在其所著的《国体新论》中批判日本传统中所谓的国体是“野鄙陋劣”的，并指出“欧洲开明论”中的“国家君民权利义务”之理才是“光明正大的国体”。因该言论遭到明治政府中一部分人的批判，加藤弘之亲自将该著书绝版，并改变了思想，基于社会进化论拥护明治国家。

1876年（明治九年）天皇在命令元老院起草宪法的敕语中写道：“基于我国建国之体，广斟海外各国成法以定国宪”，要求基于“建国之体”即国体制定宪法。元老院遵循该敕语所制定的宪法案遭伊藤博文“仅仅是收集改编各国宪法，丝毫未体现我国国体人情”的批判，以废案告终。

1881年（明治十四年）10月12日《国会开设之敕谕》发布。此敕谕已明确“立国之体”即国体，是国家的固有性，“建立立宪政体”乃国家头等要务。被命令起草宪法的伊藤博文在欧洲开展了宪法调查，回国后于1884年（明治十七年）的阁议会议上演讲道：“若施行宪法政治，自然要变换国体”。伊藤博文的部下金子坚太郎批判伊藤博文，主张“万世一系之天子掌握主权的国体不可有丝毫变动，阁下误解了国体与政体的含义”。伊藤博文虽反驳“开设国会改变政体难道不就是变换国体吗”，但从此以后未再提国体变换。大日本帝国宪法制定后，以伊藤博文私著形式刊行的半官方注释书《宪法义解》强调“我国固有的国体凭借宪法愈来愈巩固”。

明治宪法的国体要素主要有以下几点：

（一）万世一系

明治宪法强调了皇室的永续性是皇室的正统性的依据。《告文》（宪法前文）中有文句：“天壤无穷之宏谟，承继惟神之宝祚”。[20]

---

〔19〕［日］众议院宪法调查会事务局：《最高法規としての憲法のあり方に関する調査小委員会：明治憲法と日本国憲法に関する基礎的資料（明治憲法の制定過程について）》，载 http://www.shugiin.go.jp/internet/itdb_kenpou.nsf/html/kenpou/chosa/shukenshi027.pdf/MYMFile/shukenshi027.pdf，最后访问日期：2018年3月24日。

〔20〕明治宪法告文原文：天壤無窮ノ宏謨ニ循ヒ惟ノ寶祚ヲ承継シ。

明治宪法第一条规定“大日本帝国，由万世一系之天皇统治之”。[21]这是近代的政治文书中首次使用“万世一系”这一含有诗意的文言。“万世一系”一词成为官方意识形态的核心，在学校、军营、官方公告、出版物中被普遍使用而广为人知。[22]

（二）总揽者

接受皇祖皇宗“天壤无穷之宏谟”的神意，基于天皇所继承的“国家统治大权”，天皇被置于国家元首、统治权总揽者的地位。简而言之，天皇统治日本的体制即是国体。

以天皇统治的正当性为根据的国体论可大致分为两种。一是起草者井上毅[23]等人所主张的“公共治理”国体论，另一种是其后高山樗牛[24]、井上哲次郎[25]等人所主张的“家秩序”国体论。井上毅等人的国体论基于古事记[26]神话严格区分公私，天皇进行的是“公共治理”，与其他的地方豪族及人民行使“私人所有权”相区别。与此相反，高山樗牛等人的国体论基于当时广泛渗透的以“家”为核心的国民意识，强调“皇室是宗家，臣民是末族”，[27]从而作为宗家家长的天皇对日本（君臣一家）的统治得以正当化。宪法制定之初是以井上毅等人的国体论为基础性原理，然而中日甲午战争后高山樗牛等人的国体论开始逐渐渗透，天皇机关说事件以后文部省《国体本义》中的“君民一体的大家族国家”几乎成了国体论的国家官方解释[28]。

---

〔21〕 明治宪法原文：大日本帝国ハ万世一系ノ大皇之ヲ統治ス。

〔22〕［以］ベン・アミー・シロニー：《母なる天皇—女性的君主制の過去・現在・未来》，大谷坚志郎译，讲谈社2003年版，第31页。

〔23〕［日］井上毅（1844—1895）：日木明治时期的一位政治家。明治维新后，井上毅到日本法务省工作，并被派到德国和法国留学。在1875年，井上毅利用他在欧洲的所见所闻和外语能力，以及岩仓具视的支持，从普鲁士和比利时两国的宪法中抽取精华，并翻译成《帝国宪法》。岩仓具视更鼓励他帮忙起草新日本宪法。

〔24〕［日］高山樗牛（1871—1902）：日本明治时代的文艺评论家、思想家、东京大学讲师、文学博士、明治30年代的言论先驱。

〔25〕［日］井上哲次郎（1855—1944）：日本著名哲学家，活跃于明治时代，曾任日本东京帝国大学哲学教授。1884年至德国留学，学习哲学，1890年回国，将大量欧美哲学介绍到日本。

〔26〕《古事记》。日本最早的历史书籍，编撰于和铜四年（公元711年）。

〔27〕［日］高山樗牛：《我国体と新版図》，载《太陽》1897年3卷22号。

〔28〕［日］铃木正幸：《皇室典範に関する有識者会議 第7回》，载 http：//www. kantei. go. jp/jp/singi/kousitu/dai7/7siryou1. html，最后访问日期：2018年2月24日。

（三）天皇大权

天皇大权即天皇所拥有的广泛权限。明治宪法第四条规定“天皇，为国之元首，总揽统治权，依本宪法条规行之”，[29]所有权利（统治权）由天皇总揽。天皇作为总揽最高权力的统治者，有召集和解散议会，提出、裁定或认可法案（包括宪法法案），发布法律命令，任免官吏，宣战媾和，缔结条约，统帅陆海军，行使大赦、特赦、减刑等各项大权。

特别是明治宪法第十三条规定“天皇有权宣战，媾和，及缔结各种条约”，[30] 以及第九条规定的通过独立命令制定法规等不受议会的制约而行使的权限，这是君主立宪制国家中前所未有的。此外，尽管上述是天皇的权限，但实践中往往是内阁（内阁总理大臣）经天皇做出决断后代为行使。

（四）立法权

拥有立法权的是天皇，帝国议会并非立法机关，仅是立法协赞机关。法律的制定在得到帝国议会的协赞之后也必须得到天皇的批准。在同时代的君主国的宪法中，立法权大多是归君主与国会共有的权能，这样比较虽然可以认为明治宪法是不寻常的立法例，但若没有帝国议会的协赞，法律就无法制定，且天皇从来没有不批准帝国议会通过的法律案，因此事实上帝国议会就是唯一的立法机关。然而作为例外情况，天皇发布紧急敕令和独立命令的权限等实质性立法相关权限被保留，而且仅有天皇享有宪法修正的发案权，帝国议会则不享有。

帝国议会中设置了非由公选产生且拥有几乎与众议院同等权限的贵族院。议会之外设有枢密院等牵制内阁的议会外机关。除此之外还设置了元老[31]、重臣会议、御前会议[32]等法令未作规定的许多职位和机构。

（五）统帅权

明治宪法中统帅权得到了独立，大日本帝国陆军与大日本帝国海军对

---

[29] 明治宪法原文：天皇ハ國ノ元首ニシテ統治權ヲ總攬シ此ノ憲法ノ條規ニ依リ之ヲ行フ。

[30] 明治宪法原文：天皇ハ戰ヲ宣シ和ヲ講シ及諸般ノ條約ヲ締結ス。

[31] 元老：大日本帝国担当天皇重要顾问的非法定职务，一般由幕末与明治维新以来日本的开国元勋担任。

[32] 御前会议：是日本在明治宪法下，天皇临席决定重要国策的会议。

议会（立法府）、政府及内阁（行政府）不负任何责任。

统帅权作为习惯法上的军令机关（陆军参谋本部及海军军令部）的专权，缺少“文民统制”[33] 的概念。军令机关基于统帅权享有帷幄上奏权，统帅权与军部大臣现役武官制[34]一同成为军部政治力量的源泉。进入昭和时代后，军部对此大肆加以利用，陆海军接受作为大元帅的天皇的直接统帅，不必遵从政府的指示，因而军部能够采取如九一八事变等无视政府决定的行动夸耀其势力。

（六）皇室自律主义

通过采用皇室自律主义，将皇室典范[35]等重要宪法规范从宪法典中分离，从而防止议会的参与。

宫中（皇室、宫内省[36]、内大臣府[37]）与府中（政府）遵循各自的原则，互不干涉。但是内大臣在主持宫中事务的同时对内阁总理大臣的选定发挥着重大政治作用，因此宫中与府中并无完全清晰可分的界线。

四、明治宪法的特征与影响

（一）明治宪法的特征

明治宪法的特征主要体现在其立宪主义要素与国体要素两方面，综合上文对明治宪法的立宪主义要素与国体要素的展开梳理，可将明治宪法的特征做如下归纳：

第一，明治宪法是兼具立宪主义要素与国体要素的钦定宪法，议会制度基于立宪主义制定，同时议会的权限又受到国体的限制。明治宪法使日本开始产生了类似于西方的议会制度，日本公民（臣民）的权利由法律明文规定，司法权的独立也得到了一定程度的实现，但明治宪法在贯彻立宪主义的同时仍强调“万世一系”、天皇大权等国体要素。

---

〔33〕 文民统制：以文官统管军队的政军关系为基本方针，强调政治相比军事处于优先地位。

〔34〕 军部大臣现役武官制：大日本帝国时期日本内阁的一项制度，依据该制度军部大臣（指陆军省陆军大臣、海军省海军大臣）任用资格须是现役军官，于日本战败后废除。

〔35〕 皇室典范：规定皇位继承顺序、日本皇室的制度与结构相关的法律。

〔36〕 宫内省：根据明治二年（公元1869年）的太政官制、大宝令制定设置的政府部会，主要掌管天皇、皇室及皇宫事务，1947年改制为宫内府，1949年再度改制为今天的宫内厅。

〔37〕 内大臣府：辅佐天皇、负责宫廷之文书等事务之政府机关，其最高长官为内大臣，创立于1885年，1945年废止。

第二，明治宪法带有“纲目”性质。对一些具体的问题没作明确规定，而这样做是为了“将来顺应国势的进退，伸缩自如的灵活运用”。[38]

第三，明治宪法施行后虽然凭借帝国议会的成立与裁判所构成法的制定大致形成了权力分立体制，但所有的权力由天皇总揽，其建立的是不完备的权力分立制。明治宪法的统治构造是以国务大臣及帝国议会、裁判所、枢密院、陆海军等国家机关负有各自独立辅弼或协助天皇的责任为形式，这就必然导致任何国家机关都无法优越于其他国家机关（分立主义）。这样一来天皇实际上无法能动地实施统治行为，因此为避免权力分立设置了宪法外实质的统合者（元老等），为解决权力割据、欠缺意思决定中枢的问题而进行了权力的统合。

第四，明治宪法体现了东西方法律文化的有机结合。这部宪法深受德意志帝国宪法及各邦宪法的影响[39]。对此，甚至有日本学者断言，这部宪法只有3条（第一条、第三十一条、第七十一条）是独创的，其余有46条和普鲁士及德意志其他各邦宪法相同[40]。在明治宪法制定的过程中，日本非常重视对外来发达法律制度的借鉴和吸收，但在吸收西方法律内容时，并没有放弃日本法的固有传统，保持了作为东方国家和民族所独有的传统法律和习惯，集西方宪政与日本传统为一体。

（二）明治宪法的影响

作为明治维新的产物，明治宪法的颁布有着重大意义和影响：

首先，明治宪法不仅是日本乃至亚洲历史上第一部近代宪法，也是日本学习西方法制文明的最初成果，对进一步打破封建制度，创建日本近代法律体系产生了重要影响。以明治宪法为开端，日本随后编纂颁布了商法典、民事诉讼法典、刑事诉讼法典、民法典、法院构成法、刑法典，在短短的几十年间迅速建立起六法体系，成为亚洲首个建立完备法律制度的国家。

---

〔38〕［日］真田芳宪：《日本的法律继受与法律文化变迁》，华夏、赵立新译，中国政法大学出版社2005年版，第118页。

〔39〕［日］真田芳宪：《日本的法律继受与法律文化变迁》，华夏、赵立新译，中国政法大学出版社2005年版，第118页。

〔40〕张道行：《日本政治机构》，商务印书馆1937年版。转引自由嵘：《外国法制史》，北京大学出版社2000年版，第176页。

其次，明治宪法的制定，提高了日本在国际上的地位，使欧美列强开始重新认识不断发展的日本。对此，当时的美国驻日公使在给本国的报告中这样说："宪法是这个贤明、自由的政府取得进步的最好证明。这种进步不是一时的试验，也不是这个充满活力的东洋政治体制模仿西方文明的装饰品，而是对日本过去历史的坚定、永远的胜利。这个胜利向各国宣告了日本新时代的到来。"〔41〕尽管这话有些夸张，但确实从另一方面说明了列强对日本新认识的开始。〔42〕

最后，它对当时的亚洲各国，尤其是中国的法制变革产生了很大影响。中国清末的"戊戌变法"以及 1902 年以后的法制变革在很大程度上受到了日本的影响，而清末制定的《钦定宪法大纲》几乎全部照抄明治宪法的内容。从这一点来说，明治宪法的影响已超出了日本。〔43〕

〔41〕［日］牧英正、［日］藤原明久编：《日本法制史》，青林书院 1999 年版，第 348 页。

〔42〕赵立新：《日本法制史》，知识产权出版社 2010 年版，第 190~191 页。

〔43〕赵立新：《日本法制史》，知识产权出版社 2010 年版，第 191 页。

论戊戌变法时期康有为的“立宪”思想

蒋　慧*

引　言

在很长的一段时间里，法学界大多数研究近代宪政的学者都认为戊戌变法是一场宪政运动，[1] 认为以康有为为代表的维新派在这场运动中提出了关于君主立宪的一整套理论，[2] 对后来的宪政运动提供了正反两方面的经验。但是史学界在20世纪70年代其实就对作为上述理论证据支持的《戊戌奏稿》的真伪提出了质疑，认为《戊戌奏稿》中多处明显表达康有为变法期间立宪思想的内容与其他更具权威性的一手史料的记载并不一致，系后来伪造而成，继而认为康有为在戊戌变法期间根本没有形成西方近代意义上的立宪思想。于是戊戌变法时期，康有为究竟有没有提出和持有立宪思想就成了一个值得研究的问题。

目前对这个问题的研究，有三条思路：第一，一些学者从康有为在戊戌变法前后对“宪法”的论述内容出发，认为其并不理解宪法的真实涵义以及实质要求，只是将其与普通法律混为一谈，因而更谈不上具备立宪思想了，例如陈新宇在《戊戌时期康有为法政思想的嬗变——从〈变法自强

* 南京大学法学院法律史2017级研究生。

〔1〕 参见张晋藩:《中国宪法史》，吉林人民出版社2004年版，第32页。

〔2〕 参见殷啸虎:《近代中国宪政史》，上海人民出版社1997年版，第22页。

宜仿泰西设议院折〉的著作权争议切入》(2016) 一文中就认为康有为在戊戌变法期间更多的是从中国古典而非近代意义上理解宪法，因而当时并没有君主立宪的动议，〔3〕同样的思路还有饶传平《从设议院到立宪法——晚清"Constitution"汉译与立宪思潮形成考论》(2011)〔4〕等文。第二，一些学者在承继了黄彰健、孔祥吉等人考证《戊戌奏稿》的部分内容系伪造的结论之基础上，对康有为《日本变政考》《波兰分灭记》以及一些重要的代拟奏折进行研读，认为他在戊戌变法期间坚决反对设议院，并且主要提议为设立制度局，因而当时的政治主张并非开国会、立宪法，例如蔡礼强在《论中国近代宪政运动的起源——以康有为与戊戌变法为中心的再考察》(2007)〔5〕一文中的论述。第三，其他一些学者回避了《戊戌奏稿》中的涉嫌伪造的内容，转而从《上清帝第五书》《第六书》等资料分析认为康有为在百日维新期间的议会思想发生了转变，即在公举和下院的设置上做出妥协，但并不代表其放弃了君主立宪的主张，例如李春馥《戊戌前后康有为议会思想的转变及其过程——以〈第五书〉和〈第六书〉之后从上下院到上议院的转变过程为主》(2007)〔6〕一文的论述。上述研究虽然各自根据不同的文本、从不同角度对康有为在戊戌变法期间是否具有立宪思想进行考察，但是选择的资料并不全面，也存在一些单纯从某一字段研究其涵义而不结合其他史料的问题，所以本文试图将康有为在变法前夕以及变法期间的著书、奏折、报刊著文有机联系在一起，从不同角度研究这一问题。

本文正文部分分为四个部分：首先，根据康有为所写的《上清帝第五书》、代拟的《请设议政处折》《变法先后有序乞速乾断折》等关于议院以及立宪法的内容，研究其在百日维新前夕对于立宪的态度；其次，分析其在百日维新期间进呈的书稿《波兰分灭记》以及代写的奏折的真实内

〔3〕参见陈新宇：《戊戌时期康有为法政思想的嬗变——从〈变法自强宜仿泰西设议院折〉的著作权争议切入》，载《法学家》2016年第4期。

〔4〕参见饶传平：《从设议院到立宪法——晚清"Constitution"汉译与立宪思潮形成考论》，载《现代法学》2011年第5期。

〔5〕参见蔡礼强：《论中国近代宪政运动的起源——以康有为与戊戌变法为中心的再考察》，载《中国社会科学院研究生院学报》2007年第2期。

〔6〕参见［韩］李春馥：《戊戌前后康有为议会思想的转变及其过程——以〈第五书〉和〈第六书〉之后从上下院到上议院的转变过程为主》，载《清史研究》2007年第4期。

容，考察他在此时对于议院与宪法之间关系的认知、君权和议会权力孰大的主张；复次，通过比较西方近代意义上的立宪思想的本质与康有为的主张，来剖析二者的联系与区别，并分析存在区别的原因；最后，得出结论：康有为在戊戌变法期间虽然对议会的本质要求有所理解，但是并不了解宪法的含义及其与议会的关系，所以并不可能具备立宪思想，不过康有为及其学生之后确实为立宪思想在中国的广泛传播做出了贡献。

一、百日维新之前康有为关于议院以及立宪法的主张

虽然百日维新正式开始于光绪二十四年（1898年）六月十一日，但是在这之前康有为撰写了一系列上清帝书，而其中最能代表康在戊戌变法期间的总体改革思想的是《上清帝第五书》和《上清帝第六书》，所以本文从其写于光绪二十三年（1897年）十一月的《上清帝第五书》开始试图解析康有为在戊戌变法期间的"立宪"思想。

（一）《上清帝第五书》

康有为在光绪二十三年（1897年）十一月撰写了《上清帝第五书》，其中提到了"定宪法"，即"……自兹国事付国会议行，纡尊降贵，延见臣庶，尽革旧俗，一意维新，大召天下才俊，议筹款变法之方，采择万国律例，定宪法公私之分，大校天下官吏贤否，其疲老不才者，皆令冠带退休。"〔7〕

这之中"采择万国律例，定宪法公私之分"两句被一些学者认为是康有为首次明确提出君主立宪的主张，例如吴爱萍在《维新变法时期康有为宪政思想略论》中认为，从这两句可以看出，康有为君主立宪的主张是在1897年冬德国强占胶州湾、列强掀起瓜分中国的狂潮之际，在第五次上书中提出的。〔8〕一些学者将此句与《上清帝第二书》《上清帝第三书》和《上清帝第四书》中的"议郎"制度相联系，认为康有为在第五次上书中

〔7〕康有为：《上清帝第五书》。转引自孔祥吉编著：《康有为变法奏章辑考》，北京图书馆出版社2008年版，第106~114页。

〔8〕参见吴爱萍：《维新变法时期康有为宪政思想略论》，载《江西社会科学》2006年第2期。

首次将设议会和定宪法结合起来，将立法的权力赋予了议会。[9]

根据康有为写于1895年的《上清帝第二书》记载，“令士民公举博古今、通中外、明政体、方正直言之士，略分府县，约十万户，而举一人，不论已仕未仕，皆得充选，因用汉制，名曰议郎……准其随时请对，上驳诏书，下达民词。凡内外兴革大政，筹饷事宜，皆令会议于太和门，三占从二，下部施行。所有人员，岁一更换，若民心推服，留者领班，著为定例，宣示天下。”[10] 也就是说，首先，以府县为单位，大概十万户人推举出一个博古通今、了解政体并且敢于直言的人，不管是否在朝为官，都有被公举的资格，因为这种制度汉代已经有了，所以依然称之为议郎。其次，议郎的职责是对上可以对诏书有异议，对下需要传达普通民众的想法，而且不管是内外预兴起或革除的重大政治举措，还是财政事宜，都让议郎在太和门举行会议，三分之二多数通过，再由下面的部门施行。最后，议郎以一年为期更换人员，如果民心推服的，则可以留下继续担任议郎并领班，把这些规则写成定例，宣告天下。从议郎的选举方式来看，康有为建议议郎由普通百姓公举产生，使议郎从产生开始就代表了百姓的意愿；从职能设置来看，其职能为连接皇帝与百姓之间的桥梁，这说明即使康有为对于人民和国家的关系之理解可能还停留在君舟民水的传统意义上，但他认识到了西方的议会制度是在构建一个君民上下共通的结构，使得百姓的意志被传达甚至听从；从议郎会议上决策的通过机制来看，即三分之二的多数通过，以及限制议郎的任期以保障民心推服，表明康有为对于议会的组织机制也比较了解。另外，在《上清帝第四书》中，康有为又提出在省府州县都设置议院和议郎，将议郎制度从中央发展到地方，以通下情，可见康有为对西方的议会制度确实有所认知。

但是他在1897年的时候显然对“宪法”还不甚了解，更不用提对议院和宪法的关系有所认识了。就《上清帝第五书》的内容来看，一者，其实康有为并没有点明这两句中的“宪法”的含义，虽然康在1896年的《日本书目志》中提到了很多有关宪法的书目，但是从他对这些著作的评

---

〔9〕 参见倪学新：《论戊戌变法时期康有为的议会思想》，载《福建师大福清分校学报》1999年第1期。

〔10〕 康有为：《上清帝第二书》。转引自汤志钧编：《康有为政论集》，中华书局1981年版，第134~135页。

价与说明来看，他仅仅说“右外国宪法七种。聚大众则不能无律法以治之，族有谱，国有法，天之理也。日本自维新以来，考求泰西之政，更立法度，讲义图解详哉”，[11] 他把宪法与普通法律混为一谈，笼统地认为是用来治理民众的，并没有突出宪法在保障个人权利以及权力分立上的重要意义，所以他并不理解宪法的实质，在他到1898年之前的言论与著书中也没有进一步对宪法实质进行阐述的内容，所以难以确认《上清帝第五书》中的“宪法”是立宪意义上的宪法；二者，通读《上清帝第五书》，可以看出康有为论述的重点在于“集群材咨问以广圣德，求天下上书以通下情”，也就是说要把天下英才集结到皇帝身边以供咨询，使他们的上书都能被皇帝看到，也就是康有为在后来的变法过程中一直强调的设立制度局和待诏所，而对于君主的权力和国会的权力关系以及国会的产生机制并没有多加论述，所以也难以看出其在《上清帝第五书》中有明显的君主立宪主张。至于有学者提到康有为在《上清帝第五书》中首次将设议院和立宪法结合在一起，说明他认识到了议会的立宪功能，[12] 但是笔者以为即使康有为在此次上书中表达出由国会采纳和选择其他国家的律例以及定“宪法”，也是基于他并不真正理解宪法的实质。他只是把国会作为一个普通的立法机构，在一批精英的运作下完成立法工作，至于完成的法律是否具有保障人民权利以及实现权力分立的价值取向则未加考虑，即康还未认识到议会的立宪价值。

（二）康有为代拟的《请设议政处折》

1898年二月初八日，御史宋伯鲁上奏由康有为代拟的《请设议政处折》，奏折中提出了，“今拟略师泰西议院之制，仍用议政名目，设立议政处一区，与军机、军务两处并重。令各省督抚举实系博通古今、洞晓时务、体用兼宏者各一人，令京官一品以上者，共举十人，无论已仕未仕，务限一月内出具考语，咨送吏部，引见后即充当议政员，以三十员为限。月给薪水，轮流住班，有事则集，不足则缺。凡国家大政大疑，皆先下议政处，以十日为限，急则三、五日议成，上之军机王、大臣；不可，则再

---

〔11〕 参见康有为撰：《康有为全集：第三集》，姜义华、张荣华校，中国人民大学出版社2007年版，第344页。

〔12〕 参见倪学新：《论戊戌变法时期康有为的议会思想》，载《福建师大福清分校学报》1999年第1期。

议，军机复核无异，乃上之皇上亲裁断而施行焉。"[13]

从议政处的产生来看，人员不分已仕未仕，由官员保举，皇帝钦定，并不是由普通百姓选举人员组成，不能代表人民的意志；从它的职能来看，虽然说凡是国家大政大疑，都先交由议政处讨论决议，再把决议结果上交至军机处，如果军机处认为不可行则再返回议政处重新决议，若军机处复核没有异议，则交给皇上亲自裁决再实施，其实议政处的权力几乎被军机处以及皇帝压制，而且也没有提到其立法立宪的职能，所以与其说是议会，不如说这其实是制度局的变种，与西方由选举产生的代议制机构并无关系。[14]

（三）康有为代拟的《变法先后有序乞速奋乾断以救艰危折》

光绪二十四年（1898 年）四月二十九日，御史宋伯鲁上奏由康有为代拟的《变法先后有序乞速奋乾断以救艰危折》，"特开立法院于内廷，选天下通才入院办事。皇帝每日亲临，王大臣派为参议，相与商榷，一意维新。草定章程，酌定宪法。"[15] 康有为在这篇奏折中提出设立一个专门负责立法的机构，并明确设立的缘由是出于解决六部和总署既是立法者又是守法者的弊端，认为需要论思专官。但是，虽然这个机构负责立法，奏折中也提到了"酌定宪法"之类的字样，但是，办公的地址在宫中，而且皇帝每日亲临相与商榷；其次，选入立法院的人员也必须是通晓天下学问的"通才"，这种精英式的人员构成与西方议会的人员构成显然不同；最后奏折中对"酌定宪法"的解释是既像周人一样悬法象魏，由统治者公布治理国家的一些制度性安排，又像后世的修订会典，说明此处的"宪法"可能并非西方近代意义上的宪法，并没有对权力进行约束的意思。

二、百日维新期间康有为对于"立宪"的构想

（一）康有为通过总理衙门进呈《波兰分灭记》

1898 年百日维新期间，康有为通过总理衙门进呈《波兰分灭记》。康

---

〔13〕《军机处录副·光绪朝·内政类·戊戌变法项》，档号：03-5615-010。

〔14〕茅海建：《论戊戌变法期间康有为梁启超的政治思想与政策设计》，载《中国文化》2017 年第 2 期。

〔15〕康有为：《变法先后有序乞速奋乾断以救艰危折》。转引自孔祥吉编著：《康有为变法奏章辑考》，北京图书馆出版社 2008 年版，第 244 页。

有为也在《戊戌奏稿》中收录《进呈波兰分灭记序》一文，写道“与其分灭于外，惨为亡国之戮囚，孰若付权与民，犹得守府而安荣。乃逡遁迟疑，徘徊不决，至于国势濒危，大势尽去，乃始开国会而听之民献，则已为强邻所制，虽有无数之忠臣义士，终无救于亡矣”。[16] 这里强调了“开国会”“付权与民”对于救亡图存的重要性，认为与其被外国势力所灭，不如把权力交给人民，尚可以保证国家的安宁，如果迟疑不决，以至于国势衰微之际才开始开国会并听从人民的意志，则那时已经被强邻所制约，即使有再多的仁人志士，也难以挽救危亡的国家了。然而故宫博物院所藏的《波兰分灭记》戊戌手写进呈本的内容与此序完全不同，他在此书序言中提到，现在朝中的贵族大臣不肯开制度局来变法，如果现下这样做，还有可能挽回危亡的局势，若稍迟几年，东北俄国铁路修成，俄军长驱南下，则局势再难以控制，所以康想草定宪法，又担心守旧势力不允许。[17] 此处可见康的核心主张为开制度局，而非开国会，而且《戊戌奏稿》中提到所谓“付权与民”在真实的《波兰分灭记》序言中其实并未表述，只提到了“草定宪法”一句，也未解释宪法的内涵，所以《戊戌奏稿》中的此处内容并不能作为康在戊戌变法期间已经具有立宪思想的证据。

（二）《变法自强宜仿泰西设议院折》

光绪二十四年（1898年）七月初三日，内阁学士阔普通武上奏康有为代拟的奏折《变法自强宜仿泰西设议院折》，其中提到“奴才窃思欲除壅蔽，莫如仿照泰西，设立议院……拟请设立上下议院，无事讲求时务，有时集群会议，议妥由总理衙门代奏，外省由督抚代奏，可行者酌用，不可行者，置之。事虽议于下，而可否之权仍操之自上，庶免泰西君民争权之弊。”[18] 内容主要是说，自己认为需要仿照西方设立议院，具体而言，需要设立上下议院，议院形成的建议中可行的就使用，不可行就放置一旁，强调决定议院的决议是否可行的权力在皇帝手上。

而在康有为后来的《戊戌奏稿》一书中，则记载此奏折为《请定立宪

---

〔16〕 康有为：《戊戌奏稿》（宣统辛亥年铅印本）。转引自孔祥吉：《从〈波兰分灭记〉看康有为戊戌变法时期的政治主张》，载《人文杂志》1982年第5期。

〔17〕 参见康有为：《波兰分灭记》（故宫博物院藏）。转引自孔祥吉：《从〈波兰分灭记〉看康有为戊戌变法时期的政治主张》，载《人文杂志》1982年第5期。

〔18〕 参见中国第一历史档案馆藏：光绪二十四年（1898年）七月三日军机处随手登录档。

开国会折》，时间却记载为光绪二十四年（1898 年）的六月，内容也与第一历史档案馆中记录的此奏折不一致，为“巨窃闻东西各国之强，皆以立宪法、开国会之故。国会者，君与国民共议一国之政法也。盖自三权鼎立之说出，以国会立法，以法官司法，以政府行政，而人主总之，立定宪法，同受治焉。人主尊为神圣，不受责任，而政府代之。”“伏乞上师尧舜三代，外采东西强国，立行宪法，大开国会，以庶政与国民共之，行三权鼎立之制，则中国之治强可计日待也。”〔19〕比较两者，可以发现：首先，前述奏折的内容并没有提到立宪法以及三权分立；其次，《戊戌奏稿》中记载的内容强调了君主是神圣的象征，并不具有实权，然而前述第一历史档案馆中的奏折则强调了君主拥有最终决定是否启用议院结论的权力，两者在这一问题上的看法完全相反。

那么有没有可能是康有为在六月代拟了奏折，而阔普通武在对此奏折进行修改了之后，于七月上奏了呢？然而光绪二十四年（1898 年）四月二十八日，光绪帝召见了康有为，这之后，康有为于五月二十八日在《国闻报》上刊布《答人论议院书》，坚决反对开议院，同时认为“中国惟有以君权治天下”〔20〕。光绪二十四年（1898 年）五月下旬到六月下旬，康有为在陆续呈递的《日本变政考》（十三卷本）中，虽力争议院是泰西第一政，但是又认为如今守旧势力充满整个朝廷，万万不能这样做，而且他提出“惟有乾纲独断，以君权雷厉见行”，认为要由君主掌握最高权力，这与西方立宪思想是背道而驰的。由此可见，康有为不可能在六月写出自己在《戊戌奏稿》中记载的《请定立宪开国会折》这样架空皇帝权力的完全立宪思想化的奏折，这样的奏折内容是与他当时在报刊和著书中表达的思想完全相反的。

而且康有为在自己的《康南海自编年谱》中也承认道，内阁学士阔普通武曾经上奏请求开议院，皇上本来想采纳，但是自己在《日本变政考》中力争议院是泰西第一政，但如今守旧势力充满整个朝廷，万万不能这样做。康有为在《日本变政考》中提出异议，应当是出于时局的考虑，又或

---

〔19〕 康有为：《戊戌奏稿》，上海广智书局铅印本。转引自孔祥吉：《〈戊戌奏稿〉的改纂及其原因》，载《晋阳学刊》1982 年第 2 期。

〔20〕 黄彰健：《康有为与戊戌变法——答汪荣祖先生》，载《清史研究》1993 年第 4 期。

者出于对自己政治前途的考虑，在百日维新期间对开议院的态度产生了巨大的转变。可以肯定的是，不管是六月还是七月，康有为都不同意开议院，更不可能写出“人主尊为神圣，不受责任”这样的话。也就是说《戊戌奏稿》中的此篇奏折是康自己伪造的，而学界很多学者恰恰是由于这其中的“开国会、立宪法”而坚定地相信康在戊戌变法时期已经具有了立宪思想。

综上所述，从现存的资料来看，戊戌变法期间，康有为的核心主张并非君主立宪，他甚至一定程度上放弃了君主立宪的想法，转而在《日本变政法》等著书中提出，要以君权雷厉风行。康既然想要依靠着光绪帝的力量推行变法，必然难以用架空或限制皇权的主张说服光绪，而从光绪帝在百日维新期间颁布的旨意来看，也全然没有开国会或者立宪法的影子。

三、与西方近代立宪思想的联系与区别

1789年法国《人权和公民权宣言》第16条“凡权利无保障和分权未确立的社会，就没有宪法”被认为确定了近代意义上的宪法之两大主要内容，即保障个人权利和权力分立。[21] 所以立宪的定义，应当是通过制定宪法来保障个人权利和限制政府权力。

纵观康有为在戊戌变法期间的奏折以及著书，《上清帝第五书》中对立宪法只是一笔带过，并没有明确其含义。光绪二十四年（1898年）二月的《请设议政处折》中虽借泰西议院之名目，但从产生机制以及职能来看，首先，所谓的议政处并不是由选举产生的，并不能代表民众的意志，所以与西方近代意义上的议会有本质区别；其次，它只是普通的议事机构，皇帝有最终决定权；复次，它并没有保障个人权利的职能；最后，它虽然与军机处、督办军务处并重，但军机处所办军务与督办军务处所办的军务，有补充之处，也有交叉之处，战时奏折的决策权系于军机处，督办军务处主要负责执行，与西方立法、司法、行政权相互制衡的权力分立制度并不相同，康有为的主要目的还是通过设立议政院使自己进入决策中心，并一定程度上削弱原有的核心机构的权力，只有单向削弱，而并没有

〔21〕参见［德］卡尔·施米特：《宪法学说》，刘锋译，上海人民出版社2005年版，第139页。

相互之间的制衡意味，与权力分立的思想有所不同。

在光绪二十四年（1898 年）四月二十八日接受光绪召见后，康有为更是完全转向了“以君权雷厉风行”，黄彰健先生就在《康有为与戊戌变法——答汪荣祖先生》一文中指出，康在戊戌四月之前采取双轨政策，四月之后放弃了革命路线，由“保中国不保大清”转为“以君权雷厉风行”。从康五月二十八日在《国闻报》上刊布《答人论议院书》指出中国必须用君权治天下、六月的《日本变政考》中指出守旧势力盈朝因而万万不能设立议院、《波兰分灭记》中也只谈制度局不谈国会，可以看出戊戌变法时期康的政策中几乎剔除了议会的内容，更不必谈立宪思想了。因此可以得出结论：戊戌变法时期康有为并不具备西方近代意义上的立宪思想。

也有学者认为，虽然在戊戌变法期间康有为策略性地优先主张设立制度局，但这只是为了后期设立国会的暂缓之举，[22] 他并没有放弃君主立宪的最终目的和构想，所以仍然可以认为康有为在戊戌变法期间已经具备了西方近代的立宪思想。他在《日本变政考》中提出，中国风气未开，民智未开，如果当下就采用民权，那么全国上下缺乏西方政治理论知识，守旧势力更加甚嚣尘上，反而使国家局势越来越乱。但这些学者们也只是认为康觉得当时的民众不具有先进的近代思想和知识储备，大兴新式教育之后，可以最终实现立宪制度。但设立国会不等于立宪思想，康有为对于宪法的定义尚不清楚，对于国会与宪法之间的关系含糊其辞，一笔带过，不可能具有立宪思想。

对于康有为对宪法以及立宪的解读有别于西方立宪思想的情况，究其原因，可以从中西方不同的政治传统以及康有为本人的学术背景这两方面进行考察。从中西方的政治传统之比较而言，首先，从政治权力的来源理论来看，西方从古希腊罗马时期就有统治者的权力来源于民众的授予之学说，而且随着文艺复兴与启蒙运动的兴起，主权在民、天赋人权的思想被广泛传播和接受。[23] 然而中国传统理论认为君权神授，君主是上天意志的体现，虽然有君舟民水的说法，但是本质上只是要求君主自我提高道德

〔22〕 参见［韩］李春馥：《戊戌前后康有为议会思想的转变及其过程——以〈第五书〉和〈第六书〉之后从上下院到上议院的转变过程为主》，载《清史研究》2007 年第 4 期。

〔23〕 参见杨伟民：《中西方传统政治文化差异探微》，载《黑龙江社会科学》2008 年第 3 期。

修养，人民只是外在的影响因素，并不是权力的来源，所以自然就没有将保障人民权利放在核心位置的意识，而这恰恰是立宪思想的其中一个重要内容。其次，从治国思想来看，西方有浓厚的法治传统，自古希腊时期就涌现了许多宣传法治思想的思想家们，自然法的理念也深入人心；而中国传统中崇尚“内圣外王”、“阳儒阴法”，暗中以法家的统治术来治国，但法家思想中的“法”主要是君主用以治下并维持自己的权威统治的工具，并不能约束君主本人，本质上宣扬的还是人治，因此用法限制权力的概念在中国传统治国理念下是难以理解和想象的，而且法家的“以术治国”更是强调君主需要将术潜藏在内心使得臣下难以琢磨君主的真实想法，〔24〕这与近代西方立宪思想中的通过议会机制连接上下的意识也是相违背的。从权力的行使来看，在基督教“原罪说”的理论下，性恶论在西方的盛行使得政治上的分权制衡成了必然的选择，〔25〕而中国传统思想中虽然有性善论与性恶论的争执，但是性善论显然占据上风，再加上君主专制制度的背景，体现在政治权力的行使上就成了集权，权力层层收归到最后只有一个绝对的权力源即君主，所以立宪思想中对权力进行制约的内容在君主专制高度集权的中国传统政治背景下也是难以获得土壤的。

而就康有为自身的学术背景而言，首先，宋代程朱理学以及陆王心学是其重要的学术来源，根据其学生梁启超在《南海康先生传》中所写，康有为的老师朱次琦先生的理学以程朱为主，间采陆王，而康独好陆王，认为其直捷明诚、活泼有用，所以他之后的自修过程中都是以陆王心学为基础的。〔26〕也就是说康有为自师从九江先生到后来自学，从程朱理学渐渐转向了陆王心学。一方面，康有为早期十分推崇朱熹理学，这从他在《我史》中的记载也可以看出，他谈到自己读宋儒的书特别多，比如《正谊堂集》《朱子全集》，1885年前后又读了《宋元明学案》《朱子语类》，〔27〕并且康在1886年所著的《教学通义》中有《尊朱》一章，也能与其最初崇

---

〔24〕参见王进文：《中主抑或圣人——以人格与位格为中心维度的韩非君主理论》，载《环球法律评论》2013年第4期。

〔25〕参见杨伟民：《中西方传统政治文化差异探微》，载《黑龙江社会科学》2008年第3期。

〔26〕参见梁启超：《南海康先生传》，载梁启超：《梁启超全集（第一册）》，北京出版社1999年版，第483页。

〔27〕参见康有为：《我史》，载康有为撰：《康有为全集（第五集）》，姜义华、张荣华校，中国人民大学出版社2007年版，第64页。

尚朱熹理学相印证。另一方面，从康有为因为陆王心学直接有用转而更为欣赏其理论，可以看出他认为真正的学说应当服务于实践，这其实也解释了他后来转向今文经学的原因。宋明理学是对传统儒学的批判与继承，而康有为的受教育经历以及他后来自修的方向说明他受到了中国传统思想文化颇为深远的影响。其次，梁启超还提到康有为对西学十分热衷，其购买了江南制造局以及西教会所译的书尽数阅读，但是并没有关于政治和哲学的书，他认为康有为具有天禀学识，能够举一反三，以小知大。〔28〕康有为自己在戊戌变法失败后写下的《英国游记》中也宣称自己二十多年未读一字西书，不通西学，但是自行推演却与西方思想暗合。〔29〕这些内容一方面说明康有为可能是通过自己对中国传统哲学和政治的认知来类推和理解西方思想的，对真正的西方政治理念并不完全理解；另一方面，从他后来得意地宣称自己不读西书也能推演出西方的新式思想，可以看出他对于中国本土文化的自豪以及对西方思想既有认为其浅显易推、并不新鲜的蔑视，又有对于自己的理念与西方思想暗合而自得的矛盾心理，〔30〕这样的心理使得他难以对西方立宪思想进行进一步的研究和理解，出现认知上的偏差在所难免。最后，康有为的一系列著作中将中西哲学相互比较，认为西方自由、平等、民主等思想早在春秋战国时期就为孔子所提出，开议会的制度设想也早就被孟子提出，这其实是在用中国哲学排斥西方哲学，所以他对西方政治思想的态度并不友好，根本上还是在为立孔教服务，这决定了他不可能具备近代意义上的立宪思想。

小　结

首先，在戊戌变法期间，康有为对西方议会制度确实有一定的了解，从他在《上清帝第二书》中对议郎的设置来看，议郎的产生机制、职能设置以及组织机制都体现了对人民意志的重视；从侧面说，既然在《日本变

〔28〕 参见梁启超：《南海康先生传》，载梁启超：《梁启超全集（第一册）》，北京出版社1999年版，第483页。

〔29〕 参见康有为：《英国游记》，载康有为撰：《康有为全集（第八集）》，姜义华、张荣华校，中国人民大学出版社2007年版，第23页。

〔30〕 参见魏义霞：《康有为中西哲学比较观》，载《思想与文化》2013年第0期。

政考》中，康有为基于民智未开而不予同意现下设立议院，说明在康的理论中，议院还是要体现人民的意志的，在开议院的方面，康还是意识到了议会制度的本质要求的。

其次，从康对于《日本书目志》中提到的多本关于宪法的书目之评价来看，他混淆了宪法和普通法律的概念，可见他对宪法不甚理解。虽然《上清帝第五书》中貌似赋予了议会立宪的权力，但这只是照搬西方的议会功能设置的论述，结合他对宪法含义之不解，以及他之后代拟的奏折中对宪法也是语焉不详，可知其对议会以及宪法的关系其实是含糊不清的，所以未形成体系化的立宪思想。

最后，在戊戌变法失败之后，康又进一步发展了自己的学说，前述《戊戌奏稿》中关于开国会、立宪法的内容虽然部分系后来篡改而成，但也恰恰表现出了康在戊戌政变之后的君主立宪的思想。根据所谓的《请定立宪开国会折》中所言，康之后在接受了立法、司法和行政三权分立学说的基础上，认识到了宪法的实质之一在于实现权力分立，并且认为君主应当作为神圣的象征，由政府行使权力。

另外，戊戌变法失败之后，康有为的学生梁启超逃亡日本，并开始大量阅读日译、日著的宪法著作，在《清议报》《新民丛报》上发文阐述宪法的原理，并进一步提出中国应该立宪的政治主张，为宪法的涵义以及中国应立宪的政治主张真正在中国得到广泛传播做出了不可磨灭的贡献，也为后期宪政救国论的兴起乃至中国立宪之进程的真正开启准备了理论基础。〔31〕所以康有为及其学生对于立宪思想在中国的传播有重大作用。

〔31〕参见饶传平：《从设议院到立宪法——晚清“Constitution”汉译与立宪思潮形成考论》，载《现代法学》2011年第5期。

中国最早的法学博士文凭：合法、违法还是无法

王　伟*

引　言

中国引进西方意义之下的大学法律教育始于近代。如果从学位角度衡量中国近代法律教育的水平和层次，则无论是早期的京师大学堂及后起之秀中央大学（国立），还是民国时期法律教育的神话——“北朝阳、南东吴”（私立），都仅限于法学士学位及法学硕士学位。在整个近代时期，中国本土国立、私立大学的法律教育，基本上处于本科水平，法学硕士研究生教育已经是当时的最高阶段，凤毛麟角。

笔者近期到中国第二历史档案馆查档，发现一张法学博士文凭，签发日期是民国十三年（1924年）六月八日。笔者研究中国博士教育多年，对于中国近代博士的法律及实践并不陌生，但在近代博士教育的实物上，这份证书是笔者发现的第一张中国法学博士学位证书。

一、徐象枢法学博士文凭的内容

这份法学博士证书的抬头是上海震旦大学院，证书文字中法双语，中文名称是“法学博士证书”，法文名称是Diplome de Docteur en Droit。博士学位获得者是“徐象枢”（法文姓名Siu Siang Tchou）。

---

* 复旦大学法学院教授。

鉴于该份博士学位证书极为罕见，笔者将其中文部分文字登录如下，标点符号为笔者所添加。

法学博士学位证书

上海震旦大学院

为给发证书事，照得学院徐象枢君，在本大学院法学博士科修业期满，照章试验及格，相应给与法学博士证书，须至证书者：

学员徐象枢君，江苏吴县人

主试者：

中华民国政府代表、前代理江苏教育厅厅长朱鹤皋（签字盖章）

法兰西驻华公使代表（法文签字）

本大学院教授（法文签字）

本大学院院长（帅理蔼盖章）

中华民国十三年六月廿八日（上海震旦大学院印）

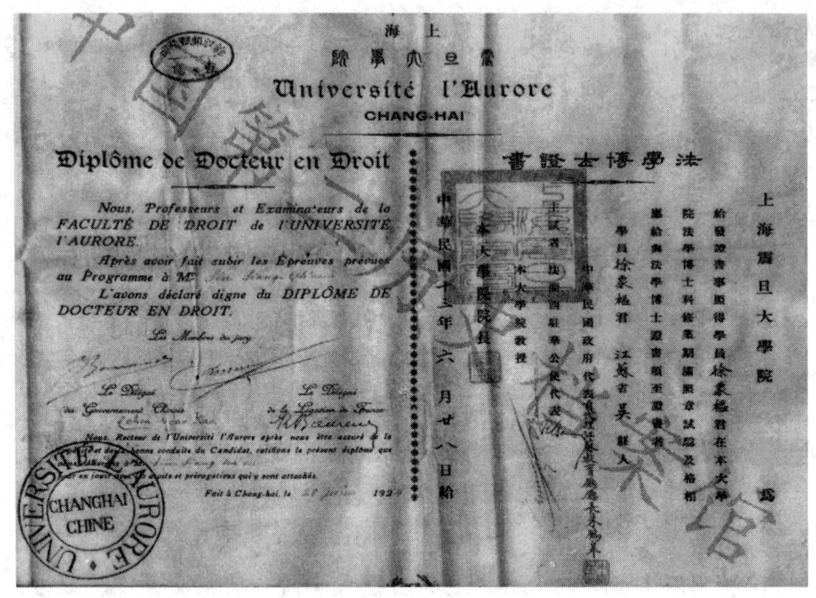
上海震旦大學院

Université l'Aurore

CHANG-HAI

Diplôme de Docteur en Droit

Nous, Professeurs et Examinateurs de la FACULTÉ DE DROIT de l'UNIVERSITÉ l'AURORE.

Après avoir fait subir les Épreuves prévues au Programme à Mr

L'avons déclaré digne du DIPLÔME DE DOCTEUR EN DROIT.

Les Membres du jury

Le Délégué du Gouvernement Chinois

Le Délégué de la Légation de France

Nous, Recteur de l'Université l'Aurore après nous être assuré de la ... et de la bonne conduite du Candidat, ratifions le présent diplôme que ... pour en jouir ... droits et prérogatives qui y sont attachés.

Fait à Chang-hai, le ... 1924

法學博士證書

上海震旦大學院

為給發證書事照得學院徐象樞君在本大學院法學博士科修業期滿照章試驗及格相應給與法學博士證書須至證書者

學員徐象樞君 江蘇吳縣人

主試者 中華民國政府代表前代理江蘇教育廳廳長朱鶴皋

法蘭西駐華公使代表

本大學院教授

本大學院院長

中華民國十三年六月廿八日給

图1　1924年上海震旦大学法学博士文凭[2]

[2] 该份文凭原件现藏于中国第二历史档案馆，此为笔者从该馆获取的黑白复印件。——笔者注

由于中国第二历史档案馆不允许电子化复制，亦不允许拍照，且在复印件上强行加印“中国第二历史档案馆”字样，因此上述图片质量不佳，无法充分展示这份法学博士学位证书的原貌。即便如此，这份证书仍意义重大，它是近代中国法学博士教育的最好物证。此前，在中国近代法学博士教育史的直接实物上，笔者发现了若干震旦大学的法学博士毕业论文。显然，仅有博士毕业论文还不够，博士毕业论文本身并不能证明一定取得了博士学位。例如胡适先生，他 1917 年就做完了哥伦比亚大学的博士毕业论文，却因故没有拿到博士学位证书，直到十年后才正式取得哥大的 Ph. D. 证书，以至于后世不断有好事者质疑胡适先生的哥大博士文凭。国际法学家朱奇武先生早年留学英国牛津大学，攻读国际法专业博士学位，顺利完成博士论文答辩之后，因为囊中羞涩，未等到博士学位颁发的那一天就匆匆返国，直到 30 多年后才在友人的帮助下补领迟来的牛津大学博士文凭。

徐象枢这份法学博士文凭，“法学博士”一词文字表述清晰，各种签字证章齐全，校名、人名、年月日填写完整，中西合璧，保存状况良好，看上去几乎完美无瑕。然而这份博士证书最大的问题是：它究竟是不是一份合法的博士文凭？换句话说，在北京大学、朝阳大学、东吴大学等还只能颁发法学学士学位的 20 世纪 20 年代初期，震旦大学为什么能够颁发法学博士文凭？根据证书本身记载，该法学博士考试的主试者既有所谓“中国政府代表、前代理江苏教育厅厅长”，也有“法兰西驻华公使代表”，那么这份中西合璧的博士文凭究竟是一份中国的博士文凭还是一份法国的博士文凭？在颁发这份法学博士文凭的时代，“震旦大学”究竟是一所什么大学以至于敢于凭空颁发法学博士学位？

二、震旦大学法学博士教育制度

震旦大学成立于 1903 年，初名“震旦书院”，创始人为马相伯，“震旦”的含义是东方光明、前途无量。1917 年更名为“震旦大学院”。1930 年，震旦大学院改名为“震旦大学”。

震旦大学是一所与法国联系密切的天主教教会大学，其学制模仿法国大学学制。[3]实际上，进入震旦大学的学生往往在小学、初中、高中就已经接受了法国式教育。上海当时的萨坡赛小学和震旦大学附属中学在教学方面完全采用法式教育，震旦大学的校长胡文耀同时兼任这两所学校的校长，而震旦大学附属中学的毕业生可以直升震旦大学。[4]

在学士教育层面，1917年6月，震旦大学开始授予法学士学位。[5]震旦大学规定："法学院各系修业期限均定四年，各门课程均须在校修习，经考试及格，给予法学士证书或政治经济学士证书。"[6]震旦大学的法学博士制度部分仿效了法国的法学博士教育模式，即采用了法国博士教育中的大学博士制度，而没有采用法国博士教育中的国家博士学位制度（Doctorat d'état）。当然，震旦大学别无选择，如果开展博士教育，则只能选择大学博士学位制度，因为采取国家博士学位制度的主体不是大学，而是国家。在治外法权和中国博士法律处于空白的双重情况下，震旦大学趁机引入了大学博士制度。无论如何，震旦大学绝对没有权力采取国家博士学位制度。与近代法国法学教育类似的是，震旦大学的"法学"教育，既包括纯粹的法学教育，也包括政治经济学教育，相应的，震旦大学不仅培养出了法学博士，也培养出了经济学博士。

（一）法学士和法学博士的二级学位体系

震旦大学的法学教育制度效仿法国法学教育制度，由法学士和法学博士这两种学位构成二级学位体系，而不是由法学士、法学硕士及法学博士这三种学位共同构成三级学位体系。至少在表面上，震旦大学的法学学位体系省去了法学硕士这一中间环节。

20世纪初期，法国大学法学院本科学习的期限通常为3年，每年年末举行一次考试。考生如果两次年末考试合格，则被授予Bachelier en Droit的文凭。第三年年末举行毕业考试，合格者被授予法学士学位（Licencié

---

〔3〕 刘麦生：《回忆震旦大学》，载吴汉民主编：《20世纪上海文史资料文库》（第8辑），上海书店出版社1999年版，第29页。

〔4〕《我与震旦大学》，被采访人王振义，载《史林》增刊2011，第35页。

〔5〕 震旦大学编：《私立震旦大学一览》，震旦大学1935年版，第60页。

〔6〕 震旦大学编：《私立震旦大学一览》，震旦大学1935年版，第62页。

en droit)，[7]取得这一学位的人具有从事律师业务和担任法官职务的资格。[8]取得法学士学位之后，如果希望进一步进行高等学术研究，则可以进入研究院攻读法学博士学位（doctent en droit，docteur en droit，doctorat en droit）。

很明显，震旦大学这一法国式的二级学位制度与国民政府1935年颁布的《学位授予法》所采取的三级学位制度（学士、硕士、博士）不一致。国民政府的三级学位制度基本上沿袭了英美高等教育中流行的三级学位制度，然而又不尽相同，在博士层面上采纳了法国和日本近代早期所通行的国家博士学位制度。英美的博士学位从来没有上升为一种国家博士学位，而仅仅是大学博士学位。

（二）法学博士与政治学、经济学专业博士的混同制

震旦大学仿效了法国广义的法学博士制度，将政治学、法学、经济学一并置于法学大类之下，这三种专业的博士均被称为法学博士。震旦大学在20世纪30年代初期才将经济学博士从法学博士中分离出去，单独授予经济学博士学位。值得一提的是，震旦大学没有单独授予政治学博士学位，以政治学为研究对象的博士生最终被授予法学博士学位，例如顾继荣1926年博士论文《中国的县市：其当代行政的起源、组织与服务》即可归为政治学博士论文。

（三）博士研究的两年制

震旦大学法政科的学士课程期限为3年或4年，毕业后可以进入法学研究所进行博士研究，最低研究期限通常是2年。[9]在这2年博士学习期间，学生需要听课、撰写博士论文、参与法庭实习。1931年《震旦大学章程》记载了其2年制博士课程的基本情况：

> 学生既经高深学识之陶冶，并对于中国新旧法律有精密之研究，在此时间内，当依心得拟题，经主任教员核许后，编著中法文对照之政法论文一卷。平时尤当旁听于法会审公堂，以资实习而增经验。[10]

---

〔7〕民国时期很多留法攻读法律者将这一文凭翻译为法学硕士学位。——笔者注

〔8〕Allemes，"The System of Legal Education in France"，*Journal of the Society of Public Teachers of Law* 39，1920.

〔9〕《震旦大学章程》(1931年)，上海市档案馆藏，档案号：Q244-005-108。

〔10〕《震旦大学章程》(1931年)，上海市档案馆藏，档案号：Q244-005-108。

（四）宽松的导师制

震旦大学的博士教育采用法国模式的导师制，即博士论文由导师监督。导师所做的主要工作是帮助学生选择博士论文的题目。博士论文选题对于博士研究的重要性总是第一位的，选题是博士论文能否成功的关键。震旦大学规定，选择博士论文题目，必须经过导师的指定，学生不得任意确定论文题目；同时，选题还必须经过法学院院长的认可，这等于双重把关。

与当代博士教育的导师制不同的是，震旦大学的导师仅仅负责帮助学生选题，而不负责论文的具体写作。“论文之著作，一任学生自由，教授绝不参加意见，庶几原作之本来面目可以保全。”〔11〕

震旦大学的博士论文主要由法语写成，所以导师多由法籍教师担任。例如，法国人巴和博士（M. Julien Barraud）曾经担任震旦大学首批博士之一——胡文柄的论文导师。

（五）博士论文答辩制

震旦大学法学院法学研究所的学生，通过两种“高等法学口试”后可以提交毕业论文。如果毕业论文以中文撰写，则在论文答辩合格后可取得“法学研究所毕业证书”。如果毕业论文以法文撰写（包括以中法双语形式撰写），则考试委员会通常由法国驻华公使馆特派代表主持考试，及格后授予震旦大学“法学博士”或者“经济学博士”学位证书。〔12〕笔者在中国第二历史档案馆查到的法学博士文凭的获得者徐象枢，其博士论文内容是关于唐律疏议的，题为《唐太宗之功绩》（L'œuvre de T'ang T'ai-Tsong）。

三、震旦大学的法学博士教育机构

（一）震旦大学法学院的组织结构——两系一所

震旦大学设有三个学院：法学院、理工学院、医学院。早期的震旦大学法学院并不分系，统称为“法科”或者“法政科”。从震旦大学法科取得 Licencié en droit（震旦大学法学院将其翻译为“法学士学位”）之后，可以进入“法政博学科”（Cours de Doctorat en Droit）攻读法学博士学位。

〔11〕震旦大学编：《私立震旦大学一览》，震旦大学1935年版，第83页。

〔12〕震旦大学编：《私立震旦大学一览》，震旦大学1935年版，第77页。

在1928年，震旦大学“法政博学科”改为“博士科”。[13]

最早进入震旦大学“法政博学科”攻读法学博士学位的有三位学生：胡文柄、宋国枢、顾守熙。[14]其中胡文柄和顾守熙顺利取得震旦大学法学博士学位，而宋国枢仅在“法政博学科”攻读一年即赴法勤工俭学，后取得巴黎大学法学博士学位。[15] 本文前言中提到的徐象枢则在取得震旦大学法学博士文凭后留学法国巴黎大学法学院，但是最终并没有取得巴黎大学法学博士学位。根据笔者考察，徐象枢在巴黎大学法学院博士班的考试成绩优异，但其并没有撰写博士论文，也许原因之一是他已经在中国取得了一份法学博士文凭，缺乏再取得一份法学博士文凭的动力。[16]

在1931年左右，震旦大学将法政科一分为二，并且最终在1935年形成了“两系一所”的格局：两系指法律学系（La Section Juridique）和政治经济学系（La Section Politique et Economique），一所指法学研究所。[17]这两系一所共同构成震旦大学法学院（La Faculte de Droit）。法律学系的目的是培养法官和律师人才，而政治经济学系的目的是培养金融、行政、外交、工商业人才。[18] 按照两系一所的培养模式，震旦大学法学院的本科生分别进入“两系”进行本科阶段的学习。从两系毕业后，欲取得博士学位者则可进入“一所”，即法学院下设的“法学研究所”。

（二）法学研究所的组织结构

“法学研究所”是专门培养研究生的机构，分为“法律”和“政治经济”两门。法律门培养法学博士，政治经济门培养经济学博士。早期的震旦大学博士教育并没有区分法学与政治经济学，一概授予法学博士学位。外人只能根据某一法学博士的博士论文题目大致确定其博士专业。例如，

---

〔13〕《上海震旦大学院同学录》，No. 17，1928—1929年，上海市档案馆藏，档案号：Q244-1-969，第45页。

〔14〕《上海震旦大学院同学录》，No. 4，1919年1月—1919年9月，上海市档案馆藏，档案号：Q244-1-969，第17页。

〔15〕王伟：《中国近代留洋法学博士考（1905—1950）》，上海人民出版社2011年版，第216页。

〔16〕徐象枢后来曾经在复旦大学法律系任教，一度从政，撰有《中国古代法律略伦》一书，主要论文包括《法国之法律教育》。

〔17〕《震旦大学法学院一览》（1939年），上海市档案馆藏，档案号：Q244-1-17-24，第6页。

〔18〕震旦大学编：《私立震旦大学一览》，震旦大学1935年版，第14、15页。

胡文柄的博士论文是《内国公债》，主要研究中国财政中的政府内债问题，而不是中国法律问题，应该归类为广义的政治经济学专业的博士论文，因此，胡文柄虽然名为“法学博士”，实为“经济学博士”。

震旦大学在 1931 年将博士科分为法学博士（Doct. Jur.）和经济学博士（Doct. Econ.）两种。[19] 从人数上看，在震旦大学法学研究所攻读法学博士学位的人数要远远超过攻读经济学博士学位的人数。

四、震旦大学法学博士名录

震旦大学从 1920 年 7 月 1 日开始授予博士学位，第一届法学博士毕业生有两人：胡文柄和顾守熙。[20] 截止到 1934 年，震旦大学共计授予 24 名毕业生法学博士学位，另授予 1 名毕业生经济学博士学位，具体情况见下表：

表 1　震旦大学法学博士一览表

序号	中文姓名	法文姓名	学士年份	博士年份
1	胡文柄	Hu Wen-Ping	1918	1920
2	顾守熙	Ku Shou Hsi	1918	1920
3	王敦常	Wang Toen-tch'ang	1921	1922
4	陈锡潭	Tch'en Si-Tan	1920	1922
5	袁民宝	Yuen Ming-Pao	1920	1922
6	沈福顺	Chen Fou-Choen（Cheng Fou Choen，Sheng Hsi）	1921	1923
7	李沂	Li I	1922	1923
8	萧桐	Hsiao T'ung（Siao T'ong）	1921	1923

〔19〕《上海震旦大学院同学录》，No. 20，1931—1932 年，上海市档案馆藏，档案号：Q244-1-969，第 49 页。

〔20〕《震旦大学院之毕业式》，载《申报》1920 年 7 月 3 日。

续表

序号	中文姓名	法文姓名	学士年份	博士年份
9	姚肇弟	Yao Tchao-ti	1922	1924
10	徐象枢	Siu Siang-tch'ou	1922	1924
11	沈家诒	Chen Kia-i	1922	1924
12	顾继荣	Kou Ki-yong（Jian）	1925	1926
13	王自新	Wang Tse-sin	1928	1929
14	沈曾诒	Chen（Pierre Claver）Tseng-i	1928	1930
15	陈雄飞	Tch'en Hiong-fei	1928	1930
16	王品伦	Wang Ping-luen	1929	1931
17	朱域	Tchou Yu	1930	1932
18	曾培启	Tseng Pei-K'i	1930	1932
19	许鼐	Hiu Nai	1930	1932
20	朱高融	Tchou Kao-Yong	1931	1933
21	高念祖	Kao Nien-tsou	1931	1933
22	顾明祖	Kou Ming-tsou	1931	1933
23	吴桂馨	Ou Koei-hing（Mathias）	1932	1934
24	郭传曾	Kouo Tch'oan-tseng	1931	1933
25	张登棣	Tchang Teng-ti	1934	约 1936

资料来源：本表由笔者主要根据《震旦大学法学院历届毕业同学名录》（载《震旦大学法学院第一届毕业纪念刊》1949 年）等资料编写。第 24 位郭传曾实授经济学博士学位，其余学生均授法学博士学位。

五、震旦大学博士文凭的法律效力

震旦大学博士文凭的法律效力可以分为立案前后两个阶段进行分析。

（一）震旦大学立案前博士文凭的法律效力：从法律真空到法律追认

对于震旦大学在教育部立案之前就已经颁发的学位证书（当然也包括

博士学位证书），其法律效力在当时处于真空状态，既没有获得中国法律的肯定，也没有被中国法律明文否定。从性质上看，震旦大学在立案前授予的各种学位，属于私立大学自行颁发的大学学位，既无法律授权，也未被法律禁止，效力不明。可以说，在震旦大学立案前，政府对于震旦大学的博士毕业生仅予以事实上的承认。“凡毕业于法科，得博士或硕士学位者，国民政府近亦准其注册，对于法庭，有执行律师职务之权……是中国政府对于震旦所授之学位，已承认其应得之权利矣。”〔21〕

然而这一法律效力的真空状态和不确定性在震旦大学立案之后发生了变化，震旦大学的立案不仅直接影响到立案之后颁发的学位证书的效力，也影响到立案之前已经颁发的学位证书的效力。立案前已经从震旦大学毕业的学生，可以向教育部申请“追认毕业资格”，教育部在审查后以指令的形式予以追认。

1933年教育部颁发的《私立专科以上学校立案前毕业生资格追认办法》第5条（乙）款规定：“毕业证书核准追认者，验毕加盖部印发还，证书上须黏附与学业成绩单上同样之二寸半身照片。”〔22〕

值得注意的是，震旦大学的本科毕业文凭可以申请教育部追认，但其研究生文凭（尤其是博士学位证书）是否也可以申请追认？这只有从震旦大学原始档案中才能找到答案。

1934年1月4日教育部以“指令”形式（教字第28号）追认了震旦大学法学院毕业生汪景侃、顾明祖、高念祖、朱诵先、陈厚儒、吴桂馨等人的“毕业资格”，该指令没有明确提及这些人的毕业证书是否就是法学士学位。根据笔者对该份指令的分析，上述获得教育部追认的毕业资格，应该是指他们的本科毕业资格，而非研究生毕业资格，因为该份指令还专门提到了曾培启（1932年博士）、朱域（1932年博士）、王品伦（1931年博士）三人的震旦大学博士学位证书问题：

> 又曾培启、朱域、王品伦等三名，所给法学博士资格，应候学位法公布后，再行呈候核办。其毕业证书暨学业成绩单各三份，应予

〔21〕 宗有恒、夏林根编：《马相伯与复旦大学》，山西教育出版社1996年版，第246页。

〔22〕 参见上海市档案馆馆藏震旦大学档案，档案号：Q244-005-116。

发还。[23]

南京政府教育部的这一指令对于震旦大学的博士教育是一个致命的打击。它意味着震旦大学已经培养出来的博士并不能得到政府当局的承认，其博士证书也不能得到追认。只有在学位法公布并生效后，那些不被追认的博士学位才有可能起死回生。但问题是在学位法公布并生效之前如何处理那些已经取得博士学位的学生？如果教育部完全不承认其研究生教育，这一做法是否过于严厉？果然，几个月之后，教育部对于震旦大学立案前授予博士的态度有些放松。

1934 年 7 月 26 日，在教育部拒绝曾培启等三人博士学位追认申请的半年之后，教育部又以“指令”形式（教字第 9045 号）再次提到震旦大学研究生毕业证书问题，这次是关于刚刚取得博士学位的吴桂馨（1934 年震旦大学法学博士）的研究生文凭：

> 呈件均悉，准予备案，毕业证书盖印发还。惟研究所毕业证书，在学位法未颁布及本部未特定式样以前，得暂行参照学校毕业证书规程所规定之第一种证书式样办理，其中“毕业证书”四字删去，“在本校…学院…学系修业期满，成绩及格，准予毕业，此证”改为“在本校…研究所研究…年期满，考试成绩及格，此证。”吴桂馨一名法律研究所毕业证书，应予发还，改正后，再呈验印。[24]

教育部这一新指令与旧指令有明显区别。旧指令将震旦大学的博士学位证书一概不予追认，发还等候，即等待学位法颁布实施之后再做处理。新指令则避免使用博士学位证书等敏感字样，而使用“毕业证书”字样，不仅如此，震旦大学的研究生毕业证书也无须发还等候，只须稍作修改即可追认。这一变通做法总算是暂时解决了立案前后震旦大学研究生文凭的效力问题。

从技术层面看，教育部区分了研究生毕业证书和博士学位。后者（博士学位）由于缺乏相应的学位法而根本无法追认，但前者（学历）则基本上可以追认。教育部的这一做法能否被视为是对于震旦大学博士学位的默

---

〔23〕 参见上海市档案馆馆藏震旦大学档案，档案号：Q244-005-116。

〔24〕 参见上海市档案馆馆藏震旦大学档案，档案号：Q244-005-116。

认或者间接承认？笔者认为，显然不能这么理解。南京国民政府教育部从来都没有放松过对博士学位的严格管理。相反，教育部仅认可研究生学历的做法本身就说明了其并不认可博士学位。在教育部颁发的各种毕业证书格式中，只有一处提及博士学位，即《毕业证书遗失证明书式样》，该式样的“说明”栏目记载如下文字：“此种式样适用于各级学校如曾授予学位者，并应于‘核准’下加填‘并依法授予〇〇学士/硕士/博士学位。”〔25〕由此可见，教育部只认可“依法”授予的博士学位。

（二）震旦大学立案后博士文凭的法律效力：验印程序

在民国政府教育行政机构立案后，震旦大学已经获得官方认可，其学位证书在中国具有当然的法律地位。“本校所发毕业证书，皆由教育部验印，在中国境内有法律上之效力。”〔26〕震旦大学官方文件关于其毕业证书的“验印”问题，是与教育部当时的规章一致的。

1933年6月，在批准震旦大学立案之后不久，教育部公布《学校毕业证书规程》，〔27〕该规程第3条第1款规定，专科以上学校毕业证书，必须由学校呈请教育部验印。此外，1933年8月8日教育部发布的《专科以上学校毕业证书验印时期及发给临时毕业证明书办法》也明文规定：“各校每届学生毕业证书，务须遵照前令于学期终了后一个月内呈部验印，逾期不得请求补验。所有未经验印之毕业证书，本部概不予以承认。”〔28〕1935年，教育部规定大学本科毕业证书应加载“学士学位”字样，〔29〕这一规定实际上将本科毕业证书与学士学位证书二证合一。1939年7月，教育部公

〔25〕参见《毕业证书遗失证明书式样》、《学校毕业证书发给办发》（附件）、教育部第6730号部令修正1947年2月12日，载《教育法令》，教育部参事室编，1947年5月发行，1947年7月再版，第88页。

〔26〕震旦大学编：《私立震旦大学一览》，震旦大学1935年版，第16页。

〔27〕1933年6月教育部公布《学校毕业证书规程》（自公布之日施行），载中国第二历史档案馆编：《中华民国史档案资料汇编》第五辑第一编：教育（一），江苏古籍出版社1994年版，第78~79页。

〔28〕《专科以上学校毕业证书验印时期及发给临时毕业证明书办法》，教育部第8374号训令，1933年8月8日，载教育部高等教育司编，《高等教育法令汇编》，1942年1月，第278页。

〔29〕参见《大学毕业证书加载“依照学位授予法第三条之规定授予某学士学位”字样》，教育部第6805号训令，1935年5月28日，载教育部高等教育司编，《高等教育法令汇编》，1942年1月，第278页。

布《大学研究院硕士学位证书式样》，规定了硕士学位证书的两种式样。[30]通过这些规定，教育部建立了严格的毕业证书（学位证书）的形式要求和验印程序。

教育部对各校毕业证书（学位证书）的“验印”要求从程序上卡住了震旦大学私自颁发了博士学位证书的渠道。即使震旦大学私自颁发了博士学位证书，也无法获得教育部在博士证书上的“验印”，而未经“验印”的博士学位证书在中国属于非法的博士文凭。震旦大学立案的后果之一是，虽然震旦大学可以名正言顺地颁发经过教育部验印的毕业证书，但是却不能继续自行授予博士学位，其根本原因就在于：立案后，震旦大学已经变为一所受到中国教育法所约束的私立大学，必须严格遵守中国教育行政部门关于博士教育的法律法规。在南京国民政府出台博士教育实施细则之前，震旦大学已经不能像过去那样独立授予大学博士学位证书，而不得不静候博士学位实施细则的出台。随着震旦大学在南京国民政府教育行政部门和司法行政部门的立案，震旦大学将开展了20年左右的博士教育“冻结”起来。在1935年《学位授予法》颁布之后一年，震旦大学制定了《私立震旦大学法学院法科研究所章程》，虽然法科研究生的学习年限仍然为2年（必要时可延期1年），并且仍然要求提供毕业论文，但是授予的学位名称已经由过去的博士改为硕士。[31]

（三）震旦大学法学博士文凭是合法授予还是“私相授受”

既然震旦大学的博士学位证书没有得到官方的直接承认或者追认，则其必然将受到来自民间的质疑。震旦大学的法学博士学位是否为“中土洋人”的“私相授受”？这一问题值得深入思考。

从本质上分析，震旦大学不是公立大学，而是私立大学，只要不违反中国教育法的明文规定，其授予博士学位的行为，无可指责。震旦大学授予博士学位并非偷偷摸摸进行，而是大张旗鼓地公开进行。例如，在1920年7月1日举行的第一届法学博士毕业典礼上，到会的来宾就有“政府代

---

〔30〕《大学研究院硕士学位证书式样》，教育部第1617号训令，1939年7月4日，载教育部高等教育司编：《高等教育法令汇编》，1942年1月，第272页。

〔31〕《私立震旦大学法学院法科研究所章程》第16条：“凡在本所研究，期满修毕规定学分并经各项考试及格者，由本大学授予硕士学位证书”，载《震旦杂志》1936年第33期，第68页。

表朱鹤皋君、何护军使代表汪庆辰君、交涉员许沅君”等人。[32]

其实，公立大学又何尝不是如此？在授予博士学位上，公立大学也曾做出过大胆之举。

1920年，北京大学先后分两批授予4位外国人名誉博士学位，包括班乐卫、儒班、杜威、芮恩施。[33]北京大学这一授予名誉博士学位的行为没有得到政府授权，事后也未得到追认，当然属于“私相授受”。也许有人会说：名誉性博士学位并非学术性博士学位，所以国家无须对其严格管理，各大学可以自行授予。这一观点似是而非。无论名誉性博士学位还是学术性博士学位，都是博士学位，假如学术性博士学位必须取得国家授权，则名誉性博士学位同样也应该取得国家许可。那种重学术性博士而轻名誉性博士的观点，那种认为应该严格管理学术性博士而放松管理名誉性博士的观点，均属于厚此薄彼的偏见。同样，允许国立的北京大学私自授予名誉博士学位，而不允许私立的震旦大学自行授予学术性博士学位，是变相的“尊王攘夷”，是变相的教育歧视，是“只许州官放火，不许百姓点灯”。

从反面看，假如中国近代授予博士学位的行为属于违法行为，则北京大学和震旦大学的行为都属于违法行为，当然，违法程度可能有轻重之别，但那只是五十步笑百步而已，不影响私自授予博士学位这一行为的性质。

迄今为止，似乎从未有人质疑过北京大学1920年授予名誉博士学位的合法性，既然如此，似乎也就无权质疑震旦大学在1920年代至1930年代中期授予法学博士学位的不违法性。笔者认为，至少对于在20世纪30年代中期以前震旦大学所颁发的博士学位，还是应该肯定其地位，因为在20世纪30年代中期以前，震旦大学并未在教育部正式立案，自然没有绝对的义务受到教育部有关法令的约束。但是自从震旦大学正式立案之后，国民政府及教育部有关研究生教育的法令施行，震旦大学的研究生教育自然不能独立于中国教育法令之外。因此，自1935年国民政府颁布《学位授予法》等之后，震旦大学的法学研究生教育就基本上不再授予法学博士

---

〔32〕《震旦大学院之毕业式》，载《申报》1920年7月3日。

〔33〕《记北大第二次授与学位典礼》，载《申报》1920年10月20日。

学位。

（四）震旦大学的法学博士文凭是国家学位还是大学学位

震旦大学的博士学位不是一种法定的国家博士学位，而是由大学自行颁发的博士学位，不是法定，而是自定，不代表国家，而仅代表大学，类似于近代法国各大学在国家博士学位制度之外自行颁发的大学博士学位；震旦大学的法学博士证书是震旦大学这所中国大学所颁发的博士学位证书，而非任何一所法国大学所颁发的博士学位证书，也没有经过任何一所法国大学或者法国教育主管机构的授权。

（五）法国文字的学位还是法国的学位

震旦大学博士证书没有采用中文形式，而特意采用法文形式，毫无疑问，这是震旦大学规避中国高等教育法规的一种特殊举措。这一弃中文用外文的行为，是否可以理解为震旦大学的博士学位也自动舍弃了中国学位的性质而被赋予了法国学位的性质？笔者认为不能这么理解。

学位证书的文字种类并不能决定学位证书的国籍种类。的确，近代中国教会大学颁发的毕业证书（学位证书）大多数采用外文形式，这是教会大学洋化教育的表现，但洋化教育并不等于外国教育，具有洋化色彩的学位证书也不等于外国的学位证书。

其实，非但教会大学的学位证书采用外文形式，一些国立大学的学位证书也曾采用外文形式。例如国立交通大学历史上的毕业证书就有中文和英文两种不同版本。[34]国人所设私立大学的学位证书同样也有中文版和外文版并存的情况。[35]

从另外一个角度看，教会大学的学位证书也并非全部采用外文版本，例如，沪江大学的毕业证书就有采用中文版本的。[36]即使是震旦大学的毕业证书也有中文版和法文版之别。[37]

---

〔34〕 参见程道德主编：《近代中国高等院校修业证书图鉴》（上册），国家图书馆出版社 2010 年版，第 155~156 页。

〔35〕 私立光华大学 1926 年学位证书中文版与英文版图片，参见程道德主编：《近代中国高等院校修业证书图鉴》（上册），国家图书馆出版社 2010 年版，第 205 页。

〔36〕 参见程道德主编：《近代中国高等院校修业证书图鉴》（上册），国家图书馆出版社 2010 年版，第 183 页。

〔37〕 参见程道德主编：《近代中国高等院校修业证书图鉴》（上册），国家图书馆出版社 2010 年版，第 189~190 页。

除了上述单独文种的学位证书或者毕业证书之外，近代中国大学还有双语学位证书或者毕业证书的情况，即同一张学位证书或者毕业证书上同时用中文和外文两种文字并列记载。例如，1912年北京协和医学校毕业证书，[38] 1931年上海同德医学院毕业证书，[39] 1930年齐鲁大学毕业证书，[40] 1923年国立武昌高等师范学校毕业证书。[41] 清华大学的毕业证书正反两面分别采用中文和英文两种不同形式。[42]

由此可见，学位证书或者毕业证书的文字种类不能决定该证书的性质，证书的国籍也不能按照证书采用的语言文字的母国判断。不能将在中国土地上建立、备案、立案的教会大学视同外国大学，也不能将这些大学颁发的学位证书、毕业文凭一概视为外国证书、外国文凭。

结论

颁发于20世纪20年代和30年代的震旦大学法学博士文凭，是中国最早的一批法学博士文凭，这一事实不容置疑。完好保存于中国第二历史档案馆的徐象枢法学博士文凭原件，虽非这批博士文凭中的第一张，但对于确认中国近代法学博士教育的起源可谓一锤定音。然而另外一个不容否认的事实是，震旦大学颁发的法学博士文凭虽然在时间上最早，却一直没有取得中国政府中央教育主管部门的正式认可。不过缺乏教育部的认可并不等于绝对非法。震旦大学颁发博士学位的时期在1920年至1935年左右，在这一时期之内，中国政府的博士法律制度基本上属于空白，中央政府尚未颁布《学位授予法》，也没有专门立法约束包括震旦大学在内的教会大

---

〔38〕 参见程道德主编：《近代中国高等院校修业证书图鉴》（上册），国家图书馆出版社2010年版，第65页。

〔39〕 参见程道德主编：《近代中国高等院校修业证书图鉴》（上册），国家图书馆出版社2010年版，第219页。

〔40〕 参见程道德主编：《近代中国高等院校修业证书图鉴》（上册），国家图书馆出版社2010年版，第325页。

〔41〕 参见程道德主编：《近代中国高等院校修业证书图鉴》（上册），国家图书馆出版社2010年版，第343页。

〔42〕 参见《清华学校学生麦健曾的毕业证书》（1923年），载顾良飞主编：《清华大学档案精品集》，清华大学出版社2011年版，第15页。

学颁发学位的层次或者范围。从严格的法律意义上说，震旦大学颁发的法学博士文凭属于大学自行颁发的博士学位，既未经政府授权，也未曾被政府公开取缔，始终处于法律上的真空状态。可以这么说：中国最早的法学博士文凭，既不合法，也不违法，而是无法。至于震旦大学法学博士文凭在法国的效力如何，《震旦大学二十五年小史》明确指出："所授硕士、博士学位，法政府不能承认与法国各大学所授者相当，然以此往法国留学，法政府亦以相当之尊崇也。"

总的来说，震旦大学在中国近代教会大学中独具一格，既不同于国立、省立、普通私立大学，也不同于其他教会大学，是一所同时兼具中国性质和法国特色的大学，或者说，是一所具有法国特色的中国大学。中国性是震旦大学的灵魂，法国特色是震旦大学的外表。震旦大学不是一所"中国土地上的法国大学"（A French University on Chinese Soil）。毫无疑问，震旦大学深受法国耶稣会士的影响，其大学教育亦模仿法国教育模式，但这些都属外在特征。称震旦大学为一所法国式的中国大学或者中国土地上的法国式大学，或许更加贴近事实。

西方传统法律文化研究

浅析两河流域法律及其影响

余　辉*

古代两河流域的楔形文字法是世界上最早产生的法律。约公元前22世纪末乌尔第三王朝出现了世界上第一部成文法典《乌尔纳姆法典》，乌尔第三王朝灭亡后，两河流域南部陷入分裂局面，这一时期的伊新、拉尔萨、埃什嫩那和玛里等城市国家也都制定了成文法典，主要有：拉尔萨王国的《苏美尔法典》和《苏美尔亲属法》、伊新的《李必特·伊丝达法典》、埃什嫩那的《俾拉拉马法典》等。公元前18世纪古巴比伦制定了《汉穆拉比法典》，标志着楔形文字法发展到完备阶段。另外还有《中亚述法典》《赫梯法典》等。随着公元前6世纪新巴比伦王国的灭亡，两河流域的文明走到了终点，楔形文字法也不再作为国家的法律适用。

曾经辉煌一时的王国和法律已经远去，但其法律内容和背后的理念是否对后世存在影响，对这一问题的探讨将对了解法律文明的发展历程有所裨益。

一、两河流域法律受宗教的影响

在早期社会，法律这种社会秩序的范例散布、淹没在宗教、政治、经济、家庭和其他各种社会制度和社会进程之中，法律赋予宗教以其社会性，宗教则给予法律以其精神、方向和法律获得尊敬所需要的神圣性。两河流域文明中的政治、经济、军事、文化艺术乃至社会的一切活动，都渗

* 西北政法大学副教授，法学博士。

透着宗教的影响。

（一）两河流域宗教概述

两河流域宗教的最初形式是苏美尔人的万物有灵论，闪族人占据统治地位并带来凡人神化的观念后，万物有灵论被多神论所取代。古巴比伦曾有几个独立的公国同时存在，每个公国都有自己的守护神明，城邦的命运决定了其守护神明的命运，城邦的崛起意味着其守护神明将成为最高神祇，而城邦的衰落也意味着其守护神明将被遗弃。一旦某位神明占据了最高神明的地位，就很难将它从这一位置罢黜。因此，在古巴比伦正统宗教的最顶端，供奉着好几位最高神明，每位神明都有清楚固定的头衔与权力，在王国的某个城邦接受信徒的膜拜。〔1〕

追溯至8000到9000年前，两河流域最早的原始文明中心是南方的埃利都（曾是古巴比伦的港口）和北方的尼普（内陆农业城邦）两座大神学院，巴比伦就是埃利都的殖民地，而乌尔也曾是尼普的殖民地。埃利都的守护神是“伊亚”（Ea），伊亚住在波斯湾海水深处，将文明传授给古巴比伦最早的居民，为他们写下必须遵循的法律与抵御疾病死亡的咒语，是人类的创造者和主宰，他的儿子（后来的“马都克”）在这一时期是古巴比伦的守护神，将伊亚的意愿传达给信徒。尼普的神明是“恩利尔”，是灵魂的统治者，这些灵魂居住在地下或空气中，地下世界黑暗阴森，居住的鬼魂对人类充满仇怨。恩利尔在夜晚会跑到地上游荡，或在荒凉的地方流连，是“光明掠夺者”、恶魔的化身。尼普代表了两河流域宗教幽暗的一面。〔2〕

至阿卡德人在公元前3800年统一古巴比伦后，闪族人和苏美尔人的宗教结合在了一起，万物有灵论被多神教所取代。汉穆拉比重新完成统一后，古巴比伦社会与宗教中原本存在的各种互不协调的元素经过漫长的演变之后，终于整合为一套和谐的体系。神与人“同形同性”，有一样的外貌、品质、缺点，具备七情六欲。

总的来看，两河流域神灵的等级位列最高的是三大神：伊亚、贝尔、

〔1〕参见［英］亚奇伯德·亨利·萨伊斯：《古巴比伦宗教十讲》，陈超、赵伟佳译，黄山书社2010年版，第12~13页。

〔2〕参见［英］亚奇伯德·亨利·萨伊斯：《古巴比伦宗教十讲》，陈超、赵伟佳译，黄山书社2010年版，第7~8页。

阿努（也被称为安或安奴）。阿努是天空之神，在人间的权威并不突出；贝尔就是恩利尔，原是大地之神，在闪族人来后成为贝尔，统治天空的神明，但在神圣的三位一体中他还是大地之神，可称为苏美尔的民族神；伊亚是深渊之神，统治着辽阔的水域和海洋，他的儿子（马都克）取代他成为造物之神，成为古巴比伦城的守护大神。次三位一体是：辛、沙马什、哈达德。辛是月神，原为乌尔的守护神，是恩利尔的儿子。沙马什是太阳神，其光辉驱走了所有的黑暗，而且他能看清人类的所有行为，没有任何秘密能逃过他的眼睛，所以太阳神掌管司法、正义。哈达德是暴风雨之神，由苏美尔的风暴精灵演变而来，其标志是闪电和雷鸣，没有自己专属的神庙。在亚述帝国，该神位列最伟大的神之列。

另外还有伊斯塔女神，她掌管一切生物的生死和繁茂，是爱与生育之神。她一直保持自身的独立，与男性神明平起平坐。

两个由城邦小神变成全国性大神的是马都克神和亚苏尔神。马都克神开始是巴比伦城的守护神，随着汉穆拉比王朝的昌盛，它的地位达到顶峰。亚苏尔神是随着亚述帝国的扩大，由亚苏尔城的守护神逐渐上升为整个帝国的神。

两河流域的宗教一直与其政治同步发展，汉穆拉比帝国的建立使古巴比伦人适应了最高权力这一概念，在最高权力之下是各诸侯王，贵族则依附于诸侯王，这一概念被延伸到天庭，有一个最高神明贝尔，其他神明服从于他。[3]

（二）宗教对法律的影响

第一，立法权和神权结合。各国家的主神握有国家主权，而王是神的代理者，代其颁布法律，主持正义，这也是君主的神明化。这一点在不同法典的序言、结语中被反复提及。

例如，伊新国王李比特·伊丝达的法典在序言中提到，国王是在阿努和恩利尔赐给阿努的女儿统治伊新的权力（她是伊新的守护神）的时候，在阿努和恩利尔为了建立境内的法律，为了消除众人的怨言等选择李比特·伊丝达来领导国家的时候，他，李比特·伊丝达，恩利尔之子，在苏

---

〔3〕［英］亚奇伯德·亨利·萨伊斯：《古巴比伦宗教十讲》，陈超、赵伟佳译，黄山书社2010年版，第86页。

美尔和阿卡德确立法律。[4]

又如，《汉穆拉比法典》的序言中提到，阿努与恩利尔授予伊亚的长子马都克以统治全人类之权，建立巴比伦，并为人类谋福祉，命令汉穆拉比发扬正义于世，灭除不法邪恶之人，使强不凌弱，使他有如沙马什，昭临黔首。这表明这种统治和裁决的权力来自诸神。同时在序言中还提到要供奉诸城的守护神，如向哈达德祈祷，使伊斯塔衷心喜悦，为宁那苏（地下世界之神）、宁都（生育与命运女神）等提供美好而洁净的食物。在《汉穆拉比法典》的后记中对破坏法律的人进行了诅咒，他们将受到十二位大神的严厉惩罚。

第二，仪式宣誓和神明裁判是缔结契约和裁决案件的重要方式。

首先，仪式宣誓。重要契约如土地买卖契约签订之后要以沙马什、伊亚、马都克等神和国王的名义发誓。“木杵被传递了，交易完成。在将来，一方不得向另一方提出争议。他们以沙马什神、伊亚神、马都克神辛穆和巴里忒的名义起誓。”“木杵被传递了，交易完成。在将来，任何一方不得向另一方提出争议。他们以沙马什神和国王伊美如姆的名义起誓。”[5]

宣誓也是处理案件的依据，通过对神宣誓来证明或否定某一主张。例如，埃什嫩那国王的《俾拉拉马法典》第22条规定：“倘自由民并无他人所负之债，而拘留他人之婢为质，则婢之主人应对神宣誓云：‘我不负你任何债务’；而自由民应付出与一婢之身价相等之银。”[6] 第37条：“倘自由民之屋倒塌，或除托交彼之财物外，屋主之财物亦有遗失，则屋主应在提什帕克庙对神发誓：‘我之财产与你之财产一并遗失；我不欺人，亦不说谎。’——他应对彼如此发誓，而后可不负任何责任。”[7]

在《汉穆拉比法典》中也多有所见。第22~23条规定：自由民犯强盗罪而被捕者，应处死；如强盗不能捕到，被劫者应于神前发誓。指明其所有失物，则盗劫发生地点或其周围之公社及长老，应赔偿其所失之物。[8]

---

〔4〕 林志纯主编：《世界通史资料选辑》（上古部分），商务印书馆1962年版，第52页。

〔5〕 李海峰：《古巴比伦时期不动产经济活动研究》，社会科学文献出版社2011年版，第8~9页。

〔6〕 林志纯主编：《世界通史资料选辑》（上古部分），商务印书馆1962年版，第47页。

〔7〕 林志纯主编：《世界通史资料选辑》（上古部分），商务印书馆1962年版，第49页。

〔8〕 林志纯主编：《世界通史资料选辑》（上古部分），商务印书馆1962年版，第64页。

第126条规定："倘自由民本未失物而云'我失物'并诬其邻人，则其邻人应对神发誓，检举其并未失物，而此自由民应按其所要求之物，加倍交给邻人。"[9] 第206条规定："倘自由民在争执中殴打自由民而使之受伤，则此自由民应发誓：'吾非故意殴之'，并赔偿医药费。"[10] 第249条规定："倘自由民租牛，而牛为神所击而死，则租牛之人应对神宣誓，免负责任。"[11] 第266条规定："倘畜栏与神发生了关系，或狮子噬食动物，则牧人应对神剖白其事，畜栏之主人对彼加以宽恕。"[12]

约公元前20世纪的《中亚述法典》中，也有大量关于仪式宣誓的规定，如第1表第19条，第2表的第11、12条，第3表第1、5、9、12、14、16、18、19、20、21、22、30、31、47条等，都规定当事人以誓言证明或否定某一主张。[13]

其次，神明裁判。两河流域的神明裁判多将嫌犯投入河中，如有罪则沉底，无罪便会浮在河面。在案件审理中将审判方式诉诸超自然力，这实际上反映了宗教的影响，宗教一般涉及的是人与超自然的关系，法律涉及的是人与人之间的关系。

如《汉穆拉比法典》第2条规定：倘自由民控自由民犯巫蛊之罪而不能证实，则被控犯巫蛊之罪者应行至于河（幼发拉底河）而投入之。倘彼为河所占有，则控告者可以占领其房屋；倘河为之洗白而彼仍无恙，则控彼巫蛊者应处死；投河者取得控告者之房屋。[14] 第132条规定："倘自由民之妻因其他男人而被指摘，而她并未被破获有与其他男人同寝之事，则她因其夫故，应投入于河。"[15]

总的来看，神明授予王制定法律的权力，裁决案件的权力，这说明王是神明的代言人，王的权力来源于神明，世俗君主以此加强其权力的威力。

第三，两河流域的法律对女祭司的活动作了规范。古巴比伦时期有众

[9] 林志纯主编：《世界通史资料选辑》（上古部分），商务印书馆1962年版，第74页。

[10] 林志纯主编：《世界通史资料选辑》（上古部分），商务印书馆1962年版，第83页。

[11] 林志纯主编：《世界通史资料选辑》（上古部分），商务印书馆1962年版，第87页。

[12] 林志纯主编：《世界通史资料选辑》（上古部分），商务印书馆1962年版，第88页。

[13] 参见倪正茂：《比较法学探析》，中国法制出版社2006年版，第844页。

[14] 林志纯主编：《世界通史资料选辑》（上古部分），商务印书馆1962年版，第62页。

[15] 林志纯主编：《世界通史资料选辑》（上古部分），商务印书馆1962年版，第75页。

多的女祭司，她们有自己专门的修道场所、管理组织以及等级差别。女祭司大体分为两类：住在修道院的和不住在修道院的女祭司。前者主要有沙马什那迪图女祭司等，后者主要有马都克那迪图女祭司等。沙马什那迪图女祭司是献身于沙马什神的女祭司，终身住在修道院内，不允许结婚、生育，享有很高的社会、宗教和经济地位。马都克那迪图女祭司是献身于马都克神的女祭司，她们可不住在修道院里，可与俗人结婚，但不能生孩子，可以收养孩子，或者把自己的妹妹淑吉图（地位较低的女祭司），或者是自由人，或者是女奴许给丈夫，让后者给他生孩子，她们的地位不能超越马都克那迪图女祭司。由于修道院里的女祭司不生养，又深居简出，所以多长寿，为其年老计，就需提供物质供养或收养养子。法律对规范女祭司的行为和保护她们的利益有完善的设计。

例如伊新的《李比特·伊丝达法典》中，第22条规定：倘父犹存，则其女——不论其为思图、纳第图或卡第什图——可以居父之家，亦如一继承人。[16]

《汉穆拉比法典》中相关规定较多，首先是权利，她们可以进行不动产交易，如第41条：神妻……，得出售其田园房屋。买者应担负与其所买田园房屋有关之义务。[17] 实际上一些女祭司很有钱，现在保留下来的很多泥板买卖契约的买主或卖主都是女祭司。[18] 她们也可以从父亲处获取嫁妆并在一定情况下自由遗赠。第178、179两条规定：如果父亲给了女祭司嫁妆，在父亲死后嫁妆还是要为供养女祭司终生所用，甚至如其父立有盖章文书，她可做死因赠与。第180、181、182条规定：如果父亲没有给嫁妆，女祭司还是会得到父亲的一部分财产以得供养，一般是兄弟份额的

---

〔16〕 林志纯主编：《世界通史资料选辑》（上古部分），商务印书馆1962年版，第54页。思图就是淑吉图，“纳第图”即“那迪图”，卡第什图和哈达德神有一种特殊的关系，不住在修道院内，可结婚生育，也可不结婚，经常作为奶妈和助产士出现，一般来自不富裕的家庭，地位很低，可能就是神妓。参见李海峰编著：《古代近东文明：古代两河流域、古埃及、波斯等古文明探析》，科学出版社2014年版，第55页。

〔17〕 林志纯主编：《世界通史资料选辑》（上古部分），商务印书馆1962年版，第66页。

〔18〕 参见李海峰：《古巴比伦时期不动产经济活动研究》，社会科学文献出版社2011年版，第85页。女祭司们在积极进行土地买卖活动的同时，也积极进行着房屋买卖活动。如第3、8、9页等，都是沙马什的那迪图女祭司从旁人手中买地的记载。

三分之一。[19] 同时为了供养女祭司，并娱慰晚景，法律规定了相应的收养制度，保护女祭司对养子的收养权利。如第187条：……神妓之（养）子，（他人）均不得向法庭申诉请求归还。第192条：……或神妓之（养）子倘告抚养彼之父母云："你非吾父"或"你非吾母"，则彼应割舌。第193条：倘……神妓之（养）子获知其父之家，因而憎恶抚养彼之父母，而归其父之家，则彼应割去一眼。[20] 当然也有禁忌，如第110条规定：神妻或神姊不住于修道院中者，倘开设酒馆或进入酒馆饮西克拉，则此自由女应焚死。[21]

对女祭司的权利保护原因如下，一是一部分女祭司出身较高，社会地位显耀，二是出于其神妻的身份，保证其社会地位以显示对神的尊崇。

两河流域能够进行农业发展的地区过小、过少且呈点状分布。农业区难以连成一片，这一方面导致难以联合起来集中力量抵御入侵，另一方面也难以承受进一步的人口与社会发展。这些沙漠和高山之间的点，并不是整体性的宜居之地，过于近河也无法保证持续性地享受洪水过后带来的大面积的农业生产的有利因素。在地理位置上介于三大洲的交接区域，导致了民族众多交相杂处的局面。交换、合作、共处和战争、征服交织在一起。这带来了商业的繁荣，其自然特征也带来了对于神的尊崇，依赖对神的信仰保护流动的生活，从而促生了神权政治的发展。[22]

二、两河流域的罪孽观及其对法律的影响

两河流域地区的人具有很强烈的罪恶感，这种罪恶感和宗教联系，其形成较为复杂。

一方面，闪族人是游牧民族，他们所求唯解决生存的需要。他们醉心于商业与贸易，追求切实的物质财富，祈求现世福祉，无论达成交易的对方是何人：妻儿、父母、密友或近邻，只要事关金钱，血缘亲情统统被抛

[19] 林志纯主编：《世界通史资料选辑》（上古部分），商务印书馆1962年版，第81页。

[20] 林志纯主编：《世界通史资料选辑》（上古部分），商务印书馆1962年版，第82~83页。

[21] 林志纯主编：《世界通史资料选辑》（上古部分），商务印书馆1962年版，第72页。

[22] 参见金立江：《苏美尔神话历史》，南方日报出版社2014年版，第78~79页。

到一边；[23] 也根本没有闲暇去思考不确定的未来与看不见的彼岸世界。古巴比伦人更多的思考是关于今生的而不是关于来世的。他们的视野未能超越死亡，只有在现世他们才会与神明产生联系，完成神明赋予的责任与义务；只有在今生，他们才会因其所作所为而得到神明的惩罚或奖励。古巴比伦人务实的性格决定了他们不会对未来的世界抱有太多幻想。另一方面，尼普古老宗教的阴影以及黑暗阴森的阴间世界一直影响着古巴比伦人的精神观念。由埃利度所传播的光明的宗教观念一直无法真正消除这一影响。冥界的土地一片漆黑，暗无天日，人死后惟一的去处，就是阴风惨惨的地狱。天堂是专给神住的。没有永生，连吉尔伽美什都丢失了永生的仙草，人只有入地狱去受罪，那里连伊斯塔都要在过冥界七道门时脱光衣服。在地狱里，人大都戴着脚镣手铐，永远生活在饥寒状态中。在世作恶多端的人，就会受到严厉的惩罚，包括生种种恶疾。冥界如此可怕，所以他们的思想与宗教崇拜围绕着今生展开。也因此，古巴比伦人在今生，而不是在来世接受判决，审判他们的神明是现实的太阳神。[24]

古巴比伦人与神明的关系，是一种奇怪的精神关系与交易关系的混合体。一方面，它是一种交易。如果古巴比伦人慷慨奉献祭品；如果他只做神明首肯的事情，不去做神明谴责的事情；最重要的是，如果他能正确履行宗教的各种仪式典礼，那么神明就会赐予他渴望得到的一切，让他得偿所愿。另一方面，如果不幸降临于古巴比伦人身上，比如疾病就是人们因罪受到的神责，表明他触犯了神明，冒犯神就是“罪”。随着时光流逝，关于罪孽的观念在古巴比伦人的头脑中深深扎根。罪孽包括仪式性的罪孽和道德性的罪孽，罪孽可能是吃了禁食，可能是隐藏在内心深处的罪恶思想。但他们并不能对二者做明确的区分。一开始，罪孽只局限于触犯仪式典礼的要求，而并不包括违背道德。旧的苏美利尔信仰中的鬼魂与精灵都是非道德的事物。在旧的苏美利尔的信仰中，鬼魂和精灵不受道德的约束，他们为人类带来痛苦与疾病，因为他们的本性就是如此，对付他们的唯一方法只有巫师的符咒。但随着闪族人的到来，精灵演变成为神明，巫

---

〔23〕［俄］维克多·卡拉什尼科夫：《民族之源与魔法奇闻》，傅文宝等译，陕西人民出版社2013年版，第49页。

〔24〕参见［英］亚奇伯德·亨利·萨伊斯：《古巴比伦宗教十讲》，陈超、赵伟佳译，黄山书社2010年版，第32~33页。

师演变成为祭司，关于神明的观念引入了新的内容。[25] 神明同凡人一样，他们具备文明人的人性，他们演变成为道德的化身，痛恨不公，热爱正义，愿意帮助他们所创造的生灵，而且像父亲对待孩子一样，会因凡人犯下罪行而予以严惩。事实上，"父亲"是古巴比伦宗教赋予神明最常见的称号之一。太阳神和月神都是审判神明，审判官即是父亲，同一个字眼，表示两种含义。太阳神与月神作为审判法官或父亲所施加的影响，都局限于今生。[26] 人死后则都进入冥界受苦，无论他们在今生做过什么。

现实生存的自然环境无险可凭，国家也总是处于争战中，用泥土盖的房屋在多雨的巴比伦冬天就会被冲垮，死后所有的人都要去可怕的阴间，疾病和环伺周围的恶魔、鬼魂无处不在，巴比伦人充满了罪恶感。"巴比伦人的罪恶感，似较任何时代的人更为深切。在他们，罪恶感不仅是一种精神状态，而且是一种具有切肤之痛的东西。在巴比伦人观念中，宇宙间凡是阴暗地方都有鬼。这些鬼，一有机会就要扑人。鬼到了人身上，这个人不是得病，就是发狂。平常，鬼为什么不敢扑人？因为人有神庇佑。但人若犯罪，神便会弃他而去。"[27] 神灵既去，人失去保障，随时都可能碰到鬼，诚心忏悔，求神赦罪，可去鬼。

罪孽会招致惩罚报应的信念越来越深入人心。伴随着这一信念，古巴比伦人逐渐开始相信祷告与忏悔的作用。罪孽可以通过向神明忏悔与祷告得以洗清。而古巴比伦的多神教使他们无法肯定自己得罪了哪一位神明，祷告的对象是模糊而广泛的，人对神，只要供品丰富，只要祷告词念得不错，就算尽到了他的本分（所以《汉穆拉比法典》序言中一个神也不敢怠慢）。在忏悔诗中，忏悔者一次又一次地请求神明原谅自己根本不知情的罪过。忏悔诗演变成为告解，有公众告解，也有私人告解。忏悔意味着凡人有被原谅、被赦免的需要，也意味着人性本恶，只有求得神明赦免才能

---

〔25〕 参见［英］亚奇伯德·亨利·萨伊斯：《古巴比伦宗教十讲》，陈超、赵伟佳译，黄山书社2010年版，第189页。

〔26〕 参见［英］亚奇伯德·亨利·萨伊斯：《古巴比伦宗教十讲》，陈超、赵伟佳译，黄山书社2010年版，第191页。

〔27〕［美］威尔·杜兰特：《世界文明史：东方的遗产》，台湾幼狮文化译，华夏出版社2010年版，第179页。

使人性得到净化。[28]

除了对罪孽的自省与忏悔的观念外，在古巴比伦还有关于调停仲裁的观念。祭司是“信徒与神明之间的调停人”，只有通过祭司的引导，凡夫俗子才能接近神明，与神明同在。神圣的国王或大祭司取代了神明在凡间的地位。[29]

罪恶感这一观念意义深远，它包括了无知之过、无心之过与犯罪。对于古巴比伦人而言，疾病或不幸的降临，证明他们曾犯下罪孽，即使他们并非有意为之，或只是出于无知。

《汉穆拉比法典》中惩罚的犯罪无疑都是罪孽，所有的罪孽也是犯罪。犯罪与罪孽之间并无区别。

希伯来人继受了古巴比伦关于罪恶感与神明无边的神力、忏悔诗的效果与调停仲裁的需要。这种罪恶感又被《圣经》吸收，亚当与夏娃偷吃禁果，违背了天条，因此，他们的子孙生来就有某种罪恶感。至奥古斯丁将其发展为原罪论，并最终形成在西方影响深远的基督教的罪感文化。

在早期，“犯罪”与“罪孽”两词可以互换使用。所有犯罪都是罪孽，反之亦然。在一个所有法律均为神圣法的社会中，每一个违法行为可以说都具有罪孽的性质。在摩西法律统治之下的古以色列，情况便是如此。使用仪式宣誓或神明裁判的两河流域法也是，否则如何解释对犯罪的审判方式要诉诸超自然力，并且是在神庙中由祭司主持。早期西方社会也如是，无论是在“世俗的法律”中，还是在“神的法律”中，“罪孽”与“犯罪”两词是可以交换使用的。在要通过教会的补赎而赎清的违法行为与要通过亲属协商（或血亲复仇）、地方的或封建的会议或王室或皇家秩序而处理的违法行为之间，并没有明显的区别。杀人、抢劫以及其他违反人法的主要犯罪同时也被视为是对上帝法律的违反；另外，两性之间的和婚姻方面的违法行为、巫术和魔法、渎神等违反上帝法律的主要犯罪同时也被

〔28〕参见［英］亚奇伯德·亨利·萨伊斯：《古巴比伦宗教十讲》，陈超、赵伟佳译，黄山书社2010年版，第190页。

〔29〕参见［英］亚奇伯德·亨利·萨伊斯：《古巴比伦宗教十讲》，陈超、赵伟佳译，黄山书社2010年版，第192页。

视为是对人的法律的违反。[30]

按基督教理论，在末日审判之前，所有基督徒的灵魂都处于炼狱之中，人们的命运不同只在于个人罪过的严重程度会导致不同的惩罚。炼狱学说为神学和法学提供了重要联系。在过去，罪被理解为是对人的存在的一种减损，现在，它是法律术语上具体的错误行为、欲望和思想，对此需通过此生或来世的一定时期的苦难予以惩罚。[31]

人类本有原罪。上帝为了永恒的荣耀造人，要求人服从上帝，可人却选择了不服从上帝，这种罪孽通过遗传而给予了每个人，正义要求或者依据人的罪孽对其加以惩罚，或者他应该因损害上帝荣耀的行为而进行补偿。对人的任何惩罚都是不充分的，人的任何补偿也不足以恢复上帝的荣耀，上帝能做而不应该做，否则由于罪孽而扰乱的宇宙秩序得不到恢复，由此产生的混乱将造成正义的缺乏，唯耶稣牺牲自己之后偿付了罪价，基督徒通过洗礼涤清原罪，才取得了救赎。但同时却对每个人增加了一项责任，即不能故意去做禁止做的事情。如若不然，便要为此受到惩罚，即付出与犯罪也就是与违反律法的行为相当的代价。原罪被赦免，可是实际的罪必须受到惩罚。

到了11世纪晚期和12世纪，教会成功地从世俗当局那里收回了对于罪孽的管辖权，在罪孽与犯罪之间第一次进行了明显的程序上的区别。从那时起，王室的或其他“世俗的”官员所能够惩罚的任何行为都是作为对世俗法律的违反，而不是作为一项罪孽，也就是说，不是作为对上帝法律的违反。例如，当世俗当局惩罚抢劫犯罪的时候，它所惩罚的是对和平的破坏，是为了对财产加以保护，是针对破坏社会秩序的犯罪。只有教会对于罪孽具有管辖权。[32]

教会关于罪孽的管辖分为两部分，一是内部法庭，由一名教士根据其授任权威而加以审判的罪孽；一是外部法庭，由一名教会法官根据他的管

---

〔30〕参见［美］哈罗德·J. 伯尔曼：《法律与革命——西方法律传统的形成》，贺卫方等译，中国大百科全书出版社1993年版，第230页。

〔31〕参见［美］哈罗德·J. 伯尔曼：《法律与革命——西方法律传统的形成》，贺卫方等译，中国大百科全书出版社1993年版，第212页。

〔32〕参见［美］哈罗德·J. 伯尔曼：《法律与革命——西方法律传统的形成》，贺卫方等译，中国大百科全书出版社1993年版，第226页。

辖权威而审判的罪孽。这就是教会法上的犯罪，也就是刑事罪孽。刑事罪孽是对教会法的违法这一原则会引申出这样的原则：即不是对教会法的违反便不能够在教会法院中进行诉讼。也就是“若非已有禁令，罪孽亦不存在”，后来发展成为西方的一项重要原则“法无明文规定不为罪，亦不得施加惩罚”。

但是，从每一种刑事罪孽都是对于教会法的违反这一原则并不能必然地推导出对教会法的每一个违反都是刑事罪孽。到了11世纪晚期和12世纪，西欧的神学家和法学家对罪孽作了区分，他们认为有些罪孽是仅仅针对上帝的犯罪，也只能由上帝进行审判——例如，思想或欲望里的隐秘罪孽，另外有些罪孽则是针对教会的犯罪，对此，教会可通过其法院进行审判。刑事罪孽有别于其他罪孽之处在于它们的罪孽程度，即根据教会法准则来衡量它极大地冒犯了上帝。这一时期的思想家认为教会法院要认定一项刑事罪孽需要确认三个要件：它是一项严重的罪孽；它必须表现为一种外在的行为，因只有上帝能看透人的思想、内心和灵魂，有罪的思想和欲望只能由上帝加以惩罚；行为对教会产生足够的滋扰后果，是一件丑闻。这三点总结已经具有了现代性，上帝能够直接知道罪孽的思想（态度）、内心（动机因素）以及灵魂，而教会法院只有通过外在行为才能了解，再往前走一步，就能总结出摆脱罪孽和彻底摆脱神学的犯罪概念，但可惜的是这一步并没有在这一时期走出。教会既热衷于确定被告人是否故意犯下了一项违反法律的从道德与社会角度看系犯罪的行为，也热衷于确定他因此而多大程度暴露出的堕落的思想、内心和灵魂。〔33〕

在12世纪和13世纪曾被广泛讨论的一起案件中，教会表明了这种将对外在行为正当性的评价和其内在表现相结合的考虑。〔34〕这个案件表明

〔33〕参见［美］哈罗德·J. 伯尔曼：《法律与革命——西方法律传统的形成》，贺卫方等译，中国大百科全书出版社1993年版，第230~235页。

〔34〕参见［美］哈罗德·J. 伯尔曼：《法律与革命——西方法律传统的形成》，贺卫方等译，中国大百科全书出版社1993年版，第236页。若干盗贼闯入一家修道院，打倒了两名修士并偷取了他们的衣服，后修士苏醒过来，制服了盗贼们将其捆绑起来，一名修士去通知教会首领，留下另一名看守盗贼，这时盗贼们开始解开捆绑他们的绳子。于是，为了不被盗贼们杀死，留下那名修士便杀死了盗贼们。案件被提交给亚历山大三世，这位12世纪著名的法学家教皇宣布捆绑盗贼和杀死他们都属于刑事罪孽，因两名修士违反了教会的纪律，忽视了耶稣的告诫，如果一个人拿走了你的外套，也让他拿走你的斗篷。

在教会法中犯罪与罪孽之间存在密切关系。作为一个不涉及罪孽的刑法问题，可以认为一个人为避免被他人杀死而杀死他们的规则是正当的。但教会法学家认为，一方面对修士应该持更高的标准，另一方面自卫不能超过正当限度，一个醉酒者杀人不能免责，他也许没有杀人的故意，但他有酗酒的罪孽。

正是在教会对罪孽环境进行的精确和详尽的分析、对在任何既定案件中的意图和行为的外部环境进行准确的调查的实践基础上，11 世纪晚期和 12 世纪的教会法学家们建立了他们关于犯罪的主观方面与客观方面的学说，[35] 也因此影响到了近现代刑法。

三、两河流域法律中的同态复仇及其影响

罪孽和犯罪需要惩罚，如何惩罚就是一个问题。

同态复仇在早期社会较为常见，是指氏族、部落成员在遭受其他氏族、部落成员伤害时，通常对后者施以同样的伤害，即所谓“以眼还眼，以牙还牙”。两河流域的诸多法典中只有《汉穆拉比法典》规定了较为典型的同态复仇制度。

刑罚是对人的惩罚，在古巴比伦，阿维鲁、穆什钦努、奴隶构成主要的社会成员。阿维鲁在公社中拥有土地，享有独立的经济地位。穆什钦努处于公社之外，没有土地所有权，只能靠为王室提供服务获得土地的使用权，并因此成为王室仆从，受王室的特殊保护和限制。奴隶不是“人”，他们只是主人财产的一部分。在杨炽所译《汉穆拉比法典》中，只有阿维鲁一词包含有“人”的概念。G. R. 德莱维尔和 J. C. 迈尔斯在其《巴比伦法》中把“阿维鲁”一词解释为“人”。[36] 而在日知译《汉穆拉比法典》中，阿维鲁一律译成“自由民”。

首先，同态复仇适用于自由民对自由民的杀伤，也就是阿维鲁之间的杀伤。

---

〔35〕 参见［美］哈罗德·J. 伯尔曼：《法律与革命——西方法律传统的形成》，贺卫方等译，中国大百科全书出版社 1993 年版，第 238~239 页。

〔36〕 G. R. 德莱维尔和 J. C. 迈尔斯在其《巴比伦法》中把“阿维鲁”一词解释为“人”的同时则把“阿维鲁之子”解释为“自由民”。于殿利：《巴比伦法的人本观：一个关于人本主义思想起源的研究》，生活·读书·新知三联书店 2011 年版，第 299~300 页。

一方面，自由民损坏自由民的眼、齿、骨等身体器官和肢体的，要给予加害人以相同的损害。如《汉穆拉比法典》第196条：倘自由民损毁任何自由民之子之眼，则应毁其眼。第197条：倘彼折断自由民（之子）之骨，则应折其骨。第200条：倘自由民击落与之同等之自由民之齿，则应击落其齿。[37]

仅是殴打（尤其是面部）而未造成器官和肢体损害的，不在此列；同样，因殴打而受伤（应指非上述毁损的，包括堕胎）也不属于此列。如第203条：倘自由民之子打与之同等的自由民之子，则应赔银一米那。第202条：倘自由民打地位较高者之颊，则应于集会中以牛皮鞭笞六十下。[38]

另一方面，因一定原因而造成他人死亡的，要偿命。第115条：如果一个人借给了另一个人大麦或银子，（因而）抓了他的人质……第116条：如果人质在抓他的人家里是被打或被虐待而死，人质的主人应证实他的塔木卡（有罪），如果（人质是）人的儿子，那么他们应杀死他的儿子。如果（人质是）人的奴隶，那么他应交出三分之一米那银子，并白白丧失他所借出的一切。[39] 第210条：倘（自由民打自由民之女，以致此女堕胎，又使）此妇死亡，则应杀其女。[40] 第229条：倘建筑师为自由民建屋而工程不固，如果其所建房屋倒毁，房主因而致死，则此建筑师应处死。第230条：倘房主之子因而致死，则应杀此建筑师之子。第231条：倘房主之奴隶因而致死，则他应对房主以奴还奴。[41]

对于杀人的同态复仇，该法典较少涉及。第116条、第210条与第230条是绝对的同态复仇（对象同害），但却是父罪由其子、女承当，似乎带有旧日的血亲承受报复的痕迹。第229条大体也算对象同害；但都不能

---

〔37〕 林志纯主编：《世界通史资料选辑》（上古部分），商务印书馆1962年版，第83页。"此处所称自由民之子，即自由民。"也就是"如果一个人（阿维鲁）损毁另一人（阿维鲁）之眼，则应毁其眼。"

〔38〕 林志纯主编：《世界通史资料选辑》（上古部分），商务印书馆1962年版，第83页。此处的自由民之子应指阿维鲁之子。参见于殿利：《巴比伦法的人本观：一个关于人本主义思想起源的研究》，生活·读书·新知三联书店2011年版，第300页。

〔39〕 《汉穆拉比法典》，杨炽译，高等教育出版社1992年版，第64页。

〔40〕 林志纯主编：《世界通史资料选辑》（上古部分），商务印书馆1962年版，第84页。

〔41〕 林志纯主编：《世界通史资料选辑》（上古部分），商务印书馆1962年版，第85页。

算是对典型的杀人案件的报复刑。其中第231条，由于身份差异，应算赔偿。[42]

在《汉穆拉比法典》之前少见同态复仇的规定，如埃什嫩那《俾拉拉马法典》中对伤害罪一律适用赔偿金。[43] 公元前20世纪的《中亚述法典》见到一条类似于同态复仇的规定，该法典第8条：如果某女人在打架时打破了某人的睾丸，那么就应该割去她一个手指。如果……发现第二个睾丸原来是和第一个同时受伤，而且已经（肿胀），或是她在打架时打破了第二个睾丸，那么就应该割掉该女人的两个（乳头?）。[44]《汉穆拉比法典》之后也基本未见同类规定。

其次，不同的阶层之间，比如自由民（阿维鲁）杀伤低贱阶层，则采取赔偿金制度，而不采用同态复仇。比如，第198条：倘彼（指阿维鲁）损毁穆什钦努之眼或折断穆什钦努之骨，则应赔银一明那。第199条：倘彼损毁自由民之奴隶之眼，或折断自由民之奴隶之骨，则应赔偿其买价之一半。第201条：倘自由民击落穆什钦努之齿，则应赔偿银三分之一明那。第208条：倘（死者）为穆什钦努之子（指自由民殴打之，使其死亡），则彼应赔银三分之一明那。[45]

自由民阶层之外，较低阶层（比如穆什钦努）之间互相伤害适用赔偿金制度，但以下犯上则处罚很重。如第204条：倘穆什钦努打穆什钦努之颊，则应赔银十舍客勒。而按第205条：倘自由民之奴隶打自由民之子之颊，则应割其一耳。[46] 以“割耳”报“殴打”，在自由民及穆什钦努中皆无，这无疑是对奴隶犯上的重惩。

总体来看，《汉穆拉比法典》对于杀伤罪的处罚，有关杀人者死的规定较少，伤人者刑的报应刑则相对发达。我国首重社会秩序的稳定，有“王者之政，莫急于盗贼”的指导思想，所以规定“杀人者死，伤人者刑”，一定首先处理的是杀人罪。《汉穆拉比法典》有关血亲复仇的条文较

---

〔42〕参见霍存福：《复仇·报复刑·报应说——中国人法律观念的文化解说》，吉林人民出版社2005年版，第134页。

〔43〕林志纯主编：《世界通史资料选辑》（上古部分），商务印书馆1962年版，第50页。

〔44〕林志纯主编：《世界通史资料选辑》（上古部分），商务印书馆1962年版，第112页。

〔45〕林志纯主编：《世界通史资料选辑》（上古部分），商务印书馆1962年版，第83~84页。

〔46〕林志纯主编：《世界通史资料选辑》（上古部分），商务印书馆1962年版，第83页。

少。血亲复仇重视的是血缘关系，家族利益，而中国古代有血亲复仇，同态复仇则少见。

如何看待两河流域法律中的同态复仇？其一，同态复仇实际上强调的是人的权利，人应该为自己的行为负责，在《汉穆拉比法典》中同态复仇只适用于阿维鲁对阿维鲁的杀伤多少就反映出这一点。只有阿维鲁具有完整权利，应该强调和保护他的权利。加之两河流域地区很多是游牧民族，并未发展出很强的家族伦理观念，定居后又重视商业，多注重个体的权利。《汉穆拉比法典》中强调权利义务关系的规定还有一些，如规定父母抚养子女，子女就应该赡养父母。父母不抚养子女，子女就可以不赡养父母。第185条：倘自由民收养被遗弃之幼儿为子，并将其抚养成人，则（他人）不得向法院申诉请求归还此养子。第192条：养子倘告抚养彼之父母云："你非吾父"或"你非吾母"，则彼应割舌。[47] 而不似我国靠孝观念内化的责任认同和道德原则来处理此类问题。[48] 其二，在早期，犯罪一般并不作为直接针对政治秩序或针对一般社会的侵犯，而是认作直接针对受害人及其同类（他的亲属，他的本地社会或他的阶层）的侵犯行为，也是针对神的侵犯，对这种侵犯行为的一种正常的社会回应便是受害人或他的亲属集团的复仇，用国家法律规定同态复仇能够避免复仇行为不断循环的危险。其三，两河流域法律中犯罪与罪孽之间的联系给了罪犯以特定尊严去面对他的控告人、法官以及其他人，他们同样会有罪孽，要在地狱中受到折磨，这一点降低了惩罚的道德至上因素。

《汉穆拉比法典》中规定的同态复仇影响到了希伯来人，犹太教受到了古巴比伦宗教的影响，迦南很早就开始学习古巴比伦的语言文字与文学，后来又经历了"巴比伦之囚"，古巴比伦文化在摩西之前就已经深深影响到了犹太人。宗教律法是宗教理念的外在表现，《摩西五经》中多有与古代两河流域法律相似的内容。[49]

---

〔47〕 林志纯主编：《世界通史资料选辑》（上古部分），商务印书馆1962年版，第82页。

〔48〕 参见姚远：《中国家庭养老研究》，中国人口出版社2001年版，第118页。

〔49〕 参见［英］亚奇伯德·亨利·萨伊斯：《古巴比伦宗教十讲》，陈超、赵伟佳译，黄山书社2010年版，第172~173页。比如，以色列人用于表示"法律"的词语"托拉"，是借用了古巴比伦的词语"特图"（tertu），在古巴比伦的宗教文本中，可以找到摩西律法中的许多词汇。《圣经》中的"基帕"（kipper）"赎罪"源于亚述语的"库普鲁"（kuppuru）。

《摩西五经》中有三个部分可以大体上被看作是相对独立的"法典"，包括所谓的"约书"（The Book of Covenant，小 20:22-23:19），《利未记》和《民数记》中的祭司典（《利未记》和《民数记》的前 12 章），以及"申命法典"（申 12-26）。这里的"法典"并非现代意义上的成文法法典，只能看作是用法规和案例的方式记录下来的当时法律观念的理想表达。"约书"是圣经律法的最早集成，原本是独立的法典，后来才被放进《出埃及记》，成为圣经的一部分。[50]

"约书"受到了两河流域法律的影响，其中许多案例无论文体形式还是内容都和两河流域的古老法典类似。[51]

从文体上看，以色列的律法向来分为"定言式"［apodeictic，或作"绝对式"（categoric）］和"条件式"（casuistic）两大类。前者是简练绝对，不容例外的命令（形式通常是否定的），或消极，如"你们不可……"；或积极，如"你应……"。以色列之外颇为罕见。这种律法是严峻的沙漠法律，不解释发令的理由，没有例外，亦不容辩驳。后者则以"人若……"或"在……时"开头。这种律法在以色列以外，古代西亚的法典之中十分普遍；一般视之为"判例法"（case law）。这也就是约书的写法。[52]

除文体外，"约书"和《汉穆拉比法典》在内容上也有相似之处，例如，"约书"（出 21:23-25）也规定了同态复仇：若有其他伤害，则以命抵命，以眼还眼，以牙还牙，以手赔手，以脚偿脚，以烙还烙，以伤还伤，以疤抵疤。[53]

在后来的日耳曼蛮族法典中同态复仇也比比皆是，此处不赘。同态复仇是对犯罪者最为古老，或许也是最为本能的态度，即以犯罪的具体形态为基点来配置刑罚，并严格针对犯罪的形态和严重程度来对犯罪人配置绝对相同的刑罚，体现了对惩罚等价的追求和朴素的公平观。同时也避免冤冤相报何时了的复仇行为不断循环的危险。[54]

---

〔50〕参见［美］巴瑞·班德斯塔：《今日如何读旧约》，林艳、刘洪一译，华东师范大学出版社 2014 年版，第 138 页。

〔51〕高鸿钧、李红海主编：《新编外国法制史》（上册），清华大学出版社 2015 年版，第 72 页。

〔52〕参见宋立宏，孟振华主编：《犹太教基本概念》，江苏人民出版社 2013 年版，第 39 页。

〔53〕《摩西五经》，冯象译注，生活·读书·新知三联书店 2013 年版，第 153 页。

〔54〕参见蔡一军：《刑罚配置的基础理论研究》，中国法制出版社 2011 年版，第 19 页。

同态复仇后来发展成为报应论，将刑罚理解为对犯罪的报应，认为刑罚就是一种恶，是对恶害的恶报，要以刑罚让犯罪人产生痛苦的感觉，用以平衡被害人所产生的痛苦。康德和黑格尔都是报应论的支持者。

康德提出道义报应论，即等量报应论：犯罪对社会危害的真实的、本来的面目怎么样，则刑罚就把受到犯罪侵害的真实的、本来的面目给以完整恢复，刑罚的公正体现在刑罚与犯罪在损害形态上的相等，按照侵害的特种性状去报应犯罪。康德认为，假定有一个公民社会，经过它所有成员的同意，决定解散这个社会，并假定这些人是住在一个海岛上，决定彼此分开散居到世界各地，可是，如果监狱里还有最后一个谋杀犯，也应该处死他以后，才执行他们解散的决定。应该这样做的原因是让每一个人都可以认识到自己言行有应得的报应，也认识到不应该把有血债的人留给人民。如果不这样做，他们将被认为是参与了这次谋杀，是对正义的公开违犯。〔55〕康德的观点受到了以下观念的支配：人是理性主体，知道自己正在做什么，并且由此可以被正当地认为人应对自己的行为负责。我们的理性本质意味着我们秉持着那种适用于我者亦适用于全人类的准则。〔56〕

黑格尔持等价报应观，主张按照侵害所损及的价值去报应犯罪。黑格尔说，“犯罪的扬弃是报复，因为从概念说，报复是对侵害的侵害，又按定在说，犯罪具有在质和量上的一定范围，从而犯罪的否定，作为定在，也同样具有在质和量上的一定范围。但是这一基于概念的同一性，不是侵害行为特种性状的等同，而是侵害行为自在地存在的性状的等同，即价值的等同。”〔57〕他认为，犯罪行为侵犯了他人的意志自由的定在（生命、人格、权利），为求恢复之，就要对犯罪进行强制，刑罚即是对犯罪的强制或否定，其意义在于：其一，它消除了对他人的侵害以及由犯罪带来的社会危险性；其二，它从本质上显示法的绝对性和人格的绝对尊严；其三，通过刑罚对犯罪的否定，证明法是正义的，而且是有效的、永恒的、绝对

---

〔55〕［德］康德：《法的形而上学原理——权利的科学》，沈叔平译，商务印书馆1991年版，第167页。

〔56〕参见［英］雷蒙德·瓦克斯：《读懂法理学》，杨天江译，广西师范大学出版社2016年版，第462页。

〔57〕［德］黑格尔：《法哲学原理》，范扬、张企泰译，商务印书馆1961年版，第104页。

的。总之，刑罚的本质是对犯罪的否定，是对正义的回复。[58]

从最初的同态复仇到康德的等量报应再到黑格尔的等价报应，都体现了公平、公正的思想。体现了对人的尊重及个人的自治，报应主义强调了个人责任，把个人视为是意志自由的人，因此一个人要对在其意志自由的情况下的行为负责。在西方，正是报应主义强调了个人主义和个人责任，使得个人成为惩罚的主要主体，也让社会出现了规训的主体，进而容易形成负责的主体。当然报应主义也有缺陷，过分强调个人自治，而忽视其他社会因素的影响。比如其行为往往可能受到各种生理、心理或社会环境的制约，也会失之偏颇。[59]

西方文明具有个人主义、自由、平等等显著特点，强调个人的权利，两河流域地区位于欧亚大陆交汇的地区，古希腊人曾经向两河流域追寻自己文明的源头，不同文明之间的联系需要进一步探讨，同态复仇到报应主义表现出了内在的同一性，强调个人的权利和责任，这一点是毋庸置疑的。两河流域地区的法律和其中蕴含的理念显然对西方的文明影响颇深。

随着近现代对两河流域地区的考古发现及楔形文字的解读，有人认为其灿烂的文明成果“死而复生”，这其实是指对该文明的再度认识。对两河流域的法律也需要深入认识，其受宗教的影响，宗教引申出罪孽感，罪孽感的存在，影响到了后世的犹太教和基督教，也导致了中世纪刑法理论中“法无明文规定不为罪”原则的形成，以及对犯罪主客观方面的探讨。有了罪孽和犯罪必须处罚，对自由人之间的侵犯适用同态复仇，同态复仇除了其残忍的一面，也体现了对人的尊重及对人的权利的认可。这在后世的报应主义中进行了阐述。这也反映出法律文明的发展是有继承性的，这种继承性在某些法律文明中或多或少地通过宗教延续。

行文至此，多年来困扰我的外国法制史课程编写以及讲授中缺乏像其他学科那样的逻辑性的问题，似乎迎刃而解，我们所要寻求的是“同一性”，文明不是一蹴而就，对法律文明的认识和了解也必须回到过去寻找源头，这种历史的逻辑性也许正是这门学科存在的价值和意义。

---

〔58〕 参见钟安惠：《西方刑罚功能论》，中国方正出版社2001年版，第22页。

〔59〕 参见向朝霞：《法律制裁中的赔偿理论研究》，知识产权出版社2016年版，第61页。

论罗马法中债务契约形式之演变

田方芳*

纵观罗马私法体系的构成，契约法所属的债法涵盖了很大的领域，从结构上和定义上看，“物法”的很多分支是属于债法概念的。[1]正如舒尔茨在《古典罗马法》中所说，罗马法是第一个透彻研究债法的法律体系，它对问题的积累和对法律渊源的讨论都是出色的，它作为先进文明，启发其他未开化的法律体系。[2] 在罗马法律体系的发展过程中，债法始终扮演着重要角色，它在一定程度上反映了古罗马社会独有的文化特质和民族传统，而且从罗马法的历史发展过程中可见它不仅仅适用于罗马的社会经济状况，还被帝国内其他地区所接受，对后世也产生了深远的影响。而契约作为罗马法中债的重要发生原因之一，其相关规定自然在债法中占据着举足轻重的地位。

因而，对罗马法中有关债务契约的规定进行系统整理研究，有利于以此为切入点，更加深入的理解罗马债法纷繁浩大的体系。但是如果从整体上对债务契约进行分析，则会难以抓住重点，并且也很难从卷帙浩繁的史料中理出头绪。若是以契约形式的演变为线索进行系统梳理，不仅可以清晰地重现不同时期债务契约所呈现的特征，而且可以从中挖掘出古罗马特有的一些法律文化和历史传统，了解罗马法与其他法律文明相比所具有的

---

* 上海师范大学人文与传播学院2016级法律史硕士研究生。

〔1〕 Paul J. Du Plessis, *Studying Roman Law*, Bristol Classical Press, London, 2012, p. 73.

〔2〕 Fritz Schulz, *Classic Roman Law*, Amen House, London, Oxford University Press, 1951, p. 238.

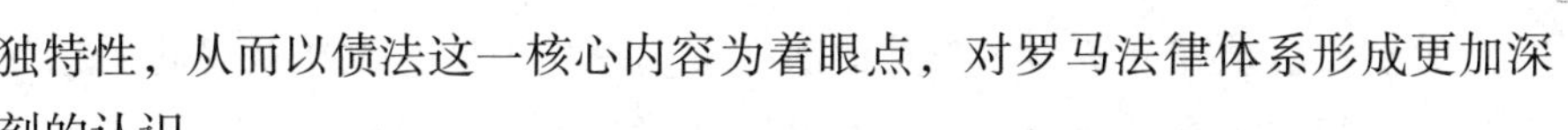

独特性，从而以债法这一核心内容为着眼点，对罗马法律体系形成更加深刻的认识。

一、罗马法中债务契约的起源

在罗马法中，债被称为“obligatio”，这一概念的起源是较为古老的，最初的含义是“约束”，更多是用于文学中的隐喻。它最早作为法律名词使用是在西塞罗的作品中，其含义可以分两层进行解释，“obligare rem”意为“约束一样物品”，比如将它抵押、质押或者对它行使权利；“obligare personam”则是指“对一个人强加义务”，这一名词出现得较晚，在古典时期才被广泛应用。[3] 但是罗马法学家们并没有对它做出明确的定义，我们目前得知的比较有名的定义是起源于后古典时期的，比如《学说汇纂》中记载的保罗的观点：“债是一种法律上的分类，它不仅包括一些关于财产和役权的事项，而且还约束另一人为我们给、做或者履行某些义务。(D. 44. 7. 3. pr)”[4] 还有优士丁尼在《法学阶梯》中较为明确的定义：“债为法锁，约束我们必须根据我们城邦的法清偿某物。(Inst. 3. 13. pr)”[5] 从词源学的意义解析，“lig-”这一词根也表示了某物或某人受到约束。[6] 通过这些不完整的描述可以看出，在罗马法中债的概念与现代已经很类似，指债务人对债权人负有一定义务的法律关系，如果债务人拒绝履行义务，债务人可以依据市民法向法庭提起对人之诉或申请强制执行，只是这种义务的范围较广，只要是与钱款相关的协商解决措施，包括损害赔偿在内，都可以被纳入。[7]

---

〔3〕 Ibid., p. 454.

〔4〕 Theodor Mommsen and Alan Watson eds., *The Digest of Justinian*, University of Pennsylvania Press, 1985, p. 641.

〔5〕 参见徐国栋:《优士丁尼〈法学阶梯〉评注》，北京大学出版社 2011 年版，第 392 页。

〔6〕 Reinhard Zimmermann, *The Law of Obligations: Roman Foundations of the Civilian Tradition*, in the Republic of South Africa by the Rustica Press (PTY) LTD, NDABENI, CAPE, 1990, p. 1.

〔7〕 Max Kaser, *Roman Private Law*, translated by Rolf Dannenbring, 3rd edition, Pretoria: University of South Africa, 1980, p. 166. 此外，obligatio 只可用于对人之诉，不可用于非常审判（extraordinaria cognitio）中，遗产信托产生的义务也不可使用这一名词，因为根据遗产信托提出的请求（persecutio fidecommissi）不属于诉讼。由物法规定、并由对物之诉强制履行的义务也不包含在内，因为物主可以通过返还所有物之诉（rei vindicatio）请求对物品的恢复，包括请求赔偿和恢复损失。参见 Fritz Schulz, *Classic Roman Law*, Amen House, London, Oxford University Press, 1951, p. 454.

大多数法学家都认为，与其他法律文明一样，罗马法中的债也是起源于过失，契约的雏形与当时人们的自愿补偿或复仇行为密切相关，这些行为经历了由自发到国家强制执行的发展阶段。[8] 并且“contrahere”一词的含义不仅仅包括契约的缔结，还包括私犯和刑法上的犯罪。[9] 在最初，国家权力还未能强大到足够制定法律和其他社会规范，也不能对犯罪者进行管理制裁，此时在这种社会背景下就发展出了一种独特的习惯法，受害者可以通过私力救济来维护自己的权利，如果有人对他人的人身或财产实施了不法行为，受害者享有对之复仇的权利，由此受害者获得了对加害者的扣押权，他可以通过控制作恶者的身体来实现他的复仇权利。最初这种刑罚十分残酷并且严厉，甚至可能导致加害者的死亡，这种社会成员之间的互相残杀已经危及了社会稳定，国家就开始对私人行为进行干预，一方面对加害者的拘押收到了正式诉讼程序的规范，另一方面受害者的权利也遭到了削弱，比如在与折骨相关的案件中，同态复仇权替代了生杀大权。

在《十二表法》制定后，追偿方式的规定也日益完善，同态复仇从只允许特例到逐渐禁止，受害人可以向加害者讨要一些金钱作为补偿，此时国家已经开始努力规范对不法行为的相关规定，补偿已经由复仇性质转向了经济性质，法律的重点也转移到了责任方面，加害人可以选择以罚金的方式来避免同态复仇或者监禁。但如果加害人及其亲属都没有交付罚金，受害人可以对他行使拘押权，在拒不清偿的情况下加害者可能会被卖为奴隶或者肢体会被切块。罗马人很快就发现这种羁押人身的方式有利于损失的追回，也能给其他相关人员造成一定压力，他们后来就认为这种措施应使用于钱款的偿付问题，而不应该在其他问题中使用。因此，如果一人想使另一人做出具有法律意义的承诺，他可以要求如果后者未履行承诺将由他进行拘禁。于是他与另一方当事人达成协议，以人为方式创造了相应的法律责任，例如让对方当事人承诺如有不法行为就自愿被他拘押，这就是债务契约最早的雏形。[10]

---

〔8〕 F. D. Zulueta, “The Resent Controversy about Nexum”, *Law Quarterly Review*, 1913, p. 137.

〔9〕 Adolf Berger, *Encyclopedic Dictionary of Roman Law*, City College, New York, New York and French University (Ecole Libre des Hautes Etudes), 1994, p. 413.

〔10〕 Reinhard Zimmermann, *The Law of Obligations: Roman Foundations of the Civilian Tradition*, in the Republic of South Africa by the Rustica Press (PTY) LTD, NDABENI, CAPE, 1990, pp. 2-4.

最早的债务契约被称为"nexum"，其原意为"（由契约）束缚"，它通过称铜式行为（Per aes et libram）的方式，使债务人作出承诺，如果他未能在规定时间内偿还他所得到的钱款，他有义务为债权人劳作来赎回他的自由。[11] 它的正式实施需要5个罗马市民作为证人到场，还需要一个司秤，并且当事人要携带铜块和秤。这一仪式起源于货币还未产生的时候，当时一定重量的金属被作为等价物交换，其主要功能是用于创造，让渡或者清偿各种各样的权利的，包括市民法上的物权和债权。人们可以使用这种庄严的形式转让财产，也可以设立或者免除债务，它的主要意图是模拟重现当时钱款借贷的现场（可用于消费借贷和特定钱款借贷），从而将债务人正式转变为了借款人，如果他不履行债务，债权人可以对他提起"请求给付之诉"（condictio）或者拘禁之诉（legis actio per manus iniectionem），裁判官也可将其判罚给债权人让其为债权人劳作，处于类似奴隶的地位。[12] 这些仪式更多的是起到一种公示作用，以金属作为钱款的象征，由司秤将交易行为展示给五位证人，这些证人可能代表了五个阶层，也就是象征着全体罗马市民，称重的含义同样是公示，显示了财富的创造和其价值衡量。通过这一程序，债权人在公示的作用下，作为罗马市民拥有了国家所赋予的债权的神圣性。在硬币开始投入使用之后，称重便成了象征，虽然物品的价值完全可以用金属货币衡量，但债务口约并没有失去它旧有的作用。[13]

仪式举行之时，债权人需要在司秤和证人面前说出特定的程式，以要求债务人清偿他的对应损失。通过债务口约产生的债务和已决案之债一样，如果到达约定期限债务人仍未清偿，债权人可以不经判决直接对债务人实行拘禁之诉对其人身实施强制控制。与债务口约的成立方式类似，对

---

〔11〕 参见 Reinhard Zimmermann, *The Law of Obligations: Roman Foundations of the Civilian Tradition*, in the Republic of South Africa by the Rustica Press (PTY) LTD, NDABENI, CAPE, 1990, p. 4; Morris Sliver, "The Nexum Contract as a 'Strange Artifice' ", *Revue Internationale des droits de l'Antiquité* LIX (2012), p. 219.

〔12〕 W. F. Harvey, M. A., *A Brief Digest of the Roman Law of Contracts*, Oxford, James Thornton, High Street, 1878, p. 11.

〔13〕 F. D. Zulueta, "The Resent Controversy about Nexum", *Law Quarterly Review*, 1913, p. 142.

债务人的人身扣押也是与仪式形式联系在一起的，这是一种正式的法律行为。[14] 债权人将债务人带到裁判官面前，并用一只手抓住债务人，随后庄严宣称拘禁理由和所判罚的金额。[15] 在程序执行完毕之后，债务人不能私自从债权人的拘捕中解放出来，除非有第三人作为保证人（vindex）出现并且阻止他的拘禁（manum depellere），随之保证人要对债务人的扣押权提出争议，如果保证人成功，则债务人会被释放，如果保证人败诉，赎金会翻倍，这种行为将被视为抵赖（infitiando），因此要给予双倍的处罚（crescit in duplum）。[16] 在法定诉讼中，拘禁之诉是一种普遍的执行方式，只要债务人被判罚，且没有争议并不需要后续判决时就可以使用。在不需要保证人的时候，也可以进行纯粹的拘禁。债务人也可以提起对拘禁的拒绝（sibi manum depellere）。[17] 由于这一程序事关债务人的人身自由，国家很快就对它进行了规范，首先在它之前必须有类似债务口约那样的前置程序，其次它不仅必须在裁判官面前执行，还需要裁判官的确认（addictio），并且要确定债权人的扣押权的确无可争辩。也就是说，只有当债务人拒绝偿还债务时，债权人才会被允许行使拘禁的权利，否则就需要达成和解，启动估价程序（诉讼标的估价，arbitrium liti 或 litis aestimandae）计算相关物品的价值或者相关钱款损失，这些都要在拘禁之诉之前进行；在这一程序中不是讨论责任出在哪里，而是讨论债务人应当承担多少赔偿金。在这一步完成之后，才允许启动拘禁程序，而且裁判官并不主张进行

---

〔14〕 参见 Max Kaser, *Roman Private Law*, translated by Rolf Dannenbring, 3rd edition, Pretoria: University of South Africa, 1980, p. 169; F. D. Zulueta, "The Resent Controversy about Nexum", *Law Quarterly Review*, 1913, p. 142. 另外，需要说明的是，拘禁之诉不是旨在解决争议的诉讼，而是应用于司法裁决之后的执行程序，并且它的执行对象是债务人本身而不是他的财产。参见 George Mousourakis, *Fundamentals of Roman Private Law*, Springer-Verlag Berlin Heidelberg, 2012, p. 315.

〔15〕 例如："因为你被判罚向我支付10 000塞斯特斯，而且你并没有支付，所以我抓住你，以使你实现支付10 000塞斯特斯的判决。"（quod tu mihi iudicarus (damnatus) es sestertium decem milia. quandoc non solvisti. ob eam rem ego tibi sestertium decem milium iudicati [or possibly pro iudicato] manum iniectio）. 参见 Gaius, Emil Seckel, "Gai Institutiones ediderunt E. Seckel et B. Kuebler", in *aedibus B. G. Teubneri*, 1968, pp. 201-202.

〔16〕 参见 Adolf Berger, *Encyclopedic Dictionary of Roman Law*, City College, New York, New York and French University (Ecole Libre des Hautes Etudes), 1994, p. 432.

〔17〕 Max Kaser, *Roman Private Law*, translated by Rolf Dannenbring, 3rd edition, Pretoria: University of South Africa, 1980, p. 402.

实际的拘押。[18]

在这些仪式中，债务人通过称铜式行为将自己置于被奴役的地位，也就是说如果他未能在规定时间内偿还他所得到的钱款，他有义务为债务人劳作来赎回他的自由。[19] 尽管《十二表法》中所提及的到了第三个集市日仍未偿还债务的规定十分严酷，但大多法学家认为它更多地是对不能偿还债务之人的一种威慑，事实上它的含义是为债权人强制未清偿债务的债务人劳动提供法律依据。"卖到台伯河之外"可能是指债权人有权让债务人在一定时间内给任何人提供劳务，其中还包括外邦人，债务人承诺通过为债权人出卖劳动力清偿债务，债权人承诺在债务人劳作完毕之后将其释放。[20] 由于债务口约是由一个严肃正式的行为所缔结的，因此它也只能被另一正式行为所解除。于是，当债务人通过债务口约负债之后，他只能通过另一种称铜式行为（solutio per aes et libram/ nexi liberatio）并在证人的见证之下摆脱债务。

债务口约和罗马法中其他类似的正式交易行为一起成为后来债务契约的根基，尽管此时罗马债法仍未显现出大致脉络，因为债的核心概念尚未形成，债务人并没有偿还他所承诺的钱款，他的偿还表现只是被债务人监禁并受其支配。[21] 并且在一开始的负债理念中，履行义务的观念比清偿更为重要，债务人更倾向于通过履行劳作义务来解放他自己，尤其是在非私犯行为引发的债中，对义务的履行更是成了主要事项，在《十二表法》颁布之后，债务人已经习惯作为债权人的债务奴隶为他工作，以抵销他的债务——由债务口约规定的一部分钱款（nummo uno）。[22] 在这种观念的

---

〔18〕 Max Kaser, *Roman Private Law*, translated by Rolf Dannenbring, 3rd edition, Pretoria: University of South Africa, 1980, p. 169.

〔19〕 Reinhard Zimmermann, *The Law of Obligations: Roman Foundations of the Civilian Tradition*, in the Republic of South Africa by the Rustica Press (PTY) LTD, NDABENI, CAPE, 1990, p. 4.

〔20〕 Morris Sliver "The Nexum Contract as a 'Strange Artifice'", *Revue Internationale des droits de l'Antiquité* LIX (2012), p. 223.

〔21〕 Reinhard Zimmermann, *The Law of Obligations: Roman Foundations of the Civilian Tradition*, in the Republic of South Africa by the Rustica Press (PTY) LTD, NDABENI, CAPE, 1990, p. 5.

〔22〕 Adolf Berger, *Encyclopedic Dictionary of Roman Law*, City College, New York, New York and French University (Ecole Libre des Hautes Etudes), 1994, p. 602.

支配下，清偿反而被视为一种逃避赔偿责任的手段。[23] 很快，法律就不仅仅只是聚焦于责任这个问题，人们逐渐认识到债务人有履行承诺的义务，债权人则有相应的要求其履行承诺的权利。因此，后来罗马法中的债就隐含着“义务”和“责任”，用这种特殊的关系连接当事人双方，债务人应该（受约束地）履行他所承诺的（或者在私犯案件中赔偿受害者），只有他不履行这一义务时，他才会承担相应责任，他的人身或者财产将受债权人支配。[24]

在公元前326年《波里提阿法》（Lex Poetelia Papiria）颁布之后，债权人不能以身体上的强制措施来刺激债务人偿还债务，而只能进行钱款追索。[25] 当债务的清偿变成了一件简易的方式之后，称铜式行为和正式免除行为也变得多余了，这些仪式不再是成立债务关系的必然要素。当债权人希望将债务人从债务关系中释放出来时，他完全可以免去诸多繁琐的形式，但仍可以用称铜式行为的形式在相关要素下进行债务免除，例如可以在想象或虚构的基础上模拟相关行为，并且进行免除债务的正式问答，有没有进行实际的仪式行为事实上并不重要，其他规定也在简化的基础上依然被沿用。尽管债权人不再对债务人进行人身扣押，但法学家们仍然认为有一条看不见的绳索在约束债务人，促使其向债权人履行义务，当债务清偿后，债务人也从债权人的约束中释放出来，这也与“solvere”一词的最初含义紧密相关，暗喻债务人从债权人的束缚之下松绑。[26] 在这些法律

---

〔23〕 Max Kaser, *Roman Private Law*, translated by Rolf Dannenbring, 3rd edition, Pretoria: University of South Africa, 1980, p. 169.

〔24〕 Reinhard Zimmermann, *The Law of Obligations: Roman Foundations of the Civilian Tradition*, in the Republic of South Africa by the Rustica Press (PTY) LTD, NDABENI, CAPE, 1990, p. 5.

〔25〕 Morris Sliver, “The Nexum Contract as a ‘Strange Artifice’”, *Revue Internationale des droits de l'Antiquité* LIX (2012), p. 236. 需要注意的是《波里提阿法》并没有彻底废除拘禁之诉，它只是在很大程度上缓解了债务人将会受到的判罚。而且关于这部法律的细节有很多不确定之处，而且在一些文本中有一些相反的推断。并且拘禁之诉并没有退出历史舞台，公元前104年，《马尔其法》(Lex Marcia) 规定了对陷入高利贷债务人的保护，法律给予他们对高利贷者实行拘禁之诉的特权，从而要求后者返还不当的获利。参见 Leopold Wenger, *Institutes of The Roman Law of Civil Procedure*, New York, The Liberal Arts Press, 2010, p. 225; Adolf Berger, *Encyclopedic Dictionary of Roman Law*, City College, New York, New York and French University (Ecole Libre des Hautes Etudes), 1994, p. 556, 557.

〔26〕 Reinhard Zimmermann, *The Law of Obligations: Roman Foundations of the Civilian Tradition*, in the Republic of South Africa by the Rustica Press (PTY) LTD, NDABENI, CAPE, 1990, p. 4, 756.

行为的推动之下，包含了责任与义务的债的概念逐渐形成，并且很快在市民法中占据了一席之地。[27]

二、罗马法中债务契约形式的发展

随着一系列口头契约的兴起，债务的成立和免除也转变成了简易的口头形式，尽管它们脱离了繁琐的仪式动作，但是在实质上它们与债务口约仍是相同的，是对称铜式行为的模拟和对古代传统的极佳例证（尤其是在宗教和魔法领域）。它们仍然属于法律上的正式行为，表明虽然曾经做过的事情不可撤销，但可以通过其他正式行为解除其效果。[28]

誓约（sponsio）是市民法背景下最早的口头契约，最初它可能是保护人对罗马的誓言，这样他们才被人们所尊敬。[29] 由于它所具有的庄严性和神圣性，很快就被运用到很多需要承诺的事务当中，钱款借贷问题即为最典型的例子。德国历史学家蒙森认为，在《十二表法》颁布很久之前，“私人之间所缔结的契约一般无权向国家方面请求法律上的援助。保障契约唯有欠债人的诺言，而这种诺言依商人的惯例甚被重视，诺言之外又常加上起誓，背信者害怕神诛，所以畏惧神诛也是债主的一种保障。”[30] 在订立誓约时，债权人要问：“你是否承诺？（spondesne？）”，随后债务人需要庄重的回答：“我承诺（spondeo）。”[31] “spondere”一词的原意即通过宣誓来做的一项诺言，它最初也许没有诉讼的性质，而是一种宗教意义上的神圣宣誓，以表明他如果作了伪证，会受到上天的惩罚。它的最初起源可以追溯到古希腊，原意为“进行祭酒，并订立契约”，以饮酒标志着契约的形成，在古罗马这一仪式变得简单，只需要债权人的发问和债务人的

---

〔27〕 Max Kaser, *Roman Private Law*, translated by Rolf Dannenbring, 3rd edition, Pretoria: University of South Africa, 1980, p. 169.

〔28〕 Reinhard Zimmermann, *The Law of Obligations: Roman Foundations of the Civilian Tradition*, in the Republic of South Africa by the Rustica Press (PTY) LTD, NDABENI, CAPE, 1990, p. 754.

〔29〕 W. F. Harvey, M. A., *A Brief Digest of the Roman Law of Contracts*, Oxford, James Thornton, High Street, 1878, p. 28.

〔30〕［德］特奥多尔·蒙森：《罗马史》（第1卷），李稼年译，商务印书馆1994年版，第138页。

〔31〕 Adolf Berger, *Encyclopedic Dictionary of Roman Law*, City College, New York, New York and French University (Ecole Libre des Hautes Etudes), 1994, p. 713.

回答。随着法律后来的发展，从宣誓中脱胎而出要式口约（stipulatio），并且它与保证书一起融合在法庭程序中。也许它首先是用来稳固借贷契约的，在后来，“stipulari”一词意为“遵守诺言”，即债权人要提出自己的请求，债务人要回答。[32]

神誓契约很明显是要式口约的前身，债务人在神明面前声明其所负的债务并宣誓，若不履行其债务，则受到神的惩戒。当时的社会未能形成完整的守信观念，在荷马的描述中，奥德修斯的狡猾反而是一种美德，与内斯特的节俭、还有阿喀琉斯的勇敢并列。法律并没有正式的赋予诺言以强制力，除非这种诺言是以庄严仪式进行，这就导致罗马人对法律行为的形式主义有一种特别的追求。[33] 后来的要式口约适用范围很广，因为它可以为任何行为提供保证，这种保证通过承诺具有了较大效力，这种效力来自于它的形式，而这种形式是简单、清晰，又有通用性的，它可以恰当地适用于多种与债相关的契约之中，只要内容不违背法律或道德。要式口约可以完成那些无形式的合意无法完成的行为，即使当事人已经成立了非正式契约，他们为了形成一种债务关系，还是会选择使用要式口约。它可以通过添加一些附加语句，加强债务契约的效力；可以进行债务更新、进行捐赠、承诺给予嫁资，购买一些不确定的商品，或者做一些特殊的保证。[34]

作为一种单方的、严法的合同，要式口约的主要内容就是以正式的承诺回答正式的问题。它需要经过庄重的仪式和形式化的语言，并且要用指定的语句进行答复，最初它也是仅限罗马市民使用的。[35] 从盖尤斯的描述中可以得知，要式口约的形式是立约者提出一个正式问题，受约者需以确定的词句进行正式回答，从而形成一种系统连续的交易行为。

Inst. Gai. 3. 92. 通过话语缔结的债是以询问和回答的方式达成的，比

---

〔32〕 Max Kaser, *Roman Private Law*, translated by Rolf Dannenbring, 3rd edition, Pretoria: University of South Africa, 1980, p. 49; Fritz Schulz, *Classic Roman Law*, Amen House, London, Oxford University Press, 1951, p. 494.

〔33〕 W. F. Harvey, M. A., *A Brief Digest of the Roman Law of Contracts*, Oxford, James Thornton, High Street, 1878, p. 9.

〔34〕 Reinhard Zimmermann, *The Law of Obligations: Roman Foundations of the Civilian Tradition*, in the Republic of South Africa by the Rustica Press (PTY) LTD, NDABENI, CAPE, 1990, pp. 90-91.

〔35〕 Paul J. Du Plessis, *Studying Roman Law*, Bristol Classical Press, London, 2012, p. 74.

如可以用如下形式："你是庄严地许诺给付吗？我是庄严地许诺给付。"（dari spondes？spondeo）；"你将会给付吗？我将会给付。"（Dabis？Dabo）；"你允诺？我允诺。"（promittis？promitto）；"你为你的信用承诺吗？我为我的信用承诺"（fidepromittis？fidepromitto）；"你为你的信用担保吗？我为我的信用担保"（fideiubes？fideiubeo）；"你将会做吗？我将会做"（facies？faciam）。[36]

立约人在提问之后，受约人一般需要立即做出回答，如果问与答的间隔时间太长，可能会导致契约无效。[37]

在要式口约中，立约人和受约人所使用的词语都很简洁明晰，它是一种形式简单的正式契约，是建构在罗马人特有的信义观念之上的，以具有宗教色彩的宣誓，约束一个人遵守他的诺言。在形式上，它也体现了罗马人对准确、简明和清晰的偏爱。[38] 在订约时立约人询问受约人是否愿意做出某种承诺，后者立刻给出这种承诺。虽然它也需要一定的形式，但它比起债务口约操作更加简单易行，而且与要式买卖也是不同的，它不需要精细的程式和既定的口号，关于它的规则和限制较少，但同样需要一丝不苟地遵守这些规则。首先它是一种口头契约，双方必须说出相应事项，而且要理解彼此的意图；其次在整个行为过程中，双方必须都在场，一方先提问，然后另一方立即回答，顺序不可相反；最后问题和答案必须是相互

---

〔36〕 Gaius，Emil Seckel，*Gai Institutiones ediderunt E. Seckel et B. Kuebler*，in aedibus B. G. Teubneri，1968. p. 149.

〔37〕 Paul J. Du Plessis，*Borkowski's Textbook on Roman Law*，London，Oxford University Press，2015，p. 298. 关于问答间隔时间太长导致契约无效的记录，参见 D. 45. 1. 137pr；D. 45. 1. 1. 要式口约成立的一个重要因素就是立约人和受约人的行为必须具有连续性，虽然在特殊情况下，提问和回答之间可能会出现一个"间歇期"，但如果在要约人在场时做出了回复，债的效力还是存在的。

〔38〕 Fritz Schulz，*Classic Roman Law*，Amen House，London，Oxford University Press，1951，p. 474. 此外，在关于要式口约的案例中，诚信观念在口约中是具有足够证明力的，因为这是一种切实可行又具有实践性的观念。在罗马人看来契约具有神圣的起源意义，违反自己的承诺就等于违背向当时崇拜的众神起誓的诺言。尽管神明裁判的时代已经远去，但许多人仍用这些词语来表达契约的神圣性。参见 Reinhard Zimmermann，*The Law of Obligations：Roman Foundations of the Civilian Tradition*，in the Republic of South Africa by the Rustica Press（PTY）LTD，NDABENI，CAPE，1990，p. 69.

照应的。[39]

尽管要式口约作为市民法中的传统契约，体现了罗马人对准确性的重视和对形式的偏爱，但它很好的在形式性和灵活性之间做出了协调。这种立约方式不仅可以应用于多种情况，而且关于固定套语的规定在共和国时期已经开始放松，允许使用其他的字词，在古典时期这一规定进一步放松，允许使用拉丁语之外的语言。[40] 在乌尔比安时期，这些形式上的规定进一步被冲淡了，要式口约的适用范围不再局限于罗马市民，外邦人可以使用其他词汇缔结，这些词汇罗马市民也可以使用。[41] 这使得要式口约很长时间一直在罗马的契约体系中占据重要地位，并一直被广泛应用。与之相对应的是，在人们通过这些正式的法律行为逐渐明白了履行义务的意义之后，债的观念逐渐成熟，一开始“obligari”的表达只是基于市民法中的债，古典时期它在契约形式的推动之下继续发展，被应用到荣誉法中的债。它的内容一开始是没有限定的，但是在一些案例中，会判决债务人在他的能力范围之内（id quod facere potest）偿还债务，比如根据他的财产情况作出关于赔偿数额的判决，从而让他可以偿还债务，这样就使他避免了对他人身的处决和对财产的其他不利行为，以及由此产生的“不名誉”判罚和其他恶劣影响。也许在古典时期债务人并没有被剥夺必要的生存手段，后来人们称这种措施为“能力限度照顾”（beneficium competentiae），即“保留生活所必需的财产”。[42]

---

〔39〕 Fritz Schulz, *Classic Roman Law*, Amen House, London, Oxford University Press, 1951, p. 473.

〔40〕 Paul J. Du Plessis, *Borkowski's Textbook on Roman Law*, London, Oxford University Press, 2015, p. 299. 参见 Gaius, Emil Seckel, *Gai Institutiones ediderunt E. Seckel et B. Kuebler*, in aedibus B. G. Teubneri, 1968, p. 149. “Inst. Gai. 3. 93. 现在，通过‘你答应给付？我答应’这种形式缔结的债只适用于罗马市民，其他则是万民法的形式，对所有人都适用，无论他是罗马市民还是外邦人。尽管有些是用希腊语表述的……但它们也对罗马市民具有法律效力，只要他们懂希腊语。”

〔41〕 Paul J. Du Plessis, *Studying Roman Law*, London, Bristol Classical Press, 2012, p. 75. Theodor Mommsen and Alan Watson eds., *The Digest of Justinian*, University of Pennsylvania Press, 1985, p. 651. “D. 45. 1. 1. 6. （乌尔比安，《论萨宾》，第48卷）：……在萨宾的著作中，认为所有的语言都可以缔结要式口约之债，只要能够证明当事人双方能理解彼此的语言就好，他们可以选择通过自己的理解或者依靠一个公正的翻译官。”

〔42〕 Max Kaser, *Roman Private Law*, translated by Rolf Dannenbring, 3rd edition, Pretoria: University of South Africa, 1980, p. 171.

但在古典时期之后，受希腊化行省商业贸易习惯的影响，口头契约的形式日益不再重要，文书契约的使用日益增多。[43] 随着契约无需现场签订，在法律实践中，口头形式就日益被人们忽略，要式口约逐渐转变成一种书面诺言。[44] 在戴克里先之后，要式口约的使用就急剧减少，古典时期的契约形式不再被严格遵循，书面契约越来越多地取代了口头契约。[45]

三、罗马法中债务契约形式的演变

尽管要式口约在古典时期的契约体系中占据着主导地位，但是在日常实践中，非正式契约的使用还是比较普遍的，当事人会将自己的个人请求结合这些契约的形式提出。简约（pactum）即为其中的代表，它可应用于任何类型的协定，而且在很多情况下都是通用的。

事实上，简约的语源同样比较古老，早在《十二表法》的时代，人们就意识到可以使用形式简单的口头协议来达成合意。[46] 比如第一表第7条："如果当事人双方不能达成共识（pacunt），他们应当表明他们的诉求。"第八表第2条："如果一个人折断了另一个人的肢体，并且他们无法和解，则此人要遭受同态复仇（talio）。"[47] 最初"pacere"和"pacisci"的含义为"作出承诺""达成共识"，而"pactum"一词则类似于一种惯例，"是一方或者多方关于一个人应去做某事或不做某事的协定""是双方意见一致时达成的协议"，可见它的侧重点大多偏向于"承诺"或者"约定"。与要式口约相比，简约类似于一种简单的协议或者同意，一般它只用于构建不包含在契约分类中的协定，但是这一协定的约束力也是建立在诉因之上的。[48]

---

〔43〕 Paul J. Du Plessis, *Studying Roman Law*, London, Bristol Classical Press, 2012, p. 76.

〔44〕 Reinhard Zimmermann, *The Law of Obligations*: *Roman Foundations of the Civilian Tradition*, in the Republic of South Africa by the Rustica Press (PTY) LTD, NDABENI, CAPE, 1990, p. 80.

〔45〕 Fritz Schulz, *Classic Roman Law*, Amen House, London, Oxford University Press, 1951, p. 476.

〔46〕 Ibid., p. 470.

〔47〕 Riccobono, Salvatore, et al., eds., *Fontes iuris romani antejustiniani*: *in usum scholarum*, Vol. 1. G. Barbèra, 1940. pp. 32-34.

〔48〕 W. F. Harvey, M. A., *A Brief Digest of the Roman Law of Contracts*, Oxford, James Thornton, High Street, 1878, p. 77; Fritz Schulz, *Classic Roman Law*, Amen House, London, Oxford University Press, 1951, p. 470.

在古典时期，“pactum”这一术语的含义比较偏重“妥协”，在借贷关系中也可以代指一些非正式的附约。例如，如果某人承诺在约定好的某日偿还一部分债务，此后他又去与债权人协商获得了一段时间的宽限，这被称为不提出请求之简约（pactum de non petendo）。双方还可以通过这种简约达成协定，债权人在一定时期内或者在一定情况下不要求债务人清偿债务，或者永远不向债务人提出清偿债务的请求。这样，当事人就通过简约变更了原有的契约关系或者达成了新的协议，虽然这种简约在严格的法律意义上不产生完备的债，但是，当债权人不顾通过该简约所达成的协议而向债务人提出清偿请求时，债务人可采用既定简约抗辩（exceptio pacti conventi）相对抗。在后来的罗马法实践中，它逐渐成了重要的债务免除方式之一。

同时，在一些较为大型或者重要的契约中，出现了关于缔约的简约（pactum de contrahendo），它是当事人就缔结正式契约的意向达成的协议，也被称为预备契约（contratto prelimanare）。当事人在缔结法定契约时或者在契约达成后如果需要对有关事项进行补充或修正，他们也会指定附加简约（pactum adiectum）。但是这些简约所调整的权利和义务只能在诚信诉讼（actio bonae fidei）中获得承认，裁判官可能会用事实之诉处理与它们相关的事务，对当事人之间自愿达成的简约给予考虑和维护，但是在已知的告示中很少有相关记载。〔49〕

尽管简约的订立没有严格按照市民法形式，但是此时的法律行为已经从仪式和宗教的束缚中解放了出来，人们也意识到在用简约达成债务免除后再去追究原有债务是毫无意义的。为了在不违背市民法传统的基础上加强简约的效力，有时当事人会将简约的一些要素同要式口约相结合，这样它就可以成为符合市民法的诉讼依据。乌尔比安对这种情况做出过相关论述：

在D.2.14.7.12（乌尔比安，《论告示》，第4卷）中可以留意到，像“提图斯问，马里努斯承诺”这种经常在简约结尾出现的语句，已经不仅

---

〔49〕参见Adolf Berger, *Encyclopedic Dictionary of Roman Law*, City College, New York, New York and French University（Ecole Libre des Hautes Etudes）, 1994, p. 615；Fritz Schulz, *Classic Roman Law*, Amen House, London, Oxford University Press, 1951, p. 470；黄风编著：《罗马法词典》，法律出版社2001年版，第107、194页。

仅适用于简约，而且也可以用作要式口约，在要式口约之诉中经常看到它们的出现，除非已经很清楚的证明了这些语句具有相反的效果——那就是这些语句只是用于表示空泛意义上的同意，而不是缔结要式口约。[50]

这里的要式口约的作用即是为相关当事人在达成简约时提供一个诉讼依据，它并不是事后添加的。事实上，在这种契约中并不能确定要式口约所需的所有形式都完成了，有可能当事人仅仅是假定经历了要式口约的所需步骤，也就是仅仅将其当成一个形式化的象征。可以看出，此时人们对非正式的合意契约的认可恰当地推动了贸易活动的进行，此时简约在法律上的效力已经得到广泛认可，并有所发展。[51]

在这种趋势下，原有的严格契约体系结构被打破，许多无名契约出现，要式口约逐渐被弃置。[52] 最初，书面契约仅仅发挥着一种证明功能，它并不是有效交易的必需品，也不能代替口头问答，更多的是对交易行为的一种记录，其目的明显是加强债的强制力。从现存记载中可以得知，文书契约并不是简单的由行为所形成的契约，它可以通过亲笔字据（chirographum）和约据（syngraphe）而成立（Inst. Gai. 3. 134；3. 128）。[53]在文书之债（obligationes litteris contractae）中，当事人采用书面形式表现其权利和义务。亲笔字据是指由当事人亲笔书写的并且交由债权人保存的书面债务清偿保证；而约据则是以书面形式确认债的存在和相关的清偿义务，债权人和债务人各执一份文书原件。[54] 可见文书契约的作用大致可分为两种类型，第一种是对债务的一种见证，第二种是创造债务。在第一种情况下，这种记录并没有创造出契约之债，只是对已有契约的深化和确认。

---

〔50〕 Theodor Mommsen and Alan Watson eds. , *The Digest of Justinian*, University of Pennsylvania Press, 1985, p. 64.

〔51〕 Paul J. Du Plessis, *Studying Roman Law*, Bristol Classical Press, London, 2012, p. 76; Fritz Schulz, *Classic Roman Law*, Amen House, London, Oxford University Press, 1951, p. 755.

〔52〕 Fritz Schulz, *Classic Roman Law*, Amen House, London, Oxford University Press, 1951, p. 471.

〔53〕 Gaius, Emil Seckel, *Gai Institutiones ediderunt E. Seckel et B. Kuebler*, in aedibus B. G. Teubneri, 1968, p. 149.

〔54〕 Adolf Berger, *Encyclopedic Dictionary of Roman Law*, City College, New York, New York and French University (Ecole Libre des Hautes Etudes), 1994, p. 615; Fritz Schulz, *Classic Roman Law*, Amen House, London, Oxford University Press, 1951, p. 388, 727; 黄风编著:《罗马法词典》，法律出版社 2001 年版，第 52、239 页。

与要式口约相比，文书契约有一个突出的优势，即在签订之时双方当事人并不需要同时在场，并且不需要任何特殊的话语和文字，只需要实施交易行为的人相互同意。〔55〕

在文书契约中，当事人具有极高的自主性，这大多是得益于债权誊账（nomen transcripticium）制度，它起源于罗马家庭的账目管理，表现为家父将日常的收支情况登记在专门的收支簿（codex accepti et expensi）上。通常由债权人把债权誊抄在收支簿的支出（expensilatio）栏中，并取得债务人的认同，它可以用来进行债的更新（novatio），债权人可以在收支簿上随时对债务偿还情况进行更新，这一效果会让新的债务取代原来的债务，这样的话通过记账本更加容易证明相关情况，降低了债务人抵赖拒绝偿还的可能性。〔56〕

文书契约还有另一种特殊作用，即让那些法律中没有明确规定的行为具有法律效力，比如一些非正式交易在形式上不符合市民法，不能制订正式的契约，所以当事人只能订立这种文书来承认债权债务。正是由于这一原因，它往往具有要式口约所不具备的特殊功能。它通常用于更换债产生的原因，例如买方在交易后不得不支付一定金额的价款，这一点在收支簿中有记录，就好像有关金额是来自贷款一样，此处的债务依据并不是来自买卖关系，而是来自记录。另一种特殊情况是更换债务人，新的债务人代替旧的债务人被记录在记账本中。但尽管这样，书面契约也有着特别严格的解释，它并不是十分注重当事人的内心意愿，是符合罗马市民法的契约。〔57〕

到了帝国晚期，由于钱庄的出现，私人记账的情况逐渐减少了，因此

---

〔55〕 参见 Paul J. Du Plessis, *Borkowski's Textbook on Roman Law*, London, Oxford University Press, 2015, p. 312; Gaius, Emil Seckel, *Gai Institutiones ediderunt E. Seckel et B. Kuebler*, in aedibus B. G. Teubneri, 1968, p. 162.

〔56〕 参见 Paul J. Du Plessis, *Borkowski's Textbook on Roman Law*, London, Oxford University Press, 2015, p. 312; Adolf Berger, *Encyclopedic Dictionary of Roman Law*, City College, New York, New York and French University (Ecole Libre des Hautes Etudes), 1994, p. 615；黄风编著：《罗马法词典》，法律出版社2001年版，第185页。

〔57〕 Mihai Olariu, Romanian-Amercian University, Bucharest, "Contracts in Roman Law", http://www.rebe.rau.ro/RePEc/rau/clieui/SP14/CLI-SP14-A9.pdf, p. 4, 最后访问日期：2018年6月10日。

文书契约在帝国后期很快被废弃。但在优士丁尼时期，优士丁尼对文书契约做出了改革，使之表现出更为鲜明的特征，他规定如果债务人通过文书契约承认他收到一笔钱款，在经过两年之后，债务人不再有权利证明他实际上并未收到该数额的款项。如果在这一期限内，债务人没有提起针对此文书的未付款之诉（querela non numeratae pecuniae）[58] 来对抗这一文书，就不能再对此提出质疑了。[59] 他还结合要式口约，创制了其他的改革事项，他在《优士丁尼法典》中表明为了保存古典时期法学家们一些可供借鉴的创制，要式口约的相关语句仍然保留，但不再强调口头形式。他用拟制的方式，将当事人双方在文书上表达自己的请求并在其上签名视为双方都在场。[60] 此时实际上纯粹的口头要式口约在没有相应文书记录的情况下仍完好的保持着法律效力，同时书面契约在经过改进之后发挥出了更加宽泛的作用。[61]

四、债务契约形式的特点

“Contractus”一词出现得较晚，这一名词作为法律用语出现是在西塞罗的朋友赛维乌斯·苏佩修斯（Servius Sulpicius）的作品中，他在描述订婚行为时这么说：“婚约（sponsalia）可以采用缔结契约（contractus）或者誓约（sponsiones）的形式。”这一名词很明显是共和国晚期的法学家创制的，很有可能就是赛维乌斯自己，一开始它的含义更多是“创制”，表示某种法律关系的成立，之后法学家用这一名词专门指代契约并对此作出定义，并尝试对之进行分类，说明产生于契约的债是通过一些法律行为形成

---

〔58〕 这种诉讼可以作为一种抗辩手段针对那些实际未给付钱款而又要求返还该钱款的诉讼请求提出。参见 Adolf Berger, *Encyclopedic Dictionary of Roman Law*, City College, New York, New York and French University（Ecole Libre des Hautes Etudes）, 1994, p. 666；黄风编著：《罗马法词典》，法律出版社 2001 年版，第 213 页。

〔59〕 Mihai Olariu, Romanian - Amercian University, Bucharest, “Contracts in Roman Law”, http://www.rebe.rau.ro/RePEc/rau/clieui/SP14/CLI-SP14-A9.pdf, p. 4，最后访问日期：2018 年 6 月 10 日。

〔60〕 Reinhard Zimmermann, *The Law of Obligations*: *Roman Foundations of the Civilian Tradition*, in the Republic of South Africa by the Rustica Press（PTY）LTD, NDABENI, CAPE, 1990, p. 80.

〔61〕 参见 Max Kaser, *Roman Private Law*, translated by Rolf Dannenbring, 3rd edition, Pretoria: University of South Africa, 1980, p. 49；Paul J. Du Plessis, *Borkowski's Textbook on Roman Law*, Oxford University Press, London, 2015, p. 300.

的，这与产生于私犯的债不同（Inst. Gai. 3. 88）。[62] 以盖尤斯为代表的法学家们通过对其进行技术性分类，拓宽了契约的外延，尽管这一定义对于古典时期的其他法学家来说仍是比较陌生的。[63] 此时“contrahere”的适用面仍比较广，但“contractus”在古典时期一般只用于契约，是当事人双方依据市民法规定达成的协议，在这之后会形成债务。

由此可见，最初的法学家们并没有发展出一套像今天一样的关于契约的系统理论，但是他们对不同的契约进行了分类，并总结出了它们的基本特征。到了后古典时期，他们对契约的分类和体系化理论表现出了很大兴趣，很多人也总结出了关于契约的一般理论。[64] 而债务契约作为其中的重要组成部分，除了具备罗马法中契约所拥有的一些共性之外，也会呈现出一些与其他法律文明相比独有的特征。

（一）是符合罗马市民法的契约

最初债的定义就是与罗马市民法直接相关的，保罗对债的描述中就指出：“在债这种法律约束关系中，我们必须按照我们国家的法律来履行某一义务。（D. 44. 7. 3）”[65] “Obligatio”一词原本就与市民法联系密切，它是在私法关系中连结两个人的法律纽带，它规定一个人要根据市民法向另一个人履行义务，并且对人之诉可以强制使一方履行义务。在荣誉法（或

---

〔62〕 Gaius, Emil Seckel, *Gai Institutiones ediderunt E. Seckel et B. Kuebler*, in aedibus B. G. Teubneri, 1968, p. 148.

〔63〕 在有些片段中，盖尤斯大胆尝试了一种新的三分法，“债产生于契约、私犯或因某些特殊原因而产生的权利（D. 44. 7. 1pr）”。对债的分类和双重所有权的问题都是他的创设，但这在当时并没有被其他法学家接受，他对债的分类可能受了亚里士多德理论的影响，“债产生于自愿或非自愿的行为，自愿的就像买卖、借贷、保证、物品租赁、寄存、保管；非自愿行为就像暗中盗窃，或者公然杀伤、抢劫……”。Theodor Mommsen and Alan Watson eds., *The Digest of Justinian*, University of Pennsylvania Press, 1985, p. 335; Max Kaser, *Roman Private Law*, translated by Rolf Dannenbring, 3rd edition, Pretoria: University of South Africa, 1980, p. 465.

〔64〕 Max Kaser, *Roman Private Law*, translated by Rolf Dannenbring, 3rd edition, Pretoria: University of South Africa, 1980, p. 465.

〔65〕 Theodor Mommsen and Alan Watson eds., *The Digest of Justinian*, University of Pennsylvania Press, 1985, p. 335.

裁判官法）的相关规定里并没有这一术语。[66]

在最初的市民法中，只有很少的几种交易方式会导致债的产生，而这些方式又都与后来的债务契约有直接关系。誓约和要式口约都是对行为的单方面承诺，债务口约则是对钱款借贷或其他原因所引起的称铜式行为。在经过了这些法律程序后，如果债务人当庭承认债权人的权利（confessio in iure），或者从证人处得知导致扣押的情况没有任何争议时，则不需要任何起诉和判决，直接执行拘禁程序。如果债务人在被扣押后仍不履行义务，就可以像在不法行为中的案例一样，在法庭上强制执行。这种起源于不法行为的义务，就以此种方式转换到协商行为，债务的概念很可能就是这些由协商构成的责任案例中衍生出来的。

后来称铜式行为中的五名证人的证言不再被认为是足够可靠的证据，即使他们能够出庭作证，裁判官也不会像之前那样毫不犹豫的采信他们的证言。此时原有的债务口约已经很少使用，在获取证据后，要通过相关司法程序进行裁决，一些裁判官法诉讼就被引入以弥补原本市民法诉讼的不足。到了共和国晚期，债务人可以自行提起对拘禁之诉的否认，这样就不需要证人的出面。古典法时期，也允许对已经判决的债务提起已决案之诉（actio iudicati）进行争讼，但是此时如果债务仍没有被当庭供认，仍会被视作很恶劣的情况直接执行，优士丁尼称之为对恶意缠讼的惩罚（poena temere litigantium）。[67]

到了后古典时期，市民法与裁判官法的规定混杂，通常的审判程序也不再与特别诉讼有明确分界，此时在某种意义上完成了概念的合并。盖尤斯也会将裁判官法中的一些内容定义为“obligationes”，比如现行盗窃之诉（actio furti manifecti）、暴力抢劫（vi bonorum raptorum）、侵辱之诉（actiones iniurarum）。它们均为裁判官法诉讼，也是《阿奎利亚法》诉讼的扩

---

〔66〕 Fritz Schulz, *Classic Roman Law*, Amen House, London, Oxford University Press, 1951, p. 454. 在裁判官法中的相关事项被称为 actione tenetur 或 alter altai obligatur，指在裁判官法下的一方当事人需要根据公正和平等（ex aequo et bono）原则向另一方履行义务。法学家们也会使用 debere 或 abstringere 一词来描绘它。参见 Adolf Berger, *Encyclopedic Dictionary of Roman Law*, City College, New York, New York and French University (Ecole Libre des Hautes Etudes), 1994, p. 360.

〔67〕 参见 Max Kaser, *Roman Private Law*, translated by Rolf Dannenbring, 3rd edition, Pretoria: University of South Africa, 1980, p. 169; Adolf Berger, *Encyclopedic Dictionary of Roman Law*, City College, New York, New York and French University (Ecole Libre des Hautes Etudes), 1994, p. 634.

用之诉（actiones legis Aquiliae utiles），其他的裁判官法诉讼——例如诈欺之诉（actio de dolo）或者因胁迫（metus causa）而引发的诉讼并没有被包含在内。因为上文的那些事项都是与市民法紧密联系的，现行盗窃在《十二表法》中就有的相关的处罚规定，尽管与裁判官法中规定的罚金不同;〔68〕抢劫可视为使用暴力的盗窃;〔69〕《十二表法》中关于侵辱的规定则是裁判官法中相关内容的历史基础；《阿奎利亚法》很明显与市民法有直接联系。尽管盖尤斯根据他双重所有权（duplex dominium）的理论，扩展了债和债务契约的外延，但是并没有改变它们的核心仍是市民法的事实。〔70〕

通过文书契约成立的债也是市民法上的债，普罗库勒学派认为，只有罗马市民才可以成立这种契约，而萨宾学派则认为外邦人也可以成为当事人，但是只能成为因记物于人而负债的债权誊账中的债务人（Inst. Gai. 3. 133.）。〔71〕到了4世纪，债务口约又发挥出了全新的历史作用，其重要性与日俱增，它变成了一种非传统的全新的现金借贷方式，债务人并非用金钱，而是用给债权人劳作的方式来清偿债务，债务人承诺通过为债权人出卖劳动力抵债，债权人承诺在债务人劳作完毕之后将其释放。这种新形式类似一种信托合同，它将自由民看作是“可转让的”，当事人双方通过称铜式行为进行公证，债务人为债权人提供一定价值的劳务来赎回自己。“nexum inire”即指一个人在这种情况下自愿变为债务奴隶的行为，这种做法并没有被法律禁止。这种现象自然引起了一些法学家的注意，他们推测其兴起原因可能是一些不合法的高利率，因为以劳动清偿债务的一个好处

---

〔68〕 Riccobono, Salvatore, et al. eds., *Fontes iuris romani antejustiniani: in usum scholarum*, Vol. 1. G. Barbèra, 1940, pp. 32-34.

〔69〕 Adolf Berger, *Encyclopedic Dictionary of Roman Law*, City College, New York, New York and French University (Ecole Libre des Hautes Etudes), 1994, p. 667.

〔70〕 Fritz Schulz, *Classic Roman Law*, Amen House, London, Oxford University Press, 1951, p. 454.

〔71〕 Paul J. Du Plessis, *Borkowski's Textbook on Roman Law*, Oxford University Press, London, 2015, p. 312; Gaius, Emil Seckel, *Gai Institutiones ediderunt E. Seckel et B. Kuebler*, in aedibus B. G. Teubneri, 1968, p. 162.

就是局外人很难看到双方约定的利率，很大程度上可以在实践中降低利率。[72]

对罗马债务契约发展史进行简短回顾之后，可见债务契约的形式与罗马市民法是密不可分的，它是符合罗马市民法的契约，其中规定的内容也是建立在市民法传统的基础之上的。尽管它的外延和作用曾经有过延伸，但是它市民法的实质始终没有改变。

（二）具备一定的神圣色彩

最初的罗马法程序多采用口头形式，通常要使用确定的程式化语句将其庄严说出，还有执行法律规定的动作。债务口约即为典型例证，为了得到贷款，借贷者必须在一项庄重的仪式（即称铜式行为）中宣誓，承诺如果他们违约，债权人可以监禁他们或让他们像奴隶一样提供劳务，直到债务偿清之后，他们才获得自由。正如同不能偿还的债务人受到劳役的束缚一样，债权人也同样保证在债务清偿后，需要通过一定的宣誓和仪式释放债务人。[73] 这其实是在行政长官和证人面前举行特定仪式来保证相关约定的法律效力，并且在进行的同时，需要向公众传达某些相关知识。[74]

此时随着城邦社会经济的发展，市民共同体已经确立并得以巩固，罗马人对现实的关注使他们很快将法从宗教领域分离出来，因此这些仪式化行为在一定程度上已经脱离了宗教层面。杰弗里·麦科马克认为，在法律体系的发展过程中，预先设定的言词和动作具有强调作用，它可以为法律行为的进行营造一种庄严的气氛，这样就使通过这些行为所达成的协议具有了稳定性。因此从编年史的角度来看，这些形式主义行为也有可能是国家或者家庭事务的代表，虽然一些行为在文献中找不到对应描述，但是不

---

〔72〕 Morris Sliver, “The Nexum Contract as a ‘Strange Artifice’”, *Revue Internationale des droits de l'Antiquité* LIX (2012), p. 226, 234. 其实在《十二表法》规定了法定诉讼程序和最高利率之时，债权人和债务人就开始通过债务口约来规避这些程序（例如直接避免诉讼程序直接使债务人成为债务奴隶），这种行为越来越普遍，从而引起了当权者的注意，所以说《十二表法》是罗马信用市场的分水岭，从此以后出现了这样一个循环，在政治行为者进行干预之时，经济行为者总是能狡猾地用一些奇怪的手段进行创新。

〔73〕 Morris Sliver, “The Nexum Contract as a ‘Strange Artifice’”, *Revue Internationale des droits de l'Antiquité* LIX (2012), p. 220.

〔74〕 Max Kaser, *Roman Private Law*, translated by Rolf Dannenbring, 3rd edition, Pretoria: University of South Africa, 1980, p. 43.

排除它们代表的是已经消失的早期活动，它们的内涵保留了下来并流传至今。〔75〕

罗马法学家一直把债务口约视为称铜式行为的一种，甚至将其看成特殊的要式买卖，在这种仪式中，债务人将自己以要式买卖的形式出卖给债权人，在此时的买卖中存在两个条件使之更类似于抵押，包括一个不确定条件——不能清偿，要式买卖才能生效；和一个消除条件——债务清偿，要式买卖通过清偿而消灭。这种仪式可以看作将人当作物后对人执行的程序，实现了由买卖转让行为到契约行为的转变，这导致在文献中的“nexum”一词更多是一种技术上的含义，在《学说汇纂》中的很多片段里，它演变成了债的普遍习语。但是否把它和要式买卖看作同义词，这是有争议的，因为罗马法并没有规定自我要式买卖，这种所谓“有条件的要式买卖”是不符合相关法律原则的，并且这种观点会模糊此行为与诉讼的界限。这种现象甚至延续到了古典法时期，但它更多的是对形式主义时期的一种继承，而非古典法的创造。〔76〕但不能否认，它体现了债务口约的形式主义特征，即由口头形式构成的，庄严并且正式的法律行为。

要式口约的成立同样体现了一种明显的形式主义特征，它需要使用固定形式的语句提问和作答，通过对简明关键词的重复，双方当事人形成了合意，从而契约达成。这符合罗马市民法传统的古老准则，他们认为在大多数公共活动中仪式行为都具有很大效力。后来到了古典时期，虽然许多古老的法定诉讼类型已不再使用，但在私法中许多重要的形式仍然存在，要式口约就是其中最重要的一项。当然，此时的问答已经不再具有宗教性质。要式口约所需的严格要件在这一时期依旧继续保持，似乎并没有受到比如罗马的扩张或外邦人的激增此类事实的影响。〔77〕尽管要式口约在后来并没有发展出很多新形式，仍在使用传统形式，但是在

〔75〕 Geoffery MacCormack,“Formalism, Symbolism and Magic in Early Roman Law”, *Tijdschrift voor Rechtsgeschiedenis*, 1969, p. 439.

〔76〕 F. D. Zulueta,“The Resent Controversy about Nexum”, *Law Quarterly Review*, 1913, p. 141. 也有一些法学家指出，若nexum为要式买卖行为，则它的解放应该是要式退卖，但债务奴隶的释放在盖尤斯的记载中是与称铜式行为的清偿相区分的，它并不是要式退卖行为。而且还有一些人指出，nexum与mancipatio的含义可能是相反的，这在瓦罗的书里有记录。

〔77〕 Paul J. Du Plessis, *Borkowski's Textbook on Roman Law*, London, Oxford University Press, 2015, p. 317.

有必要的时候，罗马人会设法使形式与现实情况相适应，或扩充其适用范围，或对之进行修改以达到新的目的。恩斯特·拉伯尔（Ernst Rabel）称这一现象为“旧有模式所规范的交易”。与早已废弃的要式买卖和拟诉弃权相比，要式口约由于同时具备实用性和灵活性，成为当时罗马契约体系的基础。[78] 在戴克里先之后的东部帝国，皇帝利奥认可了一些使用要式口约语言的书面契约。[79] 但他后来又声明，口头问答的要式口约形式具有最高效力，一直在强调要式口约中同一时间同一地点当事人达成合意的重要性。[80]

简约最初就是作为缔约的前提或者正式契约的附加条件而产生的，它的出现本身就是仪式感的反映和强化。虽然文书契约的缔约条件宽松了很多，也不需要当事人双方现场进行签订，但是这种书面诺言也有自己的独特性和需要遵循的原则。优士丁尼认为原先的规定会被一些狡猾的人利用，故意使他或他对手不在现场，以此来逃避责任，因此他在实践中用书面契约代替了许多要式口约。他用拟制的方式跨越这条分界，将当事人双方在文书上表达自己的请求并在其上签名视为双方都在场。《优士丁尼法典》中也有相关语句，表明为了保存古典时期法学家们一些可供借鉴的创制，要式口约的相关语句仍然保留，但不再强调口头形式。[81] 同时他认为，如果在进行要式口约之前已做出了必须到场的保证，不同于上文中所提到的情况，那么他们就必须到场。但可以通过证明在进行保证时有一方当事人是不在场的来反驳。[82] 可见要式口约对形式性和灵活性的调和，体现了一种罗马人特有的清晰质朴的倾向，使之体现出强大的生命力，不仅应用于法律实践的各个领域，而且能在罗马法从起源到形成体系的过程

---

〔78〕 Reinhard Zimmermann, “*The Law of Obligations*: *Roman Foundations of the Civilian Tradition*”, in the Republic of South Africa by the Rustica Press (PTY) LTD, NDABENI, CAPE, 1990, p. 89.

〔79〕 Max Kaser, *Roman Private Law*, translated by Rolf Dannenbring, 3rd edition, Pretoria: University of South Africa, 1980, p. 49.

〔80〕 Reinhard Zimmermann, *The Law of Obligations*: *Roman Foundations of the Civilian Tradition*, in the Republic of South Africa by the Rustica Press (PTY) LTD, NDABENI, CAPE, 1990, p. 80.

〔81〕 Ibid., p. 69, 80.

〔82〕 参见 Max Kaser, *Roman Private Law*, translated by Rolf Dannenbring, 3rd edition, Pretoria: University of South Africa, 1980, p. 49; Paul J. Du Plessis, *Borkowski's Textbook on Roman Law*, London, Oxford University Press, 2015, p. 300.

中始终保持着强大效力，以至于让后来的简约和文书契约都离不开这种形式的影响。

（三）强调诚信观念的重要性

信义（fides）观念是从罗马人的商业贸易活动中发展而来的，它最初的含义为“诚实，正直，可信”，一方面它在法律关系中指诚实履行诺言和履行协议所应当承担的义务，另一方面它意味着对另一当事人行为的信心和信任，特别是在对方履行义务方面。它要求人们诚实和守信地履行自己担负的义务和职责，是具有较强社会道德意义的行为规范标准，这一理念深刻地影响了契约的发展，在万民法中，它成为了贸易关系中相互信任的要素。〔83〕这一术语具有较为广泛的含义，从投诚这种国际上的概念，到相信他人会给自己以保护或某种保障，它既可以涉及从属关系，也可以涉及平等关系。

一些法学家认为债务口约已经很接近现代契约，它的效力是由对人的誓金之诉所保证的，可以通过清偿而废止，以此为据债权人可以对债务人享有追偿权，债务人也可以避免他自己成为已决案当事人（iudicatus），实际上是一种自我保证制度。〔84〕到了要式口约的时代，这种口头式特征更加突出对于问答的强调和重复，通过关键词清晰的概括出契约中所体现的事实问题。用“spondes”这类词语提出的问题总会在罗马人心中燃起一种庄重感，因为当时的每一个人都知道在给出了确定回答之后契约就会成立。并且，从心理学的角度看，在另一个人的面前庄严作出口头承诺，这为他带来的约束力是高于一件由对方当事人起草的冗长并且复杂难懂的书面文件的。这与现代的契约不同，现代的很多人都过于夸大书面契约的庄严性，而罗马人的诚信观念和忠义观念要求的是遵守自己的承诺，无论它是否被写入文书。〔85〕

在关于要式口约的案例中，罗马的诚信观念在口约中是具有足够证明

---

〔83〕参见 Adolf Berger, *Encyclopedic Dictionary of Roman Law*, City College, New York, New York and French University（Ecole Libre des Hautes Etudes）, 1994, p. 471；黄风编著：《罗马法词典》，法律出版社2001年版，第114页。

〔84〕F. D. Zulueta, “The Resent Controversy about Nexum”, *Law Quarterly Review*, 1913, p. 141.

〔85〕Reinhard Zimmermann, *The Law of Obligations*: *Roman Foundations of the Civilian Tradition*, in the Republic of South Africa by the Rustica Press（PTY）LTD, NDABENI, CAPE, 1990, p. 69.

力的，因为这是一种切实可行又具有实践性的观念。作为一种准确的、庄重的口头契约，它在心理上的效力大于书面契约——至少在罗马人看来是这样。而且，口头形式也有利于承诺人充分阅读并理解它。双方都在场时，经口头合意而成立的契约要比有一方缺席时成立的准确性高很多，不会造成误解，口头问答用语的精确性，可以让当事人和其他在场人员都明确知道已经达成合意。[86] 因此，尽管要式口约是一种正式行为，但是当事人双方并不需要将它的内容用书面文字记录下来，这与我们今天的正式行为是不同的，现代不仅需要书面契约，还需要公证程序或文书，原因是书面文书具有很大的证明力，也能说明交易的内容。再看罗马人，我们可以从他们实体法的发展过程中很惊奇地发现，他们很少考虑证明力的问题，当可以成为证据的一些陈述出现在法庭上时，对它们的判断是承审员应当考虑的事情。[87]

通过古典时期的法律理念也可以看出，大多数债务契约都是由罗马人这种特别的信义观念所保证的。到了共和国后期，在要式口约程序进行之后，一般也需要由书面契约来辅助进行保证，当事人可能会使用文书描写一些他们所要求的细节。但是文书仅仅有证据的作用，并不能代替口头的宣告，它在很多时候仅仅是要式口约程序的一个构成部分。

总　结

综上所述，债务契约是罗马债法中的一项重要规定，它具有古老的历史传统，在成文法出现之前，一些仪式和套语已经在借贷过程中发挥着重要作用。当原始的形式不符合罗马社会发展的实际情况时，它就顺应时代需要演变成了一种简单易行的交易方式。它是始终遵循罗马市民法传统的契约，尽管在后来它吸取了一些东方民族的特质，由口头契约发展为文书契约，但它依然没有脱离罗马传统的框架。它对形式性和灵活性的调和，体现了一种罗马人特有的清晰质朴的倾向，使之体现出强大的生命力，不

〔86〕 Fritz Schulz, *Classic Roman Law*, Amen House, London, Oxford University Press, 1951, p. 475.

〔87〕 Reinhard Zimmermann, *The Law of Obligations: Roman Foundations of the Civilian Tradition*, in the Republic of South Africa by the Rustica Press (PTY) LTD, NDABENI, CAPE, 1990, p. 69.

仅应用于法律实践的各个领域，而且可以串联罗马法从起源到形成体系的整个过程。以契约形式的演变为线索对相关债务契约进行系统梳理，可以清晰地重现不同时期债务契约所呈现的特征，从中挖掘出古罗马特有的一些法律文化和历史传统，以及法学家和裁判官们创制出的富有特色的规定。这样不仅对罗马债法纷繁浩大的体系形成了更加深刻的认识，并且可以以债法为切入点，了解罗马法与其他法律文明相比所具有的独特性。

作为科学的教会法的诞生历程 1140—1190

——文本、方法与理论

赵博阳[*]

11 世纪的后数十年里，西欧国家在社会、信仰、经济、文化等方面都发生了重大变化，并根本性地推动了包括法学在内的智识活动的发展。在此后的一个多世纪里，西欧社会显现出一股全新的法律文化。伴随尘封的《学说汇纂》（Digesta）抄本的重见天日，以伊纳留斯（Irneius）为代表的罗马法学者，以博洛尼亚为基地，开始了罗马法的研习与讲授。进入 12 世纪后，越来越多的学生来到博洛尼亚学习罗马法，使得此地成了罗马法复兴的中心。经过罗马法注释法学派学者们的努力，罗马法从传统七艺的修辞学中分离，发展成为一门独立而系统的科学。

同样是在博洛尼亚，约在 1140 年前后，有一位名叫格拉蒂安（Gratian）的修士编纂了一部具有里程碑意义的教会法汇编《格氏律》（Decretum Gratiani）。该汇编以自身的卓著取代了此前教会的法律汇编，后成了学校和法庭中的权威。虽然从未有哪位教皇宣布过《格氏律》具有教会官方效力，但毋庸置疑，《格氏律》是 12 至 13 世纪初教会法研究的基石与核心。自《格氏律》诞生以后，经过第一代《格氏律》学者的努力，教会法亦逐渐与神学分道扬镳，继罗马法之后，成为一门独立的科学。它有自己特定的研究对象，并建立起独有的理论。

这个过程是如何完成的呢？教会法究竟在何种程度上可以称之为一门科学呢？带着疑问，笔者试图从文本、方法与理论三个方面入手，探究这

* 上海社会科学院助理研究员。

一12世纪独特的智力过程。这一历史时期将被具体限定在公元1140年至1190年前后，前者是学界对《格氏律》编订完成年代的推断，而后者是第一代《格氏律》学者中乌戈乔（Huguccio）完成其伟大的《〈格氏律〉概述》(Summa Decretum）的年代，标志着这一代《格氏律》学者活跃期的结束。

一、12世纪的法学复兴

美国学者查尔斯·霍默·哈斯金斯（Charles Homer Haskins）曾提出过“12世纪文艺复兴”这一著名的理论，意指当时整个西欧在智识方面所展现出的生机勃勃、充满活力的一面。而法学作为这一复兴运动的重要一环，亦产生了举世瞩目的辉煌成就。

（一）罗马法的复兴

罗马法的复兴与蓬勃发展一马当先。英国学者保罗·维诺格拉多夫(Paul Vinogradoff）在论及罗马法的复兴时说：“在历史的整个进程中，没有什么比古罗马帝国衰落之后罗马法的命运更为重大而令人迷惑的问题了。”[1] 他形容罗马法的复兴为“一个幽灵故事”。[2]

罗马法的复兴源于《学说汇纂》抄本的发现，一般认为是对当时社会条件发生变化的回应。11世纪中叶起西欧的人口数量猛增，城市数量不断增加，商品经济得到迅速发展。这种经济的发展趋势迫切需要一种与之契合的法律体系，而罗马法恰好提供了可资借鉴的法律基础，以满足这种需要。

有记载最早对罗马法进行研究与教学的学者是一个叫佩坡（Pepo）的人，在托斯卡纳女伯爵玛蒂尔达（Countess Matilda of Tuscany）的法院发出的一封判决书中，佩坡作为一名法律学者而被提及，该判决还论及《学说汇纂》并将其作为判决依据。11世纪的最后25年，佩坡在博洛尼亚讲授罗马法。由于记录甚少，佩坡的生平几乎无从考证。传统上将罗马法的复兴与博洛尼亚的另一位学者伊纳留斯相联系。伊纳留斯最初是博洛尼亚的

---

〔1〕 P. Vinogradoff, *Roman Law in Mediaeval Europe*, London and New York: Harper & Brothers, 1909, p. 2.

〔2〕 P. Vinogradoff, *Roman Law in Mediaeval Europe*, London and New York: Harper & Brothers, 1909, p. 4.

一名文法教师，他在接触到《学说汇纂》的抄本后为其中的法律语言及推理所深深着迷，开始投身到这些古典法律文本的注释与研究中，并将其成果讲授给学生们。随着伊纳留斯的声名鹊起，许多学生慕名来到博洛尼亚跟随其学习法学。[3] 伊纳留斯大概于12世纪前30年内过世，在他身后的12世纪中，对罗马法的研究起到推波助澜作用的有布尔加鲁斯（Bulgarus de Bulgarinis）、马提努斯（Martinus Gosia）、乌戈（Hugo de Porta Ravennate）、雅各布斯（Jacobus de Boragine），他们又被称为“四博士”（quattuor doctores，Die vier Doctoren）。

第一代研究罗马法的学者被称为注释法学派。他们将法学从修辞学中分离出来，使其成为一门独立、系统的科学，而他们对罗马法文献的注释、论述与讲授，则成为那个时代法学研究的范式。

（二）教会法的兴盛

就在《学说汇纂》抄本发现前的公元10世纪，西欧天主教会内部掀起了一股教会法法典化的风潮。自10世纪以后的两个多世纪里，教会出现了一大批法典化的法律汇编，其中主要有意大利的《献给安瑟伦的集子》（Collectio Anselmo Dedicate）、《五卷教会法集》（Collectio Canonum in V Libris）、《维罗纳集》（Collectio Veronensis）、《法尔法修院集》（Collectio Farfensis）、《七十四卷集》（Diversorum Sententia Patrum）、卢卡主教安瑟伦（Anselm of Lucca）的《教会法集》（Collectio Canonum）、圣格里索格诺的格利高里（Gregory of San Grisogono）的《多产集》（Polycarpus）以及《戴乌斯戴迪特枢机的集子》（Collectio Cardinalis Deusdedit）。在法国，重要的汇编有《福勒里修院集》（Collectio Abbonis Abbatis Floriacensis）、沙特尔主教伊夫（Ivo of Chartres）的《教会法汇编》（Decretum）和《法律大全》（Panormia）。在德国有两部重要的汇编，一部是普吕姆修道院院长雷吉诺（Regino of Prüm）的《论教会纪律与基督教信仰》（De ecclesiasticis disciplinis et religione Christiana），另一部是沃尔姆斯主教布尔哈德（Burchard of Worms）的20卷皇皇巨著《教会法集》（Collectarium Canonum）。[4] 这两

---

〔3〕 See James A. Brundage, *The Medieval Origins of the Legal Profession*, Chicago and London: The University of Chicago Press, 2008, pp. 80-85.

〔4〕 See Constant Van de Wiel, *History of Canon Law*, Louvain: Peeters Press, 1991, pp. 69-71.

百多年间教会法汇编的增长超过以往任何时期。这种激增的情况可能是对教会内部自10世纪起发动的改革的回应。《法律与革命》（Law and Revolution）一书的作者哈罗德·伯尔曼（Harold Berman）将改革——他称之为“教皇革命”——视作当时整个社会变动的中流砥柱，对当时西欧的社会、信仰以及法律起到了根本性的推动作用。姑且不论伯尔曼的论点是否过于极端，改革无疑与教会法的兴盛有着不可分割的联系。

发端于10世纪的改革，其目的旨在排除世俗权力对教会的控制。世俗统治者一方面给教会提供有力的支持，另一方面也对教会的管理机制造成了挑战。他们觊觎教会的财产；干预神职人员的选举，指派自己中意的人担任主教或是修道院长，后者也往往沦为统治者的封臣；此外，他们也召集教会会议，并颁布教会法律。与此同时，神职人员婚娶的情况也非常普遍，这使得他们与世俗统治者形成了重要的亲属关系。而改革者们为了摆脱世俗势力的控制，要求平信徒们停止擅自任命主教、修道院长，主张惟有神职人员才有处分教会财产的权利，此外改革者们还要求神职人员应该远离性行为，并且只接受教会法庭的管辖。仔细体会，不难发现这些主张实际都带有法律内涵。因此也就可以理解这一时期的教会改革者们特别需要依赖法律肯定教会的身份、权威以及独立性。

教会法法典化的热情最终达到了一个巅峰——《格氏律》的出现。

二、格拉蒂安与《格氏律》

（一）格拉蒂安其人

中世纪诗人但丁（Dante）在他的《神曲·天堂篇》中如此描述格拉蒂安：“这第二道火焰从格拉蒂安的微笑里发射出来，他对两种法庭都给予极大的帮助，以至从天国得到恩宠。”[5] 这种夸张的叙述虽然指明了其身份，但为我们对他的了解并没有多少帮助。虽然格拉蒂安一直被认为是《格氏律》的作者，但由于史料严重缺乏，我们对他的生平所知甚少，甚至也没有确凿的证据可知《格氏律》是否真的出自其手。

传统认为，格拉蒂安是一名生活在12世纪博洛尼亚的加默度会修士。最初的《格氏律》学者保卡帕雷亚（Paucapalea）在其著作中称《格氏

〔5〕 Dante, Paradiso X, 103-105.

律》的作者为“老师”（Magister）——当时博洛尼亚对教师的惯常称呼。[6] 12世纪70年代的《格氏律》学者比西尼亚诺的西门（Simon of Bisignano）称自己为格拉蒂安的弟子。另一位《格氏律》学者乌戈乔记载格拉蒂安在编订《格氏律》时，时值雅各布斯在博洛尼亚讲授罗马法。[7]

描述格拉蒂安为修士的传统，来自12世纪60年代《巴黎概述》（Summa Parisiensis）的佚名作者，他的依据是格拉蒂安在《格氏律》第二部分中用了五个案例来探讨隐修制度，且得出的结论有利于修士们。而12世纪80年代圣米歇尔山修道院院长托里尼的罗伯特（Robert of Torigny）在其《编年史》（Chronicon）一书中记载格拉蒂安是意大利丘西（Chiusi）地区的主教。美国学者约翰·T. 努南（John T. Noonan）质疑这两种说法。他认为，《巴黎概述》作者的推断，不排除其本人作为修士的主观倾向作祟，而12世纪丘西地区的主教任选情况也没有任何记录。努南认为，格拉蒂安的身份在历史的进程中，被人为地层层添油加醋。事实上，在格拉蒂安生活的时代，只有一份文件提及了这样一个法学家的名字——1143年教皇使节、枢机主教高依佐（Goizo）在威尼斯审判的一个案件中咨询了三位法学家的意见，他们是瓦尔弗雷德（Walfredus）、摩西（Moysis）和格拉蒂安（Gratianus）。前两人被认为是波伦亚的律师，而剩下的这个格拉蒂安，却是同时代仅有的能同教会法学家格拉蒂安对应的名字。除此以外，关于格拉蒂安的生平资料乃至生卒年份，都所知甚少。他怀疑格拉蒂安作为《格氏律》作者的真实性。[8] 近年来，瑞典学者安德斯·温罗斯（Anders Winroth）在对《格氏律》进行了文本比对研究后，则认为《格氏律》的成书可能经过了多人之手。[9]

---

〔6〕 See James A. Brundage, *The Medieval Origins of the Legal Profession*, Chicago and London: The University of Chicago Press, 2008, p. 102.

〔7〕 See Peter Landau, “Gratian and the Decretum Gratiani”, in Wilfried Hartmann and Kenneth Pennington eds., *The History of Medieval Canon Law in the Classical Period*, 1140-1234, Washington D. C.: The Catholic University of America Press, 2008, pp. 23-24.

〔8〕 See John T. Noonan Jr, “Gratian Slept Here: the Changing Identity of the Father of the Systematic Study of Canon Llaw”, *Traditio*, *Vol.* 35, 1979, pp. 145-172.

〔9〕 See Anders Winroth, *The Making of Gratian's Decretum*, Cambridge: Cambridge University Press, 2004, pp. 175-192.

（二）《格氏律》的结构

回到《格氏律》本身。《格氏律》原初的标题据信是《矛盾教会法之协调》（Concordia Discordantium Canonum），它共由三部分组成。第一部分由101个类别（distinctiones）组成，前20个类别探讨广义上的法与不同类型的法，特别是教会的法律和习惯，这些类别常常被称作《法论》（Tractatus Decretalium）。其余81个类别包含了规范任命、授品、资格、圣职人员义务等问题的规则，这些类别被称作《圣秩论》（Tractatus Ordinandorum）。第二部分由36个案例（Causae）组成，每个案例包含数个问题（questiones），每个问题下有若干条教会法规（canon），这部分举例说明了法律的实际运用，讨论的主题涵盖买卖圣职罪、教会程序法、宗教团体、异端、誓言、婚姻等，也是全书最出众之处。这一部分中的案例33因篇幅相对过长而显得与众不同，其主题关于悔罪，故而被称作《悔罪论》（Tractatus de Poenitentia）。第三部分通常称作《论圣事》（de consecratione），由5个类别组成，讨论教会的圣事及其正确管理。[10]

《格氏律》的法规囊括了从初期教会直到12世纪拉特朗大公会议以来的教皇法令、会议决议、教父作品选段、圣经选段乃至世俗法律。格拉蒂安解读这些法规，在引文之间插入自己的评注——即“格拉蒂安如是说”（dicta Gratiani）——对各类意见加以分析，调和互相对立的观点，得出结论。

（三）第一代《格氏律》学者对《格氏律》的研究概况

《格氏律》诞生后不久，在博洛尼亚就出现了一批学者，针对该汇编进行研究和讲授，他们被称为《格氏律》学者（decretist）。在教皇法令学者（decretalist）出现以前，《格氏律》学者是12世纪教会法研究的核心力量。

已知最早的《格氏律》学者是保卡帕雷亚，他据信是格拉蒂安的学生。但有关其生平详情后人也是所知不多。可能和他的老师格拉蒂安一样，他也是一名在博洛尼亚讲授教会法的神职人员，他在博洛尼亚的活跃时间大概是在1146年至1165年间。他遗留下的《概述》（Summa）是已知

〔10〕 See Johann Friedrich Schulte, *Die Geschichte der Quellen und Literatur des canonischen Rechts*, Vol. 1, Stuttgart: Verlag von Ferdinand Enke, 1875, pp. 46–50.

最早的针对《格氏律》的研究著述。由于该《概述》中针对《格氏律》第一部分类别 63 的论述中参考了一封 1146 年教皇尤金三世（Pope Eugene Ⅲ）的法令，因此该著作的诞生不会早于 1146 年。这部《概述》的篇幅不大，简洁明了，为后来的《格氏律》学者在编订他们的概述文献时所引用。据信，《格氏律》的第一部分被划分为 101 个类别，也是出自保卡帕雷亚之手。此外《格氏律》内目前已被学者辨认出的 100 多条被称为“谷皮”（palea）的衍文，据信也是保卡帕雷亚的杰作，而且谷皮一词得自于 paucapalea 一名。[11]

随着《格氏律》的成功，越来越多的学生从阿尔卑斯山以北和欧洲大陆海外的地区前往博洛尼亚学习教会法。那个时代，博洛尼亚已经以罗马法研究中心蜚声欧洲，并且也很快发展成为教会法的研究中心。12 世纪后半叶在博洛尼亚研习教会法的第一代《格氏律》学者中知名者还有罗兰（Rolandus）、鲁费努斯（Rufinus）、图尔奈的斯蒂芬、比西尼亚诺的西门（Simon of Bisignano）、巴齐亚努斯（Basianus），以及成就最大者乌戈乔。

罗兰（Rolandus）的活动时期大约是在 12 世纪 50 年代。19 世纪的学者曾将罗兰和名为罗兰·班迪内利（Rolandus Bandinelli）者、后来的教皇亚历山大三世（Pope Alexander Ⅲ）视为同一人。但是努南和德国学者鲁道夫·魏刚（Rudolf Weigand）运用充分的史料论证，推翻了这一观点。罗兰也著有针对《格氏律》的《概述》（Summa）。[12]

与罗兰同时代的《格氏律》学者有鲁费努斯（Rufinus），他所著的《概述》（Summa）被库特纳称为博洛尼亚教会法学派第一部集概述与注释于一体的大型著作，在篇幅和细节方面超越了前人。[13]

继鲁费努斯之后，他的学生图尔奈的斯蒂芬成为教会法学研究的领军人物。斯蒂芬大概于 1128 年出生在法兰西的奥尔良。12 世纪 60 年代，他

---

〔11〕 See Rudolph Weigand, *Glossatoren des Dekrets Gratians*, Goldbach: Keip Verlag, 1997, pp. 1-22.

〔12〕 See Kenneth Pennington and Wolfgang P. Müller, “The Decretists: the Italian school”, in Wilfried Hartmann and Kenneth Pennington eds., *The History of Medieval Canon Law in the Classical Period*, 1140-1234, Washington D. C.: The Catholic University of America Press, 2008, pp. 131-133.

〔13〕 See Kenneth Pennington and Wolfgang P. Müller, “The Decretists: the Italian school”, in Wilfried Hartmann and Kenneth Pennington eds., *The History of Medieval Canon Law in the Classical Period*, 1140-1234, Washington D. C.: The Catholic University of America Press, 2008, pp. 135-136.

在博洛尼亚进行教会法的研究和讲授，并留下了他的《概述》。〔14〕

12世纪70年代有影响力的《格氏律》学者有比西尼亚诺的西门（Simon of Bisignano）。库特纳注意到他可能是一个极少在其《概述》中引述前辈学者论述的教会法学者。他大概在1177年至1179年间完成了他的《概述》。12世纪80年代的《格氏律》学者有巴齐亚努斯（Bazianus），他可能是第一位同时获得教会法与罗马法两项学科博士头衔的人。他在当时颇具影响力，许多概述文献都曾引用过他的观点。同时他也为乌戈乔的《〈格氏律〉概述》进行了补编。〔15〕

12世纪最后一批《格氏律》学者中，成就最大者乃是乌戈乔。乌戈乔可能生于比萨（Pisa），1190年当选为费拉拉的主教。在此之前，他在博洛尼亚研习并讲授教会法。早年他曾针对《格氏律》写作大量注释，大概在1180年至1190年间，他完成了自己的《〈格氏律〉概述》。乌戈乔的这部著作篇幅浩大，超越所有前人的概述，并且一跃成为当时最具权威性的概述。乌戈乔本人也被视作最伟大的《格氏律》学者。〔16〕

三、12世纪教会法的研究方法

（一）经院哲学的辩证法

中世纪学术科研均与经院哲学的方法论有关。神学如此，法学亦是如此。罗马法学者就运用这种方法，来应对罗马法文献以及各个章、句、词的考证、注释和阐述。教会法也受到了这种感染。

经院哲学的这种方法被称为辩证法——一种分析与综合的方法。这种源自古希腊的逻辑学方法经历了数个世纪的沉沦后，被首先引入到了神学问题的讨论之中，用于阐发天主教信仰。它要求预先设定某些书籍的绝对

---

〔14〕 See Kenneth Pennington and Wolfgang P. Müller, "The Decretists: the Italian school", in Wilfried Hartmann and Kenneth Pennington eds., *The History of Medieval Canon Law in the Classical Period*, 1140-1234, Washington D. C.: The Catholic University of America Press, 2008, pp. 136-137.

〔15〕 See Kenneth Pennington and Wolfgang P. Müller, "The Decretists: the Italian school", in Wilfried Hartmann and Kenneth Pennington eds., *The History of Medieval Canon Law in the Classical Period*, 1140 - 1234, Washington D. C.: The Catholic University of America Press, 2008, pp. 140-141.

〔16〕 See Kenneth Pennington and Wolfgang P. Müller, "The Decretists: the Italian school", in Wilfried Hartmann and Kenneth Pennington eds., *The History of Medieval Canon Law in the Classical Period*, 1140-1234, Washington D. C.: The Catholic University of America Press, 2008, p. 142.

权威性，认为这些书籍包含着一种综合且完整的体系，同时也假定文本里可能存在着疏漏和矛盾，因而它便将文本的概述、疏漏的填补以及矛盾的解决作为主要的任务——寻求对立事物的和谐。

巴黎圣母院主教学校的教师皮埃尔·阿贝拉尔（Pierre Abelard）发展和普及了这种方法，并且更好地运用于调整教会中各种相互冲突的权威观点。皮埃尔·阿贝拉尔是辩证法的集大成者，他在写作和教学的过程中极大地普及了这一方法，并且更好地运用于调整教会中各种相互冲突的权威观点。在他的巨著《是与否》（Sict et Non）序言中，他写道："我尝试将各位教父的不同言论集合在一起，加以思考，由他们那看起来自相矛盾的观点引申出一些问题。这些问题可以用来激励初学者探索真理的热情，锻炼他们的思维。"〔17〕

教会法使用这种方法是尤具现实意义的。前述教会法的法典化将法律按照主题进行分类，这是一种进步，却也给编者带来更大的困惑。格拉蒂安以前的教会法材料极其丰富，大量的法律涉及教会生活的方方面面，以至于对同一个问题有不同乃至相反的规定。而由于教皇、集体的宗教会议、教父所具有的权威性，这些规定即使穿越了数个世纪，依然是有效的。对权威的尊重要求解决这种矛盾。

格拉蒂安以前的法典化教会法汇编中，就已经有运用辩证法思想的初步萌芽了。《格氏律》出现以前，西欧最具影响力的教会法汇编之一是沙特尔主教伊夫的《法律大全》。伊夫为《法律大全》撰写了一篇序言。在序言中他这么说道："我们认为，事先提醒审慎的读者是适宜的，即如果他碰巧无法完全理解读到的内容，或认为内容之间彼此冲突，他不该立即指摘，而应仔细留心，哪些是出于严格，哪些是出于适度，哪些是出于公正，哪些又是出于仁慈。"〔18〕 伊夫告诫法律使用者在面对矛盾与对立时，应运用理性来仔细思考，权衡法律条文的渊源以理解其内在含义和适用极限，考虑相关的时间、地点、立法者的权威和意图，区分命令和劝诫，辨别何谓严格，何谓宽免。在他看来，教会确立那些不同的法律是为了协助信徒走向救援。他将此与医生的处方相对比，医生根据病人的个人特点和

〔17〕 Pierre Abelard, Prologus ad Sic et Non.

〔18〕 Ivo of Chartres, Prologus ad Panormia.

疾病的严重程度，开出刺激的处方或缓和的处方，甚至在病人的身上动刀子，只是为了赶走病魔，治疗病人的创伤，恢复他们的健康。教会法也同样如此，好比是不同的医治处方，殊途同归，存在于一个统一的体系之中。在选择适用教会法时，要考虑时间、地点、情景、当事人的个性等，严格地执法或仁慈地宽免，只要是有益于人类灵魂的得救。

伊夫的序言只是给了后人一个思想，他并没有直接运用这种方法来应对具体实际的教会法律。12世纪的教会法学者在罗马法学者的影响下，更加大胆地使用辩证法，他们在著书立说的过程中将这种方法完全融入其中，更加直接地解释教会法律中的矛盾对立之处。《格氏律》的原初标题《矛盾教会法之协调》正说明了格拉蒂安编纂时所采用的方法与目的。德国学者斯蒂芬·库特纳（Stephan Kuttner）对此评论说，当时教会法中不同的甚至互相矛盾的因素所构成的千变万化的差异，被组织成一个和谐的体系。〔19〕

不妨以《格氏律》第二部分案例1第4问为例。这个问题探讨异端父母之罪是否该算到子女身上。〔20〕格拉蒂安先罗列了旧约经文及其他一些表示要株连子女意思的教会法材料，接着又罗列了表示相反观点的材料。之后他开始调和这些权威性意见，他的观点是罪责应自负，一个人不应该为另一个人的罪行负责，一个人的罪行也不会玷污不知情的他人。只有当一个人仿效另一人的罪行时，他才会为此受罚，因为两者已经同流合污了。对于天真无邪的儿童，又如何能要求他们为自己父母的罪行承担责任呢？儿童可能知道父母的罪行，但幼稚的心灵使他们不可能参与犯罪，所以他们不应该为父母的罪行担责。对于《圣经·旧约》里追讨罪债自父及子直至第三代、第四代，格拉蒂安认为天主所要惩罚的是那些跟随父母一起犯罪的子女，而未同流合污者虽然在属世的福祉上可能会受到父母罪行的连累，但他们属灵的福祉并不会因此受到影响，都会获得仁慈的天主的拯救。

（二）方法的表现形式

《格氏律》以后，辩证法依然是12世纪《格氏律》学者研究方法之精

---

〔19〕 See Stephan G. Kuttner, *Harmony from Dissonance: an Interpretation of Medieval Canon Law*, Latrobe, PA: Archabbey Press, 1960, pp. 31-50.

〔20〕 Gratian, Decretum, C. 1 q. 4.

髓，这种方法以对法律文献进行辩证性的文字注释（glossa）为表现形式。显而易见，教会法学者们借鉴了博洛尼亚的罗马法同仁们。这种注释最初只是在原典行与行之间插入的对词的简短解释，后来学者们开始有了更活跃的思维，对原典字词的注释逐渐发展为对一个句子、一段文字乃至一个主题的论述，原来字里行间的空间就不够用了，学者们自然而然将更多的注释写到页面上下左右的页边空白处。注释这一最微小的形式最终发展为两种重要的形式——释义（apparatus）和概述（summa）。

这两种形式都可以追溯至罗马法注释法学派。释义是对法律条文、词语的逐条、逐个解读与分析。《格氏律》的释义通常写在抄本的页边空白处。12世纪的《格氏律》释义并不规范，有时是写在抄本正文周边空白处的原文解读，有时又是写在行与行之间的注释。这些释义是12世纪博洛尼亚教会法学最重要的学术成果，对13世纪《格氏律》标准注释本（Glossa Ordinaria）的出现起到了重要的影响。12世纪的《格氏律》学者中，罗兰、鲁费努斯、图尔奈的斯蒂芬等人都遗留下来大量散布在《格氏律》抄本页面中的释义文献。

当页边的空白都无法满足《格氏律》学者研究问题、阐述理论的热情时，他们转向原典以外的空间——概述——这是《格氏律》研究中最重要的形式，它按照原典的主题进行综合的论述。与释义不同，概述并不在《格氏律》的本文上进行，它单独成书。相较罗马法注释法学派的注释，教会法学者除了在进行综合性的论述时，还会同时顾及具体的法律条文细节。从《格氏律》诞生至1190年间，博洛尼亚每10年都会出现极具影响力的概述，如12世纪40年代保卡帕雷亚的《概述》、12世纪50年代罗兰和鲁费努斯的《概述》、12世纪60年代图尔奈的斯蒂芬的《概述》、12世纪70年代比西尼亚诺的西门的《概述》以及12世纪80年代出现的历代概述之集大成者——乌戈乔的《〈格氏律〉概述》。

相比释义，由于后世学者已经修订出版了若干概述文献，因此我们可以更加细致入微地了解《格氏律》学者的研究方法。笔者在这里选取《格氏律》第二部分案例7第1问为研究对象。这个问题是：“主教在世之时，可否任命他人替代其职？”[21] 格拉蒂安本人在《格氏律》中先后列举了49

〔21〕 Gratian, Decretum, C. 7 q. 1.

条支持或反对这一问题的古代教会法规，在综合分析以后，他给出了一个并不是十分清晰明了的解答——当一个主教离开他的教区时，意味着放弃了一切针对该教区权力的主张，这等于排除了一个教区由两个主教治理的可能。同时他也指出了古代教会法中对主教离开其职位禁止性规定中的一些缓和情节。保卡帕雷亚在他的《概述》中针对案例7第1问做出了简短的评述。[22] 他从格拉蒂安的问题出发，简要概述了格拉蒂安的几个原则，实则是解释了在何种情况下尚在人世的主教可以由他人取代。保卡帕雷亚总结了四种情况：①主教年事已高或病重的缘故；②为教会的实益或需要，由教皇下令调任；③放弃其权力，以前往另一教区；④主教希望进入隐修院。罗兰在他的《概述》中针对此问的论述则非常简短。[23] 他认为，主教在世之时，如果因为犯罪或者自愿放弃，可以任命他人代替其职。罗兰在这里首次论及被替换主教的个人意志，同时也补充了主教因犯罪可被替换而不问其个人意愿的情况，由此可以看出，罗兰的关注点在主教的个人权利。再来看鲁费努斯在其《概述》中对这一问题的论述。[24] 他在这里转换了问题探讨的角度，将问题变成了"在何种情况下主教可以离开其职"。在这里，他将情形增加到了七种：①犯罪；②病重；③年事已高；④任意妄为；⑤经教皇同意，为了教会的益处；⑥情势所需；⑦进入隐修院。鲁费努斯在论述的同时，又从问题本身出发，引入了新的思想。他探讨了三种调任的情形：①因为地方的缘故而改变人，即出于对当地情形的考虑；②因为人的缘故而改变地方，即为了教民的利益改变教区领导层；③因为地方的缘故而改变地方，即为了教区领导层自身的缘故。

从以上的分析来看，学者们在分析与综合方法的大框架下，各显所长，不断开拓教会法的理论。格拉蒂安确立了用分析与综合的方法来应对他以前的教会法规，将其纳入一个系统的体系中；保卡帕雷亚用总结的方法，提炼了格拉蒂安的法律思想；罗兰将主教替任合法性问题的关注点移至被取代主教个人权利的问题；鲁费努斯则更加关注主教替任的技术问题并从问题本身出发，添加新的问题，从而引发更活跃的理论思维。

---

〔22〕 Paucapalea, Summa ad C. 7 q. 1.

〔23〕 Rolandus, Summa ad C. 7 q. 1.

〔24〕 Rufinus, Summa ad C. 7 q. 1.

除了释义与概述，对《格氏律》的注释还发展出其他几种次要的形式：①类别（distinctiones），这是对冲突法规的分析，分析的主题可以是事实、概念、规则乃至法律关系。这种形式借鉴自罗马法，但和罗马法研究中的类别不同，教会法类别的目的是为了调解法律的矛盾对立，而罗马法则严格区分类别和矛盾对立的解决；②原理（brocarda），借鉴自罗马法，是《格氏律》学者对法律原则进行支持或反对的论证；③问题（quaestiones），从文本中挑出问题，并进行论辩式的论证。这种形式可以追溯到经院哲学，为罗马法和教会法所共同使用；④意见（consilia），即对法律实务中实际问题的解答；⑤简述（casus），对特定法律条文进行扼要的论述。这几种形式并非严格区分，有时候它们被融入概述的写作之中。〔25〕相比罗马法，这几种形式并未在教会法中产生重大的影响，由于文献的支离破碎，学界至今都未能做到比较系统详细的梳理，因此这一问题有待未来进一步的发掘与研究。

四、12世纪教会法的理论

《格氏律》集前人大成，固然是一大成功，但毕竟更多的是对过去一千年教会法的综合与总结，面对风云变化的12世纪，它并不能对层出不穷的新问题给予直接的回答。而《格氏律》学者以这本经典为出发点，著书立说，发展了教会法的理论，使得教会法的内容具备了丰富的血肉。理论上的成熟使得教会法得以成为一门系统独立的科学。

《格氏律》学者理论之精妙，在教会法的诉讼、婚姻、教会治理三个方面，有着显著的体现。

（一）有关诉讼的理论

着重笔墨于教会法诉讼方面的《格氏律》学者，首屈一指的是保卡帕雷亚。在他的《概述》中，保卡帕雷亚尤为关注诉讼程序（ordo iudiciarius）的问题。〔26〕保卡帕雷亚认为，教会诉讼程序的古老性和合法性可以追溯到《圣经》中的旧约时代。在序言中他这么写道："在我看来，向无

〔25〕 See Kenneth Pennington and Wolfgang P. Müller, "The Decretists: the Italian school", in Wilfried Hartmann and Kenneth Pennington eds., *The History of Medieval Canon Law in the Classical Period*, 1140-1234, Washington D. C.: The Catholic University of America Press, 2008, pp. 160-172.

〔26〕 Paucapalea, Prologus ad Summa.

知者表明诉讼程序的形式、教会法的渊源以及其进程是有益的。诉讼的最初形式似乎采用于伊甸园中。上主在伊甸园里质问亚当不服从之罪，而亚当企图为自己辩护，他主张应该归咎于他的妻子：'是你给做伴的那个女人给了我那树上的果子，我才吃了。'”保卡帕雷亚注意到了这段《圣经》故事中所展现出来的诉讼程序的基本构成要素：天主传唤了亚当，并指控他，而亚当被允许自辩。保卡帕雷亚的观点很微妙，他认为即使天主是全知的，他也必须传唤被告并听取其抗辩。保卡帕雷亚还引述了《旧约·申命纪》中摩西的规定：人若犯罪，须凭两个或三个见证的口供，才可定案。他认为，诉讼程序规则的程序要求至少两名证人，足见《旧约·申命纪》可以证明其古老的历史。

除了序言部分，保卡帕雷亚在其《概述》的正文部分针对《格氏律》案例2至案例7的评注里，亦多有提及诉讼程序的要素。他列出了许多对教会法庭审判极为重要的要素，如：审判必须适用诉讼程序；法官必须听取在法庭上呈递的证据；[27] 因为无知的法官和一般人未经诉讼程序即粗暴地剥夺诉讼当事人的权力，所以必须理解可剥夺财产的情形；[28] 在有关财产的争议中，原告的财产必须在庭审开始前返还；法官必须公正不阿，否则就可以对他的判决提起上诉；[29] 原告不可同时成为罪犯或声名狼藉者；[30] 如果被告缺席，不得听取证据；[31] 在诸如异端、圣职买卖等犯罪案件中，即使妇女、奴隶、罪犯或声名狼藉者也可出庭作证。[32]

数年后，图尔奈的斯蒂芬进一步探讨了伊甸园内人类历史上第一次审判的故事，从其中挖掘出更多线索证明人类诉讼程序的古老与正当。他指出故事中的每一个部分都对应了审判的步骤，亚当对天主之诉（斯蒂芬使用了罗马法术语 actio）正面地提出了抗辩（斯蒂芬使用了罗马法术语 exceptio），并将责任归咎于他的妻子。[33] 斯蒂芬甚至首次定义了诉讼程序的概念：“被告必须被传唤至他自己的法官面前，并且是以三次传令或一次强

〔27〕 Paucapalea, Summa ad C. 2 q. 1.

〔28〕 Paucapalea, Summa ad C. 3 q. 1.

〔29〕 Paucapalea, Summa ad C. 3 q. 1.

〔30〕 Paucapalea, Summa ad C. 3 q. 5.

〔31〕 Paucapalea, Summa ad C. 3 q. 9.

〔32〕 Paucapalea, Summa ad C. 6 q. 1.

〔33〕 Stephen of Tournai, Prologus ad Summa.

制传令被合法地传唤。必须允许他有法定的延时。指控必须以书面的形式正式作出。必须递交合法的证据。惟有在被证明有罪或自认其罪时，才可作出判决。判决必须以书面的形式作出。”〔34〕

（二）有关婚姻的理论

第一代《格氏律》学者有关婚姻的理论也是一大亮点。其中对婚姻中性的关注尤其独特。

格拉蒂安本人将男女的结合视为实践中的自然法的首要范例。〔35〕性在他的婚姻理论中占据中心的地位，是一项婚姻是否缔结的关键。后世的《格氏律》学者对此却不以为然，他们对性在人类生活中扮演角色所持的态度比较隐晦，这似乎传承了《格氏律》中所引的热罗尼莫（Jerome）、奥古斯丁（Augustine）等古代教父的观点。博洛尼亚的学者们尝试调和婚姻中性行为与合意的对立。

保卡帕雷亚在他的《概述》中对格拉蒂安的婚姻缔结理论并没有本质地变动。他笔下的婚姻是以夫妇双方的圆房为中心，仅有合意而无肉体的结合不是婚姻，只能视为婚约，并且可以以正当理由终止。惟有夫妻双方圆房，完整意义上的婚姻方告开始。〔36〕

罗兰的《概述》中，有关婚姻法的理论占据了非常重要的部分，他试图寻求圆房与合意两者之间的平衡。他强调，男女双方的合意与圆房对缔结一项真正的婚姻都是不可或缺的。习惯上将合意视为婚姻的开端，但这样的结合并非始终具有约束力，除非双方发生了圆房。而且圆房创设了一项继续发生性关系的权利。在圆房以前，如果一方愿意进入修道院，男女双方可以自愿分离，而在发生圆房后，这样的分离就需要双方的同意了。在罗兰看来，婚姻具有完全的约束力，只是圆房的结果。〔37〕

鲁费努斯为了调和矛盾，则假设有两项婚姻圣事，一项圣事在当事人双方互相同意结婚时完成，另一项圣事在双方圆房后完成。缺少任何一项圣事，婚姻都是不具约束力的。〔38〕

---

〔34〕 Stephen of Tournai, Summa ad C. 2 q. 1.

〔35〕 Gratian, Decretum, D. 1.

〔36〕 Paucapalea, Summa ad C. 27 q. 1.

〔37〕 Rolandus, Summa ad C. 27 pr. and q. 2.

〔38〕 Rufinus, Summa ad C. 27 pr.

乌戈乔则完全拒绝格拉蒂安的理论，在他看来性不是自然法的组成部分，而是自然法的效果。他论证说，如果按照那样的理论，那么被视为犯罪的通奸，也就属于自然法的一部分了。乌戈乔也没有忽略一个现象，即男性因为对女性的性欲而骚动不安。对此，乌戈乔区分了肉体的欲望与生殖的冲动。前者使男性渴求体验性的快感，后者使男性想要寻求伴侣。通过这种区分，乌戈乔认为，不加区分的性行为是不可饶恕的，因为这只是一种自然功能的运作。同时他肯定地说，只有严格以生育为目的的夫妻性生活才受到自然法的保护。〔39〕

《格氏律》学者对强奸的看法也显得与众不同。鲁费努斯分析强奸时，提出应区分该行为的强迫程度，他将程度区分为涉及暴力胁迫的严重冒犯，以及强迫程度中等的冒犯，前者发生肢体上的暴力，而后者仅仅是诱导受害人违背自己的意志发生性关系，无肢体上的暴力。鲁费努斯还提到，与未达年龄而不具备表达自己意愿的女孩发生关系时，无论受害人是否同意、反抗与否、过程中是否使用暴力，都无法改变强奸的性质。〔40〕

图尔奈的斯蒂芬认为，强迫手段无论是直接对受害人本人做出，还是对其家庭成员做出，这种冒犯都是无差别的。他还认为，如果一方在实施性方面的攻击前，已经同被害人合意于未来结婚，或者当事件发生之时，双方已是夫妻关系，那么不可视这样的攻击行为为强奸，无论行为人的手段多么残酷，而只能以伤害被追究责任。〔41〕

对于无婚姻合意的双方而言，发生性方面的攻击后，可否因此而结婚也是一个讨论的问题。罗兰认为应该严格禁止这样的婚姻〔42〕，但鲁费努斯认为强迫的性行为并不构成婚姻的障碍〔43〕。

（三）有关教会治理的理论

有关教会治理的理论，以乌戈乔《〈格氏律〉概述》中的论述最为成熟。

---

〔39〕 Huguccio, Summa ad D. 1 c. 7, *as quoted in James A. Brundage*, *Law*, *Sex*, *and Christian Society in Medieval Europe*, Chicago and London: The University of Chicago Press, 1987, p. 261.

〔40〕 Rufinus, Summa ad C. 36 q. 1.

〔41〕 Stephen of Tournai, Summa ad C. 36 q. 1.

〔42〕 Rolandus, Summa ad C. 27.

〔43〕 Rufinus, Summa ad C. 36 q. 2.

乌戈乔以二元论的法则，区分了神职人员与平信徒两个范畴，将他们视为是由天主设立的自治实体。乌戈乔举扬了皇帝的权威，将国王、君主及其他次要管理者排于皇帝之后。他们在代表帝国权威方面次于皇帝。乌戈乔进一步阐明世俗治权的独立性。譬如，授予帝国权力的权利只集中在由君主组成的选举团体的手里，所以其后来自教皇的加冕并不在实质上增加什么。同样，教皇也不能废除皇帝，除非是应选举团体的请求。另外，乌戈乔也通过他的二元理论确立了教会的独立性。他强调，教会享有完全的立法与司法权。[44]

不过，二元论并不是乌戈乔教会治理理论的全部，他的思想中还有着强烈的神权统治倾向。他将绝罚视为教会极为有力的管理工具。为了纠正宗教意义上的罪，乌戈乔甚至不惜跨越教会与世俗的管辖界限。他认为法官有权暂停被绝罚领主封臣的封建义务。在乌戈乔看来，犯罪者死后灵魂遭受永罚与落得滥用教会治权之歉两者间，显然前者更为严重。为了个人灵魂的得救，乌戈乔坚持用“教会法的衡平”这一原则来解决法律问题。乌戈乔常常用这一理论将司法案件转移至教会管辖之下，或者在世俗法庭中推行适用教会法。[45]

有关教会内部的结构，乌戈乔的理论建立在教皇至上主义之上。乌戈乔和其他教会法学者一样，认为教皇自天主手中获得特权。天主赋予教皇特权，旨在使其确保教会的合一。乌戈乔在《概述》中多处阐明这一立场。他认为，教皇可以运用教会的治权提审一切案件，并且有权审查一切行政活动。教会独立颁布的法律文件对整个教会形成效力。教皇既不受制于宗教会议，也不受制于枢机团。乌戈乔认为，他们只有在教皇治下提供咨询的权，教皇不受任何人的审判。然而，作为一名运用辩证法的《格氏律》学者，乌戈乔也认为有必要将教皇司法豁免权同教会历史上著名的教皇阿纳斯塔修斯（Pope Anastasius）因异端理论而受审一事相调和。乌戈

---

〔44〕 See Kenneth Pennington and Wolfgang P. Müller, “The Decretists: the Italian school”, in Wilfried Hartmann and Kenneth Pennington eds., *The History of Medieval Canon Law in the Classical Period*, 1140-1234, Washington D. C.: The Catholic University of America Press, 2008, pp. 155-156.

〔45〕 See Kenneth Pennington and Wolfgang P. Müller, “The Decretists: the Italian school”, in Wilfried Hartmann and Kenneth Pennington eds., *The History of Medieval Canon Law in the Classical Period*, 1140-1234, Washington D. C.: The Catholic University of America Press, 2008, p. 156.

乔认为，亚纳大削拒绝弃绝其异端理论的行为，使他成为自己的指控者。乌戈乔的观点表明他对教皇违背信仰的行为有严肃的思考，教皇可以因为顽固不化地坚持异端理论，或者声名狼藉的犯罪行为而承担责任。事实上，教会历史上极少有教皇步亚纳大削后尘，公然违背正统信仰。乌戈乔也从未建立起类似分权制衡的宪政理论。他在这方面采用了神学的理论——教会的长久由天主所确保。虽然异端理论可能偶尔会扰乱教会内部的平静，邪恶终不能压正。[46]

五、12世纪教会法学在西欧的传播及教学情况

（一）教会法学在西欧的传播

《格氏律》在博洛尼亚完成后不久，可能就传播到了法兰西的南部地区。大概在1150年，当地出现了一些《格氏律》的缩略本，可能是为当时罗马法学生学习教会法所编。但在南部地区，学习罗马法的热情要远远大于教会法，这和北部地区有明显区别。大概在12世纪60年代稍晚的时候，巴黎的学校开始了对《格氏律》的研习和讲授，并形成了所谓的“法兰西学派”（The French School）。当地的《格氏律》学者也写作了一些评注作品。虽然绝大多数的概述文献作者名字都已亡佚，但后世学者们相信应该都是出自布鲁瓦的大彼得（elder Peter of Blois）、多佛的奥多（Odo of Dover）、伊普尔的埃弗拉德（Everard d'Ypres）、杰拉德·蒲塞乐（Gerard Pucelle）、克雷莫纳的席卡德（Sicard of Cremona）等人之手。巴黎《格氏律》学者活跃情况和欧洲北部其他地区一样昙花一现。他们大体上就只出现了一代学者，时间大概在12世纪70年代至13世纪前十年。[47]

根据12世纪德意志的一部名为《教会修辞学》（Rhetorica ecclesiastica）的书籍记载，在德意志系统讲授教会法的活动大约自12世纪60年代开始，主要集中在莱茵地区，尤其是科隆和美因茨，因而有“莱茵学派”（The Rhineland School）之称。莱茵学派最著名的研究成果是《科隆概述》

〔46〕 See Kenneth Pennington and Wolfgang P. Müller, “The Decretists: the Italian school”, in Wilfried Hartmann and Kenneth Pennington eds., *The History of Medieval Canon Law in the Classical Period*, 1140-1234, Washington D. C.: The Catholic University of America Press, 2008, pp. 157-158.

〔47〕 See James A. Brundage, *The Medieval Origins of the Legal Profession*, Chicago and London: The University of Chicago Press, 2008, pp. 107-109.

(Summa Coloniensis)，其作者被推断为梅斯的贝特朗（Bertram of Metz），他早年在巴黎学习教会法，后在科隆地区教学。莱茵学派的其他学者有雷纳留斯（Renerius）、不莱梅的埃尔伯特（Eilbert of Bremen），杰拉德·蒲塞乐也曾在科隆短期讲授过。克雷莫纳的席卡德在1179年至1183年期间则在美因茨讲授教会法。大部分学者的姓名都无法考证，只遗留下许多佚名之作。[48]

盎格鲁—诺曼王国中对《格氏律》的研习则要稍晚一些。大约在1170年左右出现了《概述"论法律的多重分类"》(Summa "De Multiplici iuris diuisione")，该文献极其倚重图尔奈的斯蒂芬的《概述》。《概述"论法律的多重分类"》面世后几年，又出现了另一本佚名著作《概述"论自然法"》(Summa "De iure natural")。有理想相信，这两部针对《格氏律》著作的出现标志着12世纪70年代"盎格鲁—诺曼学派"（The Anglo-Norman School）的成熟。至12世纪80年代，"盎格鲁—诺曼学派"又诞生了《概述"一切公正审判者"》(Summa "Omnis qui iuste iudicat")，其内容显示了佚名作者对当时法兰西学派和博洛尼亚学派著述的熟悉。大约到了12世纪80年代中期，一批《格氏律》学者开始在牛津的学校里讲授教会法。他们中的核心人物是泰恩茅斯的约翰（John of Tynemouth），其他人包括曾在博洛尼亚学习教会法的塞维尔的西门（Simon of Sywell）、曾在巴黎学习教会法的霍诺留（Master Honorius）、艾格勒的尼古拉斯（Nicholas de l'Aigle）、肯特的约翰（John of Kent）以及德比的西门（Simon of Derby）。马尔伯勒的托马斯（Thomas of Malborough）曾经在1188年至1193年期间跟随泰恩茅斯的约翰、塞维尔的西门和霍诺留学习教会法，后又赴博洛尼亚，在阿佐（Azo）门下学习罗马法。归国后在埃克塞特和牛津教授教会法。牛津的教师们遗留给后人一部名为《伦敦问题集》(Quaestiones Londonense）的著作，收录了他们在牛津的教学中所辩论的法律问题。此外还有《凯厄斯注释集》(Caius glosses)，收录了牛津教师们对《格氏律》的不同评论。12世纪90年代，牛津的教会法教学已经蜚声海外，最远甚至吸引到来自匈牙利的学生。不过，牛津的声望随着泰恩茅斯的约翰的教学队伍成员各奔东

〔48〕 See James A. Brundage, *The Medieval Origins of the Legal Profession*, Chicago and London: The University of Chicago Press, 2008, pp. 109-110.

西，很快就开始褪去。塞维尔的西门也许是最早离开的一位，大约在1184年他成了林肯主教座堂的教士。霍诺留大约于1185年管理肯特的一个堂区，1195年又成为约克总主教的司法长，停止了他在牛津的教学生涯。1197年，艾格勒的尼古拉斯因被任命为奇切斯特主教座堂的本堂司铎而离开牛津。最后一位离开牛津的教会法教师是泰恩茅斯的约翰本人，他于1198年加入坎特伯雷总主教休伯特·瓦尔特（Hubert Walter）麾下。不过约翰和他的同仁们不同，1214年他又回到了牛津，此时他已经是牛津总执事。[49]

（二）教会法的教学情况

12世纪《格氏律》学者的教学形式之一是讲课（lecture），讲课的唯一教材可能就是《格氏律》。12世纪的讲课形式并不是十分正式，甚至可以说是会谈式的。学生可以就讲课内容自由提问并进行评论。这和13世纪很不一样，后期随着法学院的形成，讲课成为教师一人的满堂灌。

12世纪的另一种教学形式是辩论（disputation）。这种方法从阿贝拉尔时代起，便已由经学哲学家们所采用。教会法的辩论往往是围绕一个案例中的法律焦点开展。首先由教师描述一段具体的情境，既可以是虚构的案例，亦可以是现实生活中真实的案例，并就案例中的法律问题向学生进行提问。12世纪的《伦敦问题集》中就记载了一次辩论。这次辩论由艾格勒的尼古拉斯主持，辩论的情境是一位企图进入诺曼底的宗座使节遭到王室主管的打发，恼羞之怒下绝罚了主管，并在一次宗教会议上对整个诺曼底施以禁罚。从这个案例中引出的问题是，该项禁罚是否具有约束力。辩论的参加者们分析了情境中复杂的法律焦点，引述罗马法和教会法的条文，就该项禁罚有效与否给出了自己的论证。艾格勒的尼古拉斯最后总结为这位宗座使节无权施加禁罚。[50] 辩论弥补了讲课的不足。在讲课中，教师剖析法条，讲述其含义。而在辩论中，参与者学习如何在争辩中使用这些条文，并反驳对手的主张。

由于史料的缺乏，我们无法得知12世纪教会法教学的组织形式。当时

---

〔49〕 See James A. Brundage, *The Medieval Origins of the Legal Profession*, Chicago and London: The University of Chicago Press, 2008, pp. 110-114.

〔50〕 See James A. Brundage, *The Medieval Origins of the Legal Profession*, Chicago and London: The University of Chicago Press, 2008, p. 120.

的教师并不在公共场合中讲授教会法。教师们通常在修道院、主教座堂或其他教会机构内授课。图尔奈的斯蒂芬在故乡奥尔良期间，曾在圣厄福特修道院讲授教会法。而在巴黎期间，他又在圣日南斐法修道院（Sainte-Geneviève）授课。梅斯的贝特朗则在科隆的圣格里安教堂（St. Gereon）授课。[51] 私人教授的情况并不鲜见，如12世纪晚期英格兰圣埃德蒙兹修院院长萨姆森（Abbot Samson of Bury）于1182年被委任为宗座法官代表，他对这一职位毫无头绪，因为他曾经所学的七艺与神学知识远不能满足职位的需求。他随即召来两位教会法饱学之士协助他处理教会的日常事务，并向他们学习教会法的知识。[52] 一些不附属于主教座堂或修道院的教会法教师，则在自己的住处或租房进行讲课和辩论活动。博洛尼亚的《格氏律》学者应该就是如此。虽然他们之中几乎都在教会内担任圣职，但他们通常是在私下里讲授教会法，偶尔才在固定的机构里授课。[53]

如果以为《格氏律》学者的活动仅仅局限在对《格氏律》的研习和讲授上，那就大错特错了。可能大部分《格氏律》学者在进行学术研究和教学的同时，还从事一些其他活动。他们有时为他人提供法律意见，有时又作为律师代替诉讼当事人出庭应诉。诚然，如果这些学者没有丰富的法律事务经验，很难想象他们能够吸引到多少学生。除此之外，和已知知名的罗马法学者都是平信徒的情况相反，绝大多数《格氏律》学者都在教会内担任行政职务。他们也会希望获得职位的晋升或者得到更为丰厚的俸禄，而通过研习和讲授教会法，将会为他们带来很高的声望，这有助于他们在教会内的仕途。[54] 前述牛津的教会法队伍最终所面临的解散，正是对这一问题最好的证明。

---

〔51〕 See James A. Brundage, *The Medieval Origins of the Legal Profession*, Chicago and London: The University of Chicago Press, 2008, p. 121.

〔52〕 See James A. Brundage, "The Teaching and Study of Canon Law in the Law Schools", in Wilfried Hartmann and Kenneth Pennington eds., *The History of Medieval Canon Law in the Classical Period, 1140-1234*, Washington D. C.: The Catholic University of America Press, 2008, p. 114.

〔53〕 See James A. Brundage, *The Medieval Origins of the Legal Profession*, Chicago and London: The University of Chicago Press, 2008, p. 122.

〔54〕 See James A. Brundage, *The Medieval Origins of the Legal Profession*, Chicago and London: The University of Chicago Press, 2008, pp. 123-124.

结 语

至12世纪末，教会法已经成为一门相当系统和成熟的科学。从12世纪中叶开始，格拉蒂安在总结前人智力成果的基础之上，编订了具有里程碑意义的《格氏律》，为他的后继者们提供了丰厚的研究素材，并展示了如何用人类的理性对这些素材进行加工。第一代《格氏律》学者从格拉蒂安手中接过文本与方法，怀着热忱与志向对之加以研习，进一步提升和发挥，并极大地丰富了教会法的理论宝库。

在格拉蒂安以前，教会法只是神学的分支。但到了12世纪末，它已经发展为一门独立的科学。教皇霍诺留三世（Pope Honorius III）颁布禁令禁止巴黎大学讲授罗马法这一事例已经说明，神学研究在欧洲的逐步没落，大量教会人士纷纷涌入法学院就读，引得教授神学和传统七艺的教师感觉受到威胁而大为不满。宽西德高提耶（Gautier de Coincy）就曾抱怨说："神长们宁可给诉讼辩护人报酬，也不愿意给布道者一份称心如意的职位，因此聪明的神职人员都跑去博洛尼亚学习法律了。"[55]明谷的圣伯尔纳德（St. Bernard of Clairvaus）对教会法学者怀有极大的偏见和恶意："这些人满嘴谎言，违背争议，他们误入歧途。"为此他建议教皇尤金三世（Pope Eugenius Ⅲ）"割下说谎的舌头，闭上满是谎言的嘴"。[56]以后中世纪的每一代都有类似的抱怨回响，但丁在《神曲·天堂篇》第九首中写到："福音书和伟大的长老都被抛弃，只有教令才被仔细钻研，可以从写满字迹的页边看出。"[57]

对于教会人士而言，罗马法的研究就他们的本职而言，是另一个截然

---

〔55〕 Gautier de Coinci, Vie de Sainte Léocad, lines 1135-1136, as quoted in James A. Brundage, "The Teaching and Study of Canon Law in the Law Schools", in Wilfried Hartmann and Kenneth Pennington eds., *The History of Medieval Canon Law in the Classical Period*, 1140-1234, Washington D. C.: The Catholic University of America Press, 2008, p. 119.

〔56〕 Bernard of Clairvaux, De consideration ad Eugenium papam tertiam libri quinque 1. 10. 13, as quoted in James A. Brundage, "The Teaching and Study of Canon Law in the Law Schools", in Wilfried Hartmann and Kenneth Pennington, eds., *The History of Medieval Canon Law in the Classical Period*, 1140-1234, Washington D. C.: The Catholic University of America Press, 2008, p. 120.

〔57〕 Dante, Paradiso IX, 133-135.

不同的概念。但在《格氏律》学者手中，这种情形便彻底发生了改变。他们更多地从罗马法同仁这里借鉴方法、概念、术语、技术乃至研究的激情，对于《格氏律》的研习，吸纳了罗马法注释法学者们的学术成果，事实上催生了一个既不同于神学研究，又有别于罗马法研究的独特领域。但就整体气质而言，《格氏律》学者还是更接近于罗马法学者一些。

1200 年，作为科学的教会法已拥有一套独特的操作规则。专用的文本、解决问题的独到方法、多产的宝贵理论，这在一个世纪前还是无法想象的。它和罗马法学共同促进了法学的复兴和发达，在人类法学史上开创了一个全新的时代。

试论中世纪法学的所有权定义问题

董 能*

一、从诉讼角度理解的中世纪所有权

中世纪法学对所有权概念的理解，主要是从程序角度出发的。所有权被认为是对物之诉的原因（causa）。中世纪法学家认为，罗马法中规定的所有被授予请求返还之诉（直接的或扩用的）的占有状态，都可以被界定为所有权。从中产生了扩用所有权（dominium utile）的概念。古典罗马法的“扩用之诉”是裁判官为了弥补市民法过分的严苛或为了处理法律没有预先规定的案例，模仿直接之诉而专门创立的诉讼。例如在四足动物损害之诉（actio pauperie）中，有权依法提起四足动物造成的侵害，但也可以提起扩用之诉，用来起诉其他动物造成的侵害。中世纪法学家强调“扩用”一词所暗含的“衡平”（aequitas）和“理性”（ratio）因素。直接之诉被认为仅反映法律的字面（verba），当缺乏字面明文时，就需要扩用之诉加以救济，保障某种值得保护的权利或利益，体现法律真正的“精神”（mens）〔1〕。意大利法律史学家皮特罗·科斯塔（Pietro Costa）认为，

* 上海社会科学院法学所助理研究员。

〔1〕 试举一例：阿佐（Azo）认为，“直接之诉源自法律的意志，之所以称直接，是因为法律的字面明文直接适用于法律希望赋予诉权的权利人；其中同时存在法律的字面和精神；当缺乏明文、但法律的意志或精神默示地要求给予诉权时，产生了扩用之诉。”（Azonis, *Summa super Codicem*, ex officina erasmiana, Augustae Taurinorum, 1966, IV, de obligationibus et actionibus, pp. 117-118.）

“直接”反映的是法律的严格效力（validità），而“扩用”反映的则是法律的现实性（realtà），法律的这两个层面既互相呼应，又彼此隔离[2]。结合中世纪的背景，如果“直接”反映的是法学家们对《国法大全》文本近乎盲目的顺从的话，那么“扩用”则反映了同一批法学家对于现实问题（quaestiones emergentes de facto）的思考以及通过注释、评注活动，从实质上修正乃至颠覆法律的字面权威的努力。

注释法学家将这种观念从诉讼领域扩大到实体权利领域，认为优士丁尼《国法大全》中被授予扩用的对物之诉的永佃权人、赋税地承租人、地上权人等权利人都拥有所有权。注释法学家奥多弗雷多（Odofredus）声称，某人享有扩用的对物之诉，因此该人拥有扩用所有权[3]；早期注释法学家罗杰里奥（Rogerio）认为，扩用之诉所对应的是虽不是严格的所有权人，但拥有“物上权”（ius in rem）的权利人。这些人的诉权是基于法学家们对法律进行的解释而非明文，因为法律的明文规定，对物之诉只能授予所有权人[4]。另一位注释法学家安塞尔默·达·奥尔托（Anselmo dall’Orto）几乎逐字复述了罗杰里奥的观点，但将“拥有物上权”替换为“被认为是所有主”（loco domino habetur），可见在这位法学家观念中，这两者是等价的。这在事实上造成了所有权概念的分裂，形成了直接所有权和扩用所有权的区别。因此中世纪法学家致力于辨析《国法大全》中不加区别地使用的所有权（dominium）一词究竟指哪个意思。阿库修斯在评注《学说汇纂》第6卷第3题的保罗片段时[5]，将原文“所有主”（domini）一词解释为“直接所有主”，暗示市镇土地的永久承租人尽管不是直接所有主，但却是扩用所有主，从而完全改变了原文的意思，使得产生自中世纪的扩用所有权学说取代了古典法学家保罗的原意。

除了引进两种所有权的分类，程序视角也促使法学家们从诉权角度构造所有权的定义。诉权赋予人们在物被夺占后，向占有人请求返还的权

---

〔2〕 Pietro Costa, *Iurisdictio: semantica del potere politico nella pubblicistica medievale*, 1100-1433, Giuffrè, Milano, 2002, p. 209.

〔3〕 Odofredus, *Lectura super secundas Digesto veteri*, Lugduni, 1552, ad D. 13, 7, 16, 2, Etiam vectigale, fol. 57v.

〔4〕 Rogerio, Summa Codicis, ed. Plamieri, in Bibl. Jur. M. Ae., I, III, De rei vendicatione.

〔5〕 D. 6, 3, 1, 1:“从市镇处永久地承租待收益土地者，即使不会变成所有主，但是应当授予他对物之诉对抗任何占有人，甚至可以对抗市镇本身”。

能，这项权能被许多法学家认为是所有权最突出的特征。威廉·奥卡姆（Wililam of Ockham）将所有权定义为“请求返还世俗之物并在诉讼中保卫之的、人的主要权力”〔6〕；帕多瓦的马西利乌斯持类似观点：“严格来说，所有权意味着依法请求返还某物的主要权力”〔7〕；巴尔托鲁（Bartolo）斯则将所有权定义为“请求返还并任意地处分物的权利”（Dominium est ius vendicandi et disponendi de re ad libitum）〔8〕。这一权利明显有别于表现为使用和收益物的用益权，原因之一是用益权人只享有确认之诉（actio confessoria），而没有对物之诉。对中世纪法学家而言，如果不强调恰当的程序保障，所有权必将失去其特权，并沦为一种空洞的、不稳定的权利。由于不可能将所有权所包含的所有权能一一列举，法学家们总是倾向于强调最突出、最能反映所有权特征的那种权能，在此基础上构建所有权定义。考虑到这点，中世纪法学从诉权角度研究所有权的性质，就不是权宜之计，而是出于必然了。

二、中世纪自然法思想框架内的所有权起源理论

古典罗马法将私法分为三类：自然法、万民法、市民法〔9〕。自然法是一切动物共有的法〔10〕；万民法是全体人类共用的法〔11〕；市民法是每个民族专门为自己创立的法，属于本城邦〔12〕。中世纪法学关于所有权起源的争论，主要建基于这一分类。在受到亚里士多德-托马斯主义支配的中世纪，法学家们主要沿袭古典罗马法，将所有权视为一种源自自然法的制度。在古代斯多亚哲学中，存在着一种原始的、纯洁无瑕的“黄金时代”，这一时期人类主要受自然法的支配，财产共有，不分彼此。古典罗马法承袭这一观念，声称“区分所有权”（distincta dominiorum）同战争、民族的

---

〔6〕 Wililam of Ockham, *Opus nonaginta dierum*, c. 2, p. 306.

〔7〕 *Difensor pacis*, II, XII, § 12.

〔8〕 Bartolo da Sassoferrato, *Commentaria in primam Digesti novi partem*, Venetiis, apud Iuntas, 1615, *ad l. Possessio*, *tit. De acquirenda possessione*, n. 6, fol. 75r.

〔9〕 D. 1, 1, 1, 2.

〔10〕 D. 1, 1, 1, 3.

〔11〕 D. 1, 1, 1, 4

〔12〕 D. 1, 1, 9.

诞生、王国的建立、债的关系确立等现象一样，是万民法引进的〔13〕。中世纪为古典自然法概念注入了基督教因素，同时也继承了自然法状态下不区分财产所有权的观念。在基督教语境中，异教思想中的黄金时代被上帝为人类初民所规定的神法/自然法所取代。在自然状态中，人类灵魂尚未被原罪所玷污，“一切财产共有”（communis omnium possessio）。教父文学“不认为私人所有权是自然法制度；它单纯地表现为一种实在法的制度，由人类引进、建立在人类法律基础上，和上帝为人类天性所制定的自然法律相对立”〔14〕。

中世纪法学家在注释优士丁尼《国法大全》的过程中，围绕着《学说汇纂》片段 D. 1，1，5 中“区分所有权”（distincta dominiorum）一词，深入讨论所有权的起源以及性质。法学家们主要研究两个问题：所有权源自自然法还是万民法；是否存在一种源自市民法的所有权。

就第一个问题，阿库修斯的《大注释》主要提出两种解释：第一种解释认为，D. 1，1，5 原文“根据万民法……区分了所有权”意味着所有权是万民法的产物。人类因原罪而堕落，告别了自然法时代，受私欲支配而引进了万民法。本来为所有人共有的财物被人们各自据为己有，私人所有权应运而生〔15〕。第二种解释认为，如果承认所有权是万民法引进，就会和《十诫》所记载的旧约律法直接冲突。上帝在《十诫》中命令摩西的民族不得偷盗，不得贪恋邻人的财物，这意味着上帝所颁布的神法承认私人所有权的存在，因此所有权并非万民法的产物，而属于自然法。因此，此处指的应该是直接所有权和扩用所有权的区别〔16〕。

为调和罗马法文本和圣经经文之间的冲突，中世纪法学家们提出了不同的解释。一些人追随圣多玛斯在《神学大全》中提出的观点〔17〕，认为

---

〔13〕 D. 1，1，5.

〔14〕 Ugo Nicolini, *La proprietà, il principe e l'espropriazione per pubblica utilità. Studi sulla dottrina giuridica intermedia*, Giuffrè, Milano, 1952, p. 13.

〔15〕 Glossa Dominia distincta, ad *l. Ex hoc iure*, ff. De iustitia et iure.

〔16〕 *Ibidem.*

〔17〕 *Summa Theologiae*, IIa, IIe, q. 66, a, 2, ad prim：“占有的所有权并不违背自然法，而是为了人类便利之故，超越了自然法”。

在自然法状态下人们仅出于“必要”才共同使用财物〔18〕；有的法学家采用“辨别”（distinctio）的方法，声称“区分”一词有两层意思：就分割而言，私人所有权是万民法引进的，万民法并没有“发明”，而是“分割”了私人所有权，使之成为人人专属的、他人不得觊觎的权利；就实质而言，在自然法状态中已经存在“我的”“你的”的意识，因此所有权属于自然法〔19〕。就来源而言，所有权常常被视为一种源自人类、而非源自上帝的制度，因此被赋予相当负面的价值，象征着人性中贪婪、不公、自私等性格〔20〕。

有的法学家则认为私人所有权是一种有益于人类生活的制度，而且并不违背自然法。人类在自然法状态下，逐渐发现财产共有的不便和不公，因此自觉引进了所有权。16 世纪法学家乔瓦尼·博洛涅蒂（Giovanni Bolognetti，1506—1575）详细罗列了私人所有权产生的原因：①人们常常忽视共有物的管理，而对专属于自己的物更为留心；②如果物专门地归属于个人，那么人类事务将变得更为有序，不然难免发生混乱。依靠私有财物，人们能够更好地保存自己和后代的人身；③社会因此变得更加和平，因为财物共有常常会带来无序；④自然理性要求人类必须付出辛苦劳动才能生存。在财物共有的状态下，如果有的人希望不劳而获、依靠他人的劳作生活，甚至凭暴力抢夺，而有的人却因而死于饥馑，人们势必不得不求助武力保卫自己的劳动果实。因此，所有权的区分不但是有益的，而且也是必要的，且符合自然法。尽管自然法规定土地为所有人共有，但并不禁止人们分配土地出产、并使之专属于个人〔21〕。

与此同时，许多法学家注意到，罗马法中一些特殊制度，诸如时效取

---

〔18〕 持这种观点的有法学家乔瓦尼·条顿尼科（Giovanni Teutonico）等。See Ugo Nicolini, *La proprietà, il principe e l'espropriazione per pubblica utilità. Studi sulla dottrina giuridica intermedia*, Giuffrè, Milano, 1952, p. 23.

〔19〕 持这种观点的有法学家安杰洛·德格早·乌瓦尔迪（Angelo degli Ubaldi）等。See Ugo Nicolini, *La proprietà, il principe e l'espropriazione per pubblica utilità. Studi sulla dottrina giuridica intermedia*, Giuffrè, Milano, 1952, pp. 24-25.

〔20〕 持这种观点的有阿伯里科·达·罗西亚特（Alberico da Rosciate）等。See *In primam ff. veteris partem commentarii*, Venetiis, 1585, *ad l. Ex hoc iure*, *ff. De iustitia et iure*, nn. 9-10, fol. 13v.

〔21〕 Ioannis Bologneti *Repetitiones in eam Pandectarum partem, quam primam Digesti novi*..., Venetiis, 1571, *Summaria in l. primam ff. De acquirendo possessione*, n. 25, fol. 167v.

得、永佃权等，能够直接创设所有权。因此有人发问，是否也存在一种源自市民法而非源自万民法的所有权？根据上述《大注释》的第二种解答，可知阿库修斯对这一问题是持否定观点的，因为他认为是万民法引进了扩用所有权。法国法学家皮埃尔·德·贝尔贝歇（Pierre de Belleperche, 1250—1308）也认为不存在市民法所有权。巴尔托鲁斯则持相反观点，他认为从这些特殊的市民法制度中诞生的扩用所有权和万民法的“单纯”（simplicitas）相冲突[22]，它们只是在罗马法制度中被承认为所有权，并非为所有民族所承认。因此扩用所有权应该源自市民法而非万民法。

保罗·迪·卡斯特罗（Paolo di Castro）综合前人观点，概括地回应了所有权起源课题。首先，他认为，存在两种自然法。一种由上帝创造，适用于所有动物；另一种是受到自然理性启发、由上帝谕示摩西的自然法。这两种法都不曾引进所有权制度。万民法被认为是这两种自然法的“过渡”（medium），是万民法将所有权制度引入人类生活。所有权的源头是在自然法中已经存在的“理性开端”（initio razionalis）。在自然法状态下，人人都不加区分地为了自己的需要而使用整体所有权中的一部分；当人类觉得有必要明确区分“我的”、“你的”、并通过先占确立自己对特定物的垄断权利的时候，所有权便诞生了[23]。

就第二个问题，保罗·迪·卡斯特罗的论证过程较为复杂。首先，他反复援引《大注释》和贝尔贝歇等法学家承认扩用所有权源自万民法的观点；继而他比较常规租赁和“长期租赁”（locatio ad longum tempus）之间的差异，发现前者并不具备后者所具有的“效力”（vis）。在古典罗马法中，租赁契约只产生约束承租人和出租人的债的关系而不产生物权。但中世纪法引进了最短期限一般为 10 年的“长期租赁”，通过这一契约，承租人获得扩用所有权，即一种特殊的物权[24]。这一“效力”是市民法制度

---

〔22〕 Bartolo da Sassoferrato, *In primam Digesti veteris partem*, Venetiis, 1615, *l. Ex hoc iure*, *ff. De iustitia et iure*, n. 5, fol. 6v

〔23〕 Pauli Castrensis *In primam Digesti veteris partem*, Lugduni, 1548, *ff. De iustitia et iure*, *l. Ex hoc iure gentium*, n. 19-20, fol. 7v

〔24〕 “如果短期租赁（locatio ad modicum tempus）就其概念而言是具有纯粹对人效力的契约，是单纯的管理行为的话，那么长期租赁则将某种物权、甚至是扩用所有权转移给承租人，也就是说，是一种减损财产的行为，即‘转让’（*alienatio*）”。See Paolo Grossi, *Locatio ad longum tempus: locazione e rapporti reali di godimento nella problematica del diritto commune*, Morano, Napoli, 1963, p. 11.

创造的。接着，这位法学家引用当时一种流行观点：既然扩用所有权的效力是裁判官之诉产生的，那么这种所有权应该属于市民法，因为裁判官之诉属于市民法制度。保罗·迪·卡斯特罗虽然赞同这一结论，但对论据并不满意。他反问，如果这一逻辑能够成立，那么和扩用所有权对立的直接所有权的效力是从同属市民法制度的请求返还之诉中产生的，难道可以因此说直接所有权也是市民法所有权吗？事实上，直接所有权被认为是真正的所有权，即源自万民法的所有权。保罗·迪·卡斯特罗的结论是，扩用所有权是法学家解释的产物，而非源自契约或习惯性的合意，因此它并不属于万民法，而应构成市民法所有权。通过这一论证过程，巴尔托鲁斯的结论得到了验证，并成为通说。被誉为“共同法最后一位大师”的贾索尼·德尔·马以诺（Giasone del Maino，1435—1519）在其作品中证明，在他所处的时代，《大注释》和贝尔贝歇所主张的相反观点，已经遭到“当代人”（moderni）一致指责〔25〕。

总的来说，就所有权的起源问题，在共同法发展过程中，法学家们通过反复的引述、辨别，确认了所有权从本质上源自万民法，并抛弃了《大注释》主张的万民法区分直接所有权和扩用所有权的观点。就取得所有权的方式而言，后者被认为源自市民法。万民法所有权和市民法所有权的区分，暗示了所有权本身并非统一概念，其内部包含了直接所有权和扩用所有权两个差异很大的实体。这一思想在巴尔托鲁斯的所有权定义中得到了明确的反映。

三、巴尔托鲁斯之前法学家的定义尝试

古典罗马法学家认为一切定义都是危险的〔26〕，因此“拒绝界定‘所有权’和‘权利’……他们的概念也并非处于主观视角，即使他们留下了对于思考人和物的关系而言必不可少的法律工具”〔27〕。在巴尔托鲁斯提出其经典的所有权定义之前，共同法的法学家们几乎不关心这一概念的定义问题。意大利法制史学者 Paolo Grossi 将这种冷漠态度归因于“深刻地影响

〔25〕 Iasonis Mayni, *In primam Digest veteris partem commentaria*, Augustae Taurinorum, 1592, ad *l. Ex hoc iure*, *ff. Ex hoc iure*, n. 40, fol. 10r.

〔26〕 D. 50, 17, 202.

〔27〕 Jean-Louis Halpérin, *Histoire du droit des biens*, Paris, Economica, 2008, p. 149.

了中世纪前期法律经验”的“相对主义”[28]。早期注释法学家仅满足于零散地、泛泛地论述所有权，而无意建立完整的所有权体系[29]。

应当注意到，这种相对主义的成因，一方面是因为罗马法文本缺乏可以直接参照的明确定义，另一方面则是因为中世纪与罗马法大相径庭的独特的所有权观念。在中世纪早期，社会秩序的混乱和文化的退化使得古典罗马法文本只能以相当简略的形式、在有限范围内流传[30]。习惯法得以在相当广阔的空间范围内混合罗马法和日耳曼法制度，酝酿出一种新的法律文明。共同法法学家们对所有权的理解，尽管主要借助罗马法的概念和术语，但其源头却来自对自身所处社会的法律现象的观察和思考。在早期注释法学家所处的十二三世纪，地租、书契受让、请地、永佃、封建等形式的土地转让构成私人所有权的主要来源，人们对具体事实的经验感受压倒了抽象概念的构建，进而侵蚀、动摇了传统罗马法所有权观念。除了自有地（allodio），几乎所有土地上都负担了形形色色的公法和私法性质的义务，诸如王室特权（regalia）、财产征收（bona fiscalia）、死手制度、遗产信托等[31]。人们逐渐开始区分两种意义上的所有权：一种是不承担任何租金、赋税的所有权，被称为“财产的自由本质”（rei substantiam liberam），一种是对于物的使用和收益的所有权，也被称为准所有权[32]。在12世纪法学复兴之前，这两种意义上的所有权之间的边界十分模糊。10世纪末一部简明法律作品《论一些法律术语》（De verbis quibusdam legali-

---

〔28〕 Paolo Grossi, *Le situazioni reali*, cit., p. 147.

〔29〕 伊尔内留斯认为所有权是“使得有体物成为我的的权利”（E. Besta, *L'opera d'Irnerio*: contributo alla storia del diritto romano, Torino, 1896, vol. II, p. 85）；《大注释》（Glossa Magna）称所有主为“拥有请求返还之诉的人”（dominus dicitur qui rei vindcationem habet）。但是，这些零散的定义尝试并没有引起其他法学家普遍的认同和追随。

〔30〕 Guido Astuti, *Lezioni di storia del diritto italiano. Le fonti. Età romano-barbarica*, Cedam, Padova, 1953, p. 409. “在伊尔内留斯和博洛尼亚注释法学家之前，不存在能够正确地解释、研究罗马法渊源的法学。对于实务家而言，获取、直接使用法学典籍相当艰苦、困难……对优士丁尼《法典》《法学阶梯》的各种评注、简编，极少具备真正法律解释的特征，有时完全是粗野的、无用的、错误的”。

〔31〕 Giuseppe Salvioli, *Storia del diritto italiano*, *IX edizione riveduta*, Unione Tipografico Editrice, Torino, 1930, p. 461.

〔32〕 *Die Ars Notariae des Rainerius Perusinus*, in *Quellen zur Gesch. des römisch-kanonischen Processes im Mittelalter* (*a cura di L. Wahrmund*), Vol. III, 2, Innsbruck, 1917, ad. tit. VII, Generalia et specialia quarundam rerum, p. 21.

bus）的无名作者沿袭罗马法，将“用益权”定义为使用、收益他人之物的权利，但又承认同样使用、收益他人的物的永佃权人、佃农等“在某种程度上被视为所有主”，享有扩用的对物之诉的保护〔33〕，这样就混淆了所有主和用益权人的差别。同时，中世纪所有权也并非法国学者迈尼尔（Meynial）所强调的借助罗马法文本复活的日耳曼法所有权概念〔34〕，因为日耳曼法所有权指的是多人对同一物的使用，每一种专门的用途都可以构成所有权，而中世纪的分割所有权本身是统一的，包含物上所有的用途和收益，表现为形式的所有权和使用的所有权的分离（separate）而非分裂（frazionabile）〔35〕。

此外，定义所有权这一工作本身的难度迫使早期注释法学家们采取回避的态度。意大利著名法学家普利亚蒂（Pugliatti）认为，所有权的任何定义，就其内容而言，只能是空泛的，以至于不得不描述一种过于普遍的模式，使得该制度的每一项特征都被包括进来〔36〕。而中世纪人所理解的“定义”则要求“根据特殊的差异把握词汇的含义，认识不同的种所共有的属（genera singulorum）以及属所包含的各个种（singula generum）……通过专门的定义，能够借助种所共有的属，把握词汇的含义”〔37〕。一方面是所有权概念本身的宽泛和模糊，另一方面则是“定义”所要求的辨明差异、明确种属，面对这一困境，受到中世纪所有权观念支配的早期注释法学家势必陷入概念上的两难。因此，在从概念上厘清所有权和用益权的分界，形式所有主和其他事实上占有、处分不动产的受让人之间的权利关系之前，难以产生能够为法学家一致接受的所有权定义。

---

〔33〕 *De verbis quibusdam legalibus*, *Excerpta Codicis Vaticani Reg*. 435, F. Patetta ed., *in Bibliotheca juridica medii aevi. Scripta Anecdota Glossatorum*, Vol. II, Bononiae, 1892, n. 38, p. 134.

〔34〕 Edouard Meynial, *Notes sur la formation de la théorie du domaine divisé* (*domaine directe et domaine utile*) *du XIIe au XIVe siècle dans les romanistes. étude de dogmatique juridique*, in *Mélanges Fitting* (1908), Montpellier, Vol. II. Aalen-Frankfurt/Main (rist.), 1969, pp. 409-461.

〔35〕 Franco Pastori, *Il doppio dominio dei Glossatori e la tradizione romanistica*, in *Studi in onore di Giuseppe Grosso*, Vol. 6, Giappichelli, Torino, 1974, p. 313.

〔36〕 Salvatore Pugliatti, “La proprietà e le proprietà”, in *La proprietà del nuovo diritto*, Milano, 1954, p. 126.

〔37〕 这段关于“定义”的定义援引自13世纪上半叶一部法律修辞术专著。参见 *Boncompagni Rhetorica Novissima*, curante Augusto Gaudentio, in *Bibliotheca juridica medii aevi. Scripta anecdota Glossatorum*, Vol. II, cit., p. 257.

巴尔托鲁斯之前的法学家们虽然没有专门地、系统地论述所有权的概念问题，但他们对用益权这一课题投入了高度的热情，并在论述用益权的性质时间接地触及了所有权问题。12世纪法学复兴以来，共同法的博士们试图廓清所有权和用益权之间的分野。他们的出发点是《学说汇纂》片段D.7，1，4。这一片段称用益权为“所有权的部分”（pars dominii）。注释法学派的开创者伊尔内留斯（Irnerio）认为，这一表达应以两种方式被理解：用益权有时和所有权分离，作为役权（servitus）的一个部分和类别；有时和所有权结合，作为所有权的一部分，使之具备完整的权力〔38〕；《法律精微问题》（Quaestiones de iuris subtilitate）一书提出，当人们说“整体的所有权”（dominium pro solido）时，指的是所有权所有部分都属于使用权人，使用、收益、耗用的各项权能都统一一致；但有时有的部分又会分离出去，构成独立的权利，这种情况下，“所有权的部分”这一表达被僭用，指代用益权〔39〕。在此基础上，中世纪法学家归纳了“有因用益”和“形式用益”的分类。前者指所有权统一未分裂时作为所有权各项权能之一的用益权；后者指从所有权分离后、进入役权范畴的用益权（即人役权）。法学家们为了更准确地说明两种用益权的差别，求助于哲学中整体—部分、种—属的概念。《大注释》（Glossa Magna）提出，从属于完整的所有权的用益权称“用益的原因”（causa utendi fruendi），又称有因用益、法定用益（ususfructus legalis）、“完整用益”（ususfructus integralis）等；作为役权的一个种（species）的所有权，和通行权、驱畜通行权、汲水权、城市土地役权、居住权等并列，称“主体用益”或“谓项用益”（praedicamentalis）〔40〕。因此，皮亚琴蒂诺（Piacentino）认为，罗马法文本有时称用益权是所有权的部分、有时又称其不是所有权的部分，是符合辩证法的〔41〕。

这一分类本身具有浓厚的中世纪哲学色彩。事实上，“谓项”（praedicamentalis）一词直接源自经院哲学。在波伊提乌翻译的波菲利为亚里士多

〔38〕 E. Besta, *L'opera d'Irnerio*, cit., vol. II, *ad l. Ususfructus* (4), p. 86.

〔39〕 *Questiones de iuris subtilitatibus*, a cura di G. Zanetti, La Nuova Italia, Firenze, 1958, tit. XIX, *de usufructu*, p. 72

〔40〕 Glossa, *servitutis sit*, *ad l. Recte dicimus*, *ff. de verborum significatione*.

〔41〕 *Ibidem*.

德《范畴篇》所作的《导论》(Isagoge）中，拉丁文 praedicamenta 一词指五个最为普遍的范畴模式：属（genus)、种（species)、种差（differentia)、特性（proprium)、偶性（accidentia)〔42〕。其中种属关系不是作为整体和部分，而是作为共相和殊相的形式存在的。在14世纪法学家安杰洛·德格利·乌瓦尔迪（Angelo degli Ubaldi）笔下，这一分界的意义得到非常形象的解释。他认为，“一”（unum）和“全”（totum）的关系应以两种方式被理解。一种方式是某种普遍的事物，其下包含若干各自不同的种类，即属种关系。按这种方式，所有权被理解为普遍的种，用益权、使用权、通行权等役权的权利人，被认为拥有这些权利的所有权。另一种方式是各有机的部分构成组合的、整全的整体，此时所有权和空虚所有权都是整体不可或缺的部分。在前一种方式中称用益权是所有权的部分，好比说人属于动物；后一种方式称用益权是所有权的部分，则好比说梁木属于房屋〔43〕。

中世纪法学家对于用益权性质的论述，阐明了这一权利和所有权的关系：①所有权和作为形式用益的用益权（即人役权）之间存在本质区别，后者缺乏有因用益所具备的“原因”，因此代表了对所有权完整权能的削弱，因为只有当用益权消灭、复归后，所有权才重新完整；②所有权是由一系列权能构成的，所有权中静态的那一部分，即“空虚所有权”必须结合动态的那一部分，即用益权，才能构成完整的所有权。

四、巴尔托鲁斯的所有权定义及其影响

中世纪法学主要用两个词表达所有权的含义：dominium 和 proprietas。其中前者主要表示普遍的、整体的所有权，其客体常常包括有体物和无体物；而后者有时具有客观含义，有时具有主观含义。作为客观意义的所有权，proprietas 表示物从属于人、被人据为己有的状态，或表示作为所有权客体的物本身。使用拉丁文著述的中世纪法学家们经常连用所有权（dominium）和属格形式的 proprietas 一词，指代作为权利的所有权（dominium

---

〔42〕［英］安东尼·肯尼编：《牛津西方哲学史》，韩东晖译，中国人民大学出版社2006年版，第73页。

〔43〕 Angeli Ubaldi perusini, *In I. atque II. Digesti Novi partem et in tit. de interdictis commentaria...*, Venetiis, 1579, ad *l. Qui usumfructum*, *ff. de verborum obligationibus* (D. 45, 1, 58), n. 4.

proprietatis)，与之相对的包括“债的所有权”（dominium obligationis)、“用益权的所有权”（dominium ususfructus）等表达；权威拉丁文词典 Du Cange 将 proprietas 解作继承自祖先的遗产或人们所购买的不动产[44]；在一部 14 世纪上半叶的法国习惯法著作《布列塔尼古代习惯》(La Très Ancienne Coutume de Bretagne）中，proprietas 和“动产”一词并列，意味着不动产[45]。另外，这个词也常常在主观层面上表示使得某物为某人所有的权利。在这个意义上，proprietas、dominium 乃至表示封建权利的 seigneurie 彼此的意义是近似的[46]。十二三世纪以来，法国实务文书中越来越频繁地将权利（ius）和 proprietas 两个词结合在一起，来调和罗马法文本和习惯法的占有（saisine）制度。在司法程式中，jus proprietatis 与 jus dominii 似乎不加区别地被使用，其目的可能是为了区分作为权利的所有权和作为事实的占有[47]。

巴尔托鲁斯和后继的评注法学家们主要用 dominium 这个词定义所有权。在巴尔托鲁斯的时代，法学所必备的理论工具都已完全成型，法学家们娴熟地利用辩证法进行论述和创作，各种基本概念和术语都已确立。从文化储备和法律技术上而言，定义所有权的必要工具已经齐全。巴尔托鲁斯所要解决的问题主要是三个：其一，是否应将作为无体物的各种抽象权利也纳入所有权范畴；其二，如何协调罗马法文本，使之成为有力论据；其三，是坚持注释法学派的二元所有权理论，还是参考法国奥尔良法学派提出的单一所有权理论。

在评注《学说汇纂》第 41 卷第 2 题《论占有的取得和丧失》的第 4 个片段时，巴尔托鲁斯在其中的第 4 项要点中抛出了他的经典所有权定义。他频繁引用《国法大全》片段，经历了反复辩难、层层推进的历程。该定义的原文为：

---

〔44〕 参见 http：//ducange. enc. sorbonne. fr/PROPRIETATES#PROPRIETATES-7.

〔45〕 Art. LIII, N. C. G. , IV, p. 214.

〔46〕 16 世纪法国法学家沙隆达斯认为，*domaine*（*dominium* 一词的法语形式）和 *propriété*（*proprietas* 一词的法语形式）虽然词源不同，但彼此并无区别：“*domaine*，*seigneurie* 和 *propriété* 这几个词意思相同，那些想要区分出差异的人反倒弄错了。”（L. Charondas，*Pandectes ou digestes du droict françois*, Paris，1637，Liv. II，chap. XIX，p. 260. ）

〔47〕 Laurent Pfister, *Domaine*，*propriété*，*droit de propriété. Notes sur l'évolution du vocabulaire du droit français des biens*, in *Revue générale de droit*, vol. 38，n. 2，2008，p. 318.

“所有权是完全地支配处分有体物的权利。只有法律才可以制约这种权利的行使”（Dominium est ius de re corporali perfecte disponendi；nisi lex prohibeatur）[48]。

这一定义言简意赅。首先，他有意识限制所有权的客体，将其限定在“有体物”范畴内，避免将所有权概念扩大至债权、用益权等无体权利；随后，所有权是一种作用于物体上的权利，本身为无体物，而非和物本身混同，体现了所有权的主观色彩；“完全地处分”（ius disponendi）界定了这种权利的内容。在语词上，它明显受到《大注释》的启发（《大注释》将所有主定义为“自己的物的处分者”），但却赋予其更广泛的含义，因为《大注释》的所有权定义仅局限在诉讼层面，视之为请求返还物的权利，而巴尔托鲁斯所定义的所有权则几乎是绝对的、不受限制的，这种权利使得所有主成为他自己物“关切者”（arbiter）和“管治者”（moderator）[49]。“处分”（disponere）这个动词在词义上指“整理或安排大量事物、分配、管理、支配”[50]，暗示包括诉权在内的对物的一切权力，所有主“可以处分自己的物，并随心所欲地管治”[51]；而副词“完全地”则突出了这种权利的无限性和绝对性；“只有法律才可以制约这种权利的行使”则从反面限定了无限性和绝对性，使之始终受到社会共同体的节制。

这一定义看似非常超前，因为它几乎逐字逐句对应1804年《法国民法典》第544条条文：“所有权是以绝对无限制的方式，收益及处分物的权利，但法令所禁止的使用不在此限”（La propriété est le droit de jouir et disposer des choses de la manière la plus absolue，pourvu qu´on n´en fasse pas un usage prohibé par les lois ou par les règlements）。然而，这种相似性只是形式上的，而非实质上的。仅仅因为语词上的相似而断定其在法律内涵上的相似，是明显的时代误植。事实上，巴尔托鲁斯定义完全不是《法国民法典》所强调的具有主观权利性质、表现为个人对物的排他的、专属的权能

〔48〕 Bartolo da Sassoferrato，*In primam ff. novi partem*，*Venetiis*，1585，*ad l. Si quis vi*，*§ Differentia*，*tit. De acquirendo possessione*（D. 41，2，17），n. 4.

〔49〕 C. 4，35，21.

〔50〕 *Lexicon totius latinitatis*，ab Aegidio Forcellini，t. II，Typis Seminarii，Patavii，1940，p. 160.

〔51〕 Ferdinando Piccinelli，*Studi e ricerche intorno alla definizione dominium est ius utendi et abutendi re sua quatenus iuris ratio patitur*，Jovene，Napoli，1980，p. 19.

的所有权。“处分的权利”这一表达是两个定义差异的关键所在。就语法而言，拉丁文“处分的权利”（ius disponendi）是一个动名词，意义上侧重“处分”这一行为而非“权利”〔52〕，即处分物的实际动作；副词“完全地”（perfecte）强调的更多的是这种权利的自主性，而非绝对性〔53〕。一些沿袭巴尔托鲁斯定义的法学家用“自由地”（libere）一词代替“完全地”，足资证明这点〔54〕。换言之，作为主体的人可以随心所欲地支配和处分自己的财产，但这并不意味着权利在性质上丝毫不受制约。而在《法国民法典》第544条定义中，“权利”（droit）一词是核心，动词“处分”（disposer）依附于该词，限定这一权利的内容；除了“处分”，所有权的行使方式还包括“收益”，强调其经济内容；“以绝对无限制的方式”一语从语法上来说构成绝对比较级，相较“完全地”一词，特别突出了专属和排他的特征。因此，两种表述的主要差异在于，第544条的全部意义都“体现在某一特性所附属的权利中”，而巴尔托鲁斯定义是“一种关系的表达，而不是对某种权利的权力”〔55〕。

两份文本的差异还体现在另一方面。《法国民法典》第544条将所有权理解为一种统一不可分的概念，而巴尔托鲁斯所有权决非统一的，而是分裂的。在给出该定义后，巴尔托鲁斯马上暗示了一处《国法大全》文本间的矛盾。他同时列举《法国民法典》第11卷的l. Possessores（C. 11，62，12，1）和《学说汇纂》第13卷的l. Si ut certo. § si duobus vehiculum（D. 13，6，5，15）。前一条法律规定，当原本并非所有主的承租人向市镇承租国有土地时，将“变成所有主”；而后一条法律规定，同一物上不得整体地存在两个所有主或占有人。从历史角度观察，这两条法律内容的冲突其实源于相异的时代背景。l. Possessores 颁布于公元5世纪上半叶，时间上非常晚，属于“晚期罗马法”，此时的所有权正在经历退化和复数化

〔52〕 A. Ernout, *Morphologie historique du latin*, 3e éd., Paris, 1953, p. 174.

〔53〕 Paolo Grossi, *Le situazioni reali nell' esperienza giuridica medievale*, Cedam, Padova, 1968, p. 156.

〔54〕 例如意大利人亚历山德罗·塔尔塔尼（Alessandro Tartagni, 1424－1477）和法国人杜阿朗（François Douaren, 1509－1559）。参见 Paolo Grossi, *Le situazioni reali*, cit., p. 155; Vittorio Scialoja, *Teoria della proprietà nel diritto romano*, vol. I, Attilio Sampaolesi, Roma, 1928, p. 265.

〔55〕 André-Jean Arnaud, *Les origines doctrinales du Code Civil français*, Librairie Générale de Droit et de Jurisprudence, Paris, 1969, p. 182.

的过程；而 l. Si ut certo 选自古典法学家乌尔比安的著作，代表古典罗马法观点。但在巴尔托鲁斯看来，这两条法律具有相同的规范效力，因此必须以其他方式解决两者间的矛盾。他的方案是引进分割所有权的概念，认为在所有权范畴下还存在直接所有权和扩用所有权两类；而扩用所有权又可以进一步分为两类，一类肇端于直接所有权并屈居其下，诸如永佃权、地上权等；另一类抵触之，如长期时效取得，因为完成长期时效的诚信占有人可以提出抗辩，使得原所有主的请求返还之诉无效。除了这一两分法的分类，巴尔托鲁斯在注释其他片段时又补充了第三类所有权，即“准所有权”，适用于尚未完成时效取得、但已经在裁判官法上取得诉讼优势的诚信占有人。这三类次级的所有权在起源和内容上差异很大，唯一的共性是权利人掌握了实际支配和处分财产的法律地位。而这种两分或三分的分类法，在罗马法中都不存在，完全来自于巴尔托鲁斯的个人创造，其目的是迎合封建土地分封以及各种土地转让形式，使得封臣、土地受让人、长期承租人等权利人获得比一般用益权人有利得多的地位。理论上，所有权的分类源于诉权的分类，但实际上，这一分类的目的是为合理解释中世纪的物权状态提供理论框架。这一框架是严格地根据罗马法的术语搭建的，但本质上则是中世纪法律文明的产物。15 世纪法学家弗朗切斯科·阿科尔蒂（Francesco Accolti，1416—1488）曾称赞道：“巴尔托鲁斯的解决办法是良好的，因为他先提出定义，然后列举所有权的不同种类。”〔56〕

直接所有权和扩用所有权的分类也暗示定义中“处分”一词并不仅仅局限在积极的、外在的行使权利上。有的法学家指责巴尔托鲁斯的定义不够准确，因为“处分”一词只指“所有权的自然行使”而不包括其“内在实质”，但在现实中，很多所有主并不实际处分自己的财物，却仍拥有物的所有权〔57〕。笔者认为，这一指责并不准确。确实在封建制度中，形式所有主和土地往往是脱节的，既不主动耕作土地，也不过问其管理，仅满足于收取租金、贡赋和劳役，但仍保持足以被认为是“处分”的转让土地的权利。这种处分甚至不必完整，例如对于未估价嫁资（dos inaestima-

〔56〕 Francisci de Accoltis Aretini, *In primam et secundam Digesti Novi partem commentaria*, Venetiis 1589, *De acquirenda possessione*, f. 44, nn. 5-7.

〔57〕 类似指责参见 Carolus Rubeus de Busseto, *Tractatus de confusione et distintione iurium*, Parmae, 1697, cap. 5, n. 21.

ta)，在婚姻存续期间，夫可以全权管理，但不得转让；妻仅限于在夫的许可下使用收益嫁资。但夫妻都被认为是所有主，夫被称作“万民法所有主”，妻被称作“自然法所有主”。严格来说，夫和妻对财产的所有权都很不完整，但根据巴尔托鲁斯的定义，妻的纯粹收益、夫除转让之外的一系列占有、使用、消费、管理财物的行为，都应同样被视为所有权。同样地，封臣可以占有、使用被分封的土地，但不得将其转让，不得随意转封；永佃权人享有耕作、收益土地的权利，但不得耗用（abuti）土地，往往还负有改良土地的义务。在这些例子中，权利的内容都受到很大的限制，远非绝对的、无限的处分，但它们都以“扩用”的名义被接纳在所有权的范畴中。“处分”更多地表现为人参与物的实际管理、支配过程中某些权能的自由、自主，而非绝对地掌握物的全部权能的权利。

因此，巴尔托鲁斯所定义的“所有权”，并非具有主观法色彩、反映主体意志的权力或权能，而是在法律允许的范围内，各种具体的对物的占有、管理、处分状态的集合。其出发点并非人对于物天然的、固有的权利，与人的主观意志无关，而是纯粹的事实，是对中世纪法律实践中各种复杂的土地转让形式和封建关系的一系列支配行为的概括和提炼。两种所有权的区分，揭示了中世纪社会所有权深刻分裂的现实。

在共同法全盛时期，这一定义被菲利浦·德齐奥（Filippo Decio，1454—1535）[58]、贾索尼·德尔·马以诺（Giasone del Maino，1435—1519）[59]、乔瓦尼·切法利（Giovanni Cefali，1511—1580）[60]等知名法学家几乎逐字采纳。在定义所有权时，直接援引巴尔托鲁斯的论述成为共同法的“共同意见”（opinio communis）。有时法学家们换用其他字词来表述这一定义，诸如“处分物的自由权力”（libera potestas disponendi de re）[61]、“凭自己的意愿”（pro libitu）[62]、“自由处分的权能”（liberam facultatem disponen-

---

〔58〕 Filippo Decio, *Consiliorum*, Venetiis, 1558, Vol. II, Cons. 498, n. 9.

〔59〕 Giasone del Maino, *In primam Digesti novi partem Commentaria*, Venettis, apud Juntas, 1598, *in l. Naturaliter*, *§. nihil commune*, *De adq. poss* (D. 41, 2, 12, 1), n. 19.

〔60〕 Cefalo, *Consiliorum sive responsorum iuris*, Venetiis, 1582, lib. I, Cons. 35, n. 41.

〔61〕 Paolo di Castro, *In primam Codicis partem*, Lugduni, apud Senetonios fratres, 1548, *l. Proprietatis*, *De probationibus* (C. 4, 19, 4), n. 2.

〔62〕 Julii Pacii, *Isagogicorum in institutiones imperiales...*, Trajecti ad Rherum, 1680, p. 322.

di）[63]、“正当地主宰自己的物的权利”（jus recte dominandi rei）[64]等，以此强调所有主对自己的物的自主性权力。

直接所有权、扩用所有权（有时还包括准所有权）的分类被奉行意大利方法的法学家们普遍接受，尽管不乏修正或质疑的声音。例如，巴托洛梅奥·萨利切多（Bartolomeo Saliceto，？—1411）在扩用所有权内部又补充了第三类，即通过拟诉弃权（in iure cessio）制度获得的所有权。他认为拟诉弃权中所使用的“言辞”（verba），尽管形式上符合请求返还之诉所要求的程序，但徒具其表（pulchra），是人为的、刻意的（subtilia）[65]。由于这一所有权“近似”直接所有权，故应自成一类。活跃于15世纪下半叶的德国人康拉德·苏门哈特（Konrad Summenhart，1450—1502）严厉抨击巴尔托鲁斯的分类，认为扩用所有权只有在处于“外在情势”（in extrinsecis circumstantiis）时才有别于用益权，但就“内在理由”（de intrinseca ratione）而言，和用益权无异，封臣、永佃权人的权利并非所有权，而是使用收益权[66]；深受人文主义思想和宗教改革运动影响的意大利人阿尔贝里克·真蒂利（Alberico Gentili，1552—1608）和德国人赫尔曼·伍尔特居斯（Hermann Vultejus，1555—1634）都指出，中世纪法学家们将扩用所有权纳入所有权的范畴，是出于对术语的滥用[67]，尽管看似并无不妥，但实际上严重地偏离了法律的根基（a fundamentis juris recessisse longius）[68]。

有的法学家则试图用更简单的公式来表达所有权，他们不是从处分权利的完满性和无限性，而是从主体和物之间的归属来观察所有权，从而将这种权利简化为单纯的人和物之间的从属关系。巴尔多在巴尔托鲁斯奠定的所有权框架内，宣称所有权“不是别的，正是物主代词的宣示，即我

---

〔63〕 Iasonis Mayni, *In primam Digesti veteris partem*, Venetiis, 1598, l. nemo paciscendo, tit. De pactis（D. 2, 14, 61）, n. 1, fol. 174.

〔64〕 Johann Goeddeaeus, in l. Recte dicimus, 25, D. De verborum significatione（D. 50. 16. 25）, n. 7, 354-6.

〔65〕 Bartolomeo da Saliceto, *In primum et secundum Codicis libros*, Venetiis, 1574, ad l. Traditionibus, tit. De pactis（C. 2, 3, 20）, n. 8, fol. 74r.

〔66〕 Conrad Summenhart, *Opus septipartitum de contractibus pro foro coscientie atque theologico*, q. 12, sig. E8r.

〔67〕 Alberici Gentilis *Opera omnia*, t. II, Neapoli, 1770, pp. 100-101.

〔68〕 Hermann Vultejus *Institutiones juris civilis... Commentarius*, apud Paulum Egenolphum, Marpurgi, 1613, ad lib. II, tit. I, n. 24, p. 153.

的、你的、他的"[69]。这一简洁的定义，反映了"自然法所有权"的影响。他同时区分狭义的和广义的所有权。前者被称为"绝对意义的所有权"（dominium absolute dictum），即"具有转让权力的完整所有权"（plena proprietas cum alienandi potentia）。在所有权内部，直接所有权等同于proprietas，因为严格来说，属于我的东西不能再属于他人；但是，从不同角度而言，属于我的东西也可以属于他人，例如永佃地出租人、封君、土地所有权人享有直接所有权，而相对的永佃权人、封臣、地上权人则享有扩用所有权。通过这一分类，所有权的观念被相对化，"一物两主"的格局在理论层面被确立，并被纳入共同法的所有权体系中。

在16世纪，一些受到人文主义思潮影响的法学家青睐这一更为简洁的定义，因为它"凭借常理的纯粹逻辑，将物权的权利归属状况视为首先是自然的、其次才是法律的事实"[70]。采用这一定义，法学家们得以避免"完全地处分"这一表达可能引起的误解以及缺陷。采用这一定义的有意大利人朱里奥·帕切（Giulio Pace，1550—1635）[71]、法国人弗朗索瓦·科南（Francois Connan，1508—1551）[72]、德国人伯恩哈德·苏特霍尔德（Bernhard Suthold）[73] 等。

五、人文主义法学的所有权定义

16世纪人文主义法学家对于所有权的思考，呈现出和中世纪学说明显的不同。一方面，许多法学家从技术上反对双重所有权的分类，认为它尽管在日常口语中相沿成习，但在理论层面是明显的错误；另一方面，法学家们不局限于单纯地用简短的语句提出并解释一种所有权定义，而是试图

---

[69] Baldo degli Ubaldi, *Commentaria*, apud Juntas, Venetiis, 1572, l. Possessiones, C. De probationibus (C. 4. 19. 2), n. 12, fo. 42vb.

[70] Mario Montorzi, "Echi di Baldo in terra di riforma. Matthäus Wesenbeck e gli spazi forensi d' una simplex diffinitio dominii", in *A Ennio Cortese*, Scritti promossi da Domenico Maffei e raccolti a cura di Italo Birocchi, Mario Caravale, Emanuele Conte, Ugo Petronio, voll. 1-3, II, Cigno, Roma, 2001.

[71] Julii Pacii *Isagogicorum in institutiones imperiales...*, Trajecti ad Rherum, 1680, p. 322.

[72] Francisci Connani, *Commentariorum iuris civilis libri X*, Basileae, 1557, lib. III, cap. 3, tit. De acq. rer. Dom, n. 1.

[73] Bernhard Suthold, *Dissertationes undeviginti...*, Lugd. Batavorum, ex officin. Elzeviriorum, 1623, IV, n. 3, p. 118.

在深入分析构成所有权的各个权能后，从完整体系的角度观察、评价所有权。

在16世纪人文主义法学中，许多法学家激烈地反对中世纪分割所有权理论，力图设计符合人文主义精神的新的所有权定义。法学家们相信，所有权除了具有绝对性，同时也具有排他性，即在同一物上只应存在一个所有主。如果所有权的某一部分权能为他人所有，那该人只是这一部分特殊权能的权利人，而非原所有权人之外的另一所有主，即使他的所有权在等级上次于原主。因此，在人文主义法学家那里，新定义的构建往往伴随着对中世纪所有权观念的抨击和质疑。

在16世纪法国最伟大的人文主义法学家雅克居亚斯（Jacques Cujas）的作品中，“所有权”（dominium）一词是多价的，因此可以进行不同分类。就来源而言，可以分为自然法所有权（dominium naturale）和市民法所有权（dominium civile）；就内容而言，可以分为“高级所有权的所有权”（dominium proprietatis）、“占有的所有权”（dominium possessionis）、“用益权的所有权”和“使用权的所有权”。此时所有权一词被广义地理解为泛指的处分权利，因此可以是多重的；同时，居亚斯提出狭义的所有权，即proprietas，此时的所有权是不可分的。

尽管做出上述分类，但居亚斯认为dominium proprietatis是唯一真实的所有权，而“用益权的所有权”“使用权的所有权”等概念，只不过出于中世纪对于罗马法术语的“滥用”（per abusionem）〔74〕。因此，这些次要的种类并不对所有权构成实质的分裂。

居亚斯对于中世纪所有权模式的背离是显著的。中世纪法学家所理解的proprietas仅限直接所有权，而居亚斯认为，“所有权和proprietas是一回事”〔75〕。他称那些主张存在两种所有权的法学家为“蠢笨之徒”（stulti）〔76〕，断言“并不存在扩用所有权”。他严格区分诉讼和所有权两个领域，认为

〔74〕 Jacobus Cujacius, “Paratitla in libros L. Digestorum sive Pandectorum”, in *Opera omnia*, Paris, 1658, t. I, col. 860.

〔75〕 Jacobus Cujacius, “Recitationes ad Salvii Juliani libros XC Digestorum”, in *Opera omnia*, Napoli, 1758, t. VI, col. 309.

〔76〕 Jacobus Cujacius, “Commentarii in ceteros libros Digestorum”, in *Opera omnia*, Napoli, 1758, t. VIII, col. 291.

尽管裁判官仿照请求返还之诉创造了扩用之诉，诸如普布利西安之诉，使得权利人得以扩用地就自己的物提起诉，但并不因此获得某种扩用所有权〔77〕。

因此，尽管居亚斯概括地继承了巴尔托鲁斯的所有权定义，并详细地逐字逐句加以评述，但却赋予了它不同的内涵〔78〕。他认为，所有权是“一种权利和权力，某人据此宣称某物为自己所有，或者凭借自然法，或者凭借万民法加以保护”〔79〕。根据这一定义，在封建关系中，所有权并不因封地的出让而减少，封君转让的只是用益权，因此始终是封地唯一的所有主。“完全地处分或请求返还”这一短语被理解为包含两种“显著的所有权的效果”（praecipui effectus dominii）：其一，所有主是自己的物的管理者和仲裁者，享有出卖、转让、质押、赠与、通过遗嘱处分、乃至以任何理由抛弃的权能；其二，如果所有主丢失了自己的物、且未经本人许可被他人获取，有权提起请求返还之诉要求索回〔80〕。

德国人乌尔里克·扎西乌斯（Ulrich Zasius，1461—1536）在其所有权定义中强调“耗用”（abuti）的权能。他区分“严格的”所有权和“极为普遍的所有权”，并将后者定义为“自由地处分物的权利，除非法律禁止”。扎西乌斯将“自由地处分”一语解作“任何人都能随心所欲地处分自己的物，任何人都能以他喜欢的方式使用并耗用自己的物”。在此处“耗用”强调的是人自我的意志对于物所实施的自由的、不受限制的权力。在中世纪所有权观念中，和物的具体经济功能相关的权能往往受到特别的重视，以至于纯粹的使用物的权能也被升格为某种“使用收益的所有权”（dominium fruitionis）〔81〕。但扎西乌斯所强调的“耗用”则恰恰相反，指的是以不恰当的方式损耗物、使之逐渐地失去原有的功能或价值。因此耗用“变成了自由的同义词、物的自由处分的同义词，以至于除了所有权人

〔77〕 Jacobus Cujacius, *Recitationes ad Salvii Juliani libros XC Digestorum*, cit., pp. 390-391.

〔78〕 居亚斯转述的所有权定义对巴尔托鲁斯原文进行了一些增补。他写道，“所有权被通俗地定义为完全地处分有体物，或请求返还的权利，除非法律或协议禁止。”（Cfr. Jaboci Cuiacii *Paratitla in libros L. Digestorum*, cit., t. I, liber XLI, tit. I, *de acquirendo rerum dominio*, p. 732.）

〔79〕 *Ibidem.*

〔80〕 *Ibidem.*

〔81〕 *In quartum et quintum Codicis libros commentaria*, Venetiis 1577, *ad. l. In rebus*, *C. de jure dotium*（C. 5, 12, 30）, n. 5.

的‘意志命令’和法律的禁令，不再有任何内在的和外在的制约……‘耗用’位居所有权的核心，宣告了一种建立在人而非建立在物之上的建构”[82]。扎西乌斯的所有权定义，宣告了人文主义精神影响下新型的所有权概念的诞生。

“耗用”的概念同样启发了法国人奥特芒（François Hotman）。他提出了著名的所有权定义：“使用或耗用物的权利或权力，只要在市民法容许的范围内”（Ius ac potestas re quapiam tum utendi，tum abutendi，quatenus iure civili permittitur）。在古典罗马法中，耗用不完全等同于19世纪的蒲鲁东（Proudhon）所理解的资产阶级所有权的“滥用权”[83]。就语法角度而言，动词abuti包含两层含义：①恶劣地使用物，以至于没有任何道德的或经济的原因随意毁弃之；②良好地使用物，直至消耗殆尽[84]。考虑到奥特芒定义中“耗用”一词和“使用”（uti）并列，而“使用”并不会逐渐地耗竭财物，因此此处“耗用”似应作第二种意思解[85]。但是，奥特芒的“耗用”实际上兼具两种含义。奥特芒在另一处解释了“使用和耗用”的具体内容，包括随心所欲地耗费（dissipandi）、毁损（disperdendi）、丢弃（dilapidandi）等。被如此定义的所有权被认为是“无限的”（infinitum），对应于“有限的”（finitum）所有权，后一类所有权有时受制于特定的法律，有时受制于狭隘的目的，诸如遗产信托人不得转让其权利、夫不得转让妻的嫁资、未成年人未得监护人或保佐人许可不得处分财产等。在有限的所有权内部，奥特芒沿袭传统分类，区分直接所有权和扩用所有权，认为这一分类的名称尽管不为古代法学家所知，但并不违背他们的习惯，因

---

〔82〕 P. Grossi，“Gradus in dominio”（Zasius e la teorica del dominio diviso），in *Quaderni Fiorentini*，XIV（1985），pp. 379-380.

〔83〕 蒲鲁东所理解的滥用权，是一种不加节制、受“狂热的享受欲”支配的权力，所有权人可以“决定让树上的果实烂掉、可以在他的田里撒上盐、可以把他的母牛放牧到沙地上去，可以把葡萄园变成荒地，还可以把他的菜园变成游猎的园林”。参见［法］蒲鲁东：《什么是所有权》，孙署冰译，商务印书馆1982年版，第67页。

〔84〕 Ferdinando Piccinelli，*Studi e ricerche intorno alla definizione dominium*，cit.，p. 1.

〔85〕 西塞罗：《论题术》（Topica），c. 3：“我们使用那些随着使用仍保持原状的物；我们耗用那些随着使用会不断耗竭的物”（Utimur his，quae nobis utentibus permanent；his vero abutimur，quae nobis utentibus pereunt）。

此不妨采用之[86]。如果说“无限所有权”概念符合人文主义法学家所设计的理想的所有权模式的话，那么“有限所有权”概念完全对应巴尔托鲁斯的所有权定义，充分考虑到了所有权的社会功能和中世纪社会中的分裂现实。

16 世纪末，雨果·多诺（Hugues Doneau）提出了一套更为系统的所有权定义。他以主观权利为准线，构筑起复杂严密的体系大厦。多诺对于所有权的论述，主要出现在他的《二十八卷市民法评注》第 9 卷第 8~20 章。多诺认为，所有权作为人先天的主观权利的一种，使得人们能够为了自己的利益而将物据为己有，使得自己成为所有主。通过研究西塞罗和诗人恩尼乌斯（Ennius）的作品，多诺断言，罗马法学家所说的所有权，在词源上来自“家宅”（domus），引申为家主对于家宅范围内的家庭成员和财物的权力。财物属于谁，谁就是“所有主”（dominus）。因此，所有权指的是人和有体物或无体物之间的一种统领性的关系。然而，人们通常所说的役权的所有权、用益权的所有权等表达，实际上“并不恰当”（improprie）、“过于广义”（magis distensive）。真正的所有权必然是唯一的、至高的、排他的。统一的所有权的内容由五个部分（partes）构成：①持有和占有权（ius tenendae et possidendae rei）；②保持完整的权利（habeamus incolumen）；③使用、收益权（utendi fruendique ius）；④禁止他人使用的权利（ius ab eius usu arcendi quoslibet）；⑤转让或毁损的权利（ius alienandi deminuendive）。前三项涉及所有权的处分权能，第四项涉及所有权的排他性，第五项涉及所有权的自主性和绝对性。考虑到这些权能并不总是统一的，多诺分析两类对物的权利状态：第一类是纯粹的所有主；第二类是从所有主那里获得某种对物的特权的权利人。第一类是必然的，而第二类只是偶然的，因为凡物必有所有主，但却不必然存在所有主以外的、对物行使权利的他人。后一类构成一个新的范畴：他物权（iura in re aliena）。多诺的逻辑非常清楚：他物权处于从属于所有权的地位，他物权人并非所有权人，而只是简单地享有某种特殊的权能而已。物并不属于他物权人[87]。

---

〔86〕 Hotman, “Disputatio de feudis”, in *Operum*, Lugduni, 1599-1600, t. II, cap. XXX, *de reali feudorum iure*, col. 874.

〔87〕 Xavier Prévost, “La renaissance du caractère exclusif de la propriété dans la doctrine humaniste”, in *Les piliers du droit civil: famille, propriété, contrat*, Mare & Martin, Paris, 2014, pp. 136-137.

多诺进一步将他物权分为五类：永佃权；地上权；诚信占有；担保物权；役权。前两类相距所有权较近，被称为“近物权”；后三类则相距所有权较远。但即使是较接近所有权的永佃权和地上权，也不意味着所有权质的分裂，而仅仅被理解为所有权量的减少。这样，尽管方法不同，但在所有权内部统一不可分割这一结论上，多诺和居亚斯达成了一致。

六、中世纪所有权定义的余绪

16世纪人文主义法学改变了人们观察罗马法的视角，丰富了法律研究的素材，并重新审视、扬弃中世纪所有权学说。尽管许多旧制度下的法学家仍坚持所有权内部的直接所有权和扩用所有权的分类，但其意义已经发生了显著的变化。在著名习惯法法学家查尔斯·杜摩兰（Charles Dumoulin，1500—1566）笔下，两种所有权的关系发生了彻底的翻转。他认为，封臣、交租人、永佃权人等权利人所享有的那部分所有权才是真正的所有权（proprietas），应当称他们为土地的所有权人。其理由是，这些人直接地支配着土地本身；相反，封君或出让人只拥有名义上的“高级所有权”（domaine supérieur）而已。更恰当地说，封建土地应当属于封臣而不是封君，因为后者只拥有“领主权”（patronage）[88]。杜摩兰的这一背离中世纪学说的观点，主要可以归因于“受让人权利的巩固、受让人可以直接处分物本身，于是，物看似恰如其分地属于受让人，成为其财产的一部分”[89]。杜摩兰这一背离中世纪学说的观点并非孤例，在同时代的一些习惯法学家，诸如肖邦（René Choppin，1537—1606）[90]、沙隆达斯（Louis

---

〔88〕 Charles Dumoulin, *In duos prores titulos consuetudinis parisiensis commentarii*, tit. I, *De fiefs*, §. LV, glo. 2 *ad les propri* { *taires et seigneurs*, *n.* 2, *in Opera quae extant omnia*..., Paris, 1658, t. I, p. 603.

〔89〕 Laurent Pfister, *Domaine*, *propriété*, *droit de propriété*, cit., p. 335.

〔90〕 Choppin, *Commentaires sur la coustume d' Anjou*, dans Oeuvres, Paris, 1663, t. I, p. 17: “根据我们的说话方式，所有权被理解为物的扩用所有权而非直接所有权，这一观点在我们的前辈们的时代就被采纳”。

Le Caron, dit Charondas, 1534—1613)[91]、科基尔(Guy Coquille, 1523—1603)[92] 都持类似意见。这一观点延续至旧制度末期的波蒂埃(Pothier)。波蒂埃写道,“就财产方面而言,扩用所有权被称为真正的所有权(domaine de propriété)。拥有扩用所有权的人被称为所有权人或扩用领主;直接领主则是其领主权利的所有权人。但财产的恰如其分的所有权人不是他,而是扩用所有权人”[93]。

在自然法学派的影响下,人们为所有权观念注入了个人主义的因素。法学家们越来越强调人处分物的权能,而非强调在分割所有权的语境下不同所有权人行使自己权利的自主性。在 17 世纪、18 世纪,欧洲法学家们以近代主观权利的眼光看待所有权,实现了相对于中世纪的转向。格劳修斯(Grotius)认为,所有权就其性质而言,体现在“处分物的自由权能”(libera facultate de re disponendi)。他的论据是《国法大全》中的一段片段 l. 21, Cod. Mandati,但事实上,格劳修斯为这条法律注入了古典罗马法学家从来没有意识到的新内容[94]。他在研究罗马法文本后,认为原始的所有权源自先占。他发现罗马法文本在表示这一概念时大多使用动词“获取”(capere)而很少使用抽象的“先占”(occupatio),因此涉及纯属事实的个人行为。所有权即个人对自己所占有的物的排他性权利。他借用西塞罗的片段,将物的所有权的取得比喻为剧院。尽管剧院对于任何人都是开放的,但一旦人们落座,这个座位就专属于他个人[95];洛克在坚持自然状态下人们共同使用万物的同时,认为人对自己的人身也拥有一种特殊的所有权(property),人凭借自身劳动所获取的成果,应当归他所有。劳动使得自然的共有物摆脱自然状态,成为对人类有利有益的财物,因此成为

---

〔91〕 L. Charondas, *Pandectes…*, *op. cit.*, n. 67, p. 260:“由于在法国,封地降级到和其他财产差不多的地步,因此封臣是真正的所有主,故他可以声称自己不是用益权人,而是所有权人”。

〔92〕 G. Coquille, *Institution au droict des François*, Paris, 1607, n. 70, p. 36:“土地的所有主就是土地所出产的矿藏的所有主……因为他是真正的所有主,或者被分封土地,或者缴纳地租,或者支配自有地”。

〔93〕 *Traité du droit de domaine, de propriété*, note. 21, n. 3.

〔94〕 M. 维利(M. Villey)注意到,古典罗马法学家从来不了解后世所归纳的“罗马式所有权”,也不了解主观权利概念。当所有权被描述为权利(ius)的时候,指的主要是一种人的状态或物的状态或人所享有的某种特权。作为主观权利的所有权乃是近代罗马法学家的创造。维利的观点转引自:André-Jean Arnaud, *Les origines doctrinales du Code Civil français*, cit., pp. 181-182.

〔95〕 Jean-Louis Halpérin, *Histoire du droit des biens*, cit., p. 158.

劳动者私人所有物[96]；被称为“法国民法典祖父”的多马（Domat）认为，“所有权……给予所有权人拥有属于他的东西的权利，以便所有权人使用、享有、处分”。在阐述这一定义时，多马没有援引任何罗马法文本，而是视所有权为一种主观权利[97]。类似格劳修斯，他也认为通过占有，人们开始自然地实施对于物的处分权力[98]；荷兰法学家乌尔里克·胡贝尔（Ulrik Huber，1636—1694）认为上帝赋予人类平等地使用万物的权利，然而，万物中有些能够永久地为人类共有，有些则不然，无法满足全体人类的使用。出于物和人的必要，人们凭自然理性的默示协议，通过先占确立了私人所有权。他特别重视《国法大全》的法律C.4，25，31，认为巴尔托鲁斯定义的“完全地处分”指的就是这条法律中的“仲裁者”（moderator）和“管治者”（arbiter），即“对自己的物的自由管理和转让，只要物在我们的掌握和权力之下”[99]。

在被称为“法国民法典之父”的奥尔良法学家波蒂埃作品中，人们发现了更为突出的、具有主观权利精神的所有权定义：“自主地处分物的权利，但不得损害任何人权利，也不得触犯法律，即‘自由处分物的权利’（jus de re libera disponendi）或‘使用并耗用物的权利’（jus utendi et abutendi）”[100]。波蒂埃进一步解释道，人们从两种权利的角度来理解可流通的物：一种是人对于物本身的权利，即“及物权”（jus in re）；另一种是我们和物有关系的权利，即“对物权”（jus ad rem）。及物权有很多种类，统称为“物权”（droits réels），其中最主要的就是所有权[101]。在波蒂埃定义和1804年《法国民法典》的所有权定义之间，存在清晰的联系。在1793年《人权和公民权宣言》第16条（“所有权即属于每个公民的、任意地使用并支配其财产、收入、劳动果实及技艺的权利”）、康巴塞雷斯

---

〔96〕 参见［英］洛克（J. Locke）：《政府论》（下篇），第五章“论财产权”，瞿菊农、叶启芳译，商务印书馆1982年版，第17～32页。

〔97〕 André-Jean Arnaud, *Les origines doctrinales du Code Civil français*, cit., pp. 185-186.

〔98〕 Jean Domat, *Loix civiles dans leur ordre naturel*, Paris, 1777, I, 1, 7, 3, 2.

〔99〕 Ulrici Huberi, *Praelectionum juris civlis tomi tres*, Maceratae, apud Aloysium Viarchium Editorem, 1839, Lib. XLI, tit. I, (a), p. 408.

〔100〕 转引自：André-Jean Arnaud, *Les origines doctrinales du Code Civil français*, cit., p. 187.

〔101〕 *Ibidem*.

(Cambacérès) 1793年和1794年的《民法典草案》[102] 中，都可以发现它们在形式上和精神上都十分接近波蒂埃的所有权定义。

在旧制度时期的法学家笔下，dominium 和 proprietas 两个词的意义越来越接近，以至于可以互换[103]。两者都被视为作用于物上、反映人的处分权能的权利。在旧制度语境下，"所有权"从两个方面被定义：其一，表示某物属于某人。普芬道夫[104]和波蒂埃[105]即采用这一定义。这种权利排除第三者，因此应当是绝对的。其二，表示所有权人独断地处分、享用财物的各项权能。多马[106]和波蒂埃[107]都从这个层面定义过所有权。1804年《法国民法典》的所有权定义完全采纳了后一种含义，由此实现了"所有权的主观化，所有权不再只被理解为权利的客体，也同样地、主要地被理解为不得转让的权利，因为它是与生俱来的一种存留于个人中的权利，存在于人之为人的天然习性中"[108]。然而，17世纪、18世纪法学家们所理解的所有权并非总是具有绝对的排他性，扩用所有权的概念仍经常被采纳，并频繁出现在莱布尼茨（Leibniz）[109]、荷兰人阿诺德·维尼乌斯

---

〔102〕 在共和二年果月（1794年）第二《草案》中，康巴塞雷斯宣称"所有权人享有合乎法律地使用和处分的权利"；共和四年（1796年）第三《草案》中，他再度确认"所有权人拥有任意地使用和处分的权利，只要符合为公共必要而制定的法律"。参见 P.-A. Fenet, *Recueil complet des travaux préparatoires du Code civil*, Paris, 1827, t. I, p. 116 et p. 243.

〔103〕 *Dictionnaire civil et canonique contenant les étimologies du droit françois*, Paris, 1687, p. 180, *Domaine*, *ad vocem*："在法国，*domaine* 就意味着 *propriété*"。

〔104〕 Samuel von Pufendor, *Le droit de la nature et des gens*, liv. IV, chap. IV, 2, n. 25："（所有权）是一种真正的权利，使得土地和物的实质属于某人，以至于物不得属于任何他人，至少不得完全地、以同样方式地属于他人"。

〔105〕 Robert Pothier, *Traité du droit de domaine*, *de propriété*, note 21, n. 4："所有权被如此命名，是因为这种权利使得某物恰如其分地成为我的，使得物专属地属于我而非任何他人"。

〔106〕 J. Domat, *Les lois civiles dans leur ordre naturel*, cit., liv. III, tit. VII, section 1, II："行使所有权即拥有某物，以便使用、处分之。人们通过占有才能行使这一权利……"。

〔107〕 R. Pothier, *Traité du droit de domaine*... cit., note 21, n. 4："就其诸般效果而言，被考虑的所有权，应当被定义为任意地处分物的权利，但不得损害他人权利，也不得触犯法律"。

〔108〕 Laurent Pfister, *Domaine*, *propriété*, *droit de propriété*, cit., p. 326.

〔109〕 莱布尼茨称，人对自己身体的权利为"自由"（*libertas*）；对物的权利为"权能"（*facultas*）。权能包括若干种类，其中直接所有权是"物的主题"（*rei materiam*）；扩用所有权是其"形式"（*formam*）；用益权是"形式的部分"（*partes formae*）。参见 Leibniz, *Nova methodus discendae docendaeque jurisprudentiae ex artis didacticae principiis*, Pisis, 1771, pars II, §. 17, p. 46.

(Arnold Vinnius，1588—1657)[110]、德国人格奥尔·亚当·斯特鲁威(Georg Adam Struve，1619—1692)[111] 等人的作品中。即使在1789年的三级会议上，路易十六仍重申“一切所有权”都应得到尊重，即“什一税、年租、地租、封建领主的权利和义务以及所有一般地和土地及封地相关或属于人身的、扩用的或荣誉的权利和义务”[112]。

在制定《法国民法典》的时代，所有权被视为人本身固有的权利之一。它不再被简单地认为是体现在物的使用和处分中、同物的实际收益、出产、租税等密切相关、反映物的经济效益的权利，而是一种人与生俱来的内在权利。“在共和八年草案编纂前，法国便存在着主观权利、个人所有权等近代自然法观念”[113]。波尔塔利斯（Portalis）宣称，“应当不容置疑地将所有权置于同我们的存在方式不可分离的诸般权利当中”[114]；1789年《人权和公民权宣言》第2条将财产权和自由、安全、反抗压迫并列为人的“自然的和不可动摇的权利”。因此，1804年《法国民法典》尽管在字面上沿袭了中世纪以来的传统所有权定义，但却赋予其充分的主观权利的内涵。在544条定义中，波尔塔利斯发明的“绝对无限制”(de la manière la plus absolue）一语看似对应巴尔托鲁斯定义中的副词“完全地”，但其目的却很可能是为了彻底废除封建制度、抛弃双重所有权，以便贯彻自1789年革命以来取得胜利的统一所有权概念[115]。这一定义决非对中世纪罗马法所有权概念的简单承袭。因此，1804年《法国民法典》编纂者之一马尔维勒（Jacques de Malville）声称《法国民法典》第544条所有权定义是《国法大全》片段C.4，35，21的罗马法所有权定义的转译[116]，这种观点是不准确的。

---

〔110〕 Arnoldi Vinnii, *Institutionum imperialium commentarius academicus & forensis*, Lugduni, sumptibus Laurentii Anisson, 1666, p. 172.

〔111〕 Georg Adam Struve, *Syntagma iuris feudalis*, Francofurti et Jenae, 1677, pp. 56-57.

〔112〕 *Recueil de documents relatifs aux séances des Etats généraux-mai-juin* 1789, I-II, La séance du 23 juin, L. Lefebvre, Paris, 1962, art. 12.

〔113〕 André-Jean Arnaud, *Les origines doctrinales du Code Civil français*, cit., p. 188.

〔114〕 J.-E.-M. Portalis, *De l'usage et de l'abus de l'esprit philosophique*..., Paris, 1827, t. II, p. 367.

〔115〕 Jean-Louis Halpérin, *Histoire du droit des biens*, cit., p. 194.

〔116〕 Maleville, Analyse raisonnée du Code civil, Paris, 1804-1805, t. II, p. 29. 转引自 André-Jean Arnaud, *Les origines doctrinales du Code Civil français*, cit., p. 181.

综上所述，在中世纪法学、人文主义法学、启蒙主义法学直至1804年《法国民法典》，不同时期的法学家在当时的哲学和文化思潮影响下，构造了字句上虽然接近、内涵却相去甚远的所有权定义。在这一进程中，《国法大全》始终是法学家们最重要的参考蓝本。544条的理论源头上溯至中世纪后期共同法法学家们的定义尝试、尤其是14世纪中叶的巴尔托鲁斯定义。如果说古典罗马法的所有权尚欠缺近代西方法学所发展起来的含义，还仅仅表示物的某种归属“状态”的话，那么，以《法国民法典》544条定义为代表的近代所有权观念，则充分吸收了自然法学派和启蒙主义思想家的遗产，贯彻主观权利的概念，满足新兴资产阶级所有主的需求，实现了相对于中世纪的彻底转向。

程序机制变革对法律发展的推动作用

——以英国15—16世纪诉答形式变化为视角

张秋实*

对于以法庭活动为重心的普通法而言，其主要法律规则并非直接诞生于立法机关所制定的具体文本之中，而是通过以诉讼活动为内容的司法过程逐步累积而来，这一司法过程中最重要、也是直接产生法律规则的环节就是审判活动，因此参与审判的法官、当事人及其律师、陪审团之间的言辞内容及相应程序规则——诉讼答辩程序便是重中之重。

英国的诉讼答辩（pleading）〔1〕制度是普通法三大程序性机制之一，〔2〕是原告陈述后双方在庭上所有的言辞争论及相应程序，〔3〕亦是以法庭活动为中心的普通法系重要的司法制度。15—16世纪诉讼答辩在形式上经历了由口头答辩至书面答辩的发展变化：在口头答辩（oral pleading）情况下，当事双方在庭上的全部言辞均由口述完成，法庭与对方当事人事先并不知晓；而书面答辩（written pleading）是诉讼当事人交替向法庭及

* 山东师范大学法学院讲师。研究方向：英美法、英国普通法。

〔1〕诉讼答辩的字根为“plea”，源自拉丁语的“placitum”，意思是当事人向法庭提出的主张和请求，其动词形式为“plead”，指提出请求申明主张的行为，关涉当事人提出的请求与主张的全部内容与过程是谓“pleading（s）”。参见 Frederic Jesup Stimson, *Glossary of Technical Terms, Phrases and Maxims of the Common Law*, Boston: Little, Brown and Company, 1881, p. 234.

〔2〕普通法三大程序性机制分别为令状制度（writs）、诉讼形式（form of actions）、诉讼答辩制度（pleading），此三类司法机制推动了普通法实体规则的产生与发展。

〔3〕例如 John Cowell, *Nomothetes the Interpreter Containing the Genuine Signification of Such Obscure Words and Terms Used either in the Common or Statute Laws*, Middle Temple, 1684,“pleading”词条。

对方提交书面文件，以提出诉讼请求、陈述诉讼理由、进行辩论的答辩方式。本文试图说明诉讼答辩形式上的变化对判例记录内容及律师职业群体分化的影响，以及此一过程对司法程序、法律规则独立发展的重要性。

一、15—16世纪诉讼答辩形式的变化

（一）16世纪之前的口头答辩及其记录方式

16世纪之前，英国各地方法庭及普通法法庭内全部诉讼环节均以口头形式完成，1190年代始出现了最早的官方法庭记录——诉讼卷宗（Plea Rolls），用于记载包括诉讼答辩在内的每个案件的诉讼程序。在其早期文本中，一个案件通常会以这样的方式记录下来："T就位于B和W的2海德土地向R提起诉讼，主张该地是他的权利和继承产，并在国王亨利一世驾崩时作为T的父亲的自由保有地和权利由其父亲占有，且已由该两处土地上收取价值5先令以上的收益。被告到庭并否认了原告的权利，将自己置于大咨审团面前，以查明他们之中谁对争议土地更有权利……"[4] 可以看出，早期的诉讼卷宗记录仅仅是一个有关案件审理过程的陈述性摘要，并未体现双方当事人诉讼答辩的实质性内容。

这种记录方式很快发生了改变，变化之一是书面记录的篇幅增加，其原因在于口头答辩内容的变化以及法庭记录官的设立。一方面，13世纪诉讼形式的种类数量达到顶峰，不同诉讼类型之间的陈述模式存在差异，加之当事人通过各种拟制方法将不同案情的争议诉诸王室法庭，使得各种起始令状引导下的原告陈述第一次完整地被记录于书面。另一方面，亨利三世前期（13世纪初）普通法法庭设立了卷宗记录官（enrolling clerks）一职，专门负责记录案件的庭审过程及内容，设立在首席书记官（prothonotaries）之后并由其统领，有别于政府官员，受法庭领导。[5] 专门笔录人员的设置使得记录不再是简单的法庭活动摘要，而是详尽全面的案件信息。基于这两方面原因，14世纪的卷宗记录篇幅明显增加。

变化之二在于正式答辩内容的确定是当事人与法官商榷的结果。由于

---

〔4〕 *Select Civil Pleas*, London: Seldon Society, n. 17.

〔5〕［英］西奥多·F.T. 普拉克内特：《简明普通法史》（影印版），中信出版社2003年版，第404页。

答辩以口头形式进行，当事人表述时极为自由，在此过程中不免出现表达欠精确甚至错误的情况，或时常改变自己的答辩理由以期达成对己方最有利之争点，〔6〕这就使得答辩内容不断出现反复和修改。另外，记录官需将两造的答辩语言翻译为拉丁语并准确无误地记录于卷宗之上，由于书面记录无法更改，在正式录入之前法官要和双方进行讨论，将两方达成一致的答辩内容和争点确定下来，最后写入卷宗。口头答辩及其记录方式的局限，导致我们在诉讼卷宗中看到大量当事人和法官讨论应将什么内容载入正式记录的事例。〔7〕

由于答辩内容被正式记录之前的一切言辞均可被更改，律师们可以根据自己的智识任意发挥提出试探性的答辩，将其掷向法官，通过与法官的讨论和法官对答辩内容的采纳积累答辩经验，进而促进诉讼答辩技术的发展。与此同时，律师又对答辩表示出极度不安，因为他们无法看到卷宗的最终文本，不确定记录官是否准确无误地记载了自己的主张，这使得律师在庭内的言语自由受到了来自卷宗记录的限制。律师们的这种不安并非无中生有，随着记录的格式化不断加强，记录官们在庭审中的作用逐渐凸显出来。

由于职务上的便利和优越性，为了记录的便捷，卷宗记录官凭借书写

〔6〕为保证诉讼的顺利进行，1340年爱德华三世颁布了制定法《诉讼答辩错误修正法》（Statutes of Jeofail and Amendment）14 Edw. III.，st. 1，c. vi.，该法规定，若答辩人发现自己的口头陈述有错误时，通过承认“我失误（j'ay faillé）”，即有权对此错误进行修正，避免诉讼重新开始。

〔7〕如在1309年的案件中，原告以进占令状向某修道院院长提起占有诉讼。原告在陈述中称自己以自由保有方式占有该争议土地并享有权利，土地被G剥夺占有后被告侵犯了原告对该地享有的进入权。但被告律师帕斯雷（Passeley）否认称，原告从不曾以自由保有并享有权利的方式占有过该土地，所以原告的土地可以被进占。斯坦顿（Stanton）法官指出，针对此令状该律师的回答不是一个好的答辩，如果提出G并未侵占原告土地，则将是一个好的回答。但被告另一位律师福里斯科尼（Friskeney）则认为应该接受自己同伴的回答，因为一旦承认了原告就争议土地关于自由保有及享有权利的主张，在接下来的环节中不能再就此内容进行否认，否则被告可能会违反禁止反言（estoppels）原则，这将对被告不利。斯坦顿法官反驳道：“你所说的是错误的，对于此案我们应该记录哪些内容呢？我认为应该是：原告并未占有过该土地，因此土地可以被剥夺占有。”帕斯雷律师认为：“我想记录应该这样写：原告并按照其所述的方式占有过该土地，所以该土地可以被剥夺占有。”被告律师的这一说法最终得到法庭的认可，被记录官写入卷宗。参见F. W. Maitland, *Year Books of the Reign of King* 3 *Edward* II（1309-1310），London：Seldon Society，vol. 20，1905，pp. 136-137.

经验还创造出了独一无二的卷宗书写体（court-hand），这种语言以大量的缩略语表示诉讼中的常用词汇，使标准化的书面记录具有了特殊的体例和极强的格式性。无论法庭内的口头用语为英语抑或法语，书面记录均为拉丁语，[8] 答辩语言与记录语言的不统一导致了答辩主体与记录主体之间的矛盾：记录官构建了一套格式化的书面法律语言，只有法官和记录者才具备对诉讼卷宗的阅读能力；律师们对拉丁文的掌握相对薄弱，甚至无法用拉丁语起草一份契据，[9] 因而无法获知记录官是否准确无误地书写了自己的答辩内容，使自己在法庭活动中陷于被动。与律师职业相比，记录工作的重要意义渐渐显露并逐步成了一门具有专业性的技艺，记录官们越来越熟悉答辩的格式、法庭所接受和最终采纳的答辩种类，成为比律师还要精于答辩技术的工匠。他们的地位也随之发生了重要变化：从担任文书工作的职员转变为代当事人书写答辩文书的草拟人。

（二）口头答辩向书面答辩的过渡

通过以上论述，当事人的答辩内容和记录虽已具备书面形式，但这仅仅是由口头的法律法语向书面拉丁文转换的结果，不是真正意义的书面答辩。书面答辩是当事人提交的无需在庭上讨论格式的、不能由记录官轻易更改的书面答辩文件，记录官只可将其内容直接记入卷宗，因此书面答辩的出现意味着答辩文书直接代替了当事人的口头讨论。15 世纪末至 16 世纪初是答辩形式的过渡时期，通过亨利七世和亨利八世的年鉴与卷宗，我们可以发现普通法庭是如何完成这一最终转变的。

1. “书面答辩”一词的首次出现

第一次明确提出“书面诉讼文件”（paper pleading）这一名称是在

---

〔8〕 英语自 12 世纪之后就成为英格兰人的母语，在地方法庭当事人使用英语进行诉讼活动。1066 年诺曼人征服英格兰的同时将法语带入这个国度，王室法庭建立后，法语成为庭上的口头用语。1362 年亨利三世颁布的法律中规定：“因为这个王国内的法律与习惯并不统一，所以在起诉、应答和判决时均使用法语，但这一语言不能使王国所有人理解。为了更好地治理王国、充分保证每个人权利的实现，国王和贵族均应学习王国的语言；并且今后在王国内，无论起诉还是应诉者，无论在王室法庭还是其他法庭，起诉、答辩、辩论、判决均使用英语，以拉丁文记入卷宗。”参见 *Statutes of the Realm* 1235－1377，*From Original Records and Authentic Manuscripts*，vol. I，printed in 1800，pp. 375-376.

〔9〕 J. H. Baker，*The Reports of Sir John Spelman Part* II，London：Seldon Society，vol. 94，1977，p. 29.

1460年的一起公正之诉案件中[10]：被告及其律师在巡回法官到达争议所在地区时未出席，法官记录了缺席情况，并将陪审团解散。进入下一个审理期，被告来到法庭应诉，原告及其律师Billing与Laicon向被告提起诉讼主张，此时被告要求自己的律师Choke与Littleton进行特殊答辩，阐明上一次缺席是因为自己被洪水困住，因而缺席行为是可以被原谅的。但洪水发生在达勒姆和另外一个郡，律师对此事毫不知情，认为此事的真实性无法得到验证，遂拒绝针对该事项进行答辩。被告并未放弃，他来到洪水发生地所在郡，向一位首席书记官寻求帮助，请求他为自己写一份书面证明以作为答辩内容。之后被告将此书面文件交给了自己的律师，经由律师向法庭正式提交。虽然律师并未看文件中的具体内容也未在法庭就此事项提出答辩，但该书面文件被首席书记官保留并写入了卷宗。

就案中的书面文件的效力问题，法官与双方律师展开了讨论。原告律师认为这份书面证明的效力值得怀疑，因为被告的律师并未就此提出答辩。Prisot法官指出若当事人律师未在庭上公开提出某项答辩，那么当事人自己不能提交这样的书面文件。但Moile法官提出了不同观点：正是由于律师拒绝作出该项答辩，当事人才会向首席书记官寻求帮助来起草答辩内容，这是无奈之举。最终法庭承认了该书面文件的效力，认为该项答辩应被不加修改地记录下来。1460年案件说明当事人可凭借书面文本向法庭提出自己的答辩内容，这说明以口头形式提出的答辩经讨论修改后才可被记录下来，但书面形式的答辩无需修改，记录官可直接依据该文本进行记录；律师对自己提出的答辩内容的真实性应负有责任。无论如何，在诉讼卷宗中该案第一次提出了“书面诉讼文件”这一名词，它距离之后出现的“书面答辩”（written pleading）更近了一步。

2. 书面答辩出现的条件及其实现

15世纪首席书记官或记录官已经完成了将口头答辩书面化的实践，1460年案件甚至认可了提交书面文件进行答辩的效力。但书面答辩的出现必须具备两个重要的条件，一是答辩文件的书写主体是律师；二是答辩文书须在庭下起草完成。

（1）律师成为草拟答辩文书的主体。考察书写主体如何由记录官变为

---

〔10〕 *Year Books*, Pasch, 38 Henry VI, pl. 13.

律师，首先应回归答辩书面化的目的这一问题上来。王座法庭于15世纪后期设立了秘书官（clerk of papers）一职，在记录官正式书写卷宗前，他们专门负责管理当事双方的各种书面文件和副本。〔11〕 1471年的一份账目显示，“双方律师查阅对方的答辩记录并确定争点，应付给记录官2先令6便士作为书写答辩文书的费用，抄写一份副本付2先令6便士，最终完成的答辩内容写入卷宗应付给首席书记官5便士。”〔12〕 在另一普通民事法庭的记录中，记录官将双方的答辩内容抄写了六份副本，四份提交给庭审法官，两份分别交给双方律师。这些资料提醒我们，答辩书面化的出现不仅是为记录官正式书写卷宗作准备，此外还有两个重要目的：为法官依据答辩进行裁判提供文本记录；一方答辩后，对方律师按照记录可以为接下来的答辩进行充分准备。对于当事人而言，后者显得更为重要，因此律师逐渐在答辩书面化这一问题上采取主动姿态。

由于记录官具有双重身份，无法保持绝对公正，律师为更好地完成当事人交付的任务，开始尝试在记录官的协助下进行书面答辩的起草工作。例如在1498年一个案件中，法庭当天审理结束后，被告律师来到首席书记官办公室要求写下被告方的答辩内容。〔13〕 律师的此类实践在15世纪末16世纪初开始增加，并得到法官的鼓励，他们有时要求律师在庭上辩论后提交一份答辩状。〔14〕 此前经律师签字的副本或正式记录才具有法律效力，以表示他们对答辩的真实性负责，现在律师自己提交书面答辩并完全掌控了记录中的答辩内容，相较而言更加可靠。此外，16—17世纪的几部成文法也对记录官的权限加以限制，下议院就曾禁止记录官以律师的身份为当事人起草答辩文书并将其上内容记入卷宗。〔15〕 1572年王座法庭法官命令，起草书面文件的记录官不得充任当事人的律师。原因是：除非经对方当事

〔11〕 J. H. Baker, *The Oxford History of the Laws of England*, vol. vi, 1483-1558, Oxford: Oxford University Press, 2003, p. 339.

〔12〕 J. H. Baker, *The Oxford History of the Laws of England*, vol. vi, 1483-1558, Oxford: Oxford University Press, 2003, p. 339.

〔13〕 J. H. Baker, *The Reports of Sir John Spelman Part* II, London: Seldon Society, vol. 94, 1977, p. 98, n. 5.

〔14〕 10 Henry VII, fo. 19, pl. 5，法官对律师说“make the papers of the matter”.

〔15〕 William Holdsworth, *A History of English Law*, London: Methuen & Co. Ltd and Sweet & Maxwell, vol. iii, 7th ed., 1956, Reprinted 1982, p. 651.

人同意，一名书记官无法既为一方当事人辩护，同时又担任该案答辩文书的记录者。〔16〕随着案件和庭内事务的增多，首席书记官发现全部誊抄诉讼文书都已不可能，更何况由自己的记录官来书写答辩状了，因此数量有限的记录官已无法和数量众多的律师相抗衡，律师最终成了书面答辩文件的撰写者。

（2）答辩文书在庭下起草完成。当事人在口头答辩下对事实与证据的陈述和讨论均是在开庭审理时才确定下来，庭审大量时间浪费在事实细节的纠缠上；而书面答辩需要双方律师在开庭前将答辩内容落实于书面，因此其实现的重要前提是案件的事实已基本明确且庭审侧重双方的答辩。这一必要条件是通过 16 世纪普通法庭强迫证人出庭及事实审理的简化逐步完成的。在 1551 年 Reniger v. Fogossa 案中，原告请来证人就案件事实当庭作证，并接受被告律师的询问，之后被告方也提出了己方的证据。〔17〕普通法庭的这一做法是出于管辖权竞争的需要而效仿衡平法庭的结果，〔18〕此后，伊丽莎白一世于 1563 年颁布的法律规定，〔19〕王国的任何人在法庭需要时都应出庭就其所知的案情作证，非因合理合法的情形拒不出庭，则将被处 10 磅罚金。此条款实质上是强迫证人出庭的规定。

证人出庭作证带来的一个显著效果是，由于案情的真伪是由法庭通过庭审对证据的采信来最终认定，律师不会因怀疑自己当事人提出的事实而拒绝就此作出答辩。上述 1460 年案件中的书面答辩文件是否应被提出及效力问题此时已不存在讨论的必要，因为律师不再为提出的答辩内容的真实性负责，换言之，法官没有理由再拒绝书面形式的答辩了。另一影响在于，事实的证明在庭上因证人出庭受询而得到了保证，律师可将这些证据和正当理由等内容于庭审前写入诉讼文书，当原告确定了陈述状的内容后，分别提交法庭和被告方，被告根据该文本认真揣度，将写就的答辩状

---

〔16〕 15 Mich Eliz. no. 10.

〔17〕 William Holdsworth, *A History of English Law*, London: Methuen & Co. Ltd and Sweet & Maxwell, vol. iii, 7th ed., 1956, Reprinted 1982, p. 649, n. 4.

〔18〕 此前衡平法庭为了弥补普通法庭过时的证明程序——拒绝当事双方和任何利害关系人对事实进行证明、对主动要求作证者的怀疑，衡平法官可以签发传票强制证人出庭，这种做法在保证案情证明需要的同时，也降低了证人因出庭作证而遭到报复的风险。

〔19〕 *Statutes of the Realm* 1235-1377, *From Original Records and Authentic Manuscripts*, vol. iv, 1547-1624, 1819, p. 438.

提交法庭和原告，在下一次开庭时进行有针对地反驳，之后双方于每次开庭前交替提交相应的诉讼文件。如此一来，案件审理的焦点自然汇聚到双方所辩论的内容上，而非纠缠与事实细节的真伪。

由口头答辩至书面答辩这一变化是缓慢的，且在诉讼卷宗中并没有明确的变化标志，但密尔松认为有一个迹象可能表明了书面答辩的发展：根据诉讼卷宗的记载，在诉讼的每个阶段，此时出现了越来越多“延长答辩时间”的记录，使用口头答辩基本不用提出此申请，因此延长答辩时间的目的很可能是律师为认真准备书面答辩状；相对应的年鉴记载也的确印证了此时答辩内容的逐渐丰富。〔20〕

二、诉答形式的变化与法律群体的职业化

（一）书面答辩与律师职业的分化

亨利二世时期对诉讼程序的改革，使诉讼越来越复杂，也越来越技术化，这增加了当事人对具备法律专业知识人士的需求。到格兰威尔进行著述时，各方当事人已经可以在诉讼的任何阶段聘请“法律代表”（responsalis）〔21〕，此时的法律代表在性质上已与13世纪出现的代理律师（attorney）基本一致，只是身份有所差异，当事人一般会委任自己的亲属、朋友、仆人作为其代表出庭，法律代表因此不是专业化的职业阶层。进入13世纪，约翰王时期（1199—1216）出现了两类律师——代理律师和代诉律师的有关记录。1200年的王室法庭卷宗中的attornatus一词，〔22〕指代那些履行法律代表职责的人。〔23〕尽管responsalis一词还在继续使用，但仅限于指称当事人在庭外委任的代理律师，最终attorncy成为代理律师的专有名词。另一专有称谓“代诉律师”（narrator），用于指称代表当事人在王室法庭发言之人，直译为“陈述者”。他们代表当事人进行案件陈述与答辩，

---

〔20〕 S. F. C. Milsom, *Historical Foundations of the Common Law*, London: Butterworths, 2nd ed., 1981, p. 671.

〔21〕 布拉克顿与弗莱塔（Fleta）也使用这一词汇表示代理人/代理律师。参见Glanvill, xi, c. i, n. 1, p. 275; Bracton 212b; Fleta, L 6. C. 11. S. 6. 7.

〔22〕 *Curia Regis Rolls*, vol. I, p. 264, 309.

〔23〕“代理”的动词形式“attornare”来源于法语动词“attorner”，有“转向、转变”之义，被引申为“转向他人（寻求帮助）并委派其代表（自己）”。

但因并无当事人的明确授权，其内容可以被当事人否弃。[24] 但这些代理律师也会以代诉律师的身份出现，换言之，此时尚无对律师的专门分类，因而他们的身份并不固定。爱德华一世时期，律师正式分为两类：代理律师和代诉律师。前者依然用 attorney 一词表示，而 serjeant 则是 13 世纪下半期始用于称呼代诉律师的标准用词。

如上所述，代理律师与代诉律师在最初出现时二者在职能上已有所区分，但并未彻底形成二元制的法律职业群体：首先，代理律师与代诉律师均直接受聘于当事人。为了委托代理律师，当事人需先行就律师所提供的服务及报酬达成协议，之后必须亲自来到一位具备相应职权的官员面前，呈递他要委任的代理律师的姓名，代理律师通常为临时受雇，但也存在处理特定当事人全部诉讼等协议。与代理律师类似，代诉律师也由当事人直接雇佣，不同的是，13 世纪末终身受聘提供法律服务并以获得年金为报酬的做法普遍起来。其次，代理律师与代诉律师均可出庭。在情节简单的无需进行特殊答辩的案件中，当事人有时仅聘请一名代理律师，因为代理律师完全能够胜任诉讼答辩的工作，这为当事人节省了一笔开支；当事人有时也可以仅雇佣一名代诉律师，除参与答辩环节外他也代表当事人本人应答。此外还有史料证明，一些在结束代理工作后的律师成了一名代诉律师，其名字出现在一些案件的答辩记录中；[25] 甚至有些律师同时从事兼任两类职业律师的工作。这说明 14 世纪之前对于两类律师谁具有出庭权的要求并不严格，二者的界限也尚未明确。

代理律师的出现早于代诉律师，但 14 世纪开始二者的发展却并不同步，这种发展的不平衡也促使了书面答辩兴起后二元制律师职业的出现。随着特殊答辩的发展，庭上的答辩技巧逐渐影响到案件的最终判决，当事人也越来越重视诉讼答辩这一环节。对专业人员的需求促使培养代诉律师的法律教育制度开始成型，作为训练辩护律师的专门机构——律师会馆在这一时期出现，进入四大律师会馆的法律学徒必须学习 7 年以上才可能获得辩护资格。从 1441 年起，获得出庭资格的法律学徒被称为出庭律师

[24] 有关代诉律师代表被告在法庭上发言的最早证据来自王室法庭卷宗中 1207 年的案例，*Curia Regis Rolls*, vol. v, p. 33.

[25] [英] 保罗·布兰德：《英格兰律师职业的起源》，李红海译，北京大学出版社 2009 年版，第 104 页。

(barrister),[26] 这就意味着未获得出庭资格的一般代理律师或代诉律师不能再出庭，事实上代诉律师逐渐被出庭律师所取代。与此同时，爱德华一世末期，代理律师开始为当事人处理一些其他事务：为当事人选择令状提出建议或直接为其购买起始令状；安排合法缺席出庭的事务；对陪审团名单中的陪审员提出质疑；为当事人雇佣代诉律师，这可以通过代诉律师经由代理律师获得报酬的案例加以证明；[27] 诉讼答辩程序结束后，查看法庭卷宗对案件的记录情况。尽管如此，代理律师重要的职责仍是代替当事人出庭，因而其身份不再单纯是当事人的替身而是兼具处理诉讼事务能力的专业人士。

强迫证人出庭与事实审理的简化迫使当事人必须收集证据，书面答辩的兴起要求当事人必须充分做好庭前的准备工作，因此他们需要专业人员帮助查找证据、书写各种法律文件。如上所述，14 世纪开始代理律师的工作已拓展至几乎所有诉讼常规事务，这种工作性质决定了他们经常与法官和法庭的文职人员打交道，因而与法庭建立了密切的联系；由于代理律师只能在授予其代理资格的法院开业，王室法庭各自拥有一批固定的代理律师，并向他们提供用于执业的办公室。代理律师的这些特点均成为他们为当事人开展事务性工作的有利条件，因而庭前所有准备工作自然落到了代理律师身上。他们直接与当事人见面交谈、了解案情，通过运用在法庭内学习的令状及答辩格式方面的知识，为当事人购买合适的令状、起草起诉状和答辩状、确定案件的争点、联系证人收集证据。书面答辩所导致的庭前准备工作量的增加提升了代理律师重要性的同时，也使其专门化程度增强，文书工作与出庭辩论的工作在本质上开始分离。16—17 世纪，代理律师的首要职能已不再是代替当事人出庭，而是专门为出庭律师作庭前准备；同时他们作为当事人的委托人出面聘请出庭律师，后者仅需依据前者提供的书面材料参与法庭辩论，而无须与当事人有直接接触。出庭律师、代理律师、当事人之间的这种新型三方关系在伊丽莎白一世时期基本形成，此后一方面法庭规定出庭律师不得接触当事人并直接起诉案件和收取

---

〔26〕 程汉大、李培峰：《英国司法制度史》，清华大学出版社 2007 年版，第 194 页。

〔27〕 [英] 保罗·布兰德：《英格兰律师职业的起源》，李红海译，北京大学出版社 2009 年版，第 157 页。

费用；[28] 另一方面律师会馆禁止代理律师出庭，将出庭权限严格控制在出庭律师范围内。[29] 律师职能的变化与分工的明确推动了英国于18世纪出现事务律师（solicitor）[30] 与出庭律师构成的二元结构的律师职业划分。确定案件争点及答辩内容由事务律师负责，而深谙答辩技巧的出庭律师负责庭上口头辩论。这种分工直接促使诉讼答辩的内容和形式能够在专业人士的关注下获得专门探讨和深入发展的机会。

（二）书面答辩与职业书籍的变化

1. 各家判例选编的大量涌现

中世纪末期判例选编代替诉讼陈述成为程式汇编的主要种类，正是答辩形式从口头向书面转换的最好证明：书面答辩格式和写作技巧是律师会馆内学徒们重要的学习内容，律师职业群体的兴起促使供学徒和执业者学习的法律书籍的需求量猛增；答辩形式从口头至书面的变化使案件记录的内容更加丰富，包含了当事双方的各种书面答辩文件，它们为卷宗记录提供了更多元的素材。基于这两个原因，中世纪后期最主要的程式汇编类作品、由首席书记官和法官编写的《判例选编》（Book of Entries）大量涌现出来，内容上包括了书面答辩的内容，成了律师不可或缺的案头书籍。判例选编最早出现于亨利六世（1422—1461年）时期，早期比较著名的作品是于（1442—1475年）任职于普通民事法庭的令状归档官 Simon Elryngton 所摘编的判例，集中于1430年代至1440年代。[31] 判例选编大量出现是进入都铎王朝之后，于1468—1490年任首席书记官的 William Copley 的档案

---

〔28〕 程汉大、李培峰：《英国司法制度史》，清华大学出版社2007年版，第203页。

〔29〕 "The Exclusion of Attorneys from the Inns of Court", 26 *Law Quarterly Review* 137, 1910, p. 142.

〔30〕 事务律师（solicitor）于15世纪出现，指称供职于中央法庭，尤其是衡平法庭内协助当事人完成辅助诉讼工作，如打探诉讼对手的信息的低级法律职业者，其地位低于代理律师，二者均被排除在律师会馆之外。17世纪起，事务律师与代理律师的职能开始逐渐融合，并须遵守同样的职业纪律。1729年议会规定，一个人可以被允许同时作为代理律师与事务律师执业，代理律师与事务律师的资格认定权统归法官，业务范围不受所属法院的局限。18世纪中期，代理律师与事务律师的资格可以互相通用，两者的职能基本融为一体，统称为事务律师，成为与出庭律师相对的独立的法律职业群体。参见 William Holdsworth, *A History of English Law*, London: Methuen & Co. Ltd and Sweet & Maxwell, vol. vi, 7th ed., 1956, Reprinted 1982, pp. 440-457.

〔31〕 J. H. Baker, *The Oxford History of the Laws of England*, vol. vi, 1483-1558, Oxford: Oxford University Press, 2003, p. 345, n. 71.

成为爱德华四世（1461—1483 年）时期判例资料的重要来源。随着答辩书面化的发展，律师起草书面文件的公共需求在 16 世纪达到顶峰。第一部被正式印刷的作品为 1510 年的 *Intrationum exellentissimus liber*，作者不详。此后较为出名的判例集作品均出自普通民事法庭法官之手：William Mordaunt、Edward Stubbe、John Jenour 和 William Rastell，他们的汇编被后世学者频繁引用。王座法庭的文职官员们同样对该法庭的案例进行了编纂，引用率较高的是副书记官 John Lucas 和记录官 Robert Maycote 的作品。〔32〕以上作者是这一时期的几位权威代表，其权威性体现在他们均为王室法庭的官员，或为任职多年的法官或为其他经验丰富的文职人员，因此阅读他们编纂的判例集成为学徒们在律师会馆学习的一项重要内容。1564 年出版的 William Rastell 判例选编（Collection of Entrees）中，作者在介绍该书结构时写道："本书中所有法语的词汇及注释部分均为我本人所写，书中拉丁文所记录的案例、起诉状、答辩状均为本人所整理的内容。它们有四个渊源：已刊印的判例选编（之前的判例集）；普通民事法庭的首席书记官爱德华所收集整理的内容；王座法庭的首席书记官卢卡斯收集整理的内容；我的祖父——王座法庭的一位法官摩尔爵士所写之书。"〔33〕可见该书具有一定权威性，诸多案例已成为当时律师们进行工作时必读的先例，也成了现代人研究法律史的很好史料。除了作者身份的共性外，通过考察判例选编的内容可发现，这些作者对距离自己年代近的案件更加感兴趣，记录也更详细。一方面，也许因为年代久远的案件记录本身仅具有备忘录的性质，缺乏细致的答辩内容而无法详考；另一方面，判例集的编纂目的就是为当时的法律职业群体提供从业指南，年代晚近的判例中的答辩格式更加符合当时的诉讼要求，从而更具有参考价值。因为 16 世纪之后的判例选编内容不仅包括了各种诉讼答辩格式，还包含固定的令状文本、起诉状范本，所以其功能完全涵盖了令状登记录和诉讼陈述，进而成为法

〔32〕 J. H. Baker, *The Oxford History of the Laws of England*, vol. vi, 1483-1558, Oxford: Oxford University Press, 2003, p. 346.

〔33〕 H. A. Holland, "Pleading and Proof at Common Law", *Cambridge Law Journal*, vol. vi, 1936, p. 9.

律人的实用工具，此类书籍一直延续至19世纪，[34] 成为研究普通法的重要资料。

2. 判例报告内容的变化

每一王室法庭均有为法官裁判提供依据的对所审案件的官方记录，如上所述，这些记录存在于诉讼卷宗之中。由于诉讼卷宗的记载格式化过强，侧重记录诉讼程序而缺乏庭上辩论内容，法官与律师需要一种有关围绕争点的法律问题讨论的新型案件记录，这种记录于1280年代出现，被称为判例报告（Law Report）。13世纪的判例报告由普通民事法庭和巡回法庭的法官和书吏书写，进入14世纪，这些报告按照年份顺序被逐一编册，因而被冠以"年鉴"（Year Books）之名。法庭人员对年鉴的编辑持续至1535年，由于这些报告的撰写者并不是官方正式任命的专职人员，文字也不如诉讼卷宗具有极强的格式性，梅特兰认为其编纂初衷是为今后的学徒、律师及法庭人员研习探讨之用，换言之，诉讼卷宗具有实用性，而判例报告则体现出学术价值。

在口头答辩时期，年鉴记录的重点是当事双方对事实细节的争论、案件争点确定的讨论过程及法庭作出的最终判决，因而年鉴主要用于法律人学习答辩技术和法庭的程序。口头答辩的格式化导致了1450年之前的年鉴记录均为一种文本模式，这种你来我往的记录使读者很难分辨哪些讨论与事实有关、哪些讨论与判决意见相关，二者被掺杂在了一起。但书面答辩出现后，由于律师已在庭外将书面答辩状写就，当事双方于庭上将确定的案件争点提交法庭，庭审的重心由法官与律师对争点和答辩格式的口头商榷转移至法官如何将现有规则适用于已有的争点和答辩理由，因而法官的判决性意见得以凸显出来。书面答辩的这一发展直接导致判例报告的书写体例、内容及性质发生了重要变化。

首先，私人报道逐渐代替了年鉴，判例报告进入了"私人编纂"时期（1535—1865年）。因为书面答辩促使法庭辩论集中于法律问题，律师提出的答辩理由相比法官发表的法律见解重要性明显降低，所以报告书写者的记录视角发生了转向，这一时期的判例报告通常省略有关事实细节的讨论

---

〔34〕 J. H. Baker, *An Introduction to English Legal History*, London: Butterworths, 1990, 3rd ed, p. 161.

甚至判决结果，而是侧重记载法官就案件所涉之实体规则的阐发性讨论，并附上作者个人的简要注解。然而不同的记录者所关注的角度并非一致，对判决意见的观点也有各自的理解，这种差异致使针对同一案件出现不同的报道文本。早在1465年就出现了至少两个报道者针对相同案件的不同记录，[35] 1480年代书写报告的记录者的数量明显增加，其中比较有影响的是于1485年至1493年任普通民事法庭法官的Roger Townshend、该法庭的首席书记官John Caryll，其他1480年代至1490年代的判例报告均由格林会馆编写。16世纪之后的判例报告编纂水平大幅提高，更多地体现了编辑者的个人法律修养，最著名的应数Plowden和爱德华科克的法律报告。Plowden在案例选取方面独具匠心，特别挑选了在出现法律抗辩和陪审团作出特殊裁决后法庭就有关法律问题展开讨论的案件，并附上自己的评论。科克爵士受此启发，编辑了十一卷判例，其特点是突出自己对案件的评析，尤其是自己参与审理的案件。他认为记录对案件体现的法律问题的正确理解相较案件的历史真实更为重要，因此该判例报告被认为是以案例为基础的法律教科书。[36]

其次，判例报告成为可被后世用来援引的成案依据。年鉴记录有时虽充斥大量的法庭讨论，但它们大多与案件的法律争点无关；有时尽管记录指向了法律问题，然而讨论要点过多无法明确锁定某一条规则。这些特点导致使用者很难通过某一法律主题的名称索引查找到准确的成例，甚至很难作出专业名词的索引，因此年鉴只便于按照年代顺序和当事人姓名首字母进行检索。然而私人编纂的法律报道可以按照不同的法律主题或答辩类型进行编排，体例上比年鉴灵活许多；由于报道者对案件精心筛选，每个案件中均有值得被关注的法律问题，可以说一个案件与一个法律规则直接挂钩。如此一来，后世法官可以通过直接援引某法庭某年某当事人的案件索引名称，对该案中的判决意见加以反驳或引用该意见为自己的案件提供佐证。法官援引案件的做法实质上人为地对已决案件赋予了效力，虽然已决判例尚未被称为“先例”，其判决意见也并非具有权威，但引用成例已

---

〔35〕 J. H. Baker, *An Introduction to English Legal History*, London: Butterworths, 1990, 3rd ed., p. 206.

〔36〕 J. H. Baker, *An Introduction to English Legal History*, London: Butterworths, 1990, 3rd ed., p. 157.

是普遍做法，Plowden 在自己的判例报告中还援引了大量年鉴中的案例，Spelman 的报道中也引用了超过六十个案件。[37] 年鉴之后私家编纂的判例报告使普通法开始迈向“判例法”的道路，这一特征使它们的性质与现代判例报告（1865 年至今）更加接近。

现代判例报告的重要作用在于提供大量的可供遵循的先例。判例报告内容的变化也对中世纪末期的法官、律师等专业阅读者而言具有潜移默化的影响。一方面判例报告为律师执业者提供了可参考的依据，先前的某类案件的胜诉或败诉的原因使律师认为某些辩护理由是被法庭认可的，或者理论上相对是健全的，因而在今后的案件中是可资借鉴的。另一方面判例报告会使法官在进行裁判时有可依之成例，尽管并非具有严格的拘束力，但深化了法官将某一规范适用于个案的推理、类推的过程，在这一过程中延续、修正甚至创制法律规则，促使普通法的发展，并在 19 世纪最终形成了遵循先例原则。

三、诉答变化与普通法机制和规则的发展

（一）促使陪审团性质的彻底转化

16 世纪除个别重罪私诉案件适用决斗、部分债务之诉、动产返还之诉适用誓证外，普通法庭所有案件中的事实争点均由 12 人陪审团进行裁决。当律师把诉讼答辩文书草拟完毕后，若答辩内容形成事实争点，双方当事人把自己交付于陪审团，被召集而来的 12 人根据证人证言及书面证据作出事实裁定。一方面，事实审理的简化以及召集和强迫证人出庭是促使现代证据法产生的直接原因，证据规则的出现和发展事实上限制了陪审团作为证人的作用，案件的证明与事实裁判两个诉讼环节有条件完全分离，这也可被看做是普通法对陪审团控制的方法；另一方面，书面答辩的引入使法庭处理事实问题主要集中在证明过程和事实争点的讨论上，陪审团无需再作为知情者为法庭提供事实细节、接受法庭的调查了。因此这一时期陪审团的角色彻底由案件的证人转变为事实的裁判者，正如托马斯·摩尔所言：“在我的一生从不认为那 12 个人是证人；既然在没有任何调查询问的

〔37〕 J. H. Baker, *The Oxford History of the Laws of England*, vol. vi, 1483-1558, Oxford: Oxford University Press, 2003, p. 489.

情况下，法官相信他们对事实的裁定是真实的并依据裁定作出判决，为什么还要将他们称之为证人呢?"[38] 16世纪作为巡回法官的Dyer在其判例笔记中出现过这样一些记录：1555年出巡期间，在一起谋杀案件中当事人挑选的五六名证人的证据都很薄弱，审判因此被推迟以期搜集更多有利证据。后陪审团称他们了解案情，经双方当事人同意，法庭对陪审团进行了调查。但应否让同一陪审团来进行裁定，抑或重新组织陪审团？他们是否应重新宣誓?[39] 在另一被标记为“证据”的案件中，一名陪审员向法官提问：如果四或五名证人所作的证据被认定，但某一陪审员提出就他对案情的了解比证人更具证明力，那么其他陪审员应该依据这一名成员的个人证据作出裁定，还是更信赖证人的证言？我（Dyer）认为陪审团应更加信任证人给出的证据。[40] 1558年Thomas Williams在其讲读材料中指出：陪审员不能仅仅依靠他们个人的知识，还应听取双方律师及证人宣誓后提出的证据，以判断是否能证明某一事实争点。[41] 以上说明陪审团在身份上不仅与证人彻底分离，而且作为事实的裁判者，他们在行使职能时即使因地域或其他原因对案情十分了解，也应配合证据加以综合判断，否则可能遭到当事人以作伪证为由提起诉讼的风险。[42] 陪审团性质的改变使陪审员地缘性要求降低了，原则上陪审员不必是来自争议发生地且了解案情之人，只需具备一定价值的不动产，因此年鉴中有关审判地点争议的案件也逐渐消失了，陪审团将其所具有的社会一般智识及理性标准运用于对证据的分析和考量成为他们作出裁定的重要依据。

（二）对诉讼答辩内容及普通法的影响

1. 诉讼答辩的格式化

口头答辩的重要特征在于当事人的庭上答辩是通过与法官的商榷最终

---

〔38〕 J. H. Baker, *The Oxford History of the Laws of England*, vol. vi, 1483-1558, Oxford: Oxford University Press, 2003, p. 361.

〔39〕 J. H. Baker, *Reports from the Lost Notebooks of Sir James Dyer*, Vol. II, London: Selden Society, vol. 110, 1994, p. 406.

〔40〕 J. H. Baker, *Reports from the Lost Notebooks of Sir James Dyer*, Vol. II, London: Selden Society, vol. 110, 1994, p. 410.

〔41〕 J. H. Baker, *The Oxford History of the Laws of England*, vol. vi, 1483-1558, Oxford: Oxford University Press, 2003, p. 362.

〔42〕 T. A. Green, *Verdict according to Conscience*, Chicago: The University of Chicago Press, 1985, p. 142, n. 154.

确定的，由于法官可以提醒律师有关答辩内容和格式的适用和准确性，律师不必过分担心提出的答辩出现瑕疵或严重错误，答辩内容因而具有灵活性和开放性。而书面答辩的特点在于答辩内容与争点的确定由律师在庭下完成，法官不会再对已提交的书面内容中出现的错误进行提醒与纠正，这就要求答辩内容必须严谨而精确，律师犯错的几率反而增加且应承担相应的风险。书面答辩下的审判，法官对答辩内容的分析完全依赖于对当事双方提交的书面文字的理解，最终形成的判决意见也必然基于对这些文字所反映的法律效果的理解。通过书面答辩裁决的一系列案件成为律师的指南，促使他们不得不关注答辩内容和语言的选择，律师因此不自觉地扮演了塑造书面答辩格式的角色。律师为了避免文字表述发生歧义使挑剔的法官提出批评和质疑，必须确保书面答辩的确定性；为了不遗漏任何细节，必须确保书面文字足够详尽。律师们的实践促使了书面答辩不断格式化的同时，也产生了负面效果导致诉讼答辩的僵化。例如1851年普通法程序改革委员会评价16世纪的答辩时说道：“以不同方式对同一事情大量重复的表达损毁了法律答辩，冗长的文字源于对内容无所不尽、形式严格精准的渴望，为了答辩内容被正确理解致使每一个表述均被套入固定形式。”[43]梅特兰也表示了类似观点：“书面答辩的引入使普通法陷入了难以逃脱的牢笼，与口头答辩能够确定法官对案件涉及的法律问题的意见不同，律师无法获得法庭的帮助，只得将自己的名誉和当事人的运气押在答辩的文字上，因而答辩内容变得讲究、精巧、狡猾。”[44] 尽管律师从此承担了书面答辩出错的风险，不再像口头答辩时可以接受法官的建议，但从另一角度来看，律师反而摆脱了法官的控制，法官不再参与答辩内容的起草讨论，律师在职能上更加独立，同时也独自承担责任。这一变化直接促使当事人的诉讼答辩与法庭的裁判两个环节完全分离开来，不仅如此，证人被强迫出庭使案件事实（证据）的审理也被划分出来。审理事实、诉讼答辩、法庭裁判（法官适用法律）这三个重要的诉讼环节各自独立，不会再出现口头讨论时被混为一谈的现象了，使诉讼程序与法律规则发展的脉络更为清

---

〔43〕 William Holdsworth, *A History of English Law*, London: Methuen & Co. Ltd and Sweet & Maxwell, vol. ix, 7th ed., 1956, Reprinted 1982, p. 309, n3.

〔44〕 F. W. Maitland, *Year Books of 3 Edward* II, 1309－1310, London: Seldon Society, 1905, p. lxviii.

晰，对于后世法官或律师而言，更便于依据记录有针对性参考对应的部分。

2. 促使当事人运用拟制进行诉讼

16 世纪书面答辩使诉讼答辩的格式性增强，不仅不同诉讼类型适用的答辩内容有所区别，适用不同诉讼形式的不同答辩规则也被逐步细化，法律抗辩与特殊答辩的提出变得更为复杂和困难，律师稍有疏漏则可能导致该项答辩不被法庭认可。例如在 Crogate 案中的一位法官称，原告针对被告的反驳作出存在过失的特殊答辩存在五种可能性：该答辩明确被允许；明确不被允许；可能被允许；可能不被允许；过失这一法律问题的提出是完全不可能的。[45] 这说明一项答辩内容被提出，即使存在法律争议上的可能性，即能够形成案件争点，若律师没有使用正确的表达格式它也将是个无效的答辩。因此律师们为了避免或降低诉讼中可能的风险，采取拟制（fiction）的方式将案件性质转向自己有把握的诉讼形式，在新拟制的诉讼类型中律师能够将多个答辩划归为相对简单的回答，从而规避严苛的答辩格式的要求，却达到实现原有诉求的目的。以动产财物被抢劫的事实为例，被害人可以选择直接侵害之诉进行救济，他可能面对被告提出的“未破坏王国和平、没有使用暴力并携带武器”的部分否认，那么原告将不得不就直接侵害之诉的法律要件逐一进行答辩，但这些答辩只有在认定被告对人身的侵害行为后才会涉及针对财物的损害赔偿；若原告以动产返还之诉提起诉讼，被告也许会对原告拟制出的寄托关系的存在提出反驳，但不能否认该财物的确现被自己占有，因而原告可以减少反驳的成本而应当诉讼；再如原告拟制出被告偶然拾得自己丢失的财物并占有使用的事实，基于此提起基于发现的动产返还之诉，那么被告将无法否认自己当下的占有和原告为动产所有人的事实，即便没有任何过错，被告也将返还原物，这样原告不必大费周章进行答辩即可达到目的。再以恢复不动产占有的案件为例，如果原告依据被告使用暴力进占自己土地的事实提起直接侵害之诉，那么他依然无法绕过繁冗的答辩内容；但若原告直接以驱逐之诉（ejectment）进行诉讼，那么事实将被拟制为自己将争议土地租让于虚拟的

〔45〕 William Holdsworth, *A History of English Law*, London: Methuen & Co. Ltd and Sweet & Maxwell, vol. ix, 7th ed., 1956, Reprinted 1982, p. 310.

John Doe，后者依据租地契进占土地后被名义上的被告——虚拟的驱逐者 Richard Roe 逐出，传票交事实上的被告，要求其出庭应诉，被告仅能依靠所有权进行抗辩，这样原告可以无需任何特殊答辩就将实际占有人驱赶出土地。由此可见，答辩格式化的加强成为促使当事人选择拟制的一个不可忽视的因素。

西方法治在近代俄国的境遇

——以1864年司法改革的法治目标为考察对象

王海军*

俄国与西方法治正式接触是从彼得一世改革开始的。虽然彼得一世执政时期实施的多方面改革没有从根本上改变俄国，但是他作为一位具有进取精神的改革家，其改革措施的确增强了俄国的实力，“把俄国推上了通向西方世界的文明大道”，[1]“使俄罗斯人从愚昧无知的深渊登上了世界光荣的舞台”。[2] 在这个过程中，司法领域的表现尤为突出。鉴于这个时期俄国司法领域对欧洲经验的理解，使得俄国在彼得一世改革之后的所有新举措中都赋予了司法改革最具西方化的式样，而其中最值得关注的就是沙皇亚历山大二世进行的改革了，“如果说，俄国历史上最有魄力的改革是彼得一世的改革，那么，俄国历史上最引人注目和令人伤感的改革，恐怕就是亚历山大二世进行的‘大改革’了。”[3] 在这次被称为“大改革”的历史过程中，1864年司法改革最为瞩目，它与废除农奴制一样，都是亚历山大二世时期的伟大变革，它在引入具有西方法治色彩的司法制度的同时使俄国民主司法体制得以建立，引起了社会对法律、法律文明、保护个人权利等问题的关注，“不仅使俄国司法制度接近了先进的欧洲模式，而且为形成

* 法学博士，华东政法大学科学研究院副研究员，法律史研究中心研究人员。

〔1〕 张宗华：《18世纪俄国的改革与贵族》，人民出版社2013年版，第84页。

〔2〕 孙成木、刘祖熙、李建主编：《俄国通史简编》（上卷），人民出版社1986年版，第258页。

〔3〕 曹维安：《评亚历山大二世的俄国大改革》，载《兰州大学学报》2000年第5期。

俄国社会的法制观念建立了现实条件”[4]，并由此将西方法治元素最大程度地植入了俄国司法之中，然而由于俄国处在专制制度之下，因此西方法治在俄国的境遇并不如意。

一、俄国对西方法治的认知与司法改革的开启

自彼得一世与西方法治接触之后，俄国对西方法治的认知就在其司法改革过程中不断加深，而向来都由上层推动的司法改革也意味着沙皇自身对西方法治的认识程度和态度十分重要，因为这些决定了司法改革的开启与推进。

（一）“大改革”与司法改革的时代背景

资本主义在俄国已经持续多年，到19世纪下半叶，出现了明显的快速发展态势。在农业方面，主要表现为农产品与市场关系逐渐紧密，自给自足的自然经济开始瓦解，在工业方面则表现为机器和自由雇佣工人的大量使用。19世纪中叶，资本主义在俄国得到了较大的发展，并开始冲击旧的经济体制，其中最为主要的就是农奴制经济，它是缠在俄国社会制度上一条沉重的锁链，严重影响了俄国资本主义的前进与发展，近代化进程也因此受到很大影响。两者的矛盾已经成为俄国发展的主要症结，要发展资本主义就必须冲破农奴制的束缚。俄国面临这样的经济形势和背景，需要从各个方面进行革新，并为之后改革营造良好的经济环境。

1856年俄国在克里木战争中失败，这不仅加剧了俄国专制制度的统治危机，也凸显了俄国社会和经济制度的效率低下。这次战败也引起了当时俄国社会对农奴制度的反思，社会改革呼声日益强烈，正如有学者所说，“亚历山大二世的继位及1853—1856年之间的克里木战争失败在俄国社会中唤起了重大变革的期望”，[5] 而一切改革的先决条件便是废除农奴制。可以说，废除农奴制的动因一方面是对外战争的失败，另一方面是风起云涌的农民暴动。自由派人士康·德·卡维林指责农奴制“使整个国家陷于不正常状态，并使国民经济中产生危害国家机体的人为现象”，他认为农

[4] 曹维安：《评亚历山大二世的俄国大改革》，载《兰州大学学报》2000年第5期。

[5] Н. И. Горская. , *Правовое государство и цели судебной реформы*1864*г* // Вопросы истории. 2014. №6.

奴制的腐败是农民起义的根源所在，因此应该立即废除，“如果这个制度原封不动，那么，几十年以后，它就会把整个国家毁灭。”〔6〕

解放农奴，废除农奴制势在必行，但是最初沙皇并未对此做准备，“这是因为亚历山大二世深知，在关系到贵族地主切身利益的问题上，单靠官僚机构是无济于事的，必须让农奴制的受益者地主贵族满意，改革的措施才能推行下去，否则沙皇制度的社会支柱便会失去。”〔7〕直到经过贵族多次讨论后，亚历山大二世才最终决定废除农奴制。亚历山大二世于1861年发布了废除农奴制度的特别宣言——《关于农民脱离农奴依附关系的一八六一年二月十九日法令》，此外还有《关于农民脱离农奴依附关系的总法令》《关于脱离农奴依附关系的农民赎买宅园地及政府协助这些农民把耕地购为私有的法令》《关于省和县处理农民事务的机构法令》《关于安顿脱离农奴依附关系的家奴法令》，等等。关于废除农奴制，主要内容包括农奴获得乡村居民的全部权利、可以在地主庄园定居、可以使用一定量的土地、有权赎买宅园地，拥有自己土地的农民即从对地主的义务中解放出来，成为自由的农民阶层。这次改革在客观上缓和了社会矛盾，稳定了政局，为下一步进行改革奠定了基础。在《关于农民脱离农奴依附关系的总法令》中还规定了对被解放的农奴的司法保障问题，即“农民有权控告、辩护、起诉；民事案件，农民可以亲自或经代理人打官司，刑事案件农民可以提出控告，可以亲自或经代理人用一切可以利用的法律手段维护自己的权利；没有法庭判决或政府以及社会当局的法令，不得对农民进行任何惩处。”〔8〕值得注意的是，法令中涉及的问题不仅仅在于解放农奴，随之还会改变既有的社会、经济关系，尤其是地主和农民之间的关系。〔9〕在这种关系的变化之下，就需要颁布其他一些法令对司法领域进行制度性改革。

（二）沙皇对西方法治的认知

当时的俄国处在帝国时代，专制制度决定了一切改革都需要由君主自

〔6〕张建华：《亚历山大二世和农奴制改革》，载《俄罗斯文艺》2001年第3期。

〔7〕曹维安：《评亚历山大二世的俄国大改革》，载《兰州大学学报》2000年第5期。

〔8〕陶惠芬：《俄国近代改革史》，中国社会科学文献出版社2007年版，第192页。

〔9〕参见 Под редакцией Е. А. Борисовой., *Великая рефома к 150 – летию судебных устовов. Т.* Ⅰ. М. 2014г. С. 415.

上而下的推动和完成，因此沙皇本身的意愿和见识就十分重要，对于1864年司法改革而言，亚历山大二世对西方法治和司法的认知程度决定了改革是否进行。

亚历山大二世在继位初期就坚定了司法改革必要性，并存有期望和对改革目标的总体认识。与此前讨论的废除农奴制和其他方面改革的必要性问题相比，司法改革早就被提出来了——在1856年3月19日《结束克里米亚战争宣言》中亚历山大二世就提到："愿真理和仁慈在法庭上占据统治地位，在对所有人都一律平等、一律保护的法律的荫覆下，愿俄国每一个臣民都安心享受自己劳动的果实。"〔10〕此种声明具有纲领性的特征，在1864年11月20日帝国参政院的命令中指出它是"我们首要希望"之一。〔11〕可见，亚历山大二世从继位之初就打算进行司法改革，意欲将司法打造成为公正的和仁慈的，进而在法律面前建立国民平等。从彼得一世和叶卡捷琳娜二世开始，最高权力就借用在西方运行的某种司法要素，试图使陈旧的立法系统化并运用启蒙法治观念来加强君主专制主义，赋予它有效的制度形式，并使其在"公共福利"的名义下运行。也正是如此，学习法制被纳入未来沙皇的学习大纲中并非偶然。

亚历山大二世继位前的全面教育是在被誉为"欧洲类型的开明保守分子"和尼古拉一世的忠实的拥护者——В. К. 茹科夫斯基的带领下开始的，他"因擅长在他的学生中培育人文思想而著名。"〔12〕茹科夫斯基用最直接的方式将欧洲和民族因素结合起来，〔13〕他的方法首先是培养未来帝王"在上帝和良知面前"具有对国家负责的精神。М. М. 斯佩兰斯基曾指出，这明显影响了亚历山大二世政治法律观的形成。

斯佩兰斯基也是一位杰出法学家，他的观点被尼古拉一世和茹科夫斯基所推崇，他还曾因教授皇储而被沙皇尼古拉一世授予钻石勋章。斯佩兰斯基是讲授法律的专家，他在阐释君主政体的本质时，认为解释法律就是

〔10〕 ПСЗ-II，т. 31，отд. 1，No 30276. С. 132.

〔11〕 ТАТИЩЕВ С. С. АлександрII. Его жизнь и царствование. СПб.，2006. С. 411.

〔12〕［美］尼古拉·梁赞诺夫斯基、马克·斯坦伯格：《俄罗斯史》（第7版），杨烨、卿文辉主译，上海人民出版社2007年版，第338页。

〔13〕 Русский консерватизм XIXстолетия. Идеология и практика. М.，2000，С. 143；ТАТИЩЕВС. С. Ук. соч.，С. 30-90.

沙皇帝意志的体现。可以说，在当时的俄国很难找到比他更精通俄国和西欧法制，以及可以在法律和道德之间建立起直接联系的法学家了。在向亚历山大二世解释无限权力和独裁问题时，斯佩兰斯基指出："无限权力一词意味着国家中其他任何合理和合法的权力，无论是对内还是对外的，都不能规定俄国专制君主的权力上限。权力的界限是由其自身决定的，沙皇所签订的外部国际条约和内部命令，几乎是毋庸置疑和神圣的。因此，所有的法律，包括专制政体法律只有建立在正义的基础上才可以被称为法律。正义在哪里结束，非正义就在哪里开始，法治的结束就意味着独裁的开始。在那些情况下独裁都不会受到人的审判，但应受良心和上帝的审判。"〔14〕

斯佩兰斯基的教导被亚历山大二世很好地领会了。国内外两次游历很好地说明了亚历山大二世的教育成绩：在俄国，茹科夫斯基称之为"与俄国结合"，而在西欧则使未来沙皇能够将俄国与西方进行比较，并使其在青年时期就已经理解了俄国是欧洲世界的一部分。尼古拉一世在派遣亚历山大世去欧洲前的教导对此也有帮助："我们要永远保存我们民族性，我们的特色，割绝这些将使我们经受苦难；在其中有我们的力量、出路和无与伦比性。但是这个基础上绝不应该保持原始思维，或者对其他无视，每个国家或者地区都有其新奇和特别的东西。相反，应该在理解、领会和熟悉之后进而比较，你应多看、多知晓有益的东西，这对你以后可能进行的效法是极其重要的财富。"〔15〕

亚历山大二世从俄国游历中对执法系统产生了不一般的印象。在给尼古拉一世的信中提到，他拜访、参观了收容所、养老院、精神病院和监狱，感觉这些既在"大的秩序"下，又在"陈旧的状态"中。〔16〕在叶卡捷琳堡，他下命令给予"抓获土匪和强盗的士兵特别丰厚的奖励"，在西伯利亚确信了"严厉对待被流放者"的必要性。〔17〕在西欧，他见识了陪审法庭，在墨尔本政府辞职时拜访了英国议会，"感到惊讶的是，在这样重

〔14〕 Там же，С. 61.

〔15〕 Там же，С. 31.

〔16〕 Венчание с Россией Переписка великого князя Александра Николаевича с императором Никнлаем I. 1837 год. М.，1999，С. 29，31，35，50，61，79，90，95 и др.

〔17〕 Там же，С. 51，53-54.

要的政治时刻来到这里，由于内阁的变更导致了一系列变化。”他参观了伦敦塔，这是位于伦敦的监狱，并从那里赎买了因欠债被囚禁的一些人。[18]

亚历山大二世在继位之前就已经获得相关的教育和阅历，并受到了改革派人士的教育，其内心和意识中已经埋下了改革的种子。可以说，俄国在 1864 年进行的司法改革在这个时期就可以被预测到了。

（三）司法改革的开启

众所周知，亚历山大二世的继位及 1853—1856 年之间的克里木战争失败在俄国社会中唤起了重大变革的期望，随之就是对即将到来的变革的不安：“我们陷入了这样的境地”，兼具“西欧主义”和“斯拉夫主义”双重属性的学者 Д. А. 奥巴林斯基写到，“根据社会需求即将出现大量的重要问题，但不可能解决，同时在目前的情况下不能假定所有的政府组织都能够明智、理性地持续运行。”在民族和政治的问题上，在旧君主政体的环境下增加了“因任何不奏效的措施而产生社会安定问题的顾虑”，或者“政府无所作为”等一系列后果都会“引起不满和无序”。[19] 在这样的情况下，初登帝位的亚历山大二世只能担负起责任，“宣称自己是共同幸福英勇的捍卫者——俄国的救星，皇帝就标志着革新时代的到来”。[20]

在亚历山大二世进行司法改革之前，法院是俄国国家政权中最不完善的机构之一，审级过多，诉讼程序缓慢，诉讼不公开，司法不独立，官僚主义盛行等都体现了俄国的司法制度存在的种种弊端，具体而言主要集中在司法腐败和司法不公方面：首先，行政权过度干预司法权，司法不独立，法官地位低下；其次，司法腐败普遍存在，司法公正严重受损，影响了公众对司法的尊重；最后，司法管理效力低下，审判过程秘密，大大影响了司法公正。当时的情况正如赫尔岑所言：“俄国法院和俄国警察的无法无天、残暴、专横和腐败，真是一言难尽，以致老百姓进了法院，怕的不是依法惩办，而是审讯过程。他但愿快点被送往西伯利亚——惩罚开始之时就是折磨告终之日。”[21] 所以对于司法领域的改革势在必行。促成这项

---

〔18〕 Переписка цесаревича，С. 37，409-411，611，612.

〔19〕 Записки князя Дмитрия Александровича Оболенского. 1855-1879. СПб.，2005. С. 165.

〔20〕 УОРТМАН Р. С. Сценарии власти，т. 2，С. 24.

〔21〕［俄］赫尔岑：《往事与随想》，项星耀译，人民文学出版社 1993 年版，第 205 页。

改革的是一些受过正规法律教育的贵族，针对法院审判中存在的腐败和拖延现象，他们提出了要根据最先进的欧洲国家的司法模式，在俄国确立司法的独立性的主张。制定改革基本原则工作在司法官谢·扎鲁德尼领导下完成。1862 年，他把许多有知识和才能的法律学家集中到国家大法院，参照欧洲的法律体系，制定出法律制度和诉讼程序的改革方案，这些方案和建议得到了亚历山大二世的赞同，经过国务会议讨论后公布分发给各司法机关、大学及国外法学家征求意见，最后 1864 年 11 月由亚历山大二世批准并颁布了《司法条例》《法院侦查员条例》《审判机关章程》《刑事诉讼程序条例》《民事诉讼条例》等法律，并逐步开始根据这些法律文件对俄国司法体制进行改革，这标志着 1864 年司法改革的开始。

二、1864 年司法改革与西方法治的引入

亚历山大二世继位后第一时间所需要的做的就是保证政策上的连续性。彼得堡法院内部的“无序和舞弊呈现出一幅令人惊叹的景象”，巴塔绍夫家族的案件拖延了近 20 年，这使他不得不承认对尼古拉一世时期“司法的不满性”。遵照他的命令，办公厅第二厅在 Д. Н. 布鲁多夫的领导下开始制定诉讼程序法规。亚历山大二世理解父亲的意图在于变革司法体制，并明确赞同那些否定俄国法院及他们在那段时间在社会中占统治地位的“黑暗的伪真理”。

（一）司法改革的过程

不可回避的事实是，司法体制变革的基础与改革农奴制的基础类似，不仅有合理的根源和“历史必要性”，而且合乎人道主义，在受教育阶层的意识中，不公正就是道德关系中的灾难。这样理解司法改革的必要性就与亚历山大二世志趣较为符合了。同时代的人们都以“最良好的意图”来评价他的生命力，他的温和、善良和真诚，“温厚”的对待“与其完全对立甚至准备自我牺牲”的人们。[22] 在签发释奴诏书前夕，1861 年 2 月 18 日 Д. А. 奥布列尼斯基在自己的日记中写道：“提到反对派，国君向斯佩兰

〔22〕 ЧИЧЕРИН Б. Н. Воспоминания. Московский университет. М. 1929，С. 131；ТЮТЧЕВА А. Ук. соч.，С. 236，346；ФЕОКТИСТОВ Е. М. За кулисами политики и литературы. Воспоминания (1848-1896). Л. 1929，С. 119；УОРТМАН Р. С. Сценарии власти，т. 2，С. 42.

斯基提到一次：‘人民将仍然是富足的，将会变得更好，而贵族会自我绝望，我同意这样做，但问题依然存在’，之后又补充了一句‘我也不知如何是好’，他所表达出来的就是他确实想说的。”〔23〕

就这样，亚历山大二世改革司法的“最初愿望”在其教育经历、自身性格，行政管理经验的影响下形成了，并且以那些鼓舞人心的成绩“依改革路径”〔24〕推动它。但是探索温厚和公正的司法耗时较长，司法改革的目标和内容在长达7年（1857—1864年）的准备期才成熟和定型。

1857年6月8日，在主管农民事务的秘密委员会成立后（1857年1月3日）不久，Д. Н. 布鲁多夫就加入其中，诉讼程序规章中的一个方案提交到他所领导的第二厅进行研讨，并提交了参政院审核。这时沙皇和“开明官僚”的注意力被吸引到了另外一个“重要的问题”——废除农奴制上。农奴制改革作为首要问题是十分明确的：首先必须使国民在人身和财产权方面平等，然后为保障这些权利建立制度。

第一个阶段，也是历时最长的，但在很多方面效果显著，这是司法改革的准备阶段——1857年11月15日到1861年10月19日，恰好与讨论和宣布农奴制改革的时间相重合。〔25〕参政院重复审议了第二厅的诉讼程序草案。这14条法律草案是“西欧施行的诉讼程序规则与俄国诉讼传统之间的妥协”。〔26〕С. И. 扎鲁特的意见在其中占据了很重要的位置，他是自由主义欧洲法学家的突出代表人物，同时还在筹备改革委员会工作。扎鲁特意识到不幸的根源在于权力的集中：“法院受理警察致害案件，权力就会发生混合，无休止的争论，耗费金钱和时间。”〔27〕筹备司法改革的文件让人们相信，布鲁多夫在工作中与扎鲁特关系紧密，他是一个对新事物领悟力非常强的人。这位具有有先见之明和经验的行政长官在筹备司法改革事务中表明自己是分权的拥护者，认可设立治安法院的必要性，同意废除等级法院、废除秘密办公模式，实行“口头辩护”和公开审判。与此同时，

〔23〕 ОБОЛЕНСКИЙ Д. А. Записки，С. 187.

〔24〕 ЗАХАРОВО Л. Г. АлександрII и отмена крепостного права，С. 691.

〔25〕 КОРОТКИХ М. Г. Самодержавие и судебная реформа в России；ОР РНБ，ф. 208（А. В. Головнин），ед. хр. 295，л. 1–17.

〔26〕 УОРТМАН Р. С. Властители и судии，С. 279.

〔27〕 Материалы по судебной реформе. Т. 9（1857–1859）. О Значении мирового судьи и словесного порядка гражданского судопроизводства，С. 29.

他还主张以"俄国方式选举"所有法官而非法国式的，主张法院组织参照东欧模式，这样划分司法与行政的原则会影响民事案件中的侦查、执行水平，但不能延伸到刑事案件，实质上"他只是将行政权视为国家安定的保证"。[28] 在这样的原则下可以改良民事诉讼程序，将侦查与诉讼分离，但是不能建立具有独立性的法院，这些都解答了亚历山大二世在继位之初宣布的任务宗旨。

随着倾向解放土地上的农民的势力的增强，以及土地改革基本原则（在地方经济事务上的一切阶层性和独立性）的确立，[29] 亚历山大二世开始通过法令改变司法改革的工作方向：继续制定新的诉讼法典，着手制定司法制度草案。随后他又补充道，在进行农奴制改革时，自由主义派需要在保障变革的拥护者之下方可取得胜利。

从 1858 年 10 月开始亚历山大二世就拒绝关于增强战地警力和"各地机关总督"[30] 的建议。在改革派的支持下，他决定不再依靠国家的惩罚力，转而依靠法院和法律。这就否认了为宣称的法治国家目标而广泛使用军方官员的警察国家模式。改革需要实行所宣称的新的社会生活原则——平等与公平。实质上，以上阐述了关于改变行政管理方式，以及广泛使用法治国家特有的法律调解器的问题。按照改革者的观点，旧司法对于新任务是不适宜的，《司法条例》筹备委员会成员 К. Г. 列宾斯基指出，"以前我们法院的声誉是如此不佳，在最大程度上保证整个国家安定的新型案件中寻求公平未必可以指望他们。"[31] 1859 年 10 月 21 日沙皇向布鲁多夫下达了制定《司法条例》的命令，包括需要增加"司法区的数量"（考虑到治安法院），并在构造司法外壳，即确定法院任务方面采用欧洲经验。[32]

在农奴制改革后决定性的一步就是朝着与过去脱离的方向迈进，新形势要求如此，农奴制改革所实施的具体任务也需要这些。治安调解人制度和司法行政机关与英国治安法院有许多共同之处，但这只是在进行农奴制

〔28〕 УОРТМАН Р. С. Властители и судии，С. 284.

〔29〕 Материалы по земскому общественному устройству. Т. 1–2. СПб. 1884–1885，С. 2.

〔30〕 МОРОЗОВА Е. Н. У истоков земской реформы. Саратов. 2000，С. 121–129.

〔31〕 ОР РНБ（К. Г. Репинский），ф. 637，д. 292，л. 9.

〔32〕 Судебные уставы с иsложением рассуждений，на коих они основаны. Учереждение судебных установлений Ч. 3，С. I—II.

改革期间建立，意欲代替独立的治安法官。社会潮流明显地有利于在司法改革领域进行决定性的变革。某些学者在 20 世纪初指出，“此后农奴主遭受到了损害，农奴制不复存在，他们也没有因此明显反对新的司法制度。但很快他们就反对了：从农奴制改革开始他们就感觉，国内所有方面都改变了，应该有人来修复这些关系。”〔33〕

布鲁多夫值得称赞的是，他意识到吸收法学家参与制定司法改革总体体系的必要性，这些法学家并不限于第二厅的人员，他们有别于与其他行政同僚，可以更好地解决筹备中所面临的问题。关于此他与国务委员 B. П. 布特科夫在 1864 年 10 月 19 日向沙皇提交了“预备会议”的会后报告。〔34〕 1864 年 10 月 23 日沙皇通过了他的建议。以布鲁多夫为领导的国家办公厅专门委员会得出了从《布鲁多夫草案》中获得一般原则的“非可能性”结论，至少在短时期内不能实现。亚历山大二世在“会议之后”与司法部长，以往的农奴主，以及司法改革的忠实的拥护者 П. П. 加加林接受了这个关于制定这些具有历史意义原则的决定，“这些明显的优点应认定为是当代欧洲国家的科学与经验。”〔35〕 被称为司法改革“元老”（А. М. 普拉夫斯金、Н. А. 布茨科夫斯基、Н. И. 斯托亚诺夫斯基、Д. П. 舒宾、С. И. 扎鲁特、П. Н. 达涅夫斯基、К. П. 波别多诺斯采夫、Д. А. 罗温斯基、А. П. 维林巴赫）的杰出的法学家进入了布特科夫委员会，致力于“改变俄国司法领域的基本状态”的工作。亚历山大二世在 1864 年 9 月 29 日也签署了这些文件，此后诺夫哥罗德还马上举行了千年俄国的庆祝活动。这些文件中的主要内容就是吸收西欧司法制度和诉讼程序原则，并形成总的体系。根据这些基本原则，布特科夫委员会加以扩充并制定了 1864 年 11 月 20 日由沙皇批准的《司法条例》（包括《审判机关章程》《刑事诉讼条例》《民事诉讼条例》《治安法官惩治条例》）。

（二）司法改革的成就

在《司法条例》公布之前，亚历山大二世在参政院命令中就曾宣布过

〔33〕 ТИТОВ А. А. Реформы Александра IIи их судьба. М. , 1910, С. 81.

〔34〕 Центральный исторический архив Москвы（ЦИАМ）, ф. 1650（А. Д. Ровинский）, оп. 1, д. 57. 1861, л. 8.

〔35〕 Журнал соединенных департаментов законов и гражданских дел о преобразовании судебной части в России（28апрель—30июня1862 г.）. СПб. , 1862, С. 10.

司法改革的目标：①建立“高效、公正、宽厚和平等”的法院；②“增强司法权力，赋予其必要的独立性”；③使民众信服并尊重法律，使法律成为一切活动和每个人的准则。随后还提到：“希望这个伟大事业取得成就，我们愉快地表达希望，我们的意向在忠君者的共同勤勉协助下一定会实现，无论是独立地在其工作范围内的个人，还是社会各阶层、各地区的社会组成人员，现在都按照我们的意志形成在新的原则中。”〔36〕

这个诏书与继位初期诏书的区别在于，它确立的法律秩序被宣告为独立司法的重要任务，“每个人”在自己的活动中都要遵守法律。诏书确切的指出，继位元年的经验、大学生风潮、1863—1864年的波兰人起义都在改革目标意识上烙上了自己的印迹。法院所表现出来的不是国家的公正性工具，而是日常法纪的工具。诏书和条例本身“声明”了法治国家的另一种解释，最高权力需要遵照此步入改革时代。“显然，国家权力在君主专制政体时代为公共福利和社会利益服务，但只是宗教或道德上的责任，最高权力的代表者认为这是自己面对上帝或良知的责任。对于权力之下与个人权利相符合的法律义务，权力代表者并不承认。”〔37〕《司法条例》宣称，沙皇要对国民承担自己的法律义务。他要承认民众在司法上的个人权利、在审判和法律上是平等的，并用司法手段保护他们不受行政专横的侵害。更多的，皇帝期望“独立的个体” 社会各阶层和各地区都积极参与到改革中来，在注重自己的民族特色的基础上实施改革。在对法治国家的新解释上，沙皇诏书和新的诉讼法典都使其民主化了，公民获得了“参政权、自由权和协政权”。〔38〕当然，这些权利是有限的，司法改革不能允许政治权利和其他“参与到权力中”，但这是潜在承认未来政治权利的决定性一步，不过“自由权和协政权”可以通过新法院来具体充分地保障。

法院具有对民众期望做出答复和评判的功能。对它提出的要求不仅是正义和宽厚，也在于高效和公正。所有司法体制的重要原则就是宣告司法权的独立性，而法院本身则成为了法治国家的工具。《司法条例》成功地将法律技术和社会视角结合起来，并在保留等级制度条件下符合人道主

---

〔36〕 ПСЗ-II，т. 39，отд. 2，No41473，С. 180.

〔37〕 ТАРАНОВСКИЙ В. Ф. Энциклопедия права. Берлин. 1929，с. 398. Цит по：МИРОНОВ Б. Н. Ук. соч.，С. 114.

〔38〕 МИРОНОВ Б. Н. Ук. соч.，С. 114.

义、平等、民主主义原则规定："通过民众调解实现对民众的审判。"[39]

按照司法改革前的目标，司法制度的重大改变包括诸多方面。首先，司法和行政相对分离，法院独立于行政机构；法官也开始独立，司法人员不受行政任免，法官必须是法律系毕业，由沙皇任命或由司法部长推荐，采取高薪制，终身任职制。其次，法院体系进行了改革，设三级法院，一级法院为巡回法院，处理民事和犯罪案件，小的案件由治安法官在地方法庭审判，减少了过去由于繁琐的法院体系造成案件推延的现象；二级法院是受审上诉法院，管辖几个区的法院，作出最后判决；参政院是终审法庭。再次，诉讼程序上的改革。在诉讼程序上实行了陪审员参加的公开诉讼，在引入了近代陪审制度的同时，这也是法院在俄国历史上第一次向公众开放。最后，确立了律师制度。律师在法庭上进行口头辩护，一定程度上限制了辩护状和其他书面证据的使用。辩护律师必须受过高等司法教育，并且是有五年实践经验的专职律师。其中治安法院和陪审制度是从英国借鉴而来的，从法国引入了司法行政分权原则、统一的上诉法院、以第二审级来限制上诉权、两次审问被告人、检察机关和律师在法庭辩论中的角色、"辩论的结论方式是以陪审团进行总结的途径完成"。[40]

1864 年司法改革将深思熟虑和相互协调的内容很好地融合到俄国法院和程序的独立体系中，这样的司法制度立即就具有了英美法和大陆法，主要是法国法上的地位。这些"最初因素"的不相容性依靠条例的内部统一被克服了——每个部分都要服务于改革目标并适应俄国的现实。司法变革不是渐进式地实施，而是"激进"的。[41] 在 19 世纪，很多欧洲国家都进行了司法改革，但在任何地方都没有表明与过去的体制完全脱离，因此并没有体现出重要的革命性和意义，但俄国的诉讼程序及其形式证据的复杂、等级体系脱离了过去，让位于独立的、口头的、辩论式的审判。这些西方法治的元素随着司法改革的推进自然而然地植入了俄国司法体制之中。

---

〔39〕 ФОЙНИЦКИЙ И. Я. Курс уголовного судопроизводства Т. 1. СПб. , 1884, С. 156.

〔40〕 КОВАЛЕВСКИЙ М. М. *Очерки по истории политических учереждений в России.* СПб. Б. 2007г. , С. 188-189.

〔41〕 Том же, С. 190.

三、西方法治在近代俄国的不能

司法改革中每个制度和程序在西方法律文明中都“太微小了”。在基本内容的讨论和《司法条例》制定过程中，其制度和程序的讨论都是在俄国自身条件下从它们效用的观点出发。[42] 它们或者条例其他规范的进步性要根据预计达到的审判质量来确定。《司法条例》的研究者们认为，有时放弃西方模式是对俄国司法体制有利的选择，改革者们允许错误和失误的出现，诸多表现也在很大程度上决定了通过司法改革引入西方法治在俄国最终会导致失败。

（一）司法民主在俄国的表现

改革最显著特色之一就是按最严格的要求并不符合时代精神，其民主化特征在许多方面就注定了改革会导致政权和社会层面保守分子的不快。

司法改革与土地改革一样，最初在 1861 年之前实行农奴制的省份推行，那里过去的农奴和领主都参与到改革中来了。在总体上，贵族在新设立的司法机构中占有优势地位，这也反映出俄国社会的等级结构，但是改革中最民主化的制度——陪审制——不能只依靠受教育人员而存在。根据不同的原因，他们对于刑事案件中的陪审显然是不能胜任的。有时被法学家称之为“街头审判”或群体审判的陪审制，1883 年时在首都以外的省和偏僻的省份已经超过一半是由农民组成（57.4%），[43] 他们每年参与审判超过 70%的刑事案件（1879—1883 年为 73.6%）。[44] 这些农民陪审员在履行自己职责时表现出比其他等级代表更强的责任心。

这个制度的民主性还在于，陪审法院允许审查判决就是驱使良知的内在信仰的表现，而不是依靠形式罪证。与希腊的陪审员审判（选举出的陪审员）相区别，俄国陪审员组成一个集体，有自己的任务（定罪问题），而与法国的差异——俄国陪审制没有推广到民事案件中，并且没有大的评委会。起源于英国而所有国家都采用的规则占据了优势：“任何被告人”

---

〔42〕 См.，например：ЦИАМ，ф. оп. 1，д. 60.

〔43〕 АФАНАСЬЕВ А. К. Присяжные заседатели в России. 1866 – 1885. Великие реформы вРоссии. 1856–1874. М.，1992. С. 192.

〔44〕 Итоги русской уголовной статистики за 20 лет（1871 – 1891）. СПб.，1899. С. 36.（Приложение к Журналу Министерства юстиции. 1899，№7）.

在面对陪审法院审判时都应该有辩护人。

对于陪审员的批评总是归结于公式化的指控，认为俄国农民专业性不强，缺乏关于法律和审判的任何认识，最终对罪犯宽容姑息。实际上，陪审员在他们的“判决”中对公正有自己独特的理解和认识，但是他们尊重法律。专业知识不强的农民和拥有财产资格的人，都会“严格地”审判与财产相关的盗窃案件，相反，在西方国家，“宽容体谅”对待罪犯在这些案件中被理解为是政治或宗教的言外之意。〔45〕

众所周知，朴实的民众在最初满心鼓舞、充满希望接受了司法改革。斯摩棱斯克省罗斯拉夫利市的警察证实，居民等待新司法的实行，不希望“按照旧方式进行审判”：“所有人都要求依法审判，甚至在一些非法行径和多半是无端兴讼的、无关紧要的纠纷中都要求法院予以查明。”〔46〕改革的许多内容都对不富有和文化水平不高的市民阶层给予特别的事先规定，这样就大大减小了案件集中在法院的可能性，尤其是轻微细小的案件。他们不限于任何形式以在审判中保障任何年龄、社会地位和文化水平的人的权益。例如，治安法官不仅在违法“事实无疑”时可以自己提起诉讼，还可在任何时间和任何地点受理个别人的控诉。控诉需要有简单的书面材料，但是在文化不发达的地区治安法官应当自己提出控告。〔47〕

陪审制的民主化成分，律师团体的社会特性，民事诉讼程序的免费性（到1877年），治安法官制度的选举性，为吸收“地方”居民参加诉讼活动，陪审员和治安法官的资格要“依赖”全国的土地条件——所有这一切创造了积极变革的景象，这些也都是司法改革的成果。

新法院的活动没有地方机关的参与是不可能进行的，这就是为什么在1864年11月20日的沙皇命令中特别提到的关于地方自治局的“协助”问题。地方自治局负责编写陪审员名单，到1872年他们开始实行每日补贴制度，向侦查员和检察长支付驿马和差旅费用，选举治安法官，并为这种制度的运行提供经费，在县内建造关押被捕者的居所，因为没有这些治安法

---

〔45〕 КОВАЛЕВСКИЙ М. М. Ук. соч.， С. 191.

〔46〕 Судебно-статистические сведения и соображения о введении в действие Судебных уставов 20 ноября 1864г. （Смоленская губерния）. СПб.， 1886. С. 2.

〔47〕 Устав уголовного судопроизводства：ПСЗ-II，т. 39，отд. 2，№41476，С. 42-46.

官就不能采用监禁这样的处罚方式。[48] 地方自治局第一次清楚地意识到为居民提供法律援助以及仁慈对待被监禁人的必要性。地方机关从自身角度出发，也获得作为民事主体——法人进行经济活动的有限的司法保障。

然而，具有西方法治意义的司法民主制度在 А. Ф. 科尼帮助 В. И. 查苏里奇脱罪一案后被打回了原形。

（二）专制君主政体的阻碍

在绝对君主政体下要全面地实施所宣称的目标并解决既定的任务，就会丧失自己的“改革潜力”，结果也是不可能实现的。一些有远见的自由主义官僚对此表现出了顾虑和不安，并提出理由和根据。[49] 各种阻碍在进步的改革形势中反映出来，这些与国家的总体发展情况以及不完善的法律体系相联系。

《司法条例》首先在国家立法中确立了司法权的地位，关于法院在国家控制体系中的新定位与皇帝的认识相符合。《审判机关章程》第 1 条就规定：“司法权属于治安法官，治安法官代表大会，州法院，审判院，参政院是最高上诉法院。”[50] 皇帝只保留了赦免权。亚历山大二世对此情况的理解是，司法权的提高就意味着君主成了最高法官。沙皇在公文中就提出了“现代文明国家的司法制度要完全与专制政体统治相结合。”[51] 农奴制改革，允许农民参与地方自治和司法，吸收农民进入“君主专制性质的公共仪式”就表现出了亚历山大二世要加强“君主与俄国民众的联系”的意愿，[52] 为此就要采用新的司法制度。法治国家应该保障绝对君主专制的合法性。积极参与改革的司法部大臣 Д. Н. 扎米亚特宁在 1867 年对治安法

---

〔48〕 Временные правила для подвергаемых аресту по приговорам судей. Сборник правительственных распоряжений по делам, до земских учереждений относящихся. Т. 1. СПб , 1868. С. 21-27.

〔49〕 “1864 年 11 月因新一轮的伟大改革而著称于世，它与解放农奴一并成为沙皇亚历山大二世永久的业绩丰碑。但遗憾的是，对于一切事务而言，突然从过去的旧秩序转向新秩序可能不会马上实现。这种转变提出了自身的任务类型，完成它需要多重考虑以及相当雄厚的财力。”（Воспоминания генерал-фельдмаршала графа Дмитрия Алексеевича Милютина 1863-1864гг. М. , 2003. С. 489-490.）

〔50〕 ПСЗ-II，т. 39，отд. 2，No41475，ст. 1.

〔51〕 ЗАХАРОВА Л. Г. Александр II. Россиский самодержецы，1801 - 1917гг. М. , 1994. С. 190.

〔52〕 УОРТМАН Р. С. Сценарии власти，т. 2，С. 31-32.

官代表大会的代表讲话时提到，“司法权是国家体制的坚实堡垒，应当确认对最高权力及其规定的司法和行政权的尊重，否则就不可能实现国家的富强。”〔53〕

同时，《审判机关章程》第1条反对关于君主权力的绝对性和宗教来源的现有法律。它将俄国纳入到这样一些国家序列中，即在这些国家中独立的司法权象征着分权原则的胜利，体现了共和政体和限权君主的本质属性。《司法条例》触及沙皇的特权和权力。与来自“专制权力”的法律一样，司法解释和法律习惯获得了法律渊源的意义。习惯（除了农民法庭）运用到民事诉讼中，而司法解释则在所有法院中都可以采用，因为并不是所有的关系都能用法律来调整。《司法条例》在法治国家的功能是需要解决“托辞现有法律不充分、不明确、不丰富或者相互矛盾而不能判决”的案件。〔54〕更多的是，在条例及其实施方式的讨论阶段改革派遇到了确定法律条文的难题，其基本表象就是来自最高权力的命令已经被认为是没有根据，合规的内容需要源自法律。讨论稿中涉及了法律创制的主体（君主或其他主体）和内容（对于所有人的强制法律规范，或者运行法律的细则和规程）。由于在俄国改革后省长、城市杜马和省地方自治会议都具有颁布合理命令的职权，所以“这些法律创制的主体”在一定程度上“限制了”君主的权力。

但在俄国高校中占统治地位的实证主义法学仍在继续论证沙皇权力的绝对性：“在立法和行政管理中，他同样是不受限制的，同样是完整的。”〔55〕实证主义法学的代表们对“自然法”学派持批判态度。孟德斯鸠及他的分权理论并不适合俄国的实证主义者，因为功能上的严格限制“不能排除权力的滥用”；贡斯当和黑格尔的观点则认为司法权和执行权“就是一种权力和另一种权力的分离”，这与《司法条例》是相矛盾的。〔56〕现代的学术著作指出，“在制定1864年改革草案的国家官员的法律意识中所

〔53〕 Сборник циркуляров и инструкций Министерства юритиции с 1 января 1865г. По 1 мая 1870 г. СПб.，1870. С. 24.

〔54〕 Устав уголовного судопроизводства：ПСЗ－II，т. 39，отд. 2，№41476，ст. 10；Устав гражданского судопроизводства：ПСЗ-II，т. 39，отд. 2，№41477，ст. 13.

〔55〕 КОРКУНОВ Н. М. Лекции по общей теории права. СПб. 2004（по изд 1914），С. 375.

〔56〕 Там же，С. 322-325.

具有的实证主义和相对主义特性较19世纪下半期纯理论法学要弱得多。"[57]"自然法"的形而上学的理论趋向于探索如何保障自由；俄国自由主义法学家的实证主义理论趋向论证法治国家，其中沙皇的活动要合乎新法律，并保留所有的完整权力。

（三）地方行政对司法的阻碍

地方行政机关不同于最高权力机关，它实际上是放弃了发布命令和作为司法权代表的权能，丧失了影响受理或者对法院判决的上诉的行政动力，其承担非重要的"辅助"任务，协助警察局，包括进行初步调查和完成司法机关委托的一部分事务。1876年之前，警察因没有执行法官命令会受到他的"警告"，而省长以私人身份出庭作证时的口供不具有证明力。[58]否则这些特别制度和程序的存在就不是法治国家，而是警察国家。就这样，独立法官一直存在到1880年第三厅的秘密监督机关出现，随后源自司法部的内务部警察司也出现了，省长出庭和检察长的控诉案件都被集中在这些部门。[59]

"法官"与行政机关之间的冲突直到1870年才全面凸显出来。这些反映出地方行政机关不愿意分权及"服从"司法权。虽然后来他们的强硬态度有所缓和，但所有警察都要积极与司法"官员"共事，[60]法院和行政机关的所有矛盾不可能彻底根除。

行政人员因职务犯罪所应承担的司法责任对地方政权而言是主要因素之一。按照К.П.波别多诺斯采夫的观点，俄国要应对相当复杂的秩序就需要像法国那样，公职人员受法院处置需要得到"自己上司的允许"。刑事统计学认为，这绝对不是使违法者免于司法逮捕。职务犯罪对于侦查而言就是自寻困难，他们通常会比其他类型的犯罪案件占据更多时间。但这里近一半案件（48.6%）都侦查的十分迅速 一两个月内；31.7%的案

[57] ТАРАНОВСКИ Т. Ук. соч.，С. 308.

[58] РГИА，ф. 1284，оп. 233，д. 4，л. 50-51.

[59] Государственный архив Российской Федерации（ГАРФ），ф. 109（III отделение），оп. 1. 1868，д. 236.

[60] 治安法院开始受理的案件数量，由于警察局和其他行政权参与，不断在增加。1872年它的数量占案件总量的31%，而1888年则增长为52.1%。（ГОРСКАЯ Н. И.，УВОРОВ И. А. Взаимодействие местной полиции и мирового суда во 2-й половиние XIXв.— Вестник Московского университета МВД России. 2005，№3，С. 149.）

件——2个月到6个月，19.7%的案件超过半年（超过一年的案件占所有刑事案件的比例仅为1%）。值得注意的是，“职务犯罪人员的上司”几乎总是赞同省长关于有罪怀疑的结论。这样，1874—1878年间的1000件职务犯罪中只有5件他提出反对意见，而在1884—1888年只有两件。[61]

更重要的是，在俄国法律中存在很多缺陷和漏洞，并会随着社会发展而逐渐放大。参政院撤诉上诉法院不得不为了在比较解释俄国法律的基础上作出合理的法律决议而完成艰巨的工作。法官通常在自己的司法活动中都会遵从参政院撤诉法院的决议。这些资料都是互相补充的，但整体上法律体系具有组成部分不一致性和矛盾性的缺陷。

四、1864年司法改革与俄国的法治现代化

近代俄国处于一个改革的阶段，是世界现代化进程中的重要组成部分。在西欧国家已经开始现代化进程的世界时间上，俄国的历史时间相对落后，这两种时间的对立性也是传统性与现代性，以及空间性对立的普遍性和特殊化表现。从近代俄国整个司法发展历史来看，其处于一个社会转型期，即从传统封建主义向近代资本主义的全面转变，而对西方的学习是其重要的途径，1864年司法改革使得俄国最大程度接近了法治现代化，然而它最终却在帝国时代遭遇了“不幸”。

（一）专制与法治现代化的冲突不可调和

在同时代西欧国家普遍开启司法现代化进程的背景下，相对落后的俄国所表现出来的是司法腐败、司法管理体制僵化、司法权威低下、司法体系凌乱等问题，在社会整体对司法体制诟病和无奈的情况下，主持1864年司法改革的亚历山大二世必须要面对。俄国法治现代化是随着司法改革的进程的推进不断形成的，然而在促进改革、变革司法制度的活动中，专制制度却像一个禁锢在法治现代化进程中的一个枷锁，使得两者产生了不可调和的冲突。

具体而言，1864年司法改革是在系统危机的压力下启动的，是统治者自上而下发动的，沙皇政权所代表的少数贵族、地主和资产阶级，并非社会底层民众的利益，在社会矛盾激化和社会动荡的情况进行的改革和制度

[61] Итоги русской уголовной статистики，С. 15，22.

建设实质上是为了巩固沙皇政权。同时，在官僚阶层中也对改革多有不同意见，甚至在改革派中也存在不同声音，这样在总体上就缺乏社会的广泛认同，因此1864年司法改革遭到了政府内部和社会层面很大程度的抵制，沙皇在司法改革中所解决的大部分是具体问题和制度更新，而忽略了从整体上看待改革所面临的窘境。

俄国在法治现代化进程中，1864年司法改革牵动着政治改革，但当改革进入了实施阶段时所迸发出来的力量已经远远超过沙皇所能掌控的范围时，专制制度与新制度之间的对抗自然出现，沙皇政府则开始破坏司法制度中不利于专制政权发展的部分，加强对司法的控制，行政权力继而渗透以不断挤压司法体制的独立空间。因此，当致力于维护专制权力的沙皇政府拒绝进行政治体制改革时，是将巩固专制地位放在第一位的，“国家一只手推进资产阶级关系，另一只手却企图抑制它”。[62] 在这样的思维模式中，司法改革是不可能深入下去的，法治现代化进程也必然受到阻碍。

1864年司法改革存在时代局限性，这也意味着近代俄国的司法并不能完成类似于西方资产阶级民主化的任务。应该说，1864年司法改革无法消解俄国司法传统中存在体制性的弊端，在实施改革过程中即使进行了制度更新，但最终也会因为无法调和不同利益群体的关系而很难取得突破性进展。

（二）警察国家是俄国法治现代化的瓶颈

从彼得一世时期建立的专门武装警察机构，一开始就是沙皇专制统治的工具，或者可以说在当时是推行改革的武力保障。到叶卡捷琳娜二世时期，更是由于惧怕下层民众的反对而建立更加细致化的警察管理体制，使得警察国家在俄国进一步的形成。值得一提的是在尼古拉一世时期的特务警察制度，它不仅完全贯彻的警察国家的理论，而且在实践中从多方面开始进行社会监控，形成了一个以警察管理为主要调控的社会管理模式。虽然在1864年司法改革之后，警察的权力开始在一定程度上受到限制，并且随着整个改革的方向，以及其他司法机关权力的增加，警察机关的势力有所下降，但是这并没维持多久，在此后的各种表现中都是重新回到了以往那种比较恐怖的状态。可以说，这种以警察来控制社会运行的模式并没有

---

〔62〕 柳植：《20世纪俄国历史曲折发展的启示》，载《俄罗斯研究》2001年第2期。

太大程度上的改观，甚至在司法改革措施被抵制时，警察国家的管理模式比以往更加明显。这种状态实质上一直持续到帝国后期，因为在大改革之后，俄国国家进行的一系列国家行为都需要有强力的保障，而警察机关正好可以完成这个使命。从总体上看，近代俄国的警察及其制度设计从本质意义上并不是为了以民主来限制强权，而是通过强权来实现所谓的民主。

从某种意义上，俄国在近代时期所采取的警察国家理论和实践在一定程度上保证了各时期改革的推行需要，为国家发展产生了积极意义。但另一个方面，这种模式并不能成为常态化的社会控制手段，因为随着俄国社会的发展、司法改革的推进、法律意识的提高，上层官僚与社会民众已经倾向于民主化模式，一味地通过强力来推动改革已经不合时宜了，但是近代俄国的司法制度都没有突破这个怪圈。其原因多种多样，但其中最重要的就是沙俄时期的君主专制制度及其所带来的一系列制度衍生物。

（三）法治现代化在俄国的扭曲

俄国法治现代化与司法改革息息相关，并是沙皇以及开明官僚的支持下推动进行的，从彼得一世开始就形成了“以皇室倡导改革的冲动惯性”。[63] 1864年司法改革在对旧制度弊端的否定前提下，进行了新司法的构建工作，不仅完善了法院体系，改革了诉讼审判制度，同时也将律师制度引入，形成了一整套的、具有西方法治意义上的司法模式。在形式表现上来看，俄国与西方国家的法治现代化具有某种相似性，但是从1864年司法改革及其后续过程中“不自觉地被传统的特殊性力量扭曲，走向后面”。[64]

在18—19世纪的历史语境中，法治现代化是由空间特征来界定的，其实就是西方化的一种表现。从彼得一世开始所进行的司法改革和司法制度的更新，大部分都是西方化的表现，但是其中也具有一定“叛逆性”，即俄国空前强化了沙皇专制主义制度，与当时西方资产阶级民主革命的政治变革潮流相逆。在俄国，以沙皇为首的国家是主动的，是改革和法治现代化的原动力，但它以专断、强制方法改造庞大的顽惰社会的努力却往往落

〔63〕 王云龙：《现代化的特殊性道路——沙皇俄国最后60年社会转型历程解析》，商务印书馆2004年版，第5页。

〔64〕 王云龙：《现代化的特殊性道路——沙皇俄国最后60年社会转型历程解析》，商务印书馆2004年版，第5页。

空，甚至产生意料之外的相反效果。1864 年司法改革所践行的法治是外源性的，强大的传统力量对这种转变造成了体制和文化等各层面的复合性阻挠，这也使得俄国法治现代化与传统产生了冲突使得其进程体现出了多样性的表现。

在 1864 年司法改革中所确立的司法制度不可否认的具有其时代价值，但同时也因种种体制性因素而无法完成预期的法治化目标。随着帝俄后期革命的爆发，俄国法治化的进程也彻底被阻断了，尤其是 1917 年十月革命之后，其原有的制度模式被苏维埃社会主义司法模式所取代，进入了另一种社会转型和制度发展轨迹。

结　语

沙皇亚历山大二世时期是俄国历史上一次重要的转折点，这个时期工业增长、经济发展，社会进步。亚历山大二世在这样的背景下进行了改革，百年农奴制度在这个时期终结，改革了相对落后的司法体制，教育制度逐渐完善，军事改革，形成了地方和城市自治制度。而 1864 年司法改革被誉为亚历山大二世大改革中最成功的改革，即“19 世纪 60 年代的改革时期，司法制度的改革是最具有现代意识和进步意义的。”〔65〕司法改革在俄国君主是“民族和全欧洲神话”的范畴内实现了，即亚历山大二世接受了欧洲传统，并为实现国家现代化采用了欧洲经验。〔66〕这些是俄国摆脱传统司法制度、学习西欧司法理论和实践的结果，“陈旧专断、久拖未决（在 1842 年法庭开审前，积压案件多达 300 多万）、腐败而又专制的司法体系被新的、主要建立在西方原则基础上的法律所取代。”〔67〕

但同时，俄国法律并没有完全依照 1864 年《司法条例》实行，这表明了带有西方法治元素的司法改革在专制政体面前的无力，尽管对《司法

〔65〕 于沛、戴桂菊、李锐：《斯拉夫文明》，福建教育出版社 2008 年版，第 177 页。

〔66〕 参见 УОРТМАН Р. С. Сценарии власти：Мифы и церемонии русской монархии. Т. 2. М. 2004г ；ЗАХАРОВА Л. Г. Крестьянская реформа 1861г. в исторической переспективие（к проблеме Россия и Запад—выбор пути развития）. ЕЕ ЖЕ. АлександрII и отмена крепостного права в России. М. 2011г . С. 602-622.

〔67〕［美］沃尔特·G. 莫斯：《俄国史》，张冰译，海南出版社 2008 年版，第 31 页。

条例》的所有批评都认为他们似乎是在俄国生活内容中的“异类”，并不符合政治制度等等，但是君主政体一直没有下决心对它们做出基本修正。1864 年改革所创立的司法制度一直运行到 1917 年革命前，但是他们并无法解决 20 世纪初的尖锐矛盾，因为仅出现了法治国家的条件，它的形成会使尖锐的社会问题复杂化，对时代的要求做出适宜反应并进行大规模的社会政治改革就是专制政体无能的体现。

实际上，建构一个法治国家是所有文明国家改革的目标，并且需要在有意识的基础上去完成，俄国沙皇亚历山大二世则始终都是在无意识的、冲动的“愿望”之下去建构法治国家的，而且当在其改革措施实施之后，他也已经筋疲力尽，“在他统治的末期，他成了一个悲剧性人物，受到绝大多数上层人士的批评和谴责。他以及俄国的悲剧在于他没有明确的思想，也缺乏高瞻远瞩的魄力，不知道该怎样把其基本保守的本能和 19 世纪下半叶现代化的要求协调起来。”〔68〕君主专制政体时代的局限性，以及沙皇本人的能力缺陷，决定了其最后不可能依靠司法改革去完成法治国家的任务，历史也对此作出了证明。

同样，在俄罗斯联邦时期，其又一次开始向西方靠拢，在社会转型背景下，西方法治也再一次成为其学习和借鉴的对象，但是拥有强烈东方专制主义色彩的俄罗斯依然无法如西方国家一样建构出一套欧式法治体系，但随着国家转型初期的努力，俄罗斯法治建设逐步向前推进，并形成了具有自身特色，即形式上属于西方式，同时保有东方社会传统的法治之路。客观的说，俄罗斯既有的法治理念和价值并没有脱离西方法治思想的精神内核，在转型初期就在追求西方法治理论与本土文化的融合，试图在不违反西方法治基本价值和精神的前提下实现与俄罗斯国情的完美结合，并且实现了以威权主义的政治治理模式为基础的全新的法治发展模式和路径。

法治作为西方文明的一部分，在某种意义上具有可推广性，但是“创造西方文明的，是具有一定性格的民族，这是他们独一无二的、不可重复的创造；其他民族创造的，则是符合他们的性格和他们存在的历史条件

〔68〕［美］沃尔特·G. 莫斯：《俄国史》，张冰译，海南出版社 2008 年版，第 24 页。

的、其他类型的文明。"[69] 因此，可以说虽然俄罗斯的法治进程不能脱离世界法治进程的主流，但确实也没有必要也不可能以西方法治为对照，因为在当下国家法治发展的实践中，任何一种文化都不能绝对成为他国成功复制的模板，对本国国情和特色法治建设的思考才是需要考虑的问题。

〔69〕［俄］亚历山大·季诺维也夫：《俄罗斯共产主义的悲剧》，侯艾君等译，新华出版社2004年版，第95页。

《安东尼努斯敕令》研究

杨馨莹*

引论

公民权是一种政治上享有特殊权利的法律地位，是罗马“人法”中的重要制度之一。对罗马而言，公民与城邦密切联系，罗马历史的发展伴随着罗马公民权的发展。罗马公民权不仅是个体享有权利的前提，也是罗马不断扩张的重要手段。

王政时期（753–510 B. C.）。公元前753年，罗马作为一个城市国家出现于人类历史舞台。〔1〕此时的罗马还是一个弱小的国家，强大的敌人围绕在其周围，为了生存，罗马不得不想尽一切办法增加人口以维持劳动力和军队。此时罗马对于授予公民权几乎没有什么限制，奴隶、敌人、逃亡者等等，来者不拒。

共和时期（510–27 B. C.）。这一时期罗马渐渐走向富强。对于内部而言，平民经过争取公民权的一系列斗争最终得到了充分的公民权，〔2〕此时平民与贵族融为一体，一起构成了罗马公民集体。〔3〕对外部而言，公民权被赋予越来越多的同盟者，甚至在共和末期，军事长官可以随意地发

* 中南财经政法大学民商法2014级本科生。

〔1〕江平、米健：《罗马法基础》（第3版），中国政法大学出版社2004年版，第7页。

〔2〕平民保民官、十二表法、李锡尼塞可斯图法案、波提利阿法、平民会议等。

〔3〕王振霞：《公民权的扩展及其罗马共和国的兴起》，曲阜师范大学2003年硕士学位论文。

放公民权以期更多的支持。[4]

帝国时期（27 B. C. –476 A. D. ）。此时公民权的授予相比较共和时期宽松了许多，虽然奥古斯都对于解放奴隶进行了限制，[5] 但出现了一种趋势，就是对非罗马公民发放罗马公民权成了常态。奥古斯都将罗马公民权授予行省居民中支持他的上层分子，克劳迪吸收高卢人进入元老院，维斯帕芗广泛吸收行省上层居民进入元老院，各个皇帝都广泛授予行省民罗马公民权。

但不管怎样，对公民权的授予在绝大多数情况下都是偶然、审慎的，直到《安东尼努斯敕令》才发生改变。敕令以后，罗马世界的所有自由人皆为罗马公民，至此，罗马公民与非罗马公民的界限不复存在。“我们都是罗马人”（Civis Romanus sumus）这样的身份同识是罗马帝国留给我们的值得探索的宝贵精神财产，学界对此也乐此不疲地展开探讨。

在吉森第 40 号文献（P. GISS. 40）出土前，史料对《安东尼努斯敕令》的记录十分简要。文献出土后，有关敕令的各种研究大量涌现。最丰富的莫过于对《安东尼努斯敕令》原始文本的还原。另外，原始文本的出现带来了史料上未曾记载的信息，这些由原始文本引申得出的线索引发了新的探讨。随着更多资料的出现，对敕令的研究无疑还有更多值得挖掘的地方。遗憾的是，国内对于《安东尼努斯敕令》的专题研究十分有限，对吉森第 40 号文献的关注度并不高，而关于敕令内容的研究甚至根本没有关于敕令颁布背景的部分，因此本文将试图结合文本和敕令颁布的背景进行研究。

一、《安东尼努斯敕令》颁布的背景及过程

国内外对《安东尼努斯敕令》少有结合敕令颁布背景的研究，但笔者认为，要深入分析敕令，必须结合敕令颁布时的背景。这一部分将讨论敕令颁布时的社会背景以及敕令的颁布过程。其中对社会背景的阐述根据与敕令的相关度和重要性，主要分为法律背景、经济环境和政治环境三个

---

〔4〕 王振霞：《公民权的扩展及其罗马共和国的兴起》，曲阜师范大学 2003 年硕士学位论文。

〔5〕 ［古罗马］苏维托尼乌斯：《罗马十二帝王传》，田丽娟、邹恺莉译，上海三联书店 2010 年版，第 71 页。

部分。

（一）法律背景：罗马人法制度中的公民权

在罗马法中，人格的产生或确认完全基于人的身份和地位。依据身份和地位的不同，罗马法中的人格包括三个方面：自由权（status libertatis）、公民权（status civitatis）和家父权（status familias）。完整的人格包括这三项内容，如果有一项或多项权利丧失或变更，即为“人格减等”（Capitis-deminutio）。身份和地位与人格息息相关：基于自由权，可以决定一个人是自由人还是奴隶；基于公民权，可以决定一个人是罗马公民还是非罗马公民；基于家父权，可以决定一个人是家父还是家子。

而在罗马社会，公民与非公民是阶层的主要区分。〔6〕罗马公民与非罗马公民间的区别在于有无罗马公民权。公民权，civitas，该术语一方面是指罗马公民的资格，另一方面是指罗马公民的共同体，即罗马国家的最初形态。

公民权的有无意味着罗马人和外邦人的区别，更重要的是，公民权是一种政治上享有特殊权利的法律地位，是罗马私法中“人格”的重要构成成分之一。非罗马公民按照特定的罗马市民法是不享有权利的，或者说不享有完整的权利。这种权利包括公权利和私权利两个部分。公权利意味着政治、司法上的权利，比如投票权、担任公职的权利、起诉应诉的权利等。私权利有比如财产权受保障、人身保护权、一定的免税权利（如公元前167年后很长一段时间罗马公民不必支付直接税）等〔7〕。这样的权利随着罗马的发展而具有不同内涵。相对的，不具有公民权的人则不会享受到这一特殊法律地位所带来的各种权利。

罗马公民（cives romani）即具有罗马公民权的人。罗马公民权可以因以下原因而取得：①因两名罗马公民之间的合法婚姻而导致的出生（至少在妊娠时此婚姻就已缔结）；②因一名男罗马公民与一名拥有通婚权的女异邦人之间的合法婚姻而导致的出生；③虽然出生于非合法婚姻，但母亲

〔6〕 此处用公民替代市民。在罗马时代存在的是“公民社会”，而不存在后世所说的“市民社会”，“市民”与现代所指的市民阶层事实上毫无关系。徐国栋教授也认为在罗马法时代，市民与公民并无具体区分。参见徐国栋：《论市民——兼论公民》，载《政治与法律》2002年第4期。

〔7〕 赵立行：《罗马到中世纪市民权的演变》，载《历史教学问题》2016年第1期。

在分娩时是罗马市民；④通过合法方式实行的解放奴隶；⑤公民权的赐予。[8]

而非罗马公民之中又存在着细分：一是拉丁人（latini）。指居住在罗马城以外的其他拉齐奥地区的居民，他们是罗马人的邻居和同盟者，地位介于罗马公民与异邦人之间，可以取得有限的权利能力。他们所特有的法律地位称为拉丁权。二是异邦人（perergini）。指不属于罗马市民的自由人。他们不享有罗马公民所特有的权利，但可以适用万民法。三是归降人（dediticii）。指因战败而自行投降的异国居民，属于异邦人。四是无城邦人。[9]

罗马公民与非罗马公民之间存在着转换的可能。罗马公民可因为最大人格减等和中人格减等而丧失公民权，而非罗马公民也可以通过法律、元老院决议或君主谕令，或通过服兵役，或通过财富[10]和劳动[11]获得罗马公民权，但无论如何，归降人无法获得罗马公民权（I. 1，26pr.）。

可以看出，根据公民权的有无和完整程度，在罗马社会存在着不同等级的身份，并且不同的身份之间存在着流动的渠道。

（二）经济环境：迅速衰退背景下的税收问题

在公元三世纪之前，还处在共和时期的罗马急速扩张，经济繁荣，贸易昌盛。但随着扩张的减缓甚至停滞，以及内战的频繁，通货膨胀的加剧，公元三世纪成了罗马十分动荡的一个时期。此时的帝国已逐渐陷入内忧外患的尴尬境地，经济环境也不断恶化。此部分将通过海上贸易量与货币的供给量分析卡拉卡拉时期的经济状况。

---

〔8〕 黄风编著：《罗马法词典》，法律出版社2001年版，第52页。

〔9〕 黄风编著：《罗马法词典》，法律出版社2001年版，第52页。

〔10〕 尼禄规定：如果某拉丁人拥有20万或20万以上赛斯特兹并且至少使用其财产的一半在罗马城中建造了一所房子，则取得罗马人的权利（I. 1，33pr.）。

〔11〕 图拉真规定：如果某个拉丁人在罗马城中经营了3年磨坊并且该磨坊每天至少磨100莫迪小麦，则取得罗马人的权利（I. 1，34pr.）。

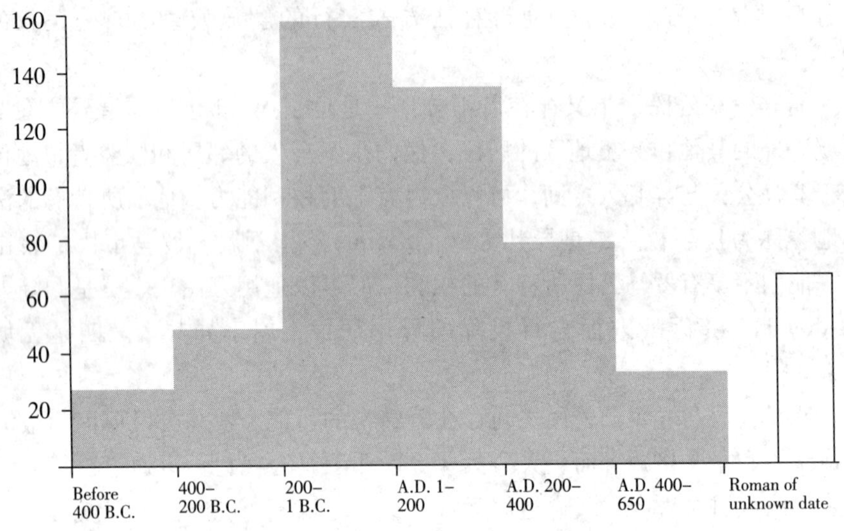

图1　地中海水域船难数量年份排列图

根据帕克教授的统计[12]，发生在意大利、法国和西班牙近海岸的545起船难按时间整理为图1。这里说明两个前提：前提一，在那段时期，海上贸易的繁荣程度与国家经济繁荣程度呈正相关[13]；前提二，贸易商船发生船难的数量多寡是反映海上贸易的繁荣与否的重要因素之一。从图1中可以看出，结合前提一，从公元前二世纪至公元二世纪，船难较以前发生得更为频繁，这意味着海上贸易的繁荣，这一现象与罗马那时的急速扩张相符。但到公元三世纪，船难数下跌严重，这侧面体现了海上贸易的颓势。根据前提二，罗马经济在公元前二世纪到公元二世纪十分繁荣，但在公元三世纪经济则十分不景气。这与学界的通说是相符的。

除了贸易繁荣度这一因素以外，还有一个很重要的因素可以帮助我们了解罗马当时的经济状况，那就是货币。

〔12〕 A. J. Parker, "Ancient Shipwrecks in the Mediterranean and the Roman Provinces", *British Archaeological Reports*, *Supplementary Series* (1980); cf. Progress in Underwater Technology, 1979.

〔13〕 考虑到当时的运输工具有限，海上贸易是罗马跨行省贸易的主要形式，跨行省贸易的繁荣会促进行省间的分工，提高生产力，同时也代表更高的经济发展水平。［英］亚当·斯密：《国富论》，唐日松等译，华夏出版社2012年版，第1~8页。

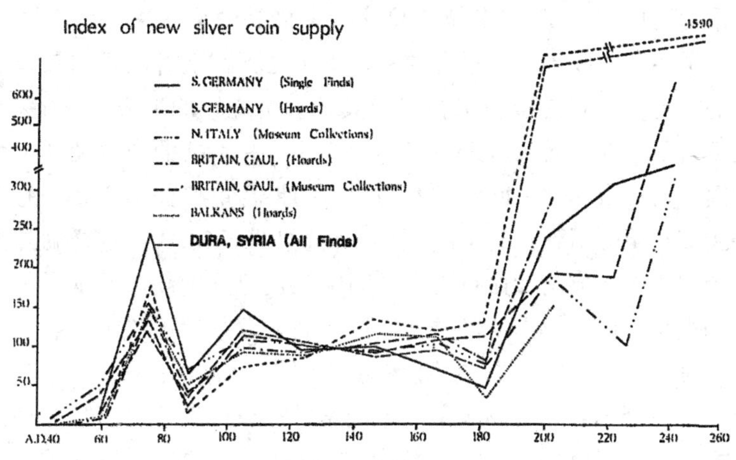

图 2　罗马帝国硬币供给波动图

图 2 是基于对罗马帝国五个地区发现的九万多枚银币的分析，[14] 这五个地区分别是德国南部，意大利北部，英国和高卢，巴尔干和叙利亚的驻军城镇。这五个地区是随机选择的，并且在这些地方有足够的数据。横坐标是时间，纵坐标是发现的银币数量。可以看出，这几个地区发现的银币数量大致相同，这表明在整个帝国范围内很可能已经存在了有效的银币分配机制。从图中可以发现，在维斯帕芗和提图斯时期（A. D. 69–81）和涅尔瓦和图拉真时期（A. D. 96–117），发现的银币数量呈上升趋势，而图密善时期（A. D. 81–96）却急剧下降。在公元二世纪，银币数量处于基本平稳的状态，但在康茂德统治时期（A. D. 180–192）五个地区的银币数量开始下跌，又在塞普蒂米乌斯·塞维鲁（A. D. 193–211）时期剧烈上升，此后就显出一片混乱的局面。从图中能够得出几点推论。

我们需要知道，几乎在发布敕令的同时，卡拉卡拉发行了一种名为“Antoninianus”的新硬币，它的价值换算可以得到这样的等式：一个安东尼努斯硬币 = 两个银币 = 八个铜币（1 antoninianus = 2 denaruis = 8 sesterces）。然而实际上安东尼努斯硬币的含银量只有普通银币的一半，它的价值

〔14〕 A. J. Parker, “Ancient Shipwrecks in the Mediterranean and the Roman Provinces”, *British Archaeological Reports*, *Supplementary Series* (1980); cf. Progress in Underwater Technology, 1979.

却是银币的两倍[15]。其实卡拉卡拉这一举措是中央解决经济问题的常用办法，为了在政府收入无法提高的前提下满足不断上升的支出需求，尤其是军队的开支（这正是卡拉卡拉以及其他皇帝烧钱的地方），国家不得不大量发行货币。在公元三世纪中叶，蛮族入侵和不断的内战消耗了罗马大量的钱财，为了应对这一问题，罗马硬币的银含量从公元 250 年的 40%左右下降到 270 年的不到 4%，相比公元一世纪的 97%，[16] 这样猛烈的举措无疑对帝国经济造成了致命打击。从图中三世纪开始硬币发现量的激增以及混乱的趋势可以看出，罗马试图通过不断的发行货币以弥补经济上的缺损。前期货币供应量的增加在某种程度上短期性刺激了商业和生产，但一开始物价并不会随着货币的大量出现而增加，长此以往，贸易必然陷入冰点[17]，慢慢地物价攀升。基于“劣币驱逐良币”这一十分基本的经济规律，人们囤积含银量高的良币而使用价值低的劣币，货币不断贬值，贬值速度之快远快于发行货币的速度。至此，通货膨胀就此产生了。甚至中央政府更多地以收取实物的方式收税，而不再收取货币了。[18]

综合前述分析我们可以得出，在这段时期，罗马的经济逐渐陷入混乱，严重的通货膨胀导致贸易冷却，经济秩序几乎分崩离析，当局采取自杀式的方式试图缓解经济的崩溃，但毫无疑问的，整个三世纪罗马的经济都在走向衰败。

或许正是因此，狄奥才认为：“这就是他（卡拉卡拉）为什么赋予罗马境内所有人以罗马公民权。名义上他是给予他们荣耀，但他的真正目的是提高税收，因为外国人不需要支付大部分税。”[19] 但谢温-怀特却认为在那时帝国的大部分财富已经集中在了卡拉卡拉手中，并不需要通过敕令

---

〔15〕 Mary T. Boatwright, Daniel J. Gargola, Richard J. A. Talbert, *The Romans: From Village to Empire: A History of Rome from Earliest Times to the End of the Western Empire*, New York: Oxford University Press, 2004, pp. 413-414.

〔16〕 Keith Hopkins, "Taxes and Trade in the Roman Empire (200 B. C. -A. D. 400)", *The Journal of Roman Studies*, 1980, p. 70, p. 123.

〔17〕 从船难图中可以看出贸易量的确下降了。

〔18〕 Keith Hopkins, "Taxes and Trade in the Roman Empire (200 B. C. -A. D. 400)", *The Journal of Roman Studies*, 1980, p. 70, p. 123.

〔19〕 Cassius Dio, *Roman History Vol. IX*, London: Harvard University Press, 1966, pp. 279-338.

提高税收[20]。因此在经济环境之下，我们有必要对罗马税制进行阐述，以回应狄奥曾经被广泛接受的观点。

相比其发达的私法，罗马甚至没有体系化的成文税法，可以说在税制方面几乎没有任何统一的标准，其税制十分混乱。

初期，罗马主要靠战争和征服获得的战利品和赔款作为收入，到后来才慢慢发展为征税[21]。而罗马征税可以说十分随意，如果国库充盈，税收政策就放宽，如果国库空缺，税收政策就缩紧，甚至随机征税、剥削民众。一般其设定税收目标是基于战争和国防的需要。

有学者认为，国家公共开支的收入有三种：其一，收入（vectigal），指所有种类的公共收入；其二，税（tributum），最早指战时对非战士市民征收的实物税，后来指称税；其三，公役（munus），包括人身公役、财产公役和混合公役。除此以外，罗马还将战争赔款、战利品和行省税等用来支付公共支出。罗马人的税可以分为直接税和间接税，直接税是指纳税人自己承担且不可转嫁他人的税，而间接税可以转嫁他人承担[22]。除了性质上的区别外，直接税与间接税的另一个差别在于纳税对象的不同。公元前171年后，罗马人几乎免除了直接税的负担，同时他们本身也不必支付行省居民所要支付的行省税，但在间接税上他们与非罗马公民一样都是纳税对象。

直接税包括：一是公元前357年设立的解放奴隶税（Vicesima Libertatis），对解放奴隶的行为征收相当于被解放奴隶市场价1/20的税，一般由主人支付，也可以由奴隶自费赎身；二是公元前6年的5%遗赠税，死者如果把遗产留给六等亲以外的亲属则征收此税，而行省居民的税率为10%；三是1/40的诉讼税（Quadragesima litium）；四是登基税或皇冠税（Aurum coronarium）；五是犹太税，针对部分罗马市民而非普遍征收，事实上这是一种人头税，将犹太人捐献给耶路撒冷大神殿的2德拉克马捐献给罗马的朱庇特神殿；六是献金（Aurum oblatitium），纳税人为元老，在

---

[20] 这一点存疑，因为很明显卡拉卡拉后续措施带有筹钱的目的，而在当时的环境下他确实很缺钱

[21] Ian Morris, Walter Scheidel, *The Dynamics of Ancient Empires: State Power from Assyria to Byzantium*, Oxford University Press, 2009, pp. 183-184.

[22] 徐国栋：《罗马人的税赋——从起源到戴克里先登基》，载《现代法学》2010年第5期。

皇帝登基5周年、10周年和庆祝胜利时向元老征收。

间接税包括：一是销售税，下分为拍卖税（Centesima rerum venalium）和销售奴隶税（Quinta Vicesima venelium Mancipiorum）；二是进出口税（Portotium），包括关税（Douane）、入市税（Octava）和通行税（Peages）；三是小便税（Vectigal Urinae）；四是娼妓税。

共和时期以后，人们有了两个市民身份的概念，一个是出生地（patria），一个是罗马国家（res publica），对这两个地方都有义务。因此，罗马城市和国家的财政从一开始混为一谈慢慢地分开，地方的财政有着相对的独立性，行省也是同理。行省税是一种由行省与中央分享的税，采什一税〔23〕，行省税的征收对象为行省居民。

据前文所述，对于间接税，罗马公民与非罗马公民间差别不大。但罗马公民不仅不必支付直接税，甚至连事实上占了罗马税收的很大一部分的行省税也不必支付。〔24〕如果同狄奥所说，卡拉卡拉是为了增加税收而普发公民权，那无疑这是个亏本买卖，因为这样一来他就彻底失去了行省税的收入和直接税的收入。而且若说将大部分人纳入罗马公民的范围是因为他们不必支付大部分税，但事实上除行省税外，在埃及一直存在遗赠税，甚至税率高于罗马公民所需支付的（10%和5%）。

为了获取钱财，皇帝更多的是采取临时或额外的增税、加征的方式。在当时，对民众而言最重的负担不是常规的赋税和公役，而是毫无来由、随性而定的捐税、劳役〔25〕。甚至对卡拉卡拉本人而言，他后续将遗产税和解放奴隶税的税率从5%提高到10%以弥补行省税的缺失。相比偶然性的遗产税和解放奴隶税，很明显行省税更加稳定和可靠。因此狄奥的评述无疑被推翻了。

---

〔23〕执政官Capitolinus提议制定的《关于1/20的解放奴隶税的曼流斯法》（Lex Manlia de vicesima manumissionum）规定了解放奴隶税，奥古斯都的《关于1/20的遗产税的优流斯法》（Lex Iulia de vicesima hereditatum）规定了遗产税。见徐国栋：《罗马人的税赋——从起源到戴克里先登基》，载《现代法学》2010年第5期。

〔24〕行省税以土地税和人头税为主，它们占帝国总收入的90%以上。A. H. M. Jones, *The Roman Economy: Studies in Ancient Economic and Administrative History*, Oxford University Press, 1974, p. 83

〔25〕［美］M. 罗斯托夫采夫：《罗马帝国社会经济史（下）》，商务印书馆1985年版，第578~582页。

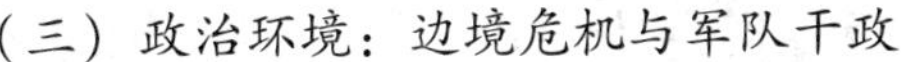
（三）政治环境：边境危机与军队干政

卡拉卡拉时期，罗马世界的三世纪危机已经奏响了前奏，外部征战不断。罗马帝国疆域辽阔，在拥有巨大版图的同时，如何守护漫长的边境线却是困扰罗马的一个严重的问题。在边界区域生活的人们就是一个巨大的混合体：罗马军人，罗马公民，当地民族和蛮族人。[26] 不同的信仰、习俗和利益追求导致了边疆持久的不安宁。三世纪以前，优秀的罗马军队和边境防御体系保护着罗马的边界线。但三世纪时，军队的实力大大减弱，甚至已经疲于应对强大的敌人。卡拉卡拉从军团兵中抽调年轻的士兵构成机动兵团，跟随战线进行战争，而剩下的则驻守边疆营地。图拉真和马可奥勒利乌斯曾经对机动兵团的做法是临时抽调派遣精锐士兵，并在任务结束后回归原属军团，但卡拉卡拉的做法是抽调年轻的士兵构成机动军团，并且抽调后不再回归原部队，而是自行构成了不同于其他军团的新军团，作为一个独立的军团而存在。这样的做法正面看的确可以帮助前线战争，但负面看，驻守边疆的士兵平均年龄提高，防守能力大大下降。也正是因此，驻守军的高龄化成了蛮族的突破口，蛮族得以趁此机会不断地骚扰帝国边线。

另一方面，帝国内部的政权也延续了前人的不稳定状态。从马克奥勒留时期（A. D. 121-180）开始，罗马隐隐显出颓势，昔日的繁荣和平与稳步扩张具成往事，他的任务主要是平定内部的骚乱并恢复边境的稳定。其后的康茂德（A. D. 180-192）并没有继承他父亲的贤能，治国不当，使国家士气低迷，在他统治期间罗马帝国停止了扩张。在他被刺杀身亡后，国家陷入了长久的内战。到卡拉卡拉上位，帝国内政治局面一直不稳定，在这样的背景下他残暴的举措和渴望独裁的意图无疑使卡拉卡拉陷入更加艰难的境地，无数人对他的位置虎视眈眈。对国家而言，对百姓而言，对卡拉卡拉而言，都是不容乐观的局面。是以，卡拉卡拉不仅要获得军队的支持（这也是三世纪几乎所有皇帝所做的[27]），他还要平息民众的不满和质

---

〔26〕 Lawrence Okamura, "Frontiers of the Roman Empire", *Journal of World History*, 2001.

〔27〕 罗马军队特别是禁卫军在罗马历史上作恶多端，禁卫军的历史差不多是一部杀君弑主、祸患帝国的历史。军队干政严重到皇帝不得不寻求军队的支持，并且要给予军队金钱和赏赐，否则可能就殒命于禁卫军之手。张晓校：《罗马军队与帝位擅递——奥古斯都到君士坦丁》，东北师范大学2002年博士学位论文，第266页。

疑。他承诺军队大量的钱财，并且他们会是卡拉卡拉的恩人，同时他还要稳定局势，维护自己的地位。

风雨飘摇之下，权力重心转移的后果之一是军队干政和变质。帝国前期，罗马皇帝的权力有限，被元老院和地方自治机构所分割，此时的帝国权力分布保持着微妙的平衡。但随着帝位的更迭，元老院的地位却逐渐的受到威胁，直至走向衰弱。随着皇帝权力的扩大，元老院的衰落已成定局，皇帝谕令数量增多，而元老院决议却逐渐减少，到后期元老院已经名存实亡。在卡拉卡拉时期，皇帝与元老院的关系已经极度恶化，与此同时，军队力量粉墨登场。

武装力量促使皇帝上位已经不是什么少见的事情了，在卡拉卡拉以前就已经存在，只是在他在位期间，在塞维鲁王朝统治期间，军队的力量达到了顶峰。奥古斯都会发现如果没有对大部分军队的掌控他将很难建立自己的政权；如果没有军队的支持维斯帕芗很可能无法成为皇帝；塞维鲁甚至将军队作为他政治力量中的中流砥柱〔28〕。卡拉卡拉寻求军队的支持无论是在当时的背景下还是在众多皇帝中，都是自然而然的。更何况他一直谨遵他父亲的教诲关心士兵，亲军、恶元老院也是他所广为人知的特点。从历史中我们可以看到，卡拉卡拉在执政期间一直在南征北战，蛮族不断骚扰帝国的边疆，他需要一支强大的军队和他一起征战。为此他的确需要大量的钱财养兵以及源源不断地扩充兵源〔29〕，他把军人的待遇增加了五成〔30〕。但与不断提高的军人待遇相反的是，军队的忠诚度越来越低，曾经保家卫国、开疆扩土的骁勇善战的军人开始逐渐参与进政治权力的斗争，甚至处于权力的中心。自塞维鲁王朝以来，为了奉迎军队，皇帝甚至容许“士兵都戴上金戒指以满足他们的虚荣心，让他们带着家属安闲地住在军营中，尽可能让他们过着安逸的生活”。〔31〕公元一至二世纪的黄金时

---

〔28〕 Pat. Southern, *The Roman Empire from Severus to Constantine*, New York: Routledge, 2001, p. 51.

〔29〕 有人认为《安东尼努斯敕令》的目的在于增加兵源，参见朱庭光主编：《外国历史大事集（古代部分第1分册）》，重庆出版社1986年版，第564页。

〔30〕 R. Alston, “Roman Military Pay from Caesar to Diocletian”, *The Journal of Roman Studies*, 1994, p. 84, p. 114.

〔31〕［英］爱德华·吉本：《罗马帝国衰亡史》（上册），黄宜思、黄雨石译，商务印书馆1997年版，第104页。

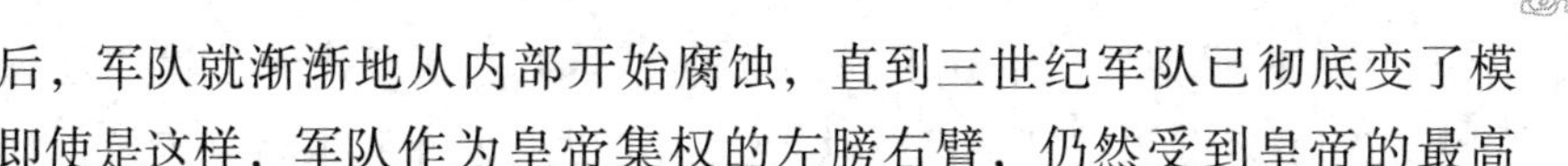

期过后，军队就渐渐地从内部开始腐蚀，直到三世纪军队已彻底变了模样。即使是这样，军队作为皇帝集权的左膀右臂，仍然受到皇帝的最高重视。

我们知道，这段时期战争频繁，卡拉卡拉本人也是常常在前线统率战斗，但军队的本质已经渐渐改变了，这一点可以从军队组成的演进窥见一二。公元前八世纪中叶，罗马军队由各个部族中征集的一部分人组成，具有氏族特色。到了公元前六世纪，随着奴隶制的出现，曾经的氏族军队由共和国统一军团取代。自由民在非征战时期从事农活，在战争时期则担任士兵出战，军队的军官则是由奴隶主贵族担当，奴隶无权服兵役。这种公民兵役制在第二次布匿战争起到了很大的作用。公元前216年罗马军队在坎尼被汉尼拔击溃，兵力损失惨重，但随着适龄青壮年的参军，及时弥补了兵力的空缺，汉尼拔无法一举攻下罗马。随着战斗的持续，汉尼拔越战越弱，最终罗马军队击溃迦太基军。这场战争中两方军队的组成的区别对于战争的结果有着很大的影响。首先，罗马军队由公民组成，他们不仅骁勇善战，而且充满着爱国热情和艰苦奋斗的决心，与之相反，迦太基的军队主要靠雇佣兵，他们缺少凝聚力，在持久的战争中逃匿和投降的比例很大。可以说这一时期的罗马公民军队是罗马扩张的有力保障，也是为他国所忌惮的对象。公元前107年，马略进行了军事改革，将原本的公民兵役制改为了职业兵制，服役的军人通过领取军饷获得报酬，而选择不服役的公民则无须当兵。这样一来，军人专职进行军事训练，军队的战斗力更高，有利于罗马进行更多的扩张和征战，但问题在于，在此时的职业兵制下，罗马军队的性质渐渐发生了改变，军人不再是以前为国征战的热血男儿，而仅仅是职业的一种，他们效忠的不是罗马，而是他们的长官。

（四）敕令的颁布

卡拉卡拉与其弟盖塔为共治皇帝，但他于公元211年末至212年初之间的某一天杀害了盖塔，并宣称出于自我防卫。在此之后他对盖塔施加了“除名毁忆”之刑。我们知道的是，盖塔并非一穷二白的平民，他是卡拉卡拉的弟弟，他同样是塞维鲁之子，他与卡拉卡拉是共治皇帝。盖塔的死亡远非卡拉卡拉可以轻易地一笔带过。以盖塔的出身，他的支持者并不比卡拉卡拉少。从卡拉卡拉后续迫害盖塔的支持者来看，这一群人数量数以千计[32]，并且他们对卡拉卡拉的威胁并不小，从卡拉卡拉迫切地想要抹除盖塔的痕迹并清洗其亲信可以看出。在谋杀事件发生后，卡拉卡拉冲到军队指挥官的帐中，声称自己在盖塔的阴谋下九死一生，并出于自卫杀死了盖塔，但军队指挥官并没有立即无条件相信他，因为兄弟俩明里暗里的互相谋害层出不穷，并且他们也不会忘记自己宣誓效忠的对象是卡拉卡拉与盖塔，并非卡拉卡拉一人[33]。想要保住性命和皇位，卡拉卡拉必须度过此次危机。因为一旦他杀害盖塔的行为没有得到合理的解释，或，换种说法，他的所谓的解释没有被采信，后果很可能就是盖塔支持者推翻他的政权。

对卡拉卡拉而言，当时他所面临的问题主要有三：一是内部政权的不稳定性。这一点一方面来自于民众，另一方面来自元老院和军队。杀害盖塔后，如果他没有办法给自己的行为找出合理的解释，他的皇位就失去了正当性，因为他与盖塔是共治皇帝，二者间无论谁死，活下来的一方无疑是最大的受益者，再大的权力也难敌悠悠众口。其次军队和元老院并非是站在他那一边的，盖塔分割了卡拉卡拉在政治上有话语权的人的资源，如果他没有实力获得军队和元老院的支持，他的下场恐怕不会比盖塔好多少。更何况他的性格为他树敌甚多。狄奥在《罗马史》中对卡拉卡拉的评价是："他试图弑父，谋害亲兄，敌视元老院，讨好军队，阴险狡诈又残暴贪婪，是亚历山大大帝的疯狂崇拜者"[34]。还有的记载认为，卡拉卡拉生性残暴，是个暴脾气，他的言行、穿着就像一个地地道道的军人，他的肖像总是有着令人害怕的目光和紧皱的眉头[35]。这样的评价侧面体现了其想要维持政权稳定难度之大。二是帝国边疆的非和平状况。卡拉卡拉独裁之时，大多数时候都在边疆进行战争。三世纪危机的序幕已经缓缓展开，除了内部的混乱，卡拉卡拉还要应付外族对边疆的持续骚扰。作为一个亲军的皇帝，在军事上他必须有所作为以获得军队的支持。三是帝国经济出

---

〔32〕 Adrian Goldsworthy, *How Rome Fell: Death of a Superpower*, New Haven: Yale University Press, 2009, pp. 70-71.

〔33〕 Pat Southern, *The Roman Empire from Severus to Constantine*, New York: Routledge, 2001, pp. 51-55.

〔34〕 Cassius Dio, *Roman History Vol IX*, London: Harvard University Press, 1955, pp. 279-338.

〔35〕 William E. Dunstan, *Ancient Rome*, Rowman & Littlefield Publishers, 2011, p. 405.

现衰败的前兆。由于征战已经不能给罗马带来金钱和荣耀，相反是无底洞般的军需开支，罗马经济失去了一大支柱。而且经济环境不景气，民众怨声载道，帝国活力不再。

在种种因素之下，卡拉卡拉于公元212年颁布了《安东尼努斯敕令》。该敕令除了是皇帝的政治举措，同样也是历史的齿轮之一，是在特定的时代背景下的顺势之举。它不仅仅是卡拉卡拉个人的产物，也是时代的产物。自此，罗马世界的所有自由人被赋予罗马公民权。卡拉卡拉想必是试图通过此敕令做出改变，敕令本身也确实对罗马帝国产生了巨大的影响。但一直以来人们对其看法不一，这也是本文试图去探讨的。

二、敕令的文本还原及分析

（一）吉森第40号纸莎草文献

蒙森说："在罗马学的研究上，19世纪是碑铭学的世纪，20世纪是纸莎草学的世纪……"〔36〕吉森第40号纸莎草文献（P. GISS. 40）对《安东尼努斯敕令》的研究意义重大。

吉森第40号纸莎草文献（P. GISS. 40）出土于埃及，现藏于德国上黑森州吉森大学古代史图书馆，上面记载了卡拉卡拉皇帝在公元212年至215年的三项谕令〔37〕。在文献出土以前，学者对于《安东尼努斯敕令》的了解局限于古人的转述或评论。最权威的表述之一是法学家乌尔比安的记载（D. 1. 5. 17）："根据安东尼努斯皇帝的敕令，居住在罗马世界的所有人都被赋予罗马公民权。"〔38〕问题在于，仅凭这样的记载，人们无法确定敕

---

〔36〕 Peter van Minnen, "The Century of Papyrology (1892-1992)".

〔37〕 英文翻译有：John Garrett Winter, *Life and Letters in the Papyri: the Jerome Lectures*, Michigan: University of Michigan, 1933, S. 21 (Kol. II, 16-29); Allan Chester Johnson, *An Economic Survey of Ancient Rome Roman Egypt: Roman Egypt to the Reign of Diocletian*, Baltimore: Johns Hopkins Press (London: Milford), 1936, S. 255, Nr. 151 (Kol. II 16-29), S. 717, Nr. 445 (Kol. I); Allan Chester Johnson, Paul Robinson Coleman-Norton, Frank Card Bourne, *Ancient Roman Statutes: A Translation with Introduction, Commentary, Glossary, and Index*, Classical world 55 (7): 220; Naphtali Lewis, *Life in Egypt under Roman Rule*, Oxford University Press, 1983: S. 202 (Kol. II); 法语翻译有：Gaudemet, *Le droit privé romain*, 1974, Nr. 49 (Col. I); Burnet, *L'égypte ancienne*, 2003, Nr. 11 (Auszüge), Mélèze Modrzejewski, *Le droit grec après Alexandre*, 2012, Nr. 58 (Kol. I) Rome Et Le Monde Provincial (2012), Nr. 277 (Kol. I).

〔38〕 D指《学说汇纂》，参见《学说汇纂》，罗智敏译，中国政法大学出版社2008年版。

令的颁布者。并且对于敕令本身的内容，我们也知之甚少。

相关研究提供了吉森第40号纸莎草文献出土后，一方面，根据文献第一行，我们明确了《安东尼努斯敕令》是公元三世纪的产物，由塞维鲁之子马尔库斯·奥列里乌斯·塞维鲁·安东尼努斯·奥古斯都皇帝颁布。另一方面，P. GISS. 40记载的原始文本对敕令史料的简要记录没有涉及的新的线索，为研究提供了新的思路和证据。众多学者有条件基于纸莎草文献对文本进行还原并对敕令进行更深入的研究，从其出土后对《安东尼努斯敕令》的研究的突然性增长可以见得。

（二）《安东尼努斯敕令》各还原版本的对比及主要争议

P. GISS. 40出土后，众多学者对其进行了还原，如德国的梅耶[39]、法国的吉拉德[40]、美国的雅培和约翰逊[41]、意大利的卡波其[42]、德国的舜鲍尔[43]、德国的施特鲁克斯[44]、美国的奥利弗[45]，以及前述的美国的希尔海姆和威廉姆。最初由梅耶教授于1920年主持整理出版，随后希尔海姆（1941）等学者纷纷提出了自己的还原版本[46]。在多个还原版本中，梅耶教授的研究举足轻重，后续的研究都是在其研究的基础上不断完善的。从纸莎草文献本身看，就敕令有关的部分，前12行略有缺损，13~16行缺损绝大部分，因此大部分还原都处在12~13行的长度。而希尔海姆不仅是综合了前人各版本的集大成者，并且对于大多数学者没有涉及的第13~16行也结合该敕令以后的文本进行了尝试，具有较高的可信度。因此

---

〔39〕 Paul M. Meyer, *Juristische Papyri: Erklärung von Urkunden zur Einführung in die Juristische Papyruskunde*, Berlin: Weidmannsche Buchhandlung, 1920.

〔40〕 P. F. Girard, *Textes du droit romain*, Paris (6) 1936, S. 203ff.

〔41〕 F. F. Abbott, A. C. Johnson, *Municipal administration in the Roman Empire*, Princeton 1926, Nr. 192. 193.

〔42〕 V. Capocci, *La "Constitutio Antoniniana"*, Rom, 1925.

〔43〕 E. Schönbauer, ZSS 51 (1931), pp. 277-335.

〔44〕 J. Stroux, Philologus 88 (1933), 272-295.

〔45〕 J. H. Oliver, Greek Constitutions of Early Roman Emperors from Inscriptions and Papyri, Philadelphia, 1989, pp. 496-510.

〔46〕 Paul M. Meyer, *Juristische Papyri*: *Erklärung von Urkunden zur Einführung in die Juristische Papyruskunde*. Berlin: Weidmannsche Buchhandlung, 1920; F. M. Heichelheim, "*The Text of the 'Constitutio Antoniniana' and the Three Other Decrees of the Emperor Caracalla Contained in Papyrus Gissensis* 40", *The Journal of Egyptian Archarology* 26, 1941, pp. 10-22; Adolf Wilhelm, "Die Constitutio Antoniniana", *American Journal of Archaeology* 38 (1), 1934, pp. 178-181.

本文主要基于希尔海姆的版本对敕令的还原进行讨论。但由于敕令本身即是从拉丁文本翻译过来的希腊文本，即便是官方的翻译也难免会有疏漏和惯用语气的改变，因此所有的还原都只能尽量向原文靠拢，而绝对无法达到完美。

希尔海姆版本[47]：

[Αὐτοκράτωρ Καῖσαρ Μά]ρκος Αὐρήλι[ος Σεουῆρος] Ἀντωνῖνος Σ[εβαστ ό]ς λέγει·

马尔库斯·奥列里乌斯·［塞维鲁］·安东尼努斯奥·古斯都［皇帝］敕令

[Πάντω εἰς τὸ θεῖον χρ]η μᾶλλον αν[αφέρειν καὶ τὰ]ς αἰτίας καὶ το[ὺς] λ[ογι]σμοὺ[ς]

我们把万物的原因［归结于神］

[δικαίως δ' ἀν κἀγὼ τοῖς θ]εοῖς τ[οῖ]ς ἀθ[αν]άτοις εὐχαριστήσαιμι□ὅτι τ ῆ[ς] τοιαύτη[ς]

［我也必须感谢］不朽的众神 因为他们保护我的［安全］

[ἐπιβολῆς γενομένης σῶο]ν ἐμὲ συ[νετ]ήρησαν. Τοιγ[α]ροῦν νομίζω [ο]ὕ τω με-

[47] 译文：'Edict of the [Emperor Caesar] Marcus Aurelius [Severus] Antoninus Augustus. [It is everywhere] necessary to attribute the main causes and reasons of events [to the divinity. I too myself have to be justly] grateful to the immortal gods, because they [safely] protected me, after such an [assault, as that of Geta, was attempted]. I believe, therefore, in the following manner to be able, magnificently and marvellously to do something equal to their greatness, if I lead, [as Romans, as many myriads] as happen to be my subjects to the [temples] of the gods. I grant, therefore, to all [free persons throughout the Roman] world the citizenship of the Romans, [no other legal status remaining] except that of the dediticians; for it seems fair, [that the masses not only] should bear all the burdens, but participate in the victory as well. [This my own] edict is to reveal the majesty of the Roman people. [For this majesty happens] to be superior to that of the other [nations], the [honour] in which [the Romans have excelled from the beginning], after no inhabitant of any country [in the world has been left without citizenship and] honour. [Referring to the] taxes [which exist at present, all are to pay what has been] imposed [on Romans, from the beginning of the 21st (?) year, as it is law according to the edicts and letters, issued by us and our ancestors. Displayed publicly....].

在那样的［危险］之下　因此我相信

[γαλομερῶς καὶ θεοπρεπ]ῶ̣ς δύ[να]σθαι τ̣ῇ μεγα̣λει[ό̣]τητι αὐτῶν τὸ ἱκ.
αγὸν ποι-

为了展现神的伟大 我将这么做

[εῖν，εἶ τοσάκις μνρίσυς ὁσ]άκις ἐὰν ὑ[π]ε̣ισέλθ[ωσ]ι̣ν εἰς τοὺς ἐμ̣οὺς ἀ
ν[θρ]ώπους

就像神［引导其信徒］那样 我将领导罗马人民

[ὡς Ῥωμαίους εἶς τὰ ἱερὰ τῶ]ν̣ θεῶν συνε̣ι[σ]ενέγ[κοι]μι. Δίδωμι τοῖ[ν]υν
ἀπα-

我宣布 我将赋予罗马公民权

[σι τοῖς κατὰ τὴν Ῥωμαΐκ]ὴν οἰκουμένη̣ν π[ολειτ]είαν Ῥωμα̣ίων，[μ]έ.
νοντος

给［罗马世界所有的自由人］

[δὲ ξένου οὐδενὸς τῶν] ταγμ άτω̣ν，χωρ[ὶ̣ς] τῶν [δε/ἀδ/εἰ]δ̣ειτ̣ικίων. ὀ[φ]ε.
ίλει γὰρ τὸ

除了德狄提克外［不存在其他的法律地位］

[πλῆθος οὐ μόνον τἆλλα συνυπ]ο̣μένειν πάν̣τα α̣[λλ]α ἤδη κ[α]ὶ τῇ νίκῃ
ἐνπεριει-

因为这样更公平 人民将承担义务 同时也可以享受胜利

[λῆφσθαι. Τοὺτο δὲ τό ἐμαυτοῦ διάτ]α̣γμ̣α ἐ̣[ξαπ]λώσει [τὴν] μεγαλειότ
ητα [το]ῦ Ῥωμα[ί-]

［我的］敕令将展现罗马人民的伟大

[ων δήμου. Συμβαίνει γὰρ τὴν αὐτὴ]ν̣ περὶ τοὺς [ἄλλο]υς，γεγεν̣ῆ̣σθαι ἧ
περ δ[ι]α̣-]

这样的［荣耀］远胜［他国］

[πρέπουσιν ἀνέκαθεν Ῥωμαῖοι τιμῇ κα] ταλειφ[θέντων μηδὲν] ω̣ν τῶ[ν
ἑ]κάστης]

只有［罗马自始优越如此］自此所有人［都享有了公民权］

[χώρας ἐν οἰκουμένῃ ἀπολειτεύτων ἢ ἀτιμ]ή τω[ν.Ἀπὸ δὲ τῶν] π[ρ]οσ
[όδων τῶν νῦν]

[至于税收　所有人都应该支付]

[ὑπαρχουσῶν συντελούντων ἅπερ ἐκελεύσ]θη [παρὰ 'Ρωμαίων ἀπὸ τοῦ κα(?) ἔτους]

[自公元 21？年就对罗马人施加的税收]

[ὣς δίκαιον ἐκ τῶν διαταγμάτων καὶ ἐπιστ]ọλῷ[νᾶ ἐξεόθη ὑφ' ἡμῶν τε]

[像我们的祖先所规制的那样公开发布……]

第 1 行是最无争议的一行，也正是此行揭示了该纸莎草文献的内容，即安东尼努斯［Marcus Aurelius Severus Antoninus Augustus，别名卡拉卡拉（Caracalla）］颁布的法令。

第 2 行至第 7 行中主要表述安东尼努斯对神的感激以及神对他的庇佑，θεοῖς意为神（gods）。行文符合当时的意识和理念，因为罗马人对神的旨意是虔诚而恭敬的，在敕令中表达对神的感激和敬仰十分常见也十分合理，就像中国帝王都会强调自己“天子”的身份以及神对其的庇佑，以此稳固自己的政权。而对卡拉卡拉而言，他同样急需这一点。在当时内忧外患的背景下，作为一个并不是很得民心的皇帝，加上盖塔之死，他的政权其实并不稳定，所以他借着所谓“神的庇佑”将自己与民众的信仰绑在一起，“洗白”他不光彩的过去。对于第 3 行至第 4 行中提到的危险或动乱（ἐπιβολῆς），通说认为是有关盖塔的动乱[48]，结合当时的局势看，这么理解并无大碍。事实上此动乱究竟为何对敕令没有太大影响，逻辑上可以推出安东尼努斯因为此动乱而经历了危险时刻，并且心有余悸，为了平复动乱产生的不良后果并巩固自己的权力，他必须采取措施，这就是颁布《安东尼努斯敕令》的动机。不论动乱是盖塔之乱还是其他[49]，并没有实质的影响。

第 8～9 行是《安东尼努斯敕令》的核心，在此敕令颁布之后，罗马公民权被赋予了罗马世界的所有自由人。各个版本对于被赋予罗马公民权的对象的表述都略有出入：希尔海姆还原为 τοῖς κατὰ τὴν

［48］ 盖塔，卡拉卡拉之弟，与卡拉卡拉为共治皇帝。

［49］ Fergus Millar，“The Date of the Constitutio Antoniniana”，*The Journal of Egyptian Archaeology* 48，1962，pp. 124-131.

ʽΡωμαϊκὴν οἰκουμένην（第8行）（free persons throughout the Roman world），意为罗马世界的所有自由人；威廉姆还原为τοῖς κατοικοῦσιν τὴν οἰκουμένην（第8行）（all inhabitants of the world）意为世界上所有的居民；施特鲁克斯还原为ὅσοι ἐὰν ὦσι κατὰ τὴν οἰκουμένην（第8行）（whoever lives in the world）意为活在世上的任何人；梅耶还原为ξένοις τοῖς κατὰ τὴν οἰκουμένην（第8行）（all peregrini throughout the world）意为世界上所有的异邦人。首先，在表明赋予罗马公民权的范围后，敕令中排除了一类人，即δειτικίων（第9行），拉丁文中的dediticii，因此威廉姆和施特鲁克斯的版本并不符合后文。[50] 其次，梅耶教授的还原虽然更精确和专业，但peregrini还包括了短期内在罗马的旅客，超过了原意。[51] 笔者认为自由人这一要素是必要的，另外对于"罗马世界"和"世界"的说法，前者更加精确，在符合文本空缺的长度的前提下，前者会更恰当。同时，希尔海姆的还原与乌尔比安的表述是一致的，希尔海姆认为乌尔比安对《安东尼努斯敕令》的记载中"in orbe romano qui sunt"[52] 的表述并不常见，很有可能是由于原始文本的影响，而作为历史的亲历者，乌尔比安的表述无疑更权威，可信度更高，因此借鉴他的表述对文本进行还原是恰当的。

至于dediticii一词具体所指的范围，还原敕令的过程中一直没有定论。问题不在于δειτικίων文本的还原，而在dediticii所指明的对象。赋予公民权的对象无疑具有重要意义。在卡拉卡拉之前也存在过授予公民权的实践，例如《关于向同盟者和拉丁人授予市民权的优留斯法》（Lex Iulia de Civitate Latinis et Sociis Danda）将公民权授予当时与罗马联盟的意大利人，《关于授予市民权的科尔内流斯法》（Lex Gellia Cornelia de Civitas）将公民权授

---

〔50〕 虽然学者对dediticii的具体范围尚无定论，但很明显存在这样一个群体被排除在了授予公民权的范围外，因此"所有的居民"和"任何人"是不符合后文的。

〔51〕 Heichelheim认为Meyer教授这部分的还原并不恰当还因为其文本远短于纸莎草文献的空缺，然而在Meyer教授1920年的版本中，如正文所列出的，Meyer版本为27个字母，Heichelheim为29个字母，Wilhelm为28个字母，Stroux为27个字母，实际上并没有相差很多。Heichelheim所列出的原文少了τοῖς一词，不知是笔误还是Meyer教授对自己还原的版本的更新。但长度恰当与否并不影响其还原的内容与原意不符的结论。

〔52〕 Ulpian：Dig. i，5，17：In orbe Romano qui sunt，ex constitutione imperatoris Antonini cives Romani effecti sunt.（ʹAll persons throughout the Roman world were made Roman citizens by an edict of the Emperor Antonius Caracalla.ʹ）安东尼努斯皇帝的敕令赋予罗马世界的所有人以罗马公民权。

予特定的士兵，《罗沙法》（Lex Roscia）将公民权授予阿尔卑斯山以北的高卢地区居民，又或者外邦人在服兵役特定时间后可以获得罗马公民权，但这些实践仍将罗马公民权的授予控制在很小的范围内〔53〕。而《安东尼努斯敕令》之所以具有不同的地位，原因在于其授予公民权的范围之广，广到几乎“罗马世界的所有自由人”都有了罗马公民权，但敕令中又明确表明了有一部分人并不在授予公民权的范围内。究竟是什么样一群特定的人群被排除在这一范围之外？由于《安东尼努斯敕令》对公民权的授予范围之广，也更加凸显了这一群被排除的人的特别。

学者对 dediticii 有着不同的看法，例如梅耶认为 dediticii 是缴纳人头税的埃及人，而缴纳人头税则是 dediticii 的标志。他将这一部分复原成 χωρ[ὶς] τῶν [δε]δειτικίων（第 9 行）。威尔肯（Wilcken）继承了梅耶的观点并且进行了加工，但他们的观点被驳斥了，因为他们所认为的 dediticii 其实是很大一部分人，那么也就很难合理的解释为什么在五世纪左右罗马公民权已经普遍到几乎全覆盖的程度。同时，在语法上这句话也不甚合理〔54〕。而比克曼认为在敕令中被称为 dediticii 的是位于边疆地区蛮族〔55〕，他认为 dediticii 有三种，其一是所有的行省民，其二是《艾里亚·森迪亚法》（Lex Aelia Sentia）下的解放奴，其三是归降的蛮族，而前二者被排除；比克曼还认为 P. GISS. 40 并非《安东尼努斯敕令》，而只是补充诏令，因为安东尼努斯诏令将罗马公民权赋予几乎所有人，而他认为 P. GISS. 40 中被授予公民权的并非所有人，而只是蛮族移民。理由在于，如前所述的第 2~7 行中敕令宣扬了神的作用，目的在于增强对罗马神的崇拜，而对于非蛮族移民而言这样的崇拜已不需要加强。其次他认为这一纸莎草文献的

---

〔53〕 史志磊：《论罗马市民权的观念和实践》，载《广西大学学报（哲学社会科学版）》2014 年第 6 期，第 117~118 页。

〔54〕 A. H. M. Jones, “Another Interpretation of the ‘Constitutio Antoniniana’ ”, *The Journal of Roman Studies* 26 (2), 1936, p. 224.

〔55〕 F. M. Heichelheim, “The Text of the ‘Constitutio Antoniniana’ and the Three Other Decrees of the Emperor Caracalla Contained in Papyrus Gissensis 40”, *The Journal of Egyptian Archarology* 26, 1941, p. 16.

时间在公元213年后，因此不可能是212年的《安东尼努斯敕令》[56]。但这一观点支持者不过寥寥。对于P. GISS. 40是否是《安东尼努斯敕令》其实并无太多争议，笔者也认为它是，因为从还原的文本看，敕令表述的内容与史料侧面记载的一致。[57] 尽管比克曼的某些观点并未得到认可，但他对dediticii所指范围的观点驳斥了梅耶和威尔肯的看法。施特鲁克斯的版本中，他认为dediticii是很小一部分人群，他们的特征绝对不符合授予罗马公民权的条件。威廉姆的版本[58]在琼斯分析dediticii时是当时完成度最高的版本，他认为dediticii是有犯罪记录的解放奴。琼斯认为dediticii是埃及境内没有自治权的城市居民，事实上他们并不归属于任一城市主体[59]。

值得注意的是，事实上盖尤斯对dediticii已经有所界定，dediticii是“攻打过罗马并又投降者”[60]。黄风对dediticii的定义是：“指因战败而自行投降的异国居民，属于异邦人。这类人在政治上不具有任何自主权，不能拥有自己的法，只享有万民法上的权利。从某种意义上讲，归降人的地位甚至比异邦人还低下，因为后者仍可在其内部适用本共同体的法。”[61] 因此可以说他们在罗马几乎没有什么权利，地位低下，但同时这部分人只占了极少数，几乎可以被忽略。虽然对dediticii的争议很大，但如前所述，

---

[56] A. H. M. Jones, “Another Interpretation of the ‘Constitutio Antoniniana’”, *The Journal of Roman Studies* 26 (2), 1936, p. 225. 关于dediticii，前二者被排除的原因在于第一种不符合文本原意，第二种则是因为法律上不会这样使用。关于敕令的时间，Bickermann认为文本中提到的“胜利”是指213年德国战役，因此该文本必然晚于《安东尼努斯敕令》。但普遍认为“胜利”是指对盖塔的谋杀。并且文献中第二个法令是在212年7月颁布的，由于这部分保存比前者更好，所以日期的辨识更容易，而前者的颁布日期比后者晚明显不合理。

[57] 如Ulpian，Cassius Dio和St. Augustine.

[58] 规定公民权的条款翻译如下：I grant therefore to all the inhabitants of the world (without exception) Roman citizenship, no one remaining outside the citizen bodies (of tile several cities which the empire comprises) except the dediticii.

[59] A. H. M. Jones, “Another Interpretation of the ‘Constitutio Antoniniana’”, *The Journal of Roman Studies* 26 (2), 1936, p. 223.

[60] Gaius (i, I4): vocantur autem peregrini dediticii hi qui quondam adversus populum Romanum armis susceptis pugnaverunt, deinde victi se dediderunt. 同时Livy对deditio的定义为：´itaque populum Campanum urbemque Capuam, agros, delubra deum, divina humanaque omnia in vestram, patres conscripti, populique Romani dicionem dedimus, quidquid deinde patiemur dediticii vestri passuri.´

[61] 黄风编著：《罗马法词典》，法律出版社2001年版，第84页。

这一群体相比被赋予了公民权的人而言占比太小[62]，并且他们在罗马社会影响力十分有限，因此对《安东尼努斯敕令》的理解而言并无大碍。我们知道敕令将罗马公民权赋予给了除 dediticii 以外的所有自由人就足够了。

第 10 行中争议在于νίκη，νίκη意味着胜利（victory），前文中提到比克曼对于胜利的理解是 213 年德国战役的胜利，而通说认为胜利是指盖塔事件。另外需要明确的是卡拉卡拉曾声称对盖塔的谋杀是一种胜利[63]。笔者认为此处指盖塔及其支持者的叛乱是合理的，这也与第 4 行的动乱（ἐπιβολῆς）相符。

第 11~13 行中的内容似乎为卡拉卡拉颁布这一敕令的目的提供了一种解读。这一部分的复原争议并不大。在施特鲁克斯还原的版本中 ἐξολώσει τὴν μεγαλειότητα τοῦ Ῥωμαίων δήμου μετὰ τὸ τὴν ἴσην τιμὴν περὶ, τοὺς ἄλλους，γεγεγῆσθαι ἧπερ διὰ τὴν εὐγένειαν 'Ρωμαῖοι τετίμηνται，其中译为拉丁文则是 hoc edictum explebit maiestatem populi Romani′，这样更有利于理解，因为文本本身就是从拉丁语翻译成希腊语的，而此处的希腊语并没有拉丁语的语境。其中 μεγαλειότητα τοῦ Ῥωμαίων δήμου指罗马人民的伟大（maiestas populi Romani），需要注意的是这里并不是罗马广袤的国土（magnitudo imperii）[64]。而希尔海姆的版本中，原文也是如此，英文译文是 the majesty of the Roman people。在这一段似乎更加确定了前文第 2~7 行中卡拉卡拉对神的感恩和虔诚，并且，为了洗脱自己谋杀亲弟盖塔的污点，他向神、向民众分享他的荣光，可以理解为是寻求民众支持的一种方式。更重要的是，这一表达揭示了罗马不断扩张又保持统一的精神内核，这一点将在后文详细阐述。

第 14~16 行由于缺损严重，多数学者都没有还原这里，但希尔海姆进行了尝试，但这仅仅是十分模糊的推测。不过虽然只是推测，笔者却认为有可取之处。我们都知道狄奥在对《安东尼努斯敕令》的评价是“这就是为什么卡拉卡拉赋予所有人罗马公民权。名义上他是在给予他们荣耀，而

---

〔62〕 A. N. Sherwin-White, *The Roman Citizenship*, London: Oxford University Press, 1996, p. 280.

〔63〕 A. H. M. Jones, “Another Interpretation of the ‘Constitutio Antoniniana’”, *The Journal of Roman Studies* 26 (2), 1936, p. 225.

〔64〕 A. N. Sherwin-White, *The Roman Citizenship*, London: Oxford University Press, 1996, p. 282.

实际上他是为了通过这种方式提高税收，因为外国人不需要支付大部分的税，而卡拉卡拉改变了这一点”[65]。从已还原的前文看似乎还不足以让狄奥作出如此推测，因此希尔海姆认为在不可辨识的第14~16行中必然会提到有关经济方面的内容，以至于狄奥认为这部敕令背后隐藏的皇帝创收的目的。另外，《安东尼努斯敕令》的结尾或许与同一纸莎草上发现的第三个法令相似，这也间接的揭示了敕令颁布的时间。

以上即为关于记录了《安东尼努斯敕令》的纸莎草文献的各个还原版本的对比以及争议的分析。虽然还有一些地方尚未有定论，又或者由于缺损严重而导致修复全凭想象，还原远非完美，也远不能令人满意，但总体而言，该文献的存在让我们离《安东尼努斯敕令》更进一步。有些争议其实对文本的理解并无大碍，但对于文本后蕴含的更深入的问题却是一大难题，这些问题还有待未来继续研究。

（三）中文版本的还原尝试

鉴于我国国内对纸莎草文献研究略显匮乏，且对于《安东尼努斯敕令》的研究不多，本文试图提供一个有理有据的中文版本，以便更好地研究其本身。有必要在此将与敕令有关的争议梳理一遍，以确定本文将采取的表述，并且使敕令的内容更加明确。

第一，关于P. GISS. 40中是否包含了《安东尼努斯敕令》，这同样也涉及了该敕令的时间。通说认为P. GISS. 40的第一个敕令即为《安东尼努斯敕令》，颁布于212年，笔者也赞同这一观点。鉴于还原的纸莎草文献中对授予罗马公民权的表述大家并无争议，唯一明确否认该纸莎草记载的是《安东尼努斯敕令》的比克曼也没有反对这一还原，但他认为P. GISS. 40并非是《安东尼努斯敕令》，而仅仅是其补充，理由有二：一是《安东尼努斯敕令》授予罗马世界的全体自由民以罗马公民权，然而此敕令中涉及了对神的崇拜，而这一目的仅对蛮族移民有意义，而对于非蛮族移民则已无必要；二是该法令中胜利（νίκη）一词指213年的德国战役的胜利，晚于公认的敕令颁布时间212年。[66]

---

〔65〕 Cassius Dio LXXVIII，9，5，根据Cary教授的翻译。

〔66〕 Elias Joseph Bickermann, *Das Edikt des Kaisers Caracalla in P. Giss.* 40, Berlin, A. Collignon, 1926, p. 38.

当然，这一观点很难站得住脚，支持者也甚少。首先，对于宗教宣传方面，需要明确的是作为皇帝敕令，其语言表述是十分官方的，而作为官方文件，这样的语气和风格即使是对于比克曼所认为的不需要额外强调神的作用的非蛮族移民也是恰当的。参考各种官方文件，即使是现代也十分常见。另外，敕令中第8~9行的表述也符合传统文献中（如乌尔比安和狄奥）对普发公民权的表述相符。所以从“对已经推崇罗马神的居民而言不需要宣传罗马宗教”的角度否认P. GISS. 40中包含了《安东尼努斯敕令》是站不住脚的。其次，P. GISS. 40中另外的法令由于保存较为完好，因此学者们还原了其颁布的时间，其中有212年的表述，而按照顺序，我们认为的《安东尼努斯敕令》在后续法令之前，则其颁布时间也不会晚于212年，所以比克曼认为的213年的胜利也不成立。

至于敕令本身颁布的时间是否确为212年，米勒持反对意见。理由是：首先，学界认为《安东尼努斯敕令》于212年颁布主要是根据狄奥的记述，而狄奥利用是统计学和传记学的方法进行编年史的编纂，收集一个统治时期的开始和结束的资料，通过这种方式来描述皇帝的性格和治理方式。一般而言，每一个统治时期都以皇帝上位和其最初采取的措施开始，接以数个标题。虽然大体上狄奥是按时间顺序的，但为了表达卡拉卡拉的性格，他完全有可能将事件发生的顺序略加调整〔67〕。另外，P. GISS. 40也没有明确证据表明其中的数个法令是按时间顺序编排的。其次，在已有的纸莎草文献中，在214年的最后两个月开始大量出现“Aurelii”名称，而Aurelii意味着被卡拉卡拉赋予公民权的这些人〔68〕，因此敕令很有可能是在214年颁布的。同时，如果敕令是214年颁布的话，那么对于P. GISS. 40中第3~4行中的危险（ἐπιβολῆς）就不是通说认为的盖塔之乱，而可能是卡拉卡拉在214年穿越Hellespont时遇到的船难，并且这一事故有着很正式的官方记载，卡拉卡拉本人也表示了对Asclepius的感激。笔者

〔67〕 Fergus Millar, “The Date of the Constitutio Antoniniana”, *The Journal of Egyptian Archaeology*, 1962, p. 125.

〔68〕 参见刘小青：《〈安东尼努斯敕令〉新论》，载《世界历史》2013年第6期，第93页。根据罗马命名习惯，行省居民获得公民权后，需要将公民权授予者的氏族名添加到自己姓名中，表示双方建立了保护关系。因此，由安东尼努斯授予公民权的新公民应将安东尼努斯的氏族名“Aurelii”加入其原有姓名之中“Aurelii”即成为新公民的标志。

认为，虽然米勒的观点很新奇，也有证据佐证，但事实上仍需要推敲。其一，他认为狄奥和 P. GISS. 40 都并非严格按照时间顺序，但也不能证明不是按时间顺序，仅仅是一种推测。其二，虽然 Aurelii 在纸莎草文献中的频繁出现发生在214年往后，但这只能证明《安东尼努斯敕令》至少颁布于214年以前，却不能证明其在214年颁布。更何况尚未发现更早的纸莎草文献出现较为普遍的 Aurelii 不能证明此前没有，毕竟纸莎草文献的发现是随机的，这一点他本人也表示存在疑点。其三，对于危险（ἐπιβολῆς）指的214年的海难，佐证在于卡拉卡拉曾对阿斯克勒庇俄斯表达感激〔69〕，而敕令前段提到了卡拉卡拉对神的感激。但 Asclepius 是特定的神，与广义上的神相对照并不恰当。既然卡拉卡拉本人曾表达对医师 Asclepius 的感激，与敕令中的神（θεοῖς）对比还是有所出入的。而如果危险（ἐπιβολῆς）是关于盖塔事件，第10行的"胜利"（νίκῃ）则可以佐证，因为卡拉卡拉本人也曾这样表述，且并无出入。因此笔者还是认为 P. GISS. 40 中记载的是《安东尼努斯敕令》，并且敕令于212年公布。并且在这一部分可以明确θεοῖς和νίκῃ都暗指盖塔事件。

第二，敕令中对被授予罗马公民权的主体表述和被排除在外的主体的范围。对于被授予公民权的部分，本文采取希尔海姆的还原版本，即τοῖς κατὰ τὴν Ῥωμαϊκὴν οἰκουμένην（第8行）(free persons throughout the Roman world)，意为罗马世界的所有自由人。排除其他版本是因为他们范围过大，以至于与后续的保留条款相悖。而采取希尔海姆版本的优势在于：其一，他的版本符合全文的逻辑，没有过大或过小；其二，他借鉴了乌尔比安的表述〔70〕，而乌尔比安作为与敕令同时代的法学家，他的表述具有很高的借鉴价值。至于被排除在授予公民权以外的对象，δειτικίων（dediticii)，学者们的看法存在很大分歧。比克曼认为是蛮族移民，琼斯认为是埃及境内没有自治权的城市居民，梅耶认为是缴纳人头税的埃及居民，威廉姆认为是有犯罪记录的解放奴，还有观点认为是行省居民（这很明显是错误的)〔71〕。虽然有着各种各样的解释，但几乎没有一个观点可以完全说

〔69〕 阿斯克勒庇俄斯（Asclepius）是医师，太阳神阿波罗和塞萨利公主科洛尼斯之子。传说他具有高超的医术，可以起死回生。

〔70〕 In orbe Romano qui sunt.

〔71〕 A. N. Sherwin-White, *The Roman Citizenship*, Oxford University Press, 1996, pp. 283-285.

服其他人，争议一直存在。在这里笔者认为还不能下定论，但可以知道的是，dediticii 是少数的、地位低下的群体。那么，至少在中文版本中，我们可以并不明确提及 dediticii 到底指谁，而可以以概括的语言抽象的表达这部分人群。

第三，鉴于第 14～16 行毁损严重，只有希尔海姆进行了实验性的还原，因此对于该片段具体的内容本文就不涉及了，但可以推测这部分含有对经济方面的规定〔72〕。

经过上述总结，我们对文本的争议有了大致的了解，并且在各种观点中进行了抉择。笔者尝试根据前人的成果提出《安东尼努斯敕令》的中文版本的还原。

> 马尔库斯奥列里乌斯塞维鲁安东尼努斯奥古斯都皇帝诏曰：
> 天地乾坤，天之制也，
> 神灵庇佑，天之子也。
> 祸乱〔73〕必平，国泰民安，
> 感恩戴德，以惠圣恩。
> 率土之滨〔74〕，莫非公民，
> 劳〔75〕苦相称，劣者〔76〕不为。
> 古今中外，莫若罗马公民之伟大也〔77〕。

译文：

马尔库斯奥列里乌斯塞维鲁安东尼努斯奥古斯都皇帝谕令写道：上天掌管着世间万物运行的规律。作为罗马的帝王，我受到上天的庇佑，逃过了命中的劫数。我将带领罗马的臣民，带领着罗马，走向繁荣昌盛，以感激不朽天神的伟大。因此，我授予罗马境内所有自由人以罗马公民权以彰显罗马公民的伟大，但那些卑劣者不配享有此权利。我与我的臣民应当有福同享有难同当。自此，罗马的土地上人人享有罗马公民权。古今中外，

〔72〕 前文已经详细讨论过。

〔73〕 对应ἐπιβολῆς .

〔74〕 对应τοῖς κατὰ τὴν Ῥωμαϊκὴν οἰκουμένην .

〔75〕 对应νίκη，这里“劳”指功劳、胜利。

〔76〕 对应δειτικίων，dediticii 地位低下，笔者处理成卑劣者。

〔77〕 对应μεγαλειότητα τοῦ Ῥωμαίων δήμου .

惟有罗马优胜至此。[78]

该敕令从性质上讲属于君主谕令（constitutiones principum），是罗马法的重要渊源之一。君主谕令的表现形式有诏谕、训示、裁决、批复和诏书，《安东尼努斯敕令》属于诏谕（edicta），即君主向全体或部分臣民发布的通告[79]。在卡拉卡拉时期，君主谕令的地位已经伴随着集权化进程而逐渐上升，渐渐超过了元老院决议，甚至可以说君主谕令的频繁出现是促进君主集权的方式之一。从内容上讲，一方面，卡拉卡拉表明了自己皇帝之位的正统性，体现在神对他的庇佑；另一方面，罗马境内所有人（除dediticii）都成了罗马公民，自此罗马公民的范围达到顶峰，公民权的意义就此改变。

三、《安东尼努斯敕令》的评价

这一部分将阐述敕令对罗马帝国产生的影响，并结合卡拉卡拉在位时期的社会背景对敕令的出发点进行合理的推测，对敕令进行综合评价。从前人的研究看都存在一个普遍的问题，虽然学者都明白敕令的实际效果与预期目的的区别，也都明白恺撒说的那句“任何一个导致恶劣结果的法令，它的初衷可能都是好的”，但他们最终都单独从敕令颁布后的结果或卡拉卡拉的暴君形象逆推敕令的目的。这样的逻辑链条是不恰当的。因此本文将通过内在与外在结合，得出更为符合逻辑且经得起推敲的答案。

（一）敕令颁布后的影响

1. 罗马公民权的普及

虽然罗马公民权是不断扩展的，并且从缓慢扩展逐渐发展为大范围内

---

〔78〕刘小青提供了其对Heichelheim的英文版还原的译文，虽然很有中国古代皇帝诏书的特点，但半文半白的表述看起来着实奇怪，并且文字读起来略有不通。附上译文：马尔库斯奥列里乌斯塞维鲁安东尼努斯奥古斯都皇帝敕令：世事万物皆源于天而制于天。朕感戴不朽诸神之庇佑，助我平盖塔之乱。是以，朕欲统黎庶至庙堂展诸神之宏伟与神奇。诏曰：赐寰宇黎庶罗马公民权，除德狄提克外，诸民皆沐圣恩。庶民承担诸种负担，亦应共享凯旋之欢乐，此神之天条也。朕之制也，欲显罗马人民之伟大。一旦寰宇黎庶具享公民之权，罗马之伟大远胜海外诸邦荣耀亦弗先祖可比肩。新赐公民权者，务于年二十一初始，按先祖及朕颁布律例，纳帝国民众之赋税。特公之于众……另外还有盐野七生的版本：“朕与朕的臣民间，应当不仅共同负担守护帝国的职责，而且要共同分享荣誉才能树立良好的关系。藉由本法之成立，长年来仅有罗马公民权所有人才能享受的荣誉，自此可以由全体国民所共享。”

〔79〕黄风编著：《罗马法词典》，法律出版社2001年版，第69页。

的融合，到了后期氏族部落的血缘关系对公民权的影响已经逐渐淡化消失了。罗马国力的强盛与否，公民权的价值高低以及授予态度的宽严之间有着这样的关系：罗马国力越强，公民权价值越高，授予的态度越严谨；反之亦然。但不论掌权者对公民权的控制是严是松，罗马公民权的范围一直是在扩大的，只是速度有急有缓。罗马社会阶级构成最初是罗马公民位于金字塔的顶端，下面的拉丁人、异邦人、归降者和无城邦人构成了金字塔的底部，除归降者外其他的非罗马公民与罗马公民存在流动，但总体上金字塔保持着平衡。但随着罗马公民权的扩张，不同阶级间的区分逐渐模糊，原本的平衡被破坏。卡拉卡拉时期则出现了新的局面：直到卡拉卡拉颁布《安东尼努斯敕令》以前，罗马公民与非公民之间还有着不可逾越的距离。敕令以后，所有罗马人民都拥有罗马公民权。但对于敕令颁布前就已经是罗马公民的人和由于敕令变为罗马公民的人而言，心境是完全不同的。

一方面，对于原罗马公民来说，罗马公民权曾一度是其获得法定特权并担任高级官职的宝物，卡拉卡拉的敕令无疑使他们的优势丧失了。不仅是物质层面的优势，甚至连精神层面的优势也消失殆尽。曾经作为罗马公民，他们充满着荣耀、自信，罗马在世界上是数一数二的强国，身为罗马公民自然高人一等。但如今曾经被他们看作属民的人、外邦人甚至还有他们所瞧不起的部分蛮族也统统都为罗马公民，身为罗马公民的荣耀感无疑被破坏了。身为罗马公民，除了享受特权以外，也需要承担相应的义务，正是因为他们承担了义务，才心安理得的享受福利，才具有荣誉感。而那些不曾履行义务，对罗马也没有贡献，甚至是他们瞧不起的人如今与他们平等，原罗马公民还会像以前那样以自己的身份为荣，积极履行义务吗？事实上，多年以来罗马公民权早已渐渐贬值。在帝国时期元首制下，作为罗马公民十分重要的政治权利早就名存实亡，对于参政来说已无多大用处。本已价值所剩无几的公民权竟然还要被境内所有自由人所瓜分，对一直享受公民权的福利的人来说简直不敢相信。

然而，另一方面，这一点对于新罗马公民其实是一样的。在他们苦求而不得的时候，罗马公民权是稀罕物，是改变人生的关键，当他们都有了公民权后，它却早已不值钱，对他们的生活无法引起实质的改变。而且付出汗水的果实才甜美，他们不像曾经那样，要么服兵役、要么做很长时间的奴隶等到主人大发慈悲解放了他、要么就是花费大量钱财，历经千辛万苦换得一个罗马公民权。现在这样不劳而获地就拿到了手，新罗马居民愿意为罗马作出的贡献实在有限。

这就是“期待权”与“既得权”的区别[80]：原罗马公民失去了身为帝国支柱的气概，新罗马公民也失去了上进心和竞争意识，并且也没有作为罗马公民的意识，因为曾经对他们而言是“期待权”的公民权值得他们去奋斗、去争取，现在作为“既得权”，就没有必要去卖力了。

曾经的身份区分消失了，却出现了新的区分。荣誉者（honestiores）和卑贱者（humiliores）的阶层差异，而非罗马人与行省居民、公民与非公民的差异，成了新的衡量标准。荣誉者是新的上层阶级，卑贱者是新的下层阶级。虽然他们的区别不太清晰，但是在安东尼庇护时代，一般而言荣誉者比卑贱者享有更多的法律特权和财富，卑贱者受到的处罚也会比荣誉者重很多。人们通常认为元老、骑士、退伍军人和骑兵军官属于荣誉者，他们在法庭上不受严厉处罚[81]。新阶层的产生证明《安东尼努斯敕令》并没有导致平等，相反却加剧了阶层的分化，甚至导致了阶层固化。

社会流动是指社会成员从某一种社会地位转移到另一种社会地位的现象。“阶层固化”是与社会流动相对的一个社会学范畴，指后一代同父母一代同年龄段对比职业地位没有变化的代际流动状态[82]。而对于上层公民和下层公民而言，出身决定了一切。曾经的从非罗马公民到罗马公民的晋升渠道已经丧失，现在大家都是罗马公民。假如一个人出身高贵，他就享有大量财富和特权，甚至可以继续向上晋升。而对于出身于下层公民的人，终其一生他都无法实现阶层的跨越，因为《安东尼努斯敕令》已经关闭了这扇门。上、下层公民间存在着无法跨越的鸿沟，远胜于以前的公民与非公民。“制度和政策安排有意无意地形成漏洞或偏向，会被一部分社会成员利用为向上流动的阶梯，同时会削弱甚至剥夺其他社会成员的流动

---

〔80〕［日］盐野七生：《罗马人的故事XII：迷途帝国》，郑维欣译，三民书局2006年版，第19页。

〔81〕See Pat Southern, *The Roman Empire from Severus to Constantine*, New York: Routledge, 2001.

〔82〕代际流动指通过同上一代人进行比较而确定的职业地位变化状态，参照基点是父母在同一年龄段的职业地位。马传松、朱挢：《阶层固化、社会流动与社会稳定》，载《重庆社会科学》2012年第1期。

机会”。[83] 可以说《安东尼努斯敕令》敕令为“阶层固化”提供了制度环境。

从微观讲，“阶层固化”给罗马公民带来了危害。对下层个体而言，丧失了晋升渠道便只能停留在自己的阶层，并且子子孙孙都无法逃脱，无论后天如何努力都逃不过出身的魔咒，也就削弱了个人的主观能动性。对于上层个体而言，出身的优越也使得他们怠于竞争，不思上进。从中观讲，“阶层固化”对阶层循环造成了冲击。社会理论研究和西方社会发展的经验都表明，“两头小、中间大的纺锤形”阶层结构是社会良性运行的重要基础[84]，但卡拉卡拉时期的罗马社会显然是底层大、上层小的金字塔结构。从宏观讲，“阶层固化”对罗马社会结构的稳定有害。社会不同阶层间的纵向流动对阶层关系有调节作用，假如下层公民有向上晋升的渠道，势必会缓解其对上层公民的仇视和嫉妒，同时也会缓慢缩小上、下层公民间的差距，这样才能慢慢形成稳固的纺锤形阶层结构。但现实是上、下层公民间的流通完全阻断，马太效应[85]加剧了社会矛盾。盐野七生对此的评价是：“（敕令）废除了行省民与罗马公民间的界限，反而使得罗马社会失去流动性这项特质。社会的僵硬化，就好比是人体的动脉硬化一样……罗马帝国的支柱之一，就被这项法令弄垮了。”[86]

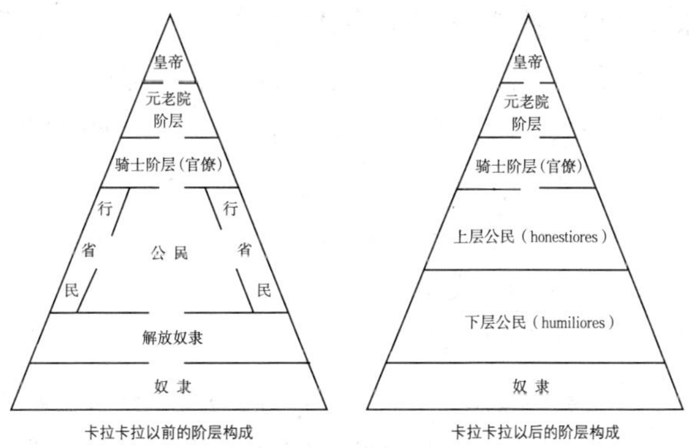

图3　社会阶层结构图

---

〔83〕 张宛丽：《当代中国社会流动机制探讨》，载《中国党政干部论坛》2004年第8期。

〔84〕 马传松、朱挢：《阶层固化、社会流动与社会稳定》，载《重庆社会科学》2012年第1期。

〔85〕 马太效应（Matthew Effect），指强者愈强、弱者愈弱的现象。名字来自圣经《新约·马太福音》：“凡有的，还要加倍给他叫他多余；没有的，连他所有的也要夺过来”。

〔86〕 ［日］盐野七生：《罗马人的故事XII：迷途帝国》，郑维欣译，三民书局2006年版，第20-21页。

2. 加速恶化的经济环境

敕令颁布后，帝国的经济加速了衰退的步伐。对帝国经济最显著的打击莫过于税收主体的缺失。行省税以土地税和人头税为主，它们占帝国总收入的90%以上[87]。稳定而又充足的行省税由于行省民这一概念的消失也随之消失。失去了这一部分的税收主体，国库收入无法负担军事上的巨额开支，也无法负担公共事务的开支，不仅导致了军事上的大不如前，也导致了民众的怨声载道。但这不过是敕令带来的连锁反应中的一环。卡拉卡拉后续措施的确有经济上的考量，但很明显，这些措施不过是中央一如既往治标不治本的举措。行省税的缺口由各种理由的临时税、增税、加税来弥补，但由于帝国经济实力已经大不如前，严苛的赋税对百姓而已无异于雪上加霜，更何况这样的暂时措施并不能挽回行省税的缺口，也绝未缓解帝国的经济压力。

或许经济不景气的时候就大量发行货币大概是罗马惯有的做法。虽然发行安东尼努斯硬币很明显是为了应付敕令以后严峻的经济环境以及财政的缺口，但显而易见的是，这样只会加剧经济环境的恶化，而不是减缓。恶性通货膨胀带来的是税收的非正常化，货币已经贬值到无法作为税收的对象，取而代之的是实物抵税，帝国的经济秩序开始崩坏。

如果说在此前帝国的经济是在缓慢走向没落，那么在这段时期，罗马的经济则开始急剧跌入谷底。严重的通货膨胀导致贸易冷却，经济秩序几乎分崩离析，当局采取自杀式的方式试图缓解经济的崩溃，但毫无疑问的，敕令之后，帝国经济更是已经濒临崩盘。

3. 军队影响力的提高和实力的下降

卡拉卡拉时期，军队的影响力逐渐累积，成为政治上重要的权力力量之一。卡拉卡拉继承了父亲的亲军思想，并且厌恶着元老院，他与元老院的关系早已破裂。这一时期，帝国政治就是军队政治，谁拥有了军队，谁就掌握了权力。此时的罗马军制还处在职业军制之下。军队的构成主要有两部分：一是由罗马公民应征的军团兵，二是由行省居民志愿服役的辅助

---

〔87〕 A. H. M. Jones, *The Roman Economy: Studies in Ancient Economic and Administrative History*, Oxford University Press, 1974, p. 83.

兵[88]。但敕令以后，罗马公民与行省居民间的区分已然消弭，也就是说所有的军人都是罗马居民。现在军人来源的限制几乎已经没有，全凭自愿应征。如果敕令在马略军事改革以前的确会产生扩大兵源的作用，但到了职业兵制下，服役与否全凭个人意愿，这一想法就不切实际了。而且原本的有些行省居民可以通过服兵役获得罗马公民权，这是一笔划算的买卖。但当所有人都有了罗马公民权后，当兵对于他们的吸引力反而下降了，除了为俸禄去当兵几乎没有别的理由。或许卡拉卡拉想用公民权去讨好军队，但事实上公民权的吸引力和作用并未如他所想那么巨大。这么看来敕令反而起到了反作用。

另外，与军队影响力的逐渐增强成反比的，是罗马军队的实力和对帝国的贡献。罗马投入在军队上的开支是极大的，结合前文中有关经济的叙述我们可以得到一个关系链。在三世纪危机以前：首先，罗马军队南征北战，扩大领土的同时收获了无数的战利品，这些收益归于罗马；其次，臣民以税的方式补充政府的收入；最后，政府通过财政支出维持国家运行，其中包括军队的支出和公共事务的支出。这样形成了一个良性的循环，军队浴血奋战获得荣耀和奖赏并回报国家以越来越大的版图和财富，民众通过履行义务获得国家的保障，二者间有着互利互惠的互动。

但在卡拉卡拉时期，事情不再像曾经那么美好：一是军队不再是为了扩大疆土而奋战的勇士，而是周旋于内战之间，徘徊在骚扰边疆的蛮族间，无法带给国家巨额的财富，相反，国家不得不支出大量的钱财以维持军队的运行和持久的战争；二是军队的巨大开销使得国家要竭力提高政府收入，既然不能从军队的胜利中获得，就只能从民众身上薅羊毛。每当皇帝赶往前线，就会以筹措战争费用为名目课征临时税，百姓对此苦不堪言；三是基于通货膨胀和经济混乱的初显，国家负担军队和公共事务的能力大不如前。这样的危机下，盲目地扩大军队就像饮鸩止渴，战争中得以苟延残喘，但这不是长久之计，若是一直持续下去，终会走向崩溃。

---

〔88〕［日］盐野七生：《罗马人的故事 XII：迷途帝国》，郑维欣译，三民书局 2006 年版，第 27 页。

（二）对《安东尼努斯敕令》的评价

1. 敕令的出发点

要评价《安东尼努斯敕令》，笔者认为有必要明确卡拉卡拉颁布敕令的出发点，明白敕令的出发点才能对敕令有更全面的了解，而不是仅从敕令实际造成的结果中去推断。

皇帝敕令的出发点，无外乎三种，一是物质上的，二是精神上的，三是二者兼有。人们对《安东尼努斯敕令》的出发点的推测大致分为三种：一是敕令与提高税收有关，如狄奥、克勒维耶等人[89]；二是敕令是基于军事角度的考量，如朱庭光等人[90]；三是敕令出于精神层次的宣传，如盐野七生、谢温-怀特和刘小青等人。

基于巨大的经济需求与远不如前的经济状况之间的矛盾，卡拉卡拉的确需要敛财，但敕令本身并非出于这样的目的。原因在于：其一，根据敕令的内容无法起到提高税收的效果；其二，卡拉卡拉后续采取了多种措施以养活他的军队，并不需要靠敕令来完成目标，更何况他发行含银量极低的硬币到后期直接导致了经济结构的崩盘，国家甚至已经不能依靠货币收税而转向了实物抵税；其三，即使我们退一步承认敕令可以提高收入，即使当时的经济环境已经开始走向崩坏，但在卡拉卡拉时期也仅仅是初露端倪，卡拉卡拉对金钱的需要还没有迫切到需要这样大刀阔斧的进行改革，将纳税对象扩张到全体人民。如果真的这样只能证明两点：一是他未卜先知，预料到后期经济将一跌到底难以挽回；二是他已经强大到不需要考虑对所有民众强行征税所引起的反感（苛捐杂税的皇帝的下场可以从中国历史中看到，并不是那么美好）。但这显然不可能。研究敕令目的的学者们普遍的问题是，他们的逻辑链并不合理。比如，狄奥和克勒维耶认为敕令是增税政策[91]，人们便从税收没有得到提高反驳这一点。但事实上税收仅仅能够侧面、间接地证明敕令可能不是为了增税，却不能得出确定的答

---

〔89〕 Jean Baptiste Louis Crevier, *The History of the Roman Emperors*: *from Augustus to Constantine*, Hardpress, 2018; William E. Dunstan, *Ancient Rome*, Rowman & Littlefield Publishers, 2011 etc.

〔90〕 朱庭光主编:《外国历史大事集》（古代部分第1分册），重庆出版社1986年版，第564页。

〔91〕 “这就是为什么卡拉卡拉赋予所有人罗马公民权。名义上他是在给予他们荣耀，而实际上他是为了通过这种方式提高税收，因为外国人不需要支付大部分的税，而卡拉卡拉改变了这一点。” Cassius Dio LXXVIII, 9, 5; “皇帝的真正意图是增加收入，这与其品德完全匹配。”

案。但从前文税收制度的构成分析，敕令从制度上就没有提高税收的可能（而不是税收没有提高的结果），同时还结合卡拉卡拉的其他增税举措证明增税另有他法（但这是间接的）。因而我们要从客观出发，而非从结果逆推。盐野七生也认为："不把'安东尼奥勒令'解读成增税政策，而直接采信其字面说明，会比较接近事实。也就是说，这项法令出自年仅二十四岁的理想主义者的思想。"〔92〕

另外，笔者不否认卡拉卡拉需要扩大士兵的数量，但敕令本身很难具有这样的目的，甚至从影响来看，由于罗马兵制的演变，敕令是起到反作用的。并且在当时的背景下应付军队的开支已经是令卡拉卡拉头疼的一件事，他想要的恐怕并非是数量上的增长，而应该是士兵质量的提高，在精兵条件下，战争更容易，支出也不会激增。

刘小青认为《安东尼努斯敕令》是为了感谢神恩、宣传罗马宗教、塑造贤君形象。〔93〕虽然其研究也是基于 P. GISS. 40，但这个结论最大的不足在于它仅仅是基于文本字面的意思，而没有深入研究当时的社会背景和卡拉卡拉本人。对于感谢神恩这一点，的确文本开头卡拉卡拉就表达了对神的庇佑的感谢，但将这一点作为敕令的直接动因未免太过草率。一则这样的官话、场面话实在是太常见，二则颁布敕令者的真实目的往往隐藏在文字背后，这么直白的写出来未免太天真。何况文本中感谢神的字眼出现过两次，认为是官方的说辞更合理。另外，关于宣传罗马传统宗教这一点，或许历代皇帝都有这样的想法，但现实是即使他们通过授予罗马公民权的方式对非罗马世界的人进行罗马化，结果却不尽如人意。尽管人们享受到了罗马公民权的好处，却仍然无法抛却自己曾经的信仰和习俗。我们不能否认他们或多或少地受到了罗马的影响，但某些刻在血液里的东西是不会改变的，拿基督教作为例子，即使受到无尽的迫害，基督教依然存活下来并且发展壮大，不就说明了罗马化在一定程度上是无法起效的吗？而至于塑造贤君的目的，笔者是赞同的。

《安东尼努斯敕令》是这位年轻的皇帝的世纪之举。结合前文的分析

---

〔92〕［日］盐野七生：《罗马人的故事 XII：迷途帝国》，郑维欣译，三民书局 2006 年版，第 21 页。

〔93〕转引自刘小青：《〈安东尼努斯敕令〉新论》，载《世界历史》2013 年第 6 期。

我们可以判断，不仅是字面上还是实质上，卡拉卡拉都没有通过敕令提高税收或增加兵源的想法。作为一个皇帝，他必定知道敕令是不可能导致这些结果的。我们不是从结果来分析，虽然事实上税收的确没有提高，兵源也没有增加。关键在于：其一，行省税的消失意味着帝国大量收入也消失了，假设敕令可以提高税收，卡拉卡拉也不必在后续提高遗产税和解放奴隶税的税率，也不必在一次次征战前临时收税，剥削元老院了。其二，自从马略军事改革后，罗马兵制从公民军制变为了职业军制，是否参军取决于个人意愿，而行省居民原本也可以担当辅助兵，并且可以借此成为罗马公民。增加罗马公民的人数，与兵源多寡并无联系。

笔者赞同谢温-怀特[94]、盐野七生与刘小青关于“敕令并非为了物质利益”的观点，但在细节上略有不同。笔者认为，精神上的利益分为两点，一方面是宗教，另一方面是皇帝个人。笔者认为安东尼努斯意指后者。宗教方面，首先卡拉卡拉宣称神的庇佑助他渡过难关，他借以感激神的名义授予公民权，以此宣传罗马宗教，这一点似乎仅仅是他的一厢情愿。原因在于：除了信奉罗马宗教、属于罗马帝国的人民以外，其他人并没有对罗马的忠诚，这是无法改变的事实。外邦人追求罗马公民权仅仅是出于利益，而非对罗马的喜爱或对皇帝的崇拜。更何况他们具有自己的信仰和自己的传统，很难想象会因为一道敕令就会改变信仰，身为皇帝的卡拉卡拉不会想不到这一点。因此，本文更倾向于认为对神的感激不过是一种官方的说辞。而最重要的，也是笔者认为体现了卡拉卡拉的政治抱负的，是文本中的μεγαλειότητα τοῦ Ῥωμαίων δήμου（the majesty of the Roman people）一词。我们知道，罗马是一个规模庞大的帝国，但罗马可以说是从一个小城逐渐发展为如此规模的帝国的。但是，土地之广袤是帝国的属性，却不是城邦的属性。什么是城邦的本质？罗马人告诉我们，对罗马而言，最重要的是罗马人之伟大（maiestas populi Romani）。罗马会分裂、崩溃、毁灭，但一种对于伟大的罗马统一的理念却不会消散，而只要这种理念存在，罗马就没有灭亡。卡拉卡拉敕令的特殊性在于，他明确提出了罗马人之伟大（maiestas populi Romani）这一概念，并且以其为基础奠定了

〔94〕 A. N. Sherwin-White, *The Roman Citizenship*, Oxford University Press, 1996, p. 282.

罗马的人口基础，为以后的罗马尼亚思想的发展提供了条件[95]。对卡拉卡拉个人而言，这体现了他对于罗马帝国强盛不衰的期望和信心以及一统天下的雄心，而作为罗马的皇帝，他将带领人民走向强大，走向征服。鉴于当时内忧外患的历史背景，卡拉卡拉此举想必是想打破困局的。《安东尼努斯敕令》是他的胜利宣言，是他实现自己政治抱负的蓝图，而他的第一步，就是授予罗马世界所有自由人以公民权，一方面体现他前无古人后无来者的革新，一方面为他后来的伟业打下人口基础。这位年轻的皇帝的确是想通过公民权的恩赐实现一定程度上的平等，创造一个新纪元。

2. 《安东尼努斯敕令》的意义和局限

（1）意义。

作为皇帝谕令，《安东尼努斯敕令》是卡拉卡拉皇帝实现自己政治抱负的第一步。一方面，这是皇帝集权的标志之一，架空元老院的权力，而将其集中于自身与军队。另一方面，罗马帝国在公元212年通过该敕令消除了罗马公民与其被征服者间的壁垒，试图实现罗马化。对于罗马人民而言，至少在名义上他们都是罗马公民，有着相对的平等，也比曾经多享受了一部分权利。在民事权利上，他们获得了作为非罗马公民时所不能享受的保护。曾经仅属于罗马公民的特权，如今平等的赋予每个人。对行省而言，由于身份的差异，管理需要区分身份并决定适用罗马法还是本地法，但敕令消除了身份的区分，不仅可以减少烦琐的法律带来的司法和管理困难，还能为城市管理层提供更充分的人员保障[96]。对罗马帝国而言，罗马人之伟大（maicstas populi Romani）这一信念使得到了公元四世纪，哪怕罗马帝国的中心与首都早已远离罗马，乃至476年西罗马帝国灭亡以后，众多新建立的“蛮族王国”以及东部的拜占庭帝国仍争相以“罗马”真身自居[97]，或许罗马并未真正衰亡。

卡拉卡拉试图通过普发公民权以实现罗马世界共同的身份认同，这种意识上的统一，为巩固帝国提供了思想上和人口上的基础。从这一方面看，敕令无疑是具有深远影响的，甚至在很大程度上，至少在精神方面延

〔95〕 A. N. Sherwin-White, *The Roman Citizenship*. Oxford University Press, 1996, pp. 282-283.

〔96〕 刘小青:《〈安东尼努斯敕令〉新论》，载《世界历史》2013年第6期。

〔97〕 熊莹:《罗马帝国如何崛起：SPQR读书笔记之一》，载《文汇报》2017年3月10日，第W11版。

续了罗马帝国的生命。

（2）局限。

虽然卡拉卡拉最想通过敕令实现两个方面：一是通过普发公民权获得民心并且减少不同阶层的差距，实现精神上的统一和罗马化；二是表达自己有能力带领罗马人民、带领罗马走向富强。可惜的是，敕令最终造成的结果却事与愿违。

对于实现平等的目的而言，这个赋予罗马世界所有人以罗马公民权的敕令非但没有带来平等与和平，反而加剧了社会阶层的分裂。数量急剧扩增的罗马公民并没有一条心建设罗马帝国，为了小部分集体的利益而前行的人们不仅没有形成合力，反而在不同方向——甚至是相反的方向上前进，逐渐将罗马拖入深渊。敕令为“阶层固化”起到制度支持的作用，自此，下层公民陷入永无翻身之日的时期，上层公民也逐渐懈怠。社会阶层的流动固化了，阶层间的矛盾也逐渐加剧，社会混乱不堪。曾经罗马公民与非罗马公民间的良性流动使得罗马城邦保持着升级，也促进着社会进步。而今新晋罗马公民缺少对罗马的忠诚，原罗马公民丧失了对罗马的忠诚，他们不仅没有为罗马做出贡献，反而开始自暴自弃，自甘堕落。

对于精神上的统一和罗马化而言，首先，他忽略了一点，那就是罗马最初是有着很强的氏族部落性质的，而其他的种族也同样如此。从罗马建城的传说中可以看出，最初是由氏族结合成部落，再渐渐发展的。正如恩格斯指出：“与英雄时代的希腊人相似，罗马人在所谓王时代也生活在一种以氏族、胞族和部落为根本，并从它们当众发展起来的军事民主制之下。”〔98〕尽管后来的各种人为的组织渐渐稀释了罗马氏族制度的性质，但却没有真正改变这一点。可是随着罗马的发展，罗马不再是由地道的罗马人民（populus romanus）组成，公民权的发放导致罗马人民的组成越来越复杂。最终，在罗马王政时代以后，以个人血缘关系为基础的古代社会制度就已经被破坏了。〔99〕可是氏族性质被破坏不代表它就消失了，事实上只要血缘关系还受到人们的重视，罗马的氏族性质就一直存在。这意味着普发公民权以后，氏族性质必然会死而复生。因为公民与非公民的区别消

---

〔98〕［德］恩格斯：《家庭、私有制与国家的起源》，人民出版社1972年版，第125页。

〔99〕［德］恩格斯：《家庭、私有制与国家的起源》，人民出版社1972年版，第126~127页。

失了，人们势必要重新寻找一个将自己归类的标准，而非“罗马公民”这个早已贬值得不像样的标签，此时隐藏在血液内的本能就出现了，人们自然而然的倾向于以血缘为基础联结起来，就像建城时的氏族那样，最终导致了出身的绝对重要性。生在好的世家，就掌握了整个族群的资源，而生在贫穷又无权无势的家族，也会终其一生都穷困潦倒。一方面，敕令使随着罗马发展本已逐渐淡去的氏族性质又复生，另一方面，敕令也为阶层固化提供了制度基础。这样的氏族性质放在非地道的罗马人身上更加适用，因为他们本就没有对罗马的忠诚，罗马公民的身份并不是他们的归属。他们需要的是公民权带来的利益，却不需要身为罗马人民的意识。

其次，他高估了公民权对“罗马化”的作用。正如前面所说，罗马公民身份不过是利益的象征，换成雅典公民身份也好、迦太基公民身份也好，对非本土公民而言都是一样的，只要能带来利益。但他们不会，更不愿发自内心的觉得自己变成了本土公民的一份子，因为他们的血液里流淌的是自己民族的血液，他们的精神是从出生就接受的信仰。甚至可以说完全“罗马化”本身并非一纸敕令就能实现的，从古至今恐怕没有一个民族或国家可以完全同化异邦人。

对于带领罗马走向富强的美好愿景而言，很可惜的是，事实与他的承诺完全相反。在敕令以后，罗马帝国就开始从经济和军事上全面垮台。就经济而言，敕令所导致的行省税的缺口难以弥补，亡羊补牢的滥发货币导致的通货膨胀加剧了经济的崩盘。一环套一环的连锁反应已经使罗马无力回天。而至于军事上，在公民兵制时代，罗马军队骁勇善战，令敌人闻风丧胆。职业兵制开始，军队就逐渐与玩弄权势者为伍。在公民权全覆盖时期，军队组成早已不再纯粹，虽然都披着罗马公民的外衣，但内心却为各自的利益，没有一心向罗马的精神内核。自此，军队早已不再是罗马制敌的利器。

基于狄奥的评价，大多数人认为《安东尼努斯敕令》不过是提高税收的政策而已。而且在卡拉卡拉死后，这一敕令其实早已名存实亡。需要区别的是，虽然敕令就其文本上记载的目的而言早已不复存在，甚至起了反作用，但它对于罗马的影响却是巨大而深远的。

结 语

《安东尼努斯敕令》是卡拉卡拉皇帝想要实现自己政治抱负的第一步，同时也是拉拢人心之举。在精神上，该敕令无疑将罗马人之伟大（maiestas populi Romani）提升到了新的历史高度，并在未来继续承载着罗马的夙愿。卡拉卡拉通过普发公民权消除罗马公民与非罗马公民间的区别，是为了实现不同种族的融合和平等相处，而并非出于物质上的利益考量，其目的是为罗马日后的壮大奠定人口基础。事实上，敕令的确实现了相对意义上的平等和一定程度上相对简化的行省管理。更重要的是，敕令首次明确提出了罗马人之伟大（maiestas populi Romani）这一概念，向世人展示了罗马帝国的根基：既不是广袤的版图，也不是肥沃的土地，而是罗马人关于伟大而统一的罗马这一坚定信念。这样的信念即使在西罗马帝国灭亡后也仍然存在于罗马人心中，换言之，这种信念不断延续着罗马的生命。

然而，在物质层面，敕令并未做出多少贡献，甚至起了负面的作用。由于客观环境的局限以及卡拉卡拉自身主观上的局限，敕令并未能像他所预计的发挥巨大效力，这是一个遗憾，但也是历史的必然。卡拉卡拉皇帝忽略了公民权对阶层流动的作用，以至于帝国内出现了严重的不平等；他忽略了根植于人们血液中的氏族思想，敕令并未真正同化异邦人，也没有实现彻底的罗马化；他忽略了帝国内忧外患的历史背景下革新的艰难，以至于帝国从经济和军事上都因为敕令而遭受巨大打击。

总结而言，这位年轻的皇帝没有意识到理想到现实并非一纸敕令就可以跨越的残酷。虽然敕令的目的是好的，但要实现它所记载的却远非颁布即可，各方面的局限使得《安东尼努斯敕令》终成历史长河里绚烂而又短暂的一笔。但无法否认，《安东尼努斯敕令》对罗马的影响是伟大而又深远的。

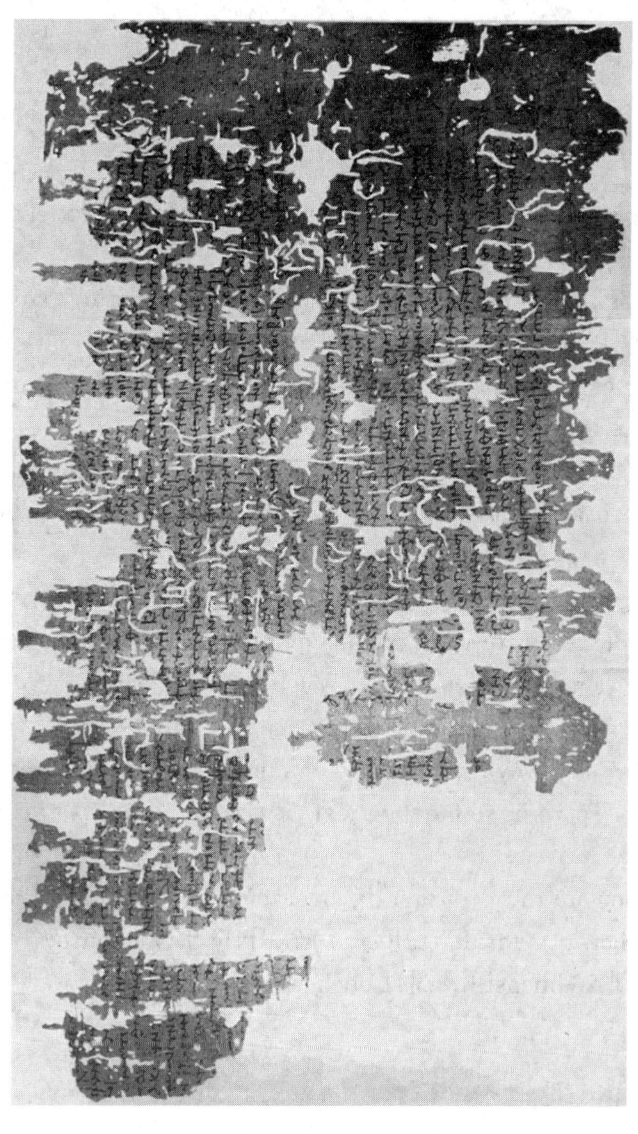

图4　吉森第40号纸莎草文献图

附　录

附录一　《安东尼努斯敕令》梅耶还原版本

[Αὐτοκράτωρ Καῖσαρ Μά]ρκος Αὐρήλι[ος Σεουῆρος] Ἀντωνῖνος Ε[εβαστ ό]ς λέγει·

[Νυνὶ δὲ...γρ]η μᾶλλον ἀν[αβαλὄμενον τὰ]ς αἰτίας καὶ το[ὺς] λ.[ιβ]έλλου[ς]

[ξμτεὶν□δπως ἀν τοῖς θ]εοῖς τ[οῖ]ς ἀθ[αν]άτοις εὐχαριστήσαιμι，ὅτι τῆ. τοιαύτη

[νίκῃ(?)...σῶο]ν ἐμὲ συν[ετή]ρησαν. Τοιγαροῦν νομίζω [ο]ὕτω με

[γαλοπρεπῶς(?) καί εύσεβ(?)]ως δύ[να]σθαι τῇ μεγαλει[ό]τητι αὐτῶν τὸ ἱ κανὸν ποι-

*[εῖς τὰς θρησκείας τῶ]ν θεῶν συνπενέγ[κοι]μι. Δίδωμι τοῖ[ν]υν ἀπα-

[σιν ξένοις τοῖς κατὰ τ]ὴν οἰκουμένην π[ολιτ]είαν Ῥωμαίων，μένοντος

[παντός γένους πολιτευμ]άτων，χωρ[ὶς] τῶν [δε]δειτικίων.[100] Ὀ[φ]είλει [γ]ὰρ τὸ

[πλῆθος-- οὐ μόνον]...γειν πάντα ἀ[λλ]ὰ ἤδη κ[α]ὶ τῇ νίκῃ ἐνπεριει-

[λεὶσθαι. Τοὺτο δὲ τό διάτ]αγμα ε[...]λώσει [τὴν] μεγαλειότητα [το]ῦ Ῥ ωμα[ί-]

[ων δήμου διὰ τὸ τὴν αὐτὴν...]ν περὶ τοὺς [...]υς，γεγενῆσθαι ᾗπερ δ[ι]ὰ

[24 buchst. τῶν κα] ταλειφ[θέντων(?)...] ων τῶ[ν ἑ]κάστης

[χώρας(?) 26 buchst.]η τω[11 buchst.] ος[...]

〔100〕 谢温 - 怀特对第 7 ~ 9 行的译文 Δίδωμι τοῖ[ν]υν ἀπα[σιν ξένοις τοῖς κατὰ τ]ὴν οἰκουμένην π[ολιτ]είαν Ῥωμαίων，μένοντος [παντός γένους πολιτευμ]άτων，χωρ[ὶς] τῶν [δε]δειτικίων 为 So I give to all peregrini throughout the world Roman citizenship，provided that the status of all communities remains unchanged，except the *dediticii*. A. N. Sherwin-White. *The Roman Citizenship*. London：Oxford University Press，1996，p. 293.

附录二 《安东尼努斯敕令》舜鲍尔还原版本

Αὐτοκράτωρ Καῖσαρ Μάρκος Αὐρήλιος Σεουῆρος Ἀντωνῖνος Εεβαστός λέγει·

[ἀλλά νῦν εἰς τὸ θεῖον] χρη μᾶλλον [ἀναφέρειν ἐμὲ] τὰς αἰτίας καὶ τοὺς λογισμούς

[τίνι ἂν τρόπῳ ἀξίως] τοῖς θεοῖς τοῖς ἀθανάτοις ẹὐχạριστήσαιμι, ὅτι τῇ. τοιαύτη

αυμφορᾷ περιπεσόντα σῶον ἐμὲ συνετḥρησạν. Τοιγαροῦν νομίζω οὕτω με

[γαλοπρεπῶς καί εὐσεβ]ῶς δύνασθαι τῇ μεγαḷειότητι αὐτῶν τὸ ἱκανὸν ποι-

εῖν εἶτοσάκις μυρίσυς ὁσάκις ἐὰν ὑπẹισέλθωσιν εἰς τοὺς ἐμοὺς ἀ νθρώπους,

[συνθύοντας εἰς τὰ ἱερὰ] τῶṿ θεῶν συνπενέγκοιμι. Δίδωμι τοῖνυν ἁπα-

σιν ὅσοι ἐὰν ὦσι κατὰ τὴν οἰκουμένḥν πολιτεἰαν Ῥωμαίων μẹ́νοντος

ξένου οὐδενὸς τῶν πολιτευμάτωṿ, χωρὶς τῶν δεḍειṭικίων. Ὀφẹίλει γὰρ τὸ

[πλḥθος οὐ μόνον αυνκινδυνεύειν] πάντα ἀλλὰ ἤδη καὶ τῇ νίκῃ ἐ νπεριει-

λῆφθαι. Τοὺτο δὲ τό διάταγμα ἐξολώσει τὴν μεγαλειότητα τοῦ Ῥωμαί-

ων δήμου μετὰ τὸ τὴν ἴσην τιμὴν περὶ τοὺς ἆλλους, γεγεṿῆ̣σθαι ᾗπερ δι ὰ

τὴν εὐγένειαν Ῥωμαῖοι τετίμηνται

附录三 《安东尼努斯敕令》威廉姆还原版本

[Αὐτοκράτωρ Καῖσαρ Μά]ρκος Αὐρήλι[ος Σεουῆρος] Ἀντωνῖνος Ε[εβαστ ό]ς λέγει·

[Πάντως εἰς τὸ θεῖον χρ]ὴ μᾶλλον ἀν[αΦέρειν καὶ τὰ]ς αἰτίας καὶ το[ὺς] λ̣[ογι]σμού[ς]

[δικαίως δ'ἂν κἀγὼ τοῖς θ]εοῖς τ[οῖ]ς ἀθ[αν]άτοις ε̣ὐχ̣α̣ριστήσαιμι，ὅτι τ ῆ[ς] τοιαύτη[ς]

[ἐπιβουλῆς γενομένης σῶο]ν ἐμὲ συν[ετ̣ή]ρησα̣ν. Τοιγαροῦν νομίζω [ο]ὕ τω με-

[γαλοπρεπῶς καὶ θεοπρεπ]ω̣ς δύ[να]σθαι τῇ μεγαλ̣ει[ό]τητι αὐτῶν τὸ ἱ κανὸν ποι-

[εῖν，εἴ τοσάκις μυρίσυς ὁσ]άκις ἐὰν ὑ[π]εισέλθ[ωσ]ι̣ν εἰς τοὺς ἐμοὺς ἀ ν[θρ]ώπους,

[ὡς 'Ρωμαίους εἰς τὰ ἱερὰ τῶ]ν θεῶν συνει[σ]ενέγ[κοι]μι. Δίδωμι τοῖ[ν]υν ἁπα-

[σιν τοῖς κατοικοῦσιν τὴ]ν οἰκουμένῃν π[ολιτ]είαν Ῥωμαίων, [μ̣]ένοντος

[οὐδενὸς ἐκτὸς τῶν πολιτευμ]άτων，χωρ[ὶς] τῶν [δε]δ̣ειτ̣ικίων. Ὀ[φ]ε ίλει [γ]ὰρ τὸ

[πλῆθος οὐ μόνον τἆλλα συνυπομέ]νειν πάντα ἀ[λλ]ὰ ἤδη κ[α]ὶ τῇ νίκῃ ἐνπεριει-

[λῆφθαι. Τοὺτο δέ τό ἐμὸν διάτ]αγμα ἐ[ξαπ]λώσει [τὴν] μεγαλειότητα [το]ῦ Ῥωμα[ί-]

[ων δήμου συμβαίνει γὰρ τὴν αὐτὴ]ν̣ περὶ τοὺς [ἄλλο]υς，γεγεν̣ῆ̣σθαι ᾗ περ δ[ι]ὰ

[πρέπουσν ἀνέκαθεν 'Ρωμαῖοι τιμῇ τῶν κα] ̣ταλειφ[θέντων…] ω̣ν τῶ[ν ἑ]κάστης

罗马共和政制研究

——以历史文本为分析对象

刘禹呈*

引 论

共和制是全球一半以上国家选择的主要政体类型，其中所表达的共和主义内涵则是该国家的一种对于阶级均衡、权力均衡的政治追求。[1] 现代国家所选择的共和政治，实际上与古典共和有着较大的内涵差别。

“共和制”一词在现代人中是一种绝对决裂于君主制的政治选择，但是又没有“民主制”那样强调人民在权力分配中所占据的重要地位。但是“共和”这一概念诞生之初，即在古希腊和古罗马时期，它毋宁是地中海人民所共同认可与向往的一种生活方式。伴随着此种理念在政体构造中的表达，罗马创造了名垂青史的“混合宪制”的共和政体，并且该制度的合理性使得罗马共和国在短短五十三年内称霸整个地中海世界。而同时，“罗马共和国之父”西塞罗对于共和政制的学术理论思想也为政治学和法学史留下了浓墨重彩的一笔，并对后世西方世界的启蒙运动与乃至东西方世界的民主政治思潮提供了宝贵的理论渊源。

国内学者对于“共和”之研究，更多的在于“混合政体理论”的重构，并因此展开对罗马宪制与西方宪政的比较分析。但此种讨论多在于对

* 中南财经政法大学民商法14级本科生。

〔1〕 李强、张新刚主编:《政制论衡》，北京大学出版社2017年版，第40页。

传统理论的批驳，亦或是提出新的理论假设，而少有对历史文本中“共和”一词的传统意义和技术构造进行梳理。本文的研究以包含“共和”思想的重要历史文本作为研究对象，从一手文献还原“共和”在古典时期的基本内涵，从而希望进一步挖掘共和政制的价值优势所在，从而理解“共和”对于当下的现实意义。

一、古罗马的共和思想理论

（一）“共和”的词源学考古

现代术语体系中“共和”一词，盖指共和政体，其在汉藏语系之中并无共同词源。汉语中的“共和”源于清末对于日本著作的直接翻译。“共和”一词在阿尔泰语系中的词源，是十九世纪日本学者箕作省吾在其著作《坤舆图识》[2]中将汉字“共和”二字作为英文“republic”的译语，取典自“周召共和[3]”。日语中“共和”（きょうわ）这一概念的词汇亦由汉字“共和”二字构成。

而在印欧语系中，英文词汇“republic”一词，同现今之法语词汇“république”，德语词汇“Republik”，西班牙语词汇“républica”，意大利语词汇“repubblica”，俄语词汇“республика”等，共享同一拉丁语言词源——“res publica”。由此见得，“共和”之概念早在古罗马时期就已存在。

（二）西塞罗的共和思想理论

“共和”进入历史的视野，或许应该归功于马库斯·图留斯·西塞罗（Marcus Tullius Cicero）。其所撰的《论共和国》（De Re Publica）一书中，第一次将柏拉图《理想国》的希腊语词汇“πολιτεία”译为拉丁语词汇“res publica”，意为“公共之事物”。此一含义，也是西塞罗在著作里对该词的多次使用中最为常见的含义。

西塞罗的著作《De Re Publica》中，“共和”这一词汇共出现12次，其中：表示“公共之事物”的有2次；表示“国家”的有3次，表示“宪

〔2〕［日］穗积陈重：《法窗夜话》，［日］吉田庆子等译，中国法制出版社2015年版，第47页。

〔3〕公元前841年至公元前828年，西周国人暴动，周厉王逃离镐京，由大臣周定公与召穆公共同执政。

法”的有2次，表示“共和国”的有5次。正是由于“res publica”具有多重含义，因此该词的翻译也存在诸多问题，典型的表现就是“一词多译”，“Res publica”被现代学者翻译为“共和国”“国家”“公益”“宪法”等，不尽相同。除了王焕生的《论共和国》[4]之外，尚有沈叔平与朱苏力的《论国家》[5]。美国学者James E. G. Zetzel则将之翻译为On the Commonwealth[6]（论公益）。徐国栋更为此著作之翻译问题著文探讨，指出其更适合译为“宪法”，而非一个实体，[7]并明确指出了现代对于宪法概念之起源的一个惯性式的思维错误——将“宪法”认为是起源于英国资产阶级的当然创造。

我们先来看看关于这一词汇的经典片段。在西塞罗《论共和国》第一卷第三十九片段中，他假借小西庇阿（Publius Cornelius Scipio Emelianus Africanus）之口，阐述与揭示了“共和”这一概念的定义，并为后续篇幅中讨论“共和政体”概念埋下了伏笔。

《论共和国》第一卷第三十九小节：

> 小西庇阿：“共和（Res public）乃人民共同之事业（Res populi est）。人民之所以聚集（coetus）者，非由任意，而在法之共识（multitudinis iuris consensu）与利之共事（utilitatis communione sociatus）。亦非羸弱（imbecillitas），而在于人之天性（naturalis）喜于相合。人不喜孤独，不好单一，降世以来，纵使富足…”[8]

此处的“Res”，在拉丁语中为名词主格形态[9]。“res publica”，意即

---

〔4〕［古罗马］西塞罗：《论共和国·论法律》，王焕生译，中国政法大学出版社1997年版。

〔5〕［古罗马］西塞罗：《论共和国·论法律》，沈叔平、苏力译，商务印书馆2011年第1版。

〔6〕意即“联邦”“共和国”。

〔7〕徐国栋：《论西塞罗的De Re Publica的汉译书名——〈论宪法〉还是〈论国家〉或〈论共和国〉》，载《甘肃社会科学》2014年第2期。

〔8〕*Cic. Rep.* 1. 39: *Est igitur, inquit Africanus, res publica res populi, populus autem non omnis hominum coetus quoque modo congregatus, sed coetus multitudinis iuris consensu et utilitatis communione sociatus. Eius autem prima causa coeundi est non tam inbecillitas quam naturalis quaedam hominum quasi congregatio; non est enim singulare nec solivagum genus hoc, sed ita generatum ut ne in omnium quidem rerum affluen* 〈*tia*〉 …

〔9〕［英］约翰·格雷：《法律人拉丁语手册》，张利宾译，法律出版社2009年版，第180页。

“公事”“国家”“共和国”“帝国”[10]。“populi”，意为“人民的”，此为其拉丁语名词之属格形态。“Est”为动词“是”的直陈式现在时第三人称单数变位，“igitur”为副词，表因果，意为“乃”“因此”。故而整句即可译为：共和乃人民之共同事业。“autem”为转折性副词，意为“然而”，“coetus”为名词，即“集会、聚集”，与后文中的“congregatus”之“联合”属同义，“modo”为条件副词，即“仅仅”，“multitudinis iuris consensu”即“共同的法律适用之共识”，“utilitatis communione sociatus”即“社会共同利益”，故而后一句意思为：人民并非仅仅因为聚集而聚集，而是基于共同的法律适用习惯与社会共同利益。“imbecillitas”在此指“弱点”，“naturalis”即“天性”，词句中接连否定，用以表示“人之所以聚集不是由于弱点，而是天性使然”。

依据片段，西塞罗所界定的“共和”具有两层重要的内涵性质，即人合性与物合性。其所指之物是罗马共和国的“人民”与“国事”，亦或者说“人民之物”。《论共和国》著于公元前54年至公元前51年，在其著作中，西塞罗在介绍“共和”这一概念时，将之命名为“res publica”，其中res的含义就是“物”。在对“共和”进行定义之时，其表语为“res”，补语为“populi”，即“人民的”。由此，在公元前一世纪的古罗马，“国家”“共和”之概念，是以“物”作为其核心。物，即客观实在的有形体，古罗马人借此表达“国家”“共和”之概念。因此，就其本质而言，“共和”是一种实体，具有客观性的特征。同时西塞罗在定义中指出，“人民之所以聚集者，非由任意，而在法之共识与利之共事”。也就是说，他还同时强调“共和”的“人合性”。

不过，西塞罗的定义并没有区分“国家”与“共和”这两个概念，也就是说“res publica”在上述片段中既指具体的政体，又指抽象的概念。然而，现代意义上的“国家”，由“领土”“人民”与“政府”三要素构成，因此西塞罗所谓的“国家”概念，与现代意义上的“国家”也迥然不同。作为新兴贵族的西塞罗，其眼中的“共和”乃是其所见之“共和”，是罗马贵族眼中的一种政治诉求的表达方式。罗马贵族认为他们有权利和

〔10〕［英］约翰·格雷：《法律人拉丁语手册》，张利宾译，法律出版社2009年版，第186页。

职责以家长政治的方式为国奉献，凭借他们的服务，提高个人和家族的荣耀。“共和”即为罗马贵族的服务对象，而这一对象，就是贵族眼中的人民。“Res publica id est res populi（共和乃人民共同之事业）并非在定义共和，而不过是人民这一概念的西塞罗式的称谓。”〔11〕

关于其政体含义的论述，西塞罗在《论共和国》第一卷第四十二个片段中提及了三种政体，即王政、贵族制与民主制。并在第五十四个片段中明确表述不赞赏任何一种单独形式，而是认为由三种混合而成的形式最好。“……我对它们中任何一种单独的形式都不赞赏，而认为由三种形式混合而成的形式比它们每一个都好。”〔12〕在同卷第六十九个片段中通过与王政的比较，再次表达混合政体最为优良的论点。“王政最为优越，但有一种体制比王政更优越，它由良好的三种国家体制均衡的混合而成。”〔13〕由此可以获知，第一，西塞罗对于罗马共和国的政体适用有明确的认知；第二，其高度认可并赞赏其祖国的政体。

西塞罗的“共和”思想承继于希腊〔14〕，受到亚里士多德自然法思想的影响。西塞罗所翻译的希腊语词汇“πολιτεία”经拉丁字母转化后对应的写法为“Politeia”，其中词根“Polis”即城邦，亚里士多德将之称为“社会团体”〔15〕。“Politeia”的本意指“城邦之事物”，其引申意具有“政治”等义项。亚氏在其著作《政治学》中说道：人生来就是政治的动物。其国家之起源，即由于人类繁殖所需的一对男女以及生来就为主人与奴隶的相互保全欲求，自然而然地构成家庭，由此逐步形成一个自然村。人类天性

---

〔11〕 Giovanni Lobrano, *Res publica res popoli—La legge e la limitazione del potere*, Torino: G. Giappichelli Editore, p. 114.

〔12〕 (*Scipio*) *recte quaeris quod maxime e tribus, quoniam eorum nullum ipsum per se separatim probo, anteponoque singulis illud quod conflatum fuerit ex omnibus. sed si unum ac simplex p 〈ro〉 bandum 〈sit〉, regium 〈pro〉 bem ... pri ... in ... f ... hoc loco appellatur, occurrit nomen quasi patrium regis, ut ex se natis ita consulentis suis civibus et eos con 〈s〉 ervantis stu 〈dio〉 sius quam ... entis ... tem ... us ... tibus ... uos sustentari unius optimi et summi viri diligentia.*

〔13〕 *regio autem ipsi praestabit id quod erit aequatum et temperatum ex tribus primis rerum publicarum modis.*

〔14〕［古罗马］西塞罗：《论共和国·论法律》，王焕生译，中国政法大学 1997 年版，第 8 页。在中译本的引言部分，卢伊杰·拉布鲁纳介绍了西塞罗早年留学希腊并深受希腊柏拉图学院学说影响的经历。

〔15〕［古希腊］亚里士多德：《政治学》，姚仁权编译，北京出版社 2012 年版。

向往美好生活，为了满足这种本性欲望，继而在自然村的基础上自发地建立一个共同体。这一顺其自然发展形成的共同体，就是国家。[16] 因此，西塞罗对于人的所谓“聚合性”的描述，以及选择“天性”作为论证的依据，都与亚氏在《政治学》一书中的论述颇为相似。而西塞罗早年曾赴希腊求学，对希腊各式学派思想颇为精通，故可以推测，西塞罗在“国家”这一政治学问题上极有可能受到了希腊哲学思想的影响，并对亚里士多德的理论进行了罗马化的改造，从而完成了共和一词的涵义升华和完善，即从单纯的“国家”政体向具有人合性和物合性二元维度的抽象“共和”的转变。

（三）波利比乌斯的混合政体理论

实际上，西塞罗的理论也受到了生活在罗马的另一位希腊人的影响，那就是波利比乌斯（Πολύβιος）。他对于“共和”的理解与对于罗马共和政制的研究更注重于框架性的表现，即更加注重结构外观而非概念内涵，属于非传统的希腊模式。同时，他还将罗马的兴盛与其政体的合理性联系起来，提出了政体循环论。这位师承希罗多德、柏拉图等希腊先贤的希腊人，在某种程度上充当了罗马问题希腊化解答的良好媒介。

波利比乌斯本是希腊人，约公元前200年出生于阿卡迪亚（Arcadia）。其父是亚加亚同盟（Archean League）指挥官。公元前167年，波利比乌斯被作为人质引渡到罗马。因其良好的教育经历与出色的文化能力从而结识了小西庇阿，并作为顾问随后者参与了第三次布匿战争，亲眼见证了迦太基的灭亡。晚年回到希腊，撰《历史》（Ἱστορίαι）一书，详述并试图解构罗马在公元前三世纪中叶至公元前二世纪中叶的崛起与称霸地中海的过程与原因。

《历史》或许是一本史学著作，但其中关于罗马共和政治结构的剖析，为现代罗马公法研究提供了十分可贵的史实与思想理论渊源。最著名的莫过于由此提炼出的“罗马混合政体论”。这一点在之后的罗马共和政制结构中会做详述。

波氏在其《历史》中提出过两个著名理论，一是政体循环理论，二是生物模式理论。笔者在此节选《历史》英文版第六卷中涉及上述二理论的

[16] ［古希腊］亚里士多德：《政治学》，姚仁权编译，北京出版社2012年版。

片段进行翻译:

《历史》第六卷第四小节:[17]

我们可以断言有六种政体，上述三种常为人所提及，另外三种则总被不自觉地依赖，即君主制、寡头制与暴民政治。首先出现的是君主制，其出现自然且无需任何辅助。接下来就会由于修正主义而衍生出王权。君主制演变为与其同源的暴君制。接下来，将二者随之罢黜并顶替的是贵族制。然而，贵族制依其本性将蜕变为寡头制。当愤怒的民众因其不公对这样一种政权进行报复时，民主制应运而生。当民主因为缺乏准许、无法无天的时候，暴民政治的出现将使这一循环归于完整。我所述之真理对于留心观察事件起源、开端与变化之人当是清晰明了的。对于历史事件的自然进程观其整体的人，应当能够预见事件将按部就班地重演。

《历史》第六卷第五十一小节:[18]

无论机体、国家亦或是行动，均有其发展期、全盛期与衰败期。在全盛期，其各方面都会达到鼎盛，这便是这两个国家各自彰显其不同之处的原因了[19]。

---

[17] Polybius, The Histories VI, 4, 6-12.

We should therefore assert that there are six kinds of governments, the three above mentioned which are in everyone´s mouth and the three which are naturally allied to them, I mean monarchy, oligarchy, and mob-rule. Now the first of these to come into being is monarchy, its growth being natural and unaided; and next arises kingship derived from monarchy by the aid of art and by the correction of defects. Monarchy first changes into its vicious allied form, tyranny; and next, the abolishment of both gives birth to aristocracy. Aristocracy by its very nature degenerates into oligarchy; and when the commons inflamed by anger take vengeance on this government for its unjust rule, democracy comes into being; and in due course the licence and lawlessness of this form of government produces mob-rule to complete the series. The truth of what I have just said will be quite clear to anyone who pays due attention to such beginnings, origins, and changes as are in each case natural. For he alone who has seen how each form naturally arises and develops, will be able to see when, how, and where the growth, perfection, change, and end of each are likely to occur again.

[18] Polybius, The Histories VI, 51, 4.

For as every body or state or action has its natural periods first of growth, then of prime, and finally of decay, and as everything in them is at its best when they are in their prime, it was for this reason that the difference between the two states manifested itself at this time.

[19] 指斯巴达与罗马。

对于罗马的盛兴，波氏运用了上述两个理论去解释。罗马的混合政体，在波氏看来，开始于公元前450年左右，即第二任十人立法委员会执政期间[20]。在此之间，罗马从公元前六世纪末王政的终结到十人立法委员会的创建，已经经历了王政到傲慢者塔克文再到元老院权力的扩张的转变，现在的十人立法委员会的成立已经完成了“君主制—暴君制—贵族制—寡头制—民主制—暴民政治”的循环圈的三分之二。正当这一循环要继续下去的时候，即寡头制向民主制转变的时候，平民利用三次撤离，使得贵族与之达成了妥协，共和国设立了保民官制度，从而终止了循环的继续，或者说，终止了向民主政治发展的步伐[21]。由此，罗马建立起了与斯巴达的吕库古制度（或称莱库古）相似的混合政体。“凭借从灾难中获得的经验，选择了正确的道路，达到了与吕库古相同的目标，即现有的最佳政治体制。过去如此，现在虽然经过了些许调整，但基本依旧。”[22] 我们从中可以发现，波氏对于政体更替的推导模式与柏拉图在其《理想国》中提到的政体更替模式十分相像。后者在其著作中则描述了“军人政体—寡头政体—民主政体—僭主政体”的更替模式[23]，却并未涉及更替的循环。

提及吕库古制度，波氏称吕库古是第一个制定宪法的人[24]。斯巴达的吕库古制度实行双王制，有元老院、监察院（又称尔发院）与全民大会。阶级上分为统治阶级（斯巴达人）、工商阶级（伯里阿卡人）与农奴阶级（黑劳士）[25]。也就是说，波氏的混合政体理论并非罗马之首创，亦非独其有之。然而，不能认为罗马的共和政制与斯巴达的吕库古制度具有某种渊源关系，原因在于前者确立于罗马共和国自发性的探索实践，并在

---

〔20〕 C. O. Brink, F. W. Walbank, “The Construction of the Sixth Book of Polybius”, *The Classical Quarterly*, *NewSeries*, Vol. 4, 1954, pp. 113-114.

〔21〕 C. O. Brink, F. W. Walbank, “The Construction of the Sixth Book of Polybius”, *The Classical Quarterly*, *NewSeries*, Vol. 4, 1954, p. 114.

〔22〕 Polybius, The Histories VI, 10-11.

〔23〕 ［古希腊］柏拉图：《理想国》，郭斌和、张竹明译，商务印书馆1986年版。

〔24〕 Polybius, *The Rise of the Roman Empire*, translated by Ian Scott-Kilvert, England: Penguin Classics, 1980, p. 303.

〔25〕 ［美］威廉·邓宁：《政治学说史（上卷）》，谢义伟译，吉林出版集团有限公司2009年版，第5页。

此基础上缓慢发展而来，而后者则是由立法家一人进行创制的，好比“平地起高楼”〔26〕。罗马的共和政制的生成与发展过程之于波氏之生物模式理论，与其说是前者完美地演绎了后者，毋宁说后者正是从对前者的观察总结中归纳而来。

综上，波氏的“混合政体”理论为后面西塞罗创建罗马“共和理论”奠定了基础，他从外观上对政治体制的归纳将“共和”一词从具体的政治制度引向具有权力制衡内涵的共和理念。同时，他还将罗马共和国取得的巨大的军事上的成功与其自身的政治体制相联系，在这一点上彰显出了其受希腊文化背景的影响，因为希罗多德正是用此法归纳斯巴达的政治体制改革与其对于邻邦的胜利之间的关系的第一人。波氏以自身的生物模式理论作为支撑，即关注自然发展，创造了循环政体理论来说明权力的动态化表现，准确地表达了“共和”在罗马的历史实践。

（四）西塞罗与波利比乌斯的两者“共和”思想之比较

我们首先总结西塞罗的“共和”思想。西塞罗笔下的“共和”是指以物作为核心的，以客观性和实体性作为特征的，以人民作为对象的一种抽象政治学概念。笔者以为，这一概念到目前为止最合适的替代词，应当是“国事”。在其《论共和国》中，西塞罗承认王政之好处在于“单人便于实行统治”〔27〕，但同时也指出混合制比王政更为优越。对于贵族制，西塞罗认为“美德只存在于少数人身上，并且只有少数人能够对其鉴赏与评鉴”〔28〕。而波利比乌斯的“共和”则更加具体和侧重描述政治体制。这一概念的得出，或者说在波氏自身著作之中的推理与演变过程是建立在历史事实与现象的分析、归纳与整合之上的。相比于西塞罗概念的政治性，波氏的历史性显得十分动态。然而，波氏《历史》一书的宗旨之一，即是探讨罗马强盛的原因，并且将罗马的兴盛归结于其君主制、寡头制与民主制的混合政体，可见波氏之“共和”的内涵在于“君主、寡头、民主三者的

〔26〕［英］安德鲁·林托特：《罗马共和国政制》，晏绍祥译，商务印书馆2014年版，第26页。

〔27〕［古罗马］西塞罗：《论共和国·论法律》，王焕生译，中国政法大学1997年版，第54页。

〔28〕［古罗马］西塞罗：《论共和国·论法律》，王焕生译，中国政法大学1997年版，第47页。

协调与平衡”的一种外在的表现形式。

首先，显而易见地，二者的共性在于都是指向罗马共和国的政体，具有专属性。其次，二者均具有混合性，即“共和”之概念为“君主”“民主”“寡头”三者概念之混合。故而从发展关系上可以看出，西塞罗的共和思想理论是对波利比乌斯混合政体理论的继承发展，并在后者的基础上发展出了共和概念的人合性质。

相异之处，笔者列出如下五点：

1. 理论渊源

西塞罗使用的“共和”，即“res publica”翻自柏拉图的著作《理想国》之书名，并参考了柏拉图的政体分类理论，将罗马的共和政体解释为王政、贵族制与民主制的混合。而在关于人民与城邦的问题以及人民的“天生聚合性”上，西塞马承袭了亚里士多德的自然法思想。西塞罗的共和理论，是在继承的基础上发展了柏拉图与亚里士多德的理论，在将希腊政治学向罗马文化圈传递的过程中，将之打上了罗马化的烙印。因此，西塞罗被誉为“罗马共和之父”。而波利比乌斯共和理论之师承，虽然在研究思路与方法之上继承了希罗多德的军事与政体之联系方法，并在对柏拉图政体混合理论的继承上具有一定的创新，却始终属于非传统的希腊模式，纵使其为世人呈现出了更为清晰的罗马共和之框架结构的外观，却并未因其自身与罗马存在千丝万缕的联系而将自身的理论罗马化。

2. 概念内容

西塞罗所指的“共和”，实际上是“罗马人民的国事”，是当时的罗马共和国的运行体制。而波利比乌斯所指的“共和”，则是“君主、寡头、民主相互协调的混合政体”。前者专属性与物质性唯其所求，而后者的广泛性与概括性则更注重于概念内涵中各元素的协调。西塞罗的共和概念内容中包含的是共和国的混合政制、法律与其他影响罗马人民共同体的生活的元素，是从贵族阶级出发所看到的“人民之物”，因而具有贵族阶级的爱国主义色彩。至于共和国各阶层间的冲突与妥协，权力的分配与遏制，则不在此列。而波利比乌斯所指的“共和”，从其作为异国人的角度出发，显然更为客观，不会被罗马贵族阶级的爱国主义与家庭荣耀观念所左右。波氏的共和概念内容更多注重于表现权力与冲突，在其所创的政体循环理论中，循环的前提条件是更替，而更替则意味着冲突与颠覆。简言之，二

者最大之不同在于对罗马的“荣耀”这一元素的处理方式，西塞罗将之包含于概念之中，波氏则把它排除于概念内容之外，将之作为结果，研究其产生的原因。

3. 实践背景

西塞罗的“共和”更接近于政治理论实践与总结的产物，而波利比乌斯的“共和”则是历史的产物[29]。西塞罗在《论共和国》中假借小西庇阿之口对于地中海各国的政制体制进行评价，往往是将讨论对象与罗马进行比较，也就是说，其标准是罗马。波氏则是先考察了克里特、斯巴达与迦太基的政体，然后总结其政治改革与军事成果之间的关系，再考察和总结罗马的混合政体。虽然二者考察的对象都是基于历史，但前者之目的性十分明确，并且考察对象与考察方式均是政治性的，而后者则从历史学家的眼光出发进行综合考量，关注权力，却不仅限于权力。

4. 权力结构

西塞罗的“共和”概念之结构采用由表及里的二元式结构，即“人民”与“国事”各为一元，先描述混合政体与王政、贵族制与民主制并列之外观，再表明混合政体是上述三者混合之内涵。波利比乌斯的“共和”概念结构则是平行的，生物模式理论与政体循环理论共同作为支撑，平行地创造出“王政、寡头与民主元素均衡的永恒政体”。

5. 表述形式

西塞罗虽然翻译创造了“共和”的拉丁语词汇，其概念之源头却在希腊。波利比乌斯作为此概念的本土使用者，相比起西塞罗所做的“改造工作”，无论其怎么为此添加内涵以实现概念的丰富与演变以满足自身研究之需，都不会显得间断或者突兀。可以说，波氏对于“共和”的使用，更多的是出于目的性的扩张而对其内涵进行丰富，而西塞罗则是出于描述与表达，在意译的基础上实现了“共和”概念的罗马化。过程上，波氏是将希腊的政治生活模式进行了罗马化的套用，通过列举史实与推导理论将各种政体元素予以整合，从而创制出概念以方便受众进行理解，而西塞罗则是通过涉猎与翻译，有的放矢地进行筛选，找寻可以套用于描述辉煌罗马

〔29〕［英］安德鲁·林托特：《罗马共和国政制》，晏绍祥译，商务印书馆2014年版，第37页。

之政体的概念。逻辑上的结论是，波氏“共和”概念之定义属于归纳，而西塞罗则属于演绎。

很难断言西塞罗的共和理论没有受到波利比乌斯的影响，然而共和，无论是之于西塞罗亦或是波利比乌斯而言，都只是存在于观念中的概念词汇。有必要对罗马共和概念的实体进行考察，为混合政体理论找寻现代意义上的现实意义。

二、共和政体的宪政结构

“共和”的起源比“共和国”更早，广义上的“共和”，是当时地中海各国政治实践之政体的总和，是一种为罗马共和国所采用并随其辉煌而得以发扬的混合政体模式。狭义上的“共和”，则指代罗马自王政结束、共和国成立以来所采用并发展的政体。可以说，“共和”以罗马共和国之政体模式为典型代表，研究其宪政结构，应当以后者作为必要之研究对象。广义的“共和”，因其肇端于地中海之城邦政治，故必涉及城邦、氏族团体、民众会议甚至王权。这里需要注意的是，在我国的语言背景与历史环境下，所谓的“共和”更多地侧重于其内涵中与“皇权”或者说“专制”相对立的一面。然而在研究广义的共和之时，由于共和之治权与王权的千丝万缕的联系，我们不应当将王排除在研究范围之外。笔者在此将此文的研究对象设定为狭义的“共和”，即罗马共和国的政体模式。

罗马共和政制的基础，的确在于其与王政之间的对立。毕竟共和国的诞生是建立在结束王政的基础之上的，而且必定是自发性的“破”在前，探索性的“立”在后。在《十二表法》，即最古老的共和国法律中，对共和试图进行颠覆是最为严重的政治犯罪，它被称为 adfectatio regni。对于此一罪行的翻译，有称之为“试图专制罪”的〔30〕，亦有更直接的翻译为“觊觎王位罪”的〔31〕，它是一种“敌对行为”（pertuellio）。王政的取缔不论是不是出于法律对其的禁止规定，象征着王权分配的政府组织形式都是共和国的基础。就好似西塞罗的《论共和国》中所言，这种政府形式通过

---

〔30〕 黄风编著：《罗马法辞典》，法律出版社2002年版，第21页。

〔31〕 ［意］弗朗切斯科·德·马尔蒂诺：《罗马政制史》（上册），薛军译，北京大学2009年版，第368页。

人民得以人格化，被确定在三个机构上：元老院、官员与民众会议。机构化反映出的另一面则包括了对于市民基本权利的认可。最起码在共和国建立到公元前2世纪以前，这种共和政制被一丝不苟的遵守，集体意识在其中占据了相当的部分，支配了整个罗马共和国的政治生活的国家伦理。

罗马共和政制与现代共和政制无疑是存在区别的。现代共和政制最大的特点已不再是以对于王权亦或是专制的反抗因素作为代表，而是高度发达的民主政治体系，而“民主”则已经变成对一种政体表示赞许的表述[32]；罗马共和政制的因素是多元的，即“王政、贵族制与民主制”的混合。然而其最大的特点不在于多种整体因素之混合，而在于贵族权力与平民权力之平衡。自共和国时期就存在的，一直延续至今的SPQR字样的图标，其内涵即Senatus Populusque Romanus（罗马人民与元老院）。这里并非是将元老院单列出来与人民进行区分，亦更非对立，而是彰显着罗马自古以来的社会制度，或者说阶级特性。从前文中西塞罗对于共和的定义的出发点，即贵族的爱国主义中我们可以明白，元老院这一机构，在罗马的混合政制中，充当的是贵族制的成分。故而，在SPQR当中，元老院独自充当一极，表示贵族政治权力的独立性。人民则是另外一极，同样作为共和国混合政体的权力构成而存在。从SPQR中得以提炼出的，不仅是罗马共和国的社会结构与混合政体的权力结构，更加表达出贵族权力与平民权力的平衡，即下文谈及的制衡与妥协，以及罗马共和国贵族性质的根深蒂固。我们应当先从机关的角度，即政府形式的内容的角度，对罗马共和政制着手进行研究。

（一）元老院

元老院无疑是最具有罗马特色的宪政机构。

资格方面，元老院最起初的组成是杜绝平民的，这是由于其自身的性质所决定的，虽然在之后的发展中通过法律对元老院议员的选拔权进行了调整，但却丝毫不影响这一自氏族部落时期起就存在的，伴随了罗马整一个王政时期的古老制度的性质。正因为其本身有着古老的渊源，故而其在共和国初期的组成依旧保留了氏族部落时期的特征——依据拉姆涅

〔32〕［英］M.I.芬利：《古代民主与现代民主》，郭小凌、郭子林译，商务印书馆2016年版，第9页。

（Ramnes）、蒂提（Tities）与鲁切勒（Luceres）这三个部落并结合以往的库利亚大会分配名额。氏族是具有特殊职能的血亲组织[33]，王政时期的元老院充当的是王的顾问机构，元老资格的取得由王指认。根据后来的《奥威尼法》（Lex Ovinia）的相关描述，元老院的组成人数为 300 人[34]。人数的设定应当经过了斟酌，即出于维护其贵族性的目的，并且考虑到扩张后平民数量的增加不应当对此造成影响。这一法律颁布的另一结果则是确立了监察官在元老资格审查上的无上权威，后来的议员选任权力，在经过法律确定后，移交给了监察官，并且元老院的元老们被称之为“列入名单的元老们”（patres conscripti），稍稍留意就不难得出结论——以此种征召的方式任命元老，结果自然是包括了贵族与平民。根据公元前 216 年独裁官法比乌斯（M. Fabius Buteo）所进行的特别选举的记载进行推测，以下三种类型的市民可以成为元老：①前任独裁官、执政官、裁判官；②前任市政官、保民官、财务官；③具有特殊功绩的市民。另外，根据李维的记载，祭祀职位的任职者也具有成为元老的可能。元老的资格，除了对阶级与官职的要求之外，还存在财产要求与德性的要求。在奥古斯都之前，元老资格对于财产要求并不明确，或者可以说与其阶级条件相绑定。元老来自骑士阶级，而需要成为这个阶级则需要财产总额达到四十万塞斯特斯。至于德性，除了违反法律之外，其余的诸如腐败、滥权与不名誉行为等，都可以由监察官给予记号而使之遭到开除。从这一点上来说，监察官可谓完全掌握了元老的任免权。

权力方面，就如同承袭自王政时期一般，最初元老院只有摄政（interregnum）与准许（auctoritas）的权力，这显然具有贵族的性质。至于发言权与表决权，则是在后来的大会中所衍生出来的权力。关于摄政，虽然这一权力在后期变为了纯粹的形式主义上的残余，不过在初期，一旦形势出于紧张状态，为维稳之需，元老院可以依次任命临时政府。同时履行治权与占卜权。所以可以说，摄政是元老最初享有的最高地位的残余。摄政权由各元老组成的团体轮流行使，每个人担任 5 天。很可能是受先前十人委

---

〔33〕［美］路易斯·亨利·摩尔根：《古代社会》（上册），杨东莼等译，商务印书馆 1977 年版。

〔34〕［意大利］弗朗切斯科·德·马尔蒂诺：《罗马政制史》（上册），薛军译，北京大学 2009 年版，第 59 页。

员会制度之影响，元老分成10人为单位的小组，每人行使5天权力，直至该组结束轮换到下一组。摄政在很多时候的内涵仅仅只有最高官员的任命权，即所谓任命临时政府。可以想象，这个权力的行使的结果很可能会遭到保民官的反对。在保民官所享有的法定否决权与之相抗衡的过程中，我们就能分析出贵族与平民阶层势力的此消彼长。至于准可（actoritas），则是罗马公法与私法上普遍存在的一种保护性的权力。监护人对被监护人具有准可权，即其是针对具有完全权利能力但具有不完全行为能力的主体所使用的。元老院对民众会议具有准可权，虽然该权力发生的时间是在其对象已经做出行为之后，但是，这并不影响其成为元老院握有的保证贵族控制民众会议决议的一种强有力的法律工具。它的影响范围很广，包括民众会议决议的选举、判决亦或是法律。然而，平民会决议则不在此之列，这并非是由于平民会决议特殊的地位，而是在起初，它所通过的决议根本不具有法律效力。准可权的历史渊源即彰显着罗马的社会结构中贵族因素的根深蒂固。元老院是贵族阶层的机构，准可是其限制平民的工具，从这一点出发，我们或许可以推测出准可的渊源应比百人团政制更加古老。它是一种原生性的，基于贵族阶层为对抗平民的需要而诞生的古老观念。从该权力与其背后的阶级观念来看，它始终表达着对人民大会的决定不信任，并认为其是不具备完全法律能力的机构。

除摄政与准可外，亦有许多为适应共和国后续的扩张与发展而延伸出的权力，诸如对于宣战与军事领导的权力、处理国际事务的权力、立法与私法领域的权力以及财政管理方面的权力，以及一些自氏族部落与王政时期便一直保留的宗教权力。宣战与军事领导的权力，虽然不能完全任意地发动战争或左右战局，但元老院始终具有对殖民地事务进行安排的权力。这一点在第二次与第三次布匿战争中体现得尤为明显。国际事务方面，元老院可以接待外国使节并听取报告，缔结国际条约以及进行谈判。关于立法权，元老院在此上显然是因为民众会议于保民官的存在而受到了一定的限制，故而转移到了司法领域。比如，其可以通过“延期”影响到审判，亦或者干预司法官员的职权范围。以及，在一些具有舆论影响与政治性案件中保留干预与影响的权力。

需要特别提及的是元老院的财权。波里比阿认为财权是元老院的特殊职能，原因在于其在财政管理方面的广泛性。事实上，元老院在公共收入与支出方面的权力由来已久，其既有权进行一般性的管理国家财产的行为，又有权进行特殊的财产管理行为，例如有偿地与无偿地的转让。同样，元老院有权批准公共开支，无论是出于城市管理需要，亦或是军事开支与战争需要。财务上元老院可以通过决议要求捐税，当这一决议适用于公共土地收入时，其数目就很客观了。除此之外，元老院还可以通过法律涉足货币的铸造与发行。虽然民众会议在共和国晚期亦取得了管理国家财产的权力，但相比整个共和国存在的历史时期，元老院所代表的贵族阶层对于国家财富命脉的控制程度则绝对是绝无仅有的。

（二）官职

共和国时期的官职制度采用的是十分独特的同僚制，它导致了权力，即治权被完整地分配到数个任职者，在保证治权被完整地履行的同时又使得每一个人不能完整地拥有治权。值得思考的是，如果单纯是为了防止王政的复辟，只需要规定官职任期即可，根本无需将治权“肢解”。以及，以元老院为代表的贵族制政体，在官员从属于其下的情况下，根本不可能通过治权的融合来垄断最高权力。那么最有可能用以解释同僚制官职存在意义的，只能是阶级斗争这一工具。自公元前367年平民与贵族相互妥协以来，两个阶级已经在最高官职上有了自身的份额，所以，合乎逻辑的假设是，同僚制官职的安排，自公元前367年确立以来，就应有相同的权力并且得以相互否决。

我们首先来从结构上看一下共和国的官职结构：治权（inperium）被平均地分配给两位执政官（consules），这两位执政官具有相同的否决权（intercessio），享有普遍的司法管辖权与许多身份标志。在特殊情况下，存在独裁官（dictator），即同僚制的特例，允许一人在期限内行使独裁。骑兵长官（magister equitum）隶属于独裁官，同样享有治权。司法权归于裁判官（preator），虽然同样拥有完全治权，但裁判官从属于执政官，是其次一级的同事。财务官（queastores）的主要职责是财务职责，同样从属于执政官。监察官（censores）的职权涉及财政与人口统计，以及一部分的刑事管辖权。保民官（tribuni plebis）则是纯粹的平民阶级官员，拥有否决权与强制权。市政官（aediles）则是保民官的副手，亦是纯粹的平民官员。

罗马共和政制的官职体系无疑也体现着贵族权力与平民权力的平衡，这种平衡在外观上表现在平民官员与贵族官员的权力设置上，即互相否

决，互相牵制。内在的表现，则是社会阶层的流动性保证。平民可以通过任职官员从底层向上层社会渐进性流动，也可以通过积累财富被监察官评估为骑士阶级成为新贵，贵族也往往拉拢保民官以阻碍否决权效用的实施。虽然存在一条阶级自上而下流动的“荣耀之路”，但是由于平民与贵族间力量的悬殊，从底层越往上则越困难，平民阶层虽然可以同样享有成为元老的权利，但在官职体系中想要逾越阶级属性的限制进行任职则几乎不可能。纵然如此，“荣耀之路”对于阶级流动与阶级沟通提供了保障，也使得罗马共和国在很长一段时间得以专心对外扩张，使自身民族获取当时的已知世界内最大的荣耀成为可能。

1. 执政官与独裁官

在王政结束的初始，独裁官就出现了，虽然并不明确。其权力被认为是与王权相同的，唯一不同在于其具有为限 6 个月的任期。其名称在一开始并非“dictator”，而是取自军团长官（magister populi）。直到公元前 367 年的李其尼改革，才确立了同僚制的执政官制度。对于独裁官的历史，按照德马尔蒂诺的观点，应以《十二表法》作为年代界限；在前一阶段，独裁官属于城邦的常设官职，而在后阶段则演变为具有非常限制的特别官职[35]。在后一个阶段，自执政官制度被创设后，独裁官才逐渐演变为一种特殊的机构。独裁官的任命方式是指派，其任命取决于裁判官，并且任期十分短暂。在元老院面前，独裁官的权威与治权相比执政官显然更大。其军事权力，只要得到元老院的许可，甚至可以主宰战争。

相比独裁官，执政官虽然显得受到的约束更多，但其实是共和政制的核心，因为它是共和国常态下的最高官职。执政官的出身可以是贵族也可以是平民，同样通过民众会议任命，任期为一年。执政官享有形式上的仪仗，12 名持束棒的侍从代表其治权，其随从包括文书、信使与传令官等。执政官同时拥有年名权，即以自己的名字命名年号，进行纪年。由于执政官是同僚制，两名执政官享有相等的治权并互拥否决权。在进行战争时，需有一名留守罗马，另一名率军出征，并在胜利归来后拥有获得凯旋仪式的权利。执政官的治权内涵包括民事与军事指挥权、城邦的管理以及审判

---

〔35〕［意大利］弗朗切斯科·德·马尔蒂诺：《罗马政制史》（上册），薛军译，北京大学 2009 年版，第 206~207 页。

等权力。其中军事指挥权是最高指挥权，包括进行战争、征兵、任命官员与为战争征税。这里需要注意，进行战争并非宣战，因为后者属于民众大会的权力。其军事治权不得在城墙内行使，侍从在城内亦不得持束棒。城内治权除了体现在城邦的各方面治理外，还包括召集元老院与人民进行会议的权力，虽然在后期这一权力为监察官所分担。

之所以将这两个官职放在一起讨论，主要在于二者具有很深的渊源，由于同僚制的官职在共和国成立之初并不存在。执政官制度并非随着王政的倒塌一蹴而就，甚至可以说裁判官制度也不是。第七任王傲慢者塔克文被驱逐标志着王政的终结，与之同步发生的是针对塔尔奎尼人的起义，同僚制的执政官即由两位起义首领担任。在半个世纪之后，即《十二表法》颁布之时，又尝试了十人委员会的改革，该制度在实行两年后即被推翻，此后漫长的一个世纪时间里执政官与军团长官制度一直相互更替。我们先前提到了军团长官是独裁官的原型，是一人独揽军权的官职。事实上，只需要关注王权的本质——治权与军权的状态即可。独裁官是集军权与治权于一身的官职，在其身上我们看到的是王政因素的复辟。而同僚制执政官，通常情况下在一人外出征战，即行使军权时，另一人留守城内行使治权，这似乎与斯巴达的双王制十分相似。实际上，独裁官与执政官二者的渊源正在于，都是共和混合政制中王政因素的代表，当王政被拆散为军权与治权并被分配给两人时，是执政官制度；反之，当二者合而为一时，是独裁官制度。王政并不会因为治权与军权的集合而复辟，原因在于王的德性、个人魅力与神圣性已经随着王政的终结而不复存在。

2. 裁判官

裁判官的起源同样也是因为贵族与平民的斗争，不同的是这并非任一方的让步，而是基于补偿贵族在执政官职位上的损失。作为一个被创设并且目的明确的官职，其职权是明确的——司法裁判权（jurisdictio inter cives）。它属于执政官的一个较低级别的同僚，由执政官任命，任期一年，具有官员标志。除了同样的享有一定的军事治权、召集议事的权力外，还拥有发布裁判官告示的特殊司法权。裁判官告示通常是裁判官用以表示其任期内司法职权计划活动的告示，它被张贴在广场上显眼的位置，由于认为它要在全年内有效，因而又被称为永久的。虽然每个裁判官都对自己的告示具有完全处理权，但受制于《科尔内利法》（Lex Cornelia），禁止违反

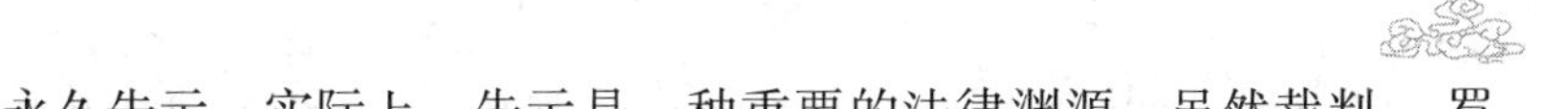

其自己颁布的永久告示。实际上，告示是一种重要的法律渊源，虽然裁判官不能像公民大会一样行使立法权，但其可以通过声明诸如在具体情况下裁判官本人将如何行事的方式，通过其自身的司法管辖职责对法律给予影响。可以认为裁判官的权力之所在，不在于创设法律或是某一项权利，而是通过救济进行干预。它并不给予某种权利，而是允许一项救济，而一旦存在某种救济，不言而喻，也就存在某种权利。

裁判官权力在共和国后期得以扩大，某种程度上亦是依赖于裁判官告示的影响力之所在。早期的裁判官告示只涉及市民法，在《艾布兹法》（Lex Aebutia）颁布后，裁判官的权力得以扩张至程式诉讼，也就是诉讼领域。

3. 监察官

与裁判官相似，监察官的设立同样是为了弥补贵族的损失〔36〕。最初有两位监察官，任期18个月，每五年选举一次，这是根据古老的宗教习惯，五年进行一次人口调查所致。他们的职权相比其他官员来说更像是一个授权，授权其进行财产调查的各项活动。活动举行的时候监察官需要发布相应的告示，用以说明活动的期限与内容等等，并在活动结束时进行献祭。在活动期限内，每一个市民需要向监察官申报，包括姓名与必要的说明。监察官则负责根据其情况对其阶级性质做出评价，同时监督此人是否有诸如失信等行为，并予以“标记”（nota）。这样一种职权，严格意义上来说并非一种治权，监察官也因此不被赋予标志。然而，监察官所举行的赎罪仪式（lustrum）是其职务本身的核心因素，它代表着监察官的主要任务在于“清洁”国家，对公民划分等级与评估道德品质具有重要意义，这是比机械的清点人数与评估财产更加重要的职能。检察官的道德评价职能使其具有了元老资格的任免权，这也是官职对于贵族的限制与权力机构的制衡的典型，这一点在介绍元老院的前文中已经做过描述。对于监察官权力的限制，在于保民官的否决权与监察官互相之间的否决权。

监察官的权力在共和国后期得到了相应的扩充，已经可以涉及国家财产的管理与财政方面，以及指导进行重大公共工程，比如进行公共招标。

〔36〕［英］H. F. 乔洛维茨、巴里·尼古拉斯：《罗马法研究历史导论》，薛军译，商务印书馆2013年版，第66页。

发包合同即检察官的职务之一，它不仅可以将公共资金用于工程建设，还可以接受租金或者税收形式的收入。在法律规定了税收的具体条件后，监察官可以将税收拍卖给出价最高的人。在分配公共工程的合同时，他们大概也采取竞价的方式。监察官对于公共土地与水源收入的关注还扩展到了对边界的划定与不恰当土地利用行为的制止。

4. 财务官

从财务官的名称来看，其最初的设立很可能与镇压犯罪活动密切相关。Queastores 暗指询问（queastio）与调查（quearere）。《十二表法》中提及的杀人罪裁判官（queastores parricidii），即直接听命于最高官员，负责对杀人罪进行调查、追溯与惩处〔37〕。财务官最初只有两个，在公元前421年确定增加到四个。这一数量的增加很可能预示着其职权范围的扩大已涉财政领域。两个世纪以后，这一数量增加至八人。他们的职权依然是诉讼程序与财务方面的，包括对死刑罪行提起诉讼、管理与看管金库、保管金库钥匙与存放于金库中的财务，并且有权管理纳税义务的履行以及批准欠款支付、出售战利品。在共和国的后期，财务官散见于意大利各区，参与行省的管理工作。

5. 保民官与市政官

保民官或许是共和国所有官职中最富有传奇色彩的一个。保民官的设立是平民与贵族斗争的结果，斗争的方式笔者在前面有所提及，即通过撤离运动表示抗议。由于平民的撤离运动不可能具有自发性，故而需要一个组织共同体，该共同体需要有自己的领导，也就是一种能够领导其与贵族进行斗争的固定首领的需要。于是我们可以以为，保民官的起源具有十分典型的革命性。保民官的选举，在没有经过正规的途径确立以前，应该是民众通过自发性的会议进行选举，而在该官职得到合法有效的承认之后，它是通过布不里利平民会决议生效的。其数量由最初的两名迅速地增加到了十名。保民官的权力大概由两个方面构成，即否决权与强制权。关于否决权（intercessio tribunicia），其有特殊性体现在能够对抗任何机构——官员、元老院、民众会议——的任何一种行为，即能够通过此权力使得城邦的正常运作陷入一种停滞。也由此发展出了保民官地位的独特之处——不

〔37〕 黄风编著：《罗马法辞典》，法律出版社2002年版，第211页。

可侵犯性，或者表述为一种神圣性。也正是由于这一权力巨大的威力，使得其行使必须确立在保民官团体内部全体一致的原则上。至于强制权，则是对否决权的一种辅助，用以确保其得以行使，体现为诸如羁押与发动死刑程序等强制程序。

至于市政官，一般被认为是与保民官制度一同产生的。市政官是平民庙宇的管理者与平民档案的保管者，这也决定了其的不可侵犯性。市政官的数量一开始就是两名，在其设立后几乎未发生变化。后期的市政官还拥有治安警察权，涉及管理道路、广场等公共场所，以及负责管理竞技场。

（三）民众会议

民众会议的起源，可能甚至比元老会更为古老，它起源于库里亚（curia）大会与随后的百人团政治。库里亚是指三个最初的部落，即拉姆涅（Ramnes）、蒂提（Tities）与鲁切勒（Luceres）对人民进行划分的最初的地点，具有宗教、行政与军事目的。库里亚大会具有30个代表，很可能是基于氏族部落。其职能主要是处理关于氏族家庭的生活问题与祭祀。而百人团，则是在王政结束之后的一次政制尝试，它的组成是依据财产划分出的等级，并且具有军事性质，可以决定军队的组成。在这二者基础上发展起来的民众大会，并非是一个单一的机构，事实上是由许多会议性质的机构组合而成的，其彼此之间等级与职权不尽相同，其中最为尊贵的是百人团民众会议，召集被用于选举重要的官职。大会的举行具有严格的程序，即涉及官员的发起、元老院对其的合法性确认以及占卜的解释。如果大会的内容涉及选举，那么发起的官员必须具备任命权。大会的举行日期由占卜官根据占卜结果确定。举行地点则依据惯例，库里亚民众会议在城内召开，部落民众会议则选择广场。至于百人团民众会议，由于其具有军事指挥的权限，故不得在城墙内召开，其召开地点会在城门之外，但尽量靠近城市。大会的内容取决于发起的官员，比如进行选举、审判亦或是立法。会议的投票需要投票者依据其所属的组织进行，百人团按照顺序，部落则是同时，投票方式为口头。投票完成后，官员可以进行宣告以公开结果，亦或者不公开，以对抗民众会议的效力。公元前286年通过的《霍尔腾西法》（lex Hortensia）将平民会决议的效力等同于法律，这无疑是自民众会议政制确立后平民的又一胜利。

（四）小结

通过上文中对于古罗马共和国政制结构的考察，罗马共和政制的宪政结构已经明晰。不难类比出其宪政结构之权力配置似与现代意义上的三权分立制有诸多相似之处，的确，发端于欧洲近代资产阶级革命的三权分立权力制衡的模式渊源正在于古罗马共和政制。罗马共和国混合政体中三因素——“王政因素、贵族制因素与民主制因素”相存之稳定，正如三权分立之稳固性的确如几何学中的“三角形稳定性原理”一般。然而，罗马共和政制除结构具备稳定性之外，内部尚存在着贵族与平民两社会阶层所代表的两极权力的平衡，其基础除了官职体系中的“荣耀之路”及阶层流动性方法之外，更为深层次的核心是普遍存在于罗马平民与贵族之间的、对于“共和”的共同意识，按西塞罗所言，即“法之共识与利之共事”的意识形态。

首先是罗马共和政制下的权力制衡。它在内部上体现为执政官的同僚制，即两个执政官享有相同的治权并且互相拥有否决权。执政官二人构成集体元首，权力的行使限制在于任期，即任期一年，不得连任，下一次任期需与第一次任期相隔两年。除此之外，保民官亦有否决权，对执政官权力构成限制；在外部上体现为官员的任命权与对民众会议决议的否决权。元老院的权力与制衡则更多体现在外部方面，即对于官员，这是由于元老院自身结构的单一性，即贵族性质。保民官的否决权与监察官“考绩”对其地位构成的影响。民众会议的制衡更是如此，官员的发起与元老院的决议审查均能对其形成制约。

其次是罗马共和政制下的阶级平衡。贵族与平民势力在古罗马共和政体的宪政结构上的映射，并不能完全等同于元老院与民众会议，因为其间还有官职体系的涉足。平民阶层正是通过官职体系当中自低到高的“荣耀之路”实现向贵族阶层的流动的，并在此过程中催生出了“骑士阶级”这一中间阶层，使得古罗马的社会结构愈加复杂。

由此，在权力的相互制衡与阶级的不断流动的过程当中，锻造出的便是罗马人对于“共和”的共同意识，即对罗马共和政制加以自发地尊崇和维护的罗马共和精神。

三、共和国政制分析——混合政体论

我们可以将罗马的混合政体作进一步的探究，即探究关于“混合”的方式、结果与目的。可以说混合政体论的结构即从此三方面予以展开，分别为机关混合论、功能混合论与状态混合论。

（一）机关混合论

罗马混合政体的方式，笔者以为属于基于政府机关实体的有机结合，即并非各机关的简单叠加，而是相互配合与制约所形成的统一的有机体的方式。官员的权力与制衡，首先，在内部上体现为执政官的同僚制，即两个执政官享有相同的治权并且互相拥有否决权。执政官二人构成集体元首，权力的行使限制在于任期，即任期一年，不得连任，下一次任期需与第一次任期相隔两年。除此之外，保民官亦有否决权，对执政官权力构成限制。

其次，在外部上体现为官员的任命权与对民众会议决议的否决权。元老院的权力与制衡则更多的体现在外部方面，即对于官员，这是由于元老院自身结构的单一性，即贵族性质。保民官的否决权与监察官“考绩”对其地位构成的影响。民众会议的制衡更是如此，官员的发起与元老院的决议审查均能对其形成制约。这种相互配合与制约的政体模式，与现代美国的宪法结构十分相像。按徐国栋的观点，美国宪法中总统、两院与人民构成的三个宪法机关分别对应王政因素、贵族因素与民主因素〔38〕。

不难发现，机关混合理论实质上是混合政体理论之核心。由于机关混合的核心首先在于权力的分散性分配，其次在于权力的制衡与牵制。现代对于共和整体的研究中，有将共和的发展分为“混合”与“均衡”两个阶段的二分埋论，笔者以为这是没有清晰地认识“共和政体混合理论”之机关混合内涵的结果，盖机关之混合业已包含“均衡”之要义，无需多此一举另作区分。

（二）功能混合论

平民与贵族的斗争，是贯穿整个罗马共和国发展史的历史主线之一，这不仅仅是由自民族部落时期早已奠基形成的罗马社会的结构所决定的，

〔38〕 徐国栋：《罗马公法要论》，北京大学出版社2014年版，第52页。

也是由人类政治制度发展过程中不断加强的民主因素所决定的。从共和政制的政府机关结构的核心——元老院制度中可以看出罗马共和国贵族性质的根深蒂固。故而功能方面的混合比较容易解释，因为混合政体自身就是各个势力斗争妥协的结果，故而在功能上，一以贯之的都是属于平民与贵族相互斗争所产生的妥协的产物的融合。以及在罗马不断地向外界扩张的过程中吸收新的领土与人民使得自身不断庞大复杂的过程中，征服者与被征服者在政治层面体现出的妥协。先说内部的妥协，即平民的撤离与保民官的产生。不能简单地认为经济原因是平民撤离的唯一原因，而实际上是经济原因、政治需求与战争的混合。第一次平民撤离运动的诱因便是复合性的，它涉及债务负担与征兵，在矛盾爆发之后平民选择了温和的非暴力不合作方式——撤离。以贵族为代表的元老院为了协调矛盾，主动答应设立保民官一职。元老院这一行为并非作茧自缚，而是出于阶级之间交流之需要，虽然在之后的实践中证明，保民官一职的权力的确能够对贵族形成牵制，甚至能通过否决影响执政官的治权行使。

笔者在此要强调的并非是保民官的否决权，因为否决权作为“均衡”的核心，以机关混合论进行理解显然更加合理。需要注意的是，由保民官的否决权而延伸出的保民官的不可侵犯性，这便是妥协的重要之所在。撤离运动，对于其发起者平民而言，是一种革命性的斗争方式，而贵族的应对除了确立保民官制度之外，还需要赋予该制度以不可侵犯性，原因在于平民在阶级斗争上的天然弱势之事实。唯有通过“不可侵犯性”的拟制，使平民在社会制度之上具有不依赖自身经济基础而形成的优势地位，才能达到真正的妥协，维护协调成果。功能混合的精髓在于斯。

（三）状态混合论

在目的方面理解混合，则需要以整个共和国的对外视角作为背景，即共和国存在的状态。我们将战争与和平划分为不同的两个状态，前者称之为紧急状态，后者称之为正常状态。混合的目的在于状态切换时的及时应对。比如共和国前期应付高卢入侵之时的独裁官的任命，以及出现叛乱或者奴隶起义之时的执政官与元老院的决断配合。

“战争期间不得对行使职权的官员的决定提出申诉，战争指挥官发布的一切命令都是合法的、有效的。[39]" 西塞罗此语表达了战争期间公民权利的限缩。罗马共和国的共和政体对于应付紧急状态的措施主要可以归纳为两个方面，即任命独裁官与元老院最终决议，前者在公元前 44 年为《关于永久废除独裁制的安东尼法》（Lex Antonia de dictatura in perpetuum tollenta）所废止。元老院最终决议，即在紧急状态之下，元老院将自己所能行使的一切权力委托由长官行使。后者的实质，在笔者看来，属于元老院干预后贵族对官员治权在紧急状态下的限缩。该制度具有一定的仿古性，即将元老院对于紧急状态下权力的扩张恢复到布匿战争时期，不同的只是添加了正式的委托程序外观。不同之处在于，元老院最终决议发动的紧急状态不在于外患，即战争，而在于内乱。原因在于元老院最终决议诞生之时的罗马，已经强大到无需通过宣布紧急状态以应对外敌。元老院最终决议的实质是贵族用以进行斗争的政治工具，即便如此，它也作为独裁官制度的替代品，被归入为应付紧急状态之目的而产生的共和政体元素之一，可以为状态混合论所认知与解释。

正是由于罗马共和政制的混合政体包含了以上诸多元素，故而才不会因为内忧亦或是外乱的侵扰而毁于一旦。这一点，足值得地中海各国借鉴。

四、罗马共和政体的历史意义

（一）关于"共和"内涵的历史流变

从柏拉图到亚里士多德，从波利比乌斯到西塞罗，从近代思想启蒙的欧洲到近现代全球各独立的民主共和国，"共和"的内涵一直在发生变化。波利比乌斯将罗马共和国的辉煌归功于后者所践行之混合政体。这种由元老院、官员与民众大会等政府机构与各阶级利益相协调的结晶等元素融合而成的多元政体，西塞罗将其抽象出阶级均衡、权力均衡的"共和"理念，从而成了现代共和主义思想的理论源头。实际上，希腊人很早就对共和政体问题进行了讨论。公元前 9 世纪的荷马（Ὅμηρος）在其史诗著作《伊利亚特》（ΙΛΙΑΣ）中对于迈锡尼文明的政治生活模式进行过描述，而

〔39〕［古希腊］荷马：《伊利亚特》，罗念生、王焕生译，人民文学出版社 1994 年版，第 256 页。

在后人看来，这就是政体：王、长老会、战士大会与传令官[40]。这与斯巴达的政体十分之相似。另一位在波利比乌斯之前讨论并总结政体的是希罗多德，后者同样有一著作《历史》，并同样使用对话体之形式总结道：世界上有独裁、民主与寡头三种政体，各有利弊[41]。应该认为其是这种传统的政体分类模式之创始人，毕竟不只是波利比乌斯亦或者是西塞罗，直至今日我们都或多或少的沿用此种框架进行政体的研究与探讨。

基于各式各样的实践，地中海地区总结出了希腊文中指代政体的词语——“πολιτεία”。该词的拉丁化，应当发生在比西塞罗生活的时代更早的时候。老加图（Marcus Porcius Cato）在描述迦太基的政体之时曾使用过该词：该地有人希望政体应当由三个部分构成：人民、贵族以及王权（Quidam hoc loco volunt tres partes politiea comprehensas，populi，optimatum，regiae potestatis）[42]。而西塞罗对该词的翻译则是在此之后，一是在公元前44年撰写《论感悟》（De Divinatione）之时，将柏拉图的著作之标题译为Politeia，二是在该书中将该词又意译为“res publica”。依据徐国栋的观点，西塞罗于此用词如此不统一之原因，大概在于为受众着想，避免人将“politeia”一词与拉丁语中固有的“impolitia”相混淆。盖后者存在一否定前缀“im”，却并非前者之反义词，而是“polite”一词的反义词，意为“疏忽”[43]。而柏拉图的那本被西塞罗译为“politeia”的著作，就是《理想国》。在该书中，柏拉图所使用的“politeia”一词，词源在于“polis”，即城邦之意。由此产生出的“politeia”一词的内涵，就非常广泛了，从“市民之权利”到“政府之形式”，大致有“公民权”“公民身份”“政府”“行政”“民主”与“国家”的意思。[44] 由此可以推测出，在这一词汇被创制之初即带有很强的文化背景，即以古希腊的文化作为参照。在被拉丁化之前，它更多地表达的是一种生活方式，或者说存在状态，而非一种政

---

〔40〕［古希腊］希罗多德：《希罗多德历史》（上册），王以铸译，商务印书馆1959年版，第30页。

〔41〕［古希腊］希罗多德：《希罗多德历史》（上册），王以铸译，商务印书馆1959年版，第231页。

〔42〕徐国栋：《罗马公法要论》，北京大学出版社2014年版，第10~11页。

〔43〕徐国栋：《罗马公法要论》，北京大学出版社2014年版，第16页。

〔44〕Karl Feyerabend，*Pocket Greek Dictionary*，*Clasical Greek-English*，Langenscheidt KG. Berlin ans Munich. w/y，p. 312.

体，也不可能是“共和国”。波利比乌斯是用他的母语，即希腊语进行《历史》这一本书的撰写，因此用以表述政体的词，无论其内涵已经发展到了何种之程度，都应当是希腊的本土概念。这一概念在罗马不断的社会阶级斗争与对外军事扩张中，即王政的结束与共和国创建之早期，都未引起足够的注意。直到其自发地形成了斯巴达式的混合政体之后，才被发现并使用。伴随着罗马的荣耀，它也拥有了一个光辉的名字——“res publica”，并在此之后一直为古罗马的法学家们所沿用。

“共和”，在还未蜕变为“共和”之前，作为用以描述地中海各国政治生活方式的词汇，被古希腊的思想家广泛使用。在经历了波利比乌斯对于政体循环的理解并被西塞罗加以采用之后，“共和”便不再以一种“生活方式”平静的存在于地中海人民的潜意识当中，而是随着罗马的强大，变为政体的标杆——混合制政体而存在。这样一种转变实是一种多层意义上的飞跃，从“潜意识”到“意识”，从“分歧”到“一致”，从“单一”到“多元”，从“轮回”到“永生”。“共和”的所指，即是一种内涵多元的、元素混合的政体。从渊源上看具有斯巴达式的外观，却因为其社会结构的独特性、阶级之间的包容性和经济和文化的多元性而最终构成了具有罗马特色的混合政体。于此，笔者可以写道，“共和”即各种政体模式之“和睦共存”。

（二）“共和”的历史意义

“共和”，无论是在其政体构造还是在意识形态的抽象上，都在一定时间段内保障了罗马共和国的强大与辉煌。其外在形式共和政制中所体现出的混合政体的优越性，保障了权力的均衡和稳固，使罗马免于遭受其中任何一种发展到极端以后所导致的灾难——暴君、僭主抑或是暴民。这种权力的均衡，实质上是阶级间的沟通与妥协的后果，是一种生活共同体内部达成共识的良好体现，即我们前面提到的人合性。正是由于普遍存在于罗马市民间的共和意识使得共和国能够一次次度过危机，最终称霸地中海世界。然而，物合的基础在于城邦，当共和国的扩张已经突破城邦政治所能承受的最大范围，“共和”的物合性随即丧失。共和意识并不能被扩张所及之处的人民所认同之时，人合性也逐渐耗损殆尽。“共和”的消亡最终导致了共和国的坍塌。

无论是给予“共和”以含义并将其拉丁化的西塞罗，抑或者是在后人眼中看来将罗马共和制归于终结的奥古斯都·屋大维，罗马人的“共和”都是被罗马人信奉、尊崇与遵守并试图加以维护以使之延续的“罗马人的政体”。历史意义上的罗马共和国的终结与帝制的建立并不代表“共和”的消亡，而不过是“共和治权在结果意义上对于传统的尊崇与新变化开端的完美结合”[45]。虽然罗马社会的结构脱不开其根深蒂固的贵族性质，但是民主因素却随着平民与贵族的斗争不断加强。民主的发展，是共和得以永存的重要原因，也是造就现代共和体制外观的不可或缺的重要因素。

罗马共和国兴盛是“共和”这一思想历史意义的最佳阐释。其外观上的意义在于，结构上的混合政体为宪政权力制衡框架提供了参考；实质上的意义在于，阶层权力的平衡与社会流动性为内部矛盾的消减给予了解答；精神上的意义在于，“和睦共存”的包容意识为精神层面提供了重要的启发。

---

〔45〕 Orazio Licandro, “Restitutio rei publicea” tra teoria e prassi politica”, *Augusto è l'eredità di Cicerone*, Palermo, 2015.

伊斯兰法律文化研究

国内伊斯兰法研究的现状与反思*

敏振海*

改革开放四十年以来，中国的经济取得了举世瞩目的成就。中国的法学研究也呈现出百花齐放、百家争鸣的局面。就法学界而言，对英美等西方国家的法学研究已取得长足进步，但是对伊斯兰法的研究仍处于相对薄弱的状态。实际上，伊斯兰法作为世界五大法系之一，是世界学术界研究的重要领域，“无论在伊斯兰世界还是在西方学术界，对伊斯兰法的研究均已达到空前规模，并取得了丰富的研究成果。”〔1〕研究伊斯兰法在当代中国意义重大。首先，近几十年来伊斯兰世界发生了重大变化，民族问题和宗教问题相互交织，使得世界呈现出复杂多元化的发展局势。世界政治格局面临重构，中国在新一轮的国际秩序当中扮演何种角色？如何处理与伊斯兰教国家的关系？研究伊斯兰法对于中国参与国际秩序的重构具有重要的政治意义。其次，当前我国实施一带一路倡议。一带一路沿线有将近38个伊斯兰教国家，其中大部分伊斯兰教国家自近代以来受到西方世俗法律的冲击，但多数伊斯兰国家仍然遵守伊斯兰法的传统，因此研究伊斯兰法对于我国和一带一路沿线国家的交往具有重要意义。最后，国内信仰伊斯兰教的穆斯林超过两千多万，国内少数民族地区存在一些情况，影响到民族地区的稳定性，这是我们亟待解决的问题。因此研究伊斯兰法不仅十分

---

* 本文为作者主持的国家社科基金青年项目“伊斯兰法对中国西北穆斯林的影响研究”（17CFX005）的阶段性成果。

* 西北民族大学法学院讲师，清华大学2017级法学博士生。

〔1〕 马明贤：《伊斯兰法：传统与衍新》，商务印书馆2011年版，第3页。

必要，而且非常迫切。就此，笔者对搜集到的国内目前研究伊斯兰法的重要文献进行梳理，并指出我国当前伊斯兰法研究的不足，进而提出相应建议，为我国伊斯兰法研究抛砖引玉。

一、伊斯兰法研究文献综述

目前国内研究伊斯兰法的重要著作有：吴云贵教授的《伊斯兰教法概略》〔2〕《当代伊斯兰教法》〔3〕《真主的法度：伊斯兰教法》三部著作。高鸿钧教授的《伊斯兰法 ：传统与现代化》〔4〕；马明贤教授的《伊斯兰法：传统与衍新》〔5〕；哈宝玉教授的《伊斯兰教法：经典传统与现代诠释》〔6〕。另外还有一些重要的伊斯兰法译著，如庞士谦翻译埃及学者胡祖利的《伊斯兰法学史》〔7〕；吴云贵翻译的英国学者诺·库尔森的《伊斯兰教法律史》。〔8〕丁秉全、师明学翻译的中亚学者赛德尔·沙里亚特·欧拜杜拉编著的《伟嘎耶教法经解》〔9〕。这些著作构成了当前中国伊斯兰法研究的重要文献，除此之外还有一些研究伊斯兰法的著作和论文〔10〕，由于篇幅所限，不再一一介绍。笔者根据自己有限的阅读范围，以重点文献为

〔2〕 吴云贵：《伊斯兰教法概略》，中国社会科学出版社 1993 年版。

〔3〕 吴云贵：《当代伊斯兰教法》，中国社会科学出版社 2003 年版。

〔4〕 高鸿钧：《伊斯兰法 ：传统与现代化》，清华大学出版社 2004 年修订版。

〔5〕 马明贤：《伊斯兰法 ：传统与衍新》，商务印书馆 2011 年版。

〔6〕 哈宝玉：《伊斯兰教法 ：经典传统与现代诠释》，中国社会科学出版社 2011 年版。

〔7〕［埃及］胡祖利：《伊斯兰法学史》，庞士谦译，宗教文化出版社 2014 年版。

〔8〕［英］诺·库尔森：《伊斯兰教法律史》，吴云贵译，中国社会科学出版社 1986 年版。

〔9〕 这部经典有王静斋汉文选译本，名为《伟戛业》，1931 年天津版本。只选译了 1~2 卷共 29 章，删除原著中有关社会律例的各章节，保留了有关礼仪、斋戒、天课、朝觐等主题。另有马赛北整理的新版本，名为《选译详解伟嘎业》，1986 年天津古籍出版社。

〔10〕［埃及］二布都·木台二滴：《回教继承法与其他继承法之比较》，林兴智译，商务印书馆 1946 年版；［埃及］穆·福·阿卜杜勒·巴基编：《圣训珠玑》，努尔曼·马贤译，宗教文化出版社 2002 年版；［埃及］优素夫·格尔达威：《论伊斯兰教律中的合法事物和非法事物》，马恩信译，内部出版物 1989 年版；马明道：《伊斯兰法之研究》，内部出版物 1982 年版；马通：《中国伊斯兰教派门宦溯源》，宁夏人民出版社 1986 年版；肖宪：《传统的回归：当代伊斯兰复兴运动》，中国社会科学出版社 1994 年版；杨怀中、余振贵主编：《伊斯兰与中国文化》，宁夏人民出版社 1995 年版；余振贵：《中国历代政权与伊斯兰教》，宁夏人民出版社 1996 年版；周燮藩、沙秋真：《伊斯兰教在中国》，华文出版社 2002 年版。此外宗教文化出版社出版了六大部圣训集：《布哈里圣训实录》《穆斯林圣训实录》《艾卜·达乌德圣训集》《提尔米兹圣训集》《奈萨仪圣训集》《伊本·马哲圣训集》以及一些重要论文。

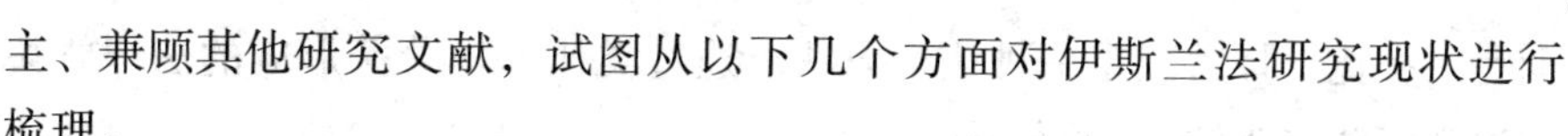

主、兼顾其他研究文献，试图从以下几个方面对伊斯兰法研究现状进行梳理。

（一）伊斯兰法基本理论

伊斯兰法基本理论主要包括以下几个方面：

1. 伊斯兰法的概念

马明贤教授对伊斯兰法和伊斯兰法学进行区分，指出伊斯兰法是沙里亚，其与世俗法有着本质的差异，而伊斯兰法学指称费格海（figh），是伊斯兰法学家通过创制而构筑的符合沙里亚原则的法律〔11〕。杨经德教授指出应该区分伊斯兰法和伊斯兰教法，认为伊斯兰教法是伊斯兰法的主要内容，前者只是后者的一部分。〔12〕笔者认为，伊斯兰教法涉及宗教法的内容，如穆斯林的六大信仰〔13〕、五大功课〔14〕等，而伊斯兰法不仅包括教法的内容，还包括后来伊斯兰世界对其他文明的法律吸收借鉴内化为伊斯兰法的内容。

2. 伊斯兰法渊源

伊斯兰法的渊源是指伊斯兰法律的表现形式，伊斯兰四大法学派集大成者沙斐仪提出伊斯兰法四大法源：古兰经、圣训、公议和类比，从而在逊尼派内部正式确立四大法源的权威理论。马明贤指出除了正统派法学家公认的四大渊源外，还有哈乃斐提出的另一法源择善〔15〕。哈宝玉指出，“公议和类比推理并不能算作伊斯兰教法的渊源。”〔16〕此外也有一些学者对法源理论进行了探讨。〔17〕笔者认为，将公议、类比作为法律渊源对于受到现代西方学术训练的学者可能会有理解上的困难，从现代法律的观点

〔11〕马明贤：《伊斯兰法：传统与衍新》，商务印书馆2011年版，第1页。

〔12〕杨经德：《伊斯兰法与伊斯兰教法关系辨析》，载《云南民族学院学报（哲学社会科学版）》，2003年第3期。

〔13〕六大信仰指穆斯林信仰真主、天使、使者、经典、后世、前定。

〔14〕五大功课指穆斯林必须遵行的义务：念、礼、斋、课、朝。

〔15〕马明贤：《伊斯兰法：传统与衍新》，商务印书馆2011年版，第86页。

〔16〕哈宝玉：《伊斯兰教法：经典传统与现代诠释》，中国社会科学出版社2011年版，第21页。

〔17〕例如马玉玲、哈宝玉：《〈古兰经〉立法的基本思想》，载《中国穆斯林》2000年第3期。马明贤：《伊斯兰法渊源的整合机制》，载《西亚非洲》2002年第2期。刘云：《伊斯兰法源探微》，载《西北师大学报（社会科学版）》2003年第4期。耿龙玺：《浅谈伊斯兰法的法源理论》，载《甘肃政法学院学报》2003年第5期。

而言，类比、择善只是一种法学方法。通过类比、择善等形成的法律学说即法学家法作为法律渊源当属无疑。

3. 伊斯兰法学派

随着穆罕默德的去世，法律发展的任务自然落在法学家肩上，伊斯兰法的发展史上相继出现了四大法学派：哈乃斐学派、马力克学派、沙斐仪学派、罕百里学派。对此国内有较为丰富的研究文献，[18] 但对于伊斯兰法学家的地位和作用未给予足够重视。高鸿钧教授将伊斯兰法学家和罗马法学家进行比较，指出伊斯兰法学家在伊斯兰法发展中的作用更显重要。[19]

4. 伊斯兰法的发展历史

吴云贵教授主要探讨了伊斯兰法从穆圣时期、四大哈里发时期、倭马亚王朝、中世纪以至近代几个阶段的发展。[20] 周燮藩对伊斯兰法的起源问题也进行了详细的阐述。[21]

5. 伊斯兰法的特征

伊斯兰法具有自成一体的法律传统和独具特色的法律文化，它具有不同于其他宗教法的特征。马明贤教授指出早期伊斯兰法的发展呈现出四大特征：①意见创制和法律分歧的增加导致法律范围的扩大；②圣训的广泛传播促进了伊斯兰法的发展；③伪圣训的出现影响了伊斯兰法的发展；④出现了一批精通法律的学者。[22] 吴云贵教授指出伊斯兰法的特征有：①宗教法律化、法律宗教化；②以神圣为主兼顾世俗的法律观；③法理上的无限性、内容上的有限性；④宗教、道德、法律融为一体；⑤重神启，

---

〔18〕 吴云贵：《早期法学派与圣训派》，载《世界宗教研究》1986年第3期。高鸿钧：《伊斯兰法学及其主要流派》，载《外国法译评》1996年第1期。从恩霖：《伊斯兰教法学家的等级划分》，载《中国穆斯林》1997年第4期。万亿：《试论伊斯兰法学派的理论活动方式》，载《厦门大学学报（哲学社会科学版）》1985年第3期。马通：《教法学家与圣训》，载《中国穆斯林》2000年第5期。哈宝玉：《艾布·哈尼法与伊斯兰教法学理论》，载《中国穆斯林》2002年第4期。贾保平：《教法学泰斗沙斐仪及其法源论纲》，载《西北民族研究》1999年第2期。

〔19〕 高鸿钧：《伊斯兰法：传统与现代化》（修订版），清华大学出版社2004年版，第92页。

〔20〕 吴云贵：《真主的法度——伊斯兰教法》，中国社会科学出版社1994年版。

〔21〕 周燮藩：《伊斯兰教的起源和犹太教》，载《中国社会科学院研究生院学报》1982年第1期。

〔22〕 马明贤：《伊斯兰法 ：传统与衍新》，商务印书馆2011年版，第62~65页。

轻理性，内向式的法源理论体系。[23] 高鸿钧教授从比较法律史和法理学的视域出发总结出伊斯兰法的八大特征：①法律与宗教密切关联；②法律与道德界限不清；③法学家的作用突出；④理论与实践存有差距；⑤统一中兼容多样形态；⑥理性与非理性共冶一炉；⑦稳定中存有灵活机制；⑧体系和思维独具一格。[24] 除此还有论者对伊斯兰法特征进行讨论。[25] 笔者以为，伊斯兰法作为宗教法，对于信仰伊斯兰教的穆斯林而言为具有天启性质的法律，因此涉及宗教内容的法律具有不可改变性，涉及世俗事务的内容可因时因地而做出改变。伊斯兰法的不可改变性与可变更性也为其重要特征。

还需要注意的是，国内部分研究伊斯兰法的著作、译著主要从宗教层面阐释伊斯兰法基本理论，即深度阐述伊斯兰教的五功"念、礼、斋、课、朝"方面的内容，这类著作的作者以阿訇等宗教学者居多。以礼拜为例，如《舍来哈·伟嘎耶》规定礼拜前如何洗大小净、礼拜的条件和程序、礼拜时念错如何补救、做礼拜时如何穿着、在野外或出差旅行途中如何礼拜等教法规定，此类教法细节问题是穆斯林宗教法学家研究的课题，法学界对此涉猎较少。

（二）伊斯兰法现代化

自18世纪中叶以后，在西方的逼迫下，伊斯兰世界开始了现代化的改革历程，在改革当中开始大规模地引进西方法律以取代传统的伊斯兰法。高鸿钧教授指出伊斯兰法现代化主要是通过对欧洲大陆法的接受和普通法对伊斯兰法的影响两个途径实现，[26] 并指出伊斯兰法的现代化主要原因就内部而言是富国强兵的法律现代化要求，外部原因是西方的强制压力[27]。高鸿钧教授以伊斯兰婚姻家庭继承法为例，探讨传统规则的现代

〔23〕 吴云贵：《伊斯兰教法纵横谈》，载《西亚非洲》（双月刊）1991年第4期。

〔24〕 高鸿钧：《伊斯兰法：传统与现代化》（修订版），清华大学出版社2004年版，第144~195页。

〔25〕 齐海滨：《简述伊斯兰法的特点》，载《法学杂志》1984年第1期。敏敬：《伊斯兰法的早期特征与作用》，载《中国穆斯林》2004年第3期。

〔26〕 高鸿钧：《伊斯兰法：传统与现代化》（修订版），清华大学出版社2004年版，第207~225页。

〔27〕 高鸿钧：《伊斯兰法：传统与现代化》（修订版），清华大学出版社2004年版，第237~244页。

化尝试，指出传统的伊斯兰婚姻法所具有的多妻制、休妻制、复杂的继承制度在20世纪以后经历了限制一夫一妻制、规制传统休妻制度、改革传统继承制度等改革。采用的改革方式形式多样，主要有广泛选择、巧妙捏合、拒绝提供司法保护、重开“伊智提哈德之门”、政府立法制定新规则、运用司法判决推进改革等方法，[28] 作为伊斯兰法现代化的一种尝试。马明贤以伊斯兰法的法典化为例讨论伊斯兰法传统规则的现代化尝试，指出伊斯兰世界按照现代法律的规范形式将伊斯兰法系统编纂成统一的法典，最著名的为奥斯曼帝国编纂的《奥斯曼民法典》。[29] 王宇洁以两位当代穆斯林知识分子阿卜杜·卡里姆·索罗什和阿卜杜拉·艾哈迈德·纳伊姆的理论为切入点，指出两人都强调人类理性在伊斯兰教法传统形成中发挥的关键作用，强调传统本身具有的多样性和灵活性，并试图提出兼顾传统与现代的解决方案。[30] 丁俊指出伊斯兰法的现代化手段即教法创制是伊斯兰文化的重要传统，伊斯兰文化正是有赖于这一创新机制而绵延不绝，发展至今的。[31] 此外也有一些文章探讨伊斯兰法现代化及其法律创制。[32]

笔者认为，无论是对伊斯兰法进行变革，抑或按照现代法典形式整合伊斯兰法，都是伊斯兰世界在西方法律文化的冲击下被迫做出的选择。可以说，伊斯兰法从传统到现代的转型是伊斯兰法学家关注的重要议题，也是当今伊斯兰世界所面临的重大问题。近代以来，伊斯兰国家在面对西方文化的冲击下做出了三种选择：第一种是完全恪守伊斯兰法传统，没有关注外部世界所发生的变化，最后固步自封；第二种是为了迎合现代社会的

---

〔28〕 高鸿钧：《伊斯兰法：传统与现代化》（修订版），清华大学出版社2004年版，第246~280页。

〔29〕 马明贤：《伊斯兰法：传统与衍新》，商务印书馆2011年版，第155~175页。

〔30〕 王宇洁：《伊斯兰教法与现代国家：改革主义的两种视角》，载《阿拉伯世界研究》2017年第2期。

〔31〕 丁俊：《论教法创制与文化创新》，载《阿拉伯世界研究》2006年第5期。

〔32〕 如冯璐璐：《近现代土耳其伊斯兰教法的世俗化改革》，载《新疆社会科学》2004年第6期。洪永红、贺鉴：《伊斯兰法与中东伊斯兰国家法律现代化》，载《阿拉伯世界》2002年第1期。朱虹：《面对法律全球化的伊斯兰法形态》，载《人权》2003年第4期。吕耀军：《“伊智提哈德”与伊斯兰教法的形成、发展及变革》，载《西北第二民族学院学报（哲学社会科学版）》2005年第3期。马进虎：《伊斯兰法创制困难的思想渊源》，载《长安大学学报（社会科学版）》2005年第2期。程维：《伊斯兰教法的发展与变革》，载《阿拉伯世界》2002年第3期。汤唯：《宗教文化的法律定位——兼论伊斯兰教与伊斯兰法的变革趋向》，载《文史哲》2003年第5期。马明贤：《“伊智提哈德”——伊斯兰法的创制》，载《兰州大学学报》2003年第3期。

发展需要，全面现代化或者西化，最后丧失了伊斯兰法传统；第三种是选择第三条中间道路，既一方面保持伊斯兰法传统，一方面又能适应现代化，但这条中庸之道始终走偏，对于大部分国家而言，伊斯兰法现代化的历程至今尚未完成。

（三）伊斯兰法复兴

自18世纪以来，伊斯兰世界的法律受到西方的巨大冲击，伊斯兰世界经历了艰难的法律改革历程。但是，自20世纪60年代以来，一些伊斯兰国家废除从西方引进的法律，重新恢复适用传统伊斯兰法，这一运动被称为伊斯兰法复兴。高鸿钧教授分析了伊斯兰法复兴的表现，即主要以法律渊源、传统法律权威、传统部门法和司法组织的恢复为其表现形式。并从伊斯兰复兴运动的背景、对法律世俗化的不满、政治目的策略和维持统治合法性等方面探讨伊斯兰法复兴的原因。〔33〕吴云贵教授论述了教法在伊斯兰复兴运动中所起的作用和扮演的角色，并指出教法泛化所带来的消极影响、极端主义对教法的重新解释带来的偏狭和政治家们利用教法谋政的企图。〔34〕马明贤教授从伊斯兰教义的视角提出了伊斯兰法复兴的法理依据，即根据圣训，真主在一定时期内将从伊斯兰民族中选择一些被称为"穆占迪德"的复兴家复兴伊斯兰教。〔35〕他认为伊斯兰法复兴的主张是法治的伊斯兰化和国家政权的伊斯兰化，具体表现形式为各国政府对伊斯兰法不同程度的恢复和实施，以及学界对伊斯兰法的理论创新。〔36〕

伊斯兰法复兴是在进行伊斯兰法现代化出现问题时，一部分伊斯兰国家的反应，既然现代化不成功就又回到老路，走向另一个极端。其实，伊斯兰世界至今未能找到合适的发展路径，传统与现代的冲突在思想上表现为宗教激进主义与现代主义的进路。宗教激进主义认为伊斯兰教完美无瑕，后人偏离伊斯兰教的道路才造成混乱，主张要恢复教义。现代主义认为必须重新对伊斯兰教教义和教法进行解释，使之适应当前社会的发展，

〔33〕高鸿钧：《伊斯兰法：传统与现代化》（修订版），清华大学出版社2004年修订版，第380~387页。

〔34〕吴云贵：《伊斯兰教法的泛化、极化与工具化》，载《世界宗教研究》2000年第4期。吴云贵：《伊斯兰教法与伊斯兰复兴》，载《中国社会科学院研究生院学报》2001年第5期。

〔35〕马明贤：《伊斯兰法：传统与衍新》，商务印书馆2011年版，第119页。

〔36〕马明贤：《当代伊斯兰法的复兴与改革》，载《西亚非洲（双月刊）》2005年第1期。

但他们又反对法律世俗化或西方化。传统法律与现代法律之间的张力并非伊斯兰世界独有，其他社会也面临此种困境，正如高鸿钧教授指出："恪守传统法律无法应对现代社会的种种问题，移入的西方现代法律又多因不被认同而成为没有实效的装饰，而自由独创一个现代法律体系又绝非易事。"〔37〕

（四）伊斯兰部门法

伊斯兰部门法的研究文献可以分为以下几个重要部分：

1. 教法五功部分

李鸿鸣探究了礼拜的历史渊源及其在教法中的地位与教法的关系。〔38〕曹久金对历史上的天课制度及其积极意义进行论述。〔39〕除此还有一些论者对伊斯兰教五功及教法进行探讨。〔40〕

2. 饮食丧葬

伊斯兰教法规定的饮食律令贯穿在穆斯林的日常生活中，而且穆斯林的葬礼也必须严格遵守教法的规定，相关文献探讨了有关饮食和丧葬的伊斯兰教法规定和特点。〔41〕

---

〔37〕高鸿钧：《冲突与抉择：伊斯兰世界法律现代化》，载《比较法研究》2001年第4期。

〔38〕李鸿鸣：《拜功与教法规定》，载《中国穆斯林》1994年第5期。

〔39〕曹久金：《伊斯兰教的天课制度》，载《阿拉伯世界》1990年第4期。

〔40〕敏贤良：《伊斯兰教"天课"制度的社会意义》，载《中国穆斯林》2004年第3期。埃及当代著名学者优素夫·格尔达威博士：《天课论》，黎明编译，内部出版2004年版。从恩霖：《浅谈"古尔邦"及其教法规定——为庆祝教历一四一四年古尔邦节而作》，载《中国穆斯林》1994年第3期。从恩霖：《"塞瓦布"的教法规定浅析——兼析伊斯兰教的善恶观》，载《中国穆斯林》1999年第1期。从恩霖：《伊斯兰教法对游坟事宜的规定及礼仪》，载《中国穆斯林》2002年第1期。

〔41〕赛生发：《关于饮食与屠宰的教法问答》，载《中国穆斯林》1994年第4期。李鸿鸣：《伊斯兰食物律法》，载《中国穆斯林》1993年第2期。马松亭：《伊斯兰教的葬礼》，载《中国宗教》1995年第3期。敏生光：《伊斯兰教殡仪的探讨（一）》，载《阿拉伯世界》1993年第3期。李鸿鸣：《伊斯兰教的丧葬规定及习俗》，载《中国穆斯林》1993第6期。

3. 婚姻家庭继承法

伊斯兰法中涉及婚姻家庭继承的文献较为丰富,[42] 其中刘建霞从价值合理性的视角梳理了伊斯兰婚姻法的婚姻自主、夫妻平等、反对独身禁欲、严禁近亲、同性婚姻等婚姻观。[43] 吴云贵对伊斯兰继承法的基本内容、“法定”继承制、遗嘱继承、遗赠、继承法的现代改革等方面都进行了探讨。

4. 财产法

财产法主要涉及瓦克夫法，瓦克夫是指财产所有者以奉献真主的名义，永久性地冻结了自己对财产实体的所有权和使用权，并把使用权和收益权转交给捐赠者指定的宗教慈善机构。吴云贵以伊斯兰教逊尼派的哈乃斐教法学派为背景，较为详细地论述了伊斯兰财产法中的瓦克夫的渊源和流变。哈宝玉从瓦克夫的起源、种类、用益管理、性质及演变等方面进行研究。[44] 王建平对中亚地区历史上的瓦克夫制度的形成、性质、种类、规模、社会功能，以及瓦克夫与圣陵、政府间的关系进行初步探讨。[45] 另外，刘雁冰从民法的视角分析土耳其和埃及民法典，指出全盘西化的土耳其民法典和试图在传统与现代间调适的埃及民法典之间的差异，并分析其中的原因。[46] 王小波讨论了中世纪伊斯兰海商法的形成，指出阿拉伯人通过积极学习拜占庭文化，消化、吸收和改造拜占庭《罗得海商法》，形成伊斯兰特色的海商法。[47] 此外一些探讨伊斯兰经济学的文章也涉及

[42] 吴云贵:《伊斯兰教法对穆斯林家庭生活的影响》，载《中国宗教》2002 年第 5 期。龚俭青:《妇女与伊斯兰社会法律制度》，载《阿拉伯世界》1989 年第 4 期。马秀梅:《伊斯兰教法中有关妇女权利的规定及其社会效应》，载《青海民族研究》1999 年第 3 期。努尔曼·马贤:《伊斯兰教关于婚姻的教法规定》，载《中国穆斯林》1995 年第 3 期。马亚萍:《浅析伊斯兰教的婚姻观》，载《西北民族学院学报（哲学社会科学版)》1994 年第 2 期。马东平:《论伊斯兰教法之妇女观》，载《甘肃社会科学》2001 年第 5 期。冯怀信:《伊斯兰法的道德价值及其现代启示》，载《中国穆斯林》2000 年第 6 期。陈克进:《〈古兰经〉的婚姻家庭观》，载《北方民族》1993 年第 2 期。

[43] 刘建霞:《解析伊斯兰法中的婚姻观》，载《青海民族研究》2009 年第 3 期。

[44] 哈宝玉:《伊斯兰“卧格夫”制度及其当代演变》，载《西亚非洲》2008 年第 4 期。

[45] 王建平:《论中亚地区历史上的瓦克夫问题》，载《世界宗教研究》2001 年第 2 期。

[46] 刘雁冰:《伊斯兰民法之基石: 土耳其与埃及民法典》，载《西北大学学报（哲学社会科学版）》2014 年第 4 期。

[47] 王小波:《论中世纪伊斯兰海商法的形成》，载《古代文明》2016 年第 1 期。

伊斯兰经济法。[48]

5. 刑法

金宜久、吴云贵在其著作的部分章节对伊斯兰刑法作了简要介绍。[49]汤宏达对伊斯兰刑法的历史渊源、特点、发展作了简略考察。[50]哈宝玉对传统伊斯兰刑法的固定刑、同态复仇、酌定刑进行深入论述，并指出随着社会的发展，传统伊斯兰刑法只在当今部分伊斯兰国家尚有保留和实施。[51]刘文静以伊斯兰法对通奸行为的惩罚——石刑为切入点，考察了早期伊斯兰石刑的历史、近现代伊斯兰国家对石刑的改革，并分析石刑在当代一些伊斯兰国家存在的原因，她指出石刑条款虽然不被适用，但其条款未被废除是因为石刑具有一种象征性的法律功能。[52]

综上，学界对伊斯兰部门法的研究范围非常广泛，涉及伊斯兰实体法的各个领域，其中研究的主题具有鲜明的中国问题意识，比如对于五功的探讨就关涉中国穆斯林的宗教功修，对瓦克夫的研究主要涉及中国清真寺财产所属的问题。

（五）伊斯兰法文化在中国

关于伊斯兰法文化在中国的研究文献大致可以分为对中国历史上的伊斯兰法研究和对当前的伊斯兰法文化的研究。

1. 历史上的伊斯兰法文化

哈宝玉考察了伊斯兰法在中国的历史发展，他从唐宋开始，以哈乃斐学派在中国的主要演变为线索，就唐宋蕃坊制、蒙元卡迪制、明清本土化制下的伊斯兰法的发展展开论述，指出从伊斯兰发展进程中可以看出“它在中国社会适应性的生存途径，涵盖了一种文化在另一种文化圈内的生息

[48] 周燮藩：《伊斯兰教与经济发展》，载《中国社会科学院研究生院学报》1990年第2期。从恩霖：《伊斯兰教商事法浅析》，载《阿拉伯世界》1994年第2期。马平：《试析中国伊斯兰教宗教经济问题》，载《宁夏社会科学》1991年第4期。马明良：《伊斯兰教经济文化》，载《西北民族研究》1996年第1期。南文渊：《伊斯兰教对商业经济的影响》，载《宁夏社会科学》1989年第3期。刘天明：《伊斯兰教经济思想初探》，载《宁夏社会科学》1991年第6期。陈军：《商品交易中的伊斯兰原则刍议》，载《中国穆斯林》1998年第1期。

[49] 金宜久主编：《伊斯兰教概论》，青海人民出版社1987年版。吴云贵：《伊斯兰教法概略》，中国社会科学出版社1993年版。

[50] 汤宏达：《从《古兰经》看伊斯兰刑法制度的特点》，载《阿拉伯世界》1992年第1期。

[51] 哈宝玉：《论伊斯兰教传统刑法》，载《世界宗教研究》2011年第5期。

[52] 刘文静：《论伊斯兰法的石刑》，载《政法论丛》2012年第5期。

共存方式”[53]。丁士仁指出，伊斯兰哈乃斐教法由于灵活通融、积极与异文化对接、符合理性等特性，并借助经堂教育的贡献，扎根于中国大地，并成为中国穆斯林的文化传统。[54] 杨桂萍指出明清时期的穆斯林精英成功化解了政治认同与宗教认同以及伊斯兰教法与国法之间的张力，使伊斯兰教成为中国文化的一部分。[55] 此外还有一些论者也探讨了伊斯兰法在中国的历史。[56]

2. 伊斯兰法文化在当前中国的现状

杨经德从现代的视角出发，指出伊斯兰法是回族习惯法的主要来源，伊斯兰法在中国的本土化过程当中一方面保持伊斯兰法的世界共性，另一方面又形成独特的民族个性，这是两种文化交流和融合的结果。[57] 王刚调研了伊斯兰继承法在我国西北民族地区的现状，在伊斯兰文化和儒家文化的共同影响下，伊斯兰继承制度在我国回族、撒拉族等民族的生产生活中已被异化。[58] 敏敬探讨了伊斯兰银行业在西北民族地区发展的局限性，并对西部民族地区发展伊斯兰银行业提出几点建议。[59] 丁俊认为长期以

---

〔53〕 哈宝玉:《伊斯兰教法 : 经典传统与现代诠释》，中国社会科学出版社 2011 年版，第 171~215 页。

〔54〕 丁士仁:《伊斯兰教哈奈菲教法学派及其在中国的传播》，载《西北民族大学学报（哲学社会科学版）》2014 年第 1 期。

〔55〕 杨桂萍:《伊斯兰教与儒家文化和谐与共的历史经验及当代价值》，载《西北民族研究》2017 年第 2 期。

〔56〕 邱树森:《唐宋“蕃坊”与“治外法权”》，载《宁夏社会科学》2001 年 5 期。王东平:《明清时代汉文译著与回族穆斯林宗教法律文化的传布》，载《世界宗教研究》2002 年第 2 期。王东平:《元代回回人的宗教制度与伊斯兰教法》，载《回族研究》2002 年第 4 期。王东平:《唐代的蕃商社会及其法律问题》，载《民族史研究》2002 年第 0 期。马宗正:《宗教法文化中的神学法治理念——兼及伊斯兰教法中国本土化对当代回族穆斯林法治理念建构之影响法治理念建构之影响》，载《西北民族研究》2005 年第 1 期。哈宝玉:《明清时期回族哈乃斐教法的本土化》，载《西北民族研究》2002 年第 3 期等。杨军:《清代回疆社会生活中的民事习惯法探究》，载《江苏师范大学学报（哲学社会科学版）》2014 年第 5 期。白京兰:《清代新疆法律的多元形态与边疆治理——以伊斯兰教法为中心》，载《学术月刊》2014 年第 10 卷。

〔57〕 杨经德:《伊斯兰法中国本土化与回族伊斯兰习惯法的形成》，载《思想战线》2003 年第 6 期。

〔58〕 王刚:《伊斯兰继承制度的本土化及其对我国继承法的启示——以青海世居回族、撒拉族继承习惯为例》，载《环球法律评论》2009 年第 3 期。

〔59〕 敏敬:《伊斯兰银行的本质特征及在我国西部民族地区发展的建议》，载《西北民族研究》2014 年第 1 期。

来中国穆斯林对伊斯兰教法的实践基本上限定在民法领域的礼俗层面，因此，伊斯兰教法中关于刑法的内容基本上搁置不用。他认为教界的阿訇、伊玛目们应下功夫深入探讨区分教法原则与细节问题，引导广大穆斯林既能保持自身端正的信仰，又能很好地适应和融入当下社会。[60] 杨志银对我国云南地区天课施济情况做了调查研究和理论分析，指出天课在济困扶贫、调节穆斯林间收入分配中所起的积极作用。[61] 此外还有一些文献探讨了当前伊斯兰法文化在中国的影响。[62] 可以看出，伊斯兰法在中国的研究主要关注三个问题：一是历史上伊斯兰法在中国的表现形式。二是当前伊斯兰法文化在中国的现状，学者多从习惯法的视角去探讨。三是伊斯兰法本土化研究，即在新形势下如何实现伊斯兰法中国化，这三者构成了研究伊斯兰法在中国的重要主题。

二、国内伊斯兰法研究的特点

从上述文献可以看出，我国伊斯兰法研究呈现出以下特点：

（一）研究主题广泛，内容丰富

当前国内伊斯兰法的研究主题非常广泛，涉及的内容极其丰富。从穆斯林的宗教功修念、礼、斋、课、朝到日常生活中的婚姻、丧葬、继承、商事交易等世俗生活的律法。不仅研究国外伊斯兰法，还兼顾伊斯兰法在国内的现状；不仅涉及传统的伊斯兰法，还重点关注现代伊斯兰法的发展与改革；不仅研究伊斯兰的重要理论，还兼顾伊斯兰的具体制度；不仅涉及伊斯兰教法繁琐复杂的教法争议，还兼顾当前伊斯兰法的宏观理论。

笔者认为，其主要原因在于，一是伊斯兰法将宗教、道德和法律融为

---

〔60〕 丁俊：《多重维度中的伊斯兰教中国化问题》，《西北民族大学学报（哲学社会科学版）》2017年第1期。

〔61〕 杨志银：《关于“天课”在社会经济活动中的作用度的调查研究——以云南省沙甸、鸡街镇穆斯林的天课为例》，载《世界宗教研究》2000年第1期。

〔62〕 谢晖：《回族法文化研究概说》，载《宁夏社会科学》1994年第1期。杨经德：《回族伊斯兰习惯法的功能》，载《回族研究》2003年第2期。马平：《回族婚姻择偶中的“妇女外嫁禁忌”》，载《西北民族研究》1998年第2期。韦齐、吴海燕：《试谈伊斯兰法中的婚姻规范及其在青海穆斯林中的影响》，载《青海民族学院学报》1987年第1期。高占福：《伊斯兰教婚姻制度与回族婚姻习俗的研究》，载《宁夏社会科学》1984年第4期。马福元：《论伊斯兰教婚姻法对我国东乡族婚姻家庭的影响》，载《西北民族大学学报（哲学社会科学版）》1990年第1期。华热·多杰：《伊斯兰法对青海穆斯林社会的影响》，载《青海民族研究》1999年第2期。

一体，因此其调整的领域比世俗法律要广泛，从而导致研究的范围比世俗法律更为广阔；二是伊斯兰法和伊斯兰教关系紧密，因此研究伊斯兰教的学者探讨伊斯兰教，必然触及伊斯兰教法内容，从而形成了国内伊斯兰法研究主题多元、内容丰富的局面。

（二）研究队伍庞大、背景多元

目前国内伊斯兰法研究的学者不仅仅局限于法学界。分析当前的研究者，法学界除了高鸿钧、马明贤等学者外，主要是具有其他学科背景的研究者，如宗教学领域中的吴云贵、金宜久、周燮藩、哈宝玉、杨贵萍、王宇洁、李林等；哲学领域中的丁士仁等；阿拉伯语界的丁俊等；历史学界马通、马明良、敏敬等；以及人类学领域中的马强、民族学界的杨经德等学者。

这些学者分属伊斯兰教、伊斯兰历史、伊斯兰哲学、伊斯兰人类学、回族习惯法等不同学科的多个研究领域。如上所述，伊斯兰教是一个综合性的学科，具有法律和宗教、历史、哲学、教义、教法融合一体的特征，研究伊斯兰教相关学科的同时不可避免地涉及对伊斯兰法的研究。同时，研究伊斯兰法，必须要对伊斯兰教的历史、教义、文化充分了解，在此基础上才能对伊斯兰法有较为清晰的认识和把握，否则会造成一叶障目的现象。另外，研究队伍的多元学科背景有利于对伊斯兰法展开不同视角的研究，如从历史学、宗教学、社会学、哲学、人类学等视角展开研究，拓展了伊斯兰法的研究视野，丰富了其研究内容。但唯一不足的是从法学视角研究伊斯兰法的作品并不多见，伊斯兰法作为世界五大法系之一，至今仍然对世界五分之一的人口产生重要影响，而我国法学界未予以足够的重视，这值得我们思考。

还需要指出的是，在中国西北地区的传统清真寺中，有很多阿訇、满拉[63]构成了研究伊斯兰法的特殊群体。西北地区的清真寺传承古典的经堂教育[64]，经堂教育最主要的法学教材如古兰经、圣训和伟嘎耶是阿訇、满拉的必修课，很多阿訇虽然中文文化程度不高，但大多都精通古典阿拉

---

〔63〕 清真寺中的学生。

〔64〕 经堂教育是将阿拉伯语教育和中国传统私塾教育融合一起的寺院教育。参见敏振海：《伊斯兰法学教育在中国的实践：以经堂教育为视角》，载高鸿钧主编：《中国比较法学：比较法学的教育与研究》（2017年卷），中国政法大学出版社2018年版。

伯语和波斯语，谙熟伊斯兰教法，但是他们大都述而不作，没有留下自己的法学著作，因而这个群体往往被学术界所忽略。

三、国内伊斯兰法研究的不足

目前，我国伊斯兰法研究虽然出版了一些专著，发表了一些论文，但与对大陆法系和英美法系的研究相比较，总体而言，研究成果整体薄弱。我国伊斯兰法的研究主要有以下不足之处：

（一）尚未建构完整的学科体系

完整的学科体系标志着一个学科的发展达到成熟阶段。就伊斯兰法目前已有的研究文献来看，主要涉及伊斯兰法的概念、特征、渊源、历史、伊斯兰法的学派、伊斯兰法现代化、伊斯兰法复兴、伊斯兰法相关部门法，但这些论述大都较为零散，系统性不强，相关著作多从某一个视角或者某一条线索展开，初学者往往摸不清伊斯兰法的边界。这也从另外一个侧面说明伊斯兰法本身的庞杂和博大精深，以及伊斯兰法学和伊斯兰教义学、伊斯兰历史学、伊斯兰哲学、伊斯兰修辞学等学科关系紧密，进而增加了建构完整学科体系的难度。可以说，除了几部著作和从不同视角研究伊斯兰法的数量庞杂的论文，目前我们未建立起完整的伊斯兰法学学科并未对其进行体系化整理。因而构建一部学科完整、体系清晰的伊斯兰法学学科是摆在我们面前的一个重任。

（二）伊斯兰法学理论研究较为薄弱

当前伊斯兰法的研究缺乏对法学理论的深入研究。相比21世纪初吴云贵先生的三部曲和高鸿钧教授的专著，当前国内伊斯兰法研究文献在理论深度上并无明显提升，甚至很多研究伊斯兰法的文献还停留在对基本理论的简单介绍阶段，难出有理论深度的伊斯兰法著作。如对开创伊斯兰法学派的代表人物哈乃斐、沙斐仪、马力克、罕百里的法学思想研究不够，这些法学家的思想深邃，在伊斯兰世界都有其跟随者，以至于影响到伊斯兰世界穆斯林教派的划分。虽然在过去几十年中，伊斯兰世界自18世纪后期以来的颓势并没有出现扭转的迹象，但全球信仰伊斯兰教的人数依然高比例存在。我们对当前形势下伊斯兰法发展的问题关注不够。

（三）尚未拓展对伊斯兰法具体制度的研究

如上所述，当前虽然有一些文献涉及伊斯兰部门法的研究，但对伊斯

兰法具体制度研究还不够深入。比如相关文献多关注传统伊斯兰法国家刑法中的石刑、同态复仇，却没有注意到这些国家在近代对伊斯兰刑法所进行的改革；对伊斯兰婚姻法中的一夫四妻制、塔拉格制度进行介绍研究，其实这些婚姻制度在现代伊斯兰国家已经发生了巨大变化，并表现出不同形态；对伊斯兰财产法、贸易法、金融法的研究还处于初级阶段。西方社会由于伊斯兰银行的建立、伊斯兰金融秩序的运行，学术界对伊斯兰金融法、银行法、财产法等都有深入的研究，而我们在这方面还尚属空白。随着一带一路构想的实施，我们和伊斯兰国家的经贸往来将更加频繁，因此现实的需要迫切要求我们对伊斯兰的部门法及其相关制度进行深入研究。

（四）对区域国别伊斯兰法研究不够

伊斯兰教传入世界各地，在各个国家表现出不同的形态，目前世界上有 57 个伊斯兰教国家，这些国家自近代以来受到西方法律的冲击，纷纷进行改革，以适应现代社会的发展，但是大部分国家遵守伊斯兰法传统，恪守伊斯兰教教规，伊斯兰法在这些国家仍然有着重要影响。我国法学界对区域或者伊斯兰法研究未给予足够的重视，对这些伊斯兰国家或地区的伊斯兰法了解较少，这对我们官方经济交易与民间贸易往来不利，我们无法展开和中东、北非、南亚一些伊斯兰国家大规模的经济往来、商业交易。在当前国家建设一带一路的背景下研究沿线国家的法律意义深远。

（五）欠缺对伊斯兰法在中国的深度研究

伊斯兰教自唐代传入中国以来，在上千年的发展过程中伊斯兰法和中国传统文化互相借鉴、融合，形成独具一格的中国伊斯兰法文化。伊斯兰法文化对信仰伊斯兰教的少数民族产生了较为深远的影响，并且形成了具有民族特性的少数民族习惯法。伊斯兰法在中国表现为以回族习惯法为主的少数民族习惯法。国内关于回族习惯法的文献甚为丰富，但是研究还不够深入。例如对于回族习惯法和伊斯兰法二者究竟是何种关系，伊斯兰法的哪些内容被回族习惯法所吸收、哪些内容又被摒弃，在伊斯兰教传入中国一千多年的历史中，伊斯兰法是如何逐渐和当地的习惯法、国家法结合，最终形成独具特色的回族习惯法等这些问题没有进行深入研究和探讨，对民族地区的习惯法和伊斯兰法之间的关系认识不清、界限模糊，以及对中国的伊斯兰法文化的发展形态、未来走向都未给予严肃的学术讨论。

以上笔者指出我国伊斯兰法研究的不足之处，分析其中的原因，笔者认为主要有两方面：一是客观方面，近代以来我们睁眼看世界，较早和西方国家接触，而伊斯兰世界对大部分中国人而言是一片神秘陌生之地，很多人眼中的伊斯兰社会是沙漠、骆驼、石油、暴恐等一些片段化的图像，由于历史原因我们对伊斯兰世界了解不足。二是主观方面，自改革开放以来，我们主要学习和研究以欧美为代表的西方国家的法律，以便我们能融入世界体系当中，因此对大陆法系和英美法系的学习研究和借鉴是我们由于客观形势所做出的选择，而作为非西方国家较为“落后”的伊斯兰法，对于我们而言借鉴的价值有限，因此主观因素导致我们对伊斯兰法的研究不够重视。

四、对我国伊斯兰法研究的几点建议

针对当前伊斯兰法研究的不足之处，笔者提出几点建议，以求指正。

（一）超越内、外部视角之局限，实现伊斯兰法研究的范式转换

通过观察国内伊斯兰法研究者群体，可以发现以下现象：国内研究伊斯兰法的部分学者是伊斯兰教协会、清真寺的教内人士，他们倾向于用传统伊斯兰教法的方法进行研究，注重教法细节，密切关注教法对穆斯林日常生活的影响，但是过分关注教法细枝末节，导致缺乏某种程度的理论反思。换言之，传统式的伊斯兰法研究可能存在内部视角的盲点。对大部分在高校、科研院所的学院派学者而言，其研究能避开研究视角的盲点，但是其外部视角的研究范式受到西方学术范式之影响，无法真实反映与西方学术系统迥然相异的伊斯兰法的真实面貌。研究范式的内部视角和外部视角之间存在一定张力。笔者认为，当前国内伊斯兰法研究要超越内部视角和外部视角，那就既要从传统伊斯兰教法出发探究伊斯兰法的真实面貌，又要吸收现代西方的研究成果对伊斯兰法进行符合现代学术范式的升华，从而实现伊斯兰法研究的范式转换。

（二）深入研究伊斯兰法理论，建立完整的伊斯兰法学科体系

从当前的研究文献可以看出，我们对于伊斯兰法理论的研究停留在表层，还未深入探讨相关理论，对于伊斯兰法的具体制度，也未深入拓展，伊斯兰法的学科体系尚未建立。因此，我们需要加强对伊斯兰法基本理论的深入研究，同时拓展伊斯兰部门法的研究，具体而言，主要研究伊斯兰

法学思想、伊斯兰法学历史、伊斯兰法哲学、伊斯兰刑法、伊斯兰法家庭法、伊斯兰金融法、伊斯兰刑法等，从而形成完整的伊斯兰法学科体系，为进一步深入研究伊斯兰法奠定基础。

（三）加强区域国别伊斯兰法研究，服务于一带一路倡议

当前我国实施一带一路倡议，发展我国和一带一路沿线国家之间经济往来、商业交易。一带一路沿线有38个伊斯兰教国家，加强对这些国家的法律研究具有重要意义。目前清华大学发展中国家研究项目旨在促进对发展中国家区域国别研究，清华大学法学院依托清华大学发展中国家研究项目招收研究伊斯兰法的博士，培养伊斯兰区域国别法的人才。这些博士在国内完成基础法学训练课程之后，将赴伊斯兰国家进行为期两年的田野调研，对对象国的法律、文化等进行深入研究，开启了我国培养区域国别伊斯兰法人才的模式。

（四）加强国内伊斯兰法研究，为伊斯兰教中国化提供智力支撑

伊斯兰教自唐代传入中国，伊斯兰法随之在中国生根发芽、落地开花，并形成了独具特色的伊斯兰法文化。经过一千多年的发展，伊斯兰法和中国传统文化结合表现为少数民族习惯法。少数民族习惯法和国家法一起规范少数民族的行为、维持少数民族地区的社会秩序。少数民族习惯法作为国家法的重要补充在民族地区发挥积极作用。因而研究民族地区习惯法的意义可见一斑。对于伊斯兰法在中国的研究，笔者认为，当前有三个重要问题值得我们重视和把握：

一是研究中国历史上的伊斯兰法文化。伊斯兰教自唐朝传入中国，历经唐、宋、元、明、清、民国时期的发展，形成了中国的伊斯兰教和中国的伊斯兰法文化。伊斯兰法文化在各个时代都寻求和当时主流文化的结合，从而适应当时社会发展的潮流。值得一提的是，在明清之际，江南一批回族学者通过“以儒诠经”的方式将伊斯兰文化和主流儒家文化结合，以此践行伊斯兰教本土化。如刘智的《天方典礼》是用儒家思想解释伊斯兰法的一部经典著作，这是前辈学者们尝试伊斯兰法本土化的一个例证。可以说，我们现在谈宗教中国化、伊斯兰教中国化，前辈学者们的努力尝试已经为我们提供了先例和借鉴。我们通过追溯历史展望未来，通过研究历史上先贤们为伊斯兰法文化本土化所做的努力尝试，为我们现在伊斯兰法中国化提供可资借鉴的思路。

二是研究伊斯兰法文化在中国的现状。目前我国有两千多万穆斯林，伊斯兰法文化对他们产生了较为深远的影响，从衣、食、住、行、人际交往、商业往来等不一而足。这是客观现实，值得我们去研究。笔者认为，研究伊斯兰法文化对中国西北穆斯林的影响，研究者应该走出书斋，踏进广袤的西北地区进行田野调研，通过观察、访谈等手段获取一手资料，调研伊斯兰法文化对西北地区穆斯林影响到何种程度，近年来这种影响由于国家相关政策的实施是否被弱化抑或加强？这些问题需要我们进行扎实的田野调研才能得出客观的结论，否则做出的研究可能偏离事实。只有掌握当前伊斯兰法文化的表现形态，才能给政策的决策者和执行者提供正确的建议，为民族地区的社会稳定和国家安全做出学者的贡献。

三是研究伊斯兰法文化在中国须把握以下原则：①我们只在法律多元的视野下讨论伊斯兰法和国家法二元并存的局面。②伊斯兰法在中国并没有强制力，它已经内化为一种文化和风俗，换言之，伊斯兰法文化只是一种文化，和国家制定法不能相提并论。③在全面依法治国的背景下，伊斯兰法文化作为国家法律的补充发挥积极作用。在宗教中国化的要求下中国的伊斯兰法文化也需要坚持中国化方向，在新形势下发展出中国本土的伊斯兰法文化。

最后，笔者认为，之所以将伊斯兰教作为较敏感问题，是因为我们对其还未研究透彻，最后导致的结果是无论好坏都不能轻易评价，一些期刊较少刊登有关伊斯兰教以及伊斯兰法的文章，一些有志于从事伊斯兰法的学者面临着职称、毕业的压力，伊斯兰法的研究面临人才断层的现象。笔者认为，作为世界五大法系之一的伊斯兰法至今影响着世界相当一部分人口，研究伊斯兰法可谓具有重大的意义。有关部门应该鼓励学者研究伊斯兰法，从学术角度而言，这将提升伊斯兰法研究在我国法学界中的学术品味；从实践角度而言，这将对我国的民族宗教政策的制定者和执行者提供正确建议，为我国的对外交往、为民族地区的民族团结、社会稳定和国家安全实现学者的担当和使命。

结　语

本文探讨了国内伊斯兰法研究的现状，并对其进行反思与评价，在此

基础上笔者大胆提出一些建议，以求教学界。诚然，伊斯兰法研究面临诸多难题和困境，正如鲁楠教授所言："不论做英美法还是大陆法，都是在大树上开小花，而做非西方的法文化，是自己去种大树。"但是我们不忘初心、任重道远，经过一代代学人的努力和学术积累，终将提升伊斯兰法研究在我国法学界的学术品位。

后殖民时代语境下伊斯兰法发展之检视

——埃默里大学法学院安那伊姆教授访谈

费晶晶*

按：阿卜杜拉·艾赫迈德·安那伊姆（Abdullahi Ahmed An-Na'im），美籍苏丹裔穆斯林学者。埃默里大学法学院 Charles Howard Candler 讲席教授，埃默里大学宗教与法律研究中心高级研究员，是一位在伊斯兰教研究、人权与跨文化人权研究、伊斯兰法研究、国际法研究等领域享有国际盛誉的学者。其主要著作之一“*Islam and Secular State*：*Negotiating the Future of Shari'a*”中译本《伊斯兰和世俗国家——伊斯兰法的未来议定》（吕耀军等译，中国社会科学出版社）于 2017 年在中国出版。借此在埃默里法学院访学的机会，笔者于 2017 年 8 月 4 日对安那伊姆教授进行了专访。本次访谈围绕伊斯兰法的基本概念展开，通过对基本概念与问题的探讨，尝试去厘清伊斯兰法与世俗主义及民族国家等概念的关系。

笔者：安那伊姆教授，感谢您接受本次专访。祝贺您的大作《伊斯兰和世俗国家——伊斯兰法的未来议定》中译本于 2017 年在中国出版。在本书中，您阐释了一个具有广泛争议的主题：即为了成为更好的穆斯林，穆斯林需要世俗国家，只有在世俗国家中，穆斯林才能更好地践行“沙利亚”法。以下我主要围绕这一主题涉及的基本问题展开。

第一个问题与伊斯兰法的名称相关。在非阿拉伯语语境中，我们使用

* 内蒙古财经大学法学院公法系系主任，讲师。

不同术语来指称伊斯兰法，诸如伊斯兰法、穆罕默德法、穆斯林法等，而在您的专著以及论文中，则使用“沙利亚”一词来指称伊斯兰法。对于伊斯兰法研究而言，您是否认为，需要将伊斯兰法的指称统一化？

安那伊姆教授：诸如“伊斯兰法”“穆罕默德法”“沙利亚”等对伊斯兰法的名称，均是政治斗争历史中的产物。今天我们使用“沙利亚”（shari'a）一词指称伊斯兰法这一做法，并非是《古兰经》中提到“沙利亚”这一术语时所指向的含义，它也没有出现在伊斯兰历史早期，“沙利亚”作为指称规范性法律体系的做法在早期伊斯兰法渊源或文献中并不存在。“沙利亚”特指“伊斯兰法律体系”，出现于伊斯兰发展史的第三个世纪，即先知穆罕默德去世三百年之后。

前殖民时代，在不同历史阶段和地域，“沙利亚”具有不同的含义。前殖民时代的伊斯兰世界，“沙利亚”不是实在法意义上的“法律”或者“国家法”，即由国家颁布和实施的法律，因为这一时期的穆斯林社会没有“国家”这一概念。当殖民主义势力席卷非洲和亚洲穆斯林生活的土地时，欧洲的“国家”概念也被引入到伊斯兰世界中。尽管不同殖民者带来的“国家”概念有所差异，例如，法国殖民者的“国家”概念不同于英国殖民者的“国家”概念，西班牙和葡萄牙殖民者对“国家”概念的界定也不一样。但是，殖民者们带来的“国家”概念中有一个共同点，即国家一定具有中央集权式的行政组织体系。中央集权式的行政组织体系在前殖民时代的伊斯兰社会并不存在，它对于当时穆斯林社会是完全新鲜的。同样，“领土边界”（territorial boundary）一词，或者根据“边界”划分的国家也是殖民时代的产物，这些制度或者术语，也在殖民时代结束后被保留了下来。

欧洲殖民主义势力几乎席卷了整个世界。在殖民势力的影响下，世界以“民族国家”为单位进行了重新划分。（殖民时代结束后的）伊斯兰世界已经没有可能回到从前，它只能从殖民时代继承上述理念和制度。受此影响，“伊斯兰法”这一术语在适用的时候，就容易产生这样一种误导——即它的适用使“沙利亚”有了国家法的内涵。不幸的是，从历史的角度看，“沙利亚”具有“国家法”这种观点并不正确。事实恰恰相反，国家与“沙利亚”没有丝毫关联，“沙利亚”是通过穆斯林学者（或者穆斯林法学家）解释《古兰经》与圣训发展起来的，而学者完全独立于国家。当然，（在前殖民时代，伊斯兰世界）也有国家的存在，例如，倭马亚王朝（国家）和阿拔斯王朝（国家）都是伊斯兰发展史上产生的不同国家类型，只是此国家概念与殖民者的“国家”概念不一样。对于生活在这些时代的穆斯林而言，国家无权颁布“沙利亚”，“国家”或者政权只能通过支持“沙利亚”来寻求或者强化其统治的合法性基础，而不是创制或者颁布“沙利亚”。所以，对于前殖民时代的“伊斯兰国家”统治者而言，学者是独立的群体，学者与政权之间可能会有不同程度的交流和合作，但是从未合二为一。这就是历史。

现在，我们再来分析“伊斯兰法”的名称。它的适用如此广泛，已经很难从伊斯兰历史（或者研究）中轻易抹去。但是，我们可以对其进行解释和界定。也就是说，伊斯兰法、穆罕默德法、穆斯林法等用来指称伊斯兰法的术语，只要可以对其含义进行清晰界定即可使用，因为将其完全抹去（进而适用同一指称）并不具有可行性。所有文明，都经历过相似的历史，即传统因外来介入被重新命名来。“伊斯兰法”就是外来干预的产物。

笔者：“沙利亚”一词确实出现于《古兰经》中，在历史上，法学家用其与“菲格亥”（figh）加以区别。根据您刚刚对沙利亚的阐释，请问学习者应当如何理解古典法学家们所做的这一区分呢？

安那伊姆教授：首先，“沙利亚”在《古兰经》中虽然被明确提到，但是并未确指法律。其次，我认为“沙利亚”与“菲格亥”二者没有（实质性）区别。

按照古典法学理论，“沙利亚”与“菲格亥”的区别是：前者是造物主的法律，后者则是法学家对前者的解释和理解。但是，人类如何认识“沙利亚”——造物主的法律？《古兰经》和圣训中的原则是穆斯林信仰的组成部分，当我们问及“这些原则是什么”的时候，就已经进入“菲格亥”领域，因为（对它们的界定）属于人类理解的范畴。我建议人们去思考这样一个问题，即当法学家将《古兰经》的某些经文界定为“沙利亚原则”的时候，这种行为是否应该属于“菲格亥”的范畴呢？换句话说，如果某一沙利亚原则未被人类理解，它一直隐藏在《古兰经》中，我们也不会知道它究竟是什么，但当我们尝试探究它的意思时，我们就已经进入“菲格亥”的领域（因为此时人类的判断已经参与其中）。

对“沙利亚”和“菲格亥”进行区分是当代研究伊斯兰法的普遍方法

之一，这种区分反映了多数学者的研究逻辑，即他们可以将伊斯兰法中涉及的妇女问题、非穆斯林身份问题等归结于“菲格亥”，而不是“沙利亚”。其实，这也是区分“沙利亚”和“菲格亥”的动机。这种区分在于让“菲格亥”，即所谓人类的理解，而不是“沙利亚”，来承担伊斯兰法发展过程中出现的问题。但问题在于，如果没有人类的理解，就没有理解“沙利亚”的可能（因为选择“沙利亚”的过程就是人类理解的过程）。

为了进一步解释我的观点，我们再举一个例子。请你指出一项《古兰经》里提到的沙利亚原则。（笔者：禁止饮酒?）

“禁止饮酒”是一项“沙利亚”原则，它同时也属于“菲格亥”范畴。因为这一原则涉及什么是酒，什么情况属于“饮酒”，如何证明饮酒等一系列问题。所以我说，礼拜、封斋、朝觐，禁止利息、禁止饮酒、禁止婚前性行为等内容确实是沙利亚的原则，但是，问题在于当我们用人类语言指出它们并对其进行解释的时候，就已经属于“菲格亥”的领域，因为其中囊括了人类的理解。

我们接着分析“禁止饮酒”这一沙利亚原则。穆斯林学者们对这一原则的看法和解释也不完全相同。例如，酒的范畴是专指葡萄酒（wine）还是任何致人醉的酒？因为《古兰经》中只提到了前者。而对威士忌或者啤酒等酒类的禁忌，是根据类推得出的人类理解，即《古兰经》之所以禁止饮酒（wine），是因为它会使人失去神智，那么所有使人失去神智的酒精（alcohol），都属于禁忌范畴。而“酒精”这一词汇本身并未在《古兰经》中提及。所以，我这里想强调的是——当我们在试图划分哪些是“沙利亚”原则的时候，我们已经进入“人类智识”的领域，即“菲格亥”范畴。如果说，穆斯林应当按照字面含义去遵循《古兰经》，那么你会发现《古兰经》只提到葡萄酒。所以，就此逻辑而言，如果穆斯林禁止饮用葡萄酒，那么他们可以食用大麻或者可卡因吗？如果回答是否定的，那么这个否定是来自哪里呢？——上述问题及结论，均属于人类对《古兰经》禁酒原则的延伸理解。这也是我为什么说，“沙利亚”原则的本质是人类对造物主意志的解读的原因。

因此，“沙利亚”与“菲格亥”的区分并无太大意义，无论我们称其为“沙利亚”还是“菲格亥”，作为穆斯林都需要遵守它。例如，穆斯林女性不可以在集体礼拜中领拜，或者穆斯林女性不能在没有监护人的情况下结婚，或者对叛教者的惩罚，即叛教者应当被执行死刑，诸如此类的禁忌或教法，它们属于“沙利亚”还是“菲格亥”？我们如何判别二者的不同？问题的关键（不在于区分“沙利亚”和“菲格亥”）在于穆斯林如何看待和遵守它们。所以我认为，对二者的区分在实践中并没有太大的帮助。

笔者：我想接着您的分析继续这个问题的探讨。除了您上述提到的区分“沙利亚”和“菲格亥”动机之外，我认为还有一个原因也导致了对伊斯兰法的“二元区分”，即穆斯林学者认为“造物主是唯一的立法者”，人类不是立法的来源，所以如果“沙利亚”是伊斯兰法的来源，而“菲格亥”则是人类对“沙利亚”的理解。请问您是如何看待这一判断的？

安那伊姆教授：这一判断事实上并不准确。因为《古兰经》不是一部单纯的法律书，也不是一部法典，它并不包括人类社会需要的所有的具体的法律规则。举个例子，我们如何知道造物主关于银行的立法？因为银行立法在《古兰经》中没有规定。我的意思是说，法学家的“造物主是唯一的立法者”这一原则，它潜在的意思是《古兰经》中包含了人类需要的一切具体法律规则，事实却并非如此。[1]《古兰经》有六千多节经文，只有八十节属于具体的法律规则。所以，首先，很显然，如果《古兰经》是一部关于规则与法律的经典，关于法律的经文应当远远多于八十节。其次，我们如何面对《古兰经》中未加以规定的情形？而这恰恰是为什么会有人类理解的原因。

“造物主是立法者”这一原则说出来非常简单。但是，这一原则不能解释伊斯兰法历史上出现的众多流派，也不能解释穆斯林社会从先知穆罕默德去世后就充满异议和斗争并建立了不同的王朝的历史。如果“造物主是唯一立法者”这一原则可以使穆斯林群众联合起来成为一个共同体，并且，这个共同体知晓造物主的法律的内容，那么伊斯兰法律史或者伊斯兰历史上就不应该出现如此众多的差异。我想我可以做出这样一个基本评价，即多数穆斯林学者或者民众，试图用这一原则去掩盖伊斯兰法中存在的困境或者难题，这是不负责任的态度。我认为，穆斯林学者应该发现并

---

〔1〕 安纳伊姆教授在这里的意思是，从现代实体法之视角而非从宗教教义之角度去认识《古兰经》中的法律规则，

且披露（伊斯兰法发展中存在的）这些问题，而不是（适用“造物主是唯一的立法者”这一原则）掩盖它们的存在。

笔者：就伊斯兰法概念界定这一问题，我还有一个问题想与教授探讨。通常中国的法律史教材或者学界把伊斯兰法的性质界定为宗教法，但是经过我们之前的探讨，这一认知似乎有些偏差。您是如何界定伊斯兰法的性质的？它是宗教法还是世俗法？或者对伊斯兰法性质的界定是否有意义？

安那伊姆教授：法律的性质——它本身源自于殖民理论，不是一个伊斯兰概念。“伊斯兰法”这一概念本身也不是伊斯兰的概念。当我们提及伊斯兰法时，我们可以看到“什叶派”“逊尼派”的法律；也能观察到不同时代不同地域的伊斯兰法。那么，究竟什么是伊斯兰法，或者什么使这些法律规则贴上了“伊斯兰”的标签？

我们来举个例子。根据什叶派法律，临时婚姻是合法的。对什叶派穆斯林而言，临时婚姻是伊斯兰法，但是，对逊尼派穆斯林而言则不是。那么，临时婚姻是不是伊斯兰法呢？我们不妨再来看看伊斯兰逊尼派关于婚姻监护人的规定。马力克学派认为婚姻监护人是女性结婚的必要条件，而哈乃斐学派则认为监护人不是女性结婚的必要条件，此外，四大法学派就婚姻成立的必要条件这一基础问题也有不同的主张。所以，哪一个才是伊斯兰法？此外，还有关于通奸罪（zinna）的定义——逊尼派四大学派中，除了马力克学派外，其他三个学派均认为，通奸罪的成立可以通过两个途径证成：一是当事人的忏悔和承认；二是四个证人的证言。只有马力克学派，除了上述两种途径外，还接受另外一种证据，即被指控犯有通奸罪的妇女在其丈夫不在或者未婚的情况下怀孕，而显然这是一种推理。所以，哪一学派的规定是伊斯兰法？我们怎么能够在认为“伊斯兰法是同一的”的同时，而无视学派之间与地域之间的诸多根本性差异呢？

令人担忧的是，在后殖民时代，穆斯林并没有真正理解殖民主义带来的诸如民族国家、全球化经济等变化，也没有认真思考如何应对这种变化。相反，我们封闭了自己的耳朵和眼睛，假装听不到也看不到那些我们本应当面对的问题。以利息（riba）规则来说，殖民时代之前，穆斯林社会的利息只发生在私人之间，适用范围非常有限。公司的概念、国家向外国银行借贷等问题在穆斯林社会并不存在。殖民时代以后，公司、国家向外贷款等问题变成了现实。那么，利息规则是什么意思？例如某“伊斯兰国家”政府向世界银行贷款用以创建本国健康保障体系，除偿还借款外，该国还需要偿还借贷利息。那么这类利息是“沙利亚”允许的还是禁止的呢？所以你看，伊斯兰世界存在很多类似重大的挑战，但是遗憾的是，多数穆斯林选择做鸵鸟，将他们的脑袋深深埋在沙漠里，佯装这些挑战不存在，而这不是正确的做法。

这也是我说对伊斯兰法性质进行界定意义不大的主要原因。我倾向于用“沙利亚”来指称伊斯兰法。因为使用“伊斯兰法”（Islamic Law）时，中心在“法”上，强调的是由国家颁布和实施的法律。这种称谓容易使人产生误解，因为它暗含着这样一层意思，即存在一个由国家实施的规则实体，而对于伊斯兰法律传统发展而言，由国家颁布和实施法律却是个伪命题。相反，如果使用“沙利亚”，则其意思是指，对穆斯林具有约束力的宗教性规则体系，是伊斯兰规范体系，或者宗教规范体系，而不是特指国家法律体系。只要我们将其称为“法” （law），即使是“沙利亚法”（shari’a law）这个词汇，只要有“法”这个字眼出现，我们就不可避免地引入了一个误导性概念。

我们再来谈谈包括中国法学院在内的世界多数法学院课程设置中对伊斯兰法的界定。我们这次访谈的目的在于纠正或者校正误解和偏差，作为受访者，我为自己的言论负责。误解和困惑是通过不同来源的文献资料而引入的，而科学与对知识的思考的发展意味着我们不断地纠正错误，例如，课程内容的纠正就是发展之一。我们目前使用的术语容易使学习者产生误解，而且它本身不是伊斯兰的，继续使用并且赋予其特定的含义，会强化人们对伊斯兰法和伊斯兰教负面的模式化印象。事实上，上述被特定化的伊斯兰法概念也可能会引起公众对伊斯兰教和穆斯林群体的莫须有恐慌。自然科学的教学大纲会根据新的内容而变更，人文科学也理应如此，这是教育者的责任。

笔者：在探讨了伊斯兰法概念的相关问题之后，我想和您谈一谈关于伊斯兰法发展方面的内容。自 19 世纪末的奥斯曼帝国开始，伊斯兰世界陆续展开了各式改革。这些“伊斯兰”改革在方式、程度和内容上既有相同也存在差异。请问您如何看待伊斯兰世界的法律改革？

安那伊姆教授：伊斯兰世界的法律改革尽管存在诸多差异，但是它们

有一个共同点，即都是国家立法。伊斯兰国家是现代意义的民族国家，设有立法部门，司法部门和行政部门。立法部门创制法律，司法部门解释法律并在具体案件中适用法律，行政部门实施法律。——这样的国家结构产生于后殖民时代，即，它们源自于殖民主义，采用的是殖民主义带来的行政体系。作为国家职能之一，国家可以在任何领域制定和颁布法律，可以是土地所有权领域、著作权专利权等知识产权领域，也可以是家庭法领域。我们通常所说的伊斯兰法改革，基本指家庭法改革。

在我看来，家庭法和其他领域一样，只是国家需要调整的法律领域之一，并没有“与生俱来”的伊斯兰色彩，也理应和伊斯兰教没有关系。如果仔细考察和研究伊斯兰国家的家庭法改革——埃默里法学院宗教与法律研究中心多年前在我主持下曾经做过一个相关的研究项目，这个项目后来集结成一本书——《伊斯兰家庭法与变化中的世界》。这部书收录了50多个伊斯兰国家家庭领域的法律规则或者制度，通常被冠以“伊斯兰家庭法”，称它们为“伊斯兰”的“家庭法”提前预设了一种期望，即它们可以适用于任何地方——这在事实上是错误的。考察“伊斯兰”家庭法的某一原则在摩洛哥、印度、巴基斯坦，或者中亚地区的立法时，结果是完全不同的。

所以，我认为，伊斯兰国家可以对家庭关系进行立法规制，社会关系、两性关系和亲子关系的变化会引起国家立法的改变，国家有权力和责任对家事法律关系进行规制，制定和颁布法律，并由法院进行适用。但是，国家不要给它打上伊斯兰的标签，称其为伊斯兰家庭法，因为它们并不是“伊斯兰”的家庭法。

就家庭法改革或者所谓伊斯兰法律的改革方法而言，我认为主要问题在于伊斯兰世界的法律改革都被称为“伊斯兰”法律改单。当称其为“伊斯兰的”法律改革时，无形中就限制了改革的范围，并且使改革方法具有了自由裁量性或者可选择性。多数国家的法律改革采用了“优选”的立法方式进行。“优选”是伊斯兰法的辅助法源之一，它是指从各种流派中各选部分规则，将其汇集形成一个新的规则体系。这种立法方式看似不错，但是问题在于，尽管立法者、国家和法官认为这种方式很方便，但是事实上他们采用的是一种虚假的、（从伊斯兰法传统角度来看）不具有正当性的法律方法。除家庭法以外，这种“优选”方法并没有适用于其他法律部门。这就类似于你准备写一篇关于中国工业史方面的论文，你会使用历史学中的特定的研究方法，通过特定的合理的研究方法，得到一个正确合理的成果。而当涉及家庭法的时候，却采用了一种奇怪的研究方法，这种方法就是基于“优选”的研究方式。举个例子，国家在进行家庭立法时，面对的群体之一是生活在传统马力克学派观点流行的地域的人群，但是，立法机关却为了立法的统一，从沙斐仪学派、哈乃斐学派甚至什叶派的法学规则中进行选择，假设学派之间没有差异，将不同学派之间的规则汇编成一部法典适用于这一地区。

我们还发现，这种“拼凑式”的“优选式”编纂方法只适用于家庭法领域的改革。〔2〕主要原因是前面提到的“伊斯兰”家庭法概念带来了“统一化”的困扰。在实践中经常会出现这样的情况，即某地某法学家宣称“这是伊斯兰法”，而某地某法学家却可能有完全相反的结论，那么哪一个是伊斯兰法呢？所以，我的观点是，（伊斯兰国家在后殖民时代）对家庭法立法形式统一的执念，是僵硬和滞后的。国家可以调控和规制家庭关系并进行立法，但是不要将其定位为“伊斯兰”的改革，这种定位在穆斯林和非穆斯林群体中的广泛传播，容易引起社会性困惑。

笔者：部分法学家认为，基于伊斯兰法的基本原则的一致性，伊斯兰世界可以实现不同地域之间的借鉴和学习，这也是多数法学家认为“优选”方法具有可行性的主要原因。您认为伊斯兰国家在立法改革中的相互借鉴具有可行性吗？

安那伊姆教授：这种借鉴具有可行性，但是不要将其放在伊斯兰语境下进行。全世界有16亿穆斯林，分布在70多个不同国家与地区。先知穆罕默德曾经有一段圣训：“犹太人分为21个派别，基督徒分为22个派别，而穆斯林则分为70个派别。”无论是圣训还是现实，穆斯林社会有什叶派与逊尼派之分，在什叶派内部有不同派别，在逊尼派内部，有“万哈比”、苏菲学派等分支，也有传统的四大法学派。当我们提及伊斯兰法的普遍原则时，会涉及这样一个根本问题：这些普遍原则是什么？由谁来决定这些普遍原则及其内容？这是我前面提到的鸵鸟心理的另一个例子。当你说某

〔2〕近代以来穆斯林世界的其他法律改革，诸如商法、刑法等部门法，基本完全照搬了殖民时代殖民国的法律模式。

些原则是普遍原则时，它真正的意思是，“这些是我所接受的普遍原则。”别的穆斯林可能不同意你的观点。所以，当我们过于强调所谓伊斯兰法一般原则的时候，它的实际意义并不大，因为就像前面我所提到的，我们并不知道真正的一般原则是什么。

笔者：伊斯兰法在经历了19世纪以来的法律改革后，在20世纪60年代左右出现了“复兴”现象。部分伊斯兰国家恢复了诸如石刑、鞭刑、砍手等针对通奸、叛教、偷盗等罪行的“经定刑罚”，并将它们纳入国家法律体系当中。而当今世界，也有部分地区在打着回归伊斯兰的旗号，推进伊斯兰法复兴进程。请问您如何看待伊斯兰法在不同阶段产生的这种“回归”现象？

安那伊姆教授：“伊斯兰法复兴”反映的是特定时空下的政治变化。19世纪，奥斯曼帝国和印度蒙古帝国走向衰落。这一时期，殖民势力进入了穆斯林世界的西部，即奥斯曼帝国，包括北非、中东、欧洲的东西部等地，而在蒙古印度次大陆，苏联入侵了中亚地区。世界被殖民势力划分，也直接导致了伊斯兰法律改革阶段的到来。其实质是，殖民势力迫使被殖民地区的人民改变自己的本土规则，所以，殖民势力是近代伊斯兰法律改革阶段产生的直接原因。这一时期法律改革的问题在于殖民者将改变后的规则称为“伊斯兰规则”，而不是“规则”，尽管其本质是非伊斯兰的。

经过第一次世界大战和第二次世界大战，伴随着奥斯曼帝国的消亡和法国与英国等国殖民势力的消失，亚非地区的民族国家产生了，叙利亚、伊拉克、约旦、以色列、印度、巴基斯坦等现代国家，都是在这些地区被殖民的过程中产生的。紧接着，在20世纪下半叶左右，穆斯林社会迎来了第二次伊斯兰法“复兴”。很显然，所谓伊斯兰法复兴，事实上是我提到的上述变化带来的政治结果，（从“沙利亚”发展的角度看，它的出现）不具有（伊斯兰法）发展的内在逻辑性。

（伊斯兰法复兴）的内部实际情况则完全不同。“经定刑罚”回归刑法典被认为是伊斯兰法复兴的标志之一，但事实上，有多少个伊斯兰国家恢复并将其写入刑法典呢？恢复的条件是什么呢？印度尼西亚——穆斯林人口最多的国家，印度——第二穆斯林人口大国，巴基斯坦——第三穆斯林人口大国，孟加拉国——第四穆斯林人口大国，还有北非的摩洛哥等伊斯兰国家（都没有将“经定刑罚”写入刑法典）。我们发现，全球范围内至少有40个是以穆斯林为主体的国家，却只有四五个国家将经定刑罚写入刑法典，（且不包括上述提到的穆斯林人口大国）。也许有人会说，这四五个国家起到的是象征性的或者是“符号化”的作用。但是为什么它们就具有象征性或者就起到了“符号化”的作用呢？此时我们应当问的问题是，在伊斯兰国家，为什么只有几个国家恢复了“经定刑罚”？是什么阻止了诸如埃及、约旦、马来西亚、孟加拉、印度尼西亚、摩洛哥等伊斯兰国家在“伊斯兰法复兴”过程中将“经定刑罚”纳入各自的刑法典中？我们不能每次都简单地回避问题。实际上，如果多数国家（以穆斯林为主体）认为“经定刑罚”应当写入法典，我们应该看到的是更多的国家而不仅仅是四至五个国家将其纳入刑法典中，这种数据带来的比例差异本身就可以说明，“经定刑罚”回归刑法典本身（在伊斯兰地区）不具有约束力（binding）。〔3〕

笔者：在伊斯兰法近代改革和伊斯兰法“复兴”中，都采用了“法典化”的形式。而您认为，近代伊斯兰国家在法律领域的立法不应当被贴上“伊斯兰”的标签。那么，在后殖民时代的语境下，我们应当如何看待法典化之后的伊斯兰法？法典化的伊斯兰法是否属于伊斯兰法发展的组成部分？

安那伊姆教授：不，我不认为法典化后的伊斯兰法是伊斯兰法发展的有机组成部分。伊斯兰法的法典化进程是在伊斯兰法经历了近14个世纪的发展后，即在19世纪末期的时候才开始的。如果法典化是伊斯兰法发展的原则或规律之一，为什么在近14个世纪的法律实践里，穆斯林都没有做出法典化的选择呢？让我觉得惊奇的是，我们了解自己的历史，也知道伊斯兰社会从没有做过任何伊斯兰法法典化的尝试与努力，却深信法典化后的伊斯兰法是一种顺其自然的发展。

直至奥斯曼帝国末期，也就是19世纪末20世纪初，法典化才出现于伊斯兰世界中。也就是说，伊斯兰法法典化的压力来自于欧洲殖民势力，法典化压力的承受主体是当时的奥斯曼帝国。（奥斯曼帝国）法典化的范围也非常有限，主要是侵权及其责任部分。即使是majjela，即《奥斯曼民

〔3〕安那伊姆教授所说的不具有约束力，是指所谓的“伊斯兰法复兴”潮流只是个别现象，不能作为一般现象来对待。

法典》，也没有完全涵盖“沙利亚”的全部内容。[4] 而“经定刑罚”，诸如通奸、石刑、盗窃的砍手刑等并没有纳入奥斯曼刑法典中。当时的奥斯曼帝国颁布了刑法典、商法典等一系列法典，这是奥斯曼帝国在19世纪末期应对内忧外患时采取的法律改革。问题不在于奥斯曼帝国政府在法律改革中采取的措施或者方法（诸如法典化），问题在于把部分改革的成果强行贴上“伊斯兰”的标签。而我认为，将这类法律改革称为“伊斯兰”的法律改革，这种做法本身是个谎言。伊斯兰法法典化，它在任何地方都是一个伪命题，即使是在那些宣称自己是伊斯兰政体的，并且通过国家颁布“沙利亚”的国家，(一样是个伪命题)。

仔细分析，“伊斯兰法法典化”——它是一个非常窄小的范围。它不涉及财产所有权，也不涉及国际贸易。如果我们近距离观察伊朗、伊拉克、沙特阿拉伯和叙利亚的金融财政政策，会发现这些国家在借贷过程中也支付和收取利息。所以，这些自称“伊斯兰国家”的国家本身，他们借款时会支付利息，贷款时也会收取利息。例如，沙特阿拉伯，贷款给其他伊斯兰国家，会收取利息；当它向世界银行或者美国银行借款时，会支付利息。作为穆斯林，我们的行为受“沙利亚”约束，而“沙利亚”禁止利息，那我们为什么却依然这么做，而且还要宣称它是“伊斯兰”的呢？这难道不是明显的谎言吗？如果这些国家在做出上述行为时，解释说这是国际经济体系之需求，那么是完全可以的，但是不要给这种行为冠以“沙利亚”之名，也不要为它贴上“伊斯兰”的标签。

笔者：我还有一个疑问，这里我依然需要借用“伊斯兰法律传统”这个术语，按照您刚才的意思，伊斯兰法律传统在法典化阶段就终止了吗？

安那伊姆教授：不是，伊斯兰法传统并没有在法典化阶段终止。我们可以这样来分析这个问题。在探讨伊斯兰法律传统发展时，首先要明确个问题，就是谁在推动伊斯兰法的发展。历史上，伊斯兰法是由具有独立意志的法学家或者学者创制完成并推动其发展的。我的读者或者你都可以做一个简单的调查，就是伊斯兰法律传统在它历史上的任何一个时期是否曾依靠国家而得到发展？(如果在历史上它曾经依赖国家而得以发展)，那么我们可以说，现在的（法典化）发展是过去法律传统发展延续的一个部

---

[4] 《奥斯曼民法典》中译本为《奥斯曼帝国民法典》，王永宝译，商务印书馆2018年版。

分。但是，如果伊斯兰法律传统的发展从来没有依赖于国家，那么现在发生的法典化等所谓伊斯兰法改革，只是国家发展的部分，不是法律传统发展的部分。我们不能认为这二者是一样的。

所以，伊斯兰改革或者伊斯兰法改革——这些由国家进行的改革，它们已经不再是伊斯兰法律传统的组成部分。因为，伊斯兰法传统独立于国家，而近代以来的伊斯兰法律改革却完全由国家主导。与学者相比，国家是完全不同的组织。国家有政治、经济发展、领土安全等目标的考虑，而学者则受其信仰虔诚的程度以及对法律的理解的影响。所以，如果学者主导伊斯兰法改革，他们会根据社会现实对法律进行思考、反思、批判和适用，完成法律规则的改革，这是伊斯兰法律传统的内在发展逻辑。而在20世纪五六十年代间，伊斯兰法律的发展走向了完全不同的方向，即伊斯兰法发展不再采取学者适用的逻辑与辩论的方法，而开始采取法典化模式。这种模式由官僚机构（国家），而非学者主导，而且没有取得穆斯林群体信任。作为穆斯林群体，我们甚至不知道他们（立法者）是谁。就像忽然之间，国家通过议会就颁布了法律。例如，摩洛哥颁布的《伊斯兰家庭法》——谁是这部法典的立法者，立法是在哪里进行的，学者和穆斯林群体对这部法典的看法是什么？这些内容距离普通的穆斯林群体非常遥远。

所以，我的观点是，把二者[5]统称为伊斯兰法律传统，是具有误导性的，它们并不相同。我不是在评判二者有好坏优劣之分，我只是强调，这种等同不具有科学性。学者应当保持所适用的学科术语的延续性，不能使用同一术语来指称不同内容。所以，当提到“伊斯兰法律传统”时，我们应当更为慎重，即“伊斯兰法律传统”是什么？它的方法论是什么？它的原则是什么？它的决定因素是什么？你应该还记得我们上课时提到的“伊斯兰法”和“沙利亚”的内容，不能随随便便去使用“伊斯兰法”这个词，这种做法是不负责任的。所以，国家所进行的法律改革不是伊斯兰法律传统的延续部分，如果它是伊斯兰法律传统，它就应当独立于国家。

我们现在提到的法律改革，在突尼斯、埃及、伊拉克、叙利亚、巴基斯坦等国家都由不同的政党来领导。突尼斯的世俗主义政党反对“沙利亚”规则由国家来实施，直接移植了法国的法典体系；埃及呢，以纳赛尔

〔5〕指贴上“伊斯兰”标签的国家立法和作为“法学家法”的伊斯兰法。

为首的政党，又被称为阿拉伯民主主义政党，它借鉴了苏联的政体和法典。伊拉克和叙利亚是军政府政权，纳赛尔也是通过军事政变而上台的，其他的国家也或多或少有来自于军队的支持和联系。我想强调的是，如果认真分析这些进行伊斯兰法律改革的国家，它们没有一个符合“伊斯兰”的标准，那么，它们主导的改革的结果为什么却具有了伊斯兰的性质了呢？所以，就像我刚才说的，伊斯兰法传统的延续部分也应该是独立于国家立法而发展的。

笔者：2017 年您在中国出版的中译本《伊斯兰和世俗国家——伊斯兰法的未来议定》应该是学界为数不多的将伊斯兰教、沙利亚与国家放在同一维度进行讨论分析的大作。您能否解释一下，书中所提到的世俗国家，其定义是什么，和宗教与宪政是什么关系？

安那伊姆教授：首先，世俗国家与宗教是不冲突的。所谓世俗国家是指，国家不支持任何宗教。但是世俗国家可以是好的，可以是坏的，就像希特勒的纳粹德国是一个世俗国家，它和民主等原则没有任何关系。我们不应当将世俗国家等同于民主国家，或者把世俗国家等同于尊重人权的国家，并加以混淆。世俗国家主要强调的一个议题是，国家是非宗教的，或者国家不实践任何宗教。——这是判断世俗国家的唯一因素。如果一个国家宣布支持某种宗教，则它就不是世俗国家，反之则是。

就我们今天讨论的问题域而言，可以这样说，世俗国家不等于宪政国家，这是第一点。第二点，对国家而言，法治是有益的，国家尊重基本权利是有益的，任何一个国家都应当适用和尊重这些政策与价值。所以，我支持民主，也支持国家保护与尊重基本权利。我也认为，伊斯兰国家应当努力实现法治与权利的目标。但是，我并不是主张，由所谓的“伊斯兰国家”来达成法治与权利的目标。我认为，对这些“伊斯兰国家”更准确的称呼应该是“民族主义的、领土的世俗国家”（nationalism territorial secular state），它可以亦好亦坏，也可以是民主的或是极权的。我们应该讨论的是，民主和基本权利如何在伊斯兰国家或者其他国家实现和继续实施，而不应理解为世俗国家应当没有宗教。因为，世俗国家并不意味着与宗教对立。

笔者：您在书中提到宪政主义，并对宪政主义的内容着墨颇多。我的问题是，宪政主义这一来源于西方的价值和由此形成的制度设计，在当今伊斯兰国家应当扮演什么样的角色？

安那伊姆教授：首先，多数人认为民主、自由等价值源自于西方，很遗憾，我不能完全同意这样的观点。民主、自由等价值观，在穆斯林历史和穆斯林文献中就真的不存在吗？——这其实是欧洲殖民者对被殖民地区的人民所捏造的一个谎言。当你仔细去考察穆斯林历史的时候，你会发现民主和自由等所谓“西方的”“欧洲的”价值也同样存在于穆斯林历史实践中。当然，如果你认为的民主自由制度是类似于四年一次的民主大选，那么在过去的穆斯林历史上当然没有，因为民主选举源自于民族国家。但是，如果我们所说的是关于自由与民主的理念或者价值，那么在穆斯林历史上则完全可以找到相似的概念。例如伊斯兰法中的商议制度。在先知穆罕默德去世时，第一任哈里发的选择就体现了“民主”选举的理念。当时艾布白克尔并不是由先知穆罕默德所指定。先知的继承人除了他以外还包括先知的女婿阿里等其他人选。但是，当时的穆斯林群体选择了艾布白克尔作为先知的继承者。不难发现，先知穆罕默德去世以后，其继承人的产生，实际就是民主选举的过程。所以，为什么说民主自由等理念来自于欧洲呢？

当然，在伊斯兰发展的历史上，你会看到通过军事政变、世袭继承等方式产生国家元首，但是欧洲国家历史难道就没有这种现象吗？欧洲所谓的民主历史产生于何时？难道神圣罗马帝国的统治者不曾认为帝国应当为神支配和统治吗？我的意思是，欧洲的历史本身就说明，民主、自由等价值源自于欧洲或者西方是个谎言，因为这不是真的。

问题在于，欧洲殖民者们一直在编织一个谎言，那就是所有“先进的文明”都是来自于欧洲的，所有“落后的文化”都属于被殖民者，穆斯林群体属于落后文明的地域。但是，在 20 世纪，处于基督文明世界的欧洲在互相厮杀中导致了千万人的死亡。我们想一想，第一次世界大战是哪些国家发动的？哪些国家参与了其中？第二次世界大战呢？有多少人死于德国和意大利这些所谓欧洲文明国家发动的战争呢？所谓文明的欧洲世界，在过去的几百年中，产生了纳粹极权主义和大屠杀。欧洲过去的一百多年历史，与他们自诩崇尚的文明价值毫无关系。所以，我的意思是，伊斯兰世界的历史在过去的几百年里，陷入了这些战争中，成了牺牲品。为什么我们要相信民主与自由是来自于这些欧洲国家，进而让它们控制我们的思

想，却忘记了自己历史悠久的文化与传统呢？

笔者：教授您在书中也对“沙利亚”体系在现代法律体系的位置做了精辟论述。您认为在现代语境下，“沙利亚”如何才能更好地适应当代法律体系呢？

安那伊姆教授：关于“沙利亚”如何与现代法律体系适应，我是这样认为的——“沙利亚”并不能也不应该成为现代法律体系的组成部分。“沙利亚”和现代法律的关系类似于道德与法律的关系。在其他文化中，我们不认为道德必然应当转变为法律，即在每个社会中既有道德领域也有实体法领域。类似的，在伊斯兰社会中，存在沙利亚领域和法律领域。它们之间不必然存在这种关联——即某规则成为国家法律，是因为沙利亚的规定。这个问题我们可以这样理解，例如，按照宗教规定，撒谎是罪，偷盗也是罪（sin），但是我们颁布法律惩罚偷窃，却不惩罚撒谎。所以，如果“沙利亚”是国家法律，那么为什么不惩罚撒谎的行为呢？不做礼拜是违反“沙利亚”的行为，但是为什么法律不因此惩罚这种行为呢？每个社会都认为杀人是犯罪，偷窃是犯罪，这些法律规则的渊源部分来自于道德、部分来自于宗教规则和其他渊源。

伊斯兰社会中，“沙利亚”更像是一个道德原则与规则体系。穆斯林因“沙利亚”源自于安拉而自愿自觉遵守，不是因为它是国家立法这样规定的才去遵守它。当国家颁布法律的时候，法律不应当以“沙利亚”为基础，因为当国家以“沙利亚”为基础制定法律的时候，国家并不能保证它的立法是符合“沙利亚”要求的，同时国家立法还撕裂了完整的“沙利亚”体系。国家的责任仅在于保护穆斯林群体可以自由平等自愿地去实践“沙利亚”。

笔者：那您如何看待当代穆斯林群体对部分“沙利亚”规则，例如清真食品（halal food）要求立法的努力呢？

安那伊姆教授：世界多数宗教都有食物禁忌。例如，猪肉不仅是穆斯林的食物禁忌，犹太教也忌食猪肉，佛教忌食肉类等。国家颁布相关法律，是宗教信仰自由原则和政策的体现，即国家通过法律或者其他形式表达对特定国民群体实践信仰的尊重。例如，印度有关于保护牛的立法，并不代表印度政府被印度教主义所同化，它是印度国家对其境内印度教徒信仰的尊重。在中国、在欧洲的法国、德国和英国，都有关于清真食品的相关立法，国家立法的原因不是因为它是“沙利亚”的组成部分，而是因为，此类立法体现了国家宗教信仰自由的基本原则，它保护的是穆斯林群体的宪法权利之一——宗教信仰自由权利。国家的相关立法并不仅惠及穆斯林群体，如果其他群体，例如佛教群体希望宗教中的食物禁忌得到国家立法尊重，国家也可以这样去做。所以，简单来说，穆斯林的清真食品立法和犹太人的犹太食品立法以及印度教对牛的保护，其性质是一样的，都是国家对特定群体的权利保护，国家的功能之一就是保护其国民的基本权利，这和宗教完全没有关系，也不会因此威胁到国家安全。这方面的立法例有法国、英国、美国和德国，我们可以看到，这些国家并没有因为特定立法保护特定少数群体而变得羸弱或者受到国土安全的威胁。

笔者：感谢您的阐释。您作为伊斯兰法研究领域的杰出学者，最后，我想请您就如何进行伊斯兰法研究，对这一领域的研学者提一点自己的建议和意见。

安那伊姆教授：好的。我认为，伊斯兰法学领域研究不是一座孤岛，它与其他学科领域具有紧密的联系。无论是伊斯兰法研究还是伊斯兰研究，它几乎与所有学科都有关联，例如历史、社会学、语言学甚至地理学等。伊斯兰法学领域的研究者不能只着眼于单一的法学领域。伊斯兰法领域是个复合研究领域，研究者也要具有复合的知识体系。

中西法律文化漫谈

“世界伦理”视角下的儒家伦理和天主教伦理的普适性与法的全球化

张薇薇*

作为法学家的天主教徒卡尔·施米特（Carl Schmitt），曾写过《罗马天主教与政治形式》（*Roman Catholicism and Political Form*），他从天主教寻找法治的宗教形而上学的经典形式。而作为天主教神学家和哲学家的孔汉思（又译汉斯·昆，Hans Küng）[1]，则从普适意义和现代精神出发，提出改造天主教，以为现代的治理提供心灵与灵魂。虽然孔汉思曾反对天主教当权者[2]，但他无疑还是离不开天主教赋予自己的有关世界伦理构想

* 苏州大学王健法学院法理学副教授。

〔1〕 Hans Küng，孔汉思，又译汉斯·昆，德国图宾根大学教授，国际著名的天主教神学家、伦理学家，自1960年起至1996年担任图宾根大学普世神学教授和普世神学研究所所长。1995年，孔汉思发起成立“世界伦理基金会”，向全世界推广“世界伦理”理念，是普遍伦理学的创导者。他曾是梵蒂冈第二次大公会议最年轻的神学顾问。他是1993年世界宗教会议《世界伦理宣言》和1997年国际行动理事会《人类责任世界宣言》倡议书的起草者。2001年受联合国秘书长之邀，成为“联合国杰出人士小组”成员，参与撰写了《跨越界限：文明间对话》的联合国宣言。2007年至2010年间担任由科菲·安南创立的全球人道主义论坛（日内瓦）委员会的委员。从20世纪70年代末开始，孔汉思多次访问中国，他特别尊崇中国的儒家思想，以及中国传统的佛教和道教中所包含的伦理思想。

〔2〕 孔汉思是当今世界上最具争议的基督教神学家之一，作为一名罗马天主教神父，他对梵蒂冈的批判曾引起了巨大反响，而他的学术地位却受到世界宗教界之公认和尊崇。他曾是梵蒂冈第二次大公会议最年轻的神学顾问，大力倡导开放包容的神学思想。1962至1965年间，孔汉思受教皇若望二十三世任命，担任第二届梵蒂冈大公会议神学顾问，但在1979年他因反对教皇无误论（他对教会审判伽利略等历史性错误和现代改革进程的缓慢提出批评，他认为教皇无误论是一种“简单的假设”“缺乏圣经的传统的证据”，是唯理主义和新经院哲学风行、人们缺乏信仰的结果），而被梵蒂冈收回天主教会内部的教学权限，而仅保留其讲席教授头衔和研究。回顾当时自己的批判和质疑，孔汉思至今仍保持着同样坚定的独立思索和判断。

所可能的精神母体。

一方面是文明的冲突和共存的需要，另一方面是科学技术作为意识形态的现代性所带来的精神深处的危机——伴随世界现代化而来的是各式各样的意识形态，如个人主义、科学主义、消费主义等，越来越显得缺乏说服力，而人们对精神充实的渴望却越来越强烈；这当然与已有的不少意识形态缺乏一个稳固的思想根基有关。

一个全球性的道德伦理标准是否可能？为什么要从宗教走向伦理？世界伦理这个概念，是否可以涵摄宗教多样化与精神多元化之现实？什么是共同体或规范的理念？孔汉思的论断是，“没有宗教间的和平，就没有国家间的和平；没有宗教间的对话，就没有宗教间的和平；不探究宗教的基础，就没有宗教间的对话；没有一个建立在全球伦理标准上的新的国际关系范式，就不可能有一个和平公义的世界。”〔3〕世界伦理，并非人造的“超级结构”，比如一个全球伦理制度或者全球意识形态，它也非一种宗教观念，它的根基是不同民族的古老智慧和基本的生活原则，这些智慧与原则自人类与动物世界揖别之日开始，就塑造了最原始的人类，并且从诸种文化的不同宗教与伦理传统以及习惯法之中积淀而成〔4〕。世界伦理是指应当认同文明共存的伦理标准，比如：生态保护的观念、保护两性之间的关系、保护财产的原则、坚持真知的原则，这四个方面是理解世界伦理的重要基础。在这三个原则之外，追求并保护“真”的价值，拒绝撒谎，坚持坦诚的态度，是世界伦理能得以被遵守之又一前提。世界伦理的核心价值基础，其实在不少国家和民族之古老经典中均有所涉及——这使得在多元性的地域中发展出相似的价值观而成为可能，孔汉思认为，“世界文明和谐是更具流动性的动态文明共识”。〔5〕同时，孔汉思虽将宗教作为人类文化和伦理的核心以及主要表现形式且在此基础上来谈全球伦理，但世界伦

〔3〕 参见［瑞士］孔汉思、［德］库舍尔编：《全球伦理：世界宗教议会宣言》，何光沪译，四川人民出版社1997年版。转引自叶小文：《论宗教对话、世界和平与和谐社会》，载《北京大学学报（哲学社会科学版）》2007年第1期，第56页。

〔4〕 参见［瑞士］孔汉思：《世界伦理手册：愿景与践履》，杨煦生主编，邓建华、廖恒译，杨煦生校，生活·读书·新知三联书店2012年版，第9~20页。

〔5〕 张弘毅：《“北京论坛2012”专访世界伦理基金会创始人孔汉思：从世界伦理中构建和谐》，载北京大学新闻网：http：//pkunews. pku. edu. cn/2012zt/2012－11/05/content_257329. htm，最后访问日期：2015年4月28日。

理的受众，是要更宽泛于宗教信徒这样的所谓教派群体。[6]

一、天主教伦理：普遍理性、多元整合、神学美学

天主教的教理与精神，具有普适的关照性，这在几位思想家，比如西蒙娜·薇依（Simone Weil）、马克斯·舍勒（Max Scheler）、卡尔·施米特、约翰·菲尼斯（John Finnis）、阿拉斯代尔·麦金泰尔（Alasdair MacIntyre）、查尔斯·泰勒（Charles Taylor）的作品之中，都已得到一些阐述。

但天主教的普适理性与善观，是作为被改造的宗教形态出现，还是普适伦理共识出现？今天，我们是否还需要宗教？

而世界伦理究竟又是怎样的一种规范或原则体系？一种怎样的结构（比如出自天主教精神的），是否可能包容多元理解，是否只是提供程序性的共识而不涉及实质性之制度？

对于天主教的审美和普适特质，可以作如下一些提炼和抽象：

（一）Universalism，普遍的规范理性的审美特质

天主教，是一种脱胎于犹太一神论理性宗教的宗教，但它在时空理解上，是面向未来的宗教，因为它是一个理性的宗教，也是一个内在孕育“现代性”的人性论的宗教。天主教以及基督教的宗教的人性理解，虽然建立在神性中心论的基础上，但这种神性，是进行了理性的逻辑建构和带有理性升华后的唯美性的。这种神学美学，是接近于法律、证立以及论辩的理性美学，它和法的美学和法的精神一样，符合同样的逻辑构造，带有规范的、理性的、逻辑的、音乐性的内在精神，是一种规范伦理的和规范道德的审美，而不是尼采式的意志论的酒神的审美。

在法的层面，罪与罚的法律伦理已经昭示给我们——终极恶的救赎的不可避免性；恶的问题，就像善的问题一样古老，一样无法避免。按照奥古斯丁的观念，恶，就是善的匮乏，就好比明月、圆月的亏盈一样。如果

〔6〕 孔汉思认为，比如目前中国有许多人是无神论者，任何有理性的人都不会立即断言这样的人群没有道德。因为，人们不需要宗教信仰就可以接受全球伦理价值观。所以世界伦理的联合应包涵信徒和非信徒结成联盟的主张。由宗教创立或制定的原则，非宗教界人士也可以参与。无论是从地理还是从民族和国家的层面上来看，有宗教信仰和没有宗教信仰的人们必须为建设一个和谐的社会而共同努力。

说善的语境，今天已让位给权利和自由的话语，那么，对于善的定义虽然产生了改变，但善的永恒可溯性，善的永恒回归性，善的时空维度的需要证成性，是任何一个时代和社会的制度论证的基石。

天主教的伦理，比法的伦理，更重视恶的问题，以及善的复归或复位；天主教的伦理规范，也比法的规范，更为直接地建立在对精神事务之讨论基础上——一个依赖普适性伦理的法律制度往往更可证成，也在于它的这种普适性。以类似于天主教的人性的普适性的哲学思考作为自己的法哲学思考，那么，这样的法哲学，即便不是最具有地方性、民族性和文明性的，也一定是比较稳健、保守和尊重智识或智慧的人类理性。

神学美学是一种理性的审美——这种理性审美，可以稳健地与政治的自由主义和道德的普适主义结合在一起。与基督新教相区别，神学美学的天主教，保留了必要的结构形式，可以舒缓绝对自由的偏颇，并让一定的威权和精英的元素，停留在社会秩序和国家秩序的批判层面，使一种宗教感的批判，成为这个时代精神保持不枯竭的知识分子的动力和精神凝聚。

天主教伦理，拥有理性的均质、衡平、和谐与大公性、包容性；而神秘主义是富于美感的，即宗教仪式的神秘性——这样两种之审美，很好地统一于富蕴宗教感的政治和法律理念之中——这会否也是现代社会"神义论"的可能出路？

（二）Complexio Oppositorum，一个整合性的、包容多元的形而上学？

政治哲学家卡尔·施米特在《罗马天主教与政治形式》（*Roman Catholicism and Political Form*）就曾提出，罗马天主教会是一个能包容异质的复合体（a complex of opposites，a complexio oppositorum）[7]；能包容对极[8]；且反对激进的二元观（a radical dualism）[9]。天主教具有一定的等级差异（有点像儒家之差序格局）；同时罗马天主教的政治形式具有"代表性"（principle of representation）[10]，等等。

天主教相对于新教的保守性——看上去，似乎并不利于法律的自由权利观和政治自由主义的充分论证，但是天主教为世俗秩序注入了一种间接

---

〔7〕 See Carl Schmitt，*Roman Catholicism and Political Form*，Greenwood Press，1996，p. 7.

〔8〕 Ibid.

〔9〕 Ibid.，p. 9.

〔10〕 Ibid.，p. 8.

性的价值序阶，使那完全为现代性和新教伦理所抹平的天然的差等价值和精英价值，得到一种超越于民主和法治框架的承认——这无疑使这个依赖于公共理性的审美的宗教，更加具有一些精英意识和救赎能力，也为民主时代保留了必要的品位。将天主教视为一种“现代式”的宗教伦理，或者，是一种内蕴“现代性”的面向未来和世界殖民的宗教，都是可以成立的。

一个自由民主的时代和社会与终极善的哲学和神学信念之间，如何处理边界？终极善，是否会导致压制，其是否无法充分接受现代性和现代政治文明之理念？天主教伦理，作为一个内蕴“现代性”的现代版“终极善”的弱理论，为社群主义者所接受，并由此可能成为自由主义最有力的对话者。社群主义者查尔斯·泰勒将这样一种天主教伦理，结合进对现代社会政治的建构和理性设计的蓝图之中；中国近代天主徒法学家吴经熊也以天主教伦理作为法的信仰叙事和价值叙事、超越叙事——都在于天主教精神，具有超克自由主义的，狭隘机械理性主义的内在生长力，同时天主教伦理，也是常新的，是不违背基本理性精神的，毋宁说，是以理性精神作为它的生命的精神与价值的。作为一个理性的整合论的道德神哲学、自然法哲学的叙事，天主教伦理以整合、整全精神，保障它所最基础支持的神学的平等和个体独立的神学要求。

（三）Cosmopolitanism，一种基于个体和意义之自我的共在？

人格论主义和整全主义，是天主教对于人格伦理和法律伦理的贡献。新教伦理的自由主义，乏于在哲学上提出整全人格的宗教哲学理论。自由主义的人格构造，不能为人的宗教和神学层面的善的整全，提供一个整全的版本；因为，自由，并非现代人可以栖身的终极之所。天主教思想家马克斯·舍勒、雅可·马里旦（Jacques Maritain）、孔汉思等人所提出的价值体系的思想和学说，都论证过如是之观念。

诚如儒家所说的伦理体系、价值体系和政治体系的一统性，一方面天主教伦理价值观秉持全人理论，并以信仰作为终极善、公正和正义之保证；另一方面，其试图以个人主义的位格理论，超越于儒家所可能导致的败端、专制和压制人性、甚至各种形式有不良发展倾向之不稳定的权威主义。

个体是一个社会学、政治学或社会科学的界定，自我，就是一种类宗教的精神概念，自我，在现当代哲学中，也成为第一哲学问题。在法权想像之中，个体为权利或义务所固着，但自我，却游离于法权叙事，而呈现出一种归乡的宗教情绪，或逸出、异在甚至异化的诗性情绪。查尔斯·泰勒在《自我的根源》之中，寻找现代性的价值的终极慰藉之渊。从黑格尔（Georg Hegel）理论《精神现象学》的出发点，可以上溯至古希腊，自我的难题，就是这个时代最大的神明的寻找，即寻找自我和寻找神明，是同路的。马克斯·韦伯（Max Weber）所说的寻找个体之“守护神”，即是此意吧。

天主教伦理将自我的现代性的问题，消化在一个平衡的、类似于中庸或中允的价值体系的彼此要求之中——这种彼此要求，颇类似于中国的礼的张力，或仁的平衡感——它让自我的酒神性，趋于平淡，平庸，也让自我的美感的外在性-日神性，发挥到一个个体的价值的稳定常态之中，真正让个体获得一种根植于自我的丰富的伦理内涵和社会伦理的综合意义。

二、儒家伦理的世界伦理意蕴

天主教与儒家作为普适伦理的可能性，不仅有作为世界伦理的现代世界道德的挑战，也在彼此之间产生了基于两种精神类型的对话，即①理性的与人文的；②尊严的与天命的。在笔者看来，天主教的普遍理性和儒家的人文理性，都具有普适性，而彼此之间并非是一样的精神质地；从内在精神价值旨归和判准而言，也有尊严（天主教伦理）和天命（儒家伦理）这样两种不同理路之观照方式和理解、阐发范式。

具有天主教神学思想背景且支持世界各大宗教、文明对话的孔汉思的世界伦理说，曾提出几种金规则、原则，作为普适理性和世界理性的现当代精神。《全球伦理宣言》（1993年在芝加哥举行的世界宗教议会上通过的）强调，有两个方面涵盖了全球所有伦理价值和标准的基本原则：第一个基本原则是人性，“每个人（不论男女种族，不论贫富年龄）都应被人性地（而不能被不人道地甚至残忍地）对待”。第二个基本原则是“互惠”或者说“金律”，在《论语》《圣经》，以及其他传统中都可以找到。比如，类似于“己所不欲，勿施于人”的思想，这在儒家伦理和基督宗教

之中，都有相似的内涵和表达[11]。

上述两个原则，也可以提炼为儒家话语的观点：人性（仁）和互惠（恕）。儒家的人性（仁）和互惠（恕）原则，深深扎根于中国的传统之中，也体现于佛教和道教思想当中。孔汉思认为，"孔圣人在两千多年前即讨论到了和谐价值的两个原则：每个人都应得到人道的对待；己所不欲，勿施于人"，这些伦理态度蕴藏于人类本性之中。可以说，中国的伦理精神和人生道理，和基督宗教等其他宗教文明一样，具有法则意义，或有规范精神的形而上学指导意义。《全球伦理宣言》（以下简称《宣言》），也模仿参照人类原初的一些道德戒律（比如像在《圣经》旧约中的），《宣言》有这样几个承诺：①致力于建设一个非暴力和敬畏生命的文化（旧约"不可杀人"的诫命）；②致力于建设一个团结和拥有公平经济秩序的文化（"不可偷盗"）；③致力于建设一个宽容和诚信生活的文化（"不可撒谎"）；④致力于建设一个男女平等和友爱的文化（"反对性侵犯"）。[12]

孔汉思认为，"在中国社会中寻找文明和谐需要一种全球视野"；需要一种倡导真正的人道为核心价值的精神；需要一种将人与人的基本社会关系建立在普遍伦理价值之上的民族精神，这些价值观不取决于普遍的自私自利。目前，中国正在参与塑造人类的未来，而在这一进程中，人道感、相互依存感、和谐感等中国伟大人文传统将发挥重要作用。[13] 孔汉思看重的是中国传统的精神资源。他认为中国传统伦理可以为全球伦理提供经验；比如仁的原则和推己及人的原则。

---

〔11〕 耶稣基督引用金律说道："故凡爾欲人施諸己者，亦宜施之于人。律法先知，尽于斯矣。（新经全集·福音玛窦传 7：12）"［所以，凡你们愿意别人给你们做的，你们也要照样给人做：法律和先知即在于此。（思高版玛窦福音 7：12）］儒家同样制定出一个有关于人生的黄金律式："己所不欲，勿施于人。"这两个黄金律，一个是正面的；另一个则是反面的，但都直接从实践理性第一原则中流溢出来的——"趋善避恶"（good is to be done and evil is to be avoided），其构成了人类社会生活之最高准则。转引自吴经熊：《正义之源泉：自然法研究》，张薇薇译，法律出版社 2015 年版，第 35 页。

〔12〕 参见［瑞士］孔汉思：《世界伦理手册：愿景与践履》，杨煦生主编，邓建华、廖恒译，杨煦生校，生活·读书·新知三联书店 2012 年版，第 31 页。

〔13〕 参见［瑞士］孔汉思：《中国传统伦理为全球伦理提供经验》，载《中国社会科学报》2010 年 6 月 1 日，第 2 版。

还有一些源自中国文化传统的处事原则，比如止暴和好生原则，根据中国传统思想，以暴易暴并非正确的方式，好生之德乃大德。儒教和道教都反对暴力，宣扬戒杀和好生。古语有云，众生皆我手足，万物皆备于我。这些思想有助于人类的内部和睦，也有益于人与自然的和谐。再比如团结和正义原则；孔子有言，政者，正也，义者，宜也。这反映了对社会正义的追求；且儒教强调社会正义有赖于人类的道德和精神修养，提倡自律，鼓励意诚而后心正，这些教诲都有益于公正的社会秩序的建立。儒家学者认为，人皆有恻隐之心，是人类同情精神的经典表述。四海之内皆兄弟，表达了人类团结一致的理想。

孔汉思所理解的中国的传统精神之核心是儒家带来的“人文主义”。这种人文主义是理性的，是人性的，也是具有现代意义的。

……虽然是一个西方人，但是我认同中国的人文主义。早在公元前6世纪，中国文化有了一个转型，即从古代的神秘宗教转向理性——人及其理性被置于神灵之上，被赋予了更高的地位。最终由此出现了一次思想上的突破，人们对文学、历史、艺术表现出极大的兴趣，学者、文人、士大夫上升至中国社会的最上层。孔子最初只是众多教师当中的一员。……“克己复礼”不单纯是一个道德的教导，在孔子的思想中，“天”是一个主动的力量，位居法律和秩序之上。人，尤其是统治者，应该明白“天意”，竭力地实现“天意”。不这样做，统治者就失去了合法性，这是中国很多次革命的动因。我非常认可孔夫子教导中的人文主义智慧。在外在的行为规范的框架内，人应该努力与他人和睦，向所有人施行慈爱（也就是“仁”）。我理解“仁”的意思就是善良、关心、良好的意愿。从这个意义上说，人类在追求外在国家建设的同时，还应该追求个体内在的道德建设。在人类历史上，孔子首次提出了“己所不欲，勿施于人”的金律，“恕”是这条金律的简略。即便在今天，无论是在中国还是在全世界，“仁”也完全可以成为基本伦理的基础。[14]

但孔汉思也以为，绝不是因循守旧的儒教，即那种视自己为一种复古的意识形态，死读圣贤书，崇尚等级分明、没有相互平等关系的社会的儒

〔14〕参见［瑞士］孔汉思：《中国传统伦理——全球伦理的一个基础》，载《中国民族报》2011年4月12日，第6版。

家思想。父母对子女、男性对女性永远的辖制，简言之，任何父权的社会秩序，没有未来。真正拥有光明的前景，真正能够对全球伦理作出贡献的是体现在《论语》中的中国传统伦理。

孔汉思认为，中国对全球伦理独特的贡献，可以表现为以下这样几点[15]：

一是中国文明式的特殊的方法。"和而不同"被认定为核心的价值观，是中国传统伦理参与全球伦理建设的基础。

二是共同的伦理戒律。任何一个人类共同的伦理，都以承认个体的多样性和差异性为前提。只有这样，我们才有可能在不同的民族和群体中倡导那些共同的伦理戒律。这些伦理戒律在各种道德和宗教的经典中也有着惊人一致的表述，那就是："不可杀人""不可偷盗""不可奸淫"等。

三是中国特有的思想观念和人生哲学信念，比如如下这样一些概念：天道、天理、慈悲、仁、民胞物与、生生、忠恕、中庸、礼、孝、良知、恻隐、知耻、贵义、重行等——它们或者可以作为"全球伦理"一些规范中具有中国风格的阐发和表述，或者可以作为支持和提升这些规范的精神和价值资源。

四是人性和相互关系的两个基本原则，即中国的两句古训："仁者人也"和"己所不欲，勿施于人"。

孔汉思认为，中国只有返回思考其伟大的伦理传统，逐渐实现更为真实的民主，才能坦然应对全球化时代的历史政治使命之挑战。中国和世界需要一个重新发现人的价值和人的自身权利、人的现实感、人的道德品质和人的坚忍不拔的伦理；一个将与他人的基本关系建立在具有普世约束力的伦理价值观的基础上，而不是取决于膨胀的私利的伦理。在新的全球秩序的架构中，应该重视儒家思想反复强调的内容：伦理和文化，并不比经济和政治不重要；道德的人的理想范式（仁的哲学），并不会在理性化的时代，完全输给密集制度化和科层制的制度治理模式。中国和世界需要一种承认对利益的合法追求，但将人类指向道德义务和社会责任的经济秩序；

---

〔15〕 参见［瑞士］孔汉思：《中国传统伦理——全球伦理的一个基础》，载《中国民族报》2011年4月12日，第6版。

一种最终由金律决定而非由强权决定的政治秩序；一种人与自然的和谐以及将经济与生态联系起来的自然循环；一种对实在的诠释，这种诠释始终对“天”、对超越的维度开放。

三、比较法与法范式讨论的启发：法之全球化的精神危机？

文明体，如何拥有共识？今天，我们行进到了一个追求大同的、文明体并存驳杂的“天下”观的世界体系之中。共识，成为一个交往行动的底线和公共理性的公式。比如，罗尔斯（John Rawls）的重叠共识的世界主义理论，悬置终极价值和绝对善的讨论，主张底线的以及交叠的价值和伦理共识。

今天，我们是否可能期待一种普适伦理之于世界法或法的全球化的对话？或者，越来越重要的法理学讨论议题之普适的法权或人权话语，究竟是不是代言了某种类似宗教的角色而足以承载世界伦理之使命？

启蒙时代，康德（Immanuel Kant）提出的永久和平论到现当代政治哲学家罗尔斯的《万民法》，以及哈贝马斯（Jürgen Habermas）的商谈理论，都在探讨一种世界范围的秩序与正义的问题。世界法或世界主义的法观念，据说可以上溯到古罗马时期的万民法的传统。以下的一些古典和现当代理论，都探讨了这样一种世界法构想之哲学合理性。

对于什么是当代世界法理论的形而上学的讨论，法之全球化的精神危机，世界哲学和伦理范式之贫困的讨论，可以提出如下的尚可进一步探索之课题和话语：

（1）法的全球性与特殊性的讨论：如何面对新大同时代（即法之全球化时代）？

（2）比较法的任务和范式，是否应超越法系的比较，而转向了文明间的对话？法范式的讨论，是否可以开拓对于某些非理性的审美的、神学的范式（比如比较宗教法律文化研究）的讨论？

（3）商业文明和法律理性的内在共生精神之讨论。

（4）权利话语和殖民体系的后现代法权哲学之讨论。

……

世界法的时代，基于文明共存和伦理共识的万民法和普遍法的讨论，都让我们开始正视世界伦理的想象和诸大文明体系宗教和伦理的对话——

它无疑会具有某种超越古罗马万民法和古希腊永恒理性自然法的新的内容和使命，因为它面对的是文明间的冲突与对话，一个新的世界体系的现实与现代性的价值剧场的展开。

两种言论自由

——重访米克尔约翰

敖海静*

一

当代美国，有关言论自由理论最显著的特点，也是与古典言论自由理论最大的区别，在于破除形式上自由平等的迷思，力主国家通过对言论市场的干预来保障和促进言论自由的真实实现。其中，罗纳德·德沃金（Ronald Dworkin）提出的合伙式民主观其实是为了给国家干预言论市场提供合法性论证，因为公民享有受到平等对待的基本权利，任何人都不能因为诸如经济贫困这样的问题而被“排斥”在民主对话的过程之外。如果想要在言论市场实现这种理想状态，国家就不得不通过立法来限制一部分人的言论，以强化另一部分人的言论。当然，从现实来看，为了实现一个秩序安定的社会，没有人会质疑国家可以，甚至应当禁止某些言论。诽谤和侮辱性的言论——不论通过文字的，还是口头的——都应当受到禁止和惩罚。教唆他人犯罪的言论本身则会被作为一种犯罪予以处理。同时，刑法历来对煽动危害国家安全的犯罪都毫不手软地予以打击，却也无碍于宪法的控制和审查。然而，当我们重新将目光聚焦于美国宪法第一修正案的语词时，却不得不惊讶于它的绝对口吻：“联邦议会不得立法……剥夺言论自由和出版自由（Congress shall make no law...abridging the freedom of speech, or of the press）……”请注意，宪法直接明了地用的是“不得立法（shall

* 法学博士，中国人民大学法学院博士后，中国人民大学法律与宗教研究中心助理研究员。

make no law）”，从语义和口吻上看是那么肯定和绝对，不留丝毫回旋和打折的余地。用雨果·布莱克大法官（Hugo Black）的那句名言来说就是，“不得立法就是不得立法（‘no law’ means no law）”，这是何等的显而易见。既然如此，这就成为一个不得不予以认真对待的矛盾现象。难道是因为制宪者疏忽大意没有预见到战争或国家危难时期的实际需求，所以才拟就了如此绝对的言辞？这种解释似乎幼稚到不值一驳。制宪者们都是从独立战争和建国政治中走出来的精英分子，他们谙熟当时的政治理论，饱受《邦联条例》造成的政治涣散之苦，他们深知美国人民的需要。所以他们为美国人民制定了联邦宪法及其修正案。

第一修正案通过后，当时有人认为国会之所以未经激烈辩论就认可了这项对立法权重大限制的规定，是因为存在一种例外，即根据普通法应予惩罚的言论和作品，仍应受到惩罚，国会制定第一修正案时实际上主张的是布莱克斯通（Sir William Blackstone）的观点，即言论自由只是意味着免遭事前限制。但作为《权利法案》起草人的麦迪逊（James Madison）明确抛弃了这种观点。他强调，所谓言论自由只是免遭事前限制的观点不能被接受为美国关于言论自由的观点，因为施加惩罚的法律和授权实行事前限制的法律在效果上完全相同。既然承认不能制定任何法律阻止言论的发表，那么之后却可以制定法律对之进行惩罚，岂不咄咄怪事！第一修正案制定者的意图正是要禁止对言论的任何限制和惩罚，“不得立法”，言简意赅，就是不得立法。既然如此，第一修正案似乎是一个自相矛盾的悖论，它一方面绝对禁止对言论自由的剥夺和限制，另一方面又准许对言论的剥夺和限制。从广义的政治哲学的角度讲，这种深刻的悖论并不是孤立的。在千百年来的历史长河中，只要人们努力追寻一种更符合自治道德的政治，它就如幽灵一般如影随形。例如，对于苏格拉底之死这个政治哲学的千古难题，我们过往的研究基本上都集中在民主和法治的关系上，就没有洞察到这一事件背后暗含这种悖论的个人与政府之间的复杂关系。

二

美国著名哲学家亚历山大·米克尔约翰（Alexander Meiklejohn）在他有关言论自由的不朽名著《言论自由及其与自治的关系》（*Free Speech and*

Its Relation to Self-Government）[2] 中为我们重述了这个故事。在《苏格拉底的申辩》一文中，苏格拉底面临着一场决定他生死的审判。雅典人指控他在教学中“腐蚀青年”，并且“不信神灵”。法官们判他有罪，并警告他如果不停止这种教学活动，不改变自己的观点就要被判处死刑。苏格拉底以坚定的口吻驳斥了对他的有罪判决和警告，宣示了他的不服从的态度。他认为在雅典这样一个自由城邦，任何官员都无权要求他应当或不应当怎样思考。政府或许有权处置他的生命，但绝无权力干涉他的观点。米克尔约翰甚至想象道，苏格拉底似乎在说“国会不得制定法律削减言论自由”。[3] 但是，在另一篇作品《克力同》当中，柏拉图似乎又同样借苏格拉底之口表达了另一种完全不同的观点。此时的苏格拉底已经被判处死刑，他的朋友克力同潜入监狱劝他逃走，但却被他严辞拒绝。在苏格拉底看来，他有义务服从国家和政府的法令，正如有必要不服从剥夺他的信仰和言论自由的法律一样。为此，他设想了一场和雅典法律的对话，法律质问他道：

> 我们生你、养你、教你，凡所能给其他公民的利益，都给你一份。此外我们还预先声明给雅典人所欲得的权利：成年以后，看清了国家行政和我——法律，对我们不满，可带自己的财物往所欲往之地。国家和我们不合你们的意，你们要走，我们没人拦阻，不会禁止你们带自己的财物到所要去的地方，——或去殖民地，或移居外邦。可是我们默认，凡亲见我们如何行政、立法、依然居留的人，事实上就是和我们订下合同，情愿服从我们的法令。
>
> ……
>
> 苏格拉底，我们掌握着强有力的凭据，证明国家和我们合你的意。……你蔑视我们——法律，要毁坏我们——法律；你想逃，不顾和我们所订甘为守法公民的契约，做最下贱的奴才所做的事。首先答复这问题：我们说，你言语与行为都和我们订下甘为守法公民的契

---

〔2〕 中译本参见［美］亚历山大·米克尔约翰：《表达自由的法律限度》，侯健译，贵州人民出版社2003年版。

〔3〕［美］亚历山大·米克尔约翰：《表达自由的法律限度》，侯健译，贵州人民出版社2003年版，第15页。

约，这是否实话？……你此刻做的不是践踏和我们所订的约吗？

……

你如今不想守约了？苏格拉底，你受我们劝，就不至于逃亡而闹一场笑话。〔4〕

关于苏格拉底之死的隐喻，政治哲学史上作出了各种各样的解读，但在我看来，它暗示了民主自治的某种有限性和条件性，即政府应当根据被统治者的同意进行统治，这种同意是一种契约，而根据契约，公民有义务服从政府的法律和决定，即便根据法律他应当奉献出财产和生命。但另一方面，这种契约也划定了政府绝对不可以施加控制的领域。在苏格拉底看来，信仰和言论的自由就是公民保留的领域和权力，因为公民在契约中并没有向政府让渡这一领域和权力。联邦宪法就是这样一份契约。缺少这一契约，美国人民就不能引以为豪地宣称他们践行着自治，而不是专制的原则。在自治的社会，统治者和被统治者不是两类性质有别的人群，他们毋宁就是同一群人——他们既是自己的主人，又是自己的仆人。这无疑是说"一个自由政府必须是它自己的主人。如果我们，人民，是被控制的，那么，我们，人民，必须实施这种控制"。〔5〕那么，人民又如何确保他们始终是自治的呢？对此，米克尔约翰指出了包括第一修正案在内的宪法中的几个关键性条款，并认为这些规定不仅关系密切，而且决定了整部宪法的含义和结构。序言宣示了美国人民结合在一起最基本的共同目的，它是对《五月花号公约》和《独立宣言》中的约定的直接承继。这表明所有的政治权力都源自作为一个政治共同体成员的"我们美利坚合众国人民"，我们人民既是统治者，同时也是被统治者。所谓的政治自由并不是无政府的自由，而是我们人民的自我统治。第十修正案和《宪法》第1条第2款表明人民在通过宪法创设政府的同时，并没有将所有的统治性权力都让渡出去，后者尤其规定了一种人民决定由自己直接行使的保留性权力，即"联邦众议院由各邦人民每两年选举产生的众议员组成"。根据这一条款，人

〔4〕［古希腊］柏拉图：《游叙弗伦 苏格拉底的申辩 克力同》，严群译，商务印书馆1983年版，第109~111页。

〔5〕［美］亚历山大·米克尔约翰：《表达自由的法律限度》，侯健译，贵州人民出版社2003年版，第9页。

民并不享有选举的权利（right），而是保留了与立法、行政和司法权力性质相当，但在效力上更高于它们的选举的权力（power）。通过这种投票选举的权力，人民作为选民积极地参与到统治作为法律适用对象的自身以及作为法律的制定者、执行者和解释者的各种政治代理机构的活动中。〔6〕

在米克尔约翰看来，人民的确享有很多很多权利，例如持枪的权利、人身和住宅不受无理搜查的权利、不得自证其罪的权利，以及取得律师帮助的权利等，这些权利被规定在第二至第九修正案当中，但是这些权利都属于被统治者享有的私人性或个人性权利（the private rights of the governed），这些权利均会受到第五修正案中的正当程序条款的保障。然而，第一修正案的言论自由原则则与此无关，她绝不能受到正当程序条款的保障，她毋宁应该是人们能够享有这些权利的保障。言论自由并不是源于任何私人性的利益或权利，而是源自以普遍性投票的方式实行自治的需要。宪法认为投票是人民进行自我统治的活动，但真实的和有价值的自治内在地仰赖于人民理性和明智的判断，这种判断不仅源自每个人自己对真理的追求，也源自他人对真理的追求，源自所有公民都能够无碍地了解公共生活所面临的问题和他人对这些问题的理解，即便这种理解并不容于多数人的喜好。因此，“第一修正案的革命性目的就是否认一切从属性机构有权剥夺人民选举权力的自由。”〔7〕 从这个角度讲，第一修正案所保障的是人民为进行统治而绝对必要的思想和交流活动的自由，与第十修正案第1条第2款一样旨在保障作为统治者的人民的主权性权力。正如同苏格拉底一面否认雅典官员享有干涉其信仰和思考的权力，一面又认可雅典法律对他的强制，为了共存，人民创设了代议制政府，但为了不被他人统治，人民又从未让渡所有权力。为了让代议制政府的治理更为明智，《宪法》第1条第6款赋予国会议员如下特权，即“议员在议会的发言和辩论，在议会外不受盘诘”。由于人民赋予代理人的自由唯一地源自作为选民的人民的更加根本的自由，政府和代理人是我们的创造物，并不代表政治权威的转移，它只意味着人民自己选择了某种方式来统治自己。如此，上述事实就

---

〔6〕 Alexander Meiklejohn, “The First Amendment Is An Absolute”, *The Supreme Court Review*, 1961, pp. 253-254.

〔7〕 Alexander Meiklejohn, “The First Amendment Is An Absolute”, *The Supreme Court Review*, 1961, p. 254.

毫无疑义地揭示了第一修正案的意蕴，即“正如我们的代理人在使用所授予的权力（delegated powers）时必须是自由的一样，人民在行使他们所保留的权力（reserved powers）时也必须是自由的。”〔8〕

三

但是正如前文所指出的那样，对于诽谤侮辱和煽动犯罪这样的言论，没有人会质疑政府拥有合理的规制权，甚至可以说这种规制是维护一个自治社会的良好秩序所必需的。一方面人民拥有不可剥夺和限制的言论自由，另一方面人民的某些言论又必须受到限制，这似乎是一个悖论。然而，一个恰当的解释是前者是一种政治自由，直接与作为统治者和主权者的人民相连，后者则是一种个人自由，是作为被统治者的人民所享有的个人性权利。根据构成一个自治社会的基本契约，人们享有生命、财产和言论等方面的基本权利，但政府可以出于公共利益的需要在满足法定程序和要件的前提下进行干预和限制。联邦宪法第五修正案极为准确地描述了这种约定。她说，“没有正当法律程序，不得剥夺任何人的生命、自由和财产。”在最高法院的历史当中，第五修正案里的“自由”一词从一开始就被解释为包括言论自由在内的所有公民自由权利。在大多数场合，我们可以说最高法院的判决是对的，剥夺人民的言论自由必须经过正当法律程序。但是，在另一些不多的场合，最高法院显然错误地以第五修正案的正当法律程序条款取代了第一修正案，而错误的根源就在于最高法院误解了两种言论自由，甚或说两种自由的根本性区别。

第一修正案保障言论自由，这是显而易见的，但是它并不保障所有的言论都免受政府的干预和限制。它划定了一个范围，在此之内的言论正是苏格拉底意义上的绝对自主和自治的领域。这一范围并不是政府表示谦抑和尊重的结果，相反是因为它在本质上高于政府权威并因此政府必须予以谦抑和尊重。人民自治的原则在决定第一修正案的言论自由作为人民自我保留的统治性权力的性质的同时，也为这一权力的有效范围规定了界限，即第一修正案仅仅保障直接或间接涉及那些必须由公民投票决定的问题的

---

〔8〕 Alexander Meiklejohn, “The First Amendment is an Absolute”, *The Supreme Court Review*, 1961, p. 256.

言论，也就是说只有那些关涉一个自治社会的公共事务的言论才有资格获得第一修正案的保障。

由此可见，某种言论之所以受到第一修正案的保障，并不是因为它本身具备独立的真理性价值，也不是基于言者的天赋权利或人格尊严，而是源自它有助于全体公民对公共事务获得更全面和真切的认知。可以说言论自由是民主制度的条件和内在要求，它塑造积极公民，提供公共信息，确保选举机制的正常运转，并防止政治垄断。对公民来说，言论自由是政治的而不是伦理的，是公共的而不是个人的，这种政治关切与个人利益需求完全不同。从这个意义上讲，那些认为言论自由源自某种抽象的自然权利或理性法则的主张或许在前近代社会尚有启蒙和反抗暴政的价值，但在一个自治的社会却有将言论自由降格为一种可以权衡的问题的危险。换言之，第一修正案并不关注言论本身，也无意于言者，关键是每一种有关公共事务的观点都可以不受压制地说出来。因为自治的公民在投票决定公共事务时，占有信息的充分程度是至关重要的因素。他们的讨论越充分，越多了解一种观点——哪怕是批评性、冒犯性的观点——就越有可能就公共事务做出更明智的决定。

正因为此，米克尔约翰才会说道，“第一修正案并不保障‘说话的自由（freedom to speak）’。她保障的是我们‘统治者’有关思想和交流活动的自由。”〔9〕从这个角度来说，当人们就公共事务进行发言和讨论时，他们就是在自治的原则下行使作为统治者的权力，甚或者说履行着一种统治责任，此时根本不存在政府应否限制的问题，也不存在霍姆斯大法官所说的根据具体的环境来确定是否应予保障的问题。他们唯一需要遵守的规则就是宽容，“兼听则明、偏听则暗”，即便是让大多数人都感到冒犯的观点，只要是参与到有关公共事务的讨论和决定中的言论，都应当获得一个被倾听的机会。

与此相对，第五修正案则通过正当法律程序保障了除有关公共事务的言论之外的所有其他言论，这些言论与公共事务和公民自治无关，在根本上只关涉公民的私人利益，是一种私人性的言论（private speech）。在性质

〔9〕 Alexander Meiklejohn, “The First Amendment Is An Absolute”, *The Supreme Court Review*, 1961, p. 255.

上，这种言论与生命、财产等个人所有物极为类似，是公民的基本权利。正当法律程序的保障也就意味着政府可以施加合理和必要的限制。从类型上看，诽谤侮辱性言论、商业言论、淫秽色情言论，以及煽动性言论常常受到较多的政府规制。〔10〕这些言论的保障更多地属于一种公共利益与私人利益或者私人利益之间的平衡问题。我们之所以必须接受这种规制，乃是因为我们在与其他人共同缔结那份基本契约时已经承诺政治共同体的公共决定必须同等地约束所有公民，服从政府的法律既是每一个人的义务，也是确保公民自治的需要。当我们人民作为统治者时，我们人民同样地服从统治。根据公民自治的原理，我们并不是在接受他人的限制，我们毋宁是在接受自己所制定的法律的限制。正如柏拉图借苏格拉底之口所暗示的，作为公民，我们不能因为自己的个人利益遭到法律的剥夺就撤回对那份基本契约的同意。我们是自我统治的，所以我们必须服从法律。当有人的私人言论，甚至包括煽动暴乱的言论受到压制时，他唯一应当诉诸的救济就是正当法律程序（包括实体性正当法律程序）。如果他超过这个界限主张了更多的东西，那么他就不是在主张自治社会的言论自由，而是要求无政府主义。而这恰恰是对言论自由的真正威胁，更是我们应当警惕和反对的。

通过对两种言论自由的区分，米克尔约翰似乎也为国家干预言论自由

〔10〕实际上这种类型划分是很粗略的，也不见得很准确。想要在有关公共事务的言论和个人性言论之间划出一个精确的界限并不是很容易的事。有一些诽谤言论、仇恨言论，以及色情言论往往也带有公共性质，或有助于公民对公共事务的认知。比如诽谤和讽刺公共官员的言论往往就表达了公民对某个官员的职务行为或政策的不满。同时某些人还认为色情作品也带有严肃的文学、艺术和科学价值，有助于提高公民素质。米克尔约翰起初对有关公共事务的言论的范围界定得比较窄，但后来又做了扩展。除了第一修正案明确提到的言论、出版、和平集会和请愿活动，以及投票自由之外，他认为在人类的交流活动中，还有许多思想和表达形式有助于增进投票者的知识、智慧和对于人类价值的关怀，有助于他们做出明智、客观的判断，也应当受第一修正案的保障。这些形式包括教育、哲学和科学、文学和艺术，以及有关公共问题的讨论和信息传播活动。（同上，255页）然而事实上，米克尔约翰对第一修正案保障范围的扩展在很大程度上使得混乱和争议更加严重。相反，保守派理论家罗伯特·博克始终认为第一修正案只保障一种言论，即清晰且明显的政治言论。从这一点来看，他的主张倒是更类似于米克尔约翰的前期观点。*See* Robert H. Bork, "Neutral Principles and Some First Amendment Problems", *Indiana Law Journal* 47, 1971, pp. 1-35. 总体来看，如何更精确地区分公共性言论和私人性言论仍有待进一步探讨，但两者也并非在任何情形下都无法区分。相关讨论可参见姜峰：《言论的两种类型及其边界》，载《清华法学》2016年第1期。

的正当性进行了背书。然而，这种理解却是表面的和肤浅的。米克尔约翰仍然是一位言论自由的古典论者——尽管他的进路是如此的与众不同——“言论自由的原则并不是源于某种假定的‘自然权利’，而是源于以普遍性投票的方式实行自治的需要”，[11] 但在人民自治的范围内，言论却是绝不可受制于国家的权力的，相反，国家及其权力的合法性正仰赖于这种绝对自由的言论权力（power）。在某种意义上，这正是“古典”的真实含义。[12]

---

〔11〕［美］亚历山大·米克尔约翰：《表达自由的法律限度》，侯健译，贵州人民出版社2003年版，第67页。

〔12〕［美］亚历山大·米克尔约翰：《表达自由的法律限度》，侯健译，贵州人民出版社2003年版，第67页。

外文著作翻译

神的形象：权利、理性和秩序

杰里米·沃尔德伦[*] 著　张海斌[**] 译

神说："我们要照着我们的形象，按着我们的样式造人……"神就照着自己的形象造人，乃是照着他的形象造男造女。

（《创世纪》1：26-27）

"神的形象"（Imago dei），即上帝按照自己的形象创造了人类这一教义，对我们这些愿意接受人权的宗教依据的人来说是极具吸引力的。它有力地说明了人的神圣性，亦使贯穿于人权基本思想中的信念具有了宗教色彩——即我们作为人类本身所具有的某些性质要求我们得到尊重，不可侵犯，不受任何制定法或社会传统之区别对待，或理应优先于它们。

在本文中，我拟要做的，乃是以下三件事。首先，我将对一些可能妨碍"神的形象"作为人权依据的诸难点，进行详细的调查研究。其中一些与该教义的宗教特征有关，而正是这一点，使世俗的政治自由主义者认为该教义不具备成为人权依据的资格。但我认为，相对于可能来自犹太教与基督教思想传统内部的反对意见而言，这种反对意见的影响或许要小一些。我们不应简单地认定一个乍看起来似乎可以作为人权依据的理论（就

---

* Jeremy Waldron，纽约大学法学院教授，牛津大学社会与政治理论候任奇切利教授，本文原刊登于小约翰·威特（John Witte，Jr.）、弗兰克·S. 亚历山大（Frank S. Alexander）编：《基督教与人权导论》（*Christianity and Human Rights*：*An Introduction*），剑桥大学出版社 2010 年版。现经作者与原出版者许可而刊登于此。

** 上海外国语大学法学院教授。

其具体理论性质及有关争议来说)，事实上便能够胜任任何一位人权理论家对它的期望。它可能根本就不适合作为任何权利的依据，或者即便它确实被视为权利的依据，亦可能会使我们根据它所建构的权利理论之性质发生变化。

其次，就算我们认定可以在人权领域内继续讨论“神的形象”，那么还存在另一个问题，即，它能对人权理论起到何种作用。这只是一个抽象的、一般的前提，可以作为各种权利的一般宗教依据呢？还是它在本质上与一些权利相适，而与另一些权利相悖？我的观点是，人权理论可能是根据“神的形象”通过好几种不同的途径所引发的深刻思想发展而来。对此，我将一一予以阐述。

最后，第三部分特别针对了一种可能性。如果“神的形象”的确与权利相关，那么它极有可能与我们对政治权利，即作为公民以各种方式参与社会管理的权利的看法相关联。可以这样认为，人类具有能够理解和参与一个可知秩序的能力，这一点体现了他们的造物主的形象。这一观点将人类的智性与道德能力和他们在个人、社会和政治生活中的角色置于显著的地位。我所研究的第一部分的结论是，一个特定的宗教依据之选择，就建诸其上的权利理论而言，是具有重大的影响作用的。本文的最后，我将通过探讨“神的形象”对于我们对参与权的认识所可能产生的一些影响来展开。

一、“神的形象”作为有争议的依据

“神的形象”对于宗教、社会和政治思想的重要意义始见于罗马天主教的教义，但它并不局限于天主教。美国的福音派新教徒，不论黑人还是白人，都遵循这一教义。并且，因为其源自圣经，它的影响自然也超越了基督教的范围。人是根据神的形象创造而成的这条教义，以及它在我们应当如何对待自己这一问题上的影响，最初在《律法》(The Torah) 中进行了阐述，它既是犹太教的核心教义，亦是基督教社会思想的核心教义。

尽管这一教义对认同人权的宗教依据的人们极具吸引力，但它却在排斥宗教世界观的人中间，以及那些因其他原因而致力于寻求适用于多元宗教社会的权利理论的人中间引起了不安。这一将人的尊严和权利建筑在“神的形象”基础上的主张，也许在亚伯拉罕的追随者中具有广泛的吸引力，但其影响却远没有达到普遍的程度。虽然它的拥护者可以认为，它正是为权利的普遍化提供了依据。然而其他人却会反驳称，权利所必需的普遍性并非仅仅在于一系列基于特定依据的逻辑体系，而在于这些依据的广泛适用性，从而使该原理所提供的理由得以合情合理地为所有行为可能受之影响的人们所采纳。据吾人所知，那些拟定了最重要的人权文件的人便持此观点：当初，一个要求在《世界人权宣言》中注明人是按照神的形象创造出来的提案，经讨论后之所以遭到否决，便是基于这样的提法会削弱该宣言的广泛影响力之考虑。[3]

很多人反对将任何这类深刻的教义用于政治目的。对于一些人来说，这是罗尔斯主义总体上接受公共理性标准的一个特例："在讨论宪法基础和基本正义的问题时，我们不会诉求于完备性的宗教学说和哲学学说，不会诉求于作为个体或联合体成员的、我们视之为整全性真理之物。"在约翰·罗尔斯看来，任何这样的诉求都会使很多公民质疑个人权利的合法性：只有将它建立在"现在已为公民广泛接受或普遍适应于公民的那些真理"[4] 上时，它们的合法性才更加稳固。然而，并不是所有的自由主义者都赞同罗尔斯的总体观点，而他为自己的"政治自由主义"所提出的依据也已招致了一些批评意见。[5] 但是，即使是那些拥护某种形式的原教旨主义的人，也对引用令无神论者或拥有其他信仰的人们感到疑惑甚至产生更糟糕情绪的原则而感到不安。毕竟，"神的形象"是一个极其特定且深奥的神学教义，它不单单是一种崇敬关爱之情的模糊表示，且任何世俗的诠释也不见得能够表达出其含义之万一。

对其他一些人而言，对于"神的形象"这一教义的担忧，反映出人们

---

〔3〕 This is based on the Summary, "Records of Meetings of the Third Committee Sept", 21-Dec. 8, 1948, Official Records of the Third Session of the General Assembly, Part I, at 55, U. N. Doc. (A/C. 3/SR.) 84~180 (1948), cited in Courtney W. Howland, "The Challenge of Religious Fundamentalism to the Liberty and Equality Rights of Women: An Analysis under the United Nations Charter", *Columbia Journal of Transnational Law* 35 (1997), p. 271, p. 341.

〔4〕 John Rawls, *Political Liberalism* , New York: Columbia University Press, 1993, pp. 224-225.

〔5〕 参见 Ronald Dworkin, "Rawls and the Law", *Fordham Law Review* 72 (2004), p. 1387, pp. 1396-1399; Joseph Raz, "Facing Diversity: The Case of Epistemic Abstinence", *Philosophy and Public Affairs* 19 (1990), p. 3; Jeremy Waldron, "Public Reason and 'Justification' in the Courtroom", *Journal of Law, Philosophy and Culture* 1 (2007), p. 107.

普遍憎恶践踏人权的行为这一实际的共识，而与深奥的哲学原则无关。安东尼·阿皮亚（Anthony Appiah）说道：“我们不必都要赞同人类是根据神的形象创造出来的……才能在我们不愿意被官僚们迫害这一点上达成一致。”[6] 然而，是否应当就此否认“神的形象”的相关性呢？阿皮亚承认，“我们之所以不必将人权建立在任何特定的形而上学之上，是因为它们已经有许多形而上学的依据了。”由此可见，在这些相互交叉的共识之下，一些人坚持这一深刻的思想，或是坚信对他们而言这一依据较之其他更为实际的人的肤浅信仰更令人满意，也就不足为怪了。

另一些对于这一教义的疑虑，可能源于犹太教和基督教传统内部。“神的形象”本身就是一条极为晦涩且存在争议的教义。就经文而言，它最初是作为上帝造人这一教义出现的。仅对此，我们就可以作多种解释。根据这一教义，人类是参照上帝的长相和形象创造出来的。同时，根据一些犹太教资料记载，人的创造可能经过了两个阶段，而神的形象在这两个阶段中所起的作用是不同的。[7] 那么人权理论学家是否必须在这些圣经解释的辩论中进行取舍呢？

其次，“神的形象”在有关堕落的教义中的含义，也存在着疑问。“神的形象”同我们堕落的本性之间有何联系？人权理论应如何处理加尔文关于“存在于人类中的神的形象已不过仅剩下残余”的论断，或是马丁·路德的“自从人类的堕落以来我们就更像魔鬼而非像神或是‘有着神的形象’”的教导？[8] 当我们在人权的范畴内引用该教义，是否就等于是承认路德和加尔文是错误的？

再次，基督教内对于“神的形象”还存在着有关“化成肉身”的特殊问题。神以基督的身份化为人（约翰福音14：8-9；哥林多后书4：4；歌罗西书1：15；以及希伯来书1：3）的意义与按照神的形象创造的纯粹的

---

〔6〕 K. Anthony Appiah, “Grounding Human Rights”, in Michael Ignatieff, *Human Rights as Politics and Idolatry* , Princeton: Princeton University Press, 2003, p. 101, p. 106.

〔7〕 See also George P. Fletcher, “In God’s Image: The Religious Imperative of Equality Under Law”, *Columbia Law Review*, 99 (1999), p. 1608, pp. 1615-1617.

〔8〕 参见 David Cairns, *The Image of God in Man*, London, SCM Press, 1953, pp. 131-132,（关于路特）及 pp. 137-141（关于加尔文）中有关存在于堕落的人类中的神的形象的论述。

凡人的意义是否一样?[9]

在此，我既无足够的篇幅，也无必需的智慧来探讨这些问题。不过我们却必须停下来思考一下我们是否应当将人权与如此深层次的神学争论联系起来。且不提人权拥护者们怀着机会主义的热情四处搜寻可用的宗教依据（以支持他们的观点，认为他们拥有的资源可以实现他们的世俗兄弟姐妹们所做不到的事,）而将这关乎“神的形象”的争论搅得更为混乱会使神学家们作何感想。

我将这些真实存在的关于神学研究议题与人权研究议题之间关系的问题在此提出，并不是为了否认“神的形象”对于人权理论的意义，而是坚持认为我们应当保持适当的谨慎，反对仅仅因为把它作为人权的一个独特的宗教依据似乎是一个引人关注的亮点而趋之若鹜。

同时，我们应当谨记这远远不是唯一一条可以作为人权依据的宗教教义。通过大量的途径,“神学最为深入地探究了作为人的意义，从而为支持和形成对现有的人权宣言和争论的持续批评和分析提供了依据”。[10] 其中之一，即我们都是神的子女，我们应当在对彼此的关爱中反映出神对我们的爱这一思想，它没有神的形象教义那般正式和抽象。或者考虑一下约翰·洛克关于自然权利的理论。洛克并不是不知道神的形象这一教义，他在他的部分政治哲学中便引用了这一教义。[11]但他没有将之引用为他的自然权利理论的依据。相反，他的理论建立在这样的前提下，即我们都是神的制造品，他出于一定目的创造了我们：

> 人们都是全能和无限智慧的创世主的创造物，既然都是唯一的最高主宰的仆人，奉他的命令来到这个世界，从事于他的事务，他们就是他的财产，是他的创造物，他要他们存在多久就存在多久，而不由他们彼此之间做主；我们既赋有同样的能力，在同一自然社会内共享一切，就不能设想我们之间有任何从属关系，可使我们有权彼此毁

---

〔9〕 Claus Westermann, *Genesis* 1-11: *A Continental Commentary*, Minneapolis: Fortress Press, 1994, p. 155 中对这一问题进行了有益的探讨。

〔10〕 Charles Villa-Vicencio, “Christianity and Human Rights”, *Journal of Law and Religion* 14 (1999-2000), p. 579, p. 594.

〔11〕 John Locke, *Two Treatises of Government* (《政府论》), Peter Laslett ed., Cambridge: Cambridge University Press, 1988, I, § 30.

灭，好像我们生来是为彼此利用的，如同低等动物生来是供我们利用一样。[12]

由此看来，我们与神所创造的其他生物之间的区别，并不在于我们负载着神的形象，而是在于我们有理由相信自己被神送到这个世界上来是履行神赋予的使命的，因而我们有权得到保护和尊重。我并不是说这比“神的形象”教义更适合作为权利理论之依据，重要的是我们应当意识到存在着其他的可能性。

另一个可能作为依据的思想是基督教所特有的，即每一个对我们提出要求的穷苦人都带着基督的一部分：

> 因为我饿了，你们不给我吃。渴了，你们不给我喝。我作客旅，你们不留我住。我赤身露体，你们不给我穿。我病了，我在监里，你们不来看顾我。他们也要回答说，主啊，我们什么时候见你饿了，或渴了，或作客旅，或赤身露体，或病了，或在监里，不伺候你呢。王要回答说，我实在告诉你们，这些事你们既不作在我这弟兄中一个最小的身上，就是不作在我身上了。（马太福音25：42-45）

这个形象化的比喻常与“神的形象”相联系，然则其联系并非显而易见，因此完全可以独立进行理解。它看上去当然比“神的形象”更接近于明确的标准，因为我们可以认为它直接表达了人权所应当包含的道德责任。

既然提出了如此之多需谨慎对待之处，我们也应当注意到“神的形象”或许在基督教的社会思想方面也有着影响，而这种影响并非一定关乎人权（就人权律师们所理解的那样）。在罗马天主教社会思想中，“神的形象”和有关人的尊严的思想之间存在着密切的联系。[13] 诚然，如今很多人权拥护者以及很多天主教徒都认为尊严在人权中具有根本性的地位。然而，就我的理解，并不是所有认同“神的形象”与人的尊严之间联系的天

---

〔12〕 Ibid.，II，§6。本处翻译引自［英］洛克：《政府论》，瞿菊农、叶启芳译，商务印书馆1982年版。

〔13〕 Cf. John Paul II, *Original Unity of Man and Woman: Catechesis on the Book of Genesis* (1981), cited in John J. Coughlin, "Pope John Paul II and the Dignity of the Human Being", *Harvard Journal of Law & Public Policy* 27 (2003), p. 65, pp. 72-74.

主教思想家都乐意接受更进一步的发展。保守派天主教徒对当代人权的词藻持怀疑态度。[14] 他们更偏向于赋予尊严以独立而确定的重要性，（在他们的心目中）这一重要性完全指向另一个不同的方向。因此，比方说，他们会运用这一与“神的形象”相关联的人的尊严理论来反对干细胞研究以及堕胎。他们是否会据此宣扬胎儿或胚胎的“权利”不得而知；然而，他们必定难以接受这样理解下的尊严也同样可以成为妇女要求获得自主权或生育自由的依据。尽管近年来教会也承认了人权思想[15]，但人权学说与理论仍时常与天主教思想格格不入：例如，人权主义者坚持激进的个人主义，或者有人坚信权利无需经过任何关于人的善（human good）的客观教义或任何形式的传统或权威（或许除却近年来的制定法的权威）的认定。将如此深刻而独特的“神的形象”（或基于“神的形象”的人的尊严）和诸如正当程序、新闻自由、语言权、带薪假期等现代人权传统中混杂一堆的权利联系在一起，可能还存在着一些更为普遍的矛盾。

我要再次声明，了解各种反对意见以及各种其他的可能性，并不意味着否定“神的形象”可以作为人权的依据。我的目的只是要请大家暂缓脚步，以应有的严肃态度来对待和处理这一根本问题。

如果我们确实要深入探讨“神的形象”作为人权依据的可能性，我们就得考虑其规范性的确切形态。人权背后的一个思想就是强调每个人的价值。从“神的形象”的角度而言，这是显而易见的。该教义本身似乎就意味着每个人身上都有一些宝贵的甚至神圣的东西，它要求获得相当于神本身所应获致的尊重。也许显得有些迂腐，但我认为即便确定了这一点，也可能显得过于仓促。毕竟，“神的形象”是否具备这一价值尚且不得而知。同样，认为神的形象理应获得如同对神一般的尊重，亦并非不证自明，相反，这样的意见乍看起来，还有些偶像崇拜之嫌疑（虽然有多种途径可以消除这一印象）。

一旦我们已经确认“每个人都是珍贵的”这一思想，我们面前还横亘着关于权利的道义结构和具体规范性的问题。权利应当是与人们所承担的

〔14〕 See the discussion in Roger Ruston, *Human Rights and the Image of God*, London: SCM Press, 2004, pp. 10-12.

〔15〕 E. g. John XIII, *Pacem in Teris*, § 11 and John Paul II, *Redemptor Hominis*, § 17.

义务，而非权利享有者相联系的。但我可以想见这样一种关于“神的形象”的极为虔诚的观点，即对个人所负的神的形象的尊重首先意味着每个人，无论男女，必须（凭着神的恩宠）竭力使其一生不辜负这一形象。福音中对神的形象理论的运用（正如大卫·凯恩斯所指出的，这是一个虽非直接但确定无疑的运用）[16] 完全在于强调它所产生的人对神的义务，即将自己完全交付给上帝，正如将铸有恺撒形象的硬币交给恺撒那样。无可否认，这仅仅表明“神的形象”不可能衍生出不利于神的权利。我们可以接受这一点，而同时也坚信“人的尊严……使每个人成为他人虔诚敬重的对象，并赋予他相对于他人的（一项？多项?）权利”。[17]

此处还有另一个难题。人们可能会认为“神的形象”无法支持人权理论所预设的道德需求的极端个性化。在自由主义政治哲学中，对个人权利的强调，与社会或至少与公共利益是对立的，然而“神的形象”是否亦然？一些神学家十分强调圣经经文中复数形式的使用：“于是神说：‘我们要照着我们的形象，按着我们的样式造人’……”[18] 由此看来，神的形象可能并非如此当然地存在于每个个人身上，而是存在于人与人之间的爱或其他关系之中。的确，人权也是在人际关系中产生的——例如在权利与义务的相互依存和相互作用的关系中。同时，权利也的确不仅仅可以属于个人，也可以属于集体。即便如此，想要分析清楚“神的形象”的规范性和人权的规范性之间的关系，亦殊为不易。众所周知，权利话语的显著特征之一，就是为每一项权利确立一个具体的权利享有者（大多为个人，有时为团体），并将他与某一具体的义务承担者（或为个人，或为政府等主体，或两者兼而有之）以及同一道德共同体中的其他成员（他们的利益往往不得不从属于某一首要权利）区分开来。这是否符合我在本段最初所提到的那种神学所描述的关于“神的形象”的关联性？对此，我不能确定。或许我们可以牵强附会地找出一定的相适性，但却不能保证这样做是否会违背人权或“神的形象”，或两者兼之。

---

〔16〕 David Cairns, *The Image of God in Man*, Harper Collins, 1973, p. 38. See Matthew 22: 21, Mark 12: 17, and Luke 20: 25.

〔17〕 Cairns, *The Image of God in Man*, Harper Collins, 1973, p. 283.

〔18〕 See the discussion on Barth's *Dogmatik* in Cairns, *The Image of God in Man*, p. 24 and p. 167 ff.

人权的另一个不太能同“神的形象”相适应的特征，乃是其好讼性。我们从《登山宝训》(Sermon on the Mount）中获知“有人想要告你，要拿你的里衣，连外衣也由他拿去……有求你的，就给他。有向你借贷的，不可推辞”（马太福音 5：38-42）；但权利享有者的形象则较此更强调自我。但若将权利享有者的自我强调与耶稣所教导的自我忍让相对比，那么“神的形象”教义该属于哪一方呢？或者，试想一下耶稣对于在自己的审判和死刑中所遭受的虐待、伪证、暴力和不公的态度：“父阿，赦免他们。因为他们所做的，他们不晓得”（路加福音 23：34）。再问：当坚持我们的权利和宽恕我们的敌人之间产生冲突时，我们应该将“神的形象”置于哪一方呢？

我提出以上这些疑问，并非为了解决任何问题，而仅在于让我们不那么理所当然地认为可以将“神的形象”树立为权利的依据。另一方面，该教义所引发的一些观点，确实可能与自由权利意识的某些方面相适应。“神的形象”在最初的创世纪文本中是同统治权相联系的（创世纪 1：26）——神赋予那些按照他的形象创造出来的人们以统治地球万物的权利——当然，统治权是一个同后来的法律体系有着紧密联系的积极的司法思想。[19] 更广泛地来说，“神的形象”在法律文本中并非完全格格不入，这体现在它后来在创世纪中被运用于解释诺亚律法（Noahide laws）对杀人的规定：“凡流人血的，他的血也必被人所流。因为神造人是照自己的形象造的”（创世纪 9：8）。[20]

二、对人权理论的贡献

在考虑了所有这些难点之后，如果我们仍然坚信“神的形象”可以为人权理论提供某些支持，那么我们应当如何看待它的贡献呢？

“神的形象”是有关我们本体地位（我们与神的关系，以及我们的创造和救赎的具体性质）的一个教义。就这一点而言，它呈现出多个方面的

---

〔19〕 See Richard Tuck, *Natural Rights Theories: Their Origin and Development* , Cambridge: Cambridge University Press, 1979, p. 86 ff.

〔20〕 译者注：根据资料显示，此处或应出自《创世纪》第 9 章第 6 节。

内容，正如一个形象可以以多种方式与其本体相联系一样。[21] 当然，人权也是一个具有多方面内容的概念：它包含着各种类型的道德和法律主张（例如根据对象的不同，权利可以分为自由权、保护权、司法程序权、政治权利、社会经济权利等等），也包含着各个层次的道德和法律主张（关于尊严或自治权的基本主张，和与之相对的关于特定自由或保护的具体主张）。并且，围绕人权所产生的争议也几乎同关涉“神的形象”的争议一样多；因此，接下来的疑问便是：在这些争议问题上，“神的形象”同人权的联系将会以何种方式彰显出来？

或许，如果“神的形象”确与人权相关，那也是在其根本而非其衍生层次上。它或许可以被视为我们尊严的依据，在这个意义上，“尊严”指的是我们在神的创造中所处的等级地位。我们的地位高于动物，“因为上帝按自己的形像造人，原本是要人永存不灭。”（《所罗门智训》2：23）。我们“如同”上帝一般拥有不朽的能力，这一点也使我们理应成为平等的权利的享有者。的确，就不严格的意义而言，我们都是按照神的形象创造出来的这种观点是一种平等主义思想，它指出了我们每个人所拥有的某些重要的东西。而且它还有一种平等化的倾向，特别是当它为那些在历史上地位低下的人所坚持时。因此，例如在著名的 *Dred Scott v. sanford* 案（1856）中，持反对意见的麦克林法官（Justice McLean）认为有必要提醒他在美国最高法院的同僚们，“奴隶并不是货物。他承载着造物主的印记，并且……注定将不朽”。[22]

更近的，2005年，以色列最高法院作出一个判决，内容关于以色列政府旨在清除西岸和加沙地带恐怖组织成员的预防性打击政策，即使这些成员并未直接参与恐怖活动。在判决中最高法院（名誉）院长亚伦·巴拉克（Aaron Barak）以下述评论作为他观点的开场白：

> 毫无疑问，非法的战士并非不受法律保护。他们不是“罪犯”。

---

〔21〕 See Roger Ruston, *Human Rights and the Image of God*（《人权和神的形象》），London：SCM Press，2004，p. 283. Also see George P. Fletcher，“In God's Image：The Religious Imperative of E-quality Under Law”，*Columbia Law Review*，99（1999）pp. 1619-1620［提醒我们形象概念并非一个单一相似性概念，它较之更为全面，更接近于格式塔（gestalt）］。

〔22〕 McLean J.，dissenting in *Dred Scot v. Sanford*，60 U. S. 393，at 550（1856）. Also Citation to Frederick Douglass in Roger Ruston，*Human Rights and the Image of God*，SCM Press，2004，p. 269.

上帝同样按照自己的形象创造了他们；对他们的尊严同样应当予以尊重；他们同样享有并有权受到……通行的国际法的保护。[23]

这里对神的形象之引用，犹如棒喝，令人深思，并提醒我们，虽然我们面对的是有机会便会戕害众多无辜生命、依其行为与意图理应被处以极刑的人，但他们不是野兽或其他什么东西，其生命并非无足轻重，可以一杀了事。这些非法武装人员也是“上帝依照其形象创造的人”，其与该特性相联系的身份从根本上制约着我们在考虑如何处置他们时所须秉持之态度。

在我看来，“神的形象”对尊严的根本影响，对于形成与权利相联系的强烈的道德限制，以及抵御将“十恶不赦的人”妖魔化或野兽化的诱惑等方面的作用，是无可替代的。这种诱惑是如此自然，必须由超越我们的观念甚至超越“我们”的道德的东西，由源于我们想要如此对待的那些人的灵魂深处的、先于政治、社会的根本的东西，来予以应对。“神的形象”没有将人类本身应当获得的尊重建立在某些我们偶然关注或决心为之的事物之上，而是将其建立在人类究竟为何物，或者更确切地说，造物主究竟将他们创造成何物这一事实之上，即人类乃是按照（上帝）自己的形象而创造，因而神圣并不可侵犯。我们并不只是聪明的动物，我们中间那些作恶之人也不只是迷途的羔羊：我们的尊严是同造物主赐予我们于万物之中的显要地位相联系的，反映了我们同他的相似性。对我们身份的认识，即使在我们犯错时也应基于这一点进行。

除了这一点在总体上对人的尊严有重要作用，“神的形象”也可以被运用于与某些特定权利或特定种类的与权利相关的方面。在此，我将简要地总结三项此类运用，然后在最后一部分中详细阐述第四项。

第一项，并且最明显反映“神的形象”同特定人权之间关系的一项，源于该教义在诺亚律法中被运用来表述生命的基本权利——人的生命的神圣性——以及必须严格禁忌杀戮的重要性。（毫无疑问，现代人权拥护者们会对此章节所隐含的同死刑之间的联系感到不安。或许这种联系可以通

〔23〕 *The Public Committee against Torture in Israel and Palestinian Society for the Protection of Human Rights and the Environment v. The Government of Israel and others*（HCJ 769/02）December 11 2005, § 25.

过各种歪曲解释而得到消弭。[24] 但我认为这正是另一个理由，证明当我们试图寻找权利的依据时，必须仔细思考我们想要的是什么。）

第二项，“神的形象”可用于支持关于福利权利的案件，这是关心他人生存的最基本要求。之前我提到过，福音中关于基督存在于每个贫穷或虚弱的人之中的记述，理论上可以独立于“神的形象”进行解读，但这两条教义也可以合并。马太福音中的记述将我们从创世纪中极为抽象的“神的形象”的观念，带到福音中基督化身于人而出现这一极为具体的感知理解，仿佛我们正与他（上帝）直接做着应答。

第三项，该教义在权利不可被降低标准对待方面也有作用。有一个古老的《塔木德经》故事，被称为“孪生兄弟的故事”，可用于解释《申命记》21：23。

> 两个孪生兄弟居住于同一个城市。一个被任命为国王，另一个成了盗贼。国王下令绞死盗贼。但所有看到盗贼的人都喊：“国王被绞死了！”于是，国王下令放下了他的弟弟。[25]

这个故事的寓意——确切地说是“神的形象”的寓意在于当我们以某种方式对待别人时，比如折磨他们或者摧残他们的肢体，我们是将我们所负载的神的形象以一种丑陋的方式呈现了出来。我们的做法不仅自我呈现出我们对人类正当行为的看法，同时也呈现了受到我们摧残的受害者的身体。这就仿佛毁坏一件名画，我们的行为不仅贬低了一件艺术作品，同时也侮辱了画中的那个人。

所有这些关联都很重要，而“神的形象”的寓意对人权可能还存在更多的影响。

三、权利和理性

一直以来，几乎在整个基督教时代，“神的形象”始终与人的实践理

---

〔24〕 关于一种认为必须严格限制死刑的对“神的形象”的解释，See Yair Lorberbaum, “Blood and the Image of God: On the Sanctity of Life in Biblical and Early Rabbinic Law, Myth, and Ritual”, in Kretzmer and Klein eds, *The Concept of Human Dignity in Human Rights Discourse*, p. 55, p. 58, p. 82.

〔25〕 Babylonian Talmud, Sanhedrin 46B. 感谢 Moshe Halbertal 提供该资料。

性相联系，人凭借神赋予的思考能力和认知能力，来理解神以及神对这个世界的安排和他的目标。正如奥古斯丁所说，人的灵魂“被造为神的形象，只是为了可以运用其理性与理解力来理解和凝望上帝”。〔26〕 而阿奎那在论及“人通过他的理性或思想同神结合在一起，其中便有神的形象”〔27〕时，也表达了类似的意思。持此观点的基督教思想家们也将它同我们的自由意志联系起来：我们的理性，就我们与上帝相似的方面而言，并非理论上的理性，而是实践的理性。它不仅仅是合理理解神对世界的安排的能力，更包含遵照这种理解以安排我们的生活和行为的能力。

将此“神的形象”观念与人权相联系，为我们理解权利的意义提供了具体的模板。诚然，我们具有理性和规范性机构因而拥有权利这种观点十分常见。〔28〕 然而，“神的形象”特别关注的似乎并非理性，而是有着特定形式与导向的理性。罗杰·鲁斯顿（Roger Ruston）提醒道：“（神）并未试图使……‘理性’成为我们从一切其他事物中寻求生存意义的单纯乏味的现代计算活动。”相反，他指出：“它是种充满热情的理性，当我们最终站在上帝面前时显现出来。”〔29〕 认为我们仅在无关乎道德高尚与否的理性和理解能力方面与上帝相似的观点则为大多“神的形象”理论家们所摒弃。因此，这种观点势必与任何认为人的自由决定当享有特权，只因为它代表着意志的作用的对于人权的理解格格不入。它更与一种认为权利部分是责任的权利观念相符，因而 P 做 X 或接受 Y 的权利是同某些与上帝的旨意有关的责任相联系的，行使这一权利是 P 的责任。换言之，它更偏向于一个客观的，而非主观的权利观念。

也有人认为，如果将权利客观地理解为责任的观点不曾为一种更为主观的观点所取代，那么人权思想是不可能从自然权利话语中产生的。但事实上这可能是一种误解。〔30〕 现代早期的权利不可分割的思想，以及洛克

---

〔26〕 Augustine, *De Trinitate*（《三位一体论》），XIV, 4. Cited by Cairns, *The Image of God in Man*, Harper Collins, 1973, p. 117. 本处翻译引自［古罗马］奥古斯丁：《论三位一体》，周伟驰译，上海人民出版社 2005 年版。

〔27〕 St. Thomas Aquinas, *Summa Theologica*（《神学大全》），2a, Q100, 2.

〔28〕 James Griffin, *On Human Rights*, Oxford: Oxford University Press, 2008.

〔29〕 Ruston, *Human Rights and the Image of God*, SCM Press, 2004, p. 56. See also ibid., p. 112 and p. 279.

〔30〕 对此 Tuck（塔克），*Natural Rights Theories*（《自然权利理论》）143 页起有精彩的论述。

对于自然权利的理解，即认为自然权利是基于上帝的意图、为了我们自身的繁荣而个性化了的责任，一种他人无权干涉的责任，代表着一种类似于客观权利理论的思想的复兴。这也反映在许多现代人权主张的内容之中，这些内容不仅指向个人自由，也指向责任——例如家庭的权利——在这之中个人必须得到支持与保护。这些责任不仅仅指义务，即我们必须作为或不作为的具体行为。它们需要思考和实践理性，因为它们要求我们不断地运用智慧来判断要使自己的生活井然有序需要的是什么。

这也同样适用于那些运用《创世纪》第一章第26节，将“神的形象”等同于人类被赋予对地球万物的支配权的观点。历史上确实曾将主观权利与所有权（dominium）相联系，不过人类被给予支配地位显然是出于某种目的并以该目的为条件的。需要重申的是，将我们对万物的支配权理解为一种责任，这一事实并不意味着我们只能简单地顺从上帝的旨意，因为我们对其的理解仅仅能达到使自己的行为符合它的要求。正如霍克马（Hoekema）所指出的，“神的形象”有其政治的一面，从而使之积极主动，近似于运用统治权。支配权的赋予给予了人“在世界上的尊贵地位”，事实上使他成为“上帝的代理人，作为上帝的代表统治万物。”〔31〕

统治权的主旨似乎与“神的形象”密不可分。即使撇开我们对动物的主宰，“神的形象”还向我们暗示着其政治的一面。“神的形象”隐含着自律和自治的力量（其字面意义是：我们有为自己定制法律的能力）。神赋予我们的主宰万物的支配权，包括了对我们自己的动物性的支配权，只要我们愿意行使它。

认真行使这一权力的权利意味着什么呢？直接的后果即“神的形象”和宗教自由权的联系。我们的信仰和崇拜需要得到管理；我们忽略造物主而关注平凡事物的本能冲动需要得到控制和压抑。而“神的形象”意味着我们事实上就是可以这样自我管理的生物，在这些问题上我们是值得信赖的。我们有能力在这些重大问题上进行恰当的自我支配，不需要来自外界的统治。

如果更广泛地认识权利，也可能产生更广泛的意义。将权利分配给个

〔31〕 Anthony A. Hoekema, *Created in God's Image*, Eerdmans, 1994, pp. 78–79, p. 85. See also Westermann, *Genesis* 1–11: *A Continental Commentary*, Fortress Press, 1994, p. 151.

人是一种对每个具体权利所有者的道德思考能力表示信任的行为。权利离不开选择，权利的行使要求权利人在众多选项中选择他在自己人生中以及在与他人的交往中想要实现的那一个。当然，权利可能被滥用，一项权利确实可能被错误地行使。但是，我们是一种能够负责任地行使权利的生物，能够认识我们所处的道德秩序，能够认识到在这一道德秩序中哪些行使权利的特定行为需要承担责任。

自律包含着一种辨识自己可主张的权利和他人可主张的权利之间的道德关系的能力。这是一个古老的自然权利思想。在约翰·洛克和其他人的观点中，自然权利思想不仅意味着人们所拥有的一定权利及对他人行为的某些限制的客观存在，还意味着所有人均拥有为自己计算出这种权利的能力。这仍是一个有关信任的问题，即个人具有识别自然状态下的权利系统的能力。事实上，洛克学派的自然权利理论认为，将这样的决定权托付于平凡的个体，较之将其托付于政治家或哲学家，或那些道德推理能力早已被“人为的无知和学术的胡言乱语”所破坏的法律经院学家们更为安全。〔32〕这在现代人权观念中往往被忽视，现代人权观念是由实在法制定而成的，而非每个人都可获得的理性成果。不过，实在法也并非凭空而来，权利法案和人权宪章通常都是（哪怕是间接地）建立在普遍的自主权之上的，因此，它们理论上都承认这一命题，即拥有有关权利的个人原则上均具有合理理解这些权利的能力。

这将我们带入到政治和政府的问题，以及“神的形象”对于我们理解政治权利的影响。对于“神的形象”的现代解读似乎存在着分歧，这是神学原则上的分歧，一些人追求“神的形象”在政治领域的学术构想，一些人则不然。阿奎那不认为其有更广泛的政治影响，而天主教的论证在这方面似乎跟随他的观点。〔33〕但在现代新教思想中，“神的形象”已经同政治参与联系在了一起。全国福音派协会（the National Association of Evangelicals）在其关于公民责任的声明中确认：

---

〔32〕 See Locke, *An Essay Concerning Human Understanding*（《人类理解论》）, Bk. III, Ch. X, para 9, p. 495. See also the discussion in Jeremy Waldron, *God, Locke and Equality: Christian Foundations in Locke's Political Thought*, Cambidge University Press, 2002, p. 83 ff.

〔33〕 See Ruston, *Human Rights and the Image of God*, SCM Press, 2004, p. 54.

我们参与公共生活，因为主照着他的形象创造了我们最初的父母，并赋予他们世界的支配权（创世纪1：27-28）……这一授权产生出很多责任，在现代社会里，这些责任合理地分流进入很多不同的机构，包括政府、家庭、教会、学校、企业和工会。公正的治理是神赋予我们的使命的一部分。[34]

这里所提到的各种机构与组织很明确地将“神的形象”对于我们治理自己生活的意义和它对一般治理的意义相联系。其直接的后果便是形成了我们（从“神的形象”的角度）对于人类为何物的描述，同良心和相互交往的人权之间的关系：

因为神照着他的形象创造了人类，我们生而具有权利和责任。为了履行这些责任，人类需要建立交往的自由，形成并表达信仰，并兢兢业业地遵照所作的承诺行事。[35]

除此之外，我们也特别注重政治权利：与民主参与和选举权相关的权利，即直接或通过自由选举代表参与国家管理的权利；以及基于权利的更广泛的信念，即人民的意愿（那些照着神的形象创造的人的意愿）应当是政府的基础。从这个方面看，“神的形象”有益地修正了对人权的本质和功能的看法。权利不仅包括由朱迪丝·史珂拉（Judith Shklar）所称的“恐惧的自由主义”（liberalism of fear），即一种对政府的极端恶性的恐惧所产生的与政府相抗衡的权利。[36] 他们通过授权被管理者参与制定他们自己所要遵守的秩序，而使政府的管理成为可行。

在本文的第一部分，我们曾提到一些神学家认为圣经中将神的形象与人类多样性联系起来这一事实是十分重要的。可以想象每个人都是照着神的形象被创造这一观点和人类在总体上（或在其相互关系中）照着神的形象被创造这一观点两者之间存在着矛盾。同样，我们也知道政治哲学家们

---

〔34〕 National Association of Evangelicals (NAE)（全国福音派协会）For the Health of the Nation: An Evangelical Call to Civic Responsibility (See http://www.nae.net/images/civic_responsibility.pdf), p. 2. See also David P. Gushee, "Evangelicals and Politics: A Rethinking", *Journal of Law and Religion* 23 (2007-8): p. 1.

〔35〕 NAE., *For the Health of the Nation*, p. 10.

〔36〕 Judith Shklar, "The Liberalism of Fear", in Nancy Rosenblum ed., *Liberalism and the Moral Life*, Cambridge, Mass. Harvard University Press, 1989, p. 21.

发现可以被分配给每个个人的权利和那些只有分配给具有共同行为的群体时才合理的权利之间有时存在着矛盾。比如卡尔·马克思曾说过（1789年《人民与公民权利宣言》），人的权利强调“利己的人……退居于自己的私人利益和自己的私人任意，与共同体分隔开来的个体的人”，而公民的权利“是只与别人共同行使的权利”，它将人看作“社会存在物”和“道德的人”。[37] 我们或许不愿接受人只有在他“与别人共同”行使权利时才是道德的人这种观点。在宗教及其他事务中，个人良知的行使有着重要的道德维度；我们也已看到，在自然权利传统中，即使个体权利所有者也被认为是道德的，他不仅了解自己的权利，也了解他人的权利，以及他有权向别人提出要求的限度。然而，当我们在讨论如“神的形象”这般重大的话题时，我们仍然必须小心维持个人判断及良知的优先性和行为方式之间的平衡——有些道德上坚定自信、有些则在道德上遵从他人的判断，这是负责任的政治参与所必需的。

有些人可能认为将“神的形象”归属于个人，便是授予了个人一种类似绝对良知权利的东西，即使在政治事务中亦是如此。新英格兰一位新教牧师兼立法委员以利沙·威廉姆斯（Elisha Williams）在1744年撰文提及这一点：

> 将我们的良知（Consciences）交于任何一个人的指引（Guidance of any Man），或一些人的安排（Order of Men），这不是按照我们自己的理解来推理和行事……在这样的情况下，我们便是使自己屈从于任意一个人道权威的管理（Direction of any humane Authority），于是我们对所有其他的权威置之不理，摒弃了我们自己的领悟和理性，甚至圣经之道（Word of God）和基督……因此，如果在宗教事务中将我们的良知置于任何人道权威之下，它们便不再受到基督的指引。[38]

---

[37] Karl Marx, “On the Jewish Question”（《论犹太人问题》）, in Jeremy Waldron ed., *Nonsense Upon Stilts: Bentham, Burke and Marx on the Rights of Man*, London: Methuen, 1987, p. 137, p. 140, p. 144, p. 147 and p. 150.

[38] Elisha Williams, *The Essential Rights and Liberties of Protestants: A Seasonable Plea for the Liberty of Conscience and the Right of Private Judgment in Matters of Religion, Without any Controul from Human Authority*, Boston: S Kneeland MYM T. Green, 1744, pp. 12-13, cited in Steven D. Smith, “The Promise and Perils of Conscience”, *Brigham Young University Law Review* (2003), p. 1057, pp. 1063-1064.

但是，“神的形象”并不是一个通过良知或其他手段揭示特殊真理的教义。没有理由认为照着神的形象创造出的人，在脱离了同他人理性的交往这种典型的道德能力的正当运用时，不会（由于“良知”的作用）接受错误或邪恶的信仰。理性行为通常是共同的行为，是有组织有纪律的探寻活动，没有任何迹象表明，当个人的理性脱离了共同体，“神的形象”是否还会赋予其任何优先性。我们也无法保证集体的或一致达成的结论就一定是明智而正确的：事实是，我们都会犯错，无论是个人还是集体。

无论如何，当我们就公民的参与问题谈论该教义的含义时，个人的支配权是毋庸置疑的。一些圣经学家注意到《创世纪》中关于“神的形象”的叙述刻意无视古巴比伦人的观点，即只有国王是照着神的形象创造的，正是这一身份确保了其王权的行使。〔39〕如今，我们在每个人身上看到神的形象。因此，神的形象必然表现为成千上万的人而非一个人参与到政府组织中，以至于它在政治上得到运用。这意味着它必然与政治的行为逻辑相契合：①在一些情况下，需要统一的行动路线，即使有时对于选择哪个路线无法达成共识；〔40〕②决策程序需要尊重每个人的观点，但在出现矛盾时仍然能产生决定性意见；③我们必须接受，无论是个人还是集体所得出的秩序，同时也是我们必须遵守，甚至在某种意义上必须服从的秩序这一事实。（理解这一点的一个方法，就是从亚里士多德的公民概念入手：“公民……是指一切参加城邦生活轮番为统治和被统治的人们；在一个理想政体中，他们就应该是以道德优良的生活为宗旨而既能治理又乐于受治的人们。”〔41〕）履行政治责任并非只是发表个人的见解，它更意味着负责任的服从、参与并自我适用共同参与管理而形成的准则。《腓立比书》2：5-8教导我们，在这样的服从与“神的形象”之间并不存在矛盾，谦逊和对自身道德能力的自信运用，在该教义中是结合在一起的。

---

〔39〕 See, e. g., Westermann, *Genesis*（《创世纪》）1-11, pp. 151-54. 感谢奈杰尔·比格（Nigel Biggar）提供资料。关于这一观点的“民主化（democratization）”，参见 Yair Lorberbaum, “Blood and the Image of God: On the Sanctity of Life in Biblical and Early Rabbinic Law, Myth, and Ritual”, in Kretzmer and Klein eds, *The Concept of Human Dignity in Human Rights Discourse*, p. 55.

〔40〕 See Jeremy Waldron, *Law and Disagreement*, Oxford: Oxford University Press, 1999, pp. 114-117, on “the circumstances of politics”.

〔41〕［古希腊］亚里士多德：《政治学》，1283b42-284a4。

结 论

依据至关重要，它们并不只是作为一个事后的补充被加诸一个理论或一个法律体系而称其为依据。如果我们要为人权信仰寻找依据，它必然对我们的权利信仰造成极大的影响。特别是当我们要寻找的是宗教依据时，它们的功能并非只是消除我们的疑虑，坚定我们早已存在的信仰。正如本文开始所言，我们不能认为一个宗教依据不会对现实造成任何改变，更不用说是一个如“神的形象”这样存在着难点和争议的教义了。我认为，如果将人权观念建立在人类是照着神的形象被创造出来的依据之上，我们必然会发现由此形成的人权观念与建立在其他依据之上的人权观念或自然形成而无依据的人权观念之间，是存在着区别的。有些变化或许是对我们有利的：比如，我认为，根据我们所讨论的这一教义将某些权利（如不受虐待的权利）归之为道德上的绝对准则，将更有利于对其的保护。[42] 此外，我也认为，较之经过反思平衡（reflective equilibrium）和深思熟虑而判断形成的世俗权利概念，“神的形象”将使我们更加坚定地强调那些我们有充分理由（充分的道德理由）恐惧和鄙视的那些人的人性和权利。还有一些变化可能会令人不安，例如更加强调那些也可以被视为义务的权利，以及更加重视出于责任而非出于意愿或自发地行使权利。

最后，希望我已表明“神的形象”首先是一个赋权思想，它认可并确认了我们的理性除了具有理解上帝的旨意的能力，还具有共同参与普通的政治任务和构建宏大的基督王国而使上帝的旨意得以实现的力量。正如我所强调的，真正的政治权利，从这种意义上来说，并不是良知的胜利或个人信仰的无政府状态，而是一项赋权，赋权于那些照着神的形象创造的人。对着他们，耶稣可以这样说：“以后我不再称你们为仆人。因仆人不知道主人所做的事。我仍称你们为朋友。因我从我父所听见的。已经都告诉你们了”（《约翰福音》15：15）。

---

〔42〕 See Jeremy Waldron, “What Can Christian Teaching Add to the Debate about Torture?”, *Theology Today* 63, 2006, p. 330.

《中西法律传统》简介及约稿函

夫自鸿蒙开辟，纲纪天地而弥纶六合者，其惟法乎！载笔成籍而彰察往来者，其惟史乎！至于综中西之所长，应变化之无方，以史为鉴，与法偕行，则惟法史而已矣！先贤之道，于斯为美，有二三素心人为之，所以申法而衡平天下，著史而警策万世也。

天生自然，人物同质；地载诸类，众已一心。明法理根本之源流，无法史则难知其轩辕之祖；知民刑各部之兴衰，非法史则难明其滥觞之源。各部与法史并进，法理与法史同行。铺观列代，则情变之数可监；撮举同异，而纲领之要可明。昔神宗御制《资治通鉴》序曰：鉴于往事，资于治道。通法史者，则可知法理而明史义，淳礼俗而安政序，此非资治而何？

夫明理发蒙，体周符契。既明要义，深宜发挥。周乎万物，故道济天下；旁行不流，能范围四方。惟叹善始者实繁，克终者盖寡。《书》曰："慎厥始终，无安厥位，惟危。"追叙旧事，法史之盛，蔚然成荫；逮及今日，法史式微，渐趋狭守。惟叹天下随众逐流，与俗（相成）推移。抑代际之转移，临法史之际会？《易》曰："穷则变，变则通，通则久。"法史之道，周流六虚，变动不居；俯仰随时，变通适会。道心惟微，人心惟危；惟精惟一，允厥执中。知法史之道者明，行法史之道者久。奈何顾四方之形势，隐却法史之道之将行？

定其法者依乎礼，载其籍者运其笔，明法史者重于据。祖述尧舜，爰及汤武。左支右绌，校址迁于荆楚（中南政法学院）；捉襟见肘，法史起于此处（中南法史教研组）。肇始研组，成于研院（中南法律文化研究院）。期法史之博通，望研究之专精，此学院之所以设立者也。法史之盛行，既待学院之德成，亦有期刊之相攻。文之为德也大矣，故法史弘道以垂文，因文而明道。道不亨通，则近之难从；言之无文，则行而不远。辞行不通者，先迷攸行，多所败绩，后顺得常。

研院载道行文，不自量力，敢效前人之旧章（法律史论集）；妄自菲

薄，难续后者之新文。故沿之诗书，定刊《传统》(中西法律传统)。江南道范君（范忠信教授）、河南道陈君（陈景良教授）始创，付梓于辛巳(2001年)，初版于戊戌（9月)。满身疲惫犹存编刊之心，身兼数职尽己竭诚之志。天之苍苍，其远而邃极矣；地之泱泱，其广而无垠也。鸢飞戾天，安知其终？鲲鹏展翅，岂有所止？渊始而薪尽火传；明德而流芳相连。《诗》曰："经之营之，不日成之。"历时十有八载，出刊十又四卷。历任编辑伏惟经典，承前顺后，率章而行。虽无改其旧道，然亦随时而引新。陋刊纵浅微，出文犹有力。载道行文，中原而能立；竭意致志，港台可有闻。功业始成于域中，焕乎则及于方外。

《诗》有六义，文有五经。遣词发情形于文者，大抵皆有所归也。固宜正义绳理，昭德塞违，割析褒贬。情理以设位，则文采行乎其中。陋刊之旨，辨中外之法理，明东西之同异。近代以降，西学盛行，渊薮蔽日，不见长安；追述远代，中学伏隐，渐调零落，魂留邙山。整理中律之旧故、注释中律之道理，发明中西律法之趣合；引申中律之非常，诠赋中律之通达，贯系古今律法之同旨。驱万途于同归，贞百虑与一致。不欲自闭于中土，故而交流于外域。博见为馈贫之粮，贯一为整乱之药。旧识西法之观，难为今日之用；彰显西法之异，难为交互之通。故言必虑其始终，行必稽其所弊。治其事者，亦必先正名；计其功者，犹欲从顺言。域中与方外，俱为一体；所差略者，殊难谓多。知其理者，必先通其要；明其异者，必先知其同。至精然后知其妙，至变而后通其数。采西法之石，可以攻中律之玉。中律起兴，实待有助；知己知彼，方可明是知非也。

古之设文有道，析理有章。简言难以达旨，繁文失其纲要。盖同趋者相类，异言者区分。乾道终穷，坤道终凶。阴阳变化，始有所成。太极有两仪，两仪成四象；陋刊之文，亦有别类也。设区分类，东西皆有传统；别文具章，中外不失议对。考据则知原道，援古而可证今；征圣以求明理，宗经方可正纬。期刊旬月必明主题，论证阐说必有考据。引世事而成论说，针时弊形于书策；译西学而成外文，论别章则成书评。鸿儒者必有访谈，刻工者亦成手记。知源流必待三坟五典，处政事犹依四书六艺。搜史料于浩如烟海，集论文于汗牛充栋。涉猎至广，理论与实务无不包容其中；探求精微，制度与文化无不扩充其外。

《易》曰："同人于野，必有大吉。利涉大川，贞无咎。"大道之将行，岂无旷世衡达之英才者乎？法史之中兴，岂无出类拔萃之俊秀者乎？天下德士济济，陋刊翘首引颈而望者久矣。孟子有言：“观于沧海者难为水，游于圣人之门难为言”。天下治方术者多矣，虽如木之多枝，然皆有所长，时有所用。古之多览以补缺，闻是而知非。陋刊虽无承天景命之重途，亦有筚路蓝缕之跬步。强志足以成务，博见足以穷理。子曰：“德不孤，必有邻。”君子尊贤容众，故宜惺惺相惜也。无路请缨，望诸君屈降尊贵；有怀投笔，待各位漫侵陆海。援笔成篇，所非难事。观器必也重形，审用贵乎求质。发文之体有常，达意之术无方。所求体例，参引往刊；来文途径，具列于右，望诸君识之。

[本书长期征稿，来稿请均以电子档附件（word格式）发送至本书编辑部邮箱 supertimber@163.com。注释体例参考本书已出的各卷。]

《中西法律传统》编辑部